American Bar Exam Review

미국 변호사법 ❸

객관식 편

백
희
영

박영사

머 리 말

본 서는 미국변호사 객관식 시험(MBE) 대비를 위한 수험용 기본서이다. 기존에 이미 출간된 졸저 「미국변호사법①—Essay편」과 「미국변호사법②—CEE편」은 '에세이' 대비를 위한 책으로 본 서와는 성격이 전혀 다름을 참고로 말씀 드린다.

MBE는 Louisiana 주와 Puerto Rico 주를 제외한 미국의 모든 주에서 채택하고 있는 미국변호사 객관식 시험으로서, 이 두 개의 주를 제외한 모든 주의 시험을 준비하는 분들은 이 책으로 공부하시면 된다.

필자는 수험생활시 객관식 시험(MBE) 준비를 위해서 어느 한 권의 책으로 해결되질 않아서 상당히 많은 책을 보았다. 이는 수험기간을 최대한 단축하여 단 한 번에 붙기 위한 행동이었고, 당시 시중에 나와 있는 요약본은 물론 Barbri, SmartBarPrep, Kaplan 원서 등 모든 책을 찾아서 빠짐없이 공부하였다. 덕분에 한 번의 시험에 합격한 것은 감사한 일이지만, 너무 불필요하게 많은 공부량으로 체력 낭비와 시간 낭비가 심했던 것도 사실이다.

본 서는 수험생들의 공부시간을 줄여주고 최대한 짧은 시간 내에 합격할 수 있도록 MBE시험에 필요한 필요·충분한 양과 내용을 담고 있다. 현재 시중에 나와 있는 미국변호사 시험 대비 요약본들은 분량이나 내용이 너무 부족하고, 영문 원서는 시간이 너무 오래 걸리는 단점이 있다. 본 서는 기존의 모든 책과 원서, 기출문제들을 다 참조하고, 필자의 수험 요약 노트와 암기비법들, 수험생활 경험과 노하우가 그대로 녹아있는 책이다. 아쉬운 게 있다면, 이번 책에 출제빈도 수가 높은 typical한 문제와 예시들도 요약해서 삽입하고 싶었으나 도저히 시간상 부족으로 넣지를 못했다. 이후 개정판에는 꼭 추가해 드릴 것을 약속드린다.

수험생들은 본 서 한권으로도 충분히 시험에 합격할 수 있을 것이나, 부족한 부분은 강의와 개정을 통해 차차 보완하도록 하겠다.

본 서의 구체적인 특징과 구성은 다음과 같다.
1. 본 서의 '객관식 Tips'는 각 과목의 출제경향 및 전형적인 문제 유형을 보여준다.
2. 본 서의 'TIP'은 고득점 포인트, 특정 issue에 관한 출제요소, 문제 푸는 logic, 생각 route 등을 정리한 것이다.
3. 본 서의 'Case'는 출제빈도가 높고 난해한 문제를 간략하게 한글로 설명하여 이해가 쉽게 하였고, 결론(답)까지의 과정을 logic하게 보여준다.
4. 본 서의 '네모박스'는 암기노하우 및 복잡한 내용을 간략화 한 것이다.
5. 본 서의 '그림'과 '도표'는 복잡한 내용을 간결하게 정리하여 한눈에 파악되게 하였다.
6. 본 서는 한글과 영문을 적절히 혼용하여 비유학파나 초심자라도 쉽게 이해되도록 하였다.

끝으로, 이 책이 나올 수 있도록 도와주신 부모님과 출판에 고생하신 박영사 관계자분들께 감사드린다. 본 서와 함께 박학(薄學)인 나의 강의가 여러분께 조금이라도 도움이 된다면 매우 기쁘겠다. 아무쪼록 머지않아 여러분들의 합격 소식을 듣게 되길 기대한다.

2021년 9월 28일
백희영

Contents

2장 Contracts

4장 Torts

5장 Constitutional Law

6장 Evidence

1장
Real Property

//

본 장은 부동산에 관한 권리 및 권리변동에 대해 논한다. 점유권, 소유권, 용익물권, 담보물권과 같은 부동산 재산권에 대한 내용과 이러한 재산권 법률관계의 변동(법률행위 및 계약)에 대해 규정하고 있는 한국법상 '부동산사법'에 가깝다. 다만, 미국법상 부동산에 관한 권리(estate)는 영국의 봉건제도로부터 발전한 법률로서, 그 권리의 구분 기준이 한국과는 다소 차이가 있다. 미국에서는 estate를 '점유권 유무'를 기준으로 possessory interest와 non-possessory interest로 구분하고 점유권 있는 권리(possessory interest)를 다시 '소유권 유무'를 기준으로 freehold와 non-freehold로 구분하는 법리를 취하고 있다. 이러한 법리에 따라 본 장은 크게 possessory interest와 non-possessory interest 파트로 구분하여 설명하였다.

부동산에 관한 권리는 'estate'라 칭하며, 그중 토지에 관한 권리를 'estate in land'라 일컫는다. 본 장에서 다루는 내용 중 임차권(lease) 내용을 제외한 나머지의 내용은 토지, 주택, 건물 등 모든 부동산에 적용되는 내용이나, 객관식 시험 문제 대부분은 '토지'에 관한 사례로 출제되는 바, 본 서에서도 land로 특정하여 표현하였다.

☑ 객관식 Tips

> 1. 본 장에 관한 객관식 문제는 지문의 길이가 매우 길어 다른 과목에 비해 시간이 많이 필요하나, 대부분 typical한 사안이 출제되는 바, 조금만 투자하면 고득점할 수 있는 과목이다.
>   ⇒ 각 논점을 이론보다는 typical한 사안 위주로 익히는 것을 추천하는 바이다.
>   ⇒ 주어진 사안을 도식화하여 요약하는 연습을 해야 시간을 단축시키고 오답률을 줄일 수 있다. 특히, mortgage, priority, recording, assignment(sublease), implied easement에 관한 문제가 그러하다.
> 2. 본 장에 관한 문제는 바로 논점을 파악하기 어려우므로 '선택지'를 읽으면서 출제 포인트를 파악한다.

3. 부동산에 관한 법률용어는 다른 사안에서 전혀 다르게 사용되는 경우가 있고, 부동산에 관한 용어라 하더라도 상황에 따라 다른 의미로 사용되는 경우가 있는 바, 용어를 정확히 익히도록 한다.
    ⇒ Estates in land에 관한 용어들(vested remainder), assignment, covenant (covenant of seisin, real covenant) 등
4. 아래는 본 장에 관한 문제 중 출제빈도수가 높은 논점들이다.
    ① Joint tenancy — tenancy in common으로의 변경, mortgage(lien/title theory) 와의 관계
    ② Conveyance — marketability of title, doctrine of equitable conversion, deed 에 따른 covenants
    ③ Mortgage — recording, priority
    ④ Easement, covenant, equitable conversion, implied equitable conversion 구분

Part One. Possessory Interests

미국법상 부동산에 관한 권리는 possessory interest와 non-possessory interest로 구분된다. Possessory interest는 점유권과 소유권을 포함하는 개념이며, non-possessory interest는 토지에 관한 점유권 이외의 권리를 뜻한다. Possessory interest는 'estate in land'라고도 하며, 이는 다시 소유권과 점유권을 모두 가지고 있는 freehold와, 점유권만 가지고 있는 non-freehold로 구분된다. 예컨대, 집주인이 자기 집에서 거주하는 것처럼 소유권과 점유권을 모두 가지고 있는 경우, 또는 임차권자처럼 소유권이 없으나 점유권은 있는 경우, 모두 possessory interest 이다. 그중 소유권자가 해당 토지를 점유하고 있는 경우, 즉 완전한 소유권자의 권리는 freehold이고 임차권(lease)은 non-freehold이다. 이에 비해, 광물채굴권, 인접해 있는 토지 이용권 등은 점유권이 없고 일정한 사용만 할 수 있는 권리이므로, non-possessory interest이다. 이하 본 챕터에서는 estates in land에 대해 논하는 바, 크게 estates in land에 관한 용어, 동일한 토지에 대해 2인 이상이 권리를 나눠가지는 공동점유 및 공동소유(concurrent estate), 임차권(leasehold), 점유취득(adverse possession), 부동산 권리이전(conveyance), 이렇게 다섯 개의 파트로 나누어 설명한다.

I. Estates in Land

미국법상 부동산법은 영국의 봉건제도로부터 발전한 법률로서, 부동산권은 영국의 봉토(封土)에 대한 권리로부터 발전하였다. 영국 국왕이 다른 나라의 토지를 빼앗은 후 자신을 도운 자(영주 또는 기사)들에게 그 토지에 대한 권리를 주었는데, 여기서의 '권리'가 발전하여 정립된 것이다. 처음에는 토지에 대한 사용권 또는 보유권만을 주었고, 그 권리가 점차 확대되어 해당 토지를 제공받은 자의 생애동안 한정적으로 인정되는 권리, 후손에게 내산을 상속할 수 있는 권리, 생전 또는 사후의 양도 및 처분 권리 등을 포함하게 되었다. 따라서 미국에서는 한국과는 다르게 조건부로 소유권을 이전하는 경우가 많고, 이 때문에 동일한 토지에 대해 현재 권리(present possessory estates)와 미래 권리(future possessory estates)를 가지는 자가 다른 경우가 많다. 각 권리를 칭하는 용어를 본 챕터에서 자세히 논한다.

[도표 1-1]

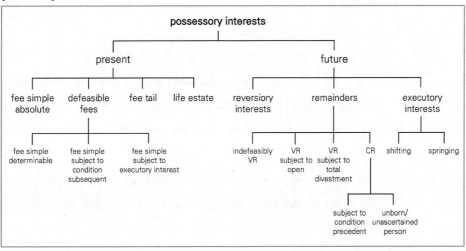

A. Present Possessory Estates

1. Fee Simple Absolute

"갑 to 을 (and his heirs)"

A holder of estate in fee simple absolute has possessory interest in land now and in the future. The holder is free to sell, divide, or devise it.

2. Defeasible Fees

a. Fee Simple Determinable

> "갑 to 을 for so long as/while/during/until 을 uses the estate for education purposes."

If a deed conveyed a fee simple determinable to 을, 을's interest is **automatically** terminated on the happening of an event. 갑 has a **possibility of reverter,** which becomes possessory **immediately upon the happening** of the event designated in the deed.

Generally, the terms "for so long as," "while," "during," or "until" are used to convey in a fee simple determinable.

TIP1　Fee simple determinable v. Restrictive covenant
　　　두 개념은 '주어진 조건이 최종적으로 어떤 권리에 영향을 미쳤는 지'를 기준으로 구별된다. 주어진 조건이 title에 영향을 미쳐 estates in land가 박탈된다면, fee simple determinable이다. 그에 반해, 주어진 조건이 타인에게 소송제기권(cause of action)을 제공하면 restrictive covenant이다.

TIP2　Fee simple determinable v. Motive (fee simple absolute)
　　　① "갑 to 을 for the purpose of charity." → mere expression of the grantor's **motive** for the conveyance → fee simple absolute
　　　② "갑 to 을 for so long as it is used for charity purpose." → fee simple determinable

b. Fee Simple Subject to Condition Subsequent

> "갑 to 을 upon condition that/provided that/but if/if it happens that
> 을 graduates university."

i. General Rule

If the deed conveyed 을 a fee simple condition subsequent, 갑 has a **power of termination (right of entry)** for condition broken. However, 을's interest **continues** until the grantor **exercises** his power of termination (right of entry).

Generally, the terms "upon condition that," "provided that," "but if," or "if it happens that" are used to convey in a fee simple determinable.

ii. Fee simple Subject to Condition Subsequent v. Fee Simple Determinable

In construing an ambiguous instrument, courts typically prefer the fee simple on condition subsequent.

c. Fee Simple Subject to Executory Interest

> "갑 to 을, but if 을 uses the land for education purpose, then to 병."

If a deed conveyed a fee simple subject to executory interest to 을, 을's interest is **automatically** terminated on the happening of an event and the interest is divested to a **third person.**

d. Public Policy

Conditions that are contrary to public policy are struck down. Restraining on marriage and encouraging separation or divorce are invalid conditions.

3. Fee Tail

> "갑 to 을 and the heirs of his body."

In modern, most jurisdictions abolished the fee tail.

4. Life Estate

> "갑 to 을 for life."

a. General Rule

A life estate is an estate for the duration of a person's life and it ends at death of grantee (life tenant) or a third party.

If a life estate is measured by the life of the third party, it is called as a "life estate pur autre vie."

b. Doctrine of Waste

A life tenant should not injure the future interests, such as remainder and reversionary interests. If the life tenant injures, future interest holder may sue for damages or to enjoin such wastes. There are three types of waste: affirmative, permissive, and ameliorative waste.

ⅰ. Affirmative Waste

A life tenant should not consume or exploit **natural resources** on the land.

However, there are exceptions in which:

① **Repair and maintenance** of the land is necessary and the consumption is reasonable;

② The right to consume is **expressly given** to the life tenant; and

③ The land is suitable **only for exploitation.**

(a) Open Mines Doctrine

When the land was used in exploitation of natural resources (e.g., minerals) prior to the grant, the life tenant has the right to exploit. However, the scope of the exploitation is limited to the mines **already open.**

ⅱ. Permissive Waste

임차인은 해당 토지를 점유하는 동안 합리적인 수리(repair)를 할 의무와 세금, 유지비용 등과 같이 해당 토지에 관한 '비용지불의 의무'가 있다. 본 의무는 해당 토지로부터 임차인이 얻은 수익에 한한다. 예컨대, 임차인이 해당 토지로부터 얻은 수익이 5,000불이라면, 수리의 의무 및 비용지불의 의무는 5,000불에 한하고 그 이상의 비용에 대해서는 지불할 의무가 없다. 이러한 의무를 위반하는 경우를 'permissive waste'라 한다.

① General Rule

The life tenant needs to pay carrying charges, such as mortgage interest, property taxes, and special assessments for public improvements. The duty is limited to the extent of the income or profits derived from the land. Permissive waste arises if a life tenant fails to satisfy a duty to make reasonable repairs or a duty to make certain payment.

② Assessments for Public Improvements

If the duration of a public improvement on the land is **shorter** than the expected duration of the life estate, the life tenant needs to pay all of the assessment^{부과과세}.

However, if the duration of a public improvement is **longer** than the life estate, the life tenant is obligated to pay apportioned assessments between the life tenant and the holders of all future interests.

ⅲ. Ameliorative Waste

Ameliorative waste arises when there is a **substantial change** in the use of the property. Even if the changed use increases the value of the land, ameliorative waste arises.

However, in modern, substantial change is allowed when:

① The market value of the future interests is **not decreased;**

② The remaindermen **do not object;** or

③ The **neighborhood condition** has been changed substantially and permanently and it has decreased the productivity or usefulness of the property.

B. Future Possessory Estates

1. Reversionary Interests (to Grantor)

> "갑 to 을 for life."

A reversionary interest is an interest that reverts **back to the settlor.** There are two types of reversionary interest: possibilities of reverter and rights of entry. All reversionary interests **are vested interest,** and **the rule against perpetuities is inapplicable.**

2. Remainders (to 3rd Party)

a. Indefeasibly Vested Remainder

> "to 을 for life, then to 병"

A vested remainder may be indefeasibly vested, when it is certain to become possessory in the future, and cannot be defeated or divested.

b. Vested Remainder Subject to Open

> "to 을 for life, then **to her children** in equal shares"
> (을 had one son at the time of conveyance.)

- Vested remainder subject to open = Vested remainder subject to partial divestment/defeasance

i. General Rule

Vested remainder subject to open is a future interest held by a member of a class. The interest **is vest,** but share of the interest **is subject to reduction by other persons** who becomes entitled to share in the remainder.

ⅱ. **Executory Interests**

The divesting interest in the unborn members of the class is called as an "executory interest."

c. Vested Remainder Subject to Total Divestment

> "To 갑 for life, then to **을 and his heirs,** but if 을 marries 병, then to 정 and his heirs"

A vested remainder subject to total divestment is a future interest and it arises when:

ⅰ. **The remainderman exists;** and

ⅱ. The right would be defeated by the happening of **condition subsequent.**

TIP1   VR subject to total divestment v. Condition precedent

① Condition precedent — Contingent remainder

② Condition subsequent — Vested remainder subject to total divestment

TIP2   VR subject to total divestment v. VR subject to open

VR subject to open은 권리가 생성된 시점에 class gift 중 이미 조건을 충족한 member가 있지만, 미래에 조건을 충족하는 member가 추가될 가능성이 있는 경우의 권리다. VR subject to total divestment는 미래에 조건을 충족하여 그 권리가 확정되지만, 특정 조건이 만족되는 경우 타인에게 그 권리가 이전되는 경우의 권리를 뜻한다.

(예시) 갑's executed deed: "to my son 을 for his life, then to his children; but if my son stops working, to my best friend 병." 본 deed가 작성되었을 당시 을에게는 3명의 son이 있었고, 을은 working하고 있었다. 이 경우, deed가 작성된 후 을에게 또 다른 아들이 생기고 그 아들이 을이 사망할때까지 생존할 가능성이 있으므로, 세 명의 을 아들들은 VR subject to open을 가진다. 다만, 미

래에 을이 일을 그만둔다면(condition subsequent), 병이 을의 세 아들의 권리를 박탈하므로 세 아들은 VR subject to open이자 VR subject to total divestment를 가진다.

d. Contingent Remainder

Contingent remainder는 present의 권리가 끝난 후 특정 조건을 만족해야만 권리가 확정되는 경우와 interest가 생성될 당시 future interest를 가진 자를 특정할 수 없는 경우를 모두 포함하는 개념이다.

A contingent remainder arises in the two situations: when the interest is subject to a **condition precedent** and when the interest is given to **unborn or unascertained person.**

ⅰ. Subject to Condition Precedent

> "To 갑 for life, then to **을 and his heirs**, but if 을 marries 병."

A contingent remainder arises when the interest of the remainderman is subject to a condition precedent.

ⅱ. Unborn or Unascertained Person

> "to 을 for life, then **to her children** in equal shares"
> (을 had no child at the time of conveyance.)

확정할 수 없는 자 또는 그러한 그룹을 remaindermen으로 지정한 경우의 contingent remainder는 vested remainder subject to open 와 구별되는 개념이다. 선자(先者)는 토지주가 권리이전에 대해 표명할 당시 현존하지 않는 반면, 후자(後者)는 토지주가 권리이전에 대해 표명할 당시 주어진 조건을 만족하는 자가 이미 존재하지만 미래에 해당 조건을 만족하는 자 수(數)가 증가 또는 감소할 가능성이 있어 아직 그 수(數)를 확정할 수 없는 경우이다. 따라서 토지주인이 권리이전을 표명할 당시에는 미래권리자가 contingent remainder이었으나 그 권리가 확정되기 이전에 vested remainder subject to open인 미래권리자가 생길 수 있다. 예컨대, "갑 to 을

for life, then to her children"이라는 내용의 deed를 delivery할 당시 을에게 자녀가 없었다면 을's children은 contingent remainder이다. 다만, deed가 deliver된 후 을이 병을 출산하였다면 병은 vested remainder subject to open이다.

A contingent remainder arises if it is given to an unborn or unascertained person. At the time the interest is made, there is no remainderman ascertained and no one is ready to take the possession.

TIP

CR v. VR subject to open

Class gift가 children인 경우, interest가 생성된 시점을 기준으로 ① 이미 태어나 있는 child 중 해당 interest 조건을 만족하는 경우와 ② 앞으로 태어날 child이면서 해당 interest 조건을 만족할 child를 구별하여야 한다. ①의 경우를 vested remainder subject to open, ②의 경우를 contingent remainder라 칭한다.

iii. Doctrine of Worthier Title

When a remainder is limited to the grantor's heirs, it is invalid and the grantor gets a reversion.

3. Executory Interests (to 3rd Party)

Executory interest는 현재 권리를 가지고 있는 자(갑)의 권리가 일정 조건 만족 시 타인(을)에게 이전되는 경우, 그 타인(을)이 가지게 되는 권리를 뜻한다. 본 권리는 현재 권리를 가지고 있는 자(갑)가 transferee(최초로 권리를 이전받은 자)인 경우에는 shifting executory interest이고, transferor (최초로 권리를 이전하는 자)인 경우에는 springing executory interest로 구분된다.

An executory interest is a future interest, but is not a remainder. There are two types of executory interests: shifting and springing executory interest.

a. Shifting Executory Interest

> "to 갑, but if 을 graduates, then to **을**"

Shifting executory interests divest **a grantee** of the interest **to another grantee** upon the occurrence of some condition.

b. Springing Executory Interest

> 갑's deed: "to **을** when and if 을 graduates."

Springing executory interests divest **a grantor** of the interest **to a grantee** upon the occurrence of some condition.

4. Class Gifts

a. Rule of Convenience

Under the rule of convenience, a class closes when there are any member who can call for a distribution of the class gift.

When there is no expression of the intent, the rule of convenience is applicable.

C. Rule Against Perpetuities (RAP)

Perpetuity는 영속, 불멸로 직역되는 바, rule against perpetuities(RAP)는 real property에 대한 권리가 영속적인 것을 금하는 rule이다. 앞서 언급한 바와 같이, 부동산에 대한 권리는 present interest와 future interest로 구분되는 바, future interest가 확정(vest)되지 않은 상태가 지속된다면 시장의 안정성을 해칠 수 있다. 따라서 RAP는 lives in being이 사망 후 21년 이내에 future interest가 be vested될 것을 요구하는 바, 그렇지 못한 future interest는 무효하다.

1. General Rule

Under the common law RAP, **no interest is valid, unless it must vest, if at all, within 21 years of one or more lives in being at the time of its creation.**

2. Applicable Interests

The rule against perpetuities is applicable to:

ⅰ. Contingent remainder;

ⅱ. Executory interests;

ⅲ. Vested remainder subject to open; and

ⅳ. Assignable options/rights of first refusal.

3. Options and Rights of First Refusal

Option은 일반적으로 option to purchase라고 표현한다. 이는 주로 임차권 계약에서 임차인(leasehold, lessee)에게 주어지는 권리로서, 해당 임차물을 구입할 수 있는 독점권을 말한다. Right of first refusal이란, '우선거절권'으로서, 소유자가 제3자에게 특정 목적물을 매매하고자 할 때, 본 거래협상 내용을 가장 먼저 고지 받고 그 특정 목적물의 구매를 거절 또는 수락할 수 있는 권리를 의미한다. '우선매매권'이라고 생각하면 되겠다. 예컨대, 갑의 토지에 대해 을이 right of first refusal을 가지고 있는 경우, 병이 갑에게 해당 토지를 10억에 구매하겠다고 했을 때 갑은 반드시 을에게 '10억에 해당 토지를 구매할 의사가 있는지' 확인하고 을이 이를 거절하면, 비로소 병에게 판매할 수 있다. Option to purchase와 right of first refusal은 assignable한 경우에 한해 RAP가 적용되는 바, nonassignable한 권리에는 RAP가 적용되지 않는다.

Only an **assignable** option or right hold by leasehold **is** subject to the RAP. A **nonassignable** option or right is **not** subject to the Rule.

An option or right which **runs to his heirs is assignable.**

An option or right of first refusal is presumed to be nonassignable if there is no clear indication.

✔ "The tenant has an option of first refusal to the premises within tenancy (10 years)." → nonassignable → RAP 적용 ×

✔ "The tenant, his heirs, and assigns have an option of first refusal to the premises." → assignable → RAP 적용 ○ → violate RAP

✔ "The lessee, his heirs, and assigns have an option of first refusal to the land." → assignable → RAP 적용 ○

4. Charity-to-Charity Rule

When a gift to charity is followed by a gift over to other charity, the future interest to the charity is **not** subject to the rule against perpetuities.

5. When Period Begins to Run

RAP에서 기산일은 'lives in being을 결정할 수 있는 시점' 및 '권리가 발생되는 시점'이다.

a. Wills

The perpetuities period for the common law RAP purpose begins to run on the testator's death.

b. Trusts

The period begins to run from the date settlor no longer had a power of revocation, to run from the date settlor no longer had a power of revocation, not the date on which the trust was created. If the trust is **revocable,** the perpetuities period begins to run as soon as the **grantor makes an irrevocable transfer.**

If the trust is **irrevocable,** the perpetuities period begins to run as soon as **the testator dies.**

c. Deeds

The period begins to run on the **delivery of the deed** with the intent to convey title.

6. Vest

For the RAP purpose, an interest is vested when:

ⅰ. It is a **present possessory estate;** or

ⅱ. It is an **indefeasibly vested remainder** or a **vested remainder subject to total divestment.**

7. Lives in Being

• Life in being = Measuring life

Life in being은 미래권리자가 생성되었을 당시 살아있는 사람으로서, 미래권리자가 조건을 충족시키는데 있어 관련된 자를 의미한다. 즉 life in being으로 인해 주어진 조건이 만족되어 미래권리자의 권리가 be vested 되는 것이다.

Lives in being are persons who have connection with the vesting or failure of an interest within the perpetuities period.

TIP   RAP 문제 푸는 logic

① 양도인의 conveyance로 인해 생성되는 권리가 어떤 유형의 future interest인지 파악한다.

② Future interest 취득과 관련된 조건을 확인한다.

③ Life in being(measuring life, ML)이 누구인지 파악한다.

④ 해당 life in being이 사망 후 21년 이내에 future interest가 be vested되는지 확인한다. Be vested되는 경우 해당 양도는 유효하다.

---

case 1

① Deed: "갑 to 을 for life, then to his widow for her life, then to his children then alive." 을 has no child at the time of conveyance.

(a) 본 문서는 deed이므로 시효를 'deed가 convey될 당시'를 기준으로 판단한다.

(b) Deed가 convey될 당시, 을은 fee simple for life, 을의 widow는 을이 사망하기 전까지 확정할 수 없는 자이므로 contingent remainder for life(unascertained interest), 을의 children은 contingent remainder (condition precedent) in fee simple이다.

(c) 을의 widow: 을의 widow 권리는 을이 사망함으로써 확정되는 바, measuring life(ML)는 을이다. Deed가 convey될 당시 을은 생존(in being)해 있는 자이므로 을의 widow의 권리는 valid under the RAP.

(d) 을의 children: 을의 children 권리는 을의 widow와 을이 사망함으로써 확정되는 바, ML은 을의 widow와 을이다. 다만, deed가 convey될 당시 을의 widow는 생존하지 않은(not in being), 즉 확정할 수 없는 자이므로 을의 children 권리는 void under the RAP.

(e) Deed: "갑 to 을 for life, then to his widow for her life" ⇒ 을의 widow가 사망 시, 갑 또는 갑의 heirs가 possibility of reverter로서 권리를 가진다.

② 갑's Will: "갑 to his widow for her life, then to his children then alive."

(a) 본 문서는 will이므로 시효를 settlor인 '갑이 사망했을 당시'를 기준으로 판단한다.

(b) 갑이 사망했을 당시, 갑의 widow는 fee simple for life, 갑의 children은 widow가 사망했을 당시 생존해야 한다는 조건이 있는 remainder 이므로 contingent remainder(condition precedent) in fee simple이다.

(c) 갑의 children: 갑의 children 권리는 갑의 widow가 사망함과 동시에 그들의 생존여부에 따라 확정되는 바, ML은 갑의 widow이다. 갑이 사망했을 당시 ML인 갑의 widow는 확정되었고 생존한(in being) 자이며, 갑의 children의 권리는 바로 확정(21년 이내 조건 만족)되므로 을의 children 권리는 valid under the RAP.

---

case 2

① Lease contract: "갑 gives the lease to the lessee 을, his heirs, and assigns an option to purchase the land."

(a) Option to purchase에는 RAP가 적용되며, 시효는 '계약이 체결된 당시'를 기준으로 판단한다.

(b) 원칙(RAP 적용): Option to purchase의 행사여부는 lessee(을)에 달려있는 바, ML은 lessee(을)이다. 갑·을간 임대차 계약을 체결할 당시 을은 생존(in being)해 있는 자이나, 그가 사망한다 하여 option to purchase가 반드시 행사 또는 소멸되지는 않는다(be vested인 것은 아니다). 본 option은 을뿐만 아니라 을의 heirs에게도 주어진 권리이기 때문이다. 따라서 option to purchase is void under the rule.

(c) 예외적용: Options to purchase가 'current lessee에게' 주어진 경우에는 RAP가 적용되지 않는다. 따라서 option to purchase is valid.

② Deed: "갑 to 을. 갑 and his heirs reserves the right of first refusal to purchase ABC acre when it was offered for sale."

(a) Option to purchase에는 RAP가 적용되며, 시효는 '계약이 체결된 당시'를 기준으로 판단한다.

(b) 원칙(RAP 적용): Option to purchase의 행사여부는 갑에게 달려있는 바, ML은 갑이다. 갑·을간 매매계약을 체결할 당시 갑은 생존(in being)해 있는 자이나, 그가 사망한다 하여 option to purchase가 반드시 행사 또는 소멸되지는 않는다(be vested인 것은 아니다). 본 option은 갑뿐만 아니라 그의 heirs에게도 주어진 권리이기 때문이다. 따라서 option to purchase is void under the Rule.

(c) 예외적용 불가: Options to purchase가 'current lessee에게' 주어진 경우가 아니므로 예외 rule이 적용될 수 없고, RAP가 적용된다.

---

case 3

갑's trust: trust income to 갑 for life → 갑's surviving children for lives → 갑's then living grandchildren → principal to then living great-grand-children

When 갑 died, only one grandchild 을 survive her. How should trust assets be distributed?

⇒ To the survived grandchild 을. This is because it is valid under the RAP.

① Because the trust was revocable, the period during which the common law RAP requires that interests vest began to run from the date 갑 no longer had a power of revocation.

② When 갑 dies, 갑 cannot have more children after her death, and the only income beneficiary of the trust is 갑's surviving granddaughter 을.

③ Grandchild(을) is the only person who can produce great grand-children.

④ All great-grandchildren must be born during grandchild(을)'s lifetime, which is the life being for the RAP purpose.

⑤ Grandchild(을) is vested at 갑's death and great-grandchildren is vested at 을's death.

D. Rule Against Restraints on Alienation

1. General Rule

Generally, restraints on alienation are void. A provision restricting the transferability of property is void. However, some restraints are valid when those are made on life estate or on vested remainders.

2. Types of Restraints on Alienation

a. Disabling Restraints

Under disabling restraints, any attempted transfer is ineffective. Disabling restraints are void.

b. Forfeiture Restraints

Under forfeiture restraints, an attempted transfer results in a forfeiture of the interest.

c. Promissory Restraints

Under promissory restraints, an attempted transfer breaches a covenant.

3. Restraints on Fee Simple

Any total restraint on a fee simple **is void.**

Under the reasonable restraints doctrine, a partial forfeiture or promissory restraint is **valid if it is reasonable.** A partial restraint is a restriction in particular aspects, such as specific persons, specific method, or specific time.

4. Restraints on Life Estate

When a forfeiture or promissory restraint is on life estates, it is **valid.**

5. Restraints on Future Interests

Restrains on vested future interests are valid only to the extent that restrains on present interests are valid.

[표 1-1]

	Disabling restraints	Forfeiture/Promissory restraints
Fee simple	void	valid only when reasonable
Life estate		valid

II. Concurrent Estate

Concurrent estate란, 동일한 토지에 대해 2인 이상이 권리를 나눠가지는 공동점유 및 공동소유의 부동산을 뜻하며(이하 '공동점유'), 공동점유자간에는 "co-tenancy"를 형성한다. Co-tenancy 유형에는 joint tenancy, tenancy in common 그리고 tenancy by the entirety가 있으며, 본 챕터에서는 이들의 특성, 생성요건, 변경, 각 점유권자의 권리 등을 논한다.

A. Joint Tenancy

Joint tenancy는 공동점유자 중 한 명이 사망할 경우 그 사망한 자의 권리를 그의 heirs가 아닌 생존한 다른 공동점유자(들)가 가지는 형태의 co-tenancy 이다. 이를 "right of survivorship"이라 하며, 이것이 joint tenancy와 tenancy in common의 차이점이다. 예를 들어, 갑·을이 joint tenancy관계에 있었고 갑이 사망한 경우, 갑의 점유권은 갑의 자녀(heirs)가 아닌 을이 가진다. 즉 을이 해당 부동산 전체에 대해 권리를 가진다. 이때, 을의 점유권은 갑이 해당 토지에 대해 지는 모든 의무로부터 자유롭다. 예컨대, 갑이 사망하기 전 해당 토지를 담보로 대출을 빌렸다 할지라도 갑 사망 후 을이 가지게 되는 점유권은 갑의 채무로부터 자유롭다.

1. General Rule

A joint tenancy exists when two or more individuals own property **with the right of survivorship.** The right of survivorship means **the surviving joint tenant** automatically takes **whole interest** on the property upon the death of a joint tenant. However, the property is **free from the interest of the deceased tenant,** and is free from the mortgage obtained by the deceased.

> case

갑·을은 ABC 토지에 대해 joint tenancy를 맺고 있었고, 갑은 해당 토지를 담보로 Bank로부터 대출을 받았다. 이후, 갑은 교통사고로 사망하게 되었고, 갑의 모든 유산은 그의 딸인 병에게 증여되었다. ABC 토지의 소유권자와 그 소유권자·Bank간 관계를 설명하라.

⇒ 을 is the sole owner who is free from the secured interest of Bank. Joint tenancy는 right of survivorship을 인정하는 관계인 바, 갑이 사망함으로써 ABC 토지에 대한 ownership은 을에게 귀속된다. 다만, ABC 토지에 관한 갑의 채무는 co-tenant인 을의 ownership에 영향을 미치지 않기 때문에, 을이 ABC 토지의 sole owner가 된다하더라도 그 ownership은 갑의 Bank에 대한 채무에 귀속(be subject to)되지 않는다.

2. Creation

a. Common Law (Four-Unities Test)

> "TTIP" — same Time, Title, Interest, Possession

Under the common law four-unities test, four unities are required to create a joint tenancy:

ⅰ. Unity of **time** (vested at the same time);

ⅱ. Unity of **title** (same instrument);

ⅲ. Unity of **interest** (same type and duration); and

ⅳ. Unity of **possession** (same rights to enjoyment).

To satisfy four unities above, "strawman" conveyance may be used.

> **case**

갑이 토지 ABC 전체에 대한 점유권을 가지고 있었다. 이후, 갑은 ABC에 대해 을과 joint tenancy관계를 맺고자 하였다. 갑은 어떤 방법으로 joint tenancy를 생성해야 하는가?

⇒ By "strawman" conveyance. 갑은 four unities를 만족하기 위해 일단 병에게 점유권 전체를 이전하고 병이 이를 다시 갑과 을에게 점유권을 joint tenancy 형태로 이전해야 한다. 여기서 병을 "strawman"이라 표현한다.

b. Modern Law

> JT ⟨ TIC

Under modern law, tenancy in common is favored in compared to the joint tenancy.

3. Severance

Joint tenancy를 생성하기 위해서는 four unities가 필요하다. 반면, joint tenant가 타인에게 점유권을 이전하는 등 four unities를 끊는 행위를 하면, joint tenancy 또한 끊어진다(be severed).

a. Conveyance

A lifetime conveyance severs the joint tenancy, and may create a tenancy in common. However, a conveyance in a will does not affect on the joint tenancy.

---

case

① 갑과 을이 토지 ABC에 대해 joint tenancy관계를 맺고 있다. 갑이 자신의 will에 자신의 아들 병에게 "a half of ABC to 병."이라 작성했다. 갑, 을, 병은 어떤 관계를 맺고 있는가?

⇒ 갑의 will has no effect on the joint tenancy. 따라서 갑과 을간 joint tenancy는 유지되며, 갑 사망 후에는 을이 ABC 전체에 대해 권리를 가진다. 병은 ABC에 대한 권리가 없다.

② 갑과 을이 ABC에 대해 joint tenancy관계를 맺고 있다. 갑이 자신의 아들 병에게 "a half of ABC to 병."이라 작성했다. 갑, 을, 병은 어떤 관계를 맺고 있는가?

⇒ 갑's conveyance severs the joint tenancy between 갑 and 을. Thus, 을 and 병 hold a half interest in ABC as a tenancy in common.

b. Mortgage

Title theory와 lien theory는 담보물이 부동산인 경우, 해당 부동산에 대한 mortgagee와 mortgagor의 권리에 대한 이론들이다. 보통 본 이론들과 joint tenancy 개념이 함께 출제되는데, joint tenants 중 한 명이 mortgage를 얻었고 해당 부동산에 대해 은행, joint tenants 중 한 명인 채무자 그리고 나머지 joint tenants의 관계가 어떻게 되는지에 대한 문제로 출제된다.

A joint tenant may grant a mortgage **in his joint tenancy interest,** and the mortgage may affect on the joint tenancy. There are two theories regarding the mortgage: lien theory and title theory.

ⅰ. Lien Theory

Under the lien theory, a mortgagee gets only a lien on the real property, not a title. Thus, the mortgage **does not sever** the joint tenancy. The majority jurisdictions adopt the lien theory. However, even under the lien theory, the severance may occur when the mortgage is foreclosed and the property is sold.

ⅱ. Title Theory

Under the title theory, a mortgagee gets a title on the real property. Once the joint tenant grants a mortgage, the joint tenancy **is severed and a tenancy in common is created** between the mortgagee and other joint tenants.

`case`

갑과 을은 토지 ABC의 joint tenants이다. 갑은 을과 joint tenancy 관계를 맺고 있는 땅을 담보로 Bank에서 대출 받았다. 이후 갑이 그 땅을 병에게 매매하려고 했으나, died before closing. ABC에 대해 갑, 을, Bank, 병 중 누구에게 어떤 권리가 있는지 설명하시오.

⇒ 갑이 Bank로부터 대출을 받음으로 인해 발생될 수 있는 갑·을간 관계 변화는 적용되는 이론에 따라 결과가 다르다. Title theory에 따르면, 갑이 대출을 받음과 동시에 갑이 가지고 있던 땅의 소유권이 Bank에게 이전되어, 을·Bank간 tenancy in common이 형성되고 갑·을간 joint tenancy는 종료된다. 즉 을과 Bank가 그 땅에 대해 tenants in common으로서의 권리를 가지고, Bank가 자신의 채권을 record했다면 병은 그 땅에 대해 소유권을 가질 수 없다. 한편, lien theory가 적용되는 경우 갑이 Bank로부터 대출을 받더라도 땅에 대한 채무자 (갑)의 소유권은 유지되므로, 갑·을간 joint tenancy도 유지된다. 하지만 doctrine of equitable conversion에 따르면, 갑·병간 체결한 계약은 갑·을간 권리관계에 영향을 미친다. 이는 갑·병간 매매계약 후 이전등기 전(before closing)에는 병이 그 땅의 the owner of the "real property" 지위를 가지고, 갑은 the owner of the "personal property" 지위를 갖기 때문이다. 따라서 갑·병간 체결한

계약에 의해 을과 병간에는 tenancy in common이 새로 생성되므로, 갑이 사망했다 하더라도 을은 has no right of survivorship.

c. Judgment Liens

In most jurisdictions, a lien itself does not sever the joint tenancy. In other words, when a creditor gets judgment liens, it **does not sever** the joint tenancy and **runs with the land.** However, if the lien holder **proceeds to enforce** the lien by foreclosure, it **severs** the joint tenancy.

d. Suit for Partition

Suit for partition이란, joint tenant들 중 한명이 joint tenancy를 끊기 위해 제기하는 소송을 뜻한다. Partition에 관한 자세한 내용은 이하 「D. Incidents of Co-Ownership」 부분에서 자세히 설명한다.

A joint tenancy **can be severed** by a suit for partition, which can be brought by any joint tenant.

B. Tenancy in Common

A tenancy in common is a concurrent estate with **no** right of survivorship and each tenant has the interest is **freely alienable.**

C. Tenancy by the Entirety

A tenancy by the entirety is a joint tenancy between husband and wife. The tenants has a **right of survivorship.**

A tenancy cannot be terminated only by:

ⅰ. The death of either spouse;

ⅱ. Divorce;

ⅲ. Mutual agreement; or

ⅳ. Execution by a joint creditor of both husband and wife.

D. Incidents of Co-Ownership

1. Possession and Ouster

Co-ownership에 있어 각 tenant는 property의 '전체'를 possess할 수 있다. 다만 그 권한이 특정 tenant에게만 주어진 것은 아니므로, 특정 tenant의 possession이 타 tenant의 possession을 방해하고 타 tenant를 방출(ouster)하는 것은 허용되지 않는다.

Each co-tenant has the right to possess **all portions** of the property with the equal right of co-tenants. However, co-tenant has **no right to exclusive possession** of any part and **ouster** is not allowed.

2. Rents and Profits

Co-tenancy관계를 맺고 있는 모든 자가 해당 property를 현재 possess하고 있는 상태인 것은 아니다. Possess하고 있지 않은 co-tenant를 "co-tenant out of possession"이라 표현한다. 여기서 그들이 해당 property를 통해 얻어진 이익에 대한 권리가 있는가 하는 논점이 있는데, 그들은 co-tenant in possession이 제3자에게 임차권을 주어 얻는 이익(rent fee 등)과 채굴 등 해당 property의 가치를 감소시키는 행위를 통해 얻은 이익에 한해 권리를 가진다. 즉 co-tenant in possession은 이러한 이익을 co-tenant out of possession과 나눠가져야 한다.

In most jurisdictions, a co-tenant in possession has the right to retain^{유지하다} profits gained by her use of the property. Usually, those profits are **not** required to be shared with **co-tenants out of possession.** However, the rents from third parties and profits in derived from a use of the land **reducing its value** should be shared with **co-tenants out of possession.**

3. Partition

Co-tenants have right to a partition, and a suit for partition can be brought by any joint tenant. There are two ways of partition: **in kind or by sale.** A partition in kind means a division of the tract into parcels. In a partition by sale, co-tenants divide the proceeds after the sale.

Partition in kind is generally preferred, but division of the proceeds is permitted when a fair and equitable physical division of the property cannot be made.

✔ 해당 ABC땅의 zoning ordinance에서 partition을 금하는 경우 → partition by sale

4. Taxes and Mortgages

Each co-tenant has a duty to pay her share of taxes or payments due on mortgages. A **contribution** would be made to another co-tenant when the co-tenant fully paid for necessary improvements, principle on the mortgage, or taxes on the property.

When a tenant who is **not in sole possession** pays all taxes mortgage payments, the tenant **can compel contribution** from the other co-tenants, but **cannot get title for whole property.**

When a tenant who is **in sole possession** pays all taxes mortgage payments, the tenant can compel reimbursement^{배상} only for the amount that **exceeds the rental value of the property.**

---

case

토지 ABC에 대해 갑·을·병간 tenancy in common을 형성하고 있다. 을과 병은 ABC땅에 거주하지 않고, 갑은 자신이 사용하지 않는 빈 토지를 정에게 매달 3,000만원에 임대하고 있다. 갑은 ABC에 대한 tax로 매달 5,000만원을 혼자 지불하고 있다. 이 경우, can 갑 compel reimbursement to 을 and 병?
⇒ Yes. 본 사안에서 갑은 co-tenant in possession, 을과 병은 co-tenants out of possession. ABC에 대한 tax는 5,000만원으로 갑이 rent fee로 받

는 3,000만원을 초과한다. 한편, 3,000만원은 rent fee로서 이에 대해 갑, 을, 병 모두가 권리를 가진다. 따라서 갑 can compel reimbursement to 을 and 병.

III. Leasehold

본 챕터는 tenancy관계에 대해 논한다. 이는 tenant가 가지는 해당 property 에 대해 present possessory interest이며, tenancy 계약 종료 이후에는 landlord가 다시 그 property에 대해 possessory interest(future interest)를 가진다.

A leasehold (tenancy) is an estate in land and it may be created through a contract between landlord and tenant. The tenant has a present possessory interest in the leased premises, and the landlord has a future interest (reversion). There are three major types of leasehold estates: tenancies for years, periodic tenancies, tenancies at will, and tenancies at sufferance.

A. Tenancies for Years

1. Nature of Tenancy

A tenancy for years is a tenancy **for a fixed period of time.** It is created by written leases. **The statute of frauds** requires that a lease creating a tenancy **for more than one year be in writing.** If the writing requirement is not satisfies, a tenancy will be treated as a **periodic tenancy.**

✔ "갑 leases ABC아파트 101동 110호 to 을 from 2025-09-29. to 2026-09-28." → tenancy for years 인정 ○ → termination notice 불필요

✔ 2025-09-29일부터 2025-10-03일까지 호텔에 묵는 투숙객 → tenant for years 인정 ✕ (is a licensee)

2. Termination

a. General Rule

A tenancy for years **terminates automatically** on its termination date and the termination notice **is not required.** If a tenant goes into possession **after the termination date,** the tenancy is treated as a **periodic tenancy.**

b. Landlord's Notice on New Terms

When the landlord sends notice to the tenant **before termination** that occupancy after the termination date will be subject to the new terms (e.g., increased rent fee), the tenant is subject to the new terms **unless he surrenders.** Tenant's **objection** to the new terms would **have no effect** on the result if the change is **reasonable.**

B. Periodic Tenancies

Periodic tenancy란, 성립일로부터 tenant가 landlord에게 tenancy관계를 종료시키겠다는 notice(termination notice)를 할 때까지 유지되는 tenancy이다. Notice of termination이 요구된다는 점과 writing 외의 다양한 생성방법이 있다는 점에서 tenancy for years와 차이가 있다.

1. Nature of Tenancy

A periodic tenancy is one that continues for successive periods until the tenant gives the landlord termination notice.

✔ "갑 leases ABC아파트 207호 to 을 from month to month." → periodic tenancy → 을이 갑에게 termination notice를 하지 않는 한, 본 lease는 한 달 leasehold로서 연장된다.

2. Creation

A periodic tenancy is created by three ways:

ⅰ. By express agreement;

ⅱ. By implication; or

ⅲ. By operation of law.

A periodic tenancy is implied when there is no clear indication of termination but the payment of rent at specific periods.

A periodic tenancy is created by operation of law when a tenant for years remains in possession after termination of the lease ("holdover tenant") or when a lease is invalid (under the statute of fraud) but the tenant goes into possession.

✔ "갑 leases ABC아파트 207호 to 을 at a rent of 500만원 payable monthly." → no termination but payment monthly → implied periodic tenancy

3. Termination Notice

Periodic tenancy의 경우, tenant는 landlord에게 스스로 계약을 해지하고자 하는 날로부터 최소한 임대료 지급기간 전에 notice할 의무가 있다. 예를 들어, tenant가 2025년 8월 3일에 임대차계약을 종료하고자 할 때, 한 달 주기로 임대료를 지급해왔다면 tenant는 landlord에게 늦어도 2025년 7월 3일까지 notice해야 한다.

A proper termination notice is required by either party (landlord or tenant). The notice must be provided **before at least equal to the rent-payment term** and must be in writing. For a tenancy from year to year, six months' notice is required.

4. Termination

A periodic tenancy is terminated if:

ⅰ. Either party terminates the tenancy;

ⅱ. Either party dies;

ⅲ. The tenant commits waste;

ⅳ. The tenant attempts to assign his tenancy;

ⅴ. The landlord transfers his interest in the property; or

ⅵ. The landlord executes a term lease to a third person.

C. Tenancies at Will

1. Nature of Tenancy

Tenancy at will is a tenancy which is neither a tenancy for years nor a periodic tenancy. It allows tenants to possess a property indefinitely and it is terminable by either landlord or tenant. It is quite rare.

✔ Landlord let 갑 stay in for a while.

2. Creation

Tenancy at will is created by the express of implied agreement between landlord and tenant without writing.

3. Tenancies at Will and Periodic Tenancy

When there is the payment of regular rent, the court usually treat the tenancy as a periodic tenancy unless the parties expressly agree to a tenancy at will.

D. Tenancies at Sufferance

1. General Rule

Tenancy at sufferance란, 합법적인 tenancy 기간이 종료되었는데도 불구하고 tenant가 여전히 해당 property에 possess하는 경우에 생성되는

tenancy이다. 다시 말해, tenancy 기간이 종료된 후 tenant가 rent fee를 지불하지 않았고 landlord가 이에 대해 어떠한 조치(evict 또는 periodic tenancy로 정의)도 취하지 않은 경우 tenancy at sufferance가 형성된다. 만약 tenancy at sufferance가 형성된 후 landlord가 지속적으로 tenant로부터 rent fee를 받았다면, periodic tenancy로 간주한다.

A tenancy at sufferance is created when a tenant wrongfully remains in possession after the termination of a lawful tenancy and before a landlord tries to evict the tenant.

A tenant in a tenancy at sufferance is liable for rent fee and notice for termination is not required.

[표 1-2]

	형태	Termination notice		Creation
Tenancy for years	2025.09.01~2026.09.01	×		lease agreement (SOF 적용)
Periodic tenancy	• for year to year • for month to month • for week to week	○		• express agreement • implication • operation or law
Tenancy at will	tenancy for years, periodic tenancy가 아닌 경우	CL ×	modern ○	lease agreement (written×)
Tenancy at sufferance	계약이 종료되었음에도 지속적으로 possess하는 경우	-		계약 ×(무단거주)

* Termination notice는 rent-payment term 전에 이루어져야 한다.
* Tenancy for years의 경우, 그 기간이 1년 이상인 경우에 한해 SOF가 적용되는 바, landlord와 tenant간 계약이 서면으로 작성되어야 한다. 그렇지 못한 경우에는 periodic tenancy로 인정된다.

2. Holdover Doctrine

When a tenant wrongfully remains in possession after the termination of a lawful tenancy, the tenant is called as a "holdover tenant."

Under the holdover doctrine, a landlord has two options for the holdover tenant: eviction^{내쫓음} or creation of periodic tenancy.

a. Evict

The landlord may evict the tenant, treating him as a **trespasser.**

b. Creation of Periodic Tenancy

When the landlord binds the tenant to a new periodic tenancy, the terms and conditions of the expired tenancy apply to the new tenancy.

If the original lease was **commercial** and its term was **for one year or more,** the rent is payable under a **year-to-year tenancy.**

If the original lease term was **commercial** and its term was **less than for one year,** the rent is payable under the **original tenancy.**

In **residential** leases, most courts would rule the tenant a month-to-month tenant.

E. Duties of Tenant and Landlord

1. Tenant's Duties

a. Duty to Pay Rent

Under the common law, lease covenants are independent, and a tenant has duty to pay rent even after a landlord breaches his duty.

Under the modern law, covenants are dependent, and tenant's breach of his duty relieves tenant's duty to pay rent.

b. Duty to Repair

A **tenant** has duty to repair only in **nonresidential** leases.

A **landlord** has duty to repair only in **residential** leases under the **implied warranty of habitability.**

c. Duty not to Waste

A tenant has duty not to waste on the leased premises. There are three types of waste: affirmative waste, permissible waste, and ameliorative waste.

ⅰ. Affirmative Waste

Affirmative waste is called as voluntary waste.

It is caused by the tenant's intentional or negligent actions.

ⅱ. Permissive Waste

A tenant has duty to keep the premises in the same condition as at the commencement of the lease term.

A tenant has no duty to make the premises in good condition.

ⅲ. Ameliorative Waste

A tenant is liable for the repair that makes the premises different from that at the commencement of the lease term.

Under the common law, a tenant is liable either for the change increasing the value of the premises or for the change decreasing the value.

In modern law, a tenant is **not liable** for the change **increasing the value** of the premises when:

① The change is performed by a long-term tenant; and

② The change shows a change in the nature and character of the neighborhood.

d. Landlord's Remedy

ⅰ. For Rent

When a tenant fails to pay rent, a landlord can sue for rent or evict him.

ⅱ. For Abandonment

When a tenant unjustifiably abandons the property, a landlord would: accept the surrender, do nothing, or repossess or re-let the premises on the tenant's behalf.

① Acceptance of Surrender

no damages ($)

When the landlord accepts the surrender, it extinguishes the tenant's duty to pay rent due after the acceptance of surrender.

② Do Nothing

> ① unpaid $
>
> ② breach the duty to mitigate: (unpaid $) – (fair mkt $)

When the landlord keeps the premises vacant and do nothing, the tenant is liable for the unpaid rent as it accrues. However, in modern, the landlord has **duty to mitigate.** It is not required to be a successful mitigation, but the landlord is required to make **reasonable efforts** to mitigate. If the landlord breached the duty, he is entitled only to the difference between the original rent fee and the fair rental value.

③ **Repossession or Re-Let**

> (original $) – (fair mkt $)

If the landlord repossesses or re-lets the premises, he is entitled to the difference between the original rent fee and the fair rental value.

2. Landlord's Duties

a. Duty to Deliver Possession

In the majority of jurisdictions, a landlord must deliver actual possession to a tenant.

In the minority of jurisdictions, the duty is satisfied when a landlord gives the tenant the legal right to possession.

b. Duty to Disclose Defects

A landlord has duty to disclose the dangerous condition, when the landlord knew or should have known the condition at the time of making the lease ("latent defects") and the tenant could not discover the condition upon reasonable inspection.

If the landlord breaches the duty, the tenant is entitled to damages or the landlord is liable to third person for torts occurred in the premises the tenant possesses.

c. Duty for Quiet Enjoyment

임대인은 임차인이 임차구역(premises)을 소란없이(quiet) 임차권을 누릴 수 있도록 할 의무(duty for quiet enjoyment)가 있다. 임대인이 임차기간 만료 전 임차인을 쫓아내는(evict) 행위, 임차기간이 시작되었음에도 불구하고 임차인에게 임차구역을 내주지 못하는 행위 모두 본 의무를 위반하는 행위이다. 예컨대, 갑이 9월 29일부터 을의 상가를 임차하기로 임대차 계약을 맺었으나 이전 임대인 병이 임대차계약이 종료되었음에도 불구하고 상가를 여전히 점유하고 있는 상태여서 갑이 9월 29일에 상가를 점유하지 못한다면, 을은 breaches the duty for quiet enjoyment.

i. General Rule

A landlord should not interfere the tenant's quiet enjoyment and possession of the premises. When a landlord evicts a justifiable tenant prior to its termination or fails to deliver up possession of the premises to the tenant at the beginning of the term, the duty for quiet enjoyment is breached.

ii. Evictions

There are three types of evictions: actual eviction, constructive eviction, and retaliatory eviction.

① Actual Eviction

Actual eviction means exclusion of the tenant from the entire premises who has a legal right to possess the premises. When the tenant is excluded from the portion of the premises, it is called "partial actual eviction."

When an actual eviction occurs, the tenant has no duty to pay rent.

② Constructive Eviction

Constructive eviction occurs when the premises is not suitable for habitability. The tenant must provide the landlord **notice and a reasonable time to repair** before he establishes a claim for constructive eviction.

A tenant may terminate the lease (no duty to pay rent from the date of abandonment) and may also seek damages through a claim.

✔ Flooding

✔ No hot water

③ Retaliatory Eviction

The landlord is barred from **penalizing the tenant** by terminating the lease or by other ways after the tenant exercises his right against the landlord's violation of statute.

✔ Tenant 을이 landlord 갑의 zoning ordinance 위반을 당국에 알리자, 갑이 을에게 내달 rent fee를 50만원에서 100만원으로 인상하겠다고 통보함. → retaliatory eviction

d. Implied Warranty of Habitability

• Implied warranty of habitability = Implied warranty of quality = Implied warranty of fitness = Implied warranty of workmanlike quality = Implied warranty of suitability

In the majority jurisdictions, there is a landlord's implied warranty of habitability to tenants for **residential** premises. The warranty is breached when the condition of premises is not suitable for human residence.

The tenant has three options as remedies for the breach of the implied warranty of habitability:

ⅰ. Tenant terminates the lease (no duty to pay rent);

ⅱ. Tenant may make repairs and offset the cost against future rent obligations;

ⅲ. Tenant may reduce or abate rent to an amount equal to the fair rental value; or

ⅳ. Tenant may seek damages against the landlord.

F. Assignments and Subleases

Assignment란, landlord 또는 tenant가 타인에게 자신의 권리 전체를 양도하는 것을 뜻하는 바, 양도시점을 기준으로 assignor가 lease의 남은 기간 '전체'에 대해 가지고 있는 권리를 assignee에게 이전하는 것이다. 명확히는 landlord와 tenant 모두 assignment를 할 수 있으나, 일반적으로 assignment는 'tenant'의 권리이전을 뜻한다. 한편, sublease는 tenant가 타인에게 자신의 lease 권리 '일부'를 이전하는 것을 뜻하는 바, 양도시점을 기준으로 남은 기간의 일부에 대한 권리를 subleasee에게 양도할 수 있다.

Assignment와 sublease 효과에 있어 주된 차이점은 landlord와 subsequent tenant(T3)간 privity 존재여부이다. Assignment가 이루어지면, landlord와 subsequent tenant(T3)간에 privity of estate가 새롭게 형성되고 landlord와 original tenant(T1)간 privity of contract은 그대로 유지된다. 임차료 지불, 임차권 기간 등과 같이 토지와 관련한 약속(covenant)은 tenant가 아닌 '토지'에 귀속되는 바(runs with the land), T1이 T3에게 assignment함에 따라 T3가 임차료를 지불할 의무(duty to pay rent)를 진다. 다만, 임차료를 지불할 의무는 T3가 privity of estate를 유지하고 있는 기간에 한하는 바, T1 또는 T2가 지불하지 않은 임차료에 대해서는 책임을 지지 않는다. 한편, landlord와 T1간 privity of contract이 그대로 유지되는 바, T3가 landlord에게 임대료를 지불하지 않는 경우 T1이 임대료를 지불해야 하나 그 책임은 부종성(附從性)을 띤다.

Sublease가 이루어지는 경우, landlord와 subsequent tenant(T3)간 privity는 형성되지 않고 landlord와 original tenant(T1)간 privity of contract과 privity of estate가 그대로 유지되는 바, T3가 임대료를 지불하지 않는 경우 landlord 와 privity를 형성하고 있는 T1이 책임을 진다.

1. Assignments by Tenants
   a. General Rule
      Assignment refers to tenant's transfer of his **entire** remaining leasehold interest.

      A covenant runs with the land, and the assignee (T3) is subject to the covenant made by assignor. Thus, the assignee (T3) has the duty to pay rent directly to the landlord, but the duty is recognized only for the time during the assignee is in privity of estate.
   b. Privity
      i. General Rule
         The landlord and the assignee (T3) are **in privity of estate.** The landlord and the original tenant (T1) are **in privity of contract.** The original tenant is still contractually bound to pay rent, and thus serves as a surety for unpaid rent.

[도표 1-2]

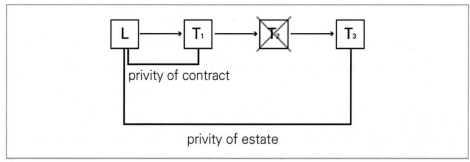

      ii. Exception
         T2가 T3에게 reassignment를 하는 경우, landlord와 T2의 privity of estate가 종료되므로 T3가 임대료를 지급하지 않더라도 landlord

는 T2를 상대로 소송을 제기할 수 없다. 다만, T2가 reassignment 를 할 때 'T1에게' "T3가 임대료지급을 하지 않는 경우 내(T2)가 책임지겠다."고 표명한 경우에는 landlord는 T2를 상대로 미지급된 임대료에 대해 소송을 제기할 수 있다.

The landlord may sue the subsequent assignee (T2) for the unpaid rent when the assignee (T3) did make a promise only to the original tenant (T1), not to the landlord that he would pay all future rent.

---

case

Landlord 갑과 tenant 을간 lease 계약을 다음과 같이 체결했다. "갑 rents to 을 for 4년 at 1천만원." 계약체결 후 1년이 지난 시점에서 을이 병에게 assignment했다. 병이 1년 사용 후, 다시 정에게 assignment했다. 정이 rent fee를 지불하지 않은 경우, 갑은 누구로부터 rent fee를 받을 수 있는가?
⇒ 을 또는 정. 여러 assignment가 이루어졌다 하더라도 을은 original tenant 로서 갑과 privity of contract를 맺고 있는 바, 갑에 대한 duty to pay rent가 여전히 존재한다. 한편, 정은 갑과 privity of estate를 맺고 있고 병은 갑과 rent fee와 관련한 어떠한 관계도 형성하고 있지 않다. 따라서 갑은 을 또는 정을 상대로 rent fee를 받을 수 있고, 병을 상대로 소송을 제기할 수는 없다.

2. Assignments by Landlords

A landlord may make assignment without the consent of a tenant. Once the tenant recognizes the assignment by landlord, the tenant is required to pay rent to new owner, which is called as "attornment." The burdens of covenant **run with the land,** and the original owner is still liable on all of the covenants he made.

3. Subleases

a. General Rule

Sublease is a tenant's transfer of **any part** of the remaining leasehold interest.

A covenant does not run with the land, and the sublessee (T2 or T3) is **not personally liable to the landlord.** He is only liable to the original tenant (T1).

b. Privity

There is no privity between the landlord and the sublessee. The landlord and the original tenant are **both in privity of contract and privity of estate.** The assignor (original tenant, T1) is still contractually bound to pay rent, and thus serves as a surety for unpaid rent.

[도표 1-3]

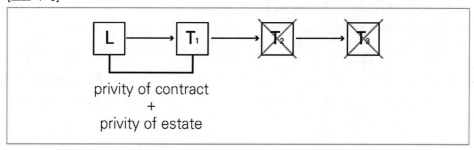

privity of contract
+
privity of estate

---

case

Landlord 갑과 tenant 을간 lease 계약을 다음과 같이 체결했다. "갑 rents to 을 for 4년 at 1천만원." 계약체결 후 1년이 지난 시점에서 을이 병에게 sublease했다. 병이 1년 사용 후, 다시 정에게 sublease했다. 정이 rent fee를 지불하지 않은 경우, 갑은 누구로부터 rent fee를 받을 수 있는가?

⇒ 을. 본 사안에서 갑은 을과 privity of contract 그리고 privity of estate 관계를 맺고 있다. 병과 정은 갑과 무관하다. 따라서 갑은 을을 상대로 rent fee를 받을 수 있다.

4. Restraints against Assignment or Sublease

Restraint against assignment or sublease는 assignment 또는 sublease에 대한 제한 또는 금지를 뜻한다. 이러한 내용을 담은 조항을 covenant against assignment or sublease라 하며, 이러한 조항은 기본적으로 유효하다. 예컨대, "tenant가 assign하는 경우 반드시 landlord의 사전 동의가 있어야 하며, 만일 그렇지 못한 경우 그 assignment는 void하다."는 내용의 조항은 covenant against assignment로서 유효하다. 다만, landlord가 사전 동의 없이 생성된 assignment를 인지했음에도 불구하고 이에 반대하지 않았다면, 본 조항의 제약을 waive했다고 보고 그 이후의 모든 assignment 또는 sublease에는 본 조항이 적용되지 않는다. 한편, tenant가 본 조항을 어기고 assign한다면 landlord와 tenant(assignor)간 임대차계약이 breach되므로, assignment가 유효함에도 불구하고 landlord는 임대차계약상 명시된 조항 또는 적용 가능한 statute에 근거해 해당 assignment를 종료시키거나 손배청구(seek damage)할 수 있다.

a. Effects of Assignment or Sublease

Covenants against assignment or sublease requiring the consent of the landlord are generally **valid** and those are strictly construed **against the landlord.**

If an assignment or a sublease breaches the covenant, **the transfer itself is valid.** However, the landlord **may terminate** the lease contract under either the lease contract terms or an applicable statute, or **may brings an action** for damages for breach.

b. Landlord's Waiver

The landlord may waive the covenant against assignment by no objection with knowledge of the assignment. If the landlord made a waiver, it is a waiver **of all future transfers** unless he expressly reserves the right to waive the future transfers.

G. Tort Liability

본 챕터는 tenant가 possess하고 있는 premises에서 발생한 torts에 대해 landlord 에게 책임이 있는가에 대해 논한다. 기본적으로 landlord는 해당 premises에 대해 reasonable care할 의무가 없는바 이에 대한 책임이 없으며, 특정한 경우에 한하여 책임이 인정된다.

A landlord is generally not liable for torts occurred in premises a tenant possesses, since he has no duty to make the premises safe. However, there are six exceptions to this rule.

1. Latent Defect

A landlord has duty to disclose latent defects. If not, the landlord is liable for any injury resulting from the condition.

2. Common Areas

A landlord has a duty to take a reasonable care over common areas. The landlord is liable for any injury resulting from the condition that could reasonably have been discovered and made safe.

✔ Halls, walks
✔ Elevators

3. Public Use

A landlord is liable for injuries to public if he, at the time of the lease:
ⅰ. Knows or should know the dangerous condition;
ⅱ. Has reason to believe that the tenant may admit the public before repairing;
ⅲ. Fails to repair the condition.

4. Furnished Short-Term Residence

Generally, a landlord is liable for injuries caused by defective premises when a furnished residence is leased for a short period.

5. Negligent Repairs by Landlord

A landlord is liable for his negligent repairs even if he has no duty to repair.

6. According to Contract

If a landlord covenants duty to repair on a lease contract, he is liable to tenant (or tenant's guests) for injuries caused by his negligent repair.

Ⅳ. Fixtures

Fixture는 에어컨, 샹들리에 등과 같이 부동산에 부착(affix)된 동산(chattel)을 뜻하며, 그 동산을 설치할 당시 부착한 자(annexor)가 해당 chattel을 부동산에 영원히 부착하고자 하는 intent를 가지고 있는 경우에 한해 인정된다. Fixture는 부동산으로 인정되는 바, 그 소유권은 부동산 소유권자에게 있다. 따라서 trespasser 또는 licensee와 같이 부동산 소유권자가 아닌 자가 fixture를 설치하면, fixture의 소유권은 해당 fixture가 설치된 부동산의 '소유권자'가 가진다. 다만, 임대차 기간 동안 fixture에 대한 소유권은 tenant에게 인정되는 바, tenant는 자신이 설치한 fixture를 임대차 기간이 만료되기 이전에 반드시 제거해야 하며, 그렇지 않을 경우 해당 fixture의 소유권은 부동산 소유권자가 가진다.

한편, fixture 및 fixture가 설치된 부동산을 목적물로 하여 담보물권을 설정할 수 있는데, 여기서 fixture에 대한 채권자와 해당 fixture가 설치된 부동산(건물)에 대한 채권자가 상이할 경우 채권자간 우선권(priority)의 문제가 발생한다. Fixture는 부동산의 일부로 취급하므로 real property가 목적물인 담보물권은 fixture가 목적물인 담보물권에 항상 우선한다. 즉 fixture가 목적물인 담보물권이 공시(filing)되었다 하더라도 그 순위는 항상 관련된 real property의 담보물권에 밀린다. 다만, fixture에 대한 담보물권이 공시가 된 PMSI인 경우에는 일정 요건을 만족하는 경우에 한해 real property에 대한 담보물권에 우선한다. 여기서 'PMSI'는 purchase money security interest의 약자로서, 판매자와 구매자가 매매계약을 체결하는 과정에서 매매계약의 목적물을 담보로 담보물권을 설정한 경우를 뜻한다. 한편, fixture에 대한 담보물권을 file할 때에는 그 fixture가 설치된 부동산의 mortgage를 file하는 office에서 해야 하고, perfection에 관한 규정은 해당 부동산 소재의 주 법에 따른다.

A. General Rule

Fixture is a chattel that is permanently attached to real property; it is considered **real property** rather than personal property. **Annexor**^{설치자}**'s intent** is used to determine whether a chattel is fixture.

B. Landlord and Tenant

When a person affixed chattel to real property owned by other person, the chattel becomes fixture and its ownership passes to the owner. However, when a tenant affixed chattel to real property owned by a landowner, the tenant (annexor) owns the fixture. The tenant must remove the fixture **before the termination** of the lease term.

C. Mortgage on Chattel

1. Priority

a. General Rule

A security interest in fixtures, even if it is perfected, **is subordinate** to a conflicting interest of the related real property.

b. Exception

When the purchase money security interest (PMSI) in a fixture is **recorded** within **20 days after the chattel is affixed** to the land, the interest has priority over the mortgage recorded prior to the PMSI. The recording shall be made through a fixture filing.

---

case

9월 5일, 갑이 자신의 주택을 담보로 Bank로부터 대출받았고, Bank는 이에 대해 당일에 record했다. 9월 17일 갑은 에어컨 회사로부터 에어컨을 구매했는데, 이 과정에서 해당 에어컨을 담보로 하는 PMSI를 생성했다. 이에 대해 에어컨 회사는 당일에 record했고, 에어컨은 갑의 주택에 설치되었다. 갑이 에어컨에 대한 채무를 불이행한 경우, 에어컨에 대해 Bank와 에어컨 회사 중 누가 priority를 가지는가? (notice statute를 적용하여 답하라)

⇒ 에어컨 회사. 에어컨 회사는 PMSI를 생성할 당시 Bank의 채권에 대해 constructive notice를 가지고 있었으므로, Bank가 priority를 가진다. 다만, 에어컨은 fixture로서 PMSI에 대한 record가 에어컨이 설치된 주택에 대한 채권이 record된 시점을 기준으로 20일 이내(12일 후)에 record되었으므로, 예외 rule이 적용된다. 따라서 에어컨 회사가 우선권을 가진다.

2. Fixture Filing

A fixture filing must be filed in the same office where a mortgage on the **related real property would be filed,** not in the state's central filing office. Perfection of a fixture is governed by the law of the state **in which related real estate is located** (conflict of laws).

V. Adverse Possession

A. General Rule

Adverse possession이란 점유취득을 뜻한다. 여기서 '점유'는 한국법상 점유와 동일한 개념이다. 점유취득은 점유자의 점유가 다섯 요건을 만족하고 취득시효가 완성된 후 법원의 판결을 받음으로써 확정되는 바, 점유자가 전체 부동산 중 실제로 점유한 부분에 한해 인정된다. 취득시효는 각 주마다 다르게 규정하고는 있으나 일반적으로 10년 또는 20년이며, 취득시효 완성여부는 본래의 소유자가 '소송을 제기한 날짜'를 기준으로 판단한다. 점유취득의 다섯 요건은 지속적 점유(continuance), 공연한(open and notorious) 점유, 실질적(actual) 점유, 배타적(exclusive) 점유 그리고 타인의 토지에 대한 소유의 의사를 가진(hostile) 점유이다. 첫째로, 점유는 취득시효동안 지속(continue)되어야 한다. 다만, 한 사람의 점유가 지속되어야 하는 것은 아니고, 다수의 사람이 서로간 계약·유증 등과 같은 자발적인 권리이전을 통해 privity를 형성하였다면 그들의 점유기간을 합해 취득시효를 완성한 경우에도 지속성(continuance)이 인정된다. 둘째, 점유는 토지의 원래 주인이 타인이 자신의 토지를 점유하고 있다는 것을 인지가능할 정도로 공연(open and notorious)해야 한다. 셋째, 점유자의 토지 사용이 합리적인 토지주가 사용했을 방법과 동일해야 한다(actual). 넷째, 점유자는 토지주와 토지를 공유하지 않고 배타적(exclusive)으로 점유해야 한다. 점유자가 토지주가 아닌 자(들)과 함께 점유한 경우에도 점유취득이 인정되며, 점유를 함께한 자들간에는 tenancy in common가 형성된다. 다섯째, 점유는 토지주인에 대해 적대적(hostile)이어야 하는데, 이는 토지주의 허가 없는 점유를 뜻한다. 점유자가 점유하고 있는 해당 토지가 자신의 토지라고 믿었다 하더라도, 주인의 허가가 없다면 hostile 점유로 인정된다(다수설).

The possessor acquires title by adverse possession **only to the portion** of the tract for which he meets all five requirements: actual use, open and notorious use, exclusive use, continuance, and hostility.

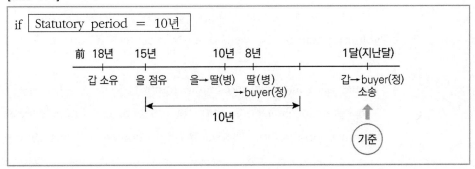

1. Requirements

"COACH" – Continuance, Open and notorious, Actual, exClusive, Hostile

a. Continuance

점유는 취득시효동안 지속(continue)되어야 한다. 다만, 한 사람의 점유가 지속되어야 하는 것은 아니고, 다수의 사람이 서로간 계약·유증 등과 같은 자발적인 권리이전을 통해 privity를 형성하였다면 그들의 점유기간을 합해 취득시효를 완성한 경우에도 지속성(continuance)이 인정된다. 취득시효 완성은 본래 소유자(갑)가 점유자를 상대로 소송을 제기한 시점을 기준으로 판단한다. 다수의 점유자가 privity를 형성하였고, 그중 최종 점유자(정)가 해당 토지를 점유한 시점은 취득시효 완성과 무관하다. 한편, 본래의 토지 소유자가 해당 토지에 대한 present and future estates를 설정한 경우, 취득시효는 어떻게 계산되는가. 각 권리자의 권리가 present interest가 된 시점이 취득시효 기산점이 되고, 각 취득시효 기산점에서 시효를 완성해야만 점유취득이 인정된다.

The possession is required to be endured^{지속되다} in adverse possession purpose for the statutory period.

i. In Privity

When multiple adverse possessors are **in privity** with one another, the period of their respective possessions **can be**

aggregated for the purpose of adverse possession.

"Privity" means a relationship between possessors created by **voluntary transfer** between them by descent^{법정상속}, devise^{유증}, or deed.

ii. Statute of Limitations and Future Interest

The statute of limitations does not run until that **future interest becomes possessory.** This is because holders of such future interest has no right to possession and has no cause of action against the adverse possessor before the interest becomes possessory.

case

토지 ABC의 소유자 갑's will: "to 을 for life, then to 병." 갑이 사망하자 을 이 ABC에서 거주하다가 이민을 떠났다. 이후, 정이 ABC를 무단으로 점유하 였고, 정이 점유한지 8년이 지난 시점에 을이 사망하였다. 을이 사망했을 당 시, 병도 외국에서 생활하고 있었다. 병은 을이 사망한지 5년 후에 비로소 정 의 점유를 알게 되었고, 정을 상대로 quiet title 권리를 주장하며 소송을 제기 하였다. 이에 정은 점유취득 시효의 완성을 주장했다(본 재판권에 적용되는 점유취득 시효는 10년이다). Can 병 prevail?

⇒ Yes. 갑이 사망 후, 을은 life estate(present interest)를 가지고 병은 indefeasibly vested remainder(future interest)를 가진다. 따라서 을의 권 리와 병의 권리가 present interest가 된 각 시점이 취득 시효 기산점이 된 다. 즉 본 사안에서는 갑이 사망한 시점과 을이 사망한 시점, 이렇게 두 취득시효 기산점이 있는 것이다. 각 취득시효 기산점에서 시효를 완성해 야만 점유취득이 인정된다. 정은 을이 권리를 가지고 있을 때 8년동안 점 유를 하여 점유취득 시효를 완성하지 못했다. 한편, 병이 권리를 가진 시 점에 정의 점유는 3년동안 유지된 바, 점유취득 시효를 완성하지 못했다. 따라서 정은 점유취득을 주장할 수 없다.

b. Open and Notorious Use

The possession must put an landowner **on notice** of adverse possession if the landowner inspected the land.

c. Actual Use

The use must be same with how a **reasonable landowner would have used** it if in possession.

d. Exclusive Use

The possession by the adverse possessor should **not be shared with the true owner.**

The possessor may share the possession with two or more individuals together and they will obtain the title as **tenants in common.**

e. Hostile Use

The possessor took possession on the land **without the true owner's permission.** Whether the possessor believed in good faith that he owns the land is irrelevant.

2. Boundary Line Agreements

When a boundary line is fixed but later it turns out not to be the true line, the ownership is recognized based on the fixed boundary line if:

ⅰ. There was original uncertainty as to the true line;

ⅱ. The boundary line is established by agreement between the adjoining landowners; and

ⅲ. Adjoining owners made acquiescence in the agreed line for long time.

If the statutory period has been passed, ownership following the agreed line is fixed as the adverse possession.

If the statutory period has not been passed yet and the true owner raises claim, ownership as per the agreed line is fixed because of the estoppel doctrine.

3. Easement and Adverse Possession

점유취득자의 권리는 원래 소유자의 권리보다 클 수 없다. 따라서 갑이 부동산을 소유하던 당시 easement가 존재했다면, adverse possession을 통해 소유권자가 변경되었다 할지라도 easement 소지자의 권한은 그대로 유지된다. 다만, statutory period 중에 abandonment, merger, termination of necessity 등 easement 소멸 사유가 존재했다면, adverse possessor의 easement에 대한 의무도 소멸된다.

The nature of the acquired title by adverse possession is no greater than the title of the holder of the cause of action who was barred by the running of the statute of limitations (SOL).

B. Disability and Adverse Possession

토지주가 disable한 상태에서 점유자가 무단으로 점유하는 경우에는 취득시효가 진행되지 않는다. 반면, 점유자가 특정 토지를 무단으로 점유한 이후에 토지주가 disable하게 된다면 취득시효는 무단으로 점유한 시점에서 진행되어 중간에 발생한 disability의 영향을 받지 않는다. 여기서 'disable'하다는 것은 무단점유자를 막을 수 없는 상태를 일컫는 바, 토지주가 insane한 경우, 미성년자(minority)인 경우, 감금(imprisonment)되어 있는 경우 등이 포함된다.

When the possession (the cause of action) occurs during the time that the true owner is under disability, the statute period will **not begin to run.** However, the statute period begins to run when disability occurs after the possession occurs.

C. Inapplicable Land

Government-owned land cannot be adversely possessed. Thus, possessor would argue that the government-owned land has a defect in the chain of title to establish title to it.

VI. Conveyance

Conveyance는 '소유권 이전'을 뜻하는 바, 매매계약을 통한 conveyance와 증여 및 유증을 통한 conveyance 모두 포함하는 개념이다. 기본적으로 conveyance는 부동산 '양도문서(deed)'가 '이전(移轉, deliver)'됨으로써 그 유효성이 인정되는 바, 'deed의 이전'으로 이해하는 것이 더 명확하다. Deed 는 특정 부동산의 소유권을 이전한다는 것을 증명하는 문서로서, 양도인, 양 수인, 부동산 소재지를 내용으로 한다. Deed가 양수인에게 전달(deliver)된 경우에 한해 conveyance가 인정되나, 매매계약을 통한 conveyance의 경우에 는 별도의 매매계약서(land sale contract)가, 유증을 통한 conveyance는 별 도의 유언장(will)이 추가로 작성될 것이다. 매매계약서(land sale contract)는 당사자에게 특정 부동산에 대한 채무 및 채권, 예컨대 부동산 대금을 지불할 채무, closing date에 소유권을 이전해야 하는 채무를 부여한다는 점에서 deed와 차이가 있다. 본 챕터는 양도문서(deed), 부동산 매매계약(land sale contracts), 양도문서를 이전하는 시점(closing)을 기준으로 closing 시점 이전 과 이후에서의 논점들, 정부에 소유권을 이전하는 dedication, 등기(recording, 登記), 이렇게 여섯 가지에 대해 논한다.

Conveyance is a transferring title of real property. Transfer of title is accomplished by a **deed** and the deed must be **delivered.**

A. Deed

Deed는 특정 부동산의 소유권을 이전한다는 것을 증명하는 문서로서, 양도 인(offer), 양수인(acceptance), 부동산 소재지를 내용으로 한다. 양수인의 서 명이 있는 deed만이 그 유효성이 인정되며, 양도인과 양수인간 consideration 은 계약의 성립요건으로서, deed의 성립요건은 아니다. 예컨대, 갑이 자신의 딸인 을에게 ABC토지를 '증여하는(gift)' 경우 deed를 을에게 전달함으로 써 소유권을 이전할 수 있으며, 갑과 을간의 consideration이 없더라도 해당 증여는 유효하다. 만일 갑이 을에게 ABC토지를 '매매(sale)하는' 경우라면, consideration이 적히지 않은 deed는 유효하며 을에게 전달되었다면 conveyance가 유효하나, 갑과 을간 체결한 매매계약은 성립요건을 만족하지 못하였으므로 을이 갑에게 대금을 지급하지 않는다 하더라도 갑은 을을 상대로 소송을 제기할 수 없다. 한편, 소유권 이전은 deed가 delivery된 시점에 이루어지며, deed의 delivery는 양도인의 intent를 기준으로 판단하는 바, 물리적으로 deed가 양수인에게 전달되었다는 사실은 소유권 이전(conveyance)여부를 판단하는데 영향을 미치지 않는다.

1. Formalities

a. General Rule

A deed is valid when there is an offer and acceptance between the parties and it is in a writing signed by the party to be charged. **Consideration is not required for conveyance.** If a transaction is a gift, intent, delivery, and acceptance are required.

b. Acceptance

To be a valid conveyance, an acceptance by the grantee is required. In most jurisdictions, acceptance is **presumed** if the conveyance is **beneficial to the grantee.**

2. Delivery

a. General Rule

Transfer of an interest in property occurs when **a deed is delivered.** To be a valid delivery, there must be a transfer of **grantor's intent** to pass title of the land, rather than physical transfer of a deed. Once a deed is effectively delivered and title passes to the grantee, neither a cancellation nor a reconveyance has effect on title.

✔ 갑이 을에게 deed를 주었으나, 그 이후 갑이 을에게 해당 토지를 딸 병에게 양도하고 싶다고 얘기하자 을이 해당 deed를 '찢은 경우' →

Deed를 훼손시키는 것은 title 이전의 효력과 무관하며, 을이 갑에게 deed를 전달(delivery)하지 않음. → 을 has title.

b. Presumed Delivery

Delivery is presumed delivered if:

ⅰ. The deed is **handed to the grantee;** or

ⅱ. The deed is acknowledged^{승인된} by the grantor and **recorded.**

c. Conditional Delivery

ⅰ. **General Rule**

When title does not pass to the grantee until the specified conditions are performed, it is a conditional delivery. Conveyance of title occurs **upon the performance of the condition.**

ⅱ. **Exception (Relation-Back Doctrine)**

However, **if justice requires, relation-back doctrine** applies and the title is deemed conveyed **at the time the grantor deposits the deed in escrow.** Usually, when the grantor becomes incompetent to convey title, justice requires to apply relation-back doctrine.

3. Void and Voidable Deeds

a. Void Deeds

A deed is void when it:

ⅰ. Is forged;

ⅱ. Was never delivered;

ⅲ. Were issued to a grantee who does not exist; or

ⅳ. Were obtained by fraud in the factum.

b. Voidable Deeds

A deed is voidable when it:

ⅰ. Is executed by a minor;

ⅱ. Is executed by a person who lacks capacity; or

iii. Is obtained by fraud in the inducement, duress, undue influence, mistake, or breach of fiduciary duty.

4. Ademption

Ademption은 '유증 철회'라는 뜻으로서, 이는 유언자가 부동산(specific bequest)을 유증하였으나, 그 유언자가 사망했을 당시 해당 부동산에 대해 소유권을 가지고 있지 않은 경우 발생한다. 예컨대, 갑이 "ABC 토지를 딸 을에게 유증한다."고 유언장을 작성 후 병에게 해당 토지를 매매하였다면, 갑이 사망했을 당시 ABC 토지의 소유권은 병에게 이전된 상태이므로 을에 대한 유증은 be adeemed되어 을은 ABC 토지에 대해 어떠한 권리도 가질 수 없다. 이는 을과 병간 priority에 대한 논점이 아니므로 recording statute 및 record여부는 이와 무관하다.

Under the common law, an ademption occurs when the subject matter of specific devise **does not exist** in the probate estate **at the time of the testator's death.**

5. Estoppel by Deed

• Estoppel by deed = After-acquired title

Estoppel은 금반언(禁反言), 즉 먼저 한 주장에 반대되는 진술을 뒤에 하는 것을 금지함을 뜻한다. Estoppel by deed doctrine은 title을 이전 받기 전에 제3자에게 해당 title을 이전한 경우, 해당 토지에 대한 소유권을 주장할 수 없다는 내용의 원칙이다. 예컨대, 9월 1일에 갑(을의 아버지)이 을에게 ABC토지를 10월에 증여하겠다고 알려주자 을이 그날 ABC토지를 병에게 매매하였다고 가정해보자. 10월 1일에 갑이 을에게 ABC토지를 증여하였다면, 갑과 을 중 누구에게 ABC토지에 대한 소유권이 인정되는가. 을은 병에게 매매하였으므로 이에 반대되는 진술(ABC토지에 대한 소유권 주장)을 할 수 없다. 따라서 해당 토지에 대한 소유권은 병에게 귀속된다. 다만, 본 원칙이 적용된다 하여 BFP를 보호해야 한다는 기본 법리가 적용되지 않는 것은 아니므로, 을이 title을 가지게 된 이후 BFP인 정에게 해당 토지를 매매하였다면, 정의 소유권이 인정된다.

a. General Rule

Under the estoppel by deed doctrine, a grantee gets title if a grantor conveyed an estate at the time that he had no interest but subsequently acquired title after the conveyance.

A **bona fide purchaser** gets title if the grantor conveyed the estate to BFP after he acquired the title.

b. Recording by Original Grantee

If the grantee gets title and recorded it, it prevents subsequent grantees from being BFPs. Thus, grantee gets title, not subsequent grantees. This is because the burden of searching the title is on the grantees.

---

case 1

① 9월 1일, 갑(을의 아버지)이 을에게 ABC토지를 10월에 증여하겠다고 알려주자 을이 그날 ABC토지를 병에게 매매하였다. 10월 1일, 갑이 을에게 ABC토지를 증여하였다. 누구에게 ABC토지를 대한 소유권이 인정되는가?
⇒ 병(grantee)

② 9월 1일, 갑(을의 아버지)이 을에게 ABC토지를 10월에 증여하겠다고 알려주자 을이 그날 ABC토지를 병에게 매매하였다. 10월 1일, 갑이 을에게 ABC토지를 증여하였다. 10월 2일, 을이 정에게 ABC토지를 매매하였고, 정은 을이 병에게 해당 토지를 매매했다는 사실을 모른다. 누구에게 ABC토지에 대한 소유권이 인정되는가? (을, 병, 정 모두 record하지 않았다고 가정한다.)
⇒ 정(BFP)

③ 9월 1일, 갑(을의 아버지)이 을에게 ABC토지를 10월에 증여하겠다고 알려주자 을이 그날 ABC토지를 병에게 매매하였고, 병은 이에 대해 record하였다. 10월 1일, 갑이 을에게 ABC토지를 증여하였고, 을은 이를 record하였다. 10월 2일, 을이 정에게 ABC토지를 매매하였고, 정은 이를 record하였다. 누구에게 ABC토지에 대한 소유권이 인정되는가? (Notice statute가 적용된다고

가정한다.)

⇒ 병, because 정 is not a BFP. This is because the burden of searching the title is on the grantees(정).

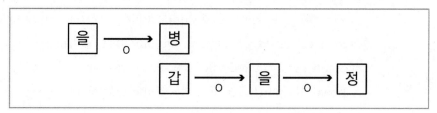

---

case 2

9월 1일, 갑(을의 아버지)이 을에게 ABC토지를 10월에 증여하겠다고 알려주자 을이 그날 ABC토지를 병에게 매매하였고, 병은 이에 대해 record하였다. 10월 1일, 갑이 을에게 ABC토지를 증여하였다. 10월 2일, 을이 정에게 ABC토지를 매매하였다. 누구에게 ABC토지에 대한 소유권이 인정되는가? (Race-notice statute가 적용된다고 가정한다.)

⇒ 정, because he has the **limited search burden.** Grantee(정)가 "limited search burden을 가지고 있다"는 것은 자신에게 estate를 넘겨준 grantor (을)가 grantee가 된 시점 이후의 record만을 검색할 의무가 있다는 것을 의미한다. 따라서 정은 을이 정에게 ABC토지를 매매한 시점, 즉 10월 2일 이후의 record를 검색할 의무만을 지는 바, 그 이전에 병이 record한 내용에 대해서는 no notice임이 인정된다. Limited search burden은 grantor-grantee index 또는 race-notice statute를 채택하는 경우에 한해 인정된다.

B. Land Sale Contracts

1. Statute of Frauds

a. General Rule

A land contract is subject to the statute of frauds and it must be **in a writing signed by the party to be charged.** Under the statute of frauds, the writing must contain **essential terms** of the contract including:

i. A **description** of the property;

ii. Identification of the **parties;** and

iii. The **price** of the property.

b. Exception (Part Performance)

원칙적으로 토지계약은 서면으로 작성되어야만 유효한 계약으로 인정되나, 매수인이 일정 행위(part performance)를 이미 행한 경우 서면으로 작성되지 않은 토지계약도 유효하다고 본다(doctrine of part performance). Part performance는 매수인이 토지를 점유한 경우, 매수인이 토지를 상당히 개량한 경우, 그리고 매수인이 매매대금의 전부 또는 일부를 지급한 경우 중 두 가지 이상에 해당하면 인정되고, part performance가 인정된다면 법원은 서면으로 작성되지 않은 토지계약의 이행을 강제할 수 있다.

When a part performance of a contract is given, a writing requirement can be waived. Part performance is recognized when **two of the following** situations occur:

i. The purchaser **possesses the land;**

ii. **Substantial improvements** are made; **and/or**

iii. The purchaser makes a payment of **all or part of the purchase price.**

c. Reformation

Reformation is an equitable action, correcting the deed to make it conform to the intent of both parties. After reformation is taken, parties cannot sue for specific performance.

The court may order reformation when:

ⅰ. The deed does not contain what the parties agree or a drafter's error; and

ⅱ. There is an **unilateral mistake** and **misrepresentation** is involved.

2. Time is Not of Essence

In real estate contract, time is **not of the essence** unless there is an explicit time of the essence clause. When performance is slightly delayed and is made within a reasonable time, it is not considered a material breach.

3. Remedies for Breach of Land Sale Contracts

a. Damages

ⅰ. General Rule

> K. $ – fair mkt $ (breach) + incidental $

Generally, damages is the difference between the contract price and the fair market value of the land on the date of the breach. Incidental damages can be recovered.

✔ Title examination — incidental damages
✔ Storage costs — incidental damages

ⅱ. Liquidated Damages

Liquidated damages are damages enforced upon the clause of the contract.

It is admissible only when:

① Damages are **difficult to calculate;** and

② Damages are **unreasonable** (characterized as **penalty**).

Usually, a deposit of up to **10% of the sales price** is reasonable as liquidated damages.

iii. Installment Contracts

In an installment land contract, default occurs when the buyer has made late payments. However, strict on-time payment cannot be insisted if a seller has accepted late payments.

b. Specific Performance

Since the contract of the land is **unique,** damages (remedies at law) is inadequate. Thus, **a court of equity** will order a seller to do specific performance, conveying the title, if the buyer tenders the purchase price.

c. Implied Warranty of Fitness or Quality

Unlike the sale of personal property, no implied warranties of quality or fitness for the purpose intended. However, the sale of a **new house** raises implied warranties of quality or fitness **by the builder.**

C. Before Closing

「C. Before Closing」과 「D. After Closing」은 closing하기 이전과 이후의 기간과 연관된 논점에 대해 논한다. Closing은 '부동산 거래의 종결'이란 뜻으로서, 소유권이 양수인에게 이전되는 시점을 뜻한다. 보통 closing하는 시점에 매도인이 매수인에게 대금을 지급하고, 매도인이 deed를 지급하는 바, closing 시점과 deed가 deliver되는 시점이 동일한 경우가 많다. Closing 이전의 기간과 연관된 논점에는 위험부담(risk of loss)에 관한 이론인 doctrine of equitable conversion과 부동산 매매계약에서의 marketable title이 있고, closing 이후의 기간에는 양도인이 양수인에게 보장하는 내용(covenants)에 대해 논하는 바, 이는 deed의 유형에 따라 다르다.

1. Doctrine of Equitable Conversion

매매계약을 통해 conveyance를 하는 경우, 대개 당사자간 매매계약을 체결하고 일정 기간 이후에 부동산 양도증서(deed)를 넘기는 closing 단계를 통해 소유권을 이전한다. 즉 deed를 넘김으로써 부동산 소유권이 매도인으로부터 매수인에게 이전된다. 그렇다면 매매계약 체결 후 deed를 넘기기 전 기간 동안 부동산 소유권은 누구에게 있는가. 이에 대한 이론이 doctrine of equitable conversion이다. 본 이론에 따르면, 부동산 매매계약 체결 후 closing하기 전 기간 동안 매도인(seller)은 목적물에 대해 legal title을 가지고, 매수인(buyer)은 equitable title을 가진다. 다만, seller의 legal title은 buyer로부터 대금을 받기 위한 담보(security) 정도의 권리일 뿐 실질적인 권리는 buyer이 가진다. 따라서 매매계약을 체결하면 buyer이 부동산에 대한 권리를 가지고 위험부담(risk of loss)도 진다(다수설). 여기서 '위험'은 당사자 쌍방의 책임 없는 사유로 인해 급부가 불능이 된 경우 발생하는 불이익을 뜻한다.

당사자 쌍방의 책임 없는 사유로 인해 급부가 불능이 된 경우는 크게 ① 목적물이 멸실된 경우와 ② 당사자가 사망한 경우가 있다. ① 목적물이 멸실된 경우에는 buyer이 risk of loss를 진다. 예컨대, 주택 매매계약 체결 후 closing하기 전에 목적물인 주택이 전소되었다면, seller의 채무는 소멸되지만 위험부담을 지는 buyer의 채무는 여전히 유지된다. 즉 buyer은 목적물을 받지 못하더라도 대금을 지급해야 하는 것이다. ② 매매체결 후 closing하기 전 당사자가 사망을 한 경우, seller가 사망한 경우와 buyer가 사망한 경우 결과가 다르다. 우선 매매체결 후 당사자가 사망한다면, 계약상의 권리 및 의무는 사망한 당사자의 상속자가 상속받게 된다. 즉 seller가 사망한다면 그 상속인이 부동산 소유권 이전의 의무와 대금을 받을 권리를 상속받고, buyer가 사망한다면 그 상속인이 대금지급의 의무와 부동산 소유권을 이전받을 권리를 상속받는다. 여기서 seller의 상속인이 상속받는 '대금을 받을 권리'는 personal property(동산)이고, buyer의 상속인이 상속받는 '부동산 소유권을 이전받을 권리'는 real property(부동산)이다. 예컨대, seller 갑과 buyer 을간 주택 매매계약을 체결하였고 closing하기 전 갑이 사망한 경우, 갑의 대금 받을 권리는 갑의 personal property를 상속받는 자가 상속받는다. 만일 을이 사망하였다면, 을의 주택 소유권을 이전받을 권리는 을의 real property를 상속받는 자가 상속받는다.

a. General Rule

Under the doctrine of equitable conversion, buyer obtains **equitable title** and seller retains **legal title** when a land contract is signed and is enforceable. The seller's legal title is considered as **personal property** and the buyer's equitable title is considered **real property.**

b. Risk of Loss

In the majority jurisdictions, the buyer is deemed the owner of the property and **the risk of loss is on the buyer.**

In some jurisdictions adopting the Uniform Vendor and Purchaser Risk Act, the risk of loss is **on the seller** unless the buyer has possession or title of the property at the time of the loss.

2. Marketable Title

모든 부동산 매매계약에는 매도인(seller)이 매수인(buyer)에게 marketable title을 양도해야 한다는 implied covenant가 존재한다. 여기서 'marketable' 하다는 것은 해당 목적물에 대해 ① 소유권상 문제가 없고, ② encumbrances가 없으며, ③ zoning ordinance를 위반하지 않는다는 것을 의미하며, 'implied' covenant라는 것은 계약의 목적물인 부동산이 marketable 하다는 것을 계약서상 명시하지 않더라도 seller가 지켜야 하는 약속임을 뜻한다. 다만, 본 약속이행 여부는 closing 시점 이후에 판단하는 바, buyer가 계약체결 후 closing하기 전 해당 부동산이 unmarketable하다는 것을 알게 된다하더라도 이에 대해 소송을 제기할 수는 없고 closing하기를 거부할 수는 있다.

① 소유권상 문제가 있다는 것은 양도자가 행위능력(capacity)이 없는 경우, 해당 목적물이 adverse possession으로 취득된 경우, 또는 해당 목적물의 미래 권리(future interest)를 아직 태어나지 않은 자 또는 현존하지 않은 자가 가지고 있는 경우를 뜻한다. 그중 목적물의 미래 권리(future interest)를 아직 태어나지 않은 자 또는 현존하지 않은 자가 가지고 있는 경우 unmarketable하다고 보는 것은 소유권을 이전하는 데 있어 반드시 현재

권리자와 미래권리자 모두가 참여해야 하나, 아직 태어나지 않은 자 또는 현존하지 않은 자는 소유권 이전에 참여할 수 없으므로, unmarketable하다. ② Encumbrance의 사전적 의미는 '짐, 폐'이다. 이는 non-possessory interest를 뜻하는 바, 제3자가 non-possessory interest를 가지는 부동산이 양도되는 경우 양수인 입장에서 그러한 권리들이 짐이라는 의미로 부동산의 marketability에 대한 논점에서 사용된다. Mortgage, easement, profits, license, covenants, servitude 등이 이에 해당한다. 부동산의 가치를 하락시키는 easement, 양도인이 양도받을 당시 몰랐던 easement, real covenant, significant encroachment가 존재하는 토지는 unmarketable하다. Seller는 closing하기 전 또는 closing하고 일정 시점 이내에 이러한 encumbrance를 제거하여 해당 부동산의 title을 clear하게 해야 한다. 예컨대, 부동산에 대해 mortgage가 있는 경우, seller는 closing할 때 buyer로부터 받은 매매대금으로 mortgage 채무를 이행한다면 해당 부동산의 title은 marketable하다고 본다. ③ Zoning ordinance는 용도지역 조례(用途地域)를 뜻하는 바, 이를 위반하고 있는 토지 또한 unmarketable하다.

a. General Rule

In every land contract, there is an **implied covenant** (implied warranty) that the seller will provide the buyer **with a marketable title at the time of closing.**

Thus, the buyer **cannot sue** the seller for the unmarketable title **prior to closing.** However, the buyer **may refuse the closing.**

b. Implied Covenants

There are **three** implied covenants: no defects in chain of title, no encumbrances, and no zoning restrictions. Defects can be waived in the land contract.

ⅰ. No Defects in Chain of Title

When there is a defect in the chain of title, title is unmarketable. In the following situations title is considered unmarketable:

① A prior grantor lacks capacity to convey the title;

② Title is acquired by adverse possession (only in bar exam); or

③ The future owners hold **unborn or unascertained** interest.

When the future owners hold **unborn or unascertained** interest and the present owner tries to transfer fee simple absolute title, the title is unmarketable. This is because title is marketable only when **both the owners of present interest and future interest** participate in the transaction.

---

case

갑이 을에게 "갑 to 을 for so long as the property is used as a school."이라는 내용의 deed를 전달했다. 이후, 갑은 사망했고 병이 그의 유일한 상속자이다. 을이 갑으로부터 양도받은 토지를 정에게 매매하고자 계약을 체결하였으나, 정이 title is unmarketable을 주장하며 closing하기를 거부했다. Can 을 enforce the specific performance against 정?

⇒ No. 갑·을간 deed에서 을은 fee simple determinable, 갑은 possibility of reverter이다. 갑이 가지는 토지에 대한 권리는 미래의 권리이자 unascertained 권리로서, 정이 주장하는 바와 같이 병이 양도하고자 하는 title은 해당 토지에 대한 현재의 권리자와 미래의 권리자 모두 계약에 참여해야만이 marketable하다. 본 사안에서 현재의 권리자는 을이고, 미래의 권리자는 갑이 사망하였으므로 그 상속자인 병이다. 병은 을·정간 계약에 참여하지 않았으므로 title is unmarketable.

ii. No Encumbrances

Encumbrances include mortgages, liens, easements, and covenants and those generally make title unmarketable.

① Easements

Only easements that **reduce the value** of the property are encumbrances and those make title unmarketable. In majority jurisdictions, the following easements are not encumbrances:

(a) A **beneficial easement;** or

(b) An easement that was **visible or known to the buyer.**

② **Restrictive Covenants**

Only **restrictive covenants** make title unmarketable.

③ **Encroachments**

A **significant** encroachment make title unmarketable.

iii. **No Violations of Zoning Ordinance**

When there is an **existing violation** of a zoning ordinance, title is unmarketable. **Mere existence of the zoning restrictions** does not make title unmarketable.

✔ The zoning ordinance forbids the height of the roof. — not make title unmarketable (marketable title)

✔ The company violates the zoning ordinance. — unmarketable title

[Zoning Ordinance]

① **General Rule**

Zoning ordinances are statutes enacted to control the use of land for citizen's health, safety, morals, and welfare purposes. Zoning is enacted based on the state's police power and is limited by the Due Process Clause of the Fourteenth Amendment.

② **Variance**

When the ordinance causes **a unique hardship** on a property owner, **variance** may be granted. The burden of proof is on the **property owner** and he must additionally show that the variance will not be against the public welfare.

c. Remedies

If the title is unmarketable **after closing**, the buyer can rescind, sue for damages for breach (of warranty), or get specific performance with an abatement of the purchase price.

Abatement of the purchase price means that the reduced value from the purchase price because of the title defects.

D. After Closing

1. Covenants for Title

Covenant는 '약속'으로 직역되나, covenants for title에 관한 부분에서는 '보장'으로 해석하는 것이 그 의미를 이해하기 쉽다. Covenant for title은 부동산 seller가 buyer에게 양도한 등기(deed)상의 보장을 의미한다. 이는 seller와 buyer간 체결한 매매계약서상의 내용, 즉 seller와 buyer간 별도로 약속한 내용을 의미하는 것이 아니고, 등기(deed)의 속성상 당연히 함축되어 있는(implied) 보장을 뜻한다. 미국 등기에는 seller가 보장하는 buyer의 권리 내용 및 범위에 따라 general warranty deed, special warranty deed, quitclaim deed, 이렇게 세 유형으로 구분한다. 한편, 앞서 논한 marketable title은 covenant for title과 구별되는 개념이다. Marketable title은 앞서 언급한 바와 같이 부동산 매매계약을 체결하는 데 있어 seller가 buyer에게 반드시 보장해주어야 하는 내용으로서, 그 내용은 해당 목적물이 ① 소유권상 문제가 없고, ② encumbrances가 없으며, ③ zoning ordinance를 위반하지 않는다는 점이다. 다시 말해, marketable title은 등기가 buyer에게 양도되기 '이전'까지 보장되는 내용으로서 marketability는 '계약'상의 문제인 반면, covenant for title은 등기가 매수인에게 '양도된 시점 또는 그 이후'부터 보장되는 내용으로서 'deed'상의 문제이다.

Covenants for title are assurances that a grantor gives to the grantee (and the grantee's successors) as to the title being conveyed. The scope of covenants the title assures is determined based on the types of the deeds. There are three types of deeds: the general warranty deed, the special warranty deed, and the quitclaim deeds.

a. General Warranty Deed

ⅰ. General Rule

The grantor who conveys a general warranty deed covenants **against all prior titleholders** (both by himself and by all prior title-holders).

ⅱ. Six Covenants

Usually, a **general** warranty deed contains six covenants: covenant of seisin^{점유권}, covenant of right to convey, covenant against encumbrances, covenant for quiet enjoyment, covenant of warranty, covenant for further assurances. Former three covenants are called as present covenants and others are future covenants.

① Covenant of Seisin

It is a covenant that the grantor **has both title and possession** on the estate or interest that he is going to convey.

② Covenant of Right to Convey

It is a covenant that the grantor is **legally allowed to sell** the property.

③ Covenant against Encumbrances

It is a covenant that there are no encumbrances against the title or interest, such as easements, profits, and mortgages.

④ Covenant for Quiet Enjoyment

It is a covenant that the property is free of debt or other claims of title by a third party.

⑤ Covenant of Warranty

It is a covenant that **the grantor defends** any claims of title raised by a third party **on behalf of the grantee**. It also guarantees the grantor's compensation to the grantee for any loss caused by such claims.

⑥ Covenant for Further Assurances

It is a covenant that the grantor performs any acts necessary to perfect the title if it turns out to be imperfect.

iii. Breach of Covenants

Present covenants are breached **at the time of conveyance** and the statute of limitations begins running at the time of conveyance.

Future covenants are breached **at the time of interference** with the possession by a third party; the statute of limitations begins running when the interference occurs. If there is no interference, future covenants are not breached.

① Covenants of Seisin and Right to Convey

If the grantee reconveys and there is a breach of the covenant, the subsequent grantee has no right of action against the original grantor.

② Covenant against Encumbrances

The breach of the covenant against encumbrances is recognized regardless of the grantee's notice on it.

③ Other Covenants

Future covenants are breached only when a third party interferes with the possession of the grantee or her successors.

iv. Remote Grantees

As the covenants run with the land, remote grantees (subsequent grantees) can recover from the original grantor for the breach of the covenants.

b. Special Warranty Deed

A special warranty deed creates assurance **against the grantor,** not his all prior titleholders. The special warranty deed guarantees that:

i . There was no prior conveyance of same estate; and

ⅱ. There is no encumbrance on the estate.

c. Quitclaim Deeds

A quitclaim deed contains **no covenants** for title and the buyer cannot raise the claim for the breach of the covenants.

[표 1-3] Deeds

	Covenants	책임자
General deed	6개 • covenant of seisin • covenant of right to convey • covenant against encumbrances • covenant for quiet enjoyment • covenant of warranty • covenant for further assurances	all prior titleholders
Special deed	2개 • no prior conveyance of same estate • no encumbrance	grantor에 한함
Quitclaim deed	—	—

| TIP | Conveyance(매매계약에 따른)에 관한 출제요소

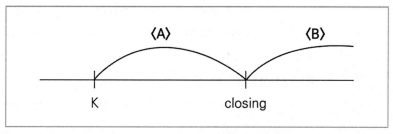

<A>

① risk of loss (equitable conversion doctrine)

② marketability of title

<B>

covenants of title (deed 유형)

E. Dedication

Dedication means transfer of land to a public, such as a city or county. An offer of dedication is created by:

ⅰ. Written or oral statement;

ⅱ. Submission of a map or plat showing the dedication; or

ⅲ. Opening the land for public use.

An acceptance by the public agency is necessary. An acceptance is created by:

ⅰ. A formal resolution;

ⅱ. Approval of the map or plat; or

ⅲ. Actual assumption of maintenance or construction of improvements by the agency.

F. Recording

Recording은 부동산 소유권 이전(移轉)을 공시하는 행위로서, 한국의 부동산 등기(登記)와 유사하다. 이는 부동산 매매계약의 성립요건이 아닌 '대항요건' 이다. 다시 말해, 매매계약 후 recording을 하지 않더라도 당사자간 계약은 유효하며 그에 의한 채권·채무도 유효하다. 다만, 매도인이 동일한 부동산에 대한 소유권을 제3자에게 중복 이전한 경우 매수인과 제3자간 우선권을 다툴 때 recording여부를 기준으로 판단한다.

1. General Rule

a. Common Law

At common law, first-in-time, first-in-right principle is used and the grantee first in time takes priority.

b. Modern Law

In modern, recording acts require a grantee to make a recording for priority purpose. Recording provides **notice to the world** that the title of certain property has already been conveyed. It is to protect all subsequent bona fide purchasers from unrecorded interests, but it is **not required for the validity of a deed.**

To prevent forgery, a buyer shall provide notice to the seller prior to the recording.

2. Recording Statutes

a. Notice Statutes

Under a notice recording statute, a subsequent purchaser can prevail over prior grantee only if:

ⅰ. The **prior** conveyances were **unrecorded;**

ⅱ. Subsequent purchaser **paid value** for the land; and

ⅲ. The purchaser took **without either actual, constructive, or inquiry notice** of the prior conveyances.

[Typical Example]

"No interest in real property shall be good against subsequent purchasers for a **valuable consideration** and **without notice thereof,** until the conveyance is recorded."

b. Race-Notice Statutes

Under a race-notice statute, a subsequent BFP is protected only if he records before the prior grantee.

[Typical Example]

"No interest in real property shall be good against subsequent purchasers for a **valuable consideration** and **without notice thereof,** whose conveyance is **first recorded.**"

c. Race Statutes

Under a race statute, whoever records first wins.

[Typical Example]

"No conveyance of an interest in real property shall be valid against third parties until it is **recorded.**"

d. Protecting Party (BFP)

Notice statutes and race-notice statutes only protect **bona fide purchasers.** A person is a bona fide purchaser who:

  i . Is a **purchaser;**

  ii . Takes land **without notice;** and

  iii. Pays **valuable consideration.**

TIP1 기본적으로 notice statutes와 notice-race statutes는 BFP만을 보호하지만 각 'statute의 내용'에 따라 그 보호되는 party의 범위가 달라질 수 있다. 예컨대, notice status에 "judgment creditor도 보호한다."는 내용이 있는 경우 해당 status는 BFP와 judgment creditor 모두 보호한다.

TIP2 우선권을 판단할 때, 동일한 real estate에 대해 권리가 나중에 생긴 자(subsequent party)가 BFP인지 그 여부를 기준으로 한다. 이때, judgment lien의 경우 lien holder가 해당 판결을 attach 및 file한 시점을 기준으로 권리가 생성된다고 본다.

---

e. Purchasers

  i . Typical Examples

    ✔ Donee, heir, devisee^{수증자} — purchaser ×

    ✔ Judgment creditors — purchaser ×

    ✔ Mortgagees — purchaser ○

  ii . Judgment Lien

    • "Attach" the judgment = "Record" the judgment = "File" the judgment

A judgment attaches only when it is recorded. The judgment attaches only to property **the debtor owns.**

[Typical Statute as to Judgment Lien]

"Any judgment properly filed shall, for 10 years from filing, be a lien on the real property then owned or subsequently acquired by any person against whom the judgment is rendered."

iii. Shelter Rule

Under the shelter rule, when a buyer acquires property free of a security interest, any subsequent transfer by the buyer is also free of the security interest. This is to protect a bona fide purchaser.

TIP 동일한 토지에 대해 연속적으로 판매가 이루어진 경우, 즉 buyer가 자신이 매입한 토지를 제3자에게 매매하는 경우 recording, priority, 또는 BFP에 대해 출제되었다면, shelter rule을 함께 고려하는 것이 고득점 포인트다.

f. No Notice

The purchaser who had no actual, constructive, or inquiry notice of the prior conveyance is protected under the recording statutes.

i. Constructive Notice

① General Rule

Constructive notice arises through the recording system or public record.

A purchaser is placed on constructive notice of all information that is properly recorded on the public records whether he sees it or not.

② Wild Deed

"Wild deeds" mean deeds that were recorded **outside the chain of title.** Courts have held that wild deed is not properly recorded, and imports **no constructive notice.**

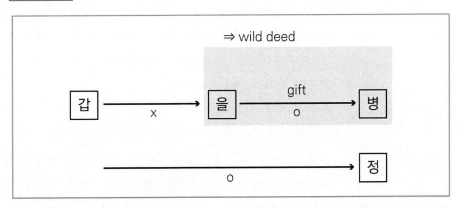

Notice statute가 적용되는 관할권이라 가정했을 때, 아들 병과 purchaser 정 중 누가 우선권을 가지는가?

⇒ 정. 을·병간 deed는 wild deed로서, 병의 권리는 record되지 않았다고 본다. 따라서 purchaser 정은 notice 없이 pay value한 BFP이고, 그의 권리는 notice statute로부터 보호받는다. 한편, 병이 해당 토지를 gift로서 유증 받았다는 사실, 즉 BFP가 아니라는 사실은 병·정간 우선권 판단과 무관하다. 우선권은 subsequent grantee(정)가 BFP인지 그 여부를 기준으로 판단되는 바, prior grantee(병)의 BFP여부는 본 사안과 무관하다.

③ Title Search

(a) Tract Index Search

A tract index is a document indexed by block and lot describing the land.

(b) Grantor-Grantee Index Search

A grantor-grantee index is a document listed names of grantors and grantees by alphabetic order. Purchaser is required to search for the seller's name as grantor only after the date where the grantor appears as a grantee.

ⅱ. Inquiry Notice

Inquiry notice exists when knowledge is imputed to a buyer from facts and circumstances suggesting the existence of a prior conveyance.

① Visible Inspection

The inquiry notice arises from the possibility of a visual inspection of the property or applicable record system.

② Inquiry Notice and Quitclaim

(a) Minority

In minority jurisdictions, a purchaser who takes by **quitclaim deed** is presumed to take with **notice** of any interests that could have been discovered by reasonable diligence.

(b) Majority

In majority jurisdictions, the rule adopted in minority jurisdictions is abandoned since there are many reasons for a grantor to convey by quitclaim deed.

Part Two. Non-Possessory Interests

앞서 언급한 바와 같이, 미국법상 부동산에 관한 권리는 possessory interest와 non-possessory interest로 구분된다. Possessory interest는 점유권 및 소유권을 뜻하며, non-possessory interest는 토지에 관한 점유권이 없는 권리를 뜻한다. 본 파트에서는 non-possessory interest에 대해 논하며, 크게 점유권 없는 사용권 (non-possessory right to use), 부동산에 관한 담보권(secured interest), 토지 소유권자에게 주어지는 natural rights, 이렇게 세 부분으로 구분된다.

I. Non-Possessory Right to Use

There are four types of non-possessory **rights to use** a land: easements, profits, covenants, and servitudes. License is a privilege in estates and it is not a non-possessory right.

A. Easements

- Easement holder: Easement 권리를 가지는 자
- Owner of servient tenement: Easement를 제공하는 자
- Owner of easement = Holder of easement: Easement를 누리는 자
- Tenement = Estate: 토지
- Servient tenement: Easement를 제공하는 토지

  A tract of land that is subject to the easement right
- Dominant tenement = Benefit tenement: Easement로 인해 가치가 상승하는 토지(easement appurtenant인 경우에만 존재)

  A tract of land that has the benefit of the easement
- Runs with the land: 사람(점유자)이 아닌 '토지'에 귀속된다는 의미로서, 토지에 관련된 사항은 소유권자 및 점유권자가 변경된다 하더라도 그대로 유지된다는 것을 뜻한다.

1. General Rule

The owner of dominant tenement (holder of easement) has **right to use a tract of land for a special purpose,** but no right to possess the land.

2. Types of Easements

Easements의 유형은 '내용,' 'dominant tenement 유무,' '생성 방법'과 같은 기준으로 구분될 수 있다. Easement의 '내용'을 기준으로 affirmative easement와 negative easement로 구분된다. 그 내용이 "내 토지(servient tenement)를 지나 다녀도 좋다"와 같이 easement권리를 가지는 자의 작위에 대한 것이라면 affirmative easement이고, "빌딩을 세우지 않겠다"와 같이 easement권리를 제공하는 자의 부작위에 대한 것이라면 negative easement이다. 한편, easement의 'dominant tenement 유무'를 기준으로 easement appurtenant와 easement in gross로 구분할 수 있다. Dominant tenement가 있는 경우에 easement appurtenant, 그렇지 않은 경우에 easement in gross라 일컫는다. Easement의 '생성 방법'을 기준으로 express easement, implied easement, easement by prescription, 이렇게 세 유형으로 구분할 수 있는데, 그 내용은 「4. Creation of Easement」 부분에서 자세히 논하기로 한다.

a. Affirmative and Negative Easement

i. Affirmative Easement

When there is an affirmative easement, a holder is **entitled to enter** upon the servient tenement and to make **an affirmative use** of it.

✔ "갑은 고속도로를 가기 위해 을 토지를 지나쳐 갈 수 있다(right-of-way)." → 갑: easement holder, 을 토지: servient tenement → 갑의 을 토지이용을 허용함. → affirmative easement
✔ "갑은 을 토지상에 전선/배수관(water pipe)/하수도(sewage system)를 설치할 수 있다." → 갑: easement holder, 을 토지:

servient tenement → 갑의 을 토지이용을 허용함. → affirmative easement

ii. Negative Easement

When there is a negative easement, an owner of the servient tenement **is refrained from engaging in activity upon the servient tenement** and a holder is entitled to compel him.

In modern, a negative easement means a restrictive covenant.

✔ "갑 토지의 일조량을 위해 을은 10층 이상의 건물을 건축하지 않는다." → 갑: easement holder, 을 토지: servient tenement → 을의 부작위(건축을 금함)에 대한 내용임. → negative easement

b. Easement Appurtenant and Easement in Gross

i. Easement Appurtenant

An easement is appurtenant when:

① There must be **two tracts of land** (the dominant/servient tenement); and

② The easement **directly** benefits the holder of the easement **in his physical use or enjoyment of dominant tenement.**

✔ 갑 토지와 을 토지 are adjoining tracts of land. "갑 토지의 일조량을 위해 을은 10층 이상의 건물을 건축하지 않는다." → 갑: easement holder, 을 토지: servient tenement → ① 갑 토지 (servient tenement)와 을 토지(dominant tenement) 모두 존재함. ② 해당 easement로 인해 을 토지 사용에 있어 직접적인 이익이 생김. → easement appurtenant

ii. Easement in Gross

An easement in gross is created when the holder of the

easement interest acquires a right of special use in the servient tenement, **regardless of his ownership or possession of another tract of land** (no dominant tenement).

Easement in gross can be either personal or commercial.

✔ "회사 을은 광산에 가기 위해 갑 토지를 지나쳐 갈 수 있다" → 을은 자신의 토지 유무와 무관하게 갑 토지를 이용할 수 있다. → easement in gross

3. Alienage

갑이 owner of servient tenement이고 을이 holder of easement라 가정해보자. 갑이 병에게 해당 토지를 매매한 경우 을은 여전히 해당 토지에 대한 easement를 주장할 수 있는가. 만일 을이 정에게 자신의 토지를 매매하였다면 정은 병을 상대로 easement를 주장할 수 있는가. 이는 easement가 'runs with the land한지' 그 여부에 대해 논하는 문제로서, easement와 관련된 토지의 alienage에 있어 가장 중요한 논점이다. Easement가 runs with the land한지 그 여부는 ① easement의 유형(easement appurtenant 또는 easement in gross)과 ② 양도된 토지의 유형(servient tenement 또는 dominant tenement) 및 easement의 목적(for personal 또는 for commercial)을 기준으로 판단된다. 아래 예시를 통해 자세히 알아보자.

만약 갑이 을에게 'easement appurtenant'를 주었고, 갑이 자신의 토지인 'servient tenement'를 병에게 양도하였다면, 병은 해당 easement에 대해 의무를 지는 바, 을에게 지속적으로 토지를 사용할 수 있도록 해야 한다. 다만, 병이 BFP인 경우에는 easement에 대한 의무가 인정되지 않는다. 한편, 을이 자신의 'dominant tenement'를 정에게 양도하였다면 정의 해당 easement에 대한 인지(notice)여부와 무관하게 easement runs with the land이다. 즉 정의 easement가 지속적으로 인정된다.

만약 갑이 을에게 'easement in gross'를 주었다면, 해당 easement가 상업적인 목적으로 사용되는 경우에 한해 easement runs with the land이다. 예컨대, 갑이 광물회사인 을에게 광물을 채취하러 가는 과정에서 갑 토지의 도로를 이용할 수 있도록 easement를 주었다면, 병은 토지에 대한 권리와 더불어 easement에 대한 의무도 함께 양도받는다. 반면, 갑이 을에게 취미로 낚시를 하러 가는 과정에서 갑 토지의 도로를 이용할 수 있도록 easement를 주었다면, 이는 easement for personal purpose로서 병은 을에게 토지 사용을 금할 수 있다.

a. Easement Appurtenant

If the **dominant tenement** is transferred, the benefit of the easement **runs with the land** to subsequent takers who has **notice of the easement.**

If the **servient tenement** is transferred, its new owner **is subject to the burden** of the easement only when he is **not** a bona fide purchaser with no notice of the easement. If the new owner is a **bona fide purchaser,** he is **not** subject to the burden of the easement.

| case |

갑은 서로 붙어 있는 ABC토지와 XYZ토지를 모두 소유하고 있다. ABC토지 옆에는 public highway가 있고, XYZ토지에서 public highway를 이용하기 위해서는 반드시 ABC토지를 통과해야 한다. 갑은 XYZ토지에 집을 지어 생활하였고, ABC토지를 친구 을에게 양도하였다. 을은 양도받을 당시, 갑이 자신의 토지를 사용한다는 사실을 전혀 인지하지 못했다. 이후, 갑과 사이가 나빠진 을은 갑이 더 이상 자신의 토지를 사용할 수 없도록 block하고자 한다. Is 을 successful in blocking the land?

⇒ No. 갑은 public highway를 이용해야 한다는 necessity가 있기 때문에, 을 토지상 implied easement, 즉 easement by necessity를 가지고 있다고 인정된다. 따라서 을은 block할 수 없다. 한편, 여기서 을이 갑으로부터 ABC토지를 양도받을 당시 갑의 권리를 인지(notice)하지 못했다는 사실은 본 문제와 무관하다. 양도인(을)의 notice 유무여부는 easement appurtenant이면서 servient tenement가 양도되었을 때 양도인(을)의 BFP

여부를 판단할 때 기준이 되는 요소이다. 다시 말해, notice 유무여부는 easement가 이미 생성되어 있는 상황에서 판단하는 기준인데, 본 사안에서 을이 ABC토지를 양도받을 당시 갑은 ABC토지(servient tenement)와 XYZ토지(dominent tenement)를 모두 소유하고 있었던 상황, 즉 easement가 생성되지 않은 상황이다. 따라서 양도인(을)의 notice 유무여부는 본 문제와 무관하다.

b. Easement in Gross

Generally, only the easement in gross **for a commercial (economic) purpose** runs with the land.

4. Creation

Easement의 '생성 방법'을 기준으로 express easement, implied easement, easement by prescription, 이렇게 세 유형으로 구분할 수 있다. Express easement는 당사자간 서면으로 작성된 easement를 뜻한다. Easement는 토지에 관한 계약으로서 statute of frauds(SOF) 적용을 받아 서면으로 작성되어야만 그 유효성이 인정되는 바, 서면으로 작성하지 않은 easement는 easement가 아닌 license로 인정된다. License는 토지에 관한 '특혜(privilege)'로서, license를 제공한 자가 임의로 해당 특혜를 취소할 수 있다. 한편, easement에 SOF가 적용되지 않는 예외의 경우가 있는데, grantor의 표명이 없더라도 법률적으로 easement를 인정하는 경우가 그것이다. 이를 'easement by implication'이라 일컫는다. Easement by implication에는 quasi-easement, easement by estoppel, easement by necessity, 이렇게 세 유형이 있다. Easement by prescription은 일정 기간 이상 권리 없는 자가 지속적으로 타인의 토지를 이용하는 경우 easement를 인정하는 경우로서, adverse possession(점유취득)과 유사한 rule이 적용된다.

a. By Express Grant

Easement **must be in a writing** under the statute of frauds, since it is an interest in land.

If the easement fails to satisfy the statute of frauds (not in a writing), the benefit provided by the grantor is deemed **license which is revocable.**

| TIP | Easement appurtenant와 easement in gross는 모두 express easement로 인정된다. |

b. By Implication

Easement by implication은 grantor의 표명이 없더라도 법률적으로 easement를 인정하는 경우를 뜻하는 바, 그 유형에는 quasi-easement, easement by estoppel, easement by necessity가 있다. Quasi-easement는 토지의 소유권이 이전되기 전부터 존재했던 easement를 법적으로 인정한 경우를 뜻하는 바, easement implied from existing use라고도 한다. 예컨대, 토지주(갑)가 A와 B토지를 모두 소유하고 있다가 grantee(을)에게 A토지에 대한 소유권을 이전하였는데 A가 dominant tenement인 경우 B토지 사용이 '합리적으로 필요'하고 그러한 사용이 소유권 이전 시 명백했던 경우 인정된다.

Easement by estoppel은 상황상 당사자 중 일방이 자신에게 easement 권리가 있음을 믿기에 충분했던 경우 법적으로 인정하는 easement를 뜻하는 바, 큰 토지를 분할하여 판매하는 것 중 작은 토지(lot)를 매입한 자가 해당 lot에 도달하기 위해 큰 토지상의 도로를 이용할 권리와 profit권리가 있는 자가 광물을 채취하는 토지를 지나다닐 권리가 이에 해당한다.

Easement by necessity는 easement가 토지사용에 있어 '필수적'인 경우를 뜻하는 바, 토지주(갑)가 A와 B토지를 모두 소유하고 있다가 grantee(을)에게 A토지에 대한 소유권을 이전하고 B토지에 대한 소유권을 유지하였는데, grantee(을)가 public street 또는 highway에 접근하기 위해서 반드시 grantor(갑)의 B토지를 지나가야 하는 경우 인정된다. Easement by necessity는 quasi-easement와 유사하나 전자(前者)는 B토지 사용이 '필수적(necessary)'이어야 하고 후자(後者)는 B토지 사용이 '합리적으로 필요(reasonably necessary or convenient)'하다는 점에서 차이가 있다. 필수적(necessary)인 사용과 합리적으로 필요한 사용을 구분하는데 명확한 기준은 없으나, 대개 공영도로 및 고속도로에 접근하는 것을 '필수적(necessary)'인 사용으로 인정한다.

Even if there is no express grant by grantor, easements by implication could be created **by operation of law.** The statute of frauds is not applied, as an exception.

ⅰ. Quasi-Easement

• Quasi-easement = Easement implied from existing use

Quasi-easement는 토지의 소유권이 이전되기 전부터 존재했던 easement를 소유권이 이전된 이후에도 법적으로 인정한 경우를 뜻한다. 예컨대, 토지주 갑이 A토지와 B토지를 모두 소유하고 있다가 을에게 A토지를 매매하였는데, 갑이 소유하고 있을 당시 A토지가 dominant tenement이었고 그러한 benefit이 소유권 이전 시 '명백(apparent)'했고, 을이 매입 후 B토지를 이용하는 것이 '합리적으로 필요(reasonable necessary)'한 경우 인정된다. 여기서 '합리적으로 필요'하다는 것은 을이 B토지를 이용하는 대신 다른 토지를 이용할 경우 상당한 비용(appreciable expense)이 발생하는 것을 의미하는 바, 대개 B토지가 다른 토지를 이용할 경우와 비교해 다른 곳에 쉽게 접근할 수 있거나 시간을 절약할 수 있는 경우 본 요건이 충족되었다고 본다. 한편, 과거에는 B토지 이용의 지속성(continuous)이 요구되었으나, 최근에는 지속성 요건이 아예 요구되지 않거나 그보다 완화된 조건으로 간헐적으로 이용한 경우에도 quasi-easement를 인정하고 있다. 일부 주에서는 지속성 요건 대신 B토지 사용의 가시성(visibility)을 요구하기도 한다.

An easement implied from prior use is created when:

① Two parcels are **owned by common owner;**

② **Dominant parcel** is conveyed **to grantee;**

③ The usage has been **reasonably necessary**;

④ The usage has been **apparent at the time the tract is divided**; and

⑤ (The usage has been continuous.)

(a) Reasonably Necessary

In most jurisdictions, the reasonably necessary requirement is satisfied when the easement is **significantly convenient or important to the enjoyment** of the conveyed land.

✔ B토지 외에 특정 장소에 갈 수 없는 경우

✔ 특정 장소에 도달하는데 있어 B토지를 이용하면 시간을 절약할 수 있는 경우

✔ 특정 장소에 도달하는데 있어 B토지 외의 다른 토지는 모두 비포장도로인 경우

(b) Apparent

In most jurisdictions, the apparent requirement is satisfied when **the usage is visible.**

✔ B토지상 roadway가 있는 경우

TIP 상기 예시에서 B토지(소유권이 이전되지 않고 owner가 계속 소유한 토지)를 병이 매입하였고, 병이 을의 easement에 대해 갑으로부터 전달받은 바가 없다고 가정해보자. B토지상 roadway가 있어 B토지의 이용이 visible한 경우, **quasi-easement의 두 번째 요건을** 만족하며, quasi-easement가 인정된다면 **병의 inquiry notice가** 인정되는 바, 을에 대한 병의 easement 의무가 인정된다.

(c) Continuous

In modern jurisdictions, a strict continuousness requirement is rejected. Some courts deleted the requirement at all or allows intermittent use for the requirement. Some other courts require visibility instead of continuousness.

(d) **Grant v. Reservation Implication**

Implied grant creates an easement implied in favor of the grantee.

Implied reservation creates an easement implied in favor of the grantor.

ii. **Easement by Estoppel**

Even though there is no preexisting use of the estate, easements are implied in the following two situations:

① When a person buys a **lot in a subdivision,** the buyer has an implied easement to pass over the street to access the lot; and

② When the landowner grants a **profit** to a person, the holder of the profit has an implied easement to pass over the surface of the land.

[Promissory Estoppel]

A promisor should be estopped from not performing when:

ⅰ. The promisor should **reasonably expect** that promisee could **change his position in reliance on the promise;**

ⅱ. The promisee did **in fact** in reliance on the promise; and

ⅲ. The **only way** to recover the injustice is enforcing the contract.

iii. **Easement by Necessity**

An easement by necessity is created when:

① There is a **conveyance of grantor's land;**

② **Grantor retains** remaining portion; and

③ It is **necessary** for grantee to pass over grantor's retained portion **to reach public street or highway** after severance.

c. By Prescription

Easement by prescription requires: actual, open and notorious, hostile, and continuous use.

Acquiring easement by prescription is similar with acquiring property by adverse possession, but exclusive use is not required in easement by prescription.

Negative easements cannot be created by prescription.

5. Scope

Easement 권리 주장은 easement의 '범위(scope)'와 grantor가 의도한 'intended beneficiary'에 한한다. 따라서 scope of easement를 넘어선 토지 사용(be surcharged)은 허용되지 않으나, easement is surcharged되었다 하더라도 servient owner는 injunction 또는 손배청구를 할 수 있을 뿐 해당 easement를 종료시킬 수는 없다.

a. Be Surcharged

When the owner of easement uses the servient tenement **in excess of its legal scope,** the easement is said to **"be surcharged."**

When the easement is surcharged, the servient landowner **can seek an injunction** of the excess use **and possible damages** but **cannot terminate the easement.**

b. Determining Scope

The scope of the easement is determined **by reasonable intent of the original parties and the reasonable present and future needs of the dominant tenement.** A basic change in the nature of the use is not allowed. When the landowner **had knowledge** of the use of the easement holder and the use is **not different** from it, the easement is **not surcharged.**

① 갑은 인접해 있는 ABC토지와 XYZ토지를 모두 소유하고 있었고, 그중 XYZ토지를 을에게 매매하였다. 이때 갑은 을에게 ABC토지상의 private road 를 사용할 수 있는 easement를 주었다. 갑은 을이 XYZ토지에서 곧 hotel을 개업할 것을 알고 있었다. 10년 후, 을은 hotel을 개업하였고 갑자기 많은 손님들이 ABC토지상의 private road를 사용했다. Can 갑 refuse to grant 을 permission to use the private road?

⇒ No. 갑은 을에게 easement를 약속할 당시, 을이 미래에 hotel 사업을 개시할 것을 알고 있었으므로 갑자기 증가된 private road 사용은 갑의 intent 범위에서 크게 벗어나지 않는다. 따라서 을과 그의 hotel 손님들의 private road 사용은 허용된다.

② 갑은 인접해 있는 ABC토지와 XYZ토지를 모두 소유하고 있었고, 그중 XYZ토지를 을에게 매매하였다. 이때 갑은 을에게 ABC토지상의 private road 를 개인적으로 사용할 수 있는 easement를 주었다. 10년 후, 을은 XYZ토지 에서 hotel을 개업하였고 갑자기 많은 손님들이 ABC토지상의 private road를 사용했다. Can 갑 refuse to grant 을 permission to use the private road?

⇒ Yes. Scope of the easement는 easement를 약속할 당시 갑의 intent를 기준으로 판단된다. 갑은 을에게 개인적인(private) 용도의 사용만을 허용했으나, 을은 자신의 상업적 용도로 확장하여 private road를 이용했다. 이는 갑이 을에게 easement를 약속할 당시 가지고 있던 intent 범위에서 크게 벗어난다.

6. Termination

"NCD CUPERA" – Necessity, Condemnation, Destruction of servient estate, state Condition, Unity of ownership, Prescription, Estoppel, Release, Abandonment

a. By Necessity

Easements created **by necessity** expire once **the necessity ends.**

✔ There was no public road, but the city extended the public road to the land. → no necessity → easement is terminated.

b. By Condemnation

Generally, easements expire when a condemnation of the servient tenement occurs.

c. By Destruction

Easements **in a structure** expire when **involuntary** destruction of the structure occurs.

The easements do not expire when the destruction is occurred voluntarily.

d. By Stated Condition

If an easement is created with specific termination conditions by original parties, the happening of such conditions terminates the easement.

e. By Unity of Ownership

Easements expire once one person gets both ownership of the servient tenement and easement tenement.

The person who owns both tenements must have equal or longer ownership in the servient tenement compared to one in the easement tenement.

There is no revival of the easement when the unity of title is separated after it is acquired.

---

case 1

① 갑 is an owner of servient estate in fee simple absolute, 을 is an easement holder in fee simple absolute. 갑·을간 체결한 lease계약 내용은 다음과 같다. "갑 leases the estate to 을 for 5 years." 이 경우, 갑·을간의 easement는 종료되는가?

⇒ No. 갑·을간 lease계약을 통해 을은 servient estate(갑의 토지)에 대해

5-year의 권리를 가진다. 한편, 을은 easement estate(을의 토지)에 대해 fee simple absolute 권리를 가진다. Servient estate에 대한 권리기간이 dominant estate에 대한 권리기간보다 짧으므로 the easement does not expire.

② 갑은 owner of servient estate in fee simple absolute, 을은 easement holder as 5-year tenancy이다. 갑·을간 갑의 토지에 대한 매매계약을 체결했다. 이 경우, 갑·을간의 easement는 종결되는가?

⇒ Yes. 갑·을간 매매계약을 통해 을은 servient estate(갑의 토지)에 대해 fee simple absolute 권리를 가진다. 한편, 을은 easement estate(을의 토지)에 대해 5-year의 권리를 가진다. Servient estate에 대한 권리기간이 dominant estate에 대한 권리기간보다 길기 때문에 the easement expires.

> **case 2**

Two parcels of land를 소유하고 있는 갑이 southern parcel에 대한 소유권을 을에게 이전하였다. 이와 동시에 갑은 을에게 자신의 northen parcel을 지나갈 수 있도록 easement를 주었다. Northern parcel의 북측은 public road와 인접해 있고, 갑이 을에게 약속한 easement는 southern parcel에서 public road를 이용할 수 있는 유일한 방법이다. 이후, 을은 southern parcel에 대한 소유권을 갑에게 재이전하였고, 갑은 이에 대한 소유권을 다시 병에게 이전하였다면, is 병 subject to the easement?

⇒ Yes. 을이 갑에게 소유권을 이전했을 때, unity of ownership으로 easement was terminated. 다만, 해당 easement는 public road를 이용할 수 있는 유일한 방법으로서, easement by necessity이다. 따라서 병에게는 갑의 northern parcel을 이용할 수 있는 implied easement가 있다.

> **TIP** Unity of ownership이 발생된 이후 특정 easement가 implied될 수 있는 상황인지 요건 판단해야 한다. Servient tenement and easement tenement에 대한 소유권이 unity되었다할지라도, 새로 생성된 easement가 easement by necessity의 요건을 모두 갖추고 있는 경우에는 by necessity로 인정되기 때문이다.

f. By Prescription

Servient tenement 사용이 easement 권리를 침해하고 그 침해가 easement holder가 소송을 제기하여 승소할 수 있는 정도인 경우, 즉 타인이 보기에 easement가 없다고 인지할 정도인 경우 해당 easement는 종료된다.

Easements expire when the possession or enjoyment **of the servient tenement** indicates to the public that there is no easement. The interference must be open, notorious, continuous, and hostile for the statutory period.

g. By Estoppel

Owner of servient tenement가 해당 토지에 대한 easement를 종료시키겠다는 owner of easement interest의 의사표명을 합리적으로 믿고 이에 따라 자신의 상황을 변경한 경우, owner of easement interest의 의사표명이 easement를 종료시키기에 충분하지 못하다 할지라도 법률적으로 easement의 종료가 인정된다.

Easements expire when the owner of servient tenement **reasonably relied on** the owner of easement and **changed his position** based on the assertions of the owner of easement.

h. By Release

Owner of easement interest가 해당 토지에 대한 easement를 owner of the servient tenement에게 양도하는 경우, 해당 easement는 종료된다. Easement appurtenant의 경우 easement runs with the land(해당 토지에 지속되는 권리)이므로, 해당 토지의 easement와 title(소유권)을 분리하여 권리를 양도하는 것은 불가능하다. 다시 말해, 해당 토지의 easement와 소유권은 항상 동시에 양도되어야 한다. 다만, 해당 토지의 easement를 종료시킬 목적으로 easement만을 owner of the servient tenement에게 양도하는 것은 예외적으로 허용된다. 한편, easement in gross의 경우 상업적 목적의 easement가 아닌 한 권리양도는 불가능하다. 다만, 해당 easement를 종료시킬 목적으로 owner of the servient tenement에게 권리를 양도하는 것은 예외적으로 가능하다.

Easement expires when the owner of easement interest **releases**^{양도}^{하다} **the benefit** to the owner of the servient tenement.

Regarding the easement appurtenant, only the easement may be conveyed to the owner of the servient tenement without a conveyance of the dominant tenement as an exception to the general rule.

Easement in gross can be released as an exception to the general rule that easements in gross are usually inalienable.

i. By Abandonment

Owner of easement가 해당 easement를 영원히 포기하겠다는 의사를 표명하는 경우, 해당 easement는 종료된다.

Easements expire when the owner of easement express his intention to **permanently abandon** the easement.

✔ Merely non-using the easement for long time — abandonment 인정 ✕

B. Licenses

- Licensor: License를 제공한 자(토지의 주인)
- Licensee: License를 가지는 자

1. General Rule

License는 타인의 토지에 enter할 수 있다는 점에서 affirmative easement와 동일하나, affirmative easement는 법적인 권리(interest/right)이고 license

는 특권(privilege)이라는 점에서 차이가 있다. 따라서 license를 제공한 측(토지의 주인)이 임의로 해당 권한을 박탈할 수 있다. 또한 license는 토지에 관한 권리임에도 불구하고 statute of frauds(SOF)가 적용되지 않아 writing으로 작성될 필요가 없는 바, easement를 생성하고자 하였으나 writing으로 작성하지 않은 경우 해당 권리는 license로 인정된다.

> **TIP** 객관식문제를 풀 때, easement로 인정될 수 없는 권리인 경우 license로 판단한다.

Both the holder of affirmative easements and the holder of licenses can enter the land of another. Licenses are merely **privileges.**
An affirmative easement which was **not in a writing** (failed to satisfy SOF) is a license.

✔ 야구장 시즌권을 가진 갑 → 갑(licensee)에게 야구장에 입장할 수 있는 license가 있다.

✔ 호텔 투숙객 갑 → 갑(licensee)에게 호텔에 입장할 수 있는 license가 있다.

✔ 상가 주인이 artist가 상가 벽에 그림 그리는 것을 permit. → Artist (licensee)에게 상가에 입장할 수 있는 license가 있다.

2. Revocation

a. General Rule

Licenses are **revocable at the will of the licensor.** However, When a license is granted by an express or implied contract between the licensor and licensee, the termination of the license is a **breach of contract.**

✔ 야구장 측이 야구장 시즌권을 구매한 갑에게 더 이상 입장하지 말라고 통보함. → Termination of license is valid, but it is a breach of contract. → 을은 갑에게 남은 기간에 대한 손해배상을 해야 한다.

✔ 2박 3일동안 숙박하기로 한 투숙객 갑이 1박한 후, 호텔측이 그를 내쫓음. → The termination of license is valid, but it is a breach of contract. → 호텔측은 갑에게 남은 기간에 대한 손해배상을 해야 한다.

b. Exceptions

There are some exceptions in which licenses are irrevocable.

ⅰ. Estoppel

A licensor is estopped to revoke the license when a licensee **reasonably relied on** the license and **changed his position** (e. g., invest substantial money or labor). Then the license is treated as an affirmative easement.

ⅱ. License with an Interest

특정 권리 행사에 있어, 특정 토지에 입장할 수 있는 privilege가 반드시 필요한 경우 그 privilege(license)는 irrevocable하다. 예컨대, 갑이 을 토지상에 있는 가구를 구매하였고 해당 매매계약에 따라 배달원 병이 그 가구를 갑에게 배당하여야 하는 경우 배달원 병은 갑 토지에 대해 irrevocable license가 있다. 한편, ABC땅에 대해 "to 갑 for life, then to 을"의 내용으로 convey된 경우, 을은 future interest를 가진 자로서 갑이 possess하는 동안 ABC땅(갑 소유의 토지)에서 갑의 waste여부를 확인할 수 있는 irrevocable license가 있다.

A license is irrevocable when the license is coupled with an interest, such as a vendee of a chattel located upon the seller's estate and an inspection right of an owner of a future interest in land.

3. Termination

Licenses can be terminated when:

ⅰ. By a manifestation of the licensor's will;

(This is because licenses are revocable.)

ⅱ. Upon the death of the licensor; and

ⅲ. A conveyance of the servient tenement by the licensor.

C. Profits

Profit은 servient tenement의 부산물(광물 등)을 채취할 수 있는 권리를 뜻한다.

1. General Rule

A profit is a non-possessory interest. A holder of profit is entitled to enter upon the servient tenement and **to take the soil or a substance of the soil.**

2. Alienability

A profit appurtenant runs with the land. In other words, a profit appurtenant does not follow the ownership of the dominant tenement. A profit in gross is alienable by the holder.

3. Scope

There are two types of profits: exclusive and non-exclusive profits. When an owner grants the **exclusive** profit to grantee, the grantee has **sole right** to the resources in the servient tenement. By contrast, When an owner grants the **non-exclusive** profit to grantee, the owner can grant similar rights to other persons.

The scope of profits is determined by the words of the express grant or by the nature of the use.

Every profit implies easement, entitling the grantee to enter the servient estate.

4. Creation

Profits are created in the same way as easements.

5. Termination

Profit은 grantee의 사용이 surcharge인 경우 종료된다는 점에서 easement 와 동일하나, grantee의 사용이 misuse인 경우에도 surcharge로 인정한다 는 점에서 easement보다 허용하는 사용의 scope가 한정적이라 할 수 있 다. 여기서 'misuse'는 profit을 행사하는데 있어 servient tenement에 큰 부담을 증가시키는 경우를 뜻한다.

Profits are terminated in the same way as easement.
Misuse of a profit is held to **surcharge** the servient estate and it results in termination. Misuse occurs is a profit is used in such way that it places **unduly increased burden** on the servient estate.

D. Covenants

- Covenant = Real covenant: 토지상에서의 작위 또는 부작위를 그 내용으로 하는 약속
- Successor in interest: Covenant로 인해 이익을 보는 토지의 successor
- Covenanting parties: Covenant를 체결한 당사자들
- Covenantor: Covenant를 직접 체결했고 해당 covenant를 약속한 자

1. General Rule

Covenant는 '약속'을 의미하며, 토지상에서의 작위 또는 부작위를 그 내용 으로 한다. 예컨대, 특정 토지에 펜스를 치겠다는 약속, 특정 토지를 상업 적으로 사용하지 않겠다는 약속 등이 이에 해당한다. Covenants는 statute of frauds(SOF)의 적용대상으로서 반드시 서면으로 작성되어야 한다. 만 약 covenant가 breach된다면, 상대방은 토지주를 상대로 손해배상청구 (money damage)만을 할 수 있으며, injunction은 청구할 수 없다.
Covenant에서 가장 중요한 논점은 해당 covenant의 'runs with the land

여부'이다. 즉 covenant에 의한 의무를 지는 토지(burden of covenant)와 해당 covenant에 의한 이익을 얻는 토지(benefit of covenant)의 소유권 및 점유권이 각각 변경된 경우 해당 covenant가 새로운 소유권자간에도 유효한지 그 여부가 가장 중요한 논점이다. 예컨대, 갑이 소유한 토지와 을이 소유한 토지가 있는데, 갑이 을 토지사용의 편리함을 위해 자신의 토지에 펜스를 치지 않을 것을 약속(covenant)했다. 이후, 갑은 해당 토지를 병에게 매매했고 을은 자신의 토지를 정에게 매매했다. 만일 병이 토지상에 펜스를 쳤다면 정은 병을 상대로 손배청구를 할 수 있는가. 기본적으로 covenant가 runs with the land하기 위해서는 일정한 요건을 만족해야 하며, 만약 해당 covenant가 일정 요건을 모두 만족한다면 갑·을간의 covenant는 병·정간에도 동일하게 적용되므로 정은 병을 상대로 손배청구를 할 수 있다. 반면, 해당 covenant가 요건을 만족하지 못하여 runs with the land하지 않는다면 병·정간 covenant가 인정되지 않는 바, 정은 병을 상대로 손배청구를 할 수 없다.

A real covenant is a **written promise** to do something on the land or a promise not to do something on the land. Real covenants **run with the land,** and subsequent owners of the land may enforce or be burdened by the covenant. A breach of a real covenant is remedied by an award of **money damages.**

TIP1 Covenant는 토지상에서의 작위와 부작위 모두 포함하는 개념이지만, 대부분의 기출문제는 부작위에 대한 내용을 담은 covenant에 대해 출제되었다.

TIP2 "Covenant" 단어는 약속이란 뜻으로, Real Property 과목에서 자주 나오는 개념이다. 첫째, real property에 대한 deed를 convey하는 경우 deed상의 implied covenant가 있다. Deed를 양도하는 행위는 해당 deed가 marketable하다는 점을 함축한다고 보아 deed를 양도하는 자가 상대방에게 일정 요건을 보장하는 내용을 covenant라 한다. 둘째, 특정 토지에 대한 작위 또는 부작위를 약속하는 경우에 사용된다.

TIP3 Fee simple determinable v. Restrictive covenant
두 개념은 '주어진 약속을 어긴 경우 어떤 권리에 영향을 미치는지'
를 기준으로 구별된다. 주어진 조건이 'title'에 영향을 미쳐 estates
in land가 박탈된다면, fee simple determinable이다. 그에 반해, 약
속을 어긴 경우 타인이 소송을 제기(cause of action)하여 손배청구
를 할 수 있는 경우에는 restrictive covenant이다.

2. Requirements to Run

Covenant가 runs with the land하기 위해서는 일정 요건을 만족해야 하는
바, 이러한 요건을 requirements to run이라 일컫는다. Requirements to
run이 만족되면 covenant 효력이 직접 체결한 당사자뿐만 아니라 그들의
승계인(successors)에게도 적용된다. 앞서 언급한 예시에서 갑이 병에게
covenant에 의한 의무가 있는 토지를 매매하였는데, 만일 requirements
for burden이 모두 만족되었다면 승계인인 병에게도 해당 covenant에 의
한 의무가 인정된다. 한편, 을이 정에게 covenant에 의한 이익이 있는 토
지를 매매하였는데, requirements for benefit이 만족된다면 승계인인 정
도 해당 covenant에 의한 이익에 대해 권리를 가지는 바, 정을 상대로 손
배청구를 할 수 있다.

Requirements for burden은 총 다섯 개의 요건을 뜻하는데, covenant를
체결하는 당사자들의 의도(intent), 토지와 직접적 관련이 있는 제약
(touch and concern), 승계인의 인지(notice), 당사자들간 독립적 관계
(horizontal privity), 당사자와 승계자간 관계(vertical privity)가 그것이다.
Requirements for benefit은 requirements for burden의 요건 중 당사자
들의 의도(intent), 토지와 직접적 관련이 있는 이익(touch and concern),
당사자와 승계자간 관계(vertical privity)가 만족되면 인정되는 바,
covenant에 의한 burden이 runs with the land하는 것이 더 엄격하다고
할 수 있다. 요건 중 intent는 'covenant를 체결하는' 당사자들이 해당 토
지의 승계인들 모두에게 covenant를 적용하겠다는 의도가 있는 경우 인정
된다. Notice는 recording statute에 입각해 승계인에게 해당 covenant에

대한 인지가 있었던 경우 인정된다.

To run with the land, the benefit and burden of the covenant must meet the requirements for running.

a. Requirements for Burden

> Writing + Intent + T/C + Notice + Horizontal + Vertical

ⅰ. Intent

The **covenanting parties** must have intent that the covenant to bind all respective subsequent parties.

ⅱ. Touch and Concern

The covenant must be a performance of the burden that touches and concerns the land. A performance that **diminishes the landowner's rights, privileges, and owners** in connection with her enjoyment of the land satisfies the requirement.

ⅲ. Notice

Under the common law, covenant is enforceable regardless of notice.

Under the modern recording statutes, a subsequent purchaser of the burdened land **is free** from the covenants if he is **a bona fide purchaser.** In other words, if the subsequent purchaser is not a BFP, covenant is enforceable.

---

case

갑·병간 easement에 대해 계약을 체결했고, 병은 해당 easement에 대한 record를 하지 않았다. Burdened land를 소유하고 있던 갑이 해당 토지를 자신의 딸 을에게 증여(gift)했고, dominant tenement를 소유하고 있던 병이 이를 친구 정에게 매매했다. 을은 easement에 대해 전혀 인지하지 못한 상황에서, 정이 easement를 주장했다. 이 경우, is 을 subject to the easement? (Notice statutes가 적용되는 관할권이며, notice 요건을 제외한 나머지 요건은 모두

만족되었다고 가정한다.)

⇒ Yes. 본 사안에서 을은 갑으로부터 토지를 증여받은 자로서, recording statues가 보호하는 BFP가 아니다. 따라서 recording statues의 유형 및 을의 notice 유무여부와 무관하게 을 is subject to the easement.

iv. Horizontal Privity

Privity는 '관계'로 이해하면 된다. Privity는 자발적 증여, 매매 등을 통해 성립한다. Horizontal privity는 covenant를 체결한 당사자간 관계를 뜻하는 바, 상기 예시에서는 갑과 을간 관계를 의미한다. Covenant를 약속하는 자(갑)와 그 상대방(을)이 covenant를 체결했을 당시 해당 토지에 대해 covenant와는 별도의 관계, 요컨대 증여자-피증여자, 임대인-임차인, 채권자-채무자 등의 관계가 형성되어 있어야 한다. 일반적으로는 매매계약을 체결하는 과정에서 covenant가 설정되므로, 매도인-매수인 관계가 형성되는 것이 대부분이다.

There must be a relationship **independent of the covenant** between the **original parties** at the time the promisor entered into the covenant with the promisee. Relationships, such as grantor-grantee, landlord-tenant, or mortgagor-mortgagee, satisfy the requirement.

v. Vertical Privity

Vertical privity는 covenant를 체결한 당사자와 해당 토지를 구매하는 자간의 관계를 뜻한다. 상기 예시에서 갑-병간 관계와 을-정간 관계를 뜻한다. 해당 토지를 구매하는 자(successive party)는 covenant 당사자가 covenant 체결 시 해당 토지에 대해 가지고 있던 '모든' 권리를 그대로 이전받아야 하고, 그보다 적거나 많은 권리를 양도하는 경우에는 vertical privity가 인정되지 않는다.

A successive party must hold **entire** interest a covenanting party holds at the time he made the covenant.

b. Requirements for Benefit

> Writing + Intent + T/C + Notice + ~~Horizontal~~ + Vertical

ⅰ. Touch and Concern

The covenant must benefit the covenantee and her successors in their **direct use or enjoyment of the land.**

ⅱ. Vertical Privity

A successive party must hold **entire or any lesser** interest a covenanting party holds at the time he made the covenant.

However, in modern majority jurisdictions, the vertical privity requirement is eliminated.

3. Termination

A real covenant may be terminated when:

ⅰ. The holder of the benefit releases in writing;

ⅱ. Merger occurs; or

ⅲ. Condemnation of the burdened estate occurs.

E. Equitable Servitudes

Equitable servitude는 '부작위'를 내용으로 하는 약속(restrictive covenant)으로서, 본 약속이 breach되면 원고는 이에 대해 money damage가 아닌 'injunction'만을 구할 수 있다. 이는 real covenant의 horizontal privity 요건이 충족되지 않아 원고가 손배청구를 할 수 없으나 real covenant보다 완화된 조건은 만족하는 경우 형평법(equitable law)상 인정하는 약속이다. Equitable servitude가 인정되기 위해서는 당사자간 약속이 서면(writing)으로 작성되어야 하며, intent, touch and concern, notice 요건이 만족되어야 한다. 다만, common scheme이 인정되는 경우에는 소송당사자가 해당 구역에 적용되는

restrictive covenant가 존재한다는 것을 충분히 인지 가능했다고 보아, 서면 (writing) 요건이 요구되지 않는다. 이러한 경우의 covenant를 negative equitable servitudes, implied equitable servitudes 또는 implied reciprocal servitudes라 일컫는다.

> **TIP** 객관식 문제에서 "covenant"라는 표현은 그 내용에 따라 real covenant 또는 equitable servitude로 해석될 수 있다. Covenant의 내용이 금전적으로 배상될 수 있는 경우에는 real covenant, 그렇지 못한 경우에는 equitable servitude를 의미한다.

1. Equitable Servitudes

a. General Rule

When an equitable servitude is recognized, a plaintiff can seek **injunction** for the breach of the covenant. Equitable servitudes must be **in a writing signed by the grantor** and accepted by the grantee to satisfy the statute of frauds.

b. Enforcement

To enforce an equitable servitude for successors, requirements for burden to run and requirements for benefit to run should be satisfied. **Privity of estate is not required,** since the servitude is an equitable property interest in the land itself.

ⅰ. Requirements for Burden to Run

> Writing + Intent + T/C + Notice + ~~Horizontal~~ + ~~Vertical~~

The original party of the covenant must have **intent** that the servitude to bind all subsequent purchasers.

The subsequent purchaser must have **notice** on the covenant.

The servitude must **touch and concern** the land.

ⅱ. Requirements for Benefit to Run

> Writing + Intent + T/C + ~~Notice~~ + ~~Horizontal~~ + ~~Vertical~~

The original party of the covenant must have **intent** to make the benefit run with the land.

The servitude must **touch and concern** the land.

2. Negative Equitable Servitudes

a. Creation

As an exception to the equitable servitudes, **a writing is not required** for the creation of the reciprocal negative servitudes. This is because they are implied from a common scheme. A reciprocal negative servitude is created when there are:

ⅰ. A **negative** covenant;

ⅱ. A **common scheme** for development; and

ⅲ. **Notice** of the covenant.

b. Common Scheme

ⅰ. Time Requirement

A reciprocal negative covenant can be enforced only if it is implied when the sales of parcels in the subdivision began.

ⅱ. Evidence

A common scheme can be implied through various evidence, such as a recorded plat, a general pattern of prior restrictions, and oral representations made to early buyers.

c. Notice

A grantee must have notice of the covenants when he acquires his parcel. More direct notice of the covenants is required to the first grantees, requiring him to read all deeds given by a grantor.

3. Defenses

> "EULC" – Estoppel, Unclean hands, Laches, Changed neighborhood conditions

a. Estoppel

If the subject matter of a goods or land contract is sold to bona fide purchaser, the original party cannot assert the specific performance.

b. Unclean Hands

A party who is enforcing the servitude cannot have the help of the court if he **violated a similar restriction** on his own land.

c. Laches

Laches^{태만} defense arises when a party delays in bringing an equitable action and the delay causes prejudice on the defendant.

d. Changed neighborhood conditions

The unclean hands arises when the party seeking specific performance is guilty of some wrongdoing related to the transaction being issued.

4. Equitable Servitudes and Zoning Ordinance

Equitable servitudes may be enforced by private party, neighboring property owner. Zoning ordinance may be enforced by governmental officials.

II. Security Interests

Security interest는 '담보권'을 뜻하는 바, 부동산을 담보물로 하는 담보권에는 mortgage, trust deed, installment land contract, absolute deed 등이 있다. Mortgage란, 담보대출을 뜻하며 채무자가 mortgagor로서 그의 자산(real property)을 담보(mortgage)로 하여 채권자로부터 대출을 받는 계약이다. Trust deed는 "deed of trust"라고도 하며, 채무자가 trustor(settlor)로서 타인 (trustee)에게 자신의 자산을 trust asset으로 하여 default하는 경우, 채권자가 beneficiary로서 trustee에게 해당 자산의 foreclosure를 요구할 수 있는 형태 의 담보권을 뜻한다. Installment land contract는 구매자가 토지 대금을 할부

로 모두 지불한 후에 매매자로부터 토지 소유권(title)을 이전받는 형태의 토지매매계약을 뜻하는 바, 토지 대금이 모두 지불되기 전까지 해당 토지에 대한 담보권이 설정된다. Absolute deed란, "equitable mortgage"라고도 하며 구매자와 판매자간 토지매매계약을 체결하여 판매자가 구매자에게 absolute deed를 양도함으로써 title을 이전하였지만, 법원에서 본 계약의 성격을 title 이전이라기 보다는 판매자가 구매자에게 자신의 자산을 담보로 하는 담보권 설정으로 판단하는 경우 equitable하게 mortgage로 인정하는 경우를 뜻한다. 시험에서는 주로 mortgage에 관한 문제가 출제된다.

A. Types of Security Interests

1. Mortgage

A mortgage is a debt instrument, secured by the collateral of specified debtor's real property. The debtor and mortgagor can be different people.

2. Trust Deed

A trust deed is a deed wherein owner transfers title of real estate to a trustee as a settlor. Trustee holds it as security for a debt and forecloses it when the beneficiary (lender) instructs the trustee to do so as the owner (debtor) defaults.

3. Installment Land Contract

구매자가 installment를 지불하지 못하는 경우(default), 판매자는 해당 매매계약을 cancel하고 목적물인 real estate에 점유 및 소유할 수 있다. 다만 구매자는 default하기 이전까지 지불한 installment에 대해 판매자에게 restitution을 요구할 수 있다.

An installment land contract is an agreement between a real estate seller and buyer wherein the buyer agrees to make regular installment payments until the full contract price has been paid. As the purchaser makes full contract price, seller gives a deed to the purchaser to transfer legal title to him.

4. Absolute Deed (Equitable Mortgage)

An absolute deed is a deed that a landowner who needs to raise money gives the buyer. However, if the court concludes that the deed was really given for security purposes, they will treat it as an **equitable mortgage** and allows the buyer (creditor) **to foreclose** it by judicial action.

B. Mortgage

- Mortgagor: 채무자
- Mortgagee: 채권자

1. Lien v. Title Theory

a. Lien Theory

Under the lien theory, a mortgagee gets **only a lien** on the real property, not a title. Thus, the mortgagee cannot possess the property before foreclosure.

b. Title Theory

Under the title theory, a mortgagee gets a **title** on the real property once the mortgage is made. Thus, the mortgagee **can possess** the property.

2. Transfers of Mortgage

All parties to a mortgage (mortgagor and mortgagee) can transfer their interests by transferring note, mortgage, or title of the real estate (conveyance).

a. Transfers by Mortgagor

본 챕터는 채무자가 담보권이 있는 부동산을 제3자에게 판매한 경우 그 제3자의 해당 채무에 대한 의무에 대해 논한다. 이는 매매계약 당시 제3자의 assumption 여부를 기준으로 판단되는 바, 제3자가 assume하는 경우 그는 판매자(채무자)의 채무에 대해 personally liable하다. 다만, 이러한 경우에도 판매자(채무자)의 책임이 완전히 소멸되지는 않고 '보증인'의 입장을 유지한다. 즉 제3자가 채무불이행시 채권자는 제3자, 판매자(채무자) 순으로 이들을 상대로 채권을 행사할 수 있다. 반면, 제3자가 not assume하는 경우에는 판매자(채무자)의 채무에 대해 책임이 없으나 판매자가 default하는 경우 해당 부동산이 foreclose될 부담을 가진다(is subject to the foreclosure).

ⅰ. Assume

If the grantee (buyer) assumes to pay the mortgage loan, he becomes **personally (primarily) liable** to the lender (creditor) and the grantor (seller) becomes **secondarily liable** as a **surety**.

ⅱ. Not Assume

If the grantee does not assume the mortgage, he is **not** personally liable on the loan and the original mortgagor (grantor) remains personally liable. However, the grantee **is subject to the future foreclosures** and he will be forced to pay for senior mortgage in order to prevent them.

b. Transfers by Mortgagee

Mortgagees can transfer mortgage or note to third parties. When a mortgagee transfers mortgage without note, the cases are divided. When a mortgagee transfers note without mortgage, the mortgage follows the properly transferred note.

c. Negotiable Promissory Note

A mortgagor may obtain a mortgage, giving a mortgagee a negotiable promissory note. If the mortgagor gave a mortgagee a **nonnegotiable note** and the mortgagee transfers it to a third party **without giving notice** of the transfer to the mortgagor, the mortgagor's **payment to the mortgagee is effective** even though the third party is entitled to enforce the note.

3. Foreclosure

- Senior: Foreclosure를 진행하는 채권자를 기준으로 그 보다 높은 우선권을 가지는 채권자
- Junior: Foreclosure를 진행하는 채권자를 기준으로 그 보다 낮은 우선권을 가지는 채권자
- Lien senior = Senior mortgagee
- Lien junior = Junior mortgagee

Foreclosure는 '강제집행'을 뜻하는 바, 채권자가 이행청구권을 행사하여 채무자의 자산을 강제적으로 판매하는 행위를 뜻한다. Foreclosure는 채무자 자산 처분의 주체에 따라 법원 명령에 의한 판매(judicial sale)와 채권자 개인에 의한 판매(non-judicial sale)로 구분되며, 그 과정은 경매·공매(auction) 형태로 진행된다. Judicial sale의 경우 모든 주에서 인정하고 있으며 non-judicial sale은 특정 주에서만 인정하고 있다. 동일한 담보에 대해 다수의 채권자가 존재하더라도, 모든 채권자는 해당 담보를 foreclosure할 수 있는 권리를 가진다. 다만, foreclosure의 영향을 받는 채권자와 그렇지 않은 채권자는 priority를 기준으로 판단하는데, 여기서 'priority'는 동일한 담보에 대해 다수의 채권자가 존재하는 경우 채권자간 우선권을 뜻한다. Foreclosure를 진행하는 채권자를 기준으로 그 보다 높은 우선권을 가지는 채권자는 "senior," 낮은 우선권을 가지는 채권자는 "junior"라고 칭한다. Foreclosure를 진행하는 채권자는 반드시 juniors에게 해당 강제집행에 대해 통지하여 그(들)에게 경매에 참여할 수 있는 기회를 제공해야 하는데, 이는 foreclosure가 진행되어 담보가 판매된 이후에는 foreclosure를 실행한 채권자와 junior 채권자의 해당 담보에 대한 채권이 모두 소멸되기 때문이다. Senior mortgage에는 foreclosure의 영향이 미치지 않는다.

한편, priority는 recording statutes를 기준으로 판단한다. 다만, subrogation, purchase money mortgages (PMM), agreement 체결의 경우에는 recording statutes가 아닌 다른 기준을 사용한다. Subrogation은 '대위변제'를 뜻하며, 이를 위해 새로 생성된 mortgage의 채권자는 해당 senior보다 우선권을 가진다. Purchase money mortgages(PMM)란, 구매자가 부동산을 구매하기 위해 체결하는 mortgage로서, 채권자가 반드시 해당 부동산의 seller인 것은 아니다. Agreement를 체결하는 경우에 대해서는 이하 해당 부분에서 자세히 설명한다.

a. General Rule

Foreclosure is a legal process in which a mortgagee attempts to recover the balance of a loan and a mortgagor's interest in the property is terminated. There are two types of foreclosure by sale: judicial sale and nonjudicial sale. Foreclosure sales are conducted by auction.

b. Priorities

In modern, the priority among mortgagees is determined by recording statutes. However, the priority may be changed in some ways.

 i. Subrogation

A mortgage for the purpose of refinancing a preexisting senior mortgage takes the priority position of the senior mortgage.

 ii. Purchase Money Mortgages

Purchase money mortgage (PMM) can be given to the seller of the property or a third party lender. A PMM **has priority** over any mortgage that arises **before** the mortgagor acquires the title, **regardless of the recording.** However, a PMM is placed on the recording statute and subordination agreement. As between PMMs, seller PMM generally has priority over the third party PMM. As between third party PMMs, they are placed on the recording statute and subordination agreement.

iii. Subordination or Modification Agreement

Priority를 변경하는 agreements 종류에는 subordination agreement 와 modification agreement가 있다. Subordination이란, senior 채권자와 junior 채권자간 priority를 변경하고자 체결하는 계약이다. 한편, modification은 채무자와 채권자간 채무자의 해당 채권에 대한 내용을 변경하고자 체결하는 계약으로서, 원칙적으로는 modified 된 채무는 새로운 채무로 보아 동일한 담보물에 대해 가장 낮은 우선권(priority)을 가지나, modification이 해당 채권의 이자율 상승 등과 같은 부담(burdensome)을 증가시키는 경우에는 예외적으로 본래 채무의 우선권을 유지한다. 예컨대, 갑의 토지에 대해 을, 병, 정순으로 priority를 가지고 갑·병간 "병에게 추가로 2천만원을 대출하고 이에 대한 이자율은 기존 이자율보다 20% 상승시킨다."는 내용의 modification을 체결한 경우, 이는 채무자 병의 부담 (burdensome)을 증가시키는 내용이므로 추가 2천만원은 기존의 병 채무로 보아 기존의 priority(을, 병, 정의 순서)를 유지한다. 한편, modification이 채권에 대한 채무자의 부담(이자율 상승 등)을 증가시켰다 하더라도 그 부담이 미묘하거나 합리적인 경우에는 새로운 채무로 보아 가장 낮은 우선권을 가지게 된다.

A **subordination agreement** is an agreement which is made by a first mortgagee with a junior mortgagee to subordinate its priority to the junior mortgagee.

A **modification agreement** can be mae by a landowner with the senior mortgagee to modify the priority, **raising interest rate** or otherwise more burdensome of senior mortgage.

> case

채무자 갑이 그의 ABC땅을 담보로 을과 병으로부터 담보대출을 받았으며, 을 이 병에게 우선권을 가진다. 을로부터의 담보대출 interest rate이 0.5%, 병으로부터의 담보대출 interest rate이 0.9%이다. 갑·을간 modification agreement를 체결하였고, 그 내용은 다음과 같다. "담보대출의 interest rate을 0.7%로 변경한다." Does 병 have priority over 을?

⇒ No. Modification agreement에 의해 을로부터의 담보대출 interest rate이 증가되었다 하더라도, junior mortgage(병으로부터의 담보대출)보다 적은 interest rate로 변경되었으므로 priority 변동은 없다. 따라서 을 has priority over 병.

c. Effects of Foreclosure

Foreclosure extinguishes all junior interests. Thus, foreclosing mortgagee must give **notice** to all junior mortgagees to provide opportunities to participate in the foreclosure action. In other words, subordinating mortgagees are **necessary parties** to the foreclosure actions. To prevent from being wiped out, the junior mortgagee has the right to **pay it off (redeem)** when the senior mortgagee is in default.

Foreclosure has no effect on any senior interests to the foreclosing mortgage. In other words, the buyer at the foreclosure sale **is subject to such interests** and is subject to the future foreclosures. The buyer is **not personally liable** to such interests.

d. After Foreclosure

The proceeds of the foreclosure sale are distributed as follows:

ⅰ. For expenses of the sale, attorney's fees, and court costs;

ⅱ. For the principal and accrued interest on the mortgage that was foreclosed; and

ⅲ. To pay off junior interests.

Any remaining proceeds are distributed to the mortgagor.

If the proceeds of the sale are insufficient to pay off the mortgage debt, the mortgagee can bring a personal action (deficiency judgment) against the mortgagor for the deficiency.

e. Redemption

There are two types of redemption: redemption in equity and statutory redemption.

Regarding a redemption in equity, the mortgagor has a right to redeem the land by paying off the amount due, at any time **prior to** the foreclosure sale.

Regarding a statutory redemption, the mortgagor has a right to redeem the land by paying off the amount due, for the fixed period **after** the foreclosure sale. Generally, the amount the mortgagor has to pay is **the foreclosure sale price.**

TIP 앞서 논했던 「c. Effects of Foreclosure」에서의 redemption은 junior mortgagee가 senior mortgage를 상환한다는 의미이다. 한편, 여기서의 redemption은 채권자가 강제집행이 진행되기 이전 또는 이미 진행된 이후에 채권을 상환하여 해당 담보물을 강제집행으로부터 구한다는 의미이다.

C. Judgment Lien

Judgment lien attaches **only to the landowner's interest** in the property, and it does not encumber the other co-tenant's interest.

Judgment lien **runs with the land** only when the purchaser of the real property has **notice** on it. In other words, the purchaser is subject to the lien when he has notice on it. The purchaser has constructive notice when the lien is property filed by lien creditor.

III. Natural Rights

토지에 관한 natural right란 토지 소유권자가 가지는 부수적 권리로서, 토지의 표면, 상공, 토양에 대해 사용권을 뜻한다.

A. General Rule

There are natural rights incidental to the ownership of land. In other words, the owner of real property has the exclusive right to use and possess **the surface, the airspace, and the soil of the property.**

B. Land Support Rights

1. Right to Lateral Support

토지주는 자신이 소유한 토지의 측면에 있는 토지를 현 상태 그대로 유지해야할 의무가 있다. 다시 말해, 토지주는 자신의 토지가 현 상태 그대로 유지되도록 인접해 있는 토지주로부터 보호받을 권리가 있다. 만일 토지주의 행위(굴착 등)로 인해 측면의 토지 및 건물이 침하(subside)된다면, 그 토지주는 이에 대해 strict liability를 진다. 다만, '건물'침하에 있어 토지주의 행위 외에 다른 원인이 존재하는 경우에는 행위한(굴착한) 토지주의 negligence에 한해 책임을 진다. 예컨대, 갑의 토지와 을의 토지가 인접해 있고 갑이 건물 건축을 위해 굴착하는 과정에서 을 토지상의 건물이 침하되었으나 그것이 을 건물의 과중으로 인한 것이었다면 갑은 strict liability가 아닌 negligence에 대한 책임을 진다.

Lateral^{측면의} support means physical support to prevent sideways movement. Landowners have the right to lateral support having the land supported in its **natural state by adjoining landowners.**

A landowner is **strictly liable** for the damages to the land (and building) when the adjacent landowner's excavation caused subsidence^{침강}. When the adjacent **land is improved by buildings,** this rule is applicable **only if** the collapse of the land was caused **in its natural state.** If the collapse was not caused in its natural state, only the **negligent** excavating landowner is liable for damages to the land and buildings.

2. Right to Subjacent Support

A landowner may convey a grantee the right to take minerals from beneath the land and even the right to destroy the surface if it is necessary to extract the mineral.

C. Water Rights

토지 점유·소유권자(이하 '점유권자')는 토지 근처 및 토지상의 물 또는 지하수에 대한 사용권을 가진다. 여기서 '토지 근처의 물'이란, 토지 근처의 강, 개울, 호수 등의 물줄기를 뜻하며 watercourse라 한다. '토지상의 물'은 비, 눈 등에 의해 토지위에 흐르는 물을 의미하며, surface water라 한다. '지하수'는 groundwater라 칭한다. 각 유형과 적용되는 원칙에 따라 토지 점유권자의 물 사용권의 범위가 다르다.

Watercourse에 대한 권리에는 riparian doctrine과 prior appropriation doctrine 이 적용된다. Riparian doctrine은 물줄기에 접해있는 토지 점유권자에게 해당 물줄기의 사용권을 인정한다. Prior appropriation doctrine에 따르면, 물 사용권은 주 정부가 가지고 있기 때문에 토지 점유권자는 필요한 만큼의 사용권을 정부로부터 배당받는다. 따라서 먼저 사용한 자에게 사용권이 주어지고, 사용하지 않고 방치하는 경우 타인에게 그 권리가 이전된다.

한편, surface water에 대한 권리에는 natural flow theory와 reasonable use theory가 적용된다. Natural flow theory는 토지점유자는 댐 설치 등을 통해 토지상 물의 흐름을 방해할 수 없다. 다만, 많은 주에서는 다소 완화된 규정을 적용하여 물 흐름상의 합리적인 변화는 허용하고 있다. 이에 반해 common enemy theory는 surface water를 장애물로 보기 때문에, 토지 점유권자가 도랑 등을 설치하여 그 물줄기를 변화시키는 것이 허용된다. 한편, reasonable use theory는 물 사용에 있어 유용성(utility)과 피해 정도(gravity of harm)를 비교형량하여 합리적인 물 사용을 허용한다. 여기서 주의할 점은 상기 원칙들은 모두 surface water의 사용에 있어 제한을 두고 있으나, 저장(capture)에는 제한을 두고 있지 않다는 점이다. 따라서 댐을 설치하여 물을 저장하는 행위가 물줄기를 변화시킨다 하더라도, 그러한 행위가 malicious한 동기에 의한 것이 아니라면 행위자는 그에 대한 손배책임을 지지 않는다.

Water right에 관한 문제는 주로 주어진 소송에서 원고 및 피고에게 유리한 이론 및 원칙이 무엇인지 묻는 형태로 출제된다. 이러한 문제에서는 '어떤 유형의 water인지 (watercourse 또는 surface water)' 파악하는 것이 중요하다.

A landowner has water rights involving water in watercourses, ground water, and surface water. There are many rules applicable to those water rights in determining priority of water rights and the extent of the flow obstruction by a landowner.

1. Watercourses

a. Riparian Doctrine

Under the riparian doctrine, the landowner who owns the land bordering a stream or riparian^{강가의} land has the right to use the water of the stream. The use of water by a landowner who has the riparian right must **not substantially or materially diminish its quantity, quality, or velocity**^{유속} (natural flow theory) or his use must be **reasonable** (reasonable use theory).

b. Prior Appropriation Doctrine

Under the prior appropriation doctrine, the water belongs to the state and first individual user has priority over water rights. If there is a change in stream, the use would be proportioned.

2. Ground Water

As to ground watercourse, riparian doctrine or prior appropriation doctrine is applicable stated above. However, as to percolating^{침투수} ground water, absolute ownership doctrine, reasonable use doctrine, or appropriative rights doctrine is applied.

3. Surface Water

a. General Rule

A landowner has right to use surface water, such as rainfall and melting snow. As to landowner's liability to the lower landowners regarding surface water, there are applicable theories: natural flow theory, common enemy theory, and reasonable use theory.

b. Natural Flow Theory

Under the **natural flow theory,** a landowner **cannot** divert^{우회하다} surface water or refuse to take natural drainage. Otherwise, the landowner is **liable** to other landowners whose surface water is restricted by him.

c. Common Enemy Theory

Under the common enemy theory, surface water is common enemy ^{장애물} and lower landowners **will not have a cause of action** against a landowner who diverts surface water.

D. Airspace Rights

A landowner has **reasonable** right to use airspace above the parcel, but it is not exclusive. The landowner also has right that the airspace would not to be interfered by others.

E. Nuisance

1. General Rule

Private nuisance is **an invasion by intangibles** that causes a **substantial and unreasonable** interference with another private individual's **use or enjoyment** of possession.

Public nuisance is an invasion by intangibles that causes **unreasonable** interference with the health, safety, or property **rights of the community.**

2. Unreasonable Interference

> injury의 정도 > △'s 행동의 유용성 = unreasonable

Interference is unreasonable when th severity of the injury **outweighs** the utility^{유용성} of the defendant's conduct. In the balancing test, following factors are considered: the values of the interfered properties, the cost to the defendant to eliminate the condition complained of, and the social benefits from allowing the condition to continue.

3. Sunlight

Generally, no cause of action is recognized for **loss of sunlight or loss of a particular view.** Such loss may be recognized if there are negative easements for them.

[Negative Easement]

A possessor of the servient tenement **is refrained from engaging in activity upon the servient tenement** and a holder is entitled to compel him.

2장
Contracts

//

본 장에서는 계약 및 이에 따른 법률관계를 다루며, 크게 계약성립, 채무이행 및 채무 불이행에 대한 remedy, 제3자와 관련된 계약, 이렇게 세 파트로 구성되어 있다. 미국법상 계약법은 한국법상 계약법과 비교하여 내용에 있어 차이가 크므로 주의를 요한다. 예컨대, 미국법상 계약법은 해당 계약의 '목적물'에 따라 계약에 적용되는 rules가 다르다. 또한 미국법상 유효한 계약은 기본적으로 청약, 승낙, 약인 그리고 해당하는 항변사유가 없을 것이 요구되는데, 여기서 '약인(consideration)' 은 영미법에만 존재하는 개념으로서 이에 대한 정확한 이해가 필요하다.

☑ 객관식 Tips

> 1. 모든 문제는 ① 해당 계약의 '목적물'을 파악하여, CL 및 UCC2의 적용여부를 판단해야 한다. ② UCC2가 적용되는 경우, 계약당사자가 '상인(merchant)'인지 그 여부를 판단하여 적합한 rules를 적용해야 한다.
> 2. 본 장에 관한 문제는 논점이 직접적으로 드러나 있지 않아, 출제포인트를 파악하는데 어려움이 있다.
>   Q: If 갑 sues 을 **for damages,** will he prevail?
>   Q: If 갑 sues 을, how should the court rule?
>   ⇒ 선택지를 통해 출제포인트를 파악한다.
>   ⇒ 문제를 읽으면서 계약당사간의 행위가 어떤 의미를 가지는지 파악해야 시간을 단축할 수 있다.
> 3. 당사자에게 가장 유리한 주장 및 defense를 선택하는 문제도 출제된다.
>   Q: What is the best argument?
>   Q: Which of the following best summarizes the probable decision of the court?
>   Q: What is the maximum amount to which 갑 is entitled?

4. Damages를 계산하는 문제는 대개 typical한 case가 출제된다.

   Q: If 갑 sues 을 for damages, how much should he receive?

   Q: What may 갑 recover?

   Q: What damages should be awarded?

5. 목적물이 real property인 경우, 「1장 Real Property」에서 논한 논점들도 함께 고려한다.

6. 모든 문제에 있어 breach에 대한 defense를 항상 고려하는 것이 고득점 포인트다.

- Aggrieved party = Non-breaching party = Injured party
- Breaching party: 계약을 불이행한 측

  = The party to be charged

  = The party sought to be bound

  = The party against whom the contract is being enforced

- Damage: 손해, 피해
- Damages: 손배청구액($)
- Retraction = Revocation = Termination of offer by offeror: 청약철회
- Rejection = Termination of offer by offeree: 청약거절
- Rescission = Making the parties left as a contract had never been made

Part One. Formation of Contracts

I. Basic Concepts

A. Contracts

A contract is a legally enforceable agreement. A contract is enforceable when there are: mutual assent (offer and acceptance), consideration, and no defenses to formation (defenses against the enforceability).

B. Governing Rule

계약에 관한 법원(法源)에는 common law(CL), UCC2 (Article 2 of the

Uniform Commercial Code) 그리고 Restatement of Contracts 등이 있다. UCC는 Uniform Commercial Code의 약자로 일종의 상법모델법전으로서 총 13편에 걸쳐 매매(sales), 리스(leases), 유통증권(negotiable instruments), 은행예금 및 추심(bank deposits and collections), 신용장(letters of credit), 담보부거래(secured transactions) 등에 대해 다룬다. 그중 매매와 관련된 UCC2가 객관식 시험과목에, UCC9은 MEE 에세이 시험과목에 해당한다. Restatement of Contracts는 정착된 판례들의 요점을 정리한 것으로서, 판사 및 변호사들에게 common law에 대한 안내서의 역할을 한다. 미국 사법권에서 가장 인정하고 자주 인용된다.

기본적으로 모든 계약에는 CL이 적용되고, 동산을 목적물로 하는 매매계약(sales of goods)에는 UCC2가 추가적용된다. 즉 sales of goods에 관한 계약에는 기본적으로 CL이 적용되나, CL과 UCC2가 충돌하거나 CL에 명시되어 있지 않은 내용에 관련한 경우 UCC2가 적용된다. 특정 계약에 goods 매매 내용과 non-goods 매매 내용이 혼합되어 있는 hybrid contract인 경우에는 해당 계약의 '주된 매매물 성격'에 따라 CL 또는 UCC2가 적용된다.

1. Common Law v. UCC2

Most contracts are governed by the common law of contracts.

A contract **for the sale of goods** is governed by UCC2. Common law is applicable regarding aspects that are not displayed by UCC2. The term "goods" means **things** that are **tangible, movable, and identifiable** at the time of making a contract.

2. Hybrid Contracts

When the contract contains both sale of goods aspects and nongoods aspects, it is a hybrid contract.

Courts typically use a **predominant purpose test** to determine which body of law applies to the whole contract.

3. Good Faith

The parties should be in **good faith** in performance and enforcement of every contract.

"Good faith" in UCC2 means honesty in fact and the observance^{준수} of reasonable commercial standards of fair dealing.

4. Merchants

"Merchants" are who deals in goods of the kind or having **knowledge or skills** peculiar to the goods involved in the transaction.

Some rules in UCC2 require the party to be a merchant seller.

C. Types of Contracts

1. Express, Implied, and Quasi-Contracts

계약의 유형은 '계약 생성 방식'에 따라 express contract, implied contract 그리고 quasi-contract으로 구분된다. Express contract는 계약당사자간 구두 또는 서면을 통해 생성된 직접적인 계약이고, implied contract는 계약 당사자간의 행동 및 주변상황을 고려했을 때 계약상의 채무가 있다고 보기에 충분한 경우 인정되는 계약이다. 한편, quasi-contract는 계약 성립 요건을 갖추지 못해 법적으로 인정되는 정식적인 계약은 아니나, 일방의 부당한 이익(unjust enrichment)에 대해 이를 바로잡고자 인정된 계약이다. Quasi-contract이 인정되는 경우, 법원은 restitution을 인정한다.

a. Express Contracts

An express contract is a legally-binding obligation that is formed **by either oral or written language.**

b. Implied Contracts

• Implied contract = Implied-in-fact contract = Contract in-fact

An implied contract is a legally-binding obligation that is formed **by actions, conduct, or circumstances** other than oral or written language.

✔ Shipment of the goods and payment for the goods

c. Quasi-Contracts

• Quasi-contract = Contract in-law = Contract implied-in-law

A quasi-contract is mere an agreement between the parties, but obligations are imposed by law **to prevent unjust enrichment** by allowing the plaintiff to award **restitution** to recover the amount of the benefit conferred on the defendant. In other words, a contract recognized under the promissory estoppel doctrine is a quasi-contract.

2. Bilateral and Unilateral Contracts

계약은 'acceptance 방식'에 따라 bilateral contract과 unilateral contract 로 구분된다. 즉 청약자(offeror)가 상대방(offeree)에게 요구한 'accept하 는 방법'을 기준으로 구분된다. Bilateral contract는 쌍방간의 약속으로 이 루어지는 계약으로서, 양자간 채무가 이행되기 전에 계약이 성립한다. 반 면, unilateral contract는 offeree가 특정 행위를 이행완료 해야만 accept할 수 있다(an offer could be accepted only by performing the requested act). 즉 offeree가 특정 performance를 이행완료한 시점에 계약이 성립된 다. 만일 offeree가 promise를 해야만 acceptance가 인정되는 경우라면, 이는 bilateral contract이다. Acceptance의 방식은 offeror의 intent를 통해 결정된다. 예컨대, 갑이 을에게 "월요일까지 잔디를 다 깎으면, 10만원을 주겠다(I'll give you 10만원, if you mow my lawn by Monday)."라고 offer한 경우, 갑의 intent는 을이 performance(월요일까지 잔디를 다 깎 음)를 이행할 것을 바라는 것이고, 을이 월요일까지 잔디를 다 깎겠다는 약속(promise)을 해줄 것을 바라는 것이 아니다. 따라서 을이 월요일까지 잔디를 다 깎은 그 시점에 비로소 계약이 성립되고, 그 성립된 시점에 갑 의 채무(10만원 지급)만이 있고 을의 채무는 없으므로 해당 계약은 unilateral contract이다. 한편, 갑이 을에게 "월요일까지 잔디를 다 깎겠다 고 약속한다면, 10만원을 주겠다(If you promise me to mow my lawn by Monday, I'll give you 10만원)."라고 offer했고 이에 대해 을이 갑에게

동의를 표했다면, 을의 동의(promise)는 acceptance로 인정되어 계약
(bilateral contract)이 생성되고 갑의 채무(10만원 지급)와 을의 채무(잔디
를 월요일까지 다 깎음)가 모두 존재한다.

TIP1   Offeror requests performance v. Offeror requests promise
(Offer의 성격으로 계약유형 구별)
① Performance → offeree가 의무를 complete하면 acceptance 인
정 → 이 시점에 비로소 계약(unilateral K.) 성립
② Promise → offeree가 promise를 하면 acceptance 인정(offeree
의 행위 start하는 시점) → 이 시점에 계약(bilateral K.) 성립

TIP2   Promise v. Condition
(Offer-acceptance가 이미 존재는 상태에서 duty를 absolute하게
하는 요소는 무엇인가.)
① Condition: 의무가 아님. → condition을 이행하면 계약의무(duty)
가 absolute해진다. → absolute한 duty를 이행하지 않으면, breach
of contract.
② Promise: 의무임. → promise를 이행하지 않으면, breach of
contract.

a. Bilateral Contract

All contracts, except for the unilateral contract, are bilateral contracts.
Bilateral contract occurs when the parties exchange their **promises.**

b. Unilateral Contract

An unilateral contract occurs when:

i . An offer is accepted **only by the completion of the performance;**
or

ii . There is an offer **to the public** (e.g., reward offer).

The unilateral contract is created only when the offeree completes
his performance.

3. Void, Voidable, and Unenforceable Contracts

계약의 유형은 '유효성(validity) 및 강제성(enforceability)'을 기준으로 void contract, voidable contract 그리고 unenforceable contract으로 구분된다. Void contract는 '무효'인 계약을 뜻하는 바, 처음부터 계약 자체가 성립되지 않은 계약이다. Voidable contract는 '취소 가능한' 계약을 뜻하는 바, 계약당사자가 항변사유를 주장하고 법원이 이를 인정해야만 계약의 효력이 부정된다. 즉 voidable contract는 계약당사자가 voidable함을 주장하기 전까지는 유효한 계약으로 인정되고 법원이 항변사유를 받아들이면 void한 계약이 된다. 한편, enforceable contract란, '강제성 있는 계약'이란 뜻으로서 상대방의 채무불이행에 대해 강제할 수 있다는 의미이다. 예를 들어 갑·을간 300불에 페인팅 서비스 계약을 체결하였고 갑이 페인팅 서비스를 완료하였음에도 을이 300불을 지급하지 않는 경우, 갑은 을을 상대로 소송을 하여 을의 채무(300불 지급) 이행을 강제할 수 있다. 즉 갑·을간 계약은 enforceable하다.

한편, void contract는 처음부터 계약 자체가 성립되지 않은 계약(약속)이므로 강제성이 없고(unenforceable), voidable contract는 취소된 이후에 unenforceable하다. 여기서 주의할 점은 'unenforceable' 표현이 이중적인 의미를 갖는다는 것이다. 미국계약법상 unenforceable은 "계약의 성립은 인정지만 강제성이 없다."는 의미를 가지는 바, voidable과 다른 표현이다. 우선 unenforceable contract는 법적으로 강제할 수 없을 뿐, 계약 자체는 인정되기 때문에 계약당사자가 자발적으로 채무를 이행할 수는 있다. 따라서 이미 계약당사자가 이미 채무를 이행했다 하더라도 unenforceability를 주장하면서 자신의 채무에 대한 반환을 주장할 수는 없다. 반면, voidable contract는 항변사유가 받아들여지면 void contract로 인정되는 바, 계약의 성립도 부정된다. 따라서 이미 채무를 이행한 경우에는 그에 대한 반환을 주장할 수 있다. Unenforceable contract에는 statute of frauds(SOF)가 적용되는 계약이나 구두로 체결한 계약과 소멸시효(statute of limitation)가 완성된 계약 등이 있다.

A **void** contract is a contract that has no legal effect from the beginning, and it is not enforceable by either party.

A **valid** contract is a contract that is enforceable until one of the parties raise a defense.

An **enforceable** contract is a legal contract which carries the force of law behind it. An unenforceable contract is a **contract** that has any defenses extraneous to contract formation, and it carries no force of law.

II. Offer and Acceptance

본 챕터는 계약성립요건 중 의사표시의 객관적 합치, 즉 합의(mutual assent) 에 대해 논한다. 기본적으로 합의는 당사자간의 청약(offer)과 승낙(acceptance) 에 의해 그 존재가 인정된다.

Mutual assent consists of offer and acceptance. It is a meeting of the **objective** minds and each party is bound to the **apparent intention** that he manifested to the other.

A. Offer

1. General Rule

A person makes an offer when the person **communicates** to another a **definite statement of willingness to enter into a bargain,** so made as to justify the other person understands that his **assent** to that bargain **is invited and will conclude it.**

Only when the statement can be interpreted as an offer according to a **reasonable** person's expectations (objectively), it has legal effect.

2. Communication

Offer가 계약당사자간 "소통되어야(communicate)한다."는 것은 구체적으로 두 가지의 의미를 갖는다. 하나는 solicitation of offer가 아니어야 한다는 것이고, 다른 하나는 offeree가 자신의 행위가 상대방의 offer를 accept하는 행위임을 인지한 상태에서 acceptance를 해야 한다는 것이다.

Solicitation of offer는 invitation of offer라고도 하며, 이는 자신의 판매 의지를 표명하는 offer와는 달리 타인의 offer가 있다면 이를 받아들일 의지가 있음을 표명하는 것이다. Solicitation of offer와 offer의 구분은 내용의 '확실성(definite)'을 기준으로 하나 이는 명확한 기준은 아니고, '표현자의 의중'을 파악하는 것이 중요하다. "50% discount sale"과 같은 광고문 및 카탈로그는 불특정 다수를 대상으로 하며 제품의 수량 등에 대한 정보가 확실하지 않으므로 표현자의 판매 의지를 표명한다기보다는 이를 본 손님의 offer가 있다면 이를 받아들여 제품을 판매하겠다는 의지를 표명한 것에 가깝다. 따라서 광고를 보고 온 손님이 "물건을 사겠다."고 한 의사표시가 offer이고, 이에 대해 상점이 acceptance를 함으로서 계약이 생성되는 것이다. 다만, 광고문 및 카탈로그라 하여 반드시 solicitation of offer인 것은 아니다. "대회에서 1등하는 학생에게 상금 300만원을 준다." 또는 "First come, first serves."라는 내용의 광고문은 '대회에서 1등하는 학생' 그리고 '우선적으로 오는 손님'이라는 특정된 자를 대상으로 하며, 무엇을 제공할지에 대한 내용도 비교적 구체적이다. 따라서 이는 offer로 보아야 한다.

"Offeree가 자신이 accept한다는 사실을 인지한 상태에서 acceptance를 해야 한다."는 것은 offeree의 행위가 우연히 acceptance의 요건을 만족한 것이 아니라 그가 특정 offer를 accept하겠다는 의지가 담긴 행위여야 한다는 것이다. 예컨대, "범인 갑을 체포하는데 기여한 자에게는 현상금 100불을 준다."는 내용의 광고문이 있다고 가정해보자. 이는 offeree를 '범인 갑을 체포하는데 기여한 자'로 특정하고 있으며 현상금 100불을 주겠다는 구체적 내용이 명시되어 있으므로 offer이다. 다시 말해, 범인 갑을 체포한 자만이 accept할 수 있다. 만약 갑이 범인이라는 사실만 알고 있고 현상금 지급에 대해서는 알지 못한 을이 갑의 체포에 기여하였다면, 경찰은 을에게 100불을 지급하여야 하는가. 을은 본 offer에 대한 인지가 없었으므로, 경찰과 을간 communication이 없었고 을에게 power to accept가 없었다고 보아야 한다. 즉 을은 우연히 acceptance의 요건을 만족한 것일뿐, accept를 한 것은 아니므로 계약이 성립되었다고 할 수 없다. 따라서 경찰은 을에게 100불을 지급할 의무가 없다.

An offer must be communicated between an offeror and an offeree. The offer is different from the solicitation of offers (invitations for offers). The offeree must have **knowledge** of the offer to have the power to accept.

Mere solicitation of offers (invitations for offers) to the public, such as advertisements and catalogs, is not a communication unless **it has definite terms and clearly identified offeree(s).**

✔ "First come, first serves." — offer 인정 ○

✔ "$800 to whom won the first prize in the contest" — offer 인정 ○

✔ "I am offering you to sell the car for $500,000." → "the car"라는 표현이 충분히 definite한지 그 여부에 대해 고려해야 함 → 다른 자동차를 판매하지 않고 오직 한 자동차를 판매하는 경우라면 offer 인정 ○

3. Definite Terms

Offers should be definite, and must consist of **essential terms.** Generally, there should be: the identity of the offeree, the subject matter, and the price. However, statement without essential terms could be an enforceable offer when it meets objective standard.

a. In UCC2

Under the UCC2, the courts can supply missing terms as **gap fillers,** but the quantity term must be definite.

b. Subject Matter

Generally, reasonable accuracy meets the definite subject matter requirement. However, there are specific requirements for some types of contracts: contract for real estate and for sales of goods.

ⅰ. Contract for Real Estate

Contract for real estate must identify the **land** and the **price terms.**

ⅱ. Contract for Sales of Goods

Contract for sales of goods requires the **quantity** terms, except for some types of contracts.

① Requirements Contract

Requirement contract is a contract in which a buyer promises to buy **all of the goods** the buyer **requires** from a **certain seller.**

The parties should act in good faith.

② Output Contract

Output contract is a contract in which a seller promises to sell **all of the goods the seller produces** to a certain buyer.

The parties should act in good faith.

4. Offer v. Negotiation

The court consider the prior relationship and practice of the parties to determine whether the communication constitutes an offer or preliminary negotiations.

B. Termination of Offer

Termination of offer란, 청약 효력의 소멸을 뜻한다. 청약 효력은 세 가지 방법을 통해 소멸되는데, 청약자에 의한 소멸, 청약 승낙자에 의한 소멸 그리고 법으로써 강제로 소멸시키는 방법이 있다. 청약자는 자신의 청약을 철회함으로써 청약 효력을 소멸시킬 수 있고, 이를 "revocation"이라 한다. 청약 승낙자는 청약을(승낙하기를) 거절하여 해당 청약 효력을 소멸시킬 수 있고, 이를 "rejection"이라 한다. 한편, 법에 의한 청약 효력 소멸에는 당사자가 승낙 전 사망하거나 insane된 경우 등이 있다.

Offer can be terminated by either acts of parties or operation of law **before acceptance is effective.**

1. By Offeror (Revocation)

a. General Rule

원칙적으로 청약자는 revocation 할 수 있다. 다만, 청약자의 청약철회 권(right to revoke)을 제약하는 예외적인 상황이 있는데, option contract, firm offer, detrimental reliance, beginning of performance가 그 예 이다.

한편, revocation은 상대방 있는 의사표시이므로(be communicated), 상대방에게 도달한 때에 그 효력이 생긴다. 이때 의사표시는 청약자가 직접적으로 그 표시를 하는 direct communication과 상대방(청약 승 낙자)이 청약자의 revocation을 합리적으로 추론할 수 있는 경우 인정 되는 indirect communication이 있다.

Revocation is an offeror's manifestation of an intention not to enter into the proposed contract.

A revocation must be communicated to offeree before his acceptance, and is effective when it is **received** by the offeree. **Reading** by the opposing party is **not** required to be effective.

Communication can be made either directly or indirectly. Indirect communication is made when reasonable person could **infer** revocation from a reliable source.

b. Exceptions

ⅰ. Option Contract

Option contract는 offeror가 일정 기간 동안 청약을 철회하지 않겠 다는 내용의 계약으로서, offeree가 offeror로부터 청약 철회를 일 정 기간 동안 철회하지 않겠다는 약속을 받고, 그에 대한 대가로 offeror에게 consideration을 지급한다. 다만, 당사자간 option contract

에 대한 consideration을 언급하였고, option contract이 서면으로 작성되었고, 해당 서면에 offeror의 서명이 있는 경우에는 offeree가 실제로 consideration을 지급하지 않았다 하더라도 option contract의 성립을 인정한다(Restatement (Second) of Contracts). 다시 말해, 과거에는 option contract의 성립에 있어 consideration 지급이 엄격히 요구되었으나 근래에는 consideration에 대한 요건이 다소 완화되었다.

한편, 청약의 수령자(offeree)는 option contract상의 청약이 open되어있는 기한 내에 청약거절(rejection)과 청약거절의 철회(revocation of rejection)를 자유롭게 할 수 있다. 다만, offeror가 offeree의 rejection에 합리적으로 의존한 경우에는 해당 rejection을 함과 동시에 offer는 종료된다.

An option contract is a contract in which the offeree **gives consideration** to **limit offeror's revocation** for a specified or reasonable period.

During the period, the offer remains open even after the offeree's rejection.

ii. Merchant's Firm Offer (in UCC2)

When the firm offer is made, the offer should remain open without consideration. The open period of the firm offer **cannot exceed three months.** Firm offer is recognized in UCC2 and it is made when:

① A **merchant;**

② Made an offer in a **signed writing;** and

③ The writing specifies that it will be held open.

iii. Detrimental Reliance

When the offeree made detrimental^{해로운} reliance on the offer, the offer is irrevocable for a reasonable length of time.

Detrimental reliance occurs when:

① The offeror could **reasonably** expect that the **offeree's reliance** on him to her **detriment** on the offer; and

② The offeree **does so rely.**

iv. **Beginning of Performance**

Bilateral contracts are formed upon the offeree's start of performance. Thus, offeree's performance makes the revocation impossible.

In unilateral contracts, revocation is impossible upon the offeree's start of performance.

✔ Preparing to perform (≠ beginning of performance) ― revoke 가능

2. By Offeree (Rejection)

a. Rejection

i. **General Rule**

Rejection is a manifestation of intention not to accept an offer. A rejection is effective when it is **received** by the offeror, and it terminates the offer.

✔ "I'll think about it." ― rejection ✕

ii. **Exception (Option Contract)**

Offer keeps open within the option period and the offer does not terminate with the offeree's rejection. During the option period, the offeree remains power to acceptance even after she rejected.

b. Counteroffer

A counteroffer is an offer made by an offeree to his offeror relating to the **same matter** of the original offer and proposing a **substituted bargain** differing from that proposed by the original offer or **an acceptance conditional upon additional terms.** A counteroffer is effective when it is **received** by the offeror, and it terminates the offer.

✔ "Not at that price, but I'll take it at $5,000." → same matter but substituted bargain → counteroffer 인정 ○ → Offer is terminated.

✔ "I accept your offer, provided that you agree to 10% discount." → acceptance conditional upon additional terms → counteroffer 인정 ○ → Offer is terminated.

✔ "I'll take it at that price, but only if it is shipped." → acceptance conditional upon additional terms → counteroffer 인정 ○ → Offer is terminated.

✔ "Would your consider lowering your price by $200?" → inquiry (counteroffer 인정×) → Offer is effective.

c. Lapse of Time

An offeree's power of acceptance is terminated at the time specified in the offer, or, if no time is specified, at the end of a reasonable time.

What is reasonable time is a question of fact, depending on all the circumstances existing when the offer and attempted acceptance are made.

3. By Operation of Law

The offer is terminated when:

ⅰ. Either of the parties **dies,** or is insane prior to acceptance;

ⅱ. Subject matter is destructed; or

ⅲ. Subject matter becomes illegal (by change of the governing law).

[표 2-1]

	By offeror (revocation)	By offeree (rejection)	By operating law
원칙	before acceptance에 해야 함.	• 단순한 rejection • counteroffer	• 당사자 dies/insane • 목적물 destroyed • 목적물 illegal
예외	• option K. • merchant's firm offer (in UCC2) • Detrimental reliance • beginning of performance	option K.	—

C. Acceptance

1. General Rule

An acceptance is a manifestation of consent to the terms of the offer. Only the person who has the **power of acceptance** can make an acceptance and the person to whom an offer is addressed.

a. Power of Acceptance

The power of acceptance **cannot** be assigned.

However, in the **option contracts,** the power to accept is assignable since it is contract right.

b. Mirror Image Rule

Under the mirror image rule, an acceptance should mirror an offer without modification. In other words, the acceptance must be exactly same with the offer.

UCC2 abandoned the mirror image rule, and "battle of the forms" provision controls the terms of a contract.

c. Mailbox Rule

Mailbox rule이란, 본래 상대방에게 의사표현이 전달되어야만 acceptance 가 인정된다는 원칙의 예외로서, offeree가 acceptance하겠다는 내용의 편지를 발송한 경우 발송시점에 acceptance가 인정되어 계약이 성립된다고 본다. 그런데 offeree가 한 통의 편지를 발송한 것이 아니라, acceptance하겠다는 내용의 편지와 rejection하겠다는 내용의 편지를 시간차를 두고 offeror에게 모두 보낸 경우, mailbox를 적용할 수 있는가라는 논점이 있다. 이는 offeree가 '첫 번째로 보낸 내용'을 기준으로 판단한다. 만일 acceptance를 먼저 보낸 후 rejection을 보낸 경우라면, mailbox rule을 적용하여 발송한 시점에 계약이 성립되었다고 본다. 만약 rejection을 먼저 보냈다면 mailbox rule이 적용되지 않는 바, 두 편지 중 먼저 도달하는 내용의 것을 offeree의 intent로 본다.

i. General Rule

Under the mailbox rule, acceptance is effective **at the time of dispatch,** provided that the mail is properly addressed and stamped. However, the rule is inapplicable when:

① The offer specified otherwise (acceptance is effective only by a receipt); or

② An acceptance is for an **option contract.**

ii. When Offeree Sent Both

① Offeree sent acceptance + rejection → Mailbox rule 적용 ○ → acceptance 인정

② Offeree sent rejection + acceptance → Mailbox rule 적용 × → 먼저 도달하는 내용을 기준으로

2. Acceptance for Bilateral Contract

a. General Rule

In a bilateral contract, an acceptance may be made by a promise to perform or by the **beginning** of performance. However, when the offeror requires a specific act to make acceptance, the acceptance can be made only by doing the specific act.

b. Be Communicated

The acceptance must **be communicated** to the offeror. When there are **prior dealings or trade practices** between the parties, **silence** is treated as an acceptance and the contract implied-in-fact (implied contract) is created. In such cases, the party has the duty to notify when he does not want to accept the offer.

[Contract Implied-In-Fact]

A contract implied-in-fact (implied contract) is a legally-binding obligation that are formed by actions, conduct, or circumstances other than oral or written language.

3. Acceptance for Unilateral Contract

앞서 언급한 바와 같이 unilateral contract의 acceptance는 청약의 offeree 가 약속한 행위를 이행 완료(complete performance)해야만 인정된다. 따라서 offeree는 자신의 acceptance, 즉 offeror에게 행위이행완료 후 적정한 시일 내에 통지해야 하며, 만일 그렇지 못한 경우에는 계약의 성립은 인정하지만, offeror는 채무이행의 의무가 없다(be discharged).

a. By Completion of Performance

An accept for a unilateral contract can be made only by the **completed performance.**

| TIP | Unilateral contract |

① Beginning of the performance → irrevocable contract

② Completion of the performance → Acceptance is made (contract is formed).

b. Notice

The notice of acceptance must be given by offeree within a

reasonable time **after his completion** of the performance. However, the notice is **not** required if:

ⅰ. The offeror **waived** notice; or

ⅱ. Performance by the offeree would normally **come to the offeror's attention.**

If the notice of acceptance is not given, the contract is formed but offeror is discharged.

4. In UCC2

a. Acceptance in UCC2

An offer to buy goods for shipment may be accepted by either a promise to ship or **by a shipment of conforming or nonconforming goods.** If nonconforming goods are shipped, an acceptance and a **breach** of the bilateral contract are created. However, if the offeree **notifies** that the shipped nonconforming is offered as an **accommodation**^{협상}, the shipment is a **counteroffer.**

b. No Mirror Image Rule

Common law와는 달리 UCC2가 적용되는 계약(sales of goods)에서는 mirror image rule이 적용되지 않는다. 즉 offeree가 offer 내용에 추가적인 내용(terms)을 덧붙여 offer를 승낙하더라도, 이는 유효한 승낙(acceptance)으로 인정된다. 다만, 여기서 추가된 내용이 'offeree가 offeror에게 희망하는 내용'인지 아니면 '승낙에 대한 조건'인지 구별할 필요가 있다. 만약 offeree가 offeror에게 희망하는 내용으로서 offer에 추가적인 내용을 덧붙였다면, offeree의 대답은 acceptance로 인정되나, 승낙에 대한 조건으로서 추가적인 내용을 덧붙인 경우에는 rejection, 즉 counteroffer가 되어 계약이 성립하지 않는다. 예컨대, offeree 을이 offeror 갑의 offer에 대해 "I accept your offer and want you to agree 20% discount."라고 답했다면, 이는 을이 20% 할인을 희망한다는 의미이므로 본 문장은 acceptance로 인정되고 갑·을간 계약은 성립한다. 반면, 을이 "I accept your offer, provided that you agree to 20% discount."라고 답했다면, 이는 갑이 20% 할인을 적용해줘야지만 을이 accept하겠다는 의지를 표명한 것으로서 추가적인 내용(20% discount)은 condition on acceptance, 즉 을의 rejection이고 계약은 성립하지 않는다.

Offeree가 추가적인 내용을 덧붙인 답이 유효한 acceptance로 인정되었다면, 그 문장 전체를 계약으로 인정해야 하는지 또는 추가적인 내용을 제외한 부분(offer 내용과 동일한 부분)만을 acceptance로 인정해야 하는지가 문제가 된다. 예컨대, 상기 예시에서 "I accept your offer and want you to agree 20% discount." 본 문장 전체를 acceptance로 인정하여 계약의 내용으로 인정해야 하는지, 아니면 추가적인 내용(20% discount)은 제외하고 "offer를 accept하겠다"는 acceptance에 대한 의지만을 인정할지 문제가 된다. 이는 계약당사자의 신분, 즉 계약당사자의 상인(merchant) 여부를 기준으로 판단된다. 만약 계약당사자(갑과 을) 모두가 상인(merchants)이라면, 세 요건을 만족하는 경우에 한해 문장 전체를 계약의 내용으로 인정한다. 그 외의 나머지 경우 즉 계약 당사자 중 한 명 이상이 일반인(nonmerchant)인 경우 또는 계약당사자 모두가 상인이지만 세 요건을 만족하지 못하는 경우에는 문장 전체가 아닌 offer 내용과 동일한 부분만을 계약의 내용으로 인정한다.

ⅰ. General Rule

UCC2 abandoned the mirror image rule, and the acceptance with additional or different terms is effective. However, if the offeree expressly made **condition on assent,** rejection and counteroffer are made and there is no acceptance.

✔ ① "I accept your offer and want you to agree 20$ discount."
→ acceptance

② "I accept your offer, provided that you agree to 20% discount." → condition on acceptance → acceptance ✕ →

rejection/counteroffer

✔ ① "I accept your offer; deliver it to my office please." → acceptance

② "I accept you offer, but (only) if you deliver it to my office." → condition on acceptance → acceptance × → rejection /counteroffer

ii. Additional Terms

When an acceptance with additional or different terms is effective, those additional or different terms are treated differently depending on the party's status.

① Nonmerchant

When any party of the contract is a nonmerchant, the additional or different terms are excluded and **not** become part of the contract. In such cases, only the portion of the acceptance that mirrors the offer becomes the part of the contract.

② Between Merchants

Offeree's additional or different terms **become** part of the contract only when:

(a) **Both** parties are **merchants;**

(b) Those terms do **not materially change** the original terms of the offer; and

(c) Offeror does **not reject** them **within a reasonable time.**

c. Auction Contracts

An **auction is an invitation of offer** and the **final bid becomes an offer.** In other words, the highest bidder makes an offer and auctioneer accepts it.

i. Auction With Reserve

An auction is **with reserve** unless it is specified otherwise. In an auction with reserve, the auctioneer **may withdraw** the goods at any time until he announces completion of the sale.

ⅱ. **Auction Without Reserve**

In an auction without reserve, the auctioneer cannot withdraw the goods once the auctioneer calls for bids on an article or lot.

d. In UCC2, Buyer's Obligation

After rejection, a buyer has to hold the goods with reasonable care until a seller removes the goods from the buyer's dispossession. If the seller gives no instruction on disposal of goods, the buyer has three options: reshipment, re-storage, or resale of the goods. If the buyer choses to resell the goods, he is entitled to have sale expenses and commission (usually 10% of the sale price).

D. Revocation of Acceptance (In UCC2)

UCC2에 따르면, 물건을 인도받은 후 일정 기간 이내에 해당 물건을 reject하지 않으면 accept한 것으로 보며, 일단 accept하면 revoke the acceptance할 수 없다. 하지만 계약내용과 일치하지 않은 물건을 인도받았고, 그 물건의 하자로 인해 구매자가 심각한 피해를 입었으며, 구매자는 그 하자가 곧 괜찮아질 것이라고 합리적으로 믿었거나 구매자가 그 하자를 쉽게 발견하지 못했을 상황이었거나 판매자의 확언을 믿고 물건을 살펴보지 않았다면, 예외적으로 revocation of the acceptance가 허용된다.

A buyer may revoke acceptance if:

ⅰ. **Nonconformity** of the goods occurs;

ⅱ. It **substantially impairs** the value of the goods to the buyer; and

ⅲ. The buyer **accepted** the goods either:

① On the **reasonable assumption** that a nonconformity **would be cured;**

② Without discovery of a nonconformity if acceptance **was induced** by either **difficulty of discovery** before acceptance; or

③ The **seller's assurance.**

III. Consideration

Consideration은 영미법에만 존재하는 독특한 개념으로서, 한국어로는 '약인 (約因)' 또는 '대가관계'로 번역되는데, '계약당사자간 상대방의 약속이행을 유도하기 위한 어떤 힘'으로 이해하면 되겠다. Consideration은 계약의 '성립'요건이므로, 계약이 성립된 이후에 발생하는 '채무'와는 다르다. 즉 consideration은 bargained-for exchange, legal value 그리고 mutuality, 이 세 요건을 갖춰야만 한다. Bargained-for exchange는 '이행 유도력'을 말하고, legal value는 '법적 가치'를 말하며, mutuality는 '서로'라는 의미이다. 다시 말해서 consideration은 '상호 이행을 유도하도록 하기 위한 법적가치'로서, 이는 계약당사자 양측 모두가 가지고 있어야 성립한다. 예컨대, 갑·을간에 100만원에 페인팅 계약을 체결하는 경우 갑은 을의 페인팅 의무를 이행하도록 유도하기 위해 100만원을 지급하는 것이고, 을은 갑의 100만원 지급을 이행하도록 유도하기 위해 페인팅 서비스를 제공하는 것이므로, 양 측의 consideration이 존재한다. 이에 반해, 갑이 자신을 구해 준 을에게 그 보답으로 "500만원을 주겠다."고 약속한 경우, 이미 을의 구조는 완료된 상태이므로 갑의 500만원은 을의 구조를 유도하기 위함이 아니고, 을의 구조 또한 갑의 500만원 지급을 유도하기 위한 것이 아니므로, 본 약속에는 consideration이 존재하지 않는다. 즉 일방의 행위가 완료된 후 그 상대방이 이에 대한 보답으로 주는 대가는 consideration이 아니다. 다만, 이런 경우에도 일부 주(州)에서는 도덕적인 가치를 인정하여 consideration으로 인정하는 경우도 있다(material benefit rule). 이하 consideration의 세 요건에 대해 분설한다.

A. General Rule

Generally, a promise must be supported by consideration to be enforceable, and there is consideration if it is **bargained for exchange** between the parties for a return promise or performance and has **legal value. Mutuality** is also required and consideration must exist on both parties of the contract.

1. Bargained-For Exchange

a. General Rule

The agreement must **induce** the detriment^{손상} and the detriment must **induce** the agreement. Gift given to opposing party is not consideration.

✔ 갑이 을에게 자신이 아끼는 시계를 선물하기로 agreement를 맺은 경우 → consideration 인정 ×. 본 사안에서 갑이 을에게 시계를 주는 것은 을의 어떠한 행위도 유도하지 않는다. 즉 갑의 agreement는 을의 detriment를 유도하지 않고, 갑의 detriment는 을의 약속을 유도하지 않는다. 따라서 갑·을간 계약은 성립되지 않았다.

b. Past Consideration

ⅰ. General Rule

If something was given or performed **before** the promise was made, it will **not** satisfy consideration requirement. However, there are some exceptions to this rule: past debt and material benefit rule

ⅱ. Exceptions

① Past Debt

소멸시효(SOL)가 지났거나 파산(bankruptcy) 등으로 채무가 소멸되었으나 채무자가 채권자에게 해당 채무를 이행하겠다는 약속을 한 경우, 채무자의 상환은 past consideration이므로 원칙적으로는 유효한 계약이 아니다. 채무자의 채무 이행이 채권자의 행위를 유도하지 않고, 오히려 채무자의 행위는 과거의 채권자 행위(돈을 빌려준 행위)로 인해 유도된 것이기 때문이다. 다만, 그 약속이 서면으로 작성되었거나 일부 상환한 경우와 같이 채무자의 부분적 이행(partial performance)이 발생된 경우라면, consideration이 없더라도 유효한 계약으로 본다. 여기서 '서면 작성'은 SOF와 무관하게 적용되는 내용이다.

A promise to pay a debt barred by the statute of limitations or bankruptcy is enforceable even if no new consideration is given. In such cases, the promise must:

(a) Be **in writing;** or

(b) Be **partially performed.**

② **Material Benefit Rule**

> (benefit ≠ gift) + apportionate ⇒ 유효한 K.으로 인정

앞서 언급한 바와 같이, 갑이 자신을 구해 준 을에게 그 보답으로 "500만원을 주겠다."고 약속한 경우, 이미 을의 구조는 완료된 상태이므로 갑의 500만원은 을의 구조를 유도하기 위함이 아니고, 을의 구조 또한 갑의 500만원 지급을 유도하기 위한 것이 아니므로, 본 약속에는 consideration이 존재하지 않는다. 즉 일방의 행위가 완료된 후 그 상대방이 이에 대한 보답으로 주는 대가는 consideration이 아니다. 다만, material benefit rule을 적용하게 되면 혜택을 받은 자(갑)가 대가(500만원)를 제공하지 않는 경우 breach the contract가 된다. 단, 사전에 제공한 혜택에 대한 보답으로 대가를 받을 자(promisee, 을)가 그 혜택을 제공할 당시 혜택에 대한 보답을 전혀 바라지 않고 단순한 gift로 혜택을 제공했거나 보답에 대해 제공되는 대가가 promisee가 제공한 혜택과 비례하지 못한다면, material benefit rule은 적용될 수 없다.

[참고]

위 사례는 증여의 사례다. 한국법상 증여는 계약(단독행위)이지만 미국법상 증여는 consideration의 유무여부에 따라 계약일 수도 있고 아닐 수도 있다. 상술한 증여 사례는 수증자(을)의 consideration이 없으므로, 미국법상의 계약이 아니다. 만약 다른 예로, 딸이 노모를 돌보고 그에 대한 대가로 노모가 증여를 하기로 한 경우, 양측의 consideration이 존재하므로 이때의 증여는 미국법상으로도 계약이 될 수 있다.

Under the material benefit rule, a promise that is not supported by consideration may be enforceable, if it is made by the promisor who knows a benefit received before. This rule recognizes moral consideration.

However, this rule does **not** apply, if the promisee provided the benefit as a gift, or the promise value is disproportionate to the benefit.

2. Legal Value

Consideration은 이를 제공하는 자에게 법적 가치(legal value)가 있는 것이면 충분하고, 계약당사자간 제공하는 consideration의 법적 가치가 서로 비례할 필요는 없다. 즉 해당 consideration의 적합성(adequacy)은 계약의 유효성과 무관하다. 예컨대, 갑이 을에게 1,000만원의 가치가 있는 다이아몬드 반지를 10만원에 판매하는 경우, 유효한 consideration이다. 한편, consideration의 요건 중 '법적 가치'가 반드시 경제적(economic) 가치를 의미하는 것은 아니나, 완전히 혹은 거의 가치가 없는 것(token consideration) 또는 약인요건을 충족시키기 위하여 실제로 이행할 의사도 없이 하찮은 것을 약인으로 하면서 실제로 이행하지도 않는 경우(sham consideration)는 법적 가치가 인정되지 않아 계약이 성립될 수 없다.

Economic benefit is **not** required. Adequacy of consideration is not required. However, token consideration and sham consideration do not have legal value.

✔ "너(을)가 담배를 끊으면 내(갑)가 100만원 줄게." — 을이 담배를 끊어야 할 이유(법적 의무)가 없음에도 불구하고 끊는 행위의 legal value가 인정된다.

3. Mutuality

a. General Rule

Consideration must be mutual and the agreement in which only one party becomes bound without mutuality is **illusory.**

Valid consideration is recognized under the **conditional** agreements, unless the condition is entirely within the promisor's control. If the agreements are conditioned on the promisor's satisfaction, promisor should be act **in good faith and reasonably.**

b. Preexisting Legal Duty

미국법상 계약은 계약당사자 서로의 consideration이 있어야만 유효하다. 만약 일방의 consideration만 존재한다면, 양자간 약속은 illusory하기 때문에 계약이 성립하지 않는다. 본 법리는 계약을 수정(modification)하는 경우에도 동일하게 적용된다. 예컨대, 갑이 페인팅을 해주고 을에게 500 불을 받기로 했다가 이후 700불로 수정한 경우, 추가된 200불에 대한 어느 일방(갑)의 consideration이 없다면 이 200불에 대해서는 illusory 하므로 을은 200불을 이행할 의무가 없다. 여기서 "추가된 200불에 대한 어느 일방(갑)의 consideration이 없다면"이라는 것은 갑이 추가서비스 없이 500불 때와 동일한 의무(preexisting duty)로서 700불을 계약하였다면 그중 200불에 대해서는 consideration이 없다는 뜻이다. 따라서 을은 원래의 500불에 대해서는 이행의무가 있지만, 추가된 200불에 대해서는 consideration이 없기 때문에 이행의무가 없다. 이 사례에서 만일 갑이 더 많은 페인팅 서비스를 제공하고 200불을 추가하기로 수정했다면, 이때는 양측 모두에게 consideration이 존재하므로 을은 추가된 200불을 포함한 700불에 대해 이행의무가 있게 된다.

예외로, 일방의 동일한 의무(preexisting duty)를 consideration으로 인정하는 경우가 두 가지 있다. 첫째는 원래의 계약당사자가 아닌 제3자와 동일한 의무(preexisting duty)를 내용으로 약속하는 경우이고, 둘째는 계약당사자들이 전혀 예상하지 못했던 상황으로 인해 계약을 수정하게 된 경우가 그러하다. 즉 위 사례에서 갑·을이 500불에 계약을 하고 동일한 계약을 갑·병간에 700불에 체결하더라도 이는 무방하다는 뜻이다. 갑·병간에 700불 계약은 처음부터 갑·병 양측의 consideration이 있었기 때문이다. 이 경우는 병은 당연히 갑에 대해 700불의 이행의무가 있다. 다시 말해 "추가된 200불이 인정되지 않는다."고 말하는 것은, 동일한 계약당사자간(갑·을간) 계약을 수정할 경우에 한해 preexisting duty를 consideration으로 인정하지 않는다는 것일 뿐, 갑이 제3자(병)와의 계약에 대해 얼마를 받는지는 갑·을간의 계약에 아무런 영향을 미치지 아니한다. 한편, 위 사례에서 갑·을간 500불에 계약을 했으나 이후 전혀 예상하지 못한 천재지변으로 인한 원자재 값 폭등을 이유로 갑이 700불을 요구하였다면, 이때 역시 갑의 동일한 의무(preexisting duty)는 consideration으로 인정되어 을은 700불에 대해 이행의무가 인정된다.

i. General Rule

The promise to perform an existing legal duty does **not** constitute consideration. However, there are some exceptions: preexisting duty owed to third party and modification under the unforeseen circumstances.

ii. Exceptions

① **Preexisting Duty owed to Third Party**

If a duty made by a new promise is a preexisting duty that is owed to third party, the duty constitutes consideration.

② **Modification under the Unforeseen Circumstances**

If the parties modified original contract without consideration under the circumstances in which they were not able to foresee at the time of contracting, the modifying without consideration is binding (enforceable contract).

If the unforeseen difficulty is so extreme that the party faces impracticability, the duty of performance would be discharged.

B. Exceptions (Promissory Estoppel)

유효한 계약이 성립되기 위해서는 원칙적으로 consideration 요건이 만족되어야 한다. 다만, 계약 성립요건 중 consideration 요건을 만족하지 못해 법률상 인정되는 유효한 contract가 아님에도 불구하고 promisor의 약속을 믿고 자신의 상황을 변화시킨 promisee를 보호하기 위해 계약의 성립을 인정해주는 경우가 있는데, 이러한 경우를 'promissory estoppel'이라 한다. 다시 말해, promissory estoppel이 인정되면 해당 계약은 quasi-contract이다. 본 개념은 앞서 설명한 material benefit rule과 다른 개념이다. Material benefit rule은 "계약이 체결되기 전 이루어진 행위는 consideration으로 인정될 수 없다."는 원칙의 예외로서, 과거 행위의 도덕적인 consideration을 인정하는 룰이다. 한편, promissory estoppel은 "계약당사자간 서로 consideration이 있어야 한다."는 원칙의 예외로서, consideration이 없다 하더라도 해당 약속을 믿고 자신의 상황을 변화시킨 계약당사자를 보호하고자 유효한 계약으로 인정하는 룰이다. Promissory estoppel이 인정되면 약속을 믿은 계약당사자는 상대방의 채무 불이행에 대해 손배청구를 할 수 있는데, 이때에는 해당 계약을 통해 얻을 수 있었던 이익을 기준으로 책정하는 expectation damages가 아닌 해당 계약을 믿음으로써 발생한 비용을 기준으로 책정하는 reliance damages가 인정된다. 일반적으로 reliance damages는 expectation damages보다 적다.

1. General Rule

When there is promissory estoppel or detrimental reliance, consideration is not necessary for an effective contract. A promisor should be estopped from not performing, and the gratuitous promise is enforceable when:

  i . The promisor should **reasonably expect** that promisee could **change his position in reliance on the promise;** and

  ii . The promisee did **in fact** in reliance on the promise.

2. Remedy

The remedy is limited **as justice requires.** Thus, the promisee might be awarded **only reliance damages.** Reliance damages is usually less than expectation damages.

건축회사 갑이 국가 프로젝트 입찰에 참여하기 전, 해당 프로젝트 수행을 하기 위해 필요한 subcontractor를 입찰 방식으로 채용하고자 했다. 갑은 채용 공고에 자신이 입찰할 국가 프로젝트에 대한 정보를 충분히 알렸고, 수많은 subcontractor 중 을이 가장 낮은 금액으로 입찰하였다. 갑은 을의 입찰금액을 참고하여 국가 프로젝트 입찰에 참여하였고, 낙찰 받아 general contractor가 되었다. 며칠 후, 을이 비용을 잘못 계산하여 입찰한 금액보다 더 비싼 금액으로 수정하지 않으면 bid를 철회하겠다고 하였다. 갑은 국가 프로젝트를 수행하기 위해 어쩔 수 없이 을을 제외한 다른 subcontractor들과 계약을 체결하였고, 그 결과 갑은 200만불 정도의 추가비용을 지불하였다. 갑·을간 계약은 enforceable한가?

⇒ Yes. 갑·을간 계약 체결 당시 을(promisor)은 갑(promisee)이 국가 프로젝트 입찰에 참여하고자 해당 계약을 체결한다는 사실을 인지하고 있었다. 갑은 해당 계약을 체결한 후 실제로 입찰에 참여하였으므로, promissory estoppel 및 detrimental reliance가 인정된다. 따라서 갑·을간 계약은 enforceable하다.

IV. Defenses

유효한 계약이 성립되기 위해서는 offer, acceptance, consideration가 있고, 유효성에 대한 항변사유(defense)가 존재하지 않아야 한다. 본 파트에서는 항변사유에 대해 논한다. Defenses에는 해당 사유가 인정되면 void contract으로 보는 경우와 voidable contract으로 보는 경우가 있는 바, defense의 효력에 주의를 요해야 한다.

A. Absence of Mutual Assent

1. Mistake

a. Mutual Mistake

When both parties shared a mistaken assumption about **existing**

facts, mutual mistakes arise. The contract is **voidable** by the adversely affected party if:

ⅰ. The mistake is made on a **basic assumption** on which the contract is made;

ⅱ. The mistake has a **material effect** on the contract; and

ⅲ. The party seeking avoidance **did not assume** the risk of the mistake.

---

case

① 갑이 자신의 보석 반지를 을에게 판매하려고 한다. 갑·을은 해당 보석이 다이아몬드라 생각했고 감정사에게 의뢰하지 않은 채 1,000만원에 계약을 체결했다. 이후 갑은 해당 보석이 다이아몬드가 아닌 평범한 돌이라는 것을 알게 되었고, mutual mistake를 주장하며 해당 계약의 voidable을 주장했다. 갑은 승소할 수 있는가?

⇒ No. 반지의 가치는 갑·을간 계약의 중요한 사안이나 갑이 계약 체결 전 감정사에게 의뢰하지 않은 행위는 assume the risk했다고 볼 수 있다. 따라서 there is a mutual assent between 갑 and 을, and the contract is formed.

② 갑이 자신의 보석 반지를 을에게 판매하려고 한다. 갑·을은 해당 반지의 가치가 300만원일 거라 생각하고 300만원에 계약을 체결했다. 이후 갑은 해당 반지의 실제 가치가 1,000만원이라는 것을 알게 되었고, mutual mistake를 주장하며 해당 계약의 voidable을 주장했다. 갑은 승소할 수 있는가?

⇒ No. 일반적으로 가치에 대한 착오(mistake in value)는 defense로 인정되지 않는다. 이는 일반적으로 계약당사자들이 assume the risk that the value is wrong이라고 보기 때문이다.

b. Unilateral Mistake

When one party makes a mechanical error in computation, unilateral mistakes arise. Unilateral mistake makes the agreement **voidable** only when:

ⅰ. The mistake has a **material effect** on the agreement; or

ⅱ. The nonmistaken party had **knowledge or reason to know** of the mistake made by the other party.

---

case

갑이 공고한 리모델링 공사에 대해 을이 1,500만원에 입찰(bid)하였다. 가장 낮은 금액으로 입찰한 을이 낙찰되었으나 해당 금액은 을 회사 직원의 과실로 잘못 기입한 금액이었다. 해당 입찰에 참여한 다른 회사들은 평균 5,100만원에 입찰하였다면, can 을 refuse to perform?

⇒ Yes. 갑은 수많은 입찰가격을 모두 볼 수 있는 위치에 있기 때문에, 을의 입찰가격이 다른 입찰가격과 비교하여 현저히 적다는 것을 충분히 인지할 수 있었다. 따라서 을은 unilateral mistake를 주장하며 refuse to perform 할 수 있다.

c. Mistake by Intermediary

When an intermediary^{중재자} makes a mistake in the transmission of an offer or acceptance, the transmitted message is operative and the contract **is enforceable.**

2. Misunderstanding

When an **ambiguous language** in contract causes the results different from the awareness of the parties, misunderstanding defense arises.

It is available only when **one party was unaware** of the ambiguity at the time of contracting. The parties are bound by the **intention of the party who was unaware of the ambiguity.**

When both party was unaware of the ambiguity at the time of contracting, there is no contract (the contract is void).

3. Misrepresentation

Misrepresentation은 잘못된 사실인지 알면서 얘기(fraudulent misrepresentation)하는 경우와 고의로 틀린 말을 해준 것은 아니지만 결론적으로 buyer가 그 말을 믿고 구입한 경우(material misrepresentation)를 모두 포함하는 개념이다.

Under the common law, a misrepresentation is any statement that is not same with the facts. Generally, the contract is voidable only when the reliance on the misrepresentation is justified.

a. Fraudulent Misrepresentation

• Fraudulent misrepresentation = Fraud in the inducement

A misrepresentation is **fraudulent** when a speaker **knew that is it false.** If the speaker induces the innocent party to enter into a contract and the party **justifiably relied** on the fraudulent misrepresentation, the contract is **voidable.**

b. Material Misrepresentation

• Material misrepresentation = Nonfraudulent misrepresentation

A misrepresentation is **material** when it induced assent to the contract. When a misrepresentation is **material** and the innocent party **justifiably relied** on it, the contract is **voidable.** Even if the misrepresentation is not fraudulent, contract is voidable when it is material.

c. Fraud in the Factum

Fraud in the factum이란, 당사자 일방이 상대방에게 속임을 당해 자신의 행위가 계약을 성립시킬 수 있다는 사실을 인지하지 못한 경우를 뜻한다. 예컨대, 갑이 사인을 받겠다며 가수 을에게 종이를 내밀었고 을이 이에 서명을 했는데 알고 보니 갑이 을 몰래 계약서를 내밀었던 것이라면, 갑·을간 계약은 무효이다.

Fraud in the factum arises when one of the parties was tricked and gave assent to the agreement without appreciating the significance of his action. It makes the contract **void.**

B. Absence of Consideration

An agreement without consideration is **illusory,** and no contract exists (the contract is void).

C. Illegality

1. Illegal Subject Matter or Consideration

a. General Rule

If the **subject matter or consideration** of a contract is illegal, the contract is **void.** Illegality defense arises only when the subject matter or consideration was illegal **before or at the time of the contracting.**

✔ Gambling contracts

✔ Agreements relating to torts or crimes

✔ Agreements inducing breach of public duties

b. Supervening^{발생} Illegality

When the contract already formed becomes illegal, it discharges the duties as a form of impossibility.

2. Illegal Purpose

If the **purpose** of the contract is illegal, the contract is **voidable** by the party who:

ⅰ. Had no knowledge of the purpose; or

ⅱ. Had knowledge but did not facilitate the purpose which involves serious moral turpitude.

If **both parties** knew of the illegal purpose and facilitated it, or knew and the purpose involves serious moral turpitude^{부도덕}, the contract is **void and unenforceable.**

D. Statute of Frauds (SOF)

"MY LEGS" – Marriage, performance 〉one Year, Land, Executor promises, Goods ≥ $500, Suretyship

1. General Rule

Statute of frauds(SOF)는 계약의 존재여부와 그 내용에 대한 허위 주장을 막기 위하여 제정된 법으로서, 계약이 서면으로 작성될 것을 요구한다. 이는 특정 계약에만 적용되는 바, SOF가 적용되는 계약 내용은 다음과 같다.

1. Promises regarding marriage

2. Performance beyond one year

3. Interest in land

4. Executor Promises

5. Goods priced at $500 or more

6. Suretyship promises

SOF가 적용되는 계약유형이라 할지라도 writing이 계약체결 당시 작성되어야 하는 것은 아니다. 계약체결 후 판매자 또는 서비스 제공자가 채무(물건을 보내거나 서비스를 제공)를 이행하면서 상대방에게 해당 계약에 대한 내용이 적힌 종이를 보내더라도 SOF를 만족한다. 즉 writing 행위여부가 중요하며, 작성된 시기는 중요하지 않다. 한편, breach of contract은 writing의 내용을 기준으로 판단한다.

Statute of frauds는 writing의 내용에 반드시 포함되어야 하는 요소들을 명시하고 있는데, 그 요소들은 계약 목적물, 계약이 체결 되었다는 점, 핵심 용어 그리고 이행을 요구받는 당사자의 서명이다. 여기서 '핵심 용어'에 대한 구체적인 기준은 없으나, 일반적으로 계약 당사자의 신원, 계약 목적물에 대한 묘사 등을 뜻한다. 다만, UCC2의 적용을 받는 계약에 대해서는 수량, 계약이 체결되었다는 점 그리고 이행을 요구받는 당사자의 서명만이 요구된다. 이는 writing상 수량(quantity)이 명시되어 있는 경우 ii 요건(subject matter)과 iii요건(essential terms)을 모두 만족했다고 보기 때문이다.

The statute of frauds requires certain agreements to be a **writing** and, if not, certain contract becomes **voidable.** The writing must:

i . Identify the **subject matter** of the contract;

ii . **Clearly indicate** that a contract has been made between the parties;

iii. State the **essential terms** of the promises; and

iv. Be signed by the **party sought to be bound.**

a. Clearly Indicate

✔ "It is a pleasure to do business with you." — clearly indicate ○

✔ "pursuant to our agreement..." — clearly indicate ○

b. Essential Terms

The essential terms generally include the identity of the parties, subject matter, and consideration. Price is required to be included only for land contract.

Under the UCC2, writing containing **quantity** of goods satisfies SOF. The writing is **not** required to contain all the terms of the contract.

TIP	① CL: identity of parties, subject matter, quantity, consideration
	② UCC2: quantity
	③ Land contract: identity of parties, subject matter (property), price

---

c. Be Signed

• Party to be charged = Party sought to be bound

"The party to be charged"란, 계약이행을 요구받는 측이란 뜻으로, 계약서 상에 이들(계약의 유효성을 주장하는 측의 반대편)의 서명이 있어야지만 유효한 계약으로 인정된다. 여기서 '서명'은 handwriting뿐만 아니라 billhead or letterhead도 포함하는 넓은 개념이다.

The writing must be signed **by a party to be charged** (by a party sought to be bound). The term "signed" is broader than simply bearing a conventional signature.

2. Marriage

A promise inducing marriage by offering value must be written.

> **TIP** Marriage 관련 출제요소
> ① Public policy
> ② Consideration
> ③ SOF

3. Performance beyond One Year

Contracts that cannot be performed within one year must be written. The date runs from **the date of the agreement.**

4. Land

a. General Rule

All promise **transferring an interest in land** must be written. The writing is required when the **lease contract** is for more than one year.

> **TIP** ① 토지 매매계약 → SOF 적용
> ② Lease contract (임대차계약) → 기간이 1년 이상인 경우에 한해 SOF 적용
> ③ 건축 계약 → transferring an interest × → service 계약 → service 기간이 1년 이상일 경우에 한해 SOF 적용

b. Exception

Under the doctrine of part performance, a writing requirement can be waived when **at least two of the following** situations occur:

ⅰ. The purchaser **possesses the land;**

ⅱ. **Substantial improvements** are made; and/or

ⅲ. The purchaser makes a payment of **all or part of the purchase price.**

5. Executor Promises

유언집행자(executor) 및 유산 관리자(administrator)가 자신의 개인 재산으로 고인(故人)의 채무를 이행하겠다는 내용의 계약은 반드시 서면으로 작성되어야 한다.

A promise in which an executor or administrator to make a **personal payment** for the estate's debts must be written.

6. Goods priced at $500 or more

목적물이 동산인 매매계약에서 매매대금이 $500 이상인 경우, 해당 계약은 반드시 서면으로 작성되어야 하며 그 계약서에는 수량(quantity)을 명시해야 한다. 다만, 동산에 대한 매매대금이 $500 이상인 매매계약이라 하더라도 예외적으로 서면작성이 요구되지 않는 경우가 있다. 이에는 구매자의 요구에 맞춰 생산한 물건(customized/special goods), 상인간 체결한 계약에 대한 확약서(merchant's confirmatory memo), 계약이 SOF를 위반했음을 주장하는 측이 재판 중 계약 성립을 인정하는 경우(admission during judicial proceeding), 그리고 전체 수량의 일부만을 수령하였고 이에 대해 구매자가 accept하거나 대가를 지불한 경우와 같이 계약 내용의 일부만 이행된 경우(part performance)가 있다.

a. General Rule

Contracts for the sale of goods totaling $500 or more must be **written** with the terms of the **quantity.**

✔ "갑 sales to 을 the coffee machines for $10,000." → quantity 내

용 없음. → SOF 위반

✔ "갑 sales to 을 3 coffee machines for $30,000." → SOF 만족

b. Exceptions

> "SMAP" – Special goods, Merchant's confirmatory memo, Admission, Payment

Under UCC2, the writing is **not** required for the sale of goods totaling $500 or more when the goods are specially manufactured, there is a merchant's confirmatory memo, the party sought to be bound admitted the contract, or one party has partially performed.

ⅰ. Special goods

Customized goods are goods **specially manufactured** for the buyer. If a contract is for the special goods, the writing is not required and is enforceable when the seller **substantially began the manufacturing** or **made a promise for their manufacturing.**

ⅱ. Merchant's Confirmatory Memo

A writing is a merchant's confirmatory memo for the SOF purpose if:

① The contract is made **between merchants;**

② The sender makes the writing **in confirmation** of the contract **within a reasonable time;**

③ The writing is received and the receiving party has **reason to know its contents;** and

④ The receiving party does **not** make **objection** to its contents **within 10 days after it is received.**

ⅲ. Admission during Judicial Proceeding (Deposition or Courtroom Testimony)

If a party asserting the statute of frauds defense admits in pleadings or testimony that there was an agreement, it is treated as a defense although the statute is satisfied.

iv. Payment or Accepted Goods

A contract that does not satisfy the statute of frauds is nonetheless enforceable as to goods for which **payment** has been made and accepted or which have been received and **accepted.**

7. Suretyship

Suretyship promise is an agreement to answer for the debt/default **of another.**

Only the following suretyship promises are subject to the SOF and must be in writing:

i. The agreement is a **collateral promise;** or

ii. The agreement has **pecuniary interest to the suretyship promisor** is subject to the statute of frauds.

✔ "갑이 돈을 안 갚으면 내가 갚겠다." → collateral promise → must be in writing

✔ "당신이 갑에게 돈을 빌려주면 내가 갑 대신 갚겠다." → × under the SOF (no need to be in writing)

✔ 할아버지 갑이 상점 주인 병에게 "내 손자가 물건값을 지불하지 않으면 내가 대신 갚겠다."라고 한 경우 → 갑 has no pecuniary interest → × under the SOF (no need to be in writing)

✔ 갑의 토지에 건축자 을이 원자재를 병으로부터 구매하여 빌딩을 건축할 때, 갑이 병에게 "을이 원자재 비용을 지불하지 않으면 내가 대신 지불하겠다."라고 한 경우 → 갑 has pecuniary interest → under the SOF (need to be in writing)

E. Unconscionability

• Unconscionable = Unfair

Unconscionability란 계약체결의 과정 및 계약의 내용이 부당함을 뜻하는 바,

그 유형에는 계약체결의 '과정'에서의 부당함(procedural unconscionable)과 계약 '내용'상의 부당함(substantive unconscionability)이 있다. 부당함 여부는 '계약체결 당시'를 기준으로 판단한다. Procedural unconscionability은 이미 작성이 되어있는 보험약관에 고객이 서명하는 경우와 같이 계약당사자간 계약당사자간의 관계에 있어 bargaining power가 한쪽으로 치우쳐진 상태에서 체결하여 발생된 모든 부당함을 뜻하며, 독점 및 담합한 기업과 고객간의 계약, 부당한 내용의 약관 등이 있다. 한편, substantive unconscionability는 계약당사자간의 관계와 무관하게 계약 내용 자체가 현저히 부당한 경우로서, 그 예로는 warranty를 현저히 제한하는 조항, 할부대금(installment)의 사소한 지체에도 해당 물건을 회수하고 그동안 납입한 할부대금을 돌려주지 않겠다는 조항(Williams v. Walker-Thomas Furniture Co., 350 F.2d 445 (D.C. Cir. 1965)) 등이 있다. Substantive보다는 procedural unconscionability가 인정되는 경우가 많다.

1. General Rule

A contract is unconscionable when it is unfair to one party.

When the contract is unconscionable **at the time it was made,** the court may:

i. **Refuse to enforce** the contract (the contract becomes void);

ii. **Enforce** part of the contract which is **not unconscionable;** or

iii. Limit the application of any unconscionable clause as to avoid any unconscionable result (change or eliminate the unconscionable clause).

2. Types of Unconscionability

There are two types of unconscionability: substantive and procedural unconscionability. **Substantive** unconscionability occurs when there is unfairness of terms or outcomes. **Procedural** unconscionability occurs when a weaker party in negotiations suffers the disadvantage because of the **unbalanced bargaining power.**

3. Exculpatory Clauses

An exculpatory^{변명의} clause means a clause that releases a contracting party from liability for his own **intentional** wrongful acts or **negligent** acts. It is unconscionable since it is against public policy. An exculpatory clause for negligent acts is unconscionable if it is inconspicuous^{눈에 잘 띄지 않는}.

F. Lack of Capacity

1. Legal Incapacity

a. Infants

미성년자는 의사무능력자로서, 미성년자가 체결한 계약은 '미성년자'에 의해 '취소가능(voidable)'하다. 이는 의사무능력자에 의한 의사표시가 무효라고 보는 한국법과 다르다. 대부분의 주(州)에서 미성년자를 18세 미만인 자로 정의하고, 혼인을 한 18세 미만인 자는 성인으로 취급한다. 미성년자와 성인간 체결한 계약의 경우, 미성년자가 해당 계약을 취소할 수 있고 미성년자가 취소하지 않는 한 미성년자와 성인은 해당 계약 내용에 구속된다. 한편, 미성년자는 성인이 된 후 자신이 미성년일 때 체결한 voidable한 계약을 추인(affirmation)할 수 있고, 성인이 되기 전 또는 성인이 된 후 짧은 시간 안에 취소(disaffirmance)하여 계약당사자들은 계약상 채무로부터 면제(discharge)되는 경우도 있다. Affirmation은 미성년자가 직접적으로 또는 지속적인 할부 납부 등과 같은 행동을 통해 이루어진다. 한편, disaffirmance를 하는 경우 미성년자는 계약으로 인해 얻은 모든 이익을 반환해야 하나 취소를 하는 시점에 미성년자 수중에 있는 것만을 반환하면 된다. 취소 시점에 이미 소비된(심지어 미성년자의 부주의로 인해 소멸된) 것들에 대해서는 반환책임이 없다. 다만, 미성년자가 disaffirmance하지 못하는 계약이 있는데, 이는 필수품(necessaries)에 관련한 계약이다. 이를 체결한 경우에는 취소불가하며 해당 계약 내용에 구속된다. 따라서 미성년자가 그러한 계약을 취소한다면, 해당 계약으로 인해 얻은 것들이 부당이득(restitution)이 되고 이를 반환해야 한다.

i. General Rule

In most jurisdiction, **unmarried** persons under age 18 is an infant. Married persons under age 18 is an adult. Only infants can void the contract, and adults who made contracts with infants cannot. In other words, a contract between an infant and an adult is voidable **only by the infant** but adult is bound by th contract.

ii. Affirmation

An infant may affirm **upon reaching majority.** Affirmation may be either express or by conduct.

iii. Disaffirmance

① General Rule

An infant may disaffirm a contract **before** reaching the majority or **shortly after** reaching the majority. When the infant decides to disaffirm, he must return anything received under the contract. However, the infant is required to return anything that **still remains at the time of disaffirmance.**

② Exception (Necessaries)

A contract for necessaries **cannot** be disaffirmed by an infant, since the contract is a **quasi-contract.** In other words, an infant is bound by the contract or is liable in **restitution** for the value of benefits received.

b. Insanity

If a person was insane (incapable to understand the nature and significance of a contract) **at the time of making a contract,** the contract is **voidable** by the person. A contract for necessaries cannot be disaffirmed.

c. Intoxicated

A contract is **voidable** when an intoxicated person who is incapable to understand the nature and significance of a contract and the **other party had knowledge** (or had reason to know) of the intoxication.

A contract for necessaries cannot be disaffirmed.

2. Duress and Undue Influence

강박(duress) 및 부당한 위압(undue influence) 하에 체결된 계약은 그 피해자에 의해 취소가능(voidable)하다. Duress은 위협을 받은 자에게 합리적인 대안(alternative)이 없는 경우를 뜻하며, 신체적 강박도 이에 해당한다. 한편, undue influence는 계약당사자간 신뢰관계가 높은 관계를 맺고 있고 일방이 그 관계를 통해 계약을 체결토록 상대방에게 영향을 준 경우를 뜻한다.

a. Duress
i. General Rule

If a party's manifestation of assent is induced by an **improper threat** by the other party that leaves the victim **no reasonable alternative,** the contract is **voidable** by the victim.

If a party's manifestation of assent is induced **by physical force,** the contract is **void** by the victim.

ii. Economic Duress

A contract is **voidable** on the ground of economic duress by threat, although economic duress is rarely recognized as a defense.

Economic duress arises when:

① One party seriously threatens the other party's economy (property or finances);

② The other party was threatened to cancel the contract; and

③ There are no alternatives available.

b. Undue Influence

Undue influence is **unfair persuasion** of a party who is under the domination of the person exercising the persuasion or who by virtue of$^{~의~힘으로}$ the relation between them is justified in assuming that person will not act in a manner inconsistent with his welfare. If there has been undue influence, the contract is **voidable** by the party who has been unfairly persuaded.

✔ A doctor takes advantage of an ill patient.
✔ A lawyer takes advantage of an unknowledgeable client.

[표 2-2] Defenses to formation의 효력

Defenses		Results
Mistake	mutual mistake	voidable (요건×3)
	unilateral mistake	voidable (요건×2)
	mistake by intermediary	enforceable
Misunderstanding	by one party	voidable
	by both parties	no contract (= void)
Misrepresentation	fraudulent misrepresentation	voidable
	material misrepresentation	voidable
	fraud in the factum	void
Absence of consideration		no contract (= void)
Illegality	illegal subject matter/consideration	void
	purpose	voidable (요건×2)
SOF		voidable
Unconscionability	procedural unconscionability	(void)
	substantive unconscionability	(void)
Infants		voidable (necessaries exception)
Insanity		voidable
Intoxication		voidable (요건×2)
Duress	by improper threat	voidable
	by physical force	void
	economic duress	voidable (rare)

Part Two. Performance and Breach

I. Terms of Contract

A. Parol Evidence Rule

Parol evidence rule은 계약서의 내용 해석 시 외부 증거 사용가능여부에 대한 룰이다. 다시 말해, 계약 내용을 부정 또는 수정하고자 하는 자가 계약내용과 상반된 내용의 증거를 제출할 수 있는지 그 여부를 판단하는 룰이다. 계약내용과 상반된 내용의 증거를 제출한다 하여 무조건적으로 parol evidence rule이 적용되는 것은 아니며, 계약 내용 수정과 무관한 사실을 주장하고자 할 때에는 rule이 적용되지 않는다. 예컨대, 계약당사자가 상대방의 misrepresentation에 의해 계약체결이 이루어졌다는 사실을 주장하기 위해 계약 내용과 상반된 외부증거를 제출한다면 해당 외부증거에는 parol evidence rule이 적용될 수 없다. 한편, parol은 "verbal"의 의미를 가지는 단어이나, 여기서 '외부 증거'는 verbal 증거뿐만 아니라 written 증거도 모두 포함한다.

Parol evidence rule에 따르면, 계약 내용을 해석할 때 '계약체결 이전'에 논의된 내용에 대한 모든 외부증거는 사용할 수 없다. 계약이 서면으로 작성된 경우에 적용되는 룰로서, 작성된 서면(계약서)은 당사자들의 체결 당시 합의가 담겨있는 최종 표현(final expression)이므로 계약 내용에 대해 다툼이 있어 이를 해석할 때는 해당 계약서만이 고려되어야 한다는 것이다. 본 룰에서 계약서는 계약당사자들의 합의가 통합된 것으로 보기 때문에 "integration"이라는 표현을 사용한다. 앞서 언급한 바와 같이, 계약서는 '체결 당시'의 의도를 담은 최종 표현이기 때문에, '체결하기 이전'에 계약당사자간 계약에 대해 구두상 및 서면상 논의한 내용의 증거는 제출될 수 없다는 것이다. 한편, 계약서를 '체결한 후' 해당 내용을 변경한 경우에는 계약체결 이전에 논의된 것이 아니므로, 본 룰이 적용되지 않아 외부 증거를 사용하여 계약서에 대한 내용을 해석할 수 있다.

한편, 계약서가 당사자들의 의도를 담은 그 정도에 따라 외부증거를 사용할 수 있는 범위가 정해진다. 계약서가 당사자들의 의도를 전면적으로 통합(total integration)한 경우, 외부증거는 일체 사용될 수 없다. 반면, 계약서가 당사자들의 의도를 부분적으로 통합(partial integration)한 경우 또는 계약 당사자가 최종 표현으로서 계약서를 작성한 경우에는 해당 계약서와 충돌하는 내용을 가진 외부증거(contradictory evidence)만이 금지되고 해당 계약서를 보충하고자 제출되는 외부증거(supplementary evidence)는 허용된다. 특정 계약서의 integration 여부 및 정도는 '판사'가 판단한다(다수설). 만약 계약서상 "해당 계약서는 최종표현이다."라고 명시한 조항(merger clause)이 있다면, 판사가 이를 참고하여 판단한다. 즉 merger clause가 있다고 하여 반드시 integration인 것은 아니고, 판사는 다양한 요소를 종합적으로 판단한다.

1. General Rule

When a contract is an **integration** (**in a writing with the intent** of the parties that it embody the **final expression** of their bargain), **any** expressions made **prior to the writing** are **inadmissible to vary** the terms of the writing.

a. Complete v. Partial Integration

If the writing is complete integration, the writing cannot be varied in any ways.

If the writing is partial integration, the writing can be **supplemented,** not be rebutted.

b. Merger Clause

• Merger clause = Integration clause

Merger clause is a clause in a contract stating that the contract is a complete statement of the agreement. In modern, it **is considered** in determining whether the writing is an integration.

c. By Judge

Under the majority view, **judge** determines whether the writing is an integration.

2. Exceptions

> "VISTROA" – Validity, Interpretation, Subsequent modification, True
> consideration, Reformation, naturally Omitted terms, Additional terms

아래는 parol evidence rule이 적용되지 않는 경우, 즉 계약서 외의 증거
(외부증거)를 사용하여 계약서를 해석할 수 있는 경우에 대해 논한다.

a. Validity

계약서 유효성(validity)에 대해 논할 경우 외부증거를 사용할 수 있다.
계약의 유효성은 formation defects 유무여부, conditions precedent의
성립여부 등을 통해 논할 수 있다. 여기서 'formation defects'는 앞서
설명한 mutual mistake, misunderstanding, misrepresentation 등을
포함하는 defenses to formation을 뜻한다. Conditions precedent(to
effectiveness)는 계약 유효성에 영향을 미치는 조건을 뜻하는 바, 이는
의무를 이행하기 위한 조건(condition precedent to performance)과 구
별되는 개념이다. 예컨대, "It is not binding without 갑's admission."
이라는 조항은 갑의 허락이 있어야만 계약이 성립하므로 condition
precedent to effectiveness이다. 한편, "갑 would receive the contract
price when the garage is fully built."라는 조항은 갑이 창고를 건축
해야만 그 상대방이 채무 즉 갑에 대한 contract price 지불을 이행해
야 하므로, condition precedent to performance이다.

When a party attacks the **validity (formation)** of the agreement, the
parol evidence rule is inapplicable and extrinsic evidence can be
used.
To suggest **formation defects** or **conditions precedent to
effectiveness,** the party can use extrinsic evidence.

TIP1 ① conditions precedent to effectiveness: "~를 해야 본 계약이 성
립한다." → PER 적용 ×(외부 증거 사용가능)
② condition precedent to performance: "~를 해야 의무를 이행한

다." → PER 적용 ○(외부 증거 사용불가)

TIP2 Validity exception & Condition precedent to effectiveness

집주인 갑과 painter 을이 서비스계약을 체결하였고 이를 서면으로 작성하였다. 헤어지기 전, 갑이 "No contract is binding unless I obtained financing"이라 말했고(orally), 본 statement는 서면으로 작성되지 않았다. 갑이 financing을 얻지 못했다면, 그는 을에게 해당 계약 이행청구를 할 수 있는가?

⇒ No. 갑이 obtains financing하는 것은 condition precedent to effectiveness로서, 이것이 만족되지 않았으므로 갑·을간 계약은 성립되지 않았다. 또한 을이 갑의 oral statement를 제출하더라도 이는 condition precedent, 즉 validity of contract에 대한 내용이므로 parol evidence rule에도 위배되지 않는다.

b. Interpretation

To interpret uncertain or ambiguous terms of the writing, parol evidence rule is inapplicable.

c. Subsequent Modification

To show subsequent modifications (new agreement), parol evidence rule is inapplicable.

d. True Consideration

To show whether consideration is actually paid, parol evidence rule is inapplicable.

e. Reformation

In cases alleging reformation remedy, parol evidence rule is inapplicable.

Reformation is a judicial correction or change of an existing document by the court order, and is an equitable remedy.

f. Naturally Omitted Terms

• Naturally omitted terms doctrine = Collateral agreement doctrine
Parol evidence is admissible when:

ⅰ. It does **not conflict** with the writing; and

ⅱ. It is with regard to a subject that **reasonable** parties in a similar situation would not include in the written instrument.

g. Consistent Additional Terms (In UCC2)

Under the UCC2, terms that are **consistent** with the original terms can be added, but contradictory terms cannot. However, such terms are allowed only when there are no merger clause or circumstances indicating the party's intent to make the contract complete.

B. UCC2

1. Gap-Filler

Under the UCC2, missing terms, **except for the quantity term,** can be filled and interpreted as following:

① The price is a reasonable price at the time of delivery.

② Place of delivery is the seller's place of business.

③ Shipment or delivery is due in a reasonable time.

④ Payment is due at the time and place where the buyer receives the goods.

2. Risk of Loss

a. To Whom

ⅰ. Pick-Up

① In a noncarrier case, if a seller is a **merchant,** the risk of loss passes to the buyer **on his receipt of the goods.**

② In a noncarrier case, if a seller is not a merchant, the risk of loss passes to the buyer **on tender of delivery.**

ⅱ. Shipment Contract

Shipment contract is a contract requiring the seller to ship the goods to the buyer but there is no particular destination.

Risk of loss passes to the buyer when the goods are duly **delivered to the carrier.**

iii. **Destination Contract**

Destination contract is a contract that requires the seller to ship the goods to the buyer's destination. Seller's obligation to deliver is complete at the destination.

Risk of loss passes to the buyer when the goods **are there duly** ^{적절하게} (at the destination) so tendered as to enable the buyer to take delivery.

✔ "F.O.B. Log Angeles" — Risk of loss passes to the buyer **at Los Angeles.**

✔ "F.A.S." — Risk of loss passes to the buyer **at the dock.**

b. Before Risk of Loss Passes

If the goods **unidentified** until the contract was made was destroyed **before** the risk of loss passes to the buyer, the seller could be discharged only when he proves **impracticability.**

If the goods **identified** when the contract was made was destroyed **before** the risk of loss passes to the buyer, the seller's performance **is excused.**

3. Warranties

a. Express Warranties

Any statement assuring fact or describing of the goods that becomes part of the basis of the bargain creates express warranties. Statements of value or opinion does not create warranties.

✔ "The wheel was replaced in the last three months." → 사실적인 표현 → express warranties ○

✔ "It is the most beautiful picture in the world." → express warranties ✕

판매자의 의견 또는 물건의 추상적인 가치·표현에 대한 발언은 express warranties에 해당하지 않는다.

b. Implied Warranties

If a product fails to fulfill the standards imposed by an implied warranty, the warranty is breached and the defendant will be liable. There are two types of implied warranties: implied warranty of merchantability and implied warranty of fitness for particular purpose.

ⅰ. Implied Warranty of Merchantability

Implied warranty that the goods is merchantable exists, when a seller with respect to goods of that kind is the **merchant.**

Under the UCC §2-314(2)(a)~(f), considering factors in determining merchantability are listed. The most important test is whether the goods **fit for the ordinary purposes for which such goods are used.**

ⅱ. Implied Warranty of Fitness for Particular Purpose

Implied warranty of fitness for a particular purpose는 판매자가 판매한 물건이 구매자가 구입하고자 한 목적(purpose)에 알맞다는 보증(warranty)이다. 따라서 본 warranty의 핵심은 양 당사자(판매자와 구매자)가 모두 구입 목적을 인지해야 한다는 것이다. 한편, 구매자가 판매자의 경험 및 실력에 의지해 해당 물건을 선택해야만 본 warranty가 인정된다.

An implied warranty of fitness for a particular purpose arises when the seller knows or has reason to know:

① The **particular purpose** for which the goods are required; and

② That the buyer **relies on** the seller's skill or judgment to select or furnish suitable goods.

TIP Warranties 관련 출제요소
① Contracts 과목 – disclaimers, 손배액 계산
② Real property 과목 – **Home builder** makes implied warranties.
③ Torts 과목 – product liability based on implied warranties of merchantability and fitness, product liability based on express warranty and misrepresentation

c. Disclaimer

i . Express Warranty

Disclaimer of the express warranty is operative to the extent that such construction is **reasonable.**

ii . Implied Warranty

There are two types of disclaimers of implied warranty: general disclaimers and specific disclaimers.

① **General Disclaimers**

General disclaimers occur **depending on the circumstances,** and are less effective compared to the specific disclaimers. Usually, general disclaimers are made by **typical language,** **such as "as is," "with all faults," by examination or refusal of examination, or by course of dealing.**

② **Specific Disclaimers**

To make specific disclaimers, the language must **mention "merchantability"** and a writing must be **conspicuous** if the disclaimer is written. The language is conspicuous if a **reasonable** person could have noticed the written term.

d. Breach (Damages)

> breach warranty ⇒ (받은 상품의 가치) - (판매자가 warrant한 가치)

168 미국변호사법 객관식편

Warranty가 breach된 경우, 구매자는 해당 계약의 acceptance를 철회 (revoke), rescind 또는 손배청구(sue for damages)를 할 수 있다. Rescind란 계약체결 이전의 상태로 되돌려 놓아(set aside) 계약당사자 의 채무를 없애는 remedy이다. 손배청구 시, 배상액은 일반적으로 '구 매자가 실제로 받은 상품의 가치'와 '판매자가 보장한 상품의 가치'의 차액으로 산정된다. 다만, 판매자가 판매한 상품의 소유자가 아님에도 불구하고 이를 판매하여 warranty of title가 breach된 경우에는 '판매 자가 보장한 상품의 가치'를 기준으로 책정한다. 만일 판매자가 상품을 판매한 시점과 이를 구매자가 수령하는 시점간 상품의 가치가 크게 상 승(appreciation)하거나 하락(depreciation)했다면, 손해배상액은 구매 자가 수령한 시점의 상품가치를 기준으로 책정한다.

Generally, damages are measured by the difference between the value of the **accepted** goods and the value of the goods **as warranted.**

i. Warranty of Title

If the seller breached warranty of title, the buyer can revoke acceptance, rescind, or sue for damages. The damages are measured by the value of the goods as **warranted,** and the buyer needs to return the goods to the true title holder.

ii. Great Appreciation or Depreciation

When great appreciation or depreciation in the value of the goods from the delivery until the buyer's possession occurs, the value is measured **at the time of possession.**

II. Modification

Modification이란, 계약의 수정을 뜻하며 이와 관련한 rule은 common law와 UCC2에서 규정하는 바가 다르다. 첫째, common law는 기존 계약의 수정

(modification)을 할 경우, 이는 새로운 계약체결과 마찬가지로 offer, acceptance 그리고 consideration이 있어야 유효한 수정으로 인정된다. 한편, UCC2의 경우 consideration이 요구되지 않는다. 둘째, common law는 구두상의 수정도 인정하는 반면, UCC2는 상품 가치를 500불 이상으로 수정하는 경우, 즉 statute of fraud가 적용되는 내용으로 수정하는 경우 반드시 서면상으로 작성할 것을 요구한다. 셋째, 계약당사자간 수정방식에 대한 협의내용을 common law 에서는 인정하지 않는 반면, UCC2에서는 인정한다. 예컨대, 갑·을간 구두상의 수정을 인정하지 않기로 협의하였고 이를 본래 계약서에 명시하였다 할지라도, common law에서는 구두상의 수정을 인정한다. 반면, UCC2에서는 갑·을간 협의한 내용에 따라 구두상의 수정을 인정하지 않는다. 다만, 계약당사자가 구두상 수정에 의존하여 자신의 상황을 변화시킨 경우에는 예외적으로 구두상의 수정을 유효하다고 인정한다.

A. Common Law

1. Consideration

Under the common law, modification can be upheld, only when it is supported **by new consideration.** However, modification should be upheld even if not supported by consideration, if the modification:

ⅰ. Is **fair and equitable;** and

ⅱ. Is because of circumstances **not anticipated** by the parties **when the contract was made.**

2. Writing

An oral modification of a written contract is valid.

3. Clauses in Original Agreement

Even if the original written agreement specifies that it prohibits oral modification, oral modification is upheld.

B. UCC2

1. Consideration

Modification is **not** required to be supported by new consideration.

2. Writing

When a **modified** contract is for $500 or more (under **the statute of frauds**), it must be in writing.

3. Clause in Original Agreement

Even if the original written agreement specifies that it prohibits oral modification, oral modification to the contract is ineffective. However, in such cases, oral modification could be a **waiver** under the original contract if the other party has **changed his position relying** on the oral modification.

If the modification was made between merchant and nonmerchant, the writing requirement can be satisfied only when it is **signed by the nonmerchant**.

[표 2-3]

	CL	UCC2
Consideration	×	○
Writing	×	modified된 계약을 기준으로 SOF 해당하면, writing 要
Clause v. Rule	clause < CL	clause > UCC2 (단, 상대방이 oral에 의존한 경우는 예외)
Parol evidence rule 적용 여부	× (모든 extrinsic evidence 제출 가능)	

Modification 관련 출제요소

① 변동된 가격 격차 크기 확인 → if 大, unilateral mistake

② CL v. UCC2 → consideration, SOF

③ CL + no consideration → unanticipated circumstance 확인 → if 有, modification 인정(예외에 해당)

III. Performance and Excuse

Performance는 채무이행을 뜻하는 바, 본 챕터에서는 채무불이행 및 채무이행 면제에 대해 논한다. 채무이행 면제사유가 있는 경우 계약당사자는 해당 채무로부터 자유로워진다(be discharged). 한편, 채무불이행 여부는 common law와 UCC2에서 다른 판단기준을 사용한다. Common law는 채무자가 계약상 채무의 내용을 상당히(substantially) 쫓을 것을 요구하는 바, 그렇지 못한 경우에는 채무불이행을 인정한다. UCC2의 경우, 채무자의 행위가 채무 내용에 완전히 부합(perfect tender)할 것을 요구한다. 즉 common law은 채무이행의 '상당성'을, UCC2는 채무이행의 '완전성'을 기준으로 채무불이행 여부를 판단한다.

A. Performance

1. Common Law

Under the common law, a party must perform **substantially** and non-breaching party can recover when there is a **material breach.** In other words, a material breach occurs when a party does not provide substantial performance.

2. UCC2

a. General Rule

Under the UCC2, a party is required to provide a **perfect tender** and to act in **good faith (perfect tender rule).**

"Perfect tender" means the performance which is **exactly same** as promised in the contract.

"Good faith" means **honesty** in fact and the **observance**^{준수} of reasonable commercial standards of fair dealing.

  b. Buyer's Right and Obligation

      ⅰ. **Right to Inspect**

Under the UCC2, buyers have right to inspect the goods **before** the buyer **pays for** it. The inspection should occurs at reasonable time and in any reasonable manner.

      ⅱ. **Obligation to Pay**

Buyer has obligation to pay for the goods he accepted.

① In noncarrier cases, the obligation is due concurrently with tender of delivery (possession).

② In carrier cases, the obligation is due at the time the buyer receives the goods.

③ In installment contracts, the buyer would need to make a payment for each installment if the price is divided (apportioned).

B. Conditions

1. Promise v. Condition

Promise is a commitment to do or not to do something. The failure to perform a promise is a **breach of contract.**

Condition is what creates or extinguishes the duty to perform. The failure to satisfy condition is a breach of contract **only when the duty** to perform becomes **absolute.**

2. Classification of Conditions

  a. Based on Occurrence

      ⅰ. **Condition Precedent**

A condition precedent is a condition that must occur before

other party's duty becomes absolute.

✔ 갑·을간 페인팅계약에서 "갑의 페인팅 색을 을의 부모님이 만족하시면, 900불을 지급한다."

ii. Condition Concurrent

A condition concurrent is a condition that makes the parties be bound to perform at the same time. The party can sue the other party only when he satisfied his condition (did his performance).

✔ "갑의 다이아몬드 반지를 을에게 5,000만원에 판매한다."는 내용의 계약에서 갑이 반지를 을에게 주어야 하는 의무와 을이 갑에게 5,000만원을 지급할 의무가 동시에 존재한다. 즉 갑이 을에게 반지를 주지 않는 이상 그는 을에게 5,000만원을 청구할 수 없다.

iii. Condition Subsequent

A condition subsequent is a condition that cuts off an existing absolute duty.

✔ "낙제하면 장학금을 더 이상 지급하지 않는다."
✔ "Insurance company will insure against fire on condition that fire extinguishers are kept in each office."

b. Based on Formation

i. Express Conditions

An express condition is a condition that is expressly stated in a contract.

Promisor's satisfaction as condition precedent is a typical

example of the express condition. The condition is satisfied when the promisor is **personally** satisfied, and the lack of satisfaction must be **honest and in good faith**.

ii. Implied Conditions

The courts may imply that the duty to perform is conditional upon the occurrence of some event. The most typical issue regarding implied condition occurs when a performance takes a period of time.

If one contractual duty takes a period of time to complete but the other contractual duty can be completed instantly, completion of the longer performance is a implied condition precedent to the shorter performance.

---

case

건축가 갑과 토지주 을간 건축계약을 500만원에 체결했고, 본 계약의 내용은 서면으로 작성했다. 갑이 집을 완전히 건축하기 전에 을에게 돈이 필요하다며 500만원을 요구했으나, 을이 이를 거절했고 갑은 건축공사를 중단했다. 갑이 을에게 500만원을 청구하는 경우, 승소할 수 있는가?

⇒ No. 갑의 채무는 건축이고, 을의 채무는 갑에 대한 500만원 지급이다. 따라서 본 사안에서는 을보다 긴 시간을 요하는 갑의 채무가 을의 채무를 absolute하게 하는 condition precedent이라는 것이 implied된다. 다시 말해, 갑이 건축을 완성해야만 을의 채무(500만원 지급)가 absolute하게 된다. 따라서 을의 채무는 아직 도래하지 않았고, 갑이 breached the contract.

3. Excuse of Condition

a. By Hindrance

Under the doctrine of hindrance, the condition is excused when **the party** who is **protected by the condition** hinders occurrence of the condition.

경찰 갑이 시민 을에게 범인 병에 대한 정보를 주어 병이 구속되면 5,000만원을 주기로 계약을 체결했다. 을이 갑에게 병에 대한 정보를 주었고, 갑이 병을 수사하는 과정에서 "우두머리에 대한 정보를 주면 석방시켜주겠다"하여 병이 석방되었다. 을은 갑에게 5,000만원을 청구할 수 있는가?

⇒ Yes. 갑·을간 계약에서 병의 구속이라는 condition이 만족되어야만 갑의 채무(5,000만원 지급)가 도래한다. 따라서 갑은 party protected by the condition이다. 결론적으로 병이 석방되었으니 condition을 만족하지 못했으나, 이는 party protected by the condition(갑)이 병과의 협상으로 인해 방해된 것이므로 을의 condition은 excuse된다. 따라서 을은 갑에게 5,000만원을 청구할 수 있다.

b. By Breach

When an actual breach occurs, the condition for counterper-formance, and the duty of counterperformance are excused. Under the common law, the excuse occurs only when **material breach** occurs.

c. By Anticipatory Repudiation

Anticipatory repudiation이란, 계약당사자들의 모든 채무가 이행되지 않은 경우의 repudiation을 뜻하는 바, 계약당사자 중 일방이 채무를 이행하지 않겠다는 의지를 표명(unambiguously)함으로써 이루어진다. 일단 계약당사자 중 일방(갑)이 의지를 표명하면, 그 상대방(을)은 repudiating party(갑)를 상대로 소송을 제기하거나, 자신(을)의 채무 기한까지 기다렸다가 갑을 상대로 소송하거나, 갑의 행위를 계약 파기를 위한 offer로 보고 모든 채무가 discharged되었다 여기거나 또는 갑에게 채무이행을 촉구할 수 있다.

Anticipatory repudiation은 당사자 중 일방이 더 이상 계약 내용을 이행하지 않겠다(repudiate)는 의사를 표명한 경우 인정되는 바, 당사자 중 일방이 단순히 자신의 채무이행에 있어 '어려움'이 있다는 점을 명시한 경우에는 인정되지 않는다. 후자의 경우 당사자 중 일방이 자신의 "perspective inability를 알렸다"고 표현하는데, 이는 채무를 이행하지 않겠다는 의사표명은 없었다는 점에서 anticipatory repudiation과 차이가 있다. 예컨대, 을에게 토마토를 판매하기로 한 농부 갑이 을에게 "갑작스러운 폭우로 토마토 배달이 지연될 것 같다."고 말했다면 이는 갑의 anticipatory repudiation인가. 이 경우 갑은 토마토 배달이 지연될 것 같다고 밝혔을 뿐, 자신의 채무를 이행하지 않겠다는 의사를 표명한 것은 아니므로 perspective inability로 인정된다. 한편, anticipatory repudiation은 modification과도 구별되어야 한다. Modification은 계약수정을 뜻하는 바, 새로운 계약을 생성하는 것과 같이 offer와 acceptance 요건이 만족되어야 한다. CL의 경우에는 consideration도 요구되나, UCC2에서는 good-faith 요건이 만족되면 consideration이 없더라도 modification이 인정된다. 즉 modification은 당사자간 합의(offer and acceptance)가 있어야만 인정되는 반면, anticipatory repudiation은 당사자 일방의 의사표명이 있으면 인정된다는 점에서 두 개념에 차이가 있다.

한편, UCC2에는 anticipatory repudiation과 관련된 "assurance"라는 개념을 인정하고 있다. 이는 CL에서 인정되지 않는 개념으로서, 목적물이 "goods"인 계약에 한해 적용된다. Assurance란, 계약 당사자가 상대방이 계약 이행을 하지 못할 것 같다고 합리적으로 판단한 경우 그 상대방에게 계약이행에 대해 요구하는 보장을 뜻한다. 예컨대, 갑이 을로부터 토마토 1톤을 구입하는 계약을 체결하였는데 계약체결 이후 심한 폭우가 내려 토마토를 정상적으로 재배할 수 없다고 합리적으로 판단한 경우, 갑은 을에게 해당 계약을 제대로 이행할 수 있는지에 대한 assurance를 요구할 수 있다(demand for assurance). 갑으로부터 demand for assurance를 받은 을은 30일 이내로 갑에게 assurance를 주어야 하며, 만약 assurance를 하지 않는다면 을이 anticipatory repudiate한 것으로 본다. 갑의 채무는 demand for assurance가 이루어진 이후부터 assurance가 이루어지기까지의 기간 동안 유예된다.

ⅰ. General Rule

Anticipatory repudiation occurs if:

① Both sides have **executory unperformed** duties for a **bilateral** contract; and

② The party **unequivocally** indicates his intent to repudiate.

✔ "Heavy rains slowed tomato ripening. Delivery will be two weeks late." — anticipatory repudiation 인정 × (perspective inability)

✔ "I'll see it is possible to deliver no later than September 29." — anticipatory repudiation 인정 × (perspective inability)

✔ "Using other equipment would add costs." — anticipatory repudiation 인정 × (perspective inability)

ⅱ. Effects

When anticipatory repudiation occurs, nonrepudiating party has four options:

① **Sue immediately,** treating the anticipatory repudiation as a **repudiation;**

② **Wait** to sue and postpone his own performance **until the due date;**

③ Treat the contract **as discharged,** treating the anticipatory repudiation like an **offer to rescind;** or

④ **Urge** the promisor to perform, ignoring the anticipatory repudiation.

ⅲ. Retraction

• Retraction = Revocation

A party can retract his repudiation only before the nonrepudiating party:

① Canceled relying on the repudiation;

② Materially changed his position relying on the repudiation; or

③ The nonrepudiating party specified that the repudiation is final.

d. By Prospective Inability to Perform

When a party has **reasonable** grounds to believe inability or unwillingness to perform of the other party, the prospective failure of condition occurs.

This excuse is different from the anticipatory repudiation which must be unequivocal.

e. By Substantial Performance

원칙적으로는 condition을 완벽히 충족한 경우에 한해 해당 condition에 따른 의무이행이 absolute하게 된다. 다만, 사소한(minor) 위반으로 인해 condition을 충족하지 못한 경우에는 해당 위반이 의도적이지 않은 경우에 한해 condition을 면제(excuse)하여 해당 condition에 따른 의무이행이 absolute하게 된다. 이는 사소한 위반으로 condition이 미충족되었다고 본다면 계약당사자의 계약적 이익을 몰수하는 것과 같은 결과가 될 수 있기 때문이다.

Under the substantial performance doctrine, minor breach of a condition precedent to performance may make the performance absolute. This doctrine is applicable only when the breach is **not willful**.

f. By Divisible Contract

본 경우는 상기 substantial performance에 따른 excuse of condition와 마찬가지로 계약당사자의 계약적 이익을 몰수하는 것과 같은 결과를 방지하고자 하는 목적을 가진다. 원칙적으로는 performance를 완벽히 이행해야만 상대방의 채무를 absolute하게 할 수 있으나, divisible contract인 경우에는 계약상의 채무를 나눌 수 있다고 보아, 각 채무를 별도의 계약으로 다룬다. 즉 특정 계약이 divisible contract로 인정되면, 계약 중 accepted된 물건 또는 서비스 부분은 enforceable하다고 보아 이에 해당하는 상대방의(돈을 지불할) 의무 또한 absolute하게 된다. 반면, indivisible contract으로 인정되면, 계약에 명시된 '전체' 물건 또는 서비스를 받은 경우에 한해서만 상대방 의무가 absolute하게 된다. 한편, restitution은 indivisible contract에서도 주장가능하다.

Under the rule of divisibility, the party is entitled to the equivalent for the performed unit even if he fails to perform completely. This rule is applicable only when the contract is divisible.

A contract is divisible if the performances can be divided into corresponding pairs of part performances in such a way that a court will treat the elements of each pair **as if the parties had agreed they were equivalents.**

g. By Waiver or Estoppel

The beneficiary of the condition may **choose to waive** when the condition does not occur.

When the party made a **detrimental reliance** on the waiving of a condition, the waiver of a condition is valid. The waiver can be retracted before the other party changes his position in reliance on the waiver.

[Detrimental Reliance]

Detrimental reliance occurs when:

ⅰ. The offeror could **reasonably** expect that the **offeree's reliance** on him to her **detriment** on the offer; and

ⅱ. The offeree **does so rely.**

h. Impossibility, Impracticability, or Frustration

본 내용은 아래 「C. Discharge」 부분에서 다시 논한다.

C. Discharge

1. By Performance

When the performance is done fully and completely or good-faith tender of performance is made, the contractual duty is discharged.

2. By Illegality, Impossibility, Impracticability, and Frustration

a. Illegality

Illegality는 앞서 defenses to formation 부분 중 계약 성립당시 목적물 및 consideration이 illegal한 경우를 설명하면서 언급한 바 있다. 다만, 해당 내용은 계약 성립 여부에 초점이 맞춰져 있었고, 본 내용은 그러한 illegality로 인해 계약 당사자의 채무가 discharge된다는 점에 초점이 맞춰져 있다.

When the subject matter or consideration of a contract is illegal **at the time of the contracting** the contract is **void** and the contractual duty is discharged.

b. Impossibility

Impossibility occurs when an **unforeseeable** event makes the contractual performance impossible. When impossibility occurs, only the **executory** duties are discharged and **award restitution** for the performance **already performed.**

✔ 갑·을간 construction contract를 체결하였고 이후 친환경 목재만을 사용하라는 unforseeable한 법규가 제정된 경우 → 친환경 목재가 더 많은 cost를 야기한다 할지라도 채무자체를 이행할 수 없는 것은 아니다. → impossibility 인정 ✕

c. Impracticability

i. General Rule

When permanent impracticability occurs, the contractual duties are discharged. Impracticability occurs when:

① There is/are extreme and unreasonable difficulty and/or expense; and

② The parties made a basic assumption on its nonoccurrence.

✔ Mere change in the difficulty/expense — Impracticability ✕

✔ Change in the difficulty/expense beyond the normal range — Impracticability ○

✔ After contracting, the party found it is extensive.
— Impracticability ✕

✔ Change by war, strike^{파업}, embargo^{금수조치}, catastrophic^{파국적인} weather — Impracticability ○

✔ 농부가 heavy rain을 이유로 delivery date를 미루고자 하는 경우 — Impracticability ✕

> **TIP** Unforeseeable difficulty 관련 출제요소
> ① Consideration → Consideration 없이 계약을 수정(modification)하더라도 해당 수정은 유효하다. → consideration 성립요건의 예외
> ② Discharge → Impracticability로 인한 discharge

ii. Impracticability and Quasi-Contract

When impracticability occurs without the fault of either party, the party can recover for the performance done in quasi-contract.

[Quasi-contract]

• Quasi-contract = Contract in-law = Contract implied-in-law
A quasi-contract is mere an agreement between the parties, but obligations are imposed by law **to prevent unjust enrichment** by allowing the plaintiff to award **restitution** to recover the amount of the benefit conferred on the defendant. A contract recognized under the promissory estoppel doctrine is a quasi-contract.

d. Frustration

When the **purpose** of the contract becomes valueless, the contractual duties are discharged. The fact that performance is still possible is irrelevant.

Frustration occurs when:

ⅰ. **Supervening act/event** causing the frustration occurs;

ⅱ. The parties were **reasonably unable for foresee** the occurrence of such act/event at the time of contracting;

ⅲ. **Both** parties realized the purpose of the contract **at the time of contracting;** and

ⅳ. The purpose of the contract has become **completely** valueless.

✔ 갑이 음식점을 차리고자 건물주 을과 lease contract을 체결하였으나, 계약체결 이후 정부가 해당 구역에서의 상업을 전면 금지한 경우

✔ 갑이 lifetime care를 위해 보험을 들었고 그 이후 사망한 경우 → 계약의 목적(lifetime care)이 상실되었음. → frustration of purpose 인정 ○

✔ 갑·을간 construction contract를 체결하였고 이후 친환경 목재만을 사용하라는 정부의 unforseeable한 규정이 제정된 경우 → 친환경 목재가 더 많은 cost를 야기한다 할지라도 계약 자체의 목적 및 가치가 상실되었다고 보기 어렵다. → frustration of purpose 인정 ×

Impossibility/Impracticability v. Frustration

Impossibility 및 impracticability는 주로 채무를 이행해야 하는 자 (판매자)가 주장하는 항변사유인 반면, frustration은 주로 돈을 지 불할 의무가 있는 자(구매자)가 주장하는 항변사유이다.

3. By Condition Subsequent

When the condition subsequent occurs, the contractual duty is discharged.

4. By Cancellation

When a party has **intent** to discharge the contract, destruction, mutilation or cancellation of the instrument discharges the contract.

5. By Accord and Satisfaction

Accord는 기존 계약의 변경을 뜻하고 satisfaction은 변경된 내용의 이행 을 뜻한다. 기존의 계약을 original contract, accord를 통해 변경된 계약을 accord contract라 일컫는다. Accord는 앞서 설명한 modification과는 다른 개념이다. Accord는 계약당사자 일방의 채무가 완료된 후의 변경을 뜻하 는 바, 변경된 내용의 채무를 이행하면 기존 계약상의 채무가 discharged 된다. 반면, modification은 완료된 계약상 채무가 없는 경우의 변경을 뜻 한다. 즉 계약당사자 중 채무를 완료한 자가 없는 시점에서의 변경을 뜻하 는 바, 변경을 새로운 계약의 체결로 보기 때문에 변경된 내용(새로운 계 약)의 채무를 이행하면 새로운 계약상의 채무가 discharged된다. Accord contract가 breach되는 경우, 그에 대한 remedy는 breach한 주체에 따라 다르다. 채무자(debtor)가 breach한 경우, 즉 accord한 금액을 지급하지 않는 경우 채권자(creditor)는 기존 계약(original contract)과 accord contract 중 선택하여 그에 대한 breach를 주장할 수 있다. 만일 채권자가 accord contract의 내용에 따르지 않는 경우 또는 채무자가 satisfaction을 했음에도 불구하고 original contract의 breach를 주장하는 경우, 채권자는 accord contract를 breach하는 것이다. 이러한 경우, 채무자는 ① equitable defense, 즉 잘못된 근거에 의한 소송제기임을 설명하고 법원에 해당 소

송을 취하해달라는 주장을 하거나 ② 채권자에 의해 피해가 발생되기까지
기다렸다가 이에 대한 손배청구를 할 수 있다.

[표 2-4] Accord v. Modification

	Accord	Modification
변경 시점	양축 중 일방의 채무가 완료된 후	완료된 계약상 채무가 없는 경우
기존 계약 대체 유무	대체하지 않음	대체함
채무이행 완료시 어떤 채무가 be discharged되는가	기존 계약상의 채무	새로운 계약상의 채무
Preexisting duty rule 적용여부	적용×	적용○

a. Basic Concepts

The **accord** is the new contract in which the terms of it is different
from the original contract.

The **satisfaction** is the performance of the accord contract.
Satisfaction of the accord agreement discharges both the original
contract and the accord contract (new contract).

b. Breach of Accord Contract

If the accord is breached by **debtor,** the creditor may sue under
either the **original contract** or for breach of the **accord contract.**

If the accord is breached by **creditor,** the **debtor** has two options:

ⅰ. He may raise an **equitable defense** (asking the court to excuse
an act for the inadequate cause of action by the opposing
party); or

ⅱ. He may **wait until he is damaged and sue the creditor for the
breach of the accord contract.**

갑·을간 시계 매매계약을 체결하였다. 갑이 을에게 시계를 보내고 일주일 이내로 을이 500불을 지급하기로 하였다. 갑이 시계를 보내자, 을이 갑에게 개인적인 사정으로 300불만을 지급할 수 있다고 연락했고 갑이 이에 동의했다.

① 을은 돈을 지급하지 않았을 경우, 갑의 remedy에 대해 논하라.

⇒ 갑이 채무를 이행한 후, 계약의 내용이 변경되었으므로 accord contract이 생성되었다. 이후 을(debtor)가 breach the accord contract하였고, 이에 대해 갑은 기존 계약에 대한 breach(500불 미지급) 또는 accord contract에 대한 breach(300불 미지급)를 주장할 수 있다.

② 갑은 을의 300불을 받은 후 을의 breach of the contract를 주장한 경우, 을의 remedy에 대해 논하라.

⇒ 갑이 을을 상대로 소송을 제기한 것은 채권자(creditor)의 breach of the accord contract이다. 이에 대해 을은 equitable defense를 주장하거나 갑의 승소 판결이 내려질 때까지 기다린 후 갑의 breach of the accord contract을 주장하며 손배청구를 할 수 있다.

갑·을간 페인트 계약을 800불에 체결하였다. 갑이 페인트 서비스를 완료하였으나 곳곳에 페인트 흐른 자국이 남았다. 을은 이에 대해 in good faith로 갑과 상의하였고, 갑에게 a check for $600 marked "payment in full"을 보냈다. 갑이 해당 check을 입금시킨 후, 나머지 200불에 대한 청구 소송을 제기하였을 때, will 갑 prevail?

⇒ No. 본 사안에서 을이 갑에게 check for $600을 보낸 것은 accord에 해당하고, 갑이 이를 입금시킨 것은 satisfaction에 해당한다. 즉 갑·을간 기존의 계약상 을의 채무(800불 지급)는 갑이 을이 보낸 check를 입금시킴으로써 discharged되었다. 따라서 갑은 승소할 수 없다.

6. By Account

When there are **more than one prior transaction** between the parties, an account stated by the parties may discharge the contract. An account stated is a contract in which the parties agree to an amount as a final balance due.

7. By Rescission

• Rescind (v.)

Rescission은 당사자간 체결한 기존의 계약을 무효화하는 것을 의미하는 바, 계약법상 인정되는 equitable restitution 중 하나이다. Equitable restitution은 피고의 부당이득(unjust enrichment)에 대해 형평법상 인정되는 구제수단을 의미하는 바, remedies at law, 예컨대 손해배상청구(damages)를 하기 부적합한 경우에 한해 채택된다. 한편, rescission은 양당사자가 rescind할 의지를 표명한 경우의 mutual rescission과 당사자 중 일방이 rescind할 의지를 표명한 경우의 unilateral rescission으로 구분된다. 일반적으로 rescission은 계약을 더 이상 유지시키고 싶지 않은 측이 주장하는 remedy이다. 예컨대, 갑이 을에게 부동산을 매매하는 과정에서 주차장을 사용할 수 있다고 언급하였으나 계약을 체결한 후 알고보니 주차장을 사용할 수 없고 해당 부동산이 을에게 더 이상 가치가 없다면 을은 rescission을 주장할 것이다. 보험회사와 피보험자간 계약서상 보장액이 실제 금액보다 낮게 반영되어 있는 경우, 보험회사는 rescission을 주장하는 반면 피보험자는 reformation을 주장할 것이다.

a. Mutual Rescission

When the parties make express agreement to rescind, the contract is discharged. To be a valid mutual rescission, the duties must be **executory on both sides** and the rescission may be made orally.

ⅰ. Unilateral Contract

When the **offeree** has already performed in **unilateral** contract, the rescission is valid only when:

① The nonperforming party makes an offer of new consideration;

② The doctrine of **promissory estoppel** is applicable;

③ The original offeree manifests an **intent to make a gift** of the obligation owed him.

ii. Oral/Written Rescission

Under the common law, contracts which are subject to the statute of frauds must be in writing.

Under the UCC2, all contracts for sales of goods must be in writing.

b. Unilateral Rescission

Unilateral rescission occurs when one party desires to rescind the contract while the other party wants to perform the contractual duty. Generally, there are legal grounds, such as mistake, misrepresentation, duress, and failure of consideration.

8. By Release

Release occurs when the party makes the contract not to use. Usually, it must be in writing and supported by new consideration.

9. By Substituted Contract

A substituted contract is made when the parties enter into a second contract. A substituted contract immediately revokes and discharges the first contract.

10. By Lapse

A contract with the condition concurrent may be discharged when the contractual duty lapses^{소멸하다} without the breach of the contract.

11. By Modification

When the parties modify the contract, the contract is discharged as to the extent of the modified terms.

12. By Novation

a. General Rule

When a novation contract is made, **original contract is discharged.** A new party receives benefits and assumes duties that one of the original party had.

To be a valid novation, there must be a **previous valid contract** and **consent of all parties,** including original parties and new party. Once novation contract is made, contractual duties of the original contract are **immediately extinguished.**

b. Novation v. Assignment

To be a valid assignment, **notice** must be given **to the other party.** However, there are some exceptions.

To be a valid novation, **consent of all parties** to the original agreement is required. A contract transferred by the novation process transfers all duties and obligations from the original obligor to the new obligor.

Ⅳ. Breach

Breach는 '계약위반'을 뜻하는 바, breach 여부를 판단하는 기준은 common law와 UCC2에서 다르게 규정한다. Common law의 경우 breach가 material 한 경우에 한해 채권자의 구제(remedy) 행위를 허용한다. 여기서 'material breach'란, 채무자가 그의 의무에 대해 상당한(substantial) 이행수준에 미치지 못하여 채권자가 해당 계약으로부터 상당한 이익을 얻지 못한 경우를 뜻한다. 다시 말해, 채무자가 완벽한 채무이행을 하지 않았더라도 그 이행이 상당한 수준에 달했다면 채무이행을 인정한다. 한편 UCC2는 완벽한 채무이행 (perfect tender)을 요구한다. 다만, 여러 횟수에 걸쳐 채무가 이행되어야 하는 계약(installment contract)과 판매자가 잘못 이행한 채무를 적절히 회복 (cure)시킨 경우에는 예외적으로 perfect tender rule이 적용되지 않는다.

Installment contract의 경우, 여러 채무가 한 계약을 이루고 있으나 각 채무 이행이 다른 채무 이행여부에 영향을 끼치지 않는다. 따라서 부분적인 채무 불이행이 발생하였다하여 계약전체가 breach되었다고 보지는 않고, 부분적인 채무불이행이 계약전체의 가치를 현저히 훼손하는 하는 경우에 한해 breach 로 인정한다. 한편, 판매자가 잘못 이행한 채무를 적절히 회복(cure)시킨 경우에는 완벽히 채무를 이행하지 않았으므로 본래는 breach of the contract가 인정되나, 판매자는 이미 이행이 완료되었으나 계약위반(breach)인 채무를 기한 이내에 회복시킬 수 있는 권한(right to cure)을 가지는 바, perfect tender rule이 적용되지 않는다.

A. Common Law

Under the common law substantial performance doctrine, breach of the contract is recognized when there is a **material breach.**

Once a material breach occurs, duty of the nonbreaching party is **discharged** and the party is entitled to any **remedies.**

B. UCC2

1. Perfect Tender Rule

a. General Rule

Under the UCC2 perfect tender rule, a party is required to provide a **perfect tender** and to act in **good faith.**

"Perfect tender" means the performance which is **exactly same** as promised in the contract. "Good faith" means **honesty** in fact and the **observance**^{준수} of reasonable commercial standards of fair dealing.

b. Exceptions

i. Installment Contracts

In the installment contracts, the **common law** (substantial performance doctrine) applies. Breach of the whole contract occurs only when the nonconformity of the installment (part of the performance) substantially impairs the value of the **whole** contract.

ii. Seller's Right to Cure

In some situations, the seller has **right to cure** his breach of the contract and perfect tender rule is inapplicable.

When the seller can cure the defects **within the original due date with the notice** of his intention to cure and **a new tender of performance** (conforming goods), the buyer must accept the goods.

When the seller can cure the defects **beyond** the original due date, the seller usually has no right to cure. However, when the seller **reasonably** believed that the buyer would accept the nonconforming goods (e.g., based on the **prior dealings**), the seller has the right to cure upon a **reasonable notification** to the buyer. The buyer must provide further reasonable time.

V. Remedies

Remedies는 권리 침해에 대한 법적 '구제방법'을 뜻하는 바, 민사소송에서 원고가 소송을 제기함으로써 구제받을 수 있는 법적 방법에 대해 논한다. Remedies의 유형은 remedy at law, restitution 그리고 remedy in equity로 구분된다. Remedy at law는 금전적인 배상, 즉 손해배상(monetary damages)을 뜻한다. 다만, 계약당사자간 의도가 계약서에 제대로 반영되지 못한 경우 또는 피고가 위법하게 취득한 자산이 희귀하여 원고가 반드시 돌려받아야 하는 경우 등과 같이 상황상 손해에 대한 금전적 배상이 적합하지 않은 경우가 있다. 이러한 경우 법원은 형평성을 고려한 구제방법을 취하게 되는데, 이를 remedy in equity라고 한다. 계약서를 재작성하도록 명하는 것(reformation), 동산 및 부동산을 원고에게 돌려줄 것을 명하는 것(replevin 또는 ejectment), 작위 또는 부작위를 명하는 것(specific performance 또는 TRO/PI), 등이 해당된다. 한편, restitution은 부당이득(unjust enrichment)에 의해 발생한 손해에 대한 구제방법으로서, legal restitution과 equitable restitution으로 구분된다. 기본적으로 상기 세 유형의 remedies는 모든 소송에서 적용가능하나, 각 소송의 유형(contracts, torts 또는 real property에 관한 소송)별로 적용되는 세부적인 방법에는 다소 차이가 있다. 본 챕터에서는 계약의 채무불이행에 대한 remedies에 대해 논한다.

Monetary remedies are remedies in law. If monetary remedies are inapplicable, nonmonetary remedies (remedies in equity) are used.

[표 2-5]

| | Remedy at law | Restitution | | Remedy in equity |
		Legal restitution	Equitable restitution	
Contracts	• compensatory damages • expectation damages • consequential damages • incidental damages • reliance damages • liquidated damages • nominal damages	• quasi -contract • replevin • ejectment	• rescission • reformation	• TRO • preliminary injunction • specific performance
Torts	• compensatory damages • pure economic loss • nominal damages • punitive damages	• money restitution • replevin • ejectment	• construc- tive trust • equitable lien	• TRO • preliminary injunction • permanent injunction
Real property	Torts와 Contracts의 모든 remedies를 동일하게 적용			

A. Remedies at Law

1. General Rule

미국 계약법상 monetary damages 유형에는 원고 및 피고의 상황을 기준
으로 compensatory damages, nominal damages, punitive damages 그리
고 liquidated damages, 이렇게 네 가지가 있다. 그중 compensatory
damages는 채무불이행에 대한 구제 중 가장 보편적인 손해배상으로서,
채권자를 채무가 이행되었을 경우의 상황과 같게 만들기 위한 목적을 가
지고 책정하는 배상액이다. 주로 expectation damages, consequential
damages 그리고 incidental damages의 합계에 원고가 계약상 부담해야
할 비용을 뺀 액수로 산정된다. 만일 expectation damages의 구체적인 금
액을 산정하기 어려운(speculative) 경우에는 reliance damages로 계산된
다. 한편, nominal damages는 채무불이행이 발생하였으나 손해는 실제로
발생하지 않은 경우의 손해배상, 즉 명목상 손해배상을 뜻하고, punitive
damages는 징벌적 손해배상을 뜻하는 바, 계약법상에서는 인정되지 않고
위법행위로 인한 피해에 한해 인정된다. Liquidated damages는 계약을 체
결할 당시 계약당사자간 계약위반에 대한 배상액수를 사전에 합의한 바를
그대로 따르는 구제방법으로서, 징벌적 배상(penalty)의 성격을 띠지 않는
경우에 한해 그 유효성이 인정된다.

There are several monetary remedies for the breach of contracts, such
as compensatory damages, nominal damages, and liquidated damages.
Compensatory damages are most common and punitive damages is
not awarded in contract cases.

[표 2-6]

Compensatory damages	Expectation/Reliance damages	expect./reliance + conseq. + inc.(UCC 2) - π의 계약상 cost
	Consequential damages	
	Incidental damages (UCC2)	
Nominal damages		when no actual loss
Liquidated damages		① $ difficult to estimate ② reasonable (not penalty)
Putative damages		×

2. Types of Damages

a. Compensatory Damages

i. Expectation Damages

Non-breaching party has a right to damages based on the party's expectation interest. **The expectation damages is to put the non-breaching party in as good a position as if the other party had fully performed.** Expectation damages arises when it is:

① Caused by defendant **(actual causation);**

② **Foreseeable** (proximate causation);

③ **Reasonably certain** (damages are not speculative); and

④ **Unavoidable** (plaintiff's duty to mitigate).

ii. Incidental Damages (in UCC2)

It is recognized **only in UCC2.** Incidental damages means any expenses reasonably incurred by the parties (either seller or buyer) during the performance process.

✔ Cost for packaging, shipping

✔ Cost for inspection

✔ Cost for paperwork

✔ Cost for warehouse

iii. Consequential Damages

- Consequential damages = Special damages

① **General Rule**

Consequential damages is awarded in addition to the compensatory damages when there are damages resulted from **the nonbreaching party's particular circumstances,** such as lost profits. Consequential damages should be **net amount,** excluding saved cost by the breach.

② **Requirements**

Consequential damages are awarded only when:

(a) Caused by defendant **(actual causation);**

(b) **Foreseeable** (proximate causation);

(c) **Reasonably certain** (damages are not speculative); and

(d) **Unavoidable** (plaintiff's duty to mitigate).

---

case

갑이 도매상 을과 냉장고 100대를 80,000불에 판매하는 매매계약을 체결하였다. 을은 소매상 병과 갑으로부터 구입한 냉장고를 판매하기로 계약을 체결한 상태였다. 갑은 을과 계약을 체결할 당시 을·병간 계약의 존재에 대해 알고 있었다. 갑이 채무불이행 하였고, 을은 이에 대해 damages를 청구하였다. 얼마의 손해배상이 인정되는가?

⇒ 본 사안에서 갑의 breach로 인해 을은 갑·을간 계약의 breach로 인한 피해와 을·병간 계약의 breach로 인한 피해를 모두 입었다. 갑·을간 계약의 breach로 인한 피해액은 expectation damages이다. 한편, 을·병간 계약의 breach로 인한 피해액은 을이 갑과의 계약을 근거로 병과 계약을 체결했다는 특별한 상황 때문에 발생하였다. 갑이 을과 계약체결 당시 을·병간 계약을 인지하고 있었고(foreseeable), 그 계약위반에 의한 피해액을 책정가능(reasonably certain)하며, 을이 피해를 최소화할 다른 방법이 없었으므로(unavoidable), consequential damages도 인정된다. Consequential damages는 을의 lost profit, 즉 을·병간 매매계약에서 예상된 이익금으

로 계산한다.

ⅳ. Reliance Damages

When expectation damages are **too speculative,** non-breaching party may recover reliance damages. It is to put the plaintiff in the position **as if the contract had never been made.**

Reliance damages are measured by the **cost** of plaintiff's performance as the **loss incurred reasonably relying on the contract.**

b. Nominal Damages

• Nominal damages = Token damages

Nominal damages is awarded when there is a breach but **no actual loss.** In contract cases, nominal damages may be awarded.

c. Punitive Damages

Punitive damages is the damages awarded **to punish defendant's wrongful conduct.** It could **not** be awarded in contract cases.

| TIP | ① Contract cases － punitive damages 인정 × ② Intentional torts cases － punitive damages 인정 ○ |

---

d. Liquidated Damages

Liquidated damages means the damages whose amount **the parties designate during the formation of a contract** for the injured party when the breach occurs. The liquidated damage clauses are enforceable only when:

ⅰ. At the time of contracting, damages **was difficult to estimate;** and

ⅱ. The amount agreed upon should be **reasonable** (not characterized as penalty).

갑은 음식점을 개업하고자 을과 인테리어 서비스 계약을 체결했다. 개업 날짜가 연기되는 것을 방지하고자 갑·을은 계약서에 liquidated damages clause를 삽입하기로 하였고, 조사해보니 갑의 개업 후 예상 수입은 하루 100만원이었다. 그들은 을이 채무이행을 기한 내에 하지 못할 경우 하루 당 1,000만원의 liquidated damages를 지불한다고 작성했다. 을은 기한 내에 채무이행을 다하지 못하였고, 이에 대해 갑은 을에게 liquidated damages를 청구했다. 가능한가?

⇒ No. 갑·을간 계약 체결 당시, 갑의 사업은 아직 시작하지 않은 new business였으므로 liquidated damages의 첫 번째 요건(difficult to estimate)을 만족한다. 다만, 음식점의 하루 예상 수입이 100만원이라는 사실에 비추어 보았을 때, 갑·을이 작성한 liquidated damages(1,000만원)는 합리적이지 못하다. 즉 두 번째 요건(reasonable)을 만족하지 못한다. 따라서 갑·을간 계약서상 liquidated damages clause는 not enforceable.

3. Duty to Mitigate

Duty to mitigate란, 피해를 최소화하기 위해 노력할 의무를 뜻한다. 계약법상 duty to mitigate는 non-breaching party에게 있는 바, non-breaching party는 상대방의 breach를 인지한 후 '합리적인' 대안(replacement, substitute)을 찾아야 한다.

Duty to mitigate requires the injured party to take reasonable steps to reduce the damages. However, the alternative may not be substantially different from or inferior to the originally planned business. It should not involve undue risk, burden, or humiliation.

4. In UCC2

매매계약의 목적물이 goods인 경우, 즉 UCC2가 적용되는 계약의 경우에도 상기 손해배상 범위 책정 기준과 유사한 기준을 사용하나 채무불이행을 한 당사자가 누구인지에 따라 expectation damages(compensatory damages의 요소 중 하나)를 달리 산정한다. '판매자'가 채무불이행 하였고 구매자가 목적물을 인도받지 않은 경우에는 market damages 및 cover damages로 계산하며, 판매자가 채무불이행 하였으나 구매자가 목적물을 인도받은 경우에는 lost-value damages로 계산한다. 한편, '구매자'가 채무불이행 한 경우에는 market damages 및 cover damages로 계산하나 판매자가 lost volume seller, 즉 계약 당시 채무불이행 한 구매자가 아니더라도 해당 제품을 판매할 수 있는 제3자가 충분히 존재하는 상태의 판매자였다면 lost profits로 계산한다.

[표 2-7] Monetary damages in UCC2

Buyer's $	S가 deliver ×	(K price − mkt price/replacement price)+inc. + conseq.
	nonconf. + reject/revoke accept.	(K price − mkt price/replacement price)+inc. + conseq.
	nonconf.+accpet	warranty damages (value accepted − value promised under the contract)+inc.+conseq.
Seller's $	cover damages	K. price − resale price
	market damages	K. price − mkt price
	lost profits	profits of the Seller = K. price − cost

• S = seller
• B = buyer
• nonconf. = nonconforming goods

a. Buyer's Damages

When the seller does not deliver goods or delivers nonconforming goods, the buyer can award damages.

ⅰ. Does not Deliver Goods

(K. $ − mkt $/replacement $) + inc. + conseq.

Market price is usually determined as of the time **she learns of**

the breach. Replacement price is cost of buying replacement goods. It must be based on a **reasonable contract** made in good faith.

```
case
```

① 판매자 갑과 구매자 을간 스피커 매매계약을 800불에 체결하였다. 갑이 스피커를 deliver하지 않자, 을은 다른 판매자로부터 스피커를 구매하기로 했다. 비슷한 수준의 스피커는 1,000불, 훨씬 더 높은 수준의 스피커는 2,500불이었고, 을은 2,500불 스피커를 구매하였다. 을은 얼마의 recover damages를 청구할 수 있는가?

⇒ 200불(1,000-800). 본 사안은 seller(갑)의 breach로 인해 buyer(을)가 replace한 경우다. 을은 본래 갑으로부터 구매하고자 하였던 수준의 스피커보다 훨씬 더 높은 수준의 스피커를 구입하였으므로 합리적인 replacement라 할 수 없다. 따라서 replacement price는 1,000불로 계산되어야 한다.

② 상기 예시에서 을이 대체품을 구매하지 않았다면, 을은 얼마의 recover damages를 청구할 수 있는가?

⇒ 200불(1,000-800). 계약당사자는 상대방이 breach했을 때 그 피해액을 최소화해야 하는 의무, 즉 duty to mitigate가 있다. 본 의무를 이행하지 않은 경우, 법원은 계약당사자의 손배액에서 mitigate시킬 수 있었던 금액을 제함으로써 의무위반에 대한 책임을 지운다. 본 사안에서 을은 본래 갑으로부터 구매하고자 하였던 수준의 스피커를 구입할 수 있었음에도 구입하지 않았다. 따라서 duty to mitigate를 위반한 을은 200불을 배상받을 수 있다.

ii. **Delivers Nonconforming Goods and Buyer Rejects or Revokes Acceptance**

(K. $ - mkt $/replacement $) + inc. + conseq.

iii. **Delivers of Nonconforming Goods and Buyer Accepts**

warranty damages (value accepted - value promised under the contract) + inc. + conseq.

Buyer's **notice** of the defect to the seller within a reasonable time after the delivery or after he discovers the defect is required for the damage award.

b. Seller's Damages

When the buyer refuses to accept conforming goods or anticipatorily breaches the contract, the seller can award damages.

ⅰ. **Cover Damages**

K. $ – resale $

If the seller **resold the goods** to another buyer by private or public sale, he can recover cover damages which is measured by the difference between the contract price and resale price. To award cover damages, the seller must:

① Act in **good faith;**

② Act in a commercially **reasonable** manner; and

③ Provide reasonable **notification** (only when private sale).

ⅱ. **Market Damages**

K. $ – mkt $

The market price is measured as of **the time for delivery.**

TIP Market price

① Buyer's damages — as of the time she learns of the breach.

② Seller's damages — as of the time for delivery

ⅲ. **Damages based on Lost Profits**

lost profits = profits of the S. = K. $ – cost

Lost profits는 breach of the contract으로 인해 판매자의 사업규모 (volume)가 축소된 것에 대한 피해액을 뜻한다. 따라서 lost profits를 기준으로 한 손배액은 판매자(seller)가 판매하고자 하는

양의 목적물을 충분히 제공가능(unlimited inventory)한 경우에 적용된다. 즉 해당 계약의 구매자가 아닌 타인에게 해당 목적물을 충분히 판매할 수 있었음에도 불구하고 그 구매자의 breach로 인해 그러하지 못하고 사업규모가 축소된 경우에만 인정된다. 이러한 경우는 구체적으로 세 요건으로 정리되는데, 계약을 불이행한 구매자가 아니더라도 판매자는 해당 목적물을 타인에게 충분히 판매할 수 있었고, 해당 목적물의 판매가 판매자에게 이익이 되고(profitable), 판매자는 타인과 해당 구매자 모두에게 판매할 수 있을 정도로 충분한 재고를 가지고 있어야 한다. 계약을 불이행한 구매자가 아니더라도 판매자는 해당 목적물을 타인에게 충분히 판매할 수 있었어야 하므로, 계약의 목적물이 customized goods인 경우 본 계산법을 적용할 수 없다. 한편, 손배액은 net profit으로 계산되는 바, breach된 계약의 contract price에서 비용(cost)을 제한 금액이다.

A lost volume seller, who can get as many goods as he can sell, may award damages based on lost profits. Damages based on lost profits are **not** awarded when the contract is **for specific goods.** Lost profit is measured by the contract price with the breaching buyer minus cost to the seller.

5. Construction Contracts

건축계약(construction contract)의 경우에도 UCC2가 적용되는 매매계약과 마찬가지로 채무불이행한 당사자가 '건축주(owner)'인 경우와 '시공자(builder)'인 경우로 구분하여 손배액을 책정한다. 기본적으로 건축주가 breach한 경우에는 해당 계약에 의한 이익(profit)으로 계산하고, 시공자가 breach한 경우에는 시공자가 시공을 도중에 종료하여 완공하기 위해 추가적으로 드는 비용과 완공이 delay되었음에 대한 합리적인 보상액으로 계산한다.

a. General Rule

Where a contractor's performance has been incomplete or defective for a construction contract, the usual measure of damages is the **reasonable cost of replacement or completion.**

b. Waste Doctrine

Waste doctrine은 선의의 채무자가 construction 의무를 이행하지 못하였고, 그 상대방이 채무자 대신 스스로 construction을 하는데 드는 비용(cost of completion)이 wasteful한 경우에 적용된다. 본 이론은 construction 계약에만 적용되는 이론으로서, 비용이 wasteful하다고 판단되는 경우의 최종 손배청구액은 the difference in value of the property or land이다.

When an award for the cost of completion is wasteful, a court may apply the waste doctrine. The waste doctrine will apply if:

ⅰ. The contract is for construction;

ⅱ. The contractor performs **in good faith** but **defects** nevertheless **exist;** and

ⅲ. The **cost to restore greatly exceeds the difference in value.**

(Replacement cost와 difference in value 차이가 너무 큰 경우)

Under the doctrine, the measure of damages becomes the difference in value of the property or land.

If the breach is willful and only completion of the contract will enable nonbreaching party to use the property for its intended purposes, the cost of completion is considered the appropriate damage award.

---

case

갑의 땅에 회사 을이 건물을 건축하기로 계약했다. 을은 계약의무를 이행하지 않았고, 이로 인해 갑이 스스로 건물을 건축하는데 드는 비용은 5억이다. 본 사안에서 갑은 얼마를 배상받을 수 있는가?

⇒ Expectation damages는 cost of replacement로 산정하는 바, 본 사안에서

는 5억이다. Waste doctrine 적용 가능여부는 을의 good-faith를 기준으로 판단한다.

① 을은 good-faith였지만 결론적으로 계약을 불이행하게 되었다면, award(5억)와 difference in value를 비교해야 한다. Difference in value란, 을이 채무불이행함으로써 발생된 건물 value의 차이(차액)을 뜻한다. 만약 5억이라는 금액이 difference in value보다 현저히 큰 경우, waste doctrine이 적용될 수 있다. 따라서 갑은 을로부터 difference in value에 해당하는 금액을 배상받을 수 있다.

② 만약 을이 willful하게 채무를 불이행하였고 을이 그 채무를 이행해야만 갑이 그 부동산(land 또는 property)을 갑이 의도한 목적으로 사용할 수 있는 경우라면, waste doctrine은 적용될 수 없다. 따라서 갑은 을로부터 cost of completion에 해당하는 금액을 배상받을 수 있다.

6. Sale of Land

K. $- fair mkt $

In the contracts for sale of land, the damages are the difference between the contract price and the fair market value of the land.

B. Restitution

1. Legal Restitution (Quasi-Contract)

• Action for restitution in contracts = Action for an implied in law contract = Action in quasi-contract = Action for quantum meruit

Restitution 유형 중 legal restitution은 quasi-contract, money restitution, replevin 그리고 ejectment를 포함한다. Quasi-contract란, 계약법상에서만 인정되는 구제방법으로서 계약 성립요건(offer, acceptance, consideration)을 만족하지 못하였으나 부당이득을 얻은 자가 있으므로 법원이 인정하는 가상의 계약이다. 즉 양자의 합의는 없었으나 공정성(fairness)을 위해 계약이 체결되었다고 보고, 법원이 부당이득을 본 자에게 상대방에 대한 배상을 하도록 명한다. 그 배상액은 부당이득의 가치 또는 해당 이득을 제공하는데 있어 든 비용으로 산정된다. Money restitution은 quasi-contract와 동일한 법리에 따른 개념으로서 torts에서 인정하는 구제방법이다. Replevin과 ejectment는 부당이득으로 취한 동산 및 부동산을 원고에게 돌려주는 구제방법을 뜻하는 바, replevin은 동산을 돌려주는 방법이고 ejectment는 부동산을 원고에게 돌려주는 구제방법이다.

Quasi-contract is recognized based on a **unjust enrichment** theory. Generally, it is measured by the **value of the benefit conferred or the cost in conferring the benefit.** A party is recoverable when he conferred benefit to other party and it allows the other party to keep that benefit without compensation.

> **case**

갑·을간 employment contract를 체결하였고, 어느 날 갑자기 고용주 갑이 을을 해고 한 경우, 을은 갑으로부터 어떤 legal restitution을 받을 수 있는가?

⇒ Employment contract에 별도의 언급이 없는 경우, 해당 근로관계는 at-will employment relationship으로 보는 바, 당사자에 의해 언제든 종료될 수 있다. 따라서 본 사안에서 갑의 행위는 breach로 인정되지 않는다. 다만, 을이 해당 계약을 체결한 시점부터 종료된 시점까지 업무한 것에 대한 임금은 restitution으로서 보상받을 수 있다.

2. Equitable Restitution

Equitable restitution은 피고의 부당이득(unjust enrichment)에 대해 형평법상 인정되는 구제수단이다. 이는 다른 equitable remedies와 마찬가지로 remedies at law를 적용하기 부적합한 경우에 한해 채택된다.

계약법상 equitable restitution 유형에는 당사자의 본래 의도를 반영하여 새롭게 계약을 체결하는 reformation과 당사자간 체결한 기존의 계약을 무효화하는 rescission이 있다. 일반적으로 reformation은 계약을 지속적으로 유지시키고자 하는 측이 주장하는 remedy인 반면, rescission은 계약을 더 이상 유지시키고 싶지 않은 측이 주장하는 remedy이다. 예컨대, 갑이 을에게 부동산을 매매하는 과정에서 주차장을 사용할 수 있다고 언급하였으나 계약을 체결한 후 알고보니 주차장을 사용할 수 없고 해당 부동산이 을에게 더 이상 가치가 없다면 을은 rescission을 주장할 것이다. 보험회사와 피보험자간 계약서상 보장액이 실제 금액보다 낮게 반영되어 있는 경우, 보험회사는 rescission을 주장하는 반면 피보험자는 reformation을 주장할 것이다.

a. Rescission

Rescission is the court's order to make a contract invalid and make the parties left as a contract **had never been made (is discharged).** When the original contract is voidable and rescinded, rescission remedy can be recovered. Generally, the grounds to rescind a contract are valid **defenses to the formation,** such as fraud, mistake, illegality, and unconscionability.

b. Reformation

Reformation is the court's order **to rewrite a contract** reflecting the true agreement of the parties.

Generally, the grounds to reform a contract are mistake and misrepresentation.

c. Equitable Defenses

"LUB" – Laches, Unclean hands, sale to Bona fide purchaser (BFP)

Equitable defenses, such as laches, unclean hands, sale to BFP, are applicable.

C. Remedies in Equity

1. Specific Performance

Specific performance (or injunction) is available **only when the legal remedy is inadequate.** Specific performance is adequate when the subject matter of the contract is **rare or unique.**

In other words, specific performance is available when a claimant can show that:

ⅰ. The legal remedies are inadequate;

ii. The nonbreaching party complied with any conditions to performance and were ready to perform; and

iii. Enforcement of specific performance is feasible.

a. Land Sale Contracts

All land is considered unique, and specific performance is available for land sale contracts.

b. Service Contracts

In service contracts, specific performance is **unavailable** even though the service is rare or unique. Specific performance in service contracts violates the Constitution, since it would be involuntary servitude^{노예상태}.

2. Equitable Defenses

"LUB" – Laches, Unclean hands, sale to BFP

a. Laches

Laches^{태만} defense arises when a party delays in bringing an equitable action and the delay causes prejudice on the defendant.

b. Unclean Hands

The defense of unclean hands arises when the party seeking specific performance is engaged in wrongdoing related to the contract.

c. Sale to Bona Fide Purchaser (BFP)

If the subject matter of a goods or land contract is sold to bona fide purchaser, the original party cannot assert the specific performance.

3. In UCC2

a. Buyer's Remedies

Buyer has three nonmonatary remedies: cancellation, replevy^{소유권 회복} of dentified goods, and specific performance.

b. Seller's Remedies
   ⅰ. **Withhold delivery of the goods**
      The seller may withhold delivery of the goods if the buyer fails
      to pay for the goods due on or before the delivery. The seller
      also may withhold delivery if the buyer purchased **on credit**
      and the seller discovers that the buyer is **insolvent.**
   ⅱ. **Replevy Goods when Buyer is insolvent**
      The seller may replevy goods that are **already received** by the
      buyer, if the buyer is **insolvent** and the seller reclaim the goods
      within 10 days after the receipt.
c. Right to Demand Assurances
   본 내용은 「Anticipatory Repudiation」 부분에서 논한 내용으로, 목적
   물이 "goods"인 계약에 한해 적용된다. Assurance란, 계약 당사자가
   상대방이 계약 이행을 하지 못할 것 같다고 합리적으로 판단한 경우
   그 상대방에게 계약이행에 대해 요구하는 보장을 뜻한다. 예컨대, 갑
   이 을로부터 토마토 1톤을 구입하는 계약을 체결하였는데 계약체결 이
   후 심한 폭우가 내려 토마토를 정상적으로 재배할 수 없다고 합리적으
   로 판단한 경우, 갑은 을에게 해당 계약을 제대로 이행할 수 있는지에
   대한 assurance를 요구할 수 있다(demand for assurance). 갑으로부
   터 demand for assurance를 받은 을은 30일 이내로 갑에게 assurance
   를 주어야 하며, 만약 assurance를 하지 않는다면 을이 anticipatory
   repudiate한 것으로 본다. 갑의 채무는 demand for assurance가 이루
   어진 이후부터 assurance가 이루어지기까지의 기간 동안 유예된다.

   The party may demand assurances to the other party, if there are
   reasonable grounds for insecurity regarding to the other party's
   performance.
   The demand for assurance must be made in writing. The
   performance of the demanding party **is suspended** until the
   requesting party receives adequate assurances.
   If the proper assurance is not provided **within 30 days after a
   justified demand for assurances,** the contract may be treated as
   repudiated.

Part Three. Third Party Issues

계약당사자 외 제3자가 관련된 계약에 있어 assignment 및 delegation, third party beneficiary, 이렇게 두 개의 주요 논점이 있다. Third party beneficiary 부분에서는 계약채무가 이행되는 과정에서 제3자가 이익을 보는 경우에 대해 논하고, assignment 및 delegation 부분에서는 계약 당사자 중 한 명이 자신의 채권 및 채무를 제3자에게 직접 양도하는 행위에 대해 논한다.

I. Assignment and Delegation

A. Assignment

Assignment란, '권리'를 타인에게 양도하는 것이며, delegation은 '의무'를 타인에게 양도하는 것을 뜻한다. 원칙적으로 모든 권리는 assignable하며, assignment와 동시에 delegation이 발생한다. 다시 말해, 채권자가 자신의 권리를 타인에게 양도할 경우 그 채권자의 권리뿐만 아니라 해당 권리에 대한 의무도 함께 양도(delegation)된다. 예를 들어, 갑과 painter 을이 50만원에 서비스계약을 체결하였고 갑이 그 페인팅 서비스 받을 권리를 병에게 양도(assignment)한다면, 갑이 서비스 받을 권리뿐만 아니라 그 서비스에 대한 급부로 을에게 제공해야 하는 채무(50만원)도 병에게 양도된다. 하지만 50만원 채무는 갑에게도 여전히 존재(it does not relieve 갑)하기 때문에, 병이 50만원 채무를 이행하지 않는다면 갑이 이를 대신 이행해야 한다. 만약 을의 동의 하에 해당 assignment가 이루어졌다면, 갑은 채무(50만원)로부터 자유로워진다(the duty is extinguished). 다만, assignment를 할 수 없는 예외적인 경우가 있다. 해당 assignment로 인해 채무자의 의무에 상당한 변화가 생기는 경우, 채무자에게 상당히 부담이 되는 경우, assignment의 결과로 채무자의 권리청구 기회가 박탈되는 경우, 법적으로 assignment가 금지된 경우 그리고 계약당사자간 assignment를 하지 않기로 계약을 체결한 경우가 이에 해당한다.

[도표 2-1]

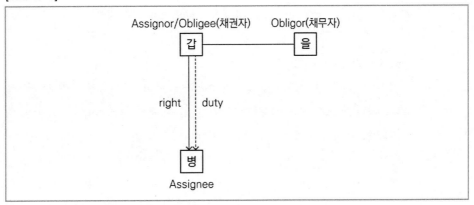

1. Assignable

    a. General Rule

    Assignment is a transfer of a **right** under a contract.

    Delegation is a transfer of contractual **duties.**

    Contract rights are generally assignable.

    b. Exceptions

    A contract is not assignable if the assignment:

    ⅰ. Would **materially** change the **duty** of the obligor;

    ⅱ. Would materially increase the **burden** imposed on the obligor;

    ⅲ. Would **impair** the obligor's opportunity to obtain the **return performance;**

    ⅳ. Is **forbidden** by statute or by public policy; or

    ⅴ. Is precluded **by contract** in valid way.

    c. Material Change of Duty

    If the right is to receive obligor's **personal service** and the assignment makes the obligor to make the performance to other person, the assignment is invalid.

    ✔ Physician, lawyer, architect, author, dancer — assignment 불가
    ✔ Construction service — assignment 가능

✔ Repair service — assignment 가능

✔ Requirement/output contracts — assignment 가능

d. By Contract

계약당사자들은 계약서상 assignment를 금하는 조항을 삽입할 수 있다. 이러한 조항에는 두 유형이 있는데, 하나는 "assignment를 하지 말라(This contract shall not be assigned.)."고 명시한 조항이고 다른 하나는 "assignment is void."라고 명시한 조항이다. 전자(前者)의 경우를 'prohibition'이라 일컫고, 이는 assignment를 계약위반으로 보고 채무자에게 소송할 수 있는 권리를 부여할뿐 해당 조항의 유효성 자체를 부정하는 것은 아니다. 다시 말해, prohibition이 있는 계약서 작성 후 채권자(갑)가 자신의 권리를 제3자(병)에게 양도한다면 해당 assignment는 유효하고 채무자(을)는 갑을 상대로 계약위반을 이유로 소송을 제기할 수 있다. 반면, 후자(後者)는 'invalidation' 또는 'nonassignment provision'이라 일컫고, assignment 자체의 유효성을 부정한다.

The parties can make a provision prohibiting assignment, and the duties are assignable. Even if there is a provision prohibiting assignment but the party assigned, the **assignment itself is valid** and the obligor gets the **right to sue** the assignor **for breach.** If there is a provision specifying that assignment is void, the assignment is void.

2. Validity Requirements

유효한 assignment의 성립요건은 양도인의 의사표시와 양수인의 인지 및 승낙이다. Obligor's consent와 consideration(또는 preexisting duty)은 필요하지 않다. 상기 예시에서 을의 동의와 갑의 assignment에 대해 병이 consideration을 지불하지 않더라도 갑의 의사표시와 병의 인지 및 승낙이 있는 한 assignment는 valid하다. 다만, consideration이 있는 경우에는 해당 assignment를 철회할 수 없다(irrevocable).

Assignment is valid when there is:

ⅰ. Assignor's manifestation of its **intent;** and

ⅱ. Assignee's **acceptance.**

3. Revocation

a. Revocable Assignments

ⅰ. General Rule

Assignment is revocable, if it is **not for value** which is called as "gratuitous assignment." Assignment is revoked by:

① **Assignor's notice** to either the assignee or the obligor;

② The assignor **takes performance** directly from the obligor;

③ Assignor's **subsequent assignment** of the same right to another;

④ Death of the assignor; or

⑤ Bankruptcy of the assignor.

ⅱ. Exceptions

> "DEOS" – Delivery of token chose, Estoppel, Obligor's performance, assignment of Simple chose in writing

① **Delivery of Token Chose**

When the token chose is delivered, gratuitous assignment is irrevocable.

Token chose란, 통장(savings account), 증권증서(stock certificates) 등과 같이 권리를 표상하는 문서를 뜻한다. 이를 소유하는 자가 해당 token chose 권리의 권리자이다.

② **Estoppel**

When the theory of estoppel is applicable, gratuitous assignment is irrevocable.

③ **Obligor's Performance**

When the obligor has already performed, gratuitous assignment is irrevocable.

④ **Assignment of Simple Chose in Writing**

When a simple chose is involved in the assignment and it is in writing, gratuitous assignment is irrevocable.

Simple chose란, 권리를 표상하는 문서가 없는 권리를 뜻한다.

b. Irrevocable Assignments

Assignment for value is irrevocable. Assignment is for value if it is:

ⅰ. Done for **consideration;** or

ⅱ. Given as security for or payment of a preexisting debt.

4. Relationship between Three Parties

a. Assignor v. Assignee

Assignment for value의 경우, 해당 양도에는 매매계약과 같이 특정 사안에 대한 implied warranty가 있다. 이러한 warranty에 반하는 상황이 벌어지는 경우 assignee는 이에 대해 assignor를 상대로 소송을 제기할 수 있다. 한편, assignment가 발생함과 동시에 delegation이 발생하더라도 does not relieve delegator(assignor)'s duty.

If assignment is **for value,** there are implied warranties for:

ⅰ. No prior assignment of the right;

ⅱ. Assignor's right and no limitations or defenses as to the right; and

ⅲ. Doing nothing to defeat or impair the assigned right.

If the implied warranty is breached, assignee may sue the assignor **for breach of implied warranty.**

b. Assignee v. Obligor

A new privity is created between assignee and obligor, and the assignee is the real party in interest. The assignee **can enforce** her rights against the obligor, regardless of the consideration. The obligor may raise all of the defenses against the assignee that she could have raised against the assignor.

c. Assignor v. Obligor

Obligor can raise any defenses against assignor.

5. Successive Assignment

본 챕터는 동일한 권리에 대해 두 개의 assignment가 존재하는 경우, 그 우선순위에 대해 논한다. 예컨대, 갑이 자신의 권리는 을에게 assign한 후 병에게 assign한 경우 을과 병 중 누가 우선권을 가지는가. 이는 assignment 의 철회가능성(revocability)을 기준으로 달리 판단된다. 만약 먼저 생성된 assignment(을)가 consideration 없이 존재하는 gratuitous assignment인 경우라면, 두 번째 assignment의 assignee(병)가 우선권을 가진다. 만약 먼저 생성된 assignment(을)에 대해 consideration 존재한다면, 그 assignment assignee(을)가 우선권을 가진다. 단, 이후의 assignee(병)가 앞선 assignment 를 인지하지 못한 채 good faith를 가지고 해당 권리를 매입했다면(bona fide purchaser), 그가 우선권을 가진다.

a. Revocable Assignments

If the first assignment is gratuitous revocable assignment, **last** assignment prevails and the subsequent assignee prevails.

b. Irrevocable Assignments

i. General Rule

If the first assignment is irrevocable, it prevails, unless:

① The later assignee has **no notice** of the earlier assignment; and

② The later assignee **pays value** for the assignment.

ii. Exceptions

When a subsequent assignee **pays value** and has **no knowledge** of the earlier irrevocable assignment, the second assignee will prevail. Those subsequent assignees are who obtains judgment against obligor, payment from the obligor on the assigned claim, or delivery of a token chose from the assignor.

B. Delegation

Delegation은 '의무의 양도'를 뜻하는 바, 기본적으로 모든 의무는 양도가능 (delegable)하다.

[도표 2-2]

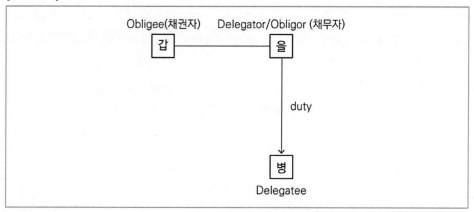

1. Delegable

All contractual duties are delegable.

However, those cannot be delegated in the following situations:

i. When the duties involves **personal** judgment and skill;

ii. When a **special trust** has been reposed in the delegator;

iii. When delegate's performance **materially change** the obligee's expectancy; and

iv. When a contract **restricts** either party's **right to delegate** duties.

2. Validity Requirement

Generally, the delegator's **manifestation of the present intention** is required and there is no formalities required for valid delegations.

3. Relationship between Three Parties

a. Delegator

Delegator is liable on his contract is **secondarily liable** as a surety, even if the delegate assumes the duties.

b. Delegatee

Generally, the nondelegating party (obligee) cannot compel the delegate to perform. However, when an assumption occurs, the nondelegating party can compel.

An assumption occurs when the delegatee made contract with the third-party who promises to do the duty delegated (obligee become third-party beneficiary).

c. Obligee

The obligee must accept performance from the delegatee.

II. Third-Party Beneficiaries

갑·을간 갑이 을에게 페인팅 서비스를 제공하면 을이 병에게 800불을 지급하기로 하는 내용의 계약을 체결한 경우, 병은 갑·을간 계약에 직접 참여하지 않았으나 해당 계약으로부터 이익(800불)을 취하는 자로서, third-party beneficiary라 한다. 한편, 계약당사자인 을은 본래 갑에게 지급해야 하는 consideration(800불)을 제3자에게 지급하는 자, 즉 제3자에게 benefit을 제공하는 자로서 promisor, 갑은 promisee라 일컫는다. 다시 말해, promisor와

promisee는 제3자에게 benefit을 제공하는지 그 여부를 기준으로 구분된다. 만약 갑·을간 갑이 병에게 페인팅 서비스를 제공하고, 이에 대해 을이 갑에게 800불을 지급하기로 하는 계약을 체결하였다면, 갑이 promisor, 을이 promisee가 된다. 본 챕터에서는 third-party beneficiary가 promisor 및 promisee에 대해 가지는 권리에 대해 논한다.

Third-party beneficiary는 갑·을이 계약을 체결할 당시 제3자를 고려하였는지 그 여부에 따라 intended beneficiary와 incidental beneficiary로 구분된다. 계약당사자들이 계약을 체결할 당시 제3자를 고려했다면 그 제3자는 intended beneficiary이고, 계약체결 당시 third-party를 특별히 고려한 것은 아니지만 갑과 을이 계약상 채무를 이행하는 과정에서 제3자가 우연히 이익을 보게 되었다면 incidental beneficiary이다. 상기 갑(페인팅)·을(800불)간 계약 예시에서 병은 갑·을이 계약할 당시 고려하였던 제3자이므로 incidental beneficiary로 인정된다. 만일 갑이 을에게 페인팅 서비스를 제공하고 이에 대해 을이 갑에게 800불을 제공하는 계약을 체결하였는데, 을의 집을 페인팅함으로써 근처 집값이 같이 상승하여 이웃인 정이 이익(집값 상승)을 취하게 되었다면, 정은 incidental beneficiary이다. Intended beneficiary는 다시 creditor beneficiary와 donee beneficiary로 구분되는데, promisee가 제3자에 대한 채무이행을 하기 위해 자신의 계약상 권리를 제3자에게 이전하면 creditor beneficiary, 그렇지 않은 경우에는 donee beneficiary라 한다. 상기 갑·을·병 예시에서 갑이 을에게 제공한 급부(페인팅)에 대한 권리(800불)를 병에게 진 채무를 이행하기 위해 병에게 그 권리를 이전하기로 계약한 것이라면, 병은 creditor beneficiary가 된다. 만약 갑이 병에게 gift로서 해당 권리를 이전했다면 병은 donee beneficiary로 인정된다.

그렇다면 계약당사자인 갑 또는 을이 채무를 이행하지 않는 경우 제3자인 병이 그들을 상대로 소송을 제기할 수 있는가. 요컨대 갑이 을에게 페인팅 서비스를 제공하지 않거나 을이 병에게 800불을 제공하지 않는 경우 병은 그들을 상대로 소송을 제기할 수 있는가. 이는 병의 신분과 병이 소송을 제기하는 대상(갑 또는 을)에 따라 그 여부가 달리 판단된다. 우선 incidental beneficiary는 갑·을간 계약으로부터 우연히 이익을 취하는 자로서 해당 계약에 대해 어떠한 권리도 인정되지 않는 바, 갑·을을 상대로 소송을 제기할 수 없다. 한편, intended beneficiary는 그의 권리가 확정(vest)된 경우 promisor와 promisee를 상대로 소송을 제기할 수 있다. 다만, promisee를 상대로 소송을 제기하는 것은 제3자가 intended beneficiary이면서 동시에 creditor beneficiary인 경우에 한해 가능하다. 여기서 권리가 '확정(vest)'되었다는 것은 beneficiary가 계약당사자간의 계약에 대해 동의한 경우, 이행청구를 위해 소송을 제기하는 경우, 또는 해당 계약에 의지하여 자신의 상황을 현저히 변화시킨 경우를 뜻하며, vest되기 전에는 제3자가 계약당사자들을 상대로 소송을 제기하지 못하며, 제3자에게 notice 없이 계약당사자간 합의하여 modification 하는 것이 가능하다.

[도표 2-3]

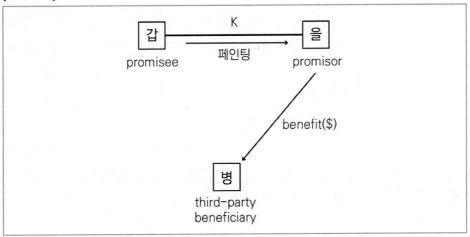

A. Basic Concepts

1. Types of Third-Party Beneficiaries

If the third party was **recognized and intended** by the parties at the time of contracting, the third party is called as "intended third-party beneficiary."

If the parties did **not** recognize the third party and the third party was not a primary purpose of the contract, the party is called as "incidental third-party beneficiary."

Intent of the parties is not required to be expressed in the wiring.

2. Types of Intended Beneficiaries

Intended beneficiaries can be categorized into two types: creditor beneficiary and donee beneficiary.

If the **promisee** has **legal duty owed to the intended beneficiary** and the benefit is made to satisfy it, the third party is a "creditor beneficiary."

If there is no legal duty and the benefit is made **as a gift,** the third party is a "donee beneficiary."

B. Incidental Beneficiary

Incidental beneficiaries have **no** contractual rights, and the parties cannot sue the promisor for the breach of the contract.

C. Intended Beneficiary

Intended beneficiaries have contractual rights and the **power to enforce** the contract, only after their rights have **vested.** Before the rights are vested to intended beneficiaries, the original contract can be modified without the consent of the beneficiaries.

The rights are vested when the beneficiary:

ⅰ. **Materially changes** his position in **justifiable reliance** on the promise;

ⅱ. **Brings suit** on it; or

ⅲ. **Manifests assent** to it at the request of the promisor or promisee.

D. Relationship between Three Parties

1. Third Party v. Promisor

Promisor가 제3자에게 급부를 제공하지 않아 제3자(intended beneficiary)가 promisor를 상대로 소송을 제기한 경우, promisor는 어떤 항변사유(defense)를 주장할 수 있는가. Promisor가 주장할 수 있는 defenses는 promisor가 promisee를 상대로 주장할 수 있는 defenses와 동일하다. 제3

자의 권리는 promisee와 promisor간 체결한 계약으로부터 파생된 권리이기 때문인데, 이에는 lack of assent, lack of consideration, impossibility 등과 같은 defenses against formation이 모두 포함된다.

a. General Rule

If the promisor fails to perform the contractual duty, the **intended** beneficiary may sue the promisor **after the right has vested.**

Incidental beneficiaries have no contractual rights, and **cannot** sue the promisor for the breach of the contract.

b. Defenses

A promisor can raise **formation defenses,** such as lack of assent, lack of consideration, and illegality, against a third party, and any defenses suggesting **non-performance on the excused** contract, such as impossibility, illegality, and frustration of purpose.

2. Third Party v. Promisee

a. General Rule

If the promisor fails to perform, the third party beneficiary may sue the **promisee** only when he is a **creditor beneficiary.**

If the third party is a donee beneficiary, he has no right to sue.

b. Exceptions (Detrimental Reliance)

Even if the third party is a donee beneficiary, he may sue the promisee when there is a detrimental reliance.

If the **promisee tells the donee beneficiary** of the contract and **reasonably** expect the beneficiary's reliance, and the beneficiary does so, the detrimental reliance theory or a promissory estoppel theory is applicable and beneficiary can sue the promisee.

[Detrimental Reliance]

Detrimental reliance occurs when:

① The offeror could **reasonably** expect that the **offeree's reliance** on him to her **detriment** on the offer; and

② The offeree **does so rely.**

3. Promisor v. Promisee

In past, the promisee cannot sue the promisor if the beneficiary suffers no damage.

However, in modern, the promisee can sue the promisor for **nominal damages.** Usually, it is resolved by specific performance.

The types of beneficiary (donee/creditor beneficiary) are irrelevant to this issue.

| TIP | Assignment v. Third-Party Beneficiary |

Third-party beneficiary 문제와 assignment 및 delegation 문제 구분에 유의해야 한다. 예시를 통해 자세히 살펴보자. 갑·을간 페인팅 서비스 계약을 체결하였는데, 갑이 페인트 서비스를 제공하면 을이 갑의 아들 병에게 800불을 지불하기로 하였다. 갑은 아들 병에게 어떠한 채무도 없다. 병은 본 800불을 자선단체에 기부하고자 자신의 채권을 자선단체에 양도하였다(transferred his rights). 갑이 페인팅 서비스를 제공하였음에도 불구하고 을은 자선단체에 800불을 지급하지 않았고, 자선단체는 을을 상대로 소송을 제기하였다. 본 사례에서 갑은 promisee, 을은 promisor, 병은 intended donee beneficiary이다. 한편, 병이 자선단체에 자신의 채권을 양도, 즉 assignment를 하였으므로 병은 intended donee beneficiary이자 assignor이고, 자선단체는 gratuitous assignee이다. 따라서 assignee 가 promisor를 상대로 한 소송제기 가능성은 creditor beneficiary 및 donee beneficiary와 무관한 논점이다. Assignee는 obligor에 대해 급부청구권을 행사할 수 있으므로, 자선단체는 을에게 800불 지급을 청구할 수 있다.

[표 2-8] 3rd party가 promisor/promisee를 상대로 소송하는 경우

		promisor	promisee
incidental beneficiary		×	
intended beneficiary	donee	○	×
	creditor		○

III. Novation

Novation은 계약당사자를 제3자로 변경하는 행위를 뜻하는 바, novation에 대한 표명과 계약당사자 전원의 동의가 필요하다. Novation은 계약에 있어 제3자가 관여된다는 점에서 상기 언급한 계약들(assignment, delegation, third party beneficiary)과 공통되나, novation은 계약을 체결한 당사자들의 모든 채권과 채무를 소멸시킨다는 점에서 차이가 있다.

Novation is a replacement of a valid original contract by substituting a new party for existing parties. For a valid novation, the assent of **all parties** and clear indication of novation are required.

3장
Federal Rules of Civil Procedure (FRCP)

//

본 장은 미국에서 제기되는 소송 중 연방법원(federal courts)에서 청취하는 민사소송에 대해 논하며, 관할권(jurisdiction)과 소송 진행과정(civil procedure), 이렇게 두 파트로 나누어져 있다. 본 장의 내용은 Federal Rules of Civil Procedure(FRCP)과 28 U.S.C.(United States Code)를 기준으로 한다. Federal Rules of Civil Procedure(FRCP)은 연방의회가 입법한 Enabling Act에 의해 위임된 권한으로 연방법원이 공표한 절차법이며, U.S.C.는 연방법률을 하나로 모은 미국 법전이다. U.S.C.는 총 53편으로 구성되어 있는데, 그중 28편이 judiciary and judicial procedure라는 제목으로 민사소송과 형사소송에 대해 규정하고 있으며 28편의 appendix에 Federal Rules of Civil Procedure(FRCP)가 실려있다.

첫 번째 파트에서는 관할권(jurisdiction)에 대해 논한다. 미국 내 다수의 연방법원 중 어느 연방법원에서 소송을 청취해야 하는지 판단하는 기준에 대해 논하는 바, 소송의 '내용'을 기준으로 한 subject matter jurisdiction(SMJ), '피고' 및 소송 '목적물'을 기준으로 한 personal jurisdiction(PJ), '구역(district)'을 기준으로 한 적합한 venue, 이 세 요건이 그 기준이다. 이 세 요건을 모두 만족해야만 연방법원의 관할권이 인정된다. 엄밀히 말하자면 연방법원에서 소송을 청취하기 위한 요건에는 관할권에 관한 위 세 요건을 포함하여 justiciability와 수정헌법 11조에도 만족되어야 하는데, 이들에 대해서는 「5장 Constitutional Law」에서 논하기로 한다. 두 번째 파트에서는 원고가 소장(complaint)을 filing함으로써 시작되어 최종판결(final judgment) 후 appeal하는 내용까지의 민사소송 전체의 진행과정에 대해 논한다.

1. 본 장에 관한 문제는 대부분 지문에 논점과 관련된 직접적인 단어가 드러나 있는 경우가 많아, 논점을 파악하는데 어려움이 없다. 다만, 다양한 출제요소가 있는 논점의 경우에는 선택지를 통해 출제의도를 파악해야 한다.

   Q: <u>Can the case properly be **removed** to the federal court in State A?</u>

   ⇒ ① Removal 요건(예: △'s domicile ≠ forum state), ② removal 신청 순서 (예: notice를 하는 순서)

   Q: <u>Can 갑 raise the claim against 을?</u>

   ⇒ ① Preclusion 문제, ② SPJ 문제

2. Motion이 받아들여질지 그 여부를 물어보는 문제는 지문만 읽고 논점을 파악하기 어려우므로, 주어진 사안의 마지막 1~2문장을 읽어보아야 한다.

   Q: <u>How should the court rule?</u>

   Q: <u>Who is correct?</u>

   Q: <u>Will 갑's motion to dismiss be granted?</u>

   ⇒ Motion to dismiss를 신청할 수 있는 근거, 요컨대 SMJ에 대한 문제이다. 따라서 사안에서 갑이 무엇을 근거로 motion to dismiss를 취했는지 파악하는 것이 중요하다.

3. 본 장은 「6장 Evidence」의 deposition, privilege, work product doctrine 등과 연계되어 출제되는 경우가 많다. 다만, civil procedure의 경우 소송의 '진행과정'에 초점이 맞춰져 있어 time limit, 요건 등에 관한 문제가 출제되고, evidence의 경우에는 해당 자료가 jury에게 제출될 수 있는지 그 여부(admissibility)에 대해 판단하는 문제가 출제된다.

4. SMJ, PJ, venue에 관한 문제

   Q: <u>Does the federal court have **subject matter jurisdiction** over the claim?</u>

   Q: <u>Does the federal court have **diversity of citizenship jurisdiction** over the claim?</u>

   Q: <u>Does the federal court have **personal jurisdiction** over the defendant 갑?</u>

   Q: <u>In which federal district is **venue** proper?</u>

   ⇒ 사안을 읽으면서 원고와 피고의 domicile 등을 '도식화'하여 정리한다.

   ⇒ Jurisdiction, 특히 personal jurisdiction 논점은 보다 정확한 이해를 위해 essay 기출문제(MEE 또는 CEE)를 참고할 것을 추천하나, 객관식 시험은 시험 특성상 답안까지의 logic이 essay에 비해 매우 간단하고 쉽다.

Part One. Jurisdictions

I. Subject Matter Jurisdiction (SMJ)

Subject matter jurisdiction(SMJ)란, '소송 내용의 특정'을 통해 주어지는 관할권을 뜻한다. 다시 말해, 연방법원이 민사소송 중에서 어떤 내용의 민사소송을 재판할 수 있느냐 하는 문제다. SMJ는 소송의 주제를 기준으로 판단하는데, 연방법원이 SMJ를 갖는 소송에는 두 가지 종류가 있다. 하나는 소송 내용이 연방법과 관련이 있어 연방법원이 관할권을 가지는 소송(federal question jurisdiction)이고, 또 다른 하나는 주 법원에서 진행될 수도 있지만, 일정 요건을 갖춘 사건으로서 연방법원이 관할권을 가질 수도 있는 소송(diversity of citizenship jurisdiction)이다.

A. Federal Question Jurisdiction (FQJ)

1. General Rule

District courts may exercise subject-matter jurisdiction over all civil actions arising **under the federal laws,** such as the Constitution, laws, or treaties of the United States.

2. Well-Pleaded Doctrine

Under the well-pleaded rule, plaintiff's complaint states that his own cause of action is based upon federal laws or the Constitution.

The mention of the federal statute to rebut an anticipated defense or to deny the applicability of the law does not establish federal-question jurisdiction.

3. Exclusive Jurisdiction

아래는 연방법원이 독점적 관할권(exclusive jurisdiction)을 가지고 있는 소송 내용들로서, federal question jurisdiction(FQJ)과 구별되는 개념이다. Exclusive jurisdiction은 연방법원만이 청취할 수 있는 소송들로서, 해당 소송이 연방법원에 제기되지 않고 주 법원에 제기된다면 관할권 없음(lack of jurisdiction)을 이유로 기각(dismiss)된다. 한편, federal laws, 요컨대 헌법(Constitution), 조약(treaties of the United States) 등을 근거로 하는 소송의 경우 주 법원과 연방법원에서 진행할 수 있으며, 연방법원에서 청취하는 경우 "연방법원의 FQJ가 인정된다"고 표현한다.

Following cases are exclusively held by the federal courts:
ⅰ. Antitrust cases;
ⅱ. Admiralty cases;
ⅲ. Bankruptcy proceedings;
ⅳ. Cases with consuls and vice-consuls as defendants;
ⅴ. Copyright and patent cases;
ⅵ. Postal matters;
ⅶ. Cases where U.S. is involved;
ⅷ. Securities Exchange Act;
ⅸ. Internal revenue(세무 관련); and
ⅹ. Cases where foreign state is involved.

B. Diversity of Citizenship Jurisdiction (DCJ)

Diversity of citizenship jurisdiction(DCJ)은 주 법을 근거로 제기된 소송이지만 ① 소송당사자간 diversity of citizenship과 ② $75,000을 초과하는 소가(訴價) 요건을 모두 만족하는 경우 인정되는 연방법원의 관할권이다. Diversity of citizenship jurisdiction의 요건을 만족하는 소송은 주 법을 근거로 제기된 소송이므로 주 법원과 연방법원에서 모두 소송을 청취할 수 있는 바, concurrent jurisdiction이라 일컫는다. 다만, 두 요건을 만족했다 하더라도 연방법원에서 절대적으로 청취할 수 없는 소송이 있는데, 가족(domestic)에 관련된 소송과 유언장(probate)에 관한 소송이 이에 해당한다.

1. Introduction

a. General Rule

As to diversity of citizenship jurisdiction, there are two factors to be considered: diversity of citizenship and amount in controversy.

b. Exceptions

Regarding **domestic relations and probate proceedings,** federal courts **cannot** exercise jurisdiction even if there is diversity of citizenship jurisdiction over the issues. Domestic relations proceedings are actions involving the issuance of a divorce, alimony or child custody decree.

2. Diversity of Citizenship

Diversity of citizenship jurisdiction(DCJ)의 첫 번째 요건은 소송당사자간 citizenship의 상이(相異, diversity)함이다. 그 상이함(diversity)은 소송이 시작된 시점, 즉 원고가 소장(complaint)을 법원에 접수(filing)한 시점에 존재해야 한다. 대부분의 경우 complete diversity가 요구되나, interpleader와 외국인이 소송당사자인 경우에는 별도의 diversity 룰이 적용된다. Complete diversity란, 모든 원고와 모든 피고간 citizenship이 상이한 것을 뜻하는 바, 원고간 또는 피고간 동일한 citizenship을 공유하는 것은 diversity 요건과 무관하다. 예컨대, 원고 갑과 을이 A주 주민이고 피고 병과 정이 B주 주민인 경우 complete diversity 요건은 충족된다. 반면, 원고 갑과 을이 A주 주민이고 피고 병이 A주 주민, 피고 정이 B주 주민인 경우에는 원고와 피고간 공유하는 citizenship(갑·을과 병이 A주 주민)이 있으므로 complete diversity 요건이 충족되지 못해 DCJ가 인정되지 않는다. 두 번째 요건 amount in controversy(AIC)는 소가를 뜻하며 원고가 선의(good-faith)로 주장하는 한 그 주장을 근거로 책정된다.

a. General Rule

Diversity requirement should be satisfied **when the action is commenced.**

Generally, complete diversity of citizenship is required. Complete diversity means that no plaintiff is a citizen of same state as any defendant. However, there is an exceptions: interpleader exception and alienage jurisdiction.

b. Exceptions

   i . Interpleader Exception

   In interpleader cases, there are two applicable rules as to the diversity of citizenship jurisdiction: Rule 22 of the Federal Rules and 28 U.S.C. §1333. Rule 22 of the Federal Rules requires complete diversity, while 28 U.S.C. §133 requires **minimal diversity** which means diversity **between any two of the claimants.**

   ii . Alienage Jurisdiction

   In an alienage case in which the dispute is between **a citizen of U.S. state and alien, jurisdiction** is **granted** regardless of the complete diversity of citizenship. "Alienage" means a person or organization of a foreign country.

   In a case in which the dispute is **between aliens,** jurisdiction is **not** granted.

   In a case in which the dispute is **between U.S. citizen and aliens who is admitted for permanent residence and is domiciled in the U.S.,** complete diversity of citizenship is required.

TIP   ① Alien admitted for permanent residence = U.S. citizen

② U.S. citizen without residence in U.S. ≠ U.S. citizen ≠ alien

③ Between U.S. citizens — complete diversity of citizenship 要

④ U.S. citizen & Alien admitted for permanent residence — complete diversity of citizenship 要

⑤ U.S. citizen & alien — 무조건 SMJ 만족

⑥ U.S. citizen & U.S. citizen without residence in U.S. — FQJ로

만 가능(DCJ 불가)

3. Citizenship Issues

a. Individual

The citizenship of individual is determined based on the **domicile** where an individual has **physical presence and** the **intent** to remain.

The nonresident U.S. citizen is domiciled abroad and cannot raise claim based on diversity of citizenship jurisdiction.

✔ U.S. citizen who has lived in Korea for many years and no longer maintains any home in U.S. — nonresident U.S. citizen

TIP Nonresident U.S. citizen 관련 출제요소
① Subject matter jurisdiction 판단 시, DCJ 불가
② Venue 판단 시, 모든 district에서 소송가능

b. Corporation

Usually, corporations have more than two citizenships. The citizenship of corporations is determined based on either **incorporation** or its **principal place of business.** Corporation's principal place of business is the corporation's **nerve center**, where the corporation maintains its headquarters with higher level of officers.

✔ "It is a State Utah corporation." = The corporation is incorporated in State Utah.

c. Partnerships and Limited Liability Companies

The citizenship of partnerships (general and limited partnership) is determined by the citizenship of **every partners.**

The citizenship of limited liability companies is determined by the citizenship of **its members.**

d. Class Action

In class action cases, the citizenship of class is determined by the citizenship of the **named members.**

e. Legal Representatives

A legal representative is deemed to be a citizen of the same state of the party whom he represents.

4. Amount In Controversy (AIC)

a. General Rule

소가는 원고가 선의로 주장하는 바를 기준으로 산정되며, 그 금액은 $75,000를 초과해야 한다. 여기서 $75,000에 소송을 시작한 시점(filing)으로부터 소송이 만료되는 시점(maturity)간의 이자(interest)와 비용(cost)은 제외된다. 다만, 소송이 채권이행에 관련한 경우에는 interest가 소가에 포함된다. 한편, amount in controversy에 변호사 비용과 적용가능한 주 법이 허용하는 범위 내의 punitive damages도 포함될 수 있다.

When an action is brought based on the diversity of citizenship jurisdiction, amount in controversy must **exceed $75,000.** Courts rely on the plaintiff's **good-faith allegations** unless it appears to a **legal certainty** that plaintiff cannot recover the amount alleged.

Amount includes attorneys' fees and even punitive damages if it is permitted under state substantive law.

Interest and costs accrued between maturity and filing is **not** included in the amount.

b. Aggregation

갑과 을이 병을 상대로 소송을 제기하였는데, 각각의 청구금액이 $2,000, $6,000인 경우 DCJ를 인정할 수 있는가. 본 챕터는 당사자 및 청구가 다수인 경우 amount in controversy를 합산할 수 있는지 그 여부를 판단하는 문제인데, 이는 원고와 피고가 각각 1명인 경우, 1명의 원고가 다수의 피고를 상대로 소송을 제기하는 경우 그리고 다수의 원고가 1명의 피고를 상대로 소송을 제기하는 경우로 구분하여 다른 방법이 적용된다.

ⅰ. One Plaintiff and One Defendant

Claims raised by a plaintiff against a defendant can be aggregated regardless of the relationship between those claims.

ⅱ. One Plaintiff against Multiple Defendants

Claims raised by a plaintiff against multiple defendants can be aggregated only when the plaintiff raises **joint claims.**

ⅲ. Multiple Plaintiffs against One Defendant

Claims by multiple plaintiffs can be aggregated only when plaintiffs enforce a **single title or right they have common or undivided interest,** such as joint owners of real estate.

5. Erie Doctrine

Erie doctrine은 다수의 주 법 중 어느 법을 준거법으로 결정해야 하는지에 대한 원칙이다. 이는 연방법원이 특정 소송에 대해 diversity of citizenship jurisdiction(DCJ) 또는 supplemental jurisdiction(SPJ)을 가지는 경우에 적용되는 doctrine으로서, 실체적인(substantive) 논점(issue)과 관련된 federal law가 없는 경우 해당 연방법원이 위치한 forum state의 statute를 따라야 한다는 원칙이다. 이는 원고가 자신에게 유리한 법원을 골라(forum shopping) 소송을 제기하는 것을 방지하고자 정립된 원칙이다. 예컨대, 갑이 을을 상대로 breach of contract를 주장하며 A주 federal court에서 소송을 제기하였고, 갑, 을이 각각 B주, C주에 거주하고, D주에서 계약을 체결하였고, 을이 E주에서 채무를 이행한 경우 어느 주의 법을 적용하여야 하는가. 이 문제를 해결하는데 있어 적용되는 원칙이 Erie doctrine이다.

Erie doctrine의 구체적 내용은 다음과 같다. 만일 특정 논점에 적용 가능한 federal law(federal rule 및 federal statute)가 있는 경우라면, 연방법률이 주 법보다 우월한 지위를 가진다는 Supremacy Clause에 따라 federal law를 적용한다. 따라서 service of process 등과 같이 Federal Rules of Civil Procedure에 규정된 논점을 다루는 소송에서는 forum state 규정 유무와 무관하게 반드시 Federal Rules of Civil Procedure를 적용해야 한다. 한편, 특정 논점에 적용 가능한 federal law가 없는 경우에는 우선 해당 논점이 실체적(substantive)인지 절차적(procedural)인지를 구분하고 실체적인 경우에 한해 forum state statute를 적용한다. 상기 예시에서 breach of contract는 소송당사자의 권리와 직접적 연관이 있는 실체적인 논점이므로, forum state인 A주의 법을 적용해야 한다. 여기서 주의할 것은 federal law에 federal common law는 포함되지 않는다는 것이다. 만약 상기 예시에서 A주의 법률에 따르면 을의 breach of contract가 인정되나 (forum state statute) federal judge는 보통 인정하지 않는다면(federal common law), federal rule이 없고 실체적 논점이므로 A주의 법률을 적용하여 갑이 승소할 것이다.

특정 논점의 성격이 실체적인지 아니면 절차적인지 구분하는 것이 쉽지 않은 경우 적용하는 다양한 기준이 있는데, 그 기준으로는 outcome determination test, balance of interests test, forum shopping deterrence test 등이 있다. Outcome determination test는 주어진 논점이 결과(outcome)에 상당한 영향을 미치는 경우 그 성격을 실체적(substantive)이라고 보는 방법이고, balance of interests test는 주 법과 연방법 중 법이 적용되었을 때의 이익이 큰 법을 적용하는 방법이다. 한편, forum shopping deterrence test는 forum state의 statute를 적용하는 것이 forum shopping을 방지하는데 도움이 된다면 적용한다. 다시 말해, 주 법과 연방법 중 특정 논점의 준거법을 결정하는데 있어 그 논점의 성격(실체적 또는 절차적)을 구분하는 방법은 절대적이지 않다.

a. General Rule

Under the Erie doctrine, when the **federal** court exercises **diversity jurisdiction,** the federal court must apply **forum state law** for the **substantive** rules [Erie Railroad Co. v. Tompkins, 304 U.S. 64 (1938)]. The rule is also applicable when the federal court exercises **supplemental jurisdiction.**

Federal **procedural** law would continue to govern, even if the federal procedure affected the outcome of the litigation. The rule is for uniformity and equal administration of justice.

b. Substantive v. Procedural

ⅰ. **Substantive Laws**

- ✔ Statutes of limitations (SOL)
- ✔ Rules for tolling statutes of limitations(소멸시효 중단)
- ✔ Choice of law rules
- ✔ Elements of a claim or defense
- ✔ Standards of burden of proof

ⅱ. **Procedural Laws**

- ✔ Service of process
- ✔ In a class action, a rule entitling a plaintiff whose suit meets the specified criteria to pursue his claim as a class action (e.g., rule barring class actions to enforce statutory damages claims)

    Rule 23 is a **procedural** rule within the scope of a rule entitling a plaintiff whose suit meets the specified criteria to pursue his claim as a class action.

ⅲ. **Other Methods**

There are three tests used when it is hard to determine whether an issue is substantive or procedural for Erie purposes: outcome determination, balance of interests, and forum shopping deterrence.

① Outcome Determination

Under outcome determination test, an issue is substantive if it is substantially affects the outcome of the case.

② Balance of Interests

Under the balance of interests tests, the court weights whether the state or federal judicial system has the grater interest in having its rule applied.

③ Forum Shopping Deterrence

The federal judge should follow **state** law on the issue if failing to do so would cause litigants' forum shopping to federal court.

C. Supplemental Jurisdiction (SPJ)

Supplemental jurisdiction(SPJ)은 연방법원이 SMJ를 가지는 기존 청구에 새롭게 추가되는 청구가 FQJ 또는 DCJ를 가지지 못하나, 이를 청취하지 않으면 효율적이지 못한 경우 보충적으로 인정해주는 관할권이다. SPJ는 추가되는 청구가 기존 청구와 동일한 사건 및 거래와 관련된(same transactions or occurrence) 경우 법원의 재량(discretion)으로 인정된다. SPJ가 인정되면 subject matter jurisdiction(SMJ)가 인정되는 것이므로 personal jurisdiction (PJ)의 요건을 충족해야만 연방법원에서 소송을 진행할 수 있다. 한편, venue 는 SPJ가 인정되면 일반적으로 인정된다. 한편, SPJ 유형에는 기존 청구의 관할권에 따라 pendent jurisdiction과 ancillary jurisdiction으로 구분된다. Pendent jurisdiction은 기존 청구가 FQJ에 근거하고, 새로 추가되는 청구가 state law 를 근거로 제기되었으나 FQJ를 만족하지 못하는 경우 이에 보충적으로 인정되는 관할권이다. Ancillary jurisdiction은 기존 청구가 DCJ에 근거하고, 새로 추가되는 청구가 state law를 근거로 제기되었으나 DCJ를 만족하지 못하는 경우 이에 보충적으로 인정되는 관할권을 뜻한다.

1. General Rule

When a claim is joined without satisfaction of federal question jurisdiction or diversity jurisdiction, the federal **has discretion** to exercise supplemental jurisdiction. Supplemental jurisdiction may be invoked when a joined claim arises **out of the same transactions or occurrences.** In other words, the joined claim must arise from **the common nucleus of operative facts.**

a. Same Transactions or Occurrences

두 소송이 same transactions or occurrences로부터 파생되었는지 그 여부를 판단하는 경우 두 소송에서의 논점이 동일한지, 동일한 증거가 사용되는지, 두 소송간 논리적 관계(logical relationship)가 존재하는지 등 다양한 요소가 고려된다. 만일 두 소송이 같은 subject matter로 인해 제기되었다면, 두 소송간 논점이 동일하므로 same transactions or occurrences으로부터 파생되었다고 본다. 두 소송간 중복되는 증거가 있어 별도의 소송으로 진행하는 것이 추가적인 비용, 불편함, 소송지연 등을 초래하는 경우 두 소송간 same transactions or occurrences이 인정된다. 두 소송간 인과관계가 인정되는 경우에는 두 소송간 논리적 관계가 있다고 보아 두 소송이 same transactions or occurrences으로부터 파생되었다고 본다.

In determining whether the claim arose out of same transaction or occurrence, the following factors are considered:

ⅰ. Whether the issues of fact and law same;

ⅱ. Same evidence test; and

ⅲ. Logical relationship (causal link).

2. No Supplemental Jurisdiction

There is no supplemental jurisdiction for:

ⅰ. Permissive intervention;

ⅱ. Permissive counterclaim;

ⅲ. Impleader raised by the plaintiff; and

ⅳ. Intervention of right.

3. Pendent Jurisdiction

a. General Rule

The federal courts have **pendent** jurisdiction when:

i . The plaintiff raise both a federal claim based on **federal question jurisdiction** and a **state** claim which **lacks subject matter jurisdiction.**

ii . Both federal and state claim derive from a **common nucleus of operative fact.**

b. Dismissal of Federal Claim

Even when the federal claim is dismissed **after trial,** the court continues exercising supplemental jurisdiction over the state claim. However, when the federal claim is dismissed **before trial,** the state claim must be dismissed **without prejudice.**

4. Ancillary Jurisdiction

Ancillary jurisdiction의 경우 pendent jurisdiction 보다 많은 요건을 만족해야 인정된다. 첫째, SPJ의 기본 요건인 same transactions or occurrences 요건을 만족해야 한다. 둘째, 원고는 소송을 제기하는 사람으로서 스스로 청구의 내용 및 관할권을 선택할 수 있다. 따라서 원고가 주장하는 claim 은 피고가 주장하는 claim에 비해 SPJ가 매우 한정적으로 인정된다. 원고가 제기한 소송이 28 U.S.C. §1367(b)에 열거되어 있는 경우에 해당한다면, 해당 소송에는 SPJ가 인정되지 않는다. 셋째, diversity 요건은 반드시 만족되어야 한다. Diversity 요건이 SPJ에 우선하기 때문에, diversity 요건 은 만족하였으나 amount in controversy 요건을 만족하지 못한 청구에 한해 SPJ가 인정된다. 다만, impleader와 cross-claim의 경우에는 diversity 를 만족하지 못한 청구일지라도 예외적으로 SPJ가 인정된다.

a. Restriction on Ancillary Jurisdiction

i . Restrictions on Plaintiffs

In any civil action in the district courts **solely on diversity**

jurisdiction, supplemental jurisdiction **shall not be invoked** over:

① Claims **by plaintiffs** against persons made parties under Rule 14 (impleader), 19 (compulsory joinder), 20 (permissive joinder), or 24 (intervention);

② Claims by persons proposed to be **joined as plaintiffs** under Rule 19 (compulsory joinder) of such rules; or

③ Claims seeking to **intervene as plaintiffs** under Rule 24 (intervention) of such rules [28 U.S.C. §1367(b)].

ⅱ. Diversity Requirement

① General Rule

When a claim arises from a common nucleus of operative fact and the diversity of citizenship is satisfied, supplemental jurisdiction may be invoked regardless of the satisfaction of the amount in controversy requirement. In other words, the supplemental jurisdiction **cannot override the complete diversity rule.**

② Exceptions

The supplemental jurisdiction **can override the complete diversity rule** in **cross-claims and impleader.** In other words, the supplemental jurisdiction is invoked even when the complete diversity rule is not satisfied.

TIP1 SPJ 유무여부 판단 process

① SPJ가 rule상 불가능한 경우에 해당하는지 판단

② Pendent v. Ancillary SPJ 구분

③ Pendent인 경우 → = T/O 여부 판단 → 맞다면, SPJ 인정

④ Ancillary인 경우
  • = T/O 여부 판단
  • π 제한 여부 판단
  • Diversity 만족 여부 확인

SPJ는 법원의 재량으로 인정되는 재판권으로서, 객관식 문제 선택지에 **"only when/ unless** the court decides to exercise its supplemental jurisdiction" 또는 "the court **may** exercise its supplemental jurisdiction" 표현이 많이 사용된다.

II. Personal Jurisdiction (PJ)

Personal jurisdiction(PJ)이란, '피고 및 소송 목적물의 특정'을 통해 주어지는 관할권을 뜻한다. 다시 말해, personal jurisdiction은 특정 주(州)에서 피고 또는 소송 목적물에 대해 재판을 내릴 수 있는 권한(power)이 있는지 그 여부를 판단하는 기준이 되고, personal jurisdiction이 인정되면 해당 주 내의 모든 법원, 즉 주 법원과 연방법원의 관할권이 인정된다. 연방법원에도 그 연방법원이 소재하고 있는 주(forum state)의 기준을 동일하게 적용하여 관할권을 판단한다. 여기서 관할권을 판단하는 기준은 주 법, 헌법, 연방법, 이렇게 세 유형의 법률이다. 한편, personal jurisdiction(PJ)의 유형에는 ① 특정 피고에 대한 관할권인 in personam jurisdiction, ② 특정 자산에 대한 관할권인 in rem jurisdiction 그리고 ③ 특정 피고의 특정 자산에 대한 권리를 확정하는 관할권(type 1)과 피고 자산에 대한 권리확정 이외의 분쟁에 대한 관할권 (type 2)을 뜻하는 quasi in rem jurisdiction가 있다. 시험은 주로 ① 유형에 관해 출제된다.

Personal jurisdiction is the court's power to exercise jurisdiction over a **particular defendant or item of property.** There are three types of personal jurisdiction: in personam jurisdiction, in rem jurisdiction, and quasi in rem jurisdiction.

A. In Personam Jurisdiction

In personam jurisdiction은 '특정 피고'에 대한 재판관할권이다. 본 관할권이 인정되는 주는 해당 피고에 관한 판결을 내릴 수 있으며, 그 판결은 피고의 '모든 자산'에 집행가능하다. 이는 헌법상 특정 주의 판결이 타 주에서도 그 효력을 인정받는다는 내용의 full faith and credit clause에 근거하기 때문이다. 즉 in personam jurisdiction을 근거로 내려진 판결은 피고의 자산이 타 주에 있다 하더라도 그 자산에 대해 집행될 수 있다.

주의 statute는 해당 주에서 송장을 받은 사람(personally served), 주 주민(domicile), 재판적을 동의한 사람(consent) 또는 주의 주민은 아니지만 해당 주와 관련이 있는 사람(long arm statute)인 경우 피고적격을 인정하여 본 관할권을 인정한다.

헌법상 in personam jurisdiction의 요건에는 해당 주와 피고간의 관계(contact)와 피고에 대한 통지(notice)가 있다. 해당 주와 피고간의 관계(contact)는 본래 사건진행의 과거 송장을 받은 사람(personally served), 주 주민(domicile) 또는 재판적을 동의한 사람(consent)에 한해 인정되었으나, International Shoe Co. 판결을 통해 해당 주 주민이 아닌 피고(alien 포함)가 그 주와 minimum contact가 있는 경우에도 contact를 인정하고 있다. 한편, 통지의 의무는 Due Process Clause를 근거로 합리적인 방법을 통해 이루어져야 한다.

When the forum state has power to decide matters of a **particular defendant,** in personam jurisdiction exists.

1. Statutory Limitations

a. General Rule

Even though each state regulates its own limitations on personal jurisdiction, most states grant personam jurisdiction to the courts in the following situations when:

ⅰ. The defendant **is present and personally served** in the forum state;

ⅱ. The defendant **is domiciled** in the forum state;

ⅲ. The defendant **consents** to jurisdiction; and

ⅳ. The defendant's conduct fits the forum state's **long arm statutes.**

b. Presence

Courts have personal jurisdiction over the defendants who are present and served with process within the state.

However, there are two exceptions in which:

i. A defendant is present in the state **by fraud or force** of a plaintiff; and

ii. A state grants immunity to nonresidents who are present in the state solely for the purpose of **judicial proceeding.**

c. Domicile

Courts have personal jurisdiction over the defendants who are domiciled in the state. A person is domiciled in a state when he **is present** in the state with the **intent** to present **permanently.**

d. Consent

Courts have personal jurisdiction over the defendants who consent to the jurisdiction. **Voluntary appearance** is deemed as consent of the defendant, but special appearance is not. Special appearance is a defendant's appearance in the court to dispute the personal jurisdiction over him.

e. Long Arm Statutes

각 주는 long arm statute를 제정함으로써 주의 주민은 아니지만 해당 주와 관련이 있는 사람의 피고적격을 인정하여 in personam jurisdiction 을 인정한다. 주의 주민이 아닌 자를 상대로 인정되는 관할권이므로 헌법상 요구되는 minimum contact 조건과 밀접한 관련이 있다. Long arm statute 유형에는 unlimited long arm statute와 limited long arm statute가 있다. Unlimited long arm statute는 헌법상의 요건이 만족되는 모든 nonresident 피고를 상대로 관할권을 인정하고, limited long arm statute는 헌법상의 요건과 더불어 각 소송의 내용에 따라 요구되는 별도의 조건을 만족하는 피고를 상대로 관할권을 인정한다. 객관식 문제에서는 일반적으로 "forum state의 long-arm statute는 헌법상 minimum contact 요건과 동일하다"고 규정하나, long-arm statute 내용을 별도로 명시하는 경우도 있다.

Under the long arm statutes, courts have personal jurisdiction over the **nonresident defendants** whose conducts within the state or whose conducts out of the state result within the state. There are two types of long arm statutes: unlimited and limited long arm statutes. Most of states have limited long arm statutes, except for a few states, such as California.

ⅰ. Unlimited Long Arm Statutes

Under the unlimited long arm statutes, courts have personal jurisdiction as long as the state constitutionally has jurisdiction over a person or a property.

ⅱ. Limited Long Arm Statutes

① In Tort Cases

In some states, the courts can exercise jurisdiction when **torts,** including causation and even results, occur within the state. In some other states, the courts can exercise jurisdiction when **tortious acts** (causation of the injury) occur within the state.

② In Contract Cases

In most states, the courts can exercise jurisdiction when a claim regards to **the transactions of business in the state.** In some states, **physical presence** of the defendant is required as well as the in-state business.

③ In Property Cases

In most states, the courts can exercise jurisdiction over the **nonresident** defendants when a claim regards to **property ownership** which is located within the state.

④ In Marital Dissolution Cases

In most states, the courts can exercise jurisdiction over the spouse who abandons the other spouse when the spouses lived together in the state.

2. Constitutional Limitations

a. General Rule

Exercise of jurisdiction is constitutional when there are **sufficient contacts** between the defendant and the forum state **and notice.**

b. Traditional Rule

Traditionally, personal jurisdiction focuses on the state's **physical power** and the exercise of jurisdiction is valid when:

ⅰ. The defendant **is present and personally served** in the forum state;

ⅱ. The defendant **is domiciled** in the forum state; and

ⅲ. The defendant **consents** to jurisdiction.

c. Modern Rule (Minimum Contact)

본 챕터에서는 헌법상 contact 요건 중 해당 주 주민이 아닌 피고 (alien 포함)가 그 주와 minimum contact가 있는 경우에 대해 논한다. Minimum contact가 인정되기 위해서는 피고와 특정 주간 contact, 그 contact와 소송간 연관성(relatedness) 그리고 타 주민인 피고를 대상으로 재판을 진행함에 있어 공정함(fairness)이 보장되어야 한다. 첫 번째 요건 contact는 피고와 주간 상관관계를 의미하는 것이라면, 두 번째 요건 relatedness는 그러한 contact와 소송의 청구 내용간 상관관계를 의미한다는 점에서 차이가 있다. 한편, 첫 번째 요건 contact는 피고가 해당 주에서 행위함으로써 이익을 향유(purposeful availment) 하였고, 행위할 당시 자신의 행위가 미래에 해당 주의 제재를 받을(be hauled) 수 있다는 점을 예상할 수 있었다면 인정된다.

In modern, personal jurisdiction over nonresident defendant focuses on **sufficient minimum contact between the defendant and the forum state.** There must be minimum contacts between the defendant and the forum state, and the exercise of jurisdiction would be fair and reasonable.

> **TIP**
> ① PJ over nonresident = state's long-arm statute + <u>DP</u>
> ② PJ over nonresident = state's long-arm statute + (<u>minimum contact</u> + notice)
> ③ PJ over nonresident = state's long-arm statute + (<u>contact</u> + relatedness + fairness) + notice
> ④ PJ over nonresident = state's long-arm statute + (purposeful availment + foreseeability) + relatedness + fairness + notice

ⅰ. Contact

In considering whether there are such contacts, a court will look to two factors: purposeful availment and foreseeability.

① Purposeful Availment

Purposeful availment is recognized when the defendant deliberately or voluntarily directs his activities toward the forum which invokes the benefits and protections of its laws.

② Foreseeability

It must be foreseeable that the defendant **will be under the jurisdiction** based on his contacts with the forum. In other words, is should be foreseeable to **be hauled in the forum state.**

③ Stream of Commerce

상인이 자신의 제품을 상업망(stream of commerce)에 올려놓 았고 해당 제품이 상업망을 통해 흘러 타 주(州)에서 제품의 결 함 등에 관한 논란이 발생한 경우, 논란이 발생한 주(州) 내의 법원은 상인에 대해 재판관할권을 가질 수 있는가. 이는 주 내 의 법원이 타 주 주민인 상인을 피고로 하여 재판을 진행할 수 있는지 그 여부를 판단하는 문제인데, 그 주와 상인간 contact 를 인정할지 그 여부가 핵심 논점이다. 예컨대, A주 주민인 상 인 갑이 구두를 만들어 판매하는데 B주에서 해당 구두를 구입 한 을이 구두의 하자로 골절을 입어 B주 연방법원에 갑을 상대 로 소를 제기한 경우, B주 연방법원은 A주 주민인 갑에 대해 in personam jurisdiction이 있는가. 대법원 판례에 따르면, 상인이 자신의 제품을 시장에 내놓을 당시 그것을 특정 주에 판매하고 자 의도(intentional targeting)가 있었고 그러한 의도가 반영된 행위가 있는 경우에 한해 in personam jurisdiction이 인정된다. 반면, 상인이 단순히 자신의 제품을 시장에 내놓았을 뿐이고 설 사 그 목적지를 어느 정도 예측할 수 있다 하더라도 관할권은 인정되지 않는다. 즉 갑이 구두를 "B주에 판매하겠다."는 의도 가 있었고 B주에서 광고를 하는 등 특정 행위가 있는 경우 B주 연방법원의 in personam jurisdiction이 인정되는 반면, 갑이 B 주를 특정한 것은 아니고 미국 전역으로 구두를 판매하였으나 그 구두가 상업망을 통해 B주에서 사건의 cause of cation이 되 었을 경우 또는 갑이 구두를 시장에 내놓을 당시 해당 구두가 B주에서 판매될 가능성을 어느 정도 예측할 수 있었던 경우 모 두 in personam jurisdiction이 인정될 수 없다.

Supreme Court held that **merely placing a product** in the stream of commerce is not sufficient basis to exercise jurisdiction over the manufacturer of the product. There must be an **intentional targeting,** but **mere prediction or awareness** that it **might reach** a particular state is insufficient.

ii. Relatedness

Relatedness는 contact(피고와 주간 상관관계)와 소송의 상관관계 를 뜻하는 바, 피고 행위의 성격(nature)과 정도(quality)를 기준으 로 판단된다. Contact의 체계성 및 지속성을 기준으로 general jurisdiction 또는 specific jurisdiction으로 구분된다. General jurisdiction의 경우 피고의 행위가 해당 주에서 체계적(systematic)이고 지속적(continuant)일 때 적용되며, 해당 피고의 '모든 행위'에 대해 그 주가 관할권을 가진다. 예컨대, Utah 주에서 incorporated된 ABC회사가 자신의 제품을 Utah 주, Michigan 주, Nevada 주에 판매하였고 그 하자로 인해 각 주의 주민들이 신체적 피해를 입은 경우 모든 피해자는 Utah 주에서 ABC회사를 상대로 소송을 제기할 수 있으며 general jurisdiction이 적용된다. 반면, specific jurisdiction의 경우 피고의 행위가 해당 주에서 체계적(systematic)이고 지속적(continuant)이지 않아 피고가 '해당 주 내'에서 한 행위에 한해 관할권을 인정한다.

There must be a relatedness of **claim** to the defendant's **contacts** with the forum state. In determining the relatedness, the nature and quality of the contacts are considered.

There are two types of jurisdictions based on the relatedness: general and specific jurisdiction.

① **General Jurisdiction**

General jurisdiction is personal jurisdiction **for any cause of action against the defendant** including her in-state activity and out-of-state activity.

General jurisdiction requires **systematic and continuant activity** by the defendant as to make him "at home" in the forum state. Place in which the defendant is essentially at home is where she is domiciled or where

② **Specific Jurisdiction**

Specific jurisdiction is personal jurisdiction for only cause of action **arising from that in-state activity.** Even if a contact in state is **not** continuous and systematic and the defendant has only a few contacts with the forum state, specific jurisdiction can be established as long as the contact **relates directly to the cause of action asserted.**

iii. Fairness

Sufficient minimum contact is required not to offend **fair pay and substantial justice.** The burden is **on the defendant.**

The modern transportation would not helpful to alleging unfairness, since it reduces defendant's burden who resides in the state far from the forum.

d. Notice

Under the Due Process, it is required to provide **notice** on a pending lawsuit and **opportunity** to appear and to be heard to the defendant. Notice needs to be provided by the **best practical means.**

Persons whose addresses were known or could reasonably be known had to be notified **by ordinary mail. Otherwise, persons** whose names or addresses were unknown could be notified **by publication.**

B. In Rem Jurisdiction

In rem jurisdiction이란, '특정 자산'에 대한 관할권이다. 다시 말해, 주 내에 있는 자산에 대해 그 주의 법원이 판결을 할 수 있으며 그 판결의 효력은 전 세계 모든 자에게 미친다. 본 관할권은 공공수용, 범죄에 사용된 자산의 몰수, 상속재산 처분 등과 같이 특정 자산에 대한 권리를 확정하고자 하는 경우에 주로 적용된다.

When the forum state has power to decide matters of **a particular property,** in rem jurisdiction exists. In rem jurisdiction is usually invoked to determine the rights of all persons in the world regarding a particular property.

1. Statutory Limitations

In most states, the courts have in rem jurisdiction in cases for condemnation, forfeiture of property to the state (e.g., property used for unlawful transactions), and distribution or settlement of decedents' estates.

2. Constitutional Limitations

Since in rem actions are based on the presence of the property in the state, constitutional limitations are satisfied.

C. Quasi In Rem Jurisdiction

Quasi in rem jurisdiction은 "as if against thing"이라는 뜻을 가진 라틴어로서, '자산'에 대한 관할권을 의미한다. 다시 말해, 주 내에 존재하는 특정 자산에 대해 행사하는 관할권을 뜻하는 바, 이에는 두 유형이 있다. 첫 번째 유형(type I)은 특정 재산에 대한 특정 개인의 권리를 판결할 수 있는 관할권이고, 두 번째 유형(type II)은 특정 자산의 소유권 확정과 무관한 소송으로서, 그 소유권이 피고임이 명확한 경우에 인정되는 관할권이다. Type II는 일반적으로 피고에 대한 판결을 해당 주 내에 있는 피고의 자산을 상대로 집행하고자 하는 경우 인정된다. Type I의 경우, 해당 주 내에 있는 자산을 기준으로 주어지는 관할권으로서 해당 자산과 그 자산이 위치한 주(州)간 contact가 인정되는 바, constitutional limitation과 관련한 논점은 크지 않다. 한편, type II의 경우 자산에 대한 권리와 무관한 판결인 만큼, 헌법상 피고와 해당 주(州)간 minimum contact 요건도 만족되어야 한다. 다만, 만약 피고와 해당 주(州)간 minimum contact 요건이 만족된다면 동일한 사건에 대해 personal jurisdiction도 인정되는 바, quasi in rem jurisdiction type II가 사용되는 경우는 극히 드물다. 이는 판결의 적용범위가 피고의 모든 자산인 personal jurisdiction이 주 내의 자산으로 한정된 quasi in rem jurisdiction보다 더 넓기 때문이다.

1. General Rule

A quasi in rem case is a case in which the plaintiff is unable to obtain personal jurisdiction over the defendant but **the property owned by the defendant located within the forum state.** There are two types of quasi in rem jurisdiction: type I is the power to determine the ownership of particular individuals on specific property within the forum state, and type II is the power to adjudicate on the matters other than ownership based on the presence of the defendant's property in the forum.

2. Constitutional Limitations

As to quasi in rem type I, minimum contact requirement is satisfied when there is a close connection between **the litigation and the defendant's property.**

As to quasi in rem type II, minimum contact requirement could be satisfied **only if** there is a close contact between **the defendant and the forum.** However, as long as there are minimum contacts between the defendant and the forum, the court could have in personam jurisdiction over the defendant. Thus, the use of quasi in rem jurisdiction type II is rare.

The best practical means are used as in personam jurisdictions.

III. Venue

하나의 주에 여러 개의 연방법원이 존재할 수 있으므로, PJ를 통해 재판을 진행할 주를 정했다면 주 내의 여러 연방법원 중 어느 district에 위치한 연방법원을 진행해야 할지 판단해야 한다. District를 특정하는 것이 venue의 문제이다. 따라서 venue는 '장소의 특정' 정도로 해석된다. Venue는 소송진행에 있어 편리성을 기준으로 특정되는 바, 법원의 관할권과 관련한 subject matter jurisdiction(SMJ)과는 다르게 소송당사자의 waive가 가능하고 부적합한 venue 에서 소송이 제기된 경우 해당 소송을 기각(dismiss)하거나 적합한 venue로 해 당 소송을 이송(transfer)할 수도 있다.

A. Proper Venue

1. General Rule

For civil actions brought in federal court, venue is proper in any district where:

  ⅰ. **Any** defendant resides if **all** defendants are residents of the forum state;

  ⅱ. Where a substantial portion of the events giving rise to the claim occurred;

  ⅲ. Where a substantial part of property is located; or

  ⅳ. If none of the above apply, then venue is proper in any judicial district in which any defendant is subject to the court's personal jurisdiction.

2. Residence

a. Persons

A natural person, including an alien lawfully admitted for permanent residence in the United States, shall be deemed to reside in the judicial district in which that person **is domiciled.**

b. Business Entities

Business entities are deemed to reside in any judicial district in which it is subject to the **personal jurisdiction.**

c. Nonresident

Nonresident United States citizens and **aliens** are nonresidents. A nonresident defendant may be sued **in any** judicial district.

B. Improper Venue

부적합한 venue에서 소송이 제기된 경우, 피고는 이에 대해 motion to dismiss를 할 수 있고 만일 기한 내에 이의를 제기하지 않으면 이에 대해 waive한 것으로 간주한다. 다만, 피고가 부적합한 venue에 대해 waive했다 하더라도 정의상 이익(interest of justice)이 있다고 판단되는 경우에는 법원이 해당 소송을 적합한 venue의 법원으로 이송시킬 수 있다. 객관식 문제에 있어 적합한 venue로의 이송이 당사자에게 미치는 부당함(injustice)을 명시하지 않는 한, 법원은 해당 소송을 transfer할 것을 명한다.

Parties may waive improper venue. Waiver is implied when there is no timely objection in a pre-pleading motion or in answer. Even when improper venue is waived, the case may be transferred based on the standard being whether transfer would be **in the interest of justice**.

C. Transfer of Venue

Venue의 적합성 판단은 비교적 유동적이다. 만약 부적합한 venue에서 소송이 제기되었다면, 해당 소송은 기각(dismiss)되거나 옳은 venue로 이송(transfer)된다. 한편, 소송이 처음부터 옳은 venue의 연방법원에서 기소되었다 하더라도 특정 venue가 소송 당사자들에게 더 편리하고 옳은 venue 중 한 곳이라면 이송될 수 있다. 즉 옳은 venue에서 잘못된 venue로 이송되는 경우는 있을 수 없고, 반드시 옳은 venue로만 이송 가능하다. 만약, 소송이 옳은 venue에서 옳은 venue 중 다른 한 곳으로 이송된다면, 이송 받은 새로운 법원은 반드시 본래 venue의 substantive law를 적용해야 한다. 이는 당사자가 자신에게 유리한 substantive law를 적용하기 위해 소송을 이송시킬 가능성을 방지하기 위함이다. 한편, forum-selection clause는 소송 당사자간 합의한 재판적 규정을 뜻하며, 주 법에서 forum-selection clause를 인정하지 않는다 하더라도 그 내용은 venue 변경에 중요한 영향을 미칠 수 있다.

1. General Rule

The motion for a transfer of venue is **for the convenience** of parties and witnesses, **in the interest of justice.** A district court may transfer any civil action to any other district or division **where it might have been brought.**

a. Proper Original Venue

If venue is proper, the court may transfer venue if:

  ⅰ. It is needed for the convenience of parties and witnesses or interest of justice; and

  ⅱ. The action could have initially been brought in the receiving court.

b. Improper Original Venue

If venue is improper, the court must either:

  ⅰ. Dismiss the case; or

  ⅱ. Transfer the case to a proper court if the interests of justice require it.

2. Forum-Selection Clause

Forum selection clause is an important factor favoring a transfer of venue, even if the forum-selection clause is unenforceable under the applicable state law.

3. Law Applicable

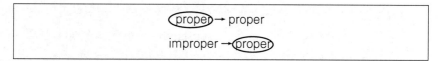

a. Proper Original Venue

When the court transferred proper venue to proper venue, new court **must** apply the **substantive** law the **original** transferor court applies.

b. Improper Original Venue

When the court transferred improper venue to proper venue, new court must apply the **substantive** law as the **transferee** court applies.

Ⅳ. Removal

Removal이란, 주 법원에서 진행되고 있던 소송을 연방법원으로 이송하는 것을 뜻한다. Removal은 처음부터 해당 소송에 대해 청취할 수 있는 관할권 (original jurisdiction)을 가지고 있는 연방법원으로만 신청가능하며, 여기서 관할권은 DCJ, FQJ뿐만 아니라 SPJ가 인정되는 경우에도 인정되어 removal 이 가능하다. 한편, 별개의 소송을 제기했던 두 명의 원고가 joinder한 후 피고가 removal을 신청하는 경우, 해당 연방법원은 각 원고가 처음 제기했던 두 개의 소송 모두에 관해 original jurisdiction을 가지고 있어야 한다.

A. In General

A **defendant** may remove a civil action from state court **to federal court** if the action is a type over which the federal courts **have original jurisdiction.**

B. Limitations on Removal

1. Only by Defendant

a. General Rule

Only defendant may remove the action. If there are several defendants, all defendants must join in or consent to removal.

b. CAFA Exception

In a case under the Class Action Fairness Act (CAFA), joinder or consent of all defendants is not required. It is a valid removal even when **any** defendant removes the case.

2. Original Jurisdiction

Original jurisdiction must exist both when the action is **commenced** and when the defendant **removes** the action.

3. Venue of Removed Case

The action must be removed to the district court for the district and division embracing the place where such action is pending. In other words, venue of the removed case is proper when it is removed to the federal court in the state **where the case was pending,** regardless of the properness of venue of the original action.

4. Jurisdiction of State Court

For removal, whether the state court had jurisdiction is irrelevant. Federal court may hear the removed case even when the state court had no jurisdiction in the case.

5. 30-Days Rule

30-days rule은 removal 신청 기한에 관한 rule로서, 피고가 원고로부터 summon이나 initial pleading 중 먼저 받은 서류를 기준으로 30일 이내에 removal할 것을 요구한다.

Under the 30-days rule, the removal must be sought within 30 days of either service of the summons or receiving the initial pleading, whichever period is shorter.

C. Limitations in Diversity of Citizenship Cases

1. Defendant's Citizenship

a. General Rule

When the federal court has diversity jurisdiction in the removed case, **all defendants** must **not** be a citizen of the **forum state.**

b. CAFA Exception

In a case falling under the Class Action Fairness Act (CAFA), there is no defendant's in-state requirement. In addition, any of defendants, rather than all defendants, may remove the case.

2. One Year Rule

One year rule은 removal 신청 기한에 관한 rule로서, 소송이 진행될 연방법원이 해당 소송에 대해 DCJ로 SMJ 관할권을 갖게 되는 경우에만 적용되는 rule이다. 이는 소송이 개시된 시점, 즉 원고가 filing a complaint with the court한 시점으로부터 1년 이내에 removal할 것을 요구한다. 이는 모든 민사소송에 적용되는 rule인 30-days rule과 차이가 있다.

Under the one year rule, when the federal court has diversity jurisdiction in the removed case the removal must be sought **within one year after commencement in a diversity action.**

| TIP1 | Removal 신청조건 관련 출제요소 |

① 기본 조건: only △, 30-days rule, original jx

② FQJ v. DCJ

DCJ인 경우: (forum = △) 여부, CAFA 예외, One year rule

| TIP2 | Removal에 관한 문제의 경우, 해당 소송이 FQJ와 DCJ 중 어느 SMJ를 기준으로 제기되었는지 파악하는 것이 중요하다. |

D. Procedure for Removal

Removal을 하고자 한다면, 피고는 가장 먼저 연방법원에 notice를 하고, 그 다음으로 소송이 진행되고 있었던 주 법원과 원고에게 notice를 주어야 한다. Removal is automatic하기 때문에, 일단 주 법원이 피고로부터 notice를 받으면 주 법원은 더 이상 해당 소송에 관여하지 않는다.

1. Notice to Whom

First of all, the defendant is required to file a notice of removal in the **federal district court** for the district and division within which the state action is pending. The defendant must serve notice of the filing on **all adverse parties** and file a copy of the notice of removal with **the state court.**

2. Contents of Notice

The notice of removal must:

ⅰ. Be signed;

ⅱ. Include a statement of the basis for federal jurisdiction; and

ⅲ. Include a copy of the materials from the state court proceeding.

E. Removal and Right to Jury Trial

The removing party must demand for jury trial within 14 days **after the removal notice is filed.** The nonremoving party must demand for jury trial within 14 days **after service on her** of the removal notice.

When the party demanded for a jury trial before removal, she is not required to make a demand again.

F. Remand

Remand is a sending cases back to the state court from the federal court. A **plaintiff** may file a motion to remand the case from the federal court to the state court. The motion should be brought **within 30 days of removal.**

Part Two. Civil Procedure

[도표 3-1]

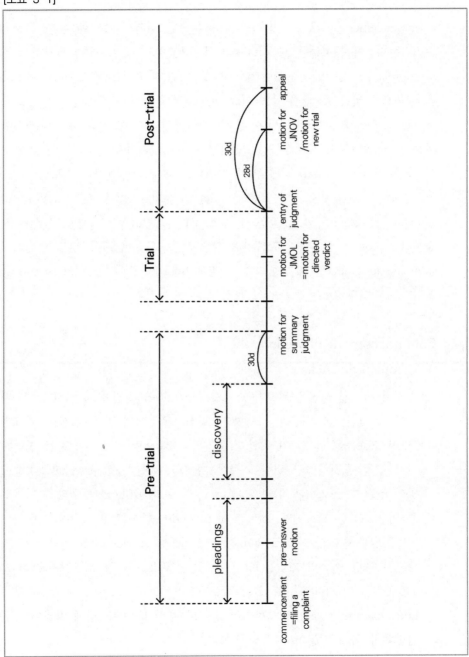

I. Pre-Trial

Pre-trial은 원고가 complaint를 법원에 제출(filing)한 시점부터 summary judgment 시점까지를 뜻한다. 원고가 complaint를 법원에 제출(filing)하면 소송이 시작 (commencement)되며, 그 이후 원고와 피고간 각자의 주장에 대한 문서를 주고받는다. 이 문서들을 pleadings라 하는데, 원고가 피고에게 전달하는 소장(complaint) 및 소환장(summon), 이에 대한 피고의 pre-answer motion 을 내용으로 하는 문서 및 답변서(answer), 이에 대한 원고의 답변서가 모두 포함된다. Pleadings를 주고받은 후 discovery과정이 시작되는데, 이 과정에 서는 각 소송당사자의 주장(또는 반박)에 관련한 증거제출, 조사, 협상 가능 성 판단, join claim/party 등이 이루어진다. Discovery 단계가 종료된 후 30 일 이내로 소송당사자 중 일방이 summary judgment를 신청(motion for summary judgment) 할 수 있으며, summary judgment는 소송이 시작된 시 점부터 discovery 단계까지 확보된 증거를 기준으로 판단된다. 만일 법원에서 summary judgment를 내리면 해당 판결이 final judgment가 되고 소송이 종 결된다. 본 챕터에서는 Pre-trial 과정에 대해 논한다.

A. Commencement of Action

1. Commencing Action

소송이 제기된 시점은 원고가 소장(complaint)을 법원에 제출(filing)한 시 점이다. 다만, 본 내용은 소송제기 시점으로부터의 날짜 계산이 필요한 FRCP 조문들을 적용하기 위한 기준일뿐 substantive law인 SOL을 판단하 거나 이를 중지시키기 위한 기준은 아니다. 예를 들어, diversity 소송에 있어 원고가 2-year SOL 이내에 complaint 제출(filing)을 했다 할지라도 주 법상 SOL은 피고에게 service of procedure한 시점을 기준으로 한다면 연방법원은 원고가 2-year SOL 이후에 실행한 service of procedure를 기 준으로 해당 소송의 기각을 명할 수 있다[Walker v. Armco Steel Corp., 446 U.S. 740 (1980)]. Diversity case이고 SOL은 substantive law이므로 Erie Doctrine에 따라 연방법원이 소재한 주의 당해 주 법에 따라 SOL을 판단해야 하기 때문이다.

According to Rule 3, a civil action is commenced **by filing a complaint** with the court.

However, in diversity cases, the rule governs the date from which various timing requirements of the Federal Rules begin to run, but does not affect state statutes of limitations (SOL).

2. Service of Process

a. General Rule

Under the Rule 4, the plaintiff is responsible for having the summons and complaint served **within 90 days after the complaint is filed.**

b. By Whom Service is Made

The service is **not made by a party.** The service must be made by:

ⅰ. Any person who is at least 18 years old; or

ⅱ. At the plaintiff's request, marshal or deputy marshal or by a person specially appointed by the court.

c. How Service is Made

ⅰ. General Rule

The person would make service by:

① **Personal Service;**

② Leaving a copy at the individual's dwelling or **place of abode;** or

③ Service upon **authorized agent.**

ⅱ. When Defendant in Foreign Country

Service of process to defendant in foreign country should be made in any manner that is not prohibited by **international agreement.**

However, a foreign corporation, partnership, or association cannot be served by personal service. Such defendants can be served by e-mail if there is no prohibition on international agreement and it satisfies due process.

d. Under State Rules

The state law in which the federal court **is located** or where **service is made** governs service of process.

[Rule 4(e)]

Unless federal law provides otherwise, an individual—other than a minor, an incompetent person, or a person whose waiver has been filed—may be served in a judicial district of the United States by: (1) following state law for serving a summons in an action brought in courts of general jurisdiction in the state where the district court is located or where service is made; or ...

e. Waiver of Service

Service of proceeds는 면제(waiver)될 수 있는데, 이는 불필요한 비용을 절감하기 위함이다. 원고가 피고에게 소송제기를 알리면서 service에 대한 waiver를 요청하면, 피고가 이를 승낙(return the waiver)하는 방식으로 이루어진다. 피고는 원고가 waiver를 요청한 시점으로부터 60일 이내에 이에 대한 승낙여부를 알려야 하며, 피고가 U.S. 외의 지역에 있는 경우에는 90일 이내에 waiver에 대한 승낙여부를 알려야 한다. 피고가 waiver를 승낙하였다면, 피고가 원고에게 보내야 하는 답변서(answer) 제출기한이 본래 기한인 21일보다 늦어져 원고가 피고에게 waiver of service를 '요청한 날짜'를 기준으로 60일 이내로 보내면 된다. 만일 피고가 60일(또는 90일) 이내로 waiver에 대한 승낙여부를 알리지 않았다면 원고는 피고에게 service of proceeds를 해야하나, 피고가 U.S. 내에 있고 waive를 거부할만한 good cause가 없는 경우에는 service와 관한 비용을 피고가 지불한다.

i. General Rule

The plaintiff may notify a defendant that an action has been commenced and request that the defendant waive service of a summons.

The defendant may waive the service **within 30 days from the date that the plaintiff sent the request.** The defendant has 60 **days** if the defendant is **outside** any judicial district of the United States.

ii. **Timely Returns Waiver**

A defendant who timely returns a waiver has 60 days from the date the request was sent to answer the complaint.

A defendant has 90 days from the date the request was sent to answer the complaint when the defendant is outside any judicial district of the United States.

iii. **Fails to Return Waiver**

If a defendant located within the United States **fails, without good cause, to return** a waiver requested by a plaintiff located **within** the United States, the court must impose on the defendant:

① The expenses later incurred in making service; and

② The reasonable expenses, including attorney's fees, of any motion required to collect those service expenses.

3. Extending Time

FRCP상 규정되어 있는 기한은 법원의 재량으로 조정될 수 있다. 다만, 아래 열거된 motions에 관한 기한은 법원의 재량으로도 조정될 수 없고, 반드시 판결시점을 기준으로 28일 이내로 신청되어야 한다.

Generally, the court may, for good cause, extend the time when an act may or must be done within a specified time.

However, a court **must not extend** the 28-day time periods for following motions be filed:

ⅰ. A renewed motion for judgment as a matter of law (JNOV) (Rule 50(b));

ⅱ. A motion to amend judgment (Rule 52(b));

ⅲ. A motion for a new trial (Rule 59(b), (d), (e)); and

ⅳ. A motion for relief (Rule 60).

B. Pleadings

소송이 시작(commencement)된 후 원고와 피고는 각자의 주장을 내용으로 하는 문서를 주고받는다. 이 문서들을 pleadings라 하는데, 원고가 피고에게 전달하는 소장(complaint) 및 소환장(summon), 이에 대한 피고의 pre-answer motion을 내용으로 하는 문서 및 답변서(answer), 이에 대한 원고의 답변서가 모두 포함된다. Pleadings상 다양한 청구(claims) 및 항변사유(defenses)가 작성되나, 모든 내용이 통일성(consistency)을 유지할 필요는 없다. 예컨대, 갑이 을을 상대로 소송을 제기하였을 때, complaint상 자동차 사고에 대한 claim과 갑·을간 체결한 계약에 대한 claim을 함께 작성가능하다.

원고가 피고에게 complaint 및 summon을 전달하면 피고는 이에 대해 pre-answer motion을 취하거나 answer를 제출해야 한다. Pre-answer motion은 피고가 Rule 12(b)에서 규정하고 있는 사유들을 근거로 하는 기각 신청(motion to dismiss), 원고의 complaint에 대한 구체적 진술 요청(motion for more definite statement), 상대방의 서류(pleading)상의 진술삭제 요청 (motion to strike)을 포함한다. 피고는 pre-answer motion을 신청한 후, 해당 motion에 대한 심사가 이루어지는 동안 answer를 제출할 수 있다.

A pleading is a formal written statement of a party's claims or defenses to another party's claims in a civil action. The parties' pleadings in a case define the issues to be adjudicated in the action. A party may state as many claims or defenses as he may have **regardless of consistency**.

1. Complaint

Complaint란, 소장을 뜻하며 원고가 이를 법원에 제출한 시점에 소송이 제기되었다고 본다. Complaint에는 아래의 내용을 포함해야 하며, 해당 내용들이 매우 구체적으로 작성될 필요는 없고 상대방(피고)에게 해당 소송이 제기되었음을 알릴 수 있을 정도이면 족하다.

A pleading that states a claim for relief must contain:
i. A short and plain statement of the grounds for the **court's jurisdiction;**
ii. A short and plain statement of the claim showing that **the pleader is entitled to relief;** and
iii. **A demand for the relief** sought, which may include relief in the alternative or different types of relief.

2. Pre-Answer Motions

a. Motion to Dismiss (Rule 12(b))

Rule 12(b)는 피고가 원고의 complaint를 전달받은 후(또는 소송제기를 인지한 후) answer를 제출하기 전 소송의 기각을 신청할 수 있는 근거들을 나열하고 있는 조항이다. SMJ의 흠결(Rule 12(b)(1)), PJ의 흠결(Rule 12(b)(2)), venue의 흠결(Rule 12(b)(3)), 부적합한 문서(Rule 12(b)(4)), 부적합한 문서 전달(Rule 12(b)(5)), 주장의 흠결(Rule 12(b)(6)), 다수 당사자 소송에 있어 joinder의 흠결(Rule 12(b)(7)), 즉 Rule 19에 위배되는 joinder가 그 근거들이다. Rule 12(b)(4)는 문서 '내용'의 흠결을 기각신청의 근거로 보는 한편, Rule 12(b)(5)는 문서 '전달'의 흠결을 기각신청의 근거로 본다. 여기서 '문서'는 영어로 process라 일컫으며 complaint, summon, subpoena 등과 같이 소송을 진행하는데 있어 필요한 법적 문서를 뜻한다. 한편, 주장의 흠결(Rule 12(b)(6))이란 원고가 주장하는 내용에 대해 법적 근거가 없는 경우 또는 법적 요건을 만족하지 않는 경우를 뜻한다. 예컨대, "피고가 나의 사과를 받아주지 않았다"와 같이 원고에게 damages를 청구할 법적근거가 없는 주장 혹은 피고의 negligence를 주장하면서 negligence의 요건을 모두 서술하지 못한 경우 등이 이에 해당한다.

기각신청은 각 근거에 따른 기한 내에 신청해야 하며, 만일 피고가 기한 내에 기각신청을 하지 않는다면 이를 waive했다고 보아 기한 이후의 기각신청은 받아들여질 수 없다. Rule 12(b)(1)에 근거한 기각신청은 소송이 시작된 이후 언제든 가능하다. 12(b)(2)~(5)의 경우에는 피고가 pre-answer motion 또는 answer 중 먼저 제출하는 문서상 이에 근거한 기각신청을 해야하고, 그렇지 않은 경우에는 waive된다. 따라서 pre-answer motion을 취할 당시 피고가 Rule 12(b)(2)~(5)에 근거한 기각신청을 언급하지 않았다면 이후 answer에서 해당 근거에 입각한 기각신청을 할 수 없다. 12(b)(6)에 의한 기각신청은 trial이 종료되는 시점, 즉 final judgment가 내려지기까지 주장할 수 있다.

ⅰ. General Rule

Under Rule 12(b), the defendant may file a motion and raise any following defenses prior to filing an answer:

① Lack of subject matter jurisdiction;

② Lack of personal jurisdiction;

③ Improper venue;

④ Insufficient process;

⑤ Insufficient service of process;

⑥ Failure to state a claim upon which relief can be granted; and

⑦ Failure to join a party under Rule 19.

ⅱ. Failure to State Claim (Rule 12(b)(6))

If there is no apparent cause of action which is available to the plaintiff under which he could receive the relief he seeks, the defendant may file a motion to dismiss under Rule 12(b)(6).

✔ "damages for personal injuries caused by the car accident" —motion to dismiss 불가

✔ "damages for not saying sorry to me"→ no apparent cause

of action apparent cause of action → motion to dismiss 가능

✔ "damages for refusing my hug" → no apparent cause of action apparent cause of action → motion to dismiss 가능

iii. Time Limit

The defense based on Rule 12(b)(1), alleging lack of subject matter jurisdiction, may be raised **at any time,** even after the **first time on appeal.** In other words, lack of subject matter jurisdiction is **nonwaivable** defense.

The defense based on Rule 12(b)(2)~(5) must be raised at the time the defendant files **a motion (pre-answer motion) or his answer, whichever is first.** If the defendant does not raise the defense, the defense is **waived.**

The defense based on Rule 12(b)(6), (7) may be raised at any time **prior to trial or at trial.**

| TIP | 제기된 소송이 improper SMJ, PJ, venue인 경우, 이에 대해 피고의 motion to dismiss의 time limit을 판단하는 문제가 다수 출제된다.

b. Motion for More Definite Statement

Motion for more definite statement는 소송당사자 일방(갑)이 제출한 pleading상 문구가 모호하여 그 상대방(을)이 이에 대한 답변을 준비하기 어려운 경우, 좀 더 자세한 설명을 요구하기 위해 신청하는 행위이다. 이를 신청하는 자(을)는 반드시 상대방(갑)의 pleading에 대한 답변을 제출하기 '전'에 신청해야 하고 구체적인 설명을 요하는 부분을 명시해야 한다. 법원이 motion for more definite statement를 받아들인 경우 갑은 법원의 명령(order)이 내려진 시점을 기준으로 14일 이내에 구체적인 설명을 보충해야 하고, 이 기한을 지키지 못한 경우에는 법원의 명령을 어긴 측(갑)의 pleading 내용은 삭제(strike)된다.

Under Rule 12(e), a party may move for a **more definite statement of a pleading** to which a responsive pleading is allowed but which is so **vague or ambiguous** that the party cannot reasonably prepare a response. The motion must be made before filing a responsive pleading and must point out the defects complained of and the details desired.

If the court orders a more definite statement, the party must respond **within 14 days** after notice of the order (or within the time the court sets). Otherwise, **the court may strike** the pleading.

c. Motion to Strike

Motion to strike는 pleading의 내용이 적합하지 않다는 것을 이유로 해당 pleading의 내용을 삭제하기를 요청하는 행위이다. 명확히는 소송청구(claim)의 기각을 신청하는 motion to dismiss와 구별되는 개념이지만, 대개 motion to strike가 motion to dismiss를 취한 것과 같은 결과로 이어진다. Motion to strike는 소송당사자의 신청과 법원의 자체 심사로 이뤄지는데, 소송당사자의 경우 motion to strike의 대상인 pleading을 받은 시점으로부터 21일 이내에 신청해야 한다.

Under Rule 12(f), the court may strike from a pleading an insufficient defense or any redundant, immaterial, impertinent, or scandalous matter. The court may act:

ⅰ. On **its own at any time;** or

ⅱ. On motion made **by a party** either before responding to the pleading or, if a response is not allowed, **within 21 days** after being served with the pleading.

3. Answer

Answer는 피고의 답변서를 뜻하는 바, 그 내용은 시효(statute of limitations), SOF 등과 같은 항변사유(affirmative defenses) 및 반소(counterclaim)에

대한 내용이 주를 이룬다. 원칙적으로 피고는 pleading을 받은 시점으로 부터 21일 이내에 answer를 보내야 한다. 다만, 피고가 waive the service 한 경우 기한은 60일 또는 90일로 연장되며 피고가 pre-answer motion 을 신청한 경우에는 해당 motion에 대한 규정을 기준으로 기한이 정해진 다. 예를 들어, 피고가 motion for more definite statement를 신청했고 이 에 대해 원고가 다시 pleading을 제출한 경우 피고는 재제출된 pleading 을 받은 시점으로부터 14일 이내에 answer를 보내야 한다.

a. General Rule

The answer must contain a specific denial or admission of each claim of the complaint, or a general denial with specific admissions to certain claims.

The answer may contain **affirmative defenses and counterclaims.** Affirmative defenses include statute of limitations, statute of frauds, res judicata, insanity, etc and these may rely on the facts not stated in the complaint.

> **TIP** Rule 12(b)(2)~(5)에 근거한 motion to dismiss는 pre-answer motion과 answer 중 먼저 신청(제출)하는 시점에 반드시 언급되어 야 한다. 다시 말해, 원고 claim의 lack of personal jurisdiction에 있어 피고가 pre-answer motion을 신청하면서 이에 대해 언급하 지 않은 경우 이후 피고가 answer에서 이에 대해 언급하며 dismiss 를 주장할 수 없다. 이는 피고가 pre-answer에서 언급하지 않음으 로써 이에 대한 주장을 waive한 것으로 보기 때문이다. 따라서 피 고가 pre-answer motion과 answer를 모두 한 경우, pre-answer 에는 언급되지 않은 answer에서의 주장을 확인하는 것이 고득점 포 인트다.

b. Time Limit

Generally, the defendant must serve an answer **within 21 days after**

being served with the summon and complaint.

c. Default and Default Judgment

본 챕터는 Rule 55, 56에 따른 내용이다. Default란, 피고가 기한 내에 pleading에 응하지 않았다는 사실을 표기하는 것을 뜻한다. 일반적으로 원고의 신청에 의해 법원의 clerk가 default를 표기한다. Default judgment란, 피고의 소송과정 중의 행위에 대한 sanction으로서 그에게 불리하게 내려지는 판결을 뜻한다. 이는 피고가 기한 내에 응하지 않은 경우, discovery과정 중 법률에 위배되는 행위를 한 경우에 모두 가능하나 본 챕터에서는 피고가 기한 내에 응하지 않은 경우의 default judgment만을 다룬다. 원칙적으로 default judgment는 법원의 재량에 의해 내려지는 판결이나, 법원의 clerk가 특정 요건을 만족하면 재량 없이 내리는 경우도 있다. Default judgment의 내용 중 배상에 대한 부분은 원고가 affidavit을 통해 주장한 금액 또는 hearing을 통해 결정된다.

ⅰ. Default

When a party against whom a judgment for affirmative relief is sought has **failed to plead or otherwise defend,** and that failure is shown **by affidavit or otherwise,** the **clerk** must enter the party's default.

Once the default has been entered, the defendant cannot present answer until the default is **set aside by the court.**

ⅱ. Default Judgment by Clerk

원칙적으로 판결은 법원이 내리는 것이나, 원고가 주장하는 손배액이 명확하거나 명확히 계산가능한 경우에 한해 clerk가 default judgment를 내릴 수 있다. 다만, clerk에게 판결여부를 선택할 수 있는 재량이 주어지는 것은 아니며 아래 요건들을 만족하는 경우에는 판결이 반드시(must) 내려져야 한다. 또한 판결의 손배액이 원고가 주장한 손배액보다 클 수 없다. 이는 피고가 소송에 대해 service of process를 통해 통지받은 내용 그 이상으로 손해를 보는 것은 허용되지 않기 때문이다.

The **clerk must** enter judgment when:

① The plaintiff's claim is **for a sum certain;**

② The plaintiff's assertion is supported **by his affidavit** or otherwise;

③ The defendant was defaulted **for not appearing;**

④ The defendant is **neither a minor nor an incompetent person;** and

⑤ A default judgment must **not differ** in kind from, **or exceed in amount,** what is demanded in the pleadings.

Appearance includes any **actual formal appearance** before the court and any other action that clearly indicates that the defendant **intends to contest the case** on the merits.

✔ 원고 갑 seeks to recover lost revenues caused by 을's breach of contract. → Not a certain sum → by clerk 불가

✔ 원고 갑 seeks to recover delivery costs caused by 을's breach of contract. → certain sum

iii. Default Judgment by Court

앞서 언급한 다섯 가지의 요건을 하나라도 만족하지 못하는 경우, default judgment는 반드시 court에 의해 내려져야 하는데, 원고가 court에 application을 제출하고 court가 hearing을 통해 피고의 not appearing 여부를 판단 후 default judgment가 내려지는 과정을 거친다. 다시 말해, 피고의 not appearing 여부가 객관적으로 보기에 명확한 경우에도 court는 피고의 고의성, 원고의 피해유무 등을 고려하여 '피고의 행위의 실체'를 기준으로 판단하기 때문에 court의 판단(재량)에 따라 default judgment가 내려진다(may). 예

컨대, 피고가 기한 내에 answer를 보내지 않았다면 객관적으로 not appearing이 인정될 수 있으나 사실은 answer를 보내지 않은 것이 피고의 비용부담에 따른 결정이었고 피고가 별도로 원고에게 합의요청서를 보낸 경우라면 법원은 appearance를 인정한다. 한편, appearance가 인정된 피고의 경우, 원고는 court에 application을 제출한 후 이를 7일 이내에 피고에게 통지할 의무가 있다.

TIP1 피고의 appearance는 대개 그의 pre-answer motion, answer를 통해 인정된다.

TIP2 피고의 appear가 인정되는 경우, default judgment by clerk은 불가하며 default judgment by court 과정에서는 피고에게 hearing에 대한 통지가 의무화된다.

Except for the case in which the clerk must enter default judgment, the party **must** apply to the **court** for a default judgment.

If the party against whom a default judgment is sought has **appeared** personally or by a representative, that party or its representative **must be served with written notice of the application at least 7 days before the hearing.**

iv. Set Aside

The court may set aside an entry of default for good cause, and it may set aside a final default judgment under Rule 60(b).

[Rule 60(b)] Grounds for Relief from a Final Judgment, Order, or Proceeding.

On motion and just terms, the court may relieve a party or its legal representative from a final judgment, order, or proceeding for the following reasons:

(1) mistake, inadvertence, surprise, or excusable neglect;

(2) newly discovered evidence that, with reasonable diligence, could not have been discovered in time to move for a new trial under Rule 59(b);

(3) fraud (whether previously called intrinsic or extrinsic), misrepresentation, or misconduct by an opposing party;

(4) the judgment is void;

(5) the judgment has been satisfied, released, or discharged; it is based on an earlier judgment that has been reversed or vacated; or applying it prospectively is no longer equitable; or

(6) any other reason that justifies relief.

4. Special Pleading

Special pleading means the pleading concerning **fraud, mistake, condition precedent, and special damages.** Statements in special pleading are required to be **specific and more detail** than short and plain, in contrast to the general pleading.

5. Amendment and Supplement

Amendment와 supplement 모두 이미 상대방에게 제출한 pleading을 수정 및 보충하는 행위라는 점에서 공통되나, 수정 '내용'에 있어 차이가 있다. Amendment는 pleading을 작성한 시점 이전에 발생한 사안에 관해 수정 및 보충하는 행위이며, prejudice가 발생하지 않는 경우에 한해 허용된다. 한편, supplement는 pleading을 작성한 시점 이후에 발생한 사안에 관해 수정 및 보충하는 행위를 뜻한다. 예컨대, 소송당사자가 pleading 작성 후 사망한 경우 supplement를 통해 소송당사자를 변경할 수 있다.

a. Amendment

Amendment란, pleading의 '수정'을 뜻하는 바, pleading상 기존의 내용을 변경하는 행위뿐만 아니라 pleading상 언급하지 않은 내용을 이후에 추가하는 행위도 amendment에 해당한다. Amendment는 크게 ① 기본적인 amendment, ② 피고측 소송당사자 수정(changing party against whom a claim is asserted), ③ Rule 12(2)~(6)에 관한 amendment, 이렇게 세 유형으로 구분할 수 있으며, 각 유형에 따라 그 방법을 달리한다.

기본적인 amendment는 해당 pleading을 작성한 자가 하는 경우와 그 외의 경우로 구분된다. Pleading을 작성한 자가 amend하고자 하는 경우, ① pleading이 제출된 시점을 기준으로 21일 이내 또는 ② 해당 pleading이 responsive pleading을 요구하는 경우에는 해당 responsive pleading 또는 pre-answer motion이 이루어진 시점을 기준으로 21일 이내에 amendment가 이루어져야 한다. 그렇지 않은 경우에는 양측의 동의 또는 법원의 재량으로 amendment할 수 있으며 별도의 기한은 없다. 법원은 정의상 요청되는 경우(when justice so requires) pleading 수정을 승인한다. 이 경우는 법원이 amendment에 개입하는 방법이라 하여 FRCP 15에서는 "leave of court"라는 표현을 사용한다. 한편, pleading을 수정하면 그 수정효과가 소급하여 적용되는 바, 수정된 내용이 original pleading을 작성할 당시에 작성되었다고 본다(relation back doctrine).

피고측 소송당사자를 수정(changing party against whom a claim is asserted)하는 경우에는 앞서 언급한 rule과는 다른 rule이 적용된다. 이는 기존의 소송당사자를 변경시키는 과정으로서, 소송당사자가 추가되는 joinder와 소송당사자의 사망으로 인한 supplement와는 다른 과정이다. 제3자를 소송당사자로 변경시키는 과정인 만큼 그 제3자가 소송당사자로 인정되어야 하는 합리적인 근거를 조건으로 한다. 우선 제3자에 대한 청구가 기존 pleading상 제기되었던 동일한 사건 및 거래, 행위에 관한 것이어야 하고, 그 자가 해당 소송이 시작된 시점을 기준으로 90일 이내로 해당 소송에 대해 인지하였고, 스스로 자신이 본 소송의 소송당사자라는 점을 인지하거나 알았어야만 했던 경우에 한해 본래 pleading을 작성한 시점으로 소급하여 적용된다.

Rule 12(2)~(6)에 관한 amendment는 피고가 pre-motion할 당시 언

급하지 않았던 사안에 대해 answer상 언급하여 dismiss를 주장하는 방식으로 발생하는데, 이는 원칙적으로 불가하다. 피고가 pre-motion 할 당시 해당 청구를 Rule 12(b)에 근거하여 dismiss할 것을 주장하지 않을 경우 그 권리를 waive한 것으로 간주하기 때문이다. 즉 피고의 pre-answer motion 또는 answer 중 먼저 작성하는 서류상 Rule 12(b)에 관해 언급하지 않는다면 이후 이를 추가하기 위한 amendment는 불가하다. 다만, 예외적으로 정의상 요청되는 경우(justice so requires) 법원의 재량으로 amendment를 허용하기도 한다.

TIP 객관식 문제에서 수정 날짜와 양측 동의에 관한 언급 없이 "Defendant moved to amend its answer."는 내용만 있다면, 기본적인 amendment의 21일 기한이 지났다고 보고 법원의 재량에 의한 amendment 승인 가능성을 판단해야 한다.

i. General Rule

① By Party

A party may amend its pleading within:

(a) 21 days after serving it; or

(b) If the pleading is one to which a responsive pleading is required, 21 days after service of a responsive pleading or 21 days after service of a pre-answer motion, whichever is earlier.

② By Consent or Court's Leave

In all other cases, a party may amend its pleading only with the opposing party's **written consent** or **the court's leave.** The court's leave is freely given **when justice so requires.**

ii. Relation Back Doctrine

For statute of limitations purposes, the filing of the amendment relates back to **the filing date of the original pleading.**

갑은 을의 부주의로 발생한 자동차 사고로 personal injury를 입었고, 이에 대
해 2028-10-05에 손해배상을 청구하는 내용의 complaint를 전달하였다. 을
이 사업하는 도중 발생한 가스폭발로 갑은 재산피해를 입었고, 이에 대해 갑
은 strict liability를 근거로 2028-10-30에 추가로 청구하고자 한다. 다만,
2028-10-30에는 strict liability의 소멸시효가 만료되었다. 이 경우, 법원은
갑의 amendment를 승인할 수 있는가?

⇒ Yes. 갑은 을에게 complaint를 전달하였고, strict liability를 추가로 청구
하는 것은 amendment of the pleading이다. Relation back doctrine에
따르면 amended된 내용은 소급하여 적용되는 바, 갑이 최초의
complaint를 작성한 시기(2028-10-05)에 작성되었다고 보기 때문에
strict liability의 소멸시효가 만료된 점은 본 문제와 무관하다. 따라서 갑
은 amend the complaint할 수 있다.

iii. Amendment for Changing Party

Amendment for changing party is allowed **only if**:

① Amendment asserts a claim or defense that arose out of the
same conduct, transaction, or occurrence, as the original
pleading allegations;

② The new party received notice of the original action within
90 days of filing; and

③ The new party knew/should have known that the action
would have been brought against it, but for a mistake.

iv. Amendment of Rule 12(b)(2)~(5)

① General Rule

Defendant cannot raise motion to dismiss under the Rule
12(b)(2)~(5) in her answer if she did not make a
pre-answer motion under the rule.

② Exceptions

Courts may allow amendment of Rule 12(b)(2)~(5) **when**

justice so requires. Amendments should be allowed unless they result in a form of injustice (e.g., undue delay, bad faith, or undue prejudice to the party opposing the amendment).

b. Supplement

Under Rule 15(d), the court **may permit** supplementation of a pleading setting out any transaction, occurrence, or event that happened **after the date of the pleading** on motion and reasonable notice.

The court may permit supplementation even though the original pleading is defective in stating a claim or defense.

6. Rule 11

Rule 11은 pleading, written motion 등 소송진행 중 필요한 서류 내용에 대한 책임에 관한 규정이다. Rule 11에 따르면, 변호사(변호사선임을 하지 않은 경우에는 소송당사자)는 pleading, written motion 등 소송진행 중 필요한 모든 서류에 서명해야 한다. 또한 서명한 자가 해당 서류를 법원에 제출하는 것은 해당 서류의 내용이 정확하다는 것을 보장하는 행위로서, 모든 서류의 내용은 '합리적인 조사'를 근거로 작성되어야 한다. 만일 그렇지 못한 경우에는 법원의 재량으로 변호사 또는 해당 변호사의 로펌 등 책임 있는 자에게 불이익 처분(sanction)을 내릴 수 있다. Sanction에는 monetary sanction과 nonmonetary sanction이 있고 그 정도에 따라 처분의 내용을 달리한다. 한편, 법원 또는 motion을 신청한 상대방측은 sanction을 신청 또는 내리기 전에 해당 소송당사자에게 사안을 수정할 수 있도록 최소 21일의 기간을 주어야 하는데, 이 기간을 "safe harbor period"라 한다.

a. Signature

Every pleading, written motion, and other paper **must be signed** by at least one attorney of record in the attorney's name (or by a party personally if the party is unrepresented) [FRCP 11(a)].

b. Representations to Court

By presenting to the court a pleading, written motion, or other paper (whether by signing, filing, submitting, or later advocating it) an attorney or unrepresented party **certifies that to the best of the**^한 ^{해서} **person's knowledge, information, and belief, formed after a reasonable inquiry into the factual and legal grounds** for them [FRCP 11(b)]. Reasonableness is determined depending on totality of circumstances.

c. Safe Harbor Period

Before a party may seek sanctions under Rule 11, the party may serve **specific description** as to the opposing party's conduct which violated the rule. The party must give **21 days** (safe harbor period) for the opposing party to provide an opportunity to correct the violation. If the 21-day period passes without any correction, the motion for sanctions may be filed.

d. Sanctions

ⅰ. General Rule

If, **after notice and a reasonable opportunity to respond,** the court determines that Rule 11(b) has been violated, the court **may impose an appropriate sanction.**

There are wide range of sanctions between monetary and nonmonetary sanctions and it may be imposed on any attorney, law firm, or party that violated the rule or is responsible for the violation. Generally, a **law firm** must be held **jointly responsible** for a violation committed by its partner, associate, or employee.

ⅱ. Limitations on Monetary Sanctions

Monetary sanctions **cannot** be imposed against a representing party (e.g., attorney) when the claims and defenses are not warranted by existing law.

C. Interlocutory Injunctions

Interlocutory injunction은 중간 명령으로 직역되며, 판결 전까지 현재의 상태를 그대로 유지하기 위해 법원이 내리는 equitable remedy를 뜻하는 바, 그 유형은 '특정 기간'에 한해 적용되는 temporary restraining order(TRO)와 소송이 진행되는 '전체' 기간에 적용되는 preliminary injunction으로 구분된다. Temporary restraining order(TRO)는 그 명령이 적용되는 측에게 통지(notice)를 해야 하는 경우와 그렇지 않은 경우가 있는데, 후자의 경우는 통지를 하지 않고 일방적으로 TRO를 내릴 수 있는 경우로서 "ex parte TRO"라 일컫는다. 통지를 해야 하는 일반적인 TRO를 판단할 때 고려하는 사안들은 preliminary injunction를 판단할 때 고려하는 사안들과 동일하고, ex parte TRO의 경우에는 별도의 세 요건을 만족해야 한다.

Interlocutory injunctions is an equitable remedy which is to maintain **the status quo** until a trial on the merits may be held. There are two types of interlocutory injunctions: temporary restraining order and preliminary injunction.

1. Temporary Restraining Order (TRO)

a. General Rule

A temporary restraining order may be issued **with or without notice** to the adverse party, but only in **limited** circumstances and only for **limited time, usually for 14 days. 14-day period** would be extended when there is good cause or the adverse party consents to an extension.

b. Requirements

i. General Rule

In deciding whether to grant a temporary restraining order, courts will consider the same factors that are relevant in deciding whether to grant a preliminary injunction.

ii. Ex Parte TRO

Ex parte TRO is a TRO that is granted **without notice** of the hearing to the adverse party.

For ex parte TRO, three requirements should be satisfied:

① Immediate and irreparable injury should be established;

(The moving party is required to submit **specific fact or an affidavit** demonstrating a risk of **immediate and irreparable injury** if a permit is issued.)

② The movant should make all **efforts to give notice** to opposing party; and

③ The movant must provide security.

(The moving party must **give security** in an amount that the court considers proper to pay the cots and damages sustained by any party found to have been wrongfully enjoined or restrained.)

2. Preliminary Injunction

a. General Rule

Preliminary injunction is one seeking to protect the plaintiff from irreparable injury and to make the judgment meaningful after a trial on the merits. A preliminary injunction prevents nonmoving party **throughout the pendency of the litigation.**

b. Requirements

In determining whether to order preliminary injunction, the court considers following factors:

i. The probability that the plaintiff will succeed on the merits;

ii. The significance of the threat of irreparable harm to the plaintiff if the injunction is not granted;

iii. The balance between this harm and the injury that granting the injunction would inflict on the defendant; and

ⅳ. The public interest.

D. Discovery

- Requesting party: 자료제출을 요청하는 측
- The party from whom discovery is sought: 자료제출의 요청을 받은 측
- Deponent: Deposition에서 증언하는 자

본 챕터는 소송당사자간 필요한 자료를 주고받는 과정인 discovery에 대해 논하는 바, Rule 26~37에 규정되어 있다. Discovery는 소송당사자가 자신의 주장 및 항변사유를 재판 전에 잘 준비할 수 있도록 필요한 정보를 확보할 수 있도록 하는데 그 의의가 있다. Discovery과정에서 주고받는 자료가 모두 재판중 제출되는 것은 아니며, 재판중 제출되는 증거는 「6장 Evidence」에서 논하는 Evidence law에 의거하여 그 제출여부가 별도로 결정된다. Discovery 과정에서 제출되는 자료는 해당 사건에 관련이 있고(relevant) 특권이 적용되지 않는(non-privileged) 자료에 한한다. 여기서 '특권'이란 「6장 Evidence」에서 논하는 특권(spousal privileges, doctor-patient privilege 등)과 동일한 개념이며, 그 외에도 work-product doctrine이 적용되는 자료는 보호된다(제출을 요청받아도 이에 대한 의무가 없다). 한편, relevant하면서 non-privileged 한 자료는 의무적으로 제출되어야 하는 자료와 그렇지 않은 자료로 구분되며, 의무적으로 제출해야 하는 자료는 자료의 내용에 따라 discovery 단계는 initial disclosures, disclosure of expert testimony, pretrial disclosures로 구분된다.

Discovery is a pre-trial process obtaining information from opposing parties. It is to facilitate the process of each party to the civil case.

1. Introduction

Discovery과정에서 주고받는 자료는 해당 사건에 관련이 있고(relevant) 특권이 적용되지 않는(non-privileged) 자료에 한한다. 여기서 '자료'는 전자자료(electronic information)를 포함한다. 소송당사자는 소송준비중 필요한 전자자료에 대해 합리적인 절차를 통해 보관해야 하며, 그렇지 못한 경우 법원의 sanction이 있을 수 있다. 한편, 해당 소송을 준비하는 과

정에서(prepared in anticipation of litigation) 작성된 자료는 work product doctrine에 의거하여 제출을 거부할 수 있다. 만일 부주의로 work product doctrine이 적용되는 자료를 상대방(을)측에게 제출하였다면, 자료를 제공한 측은 이에 대해 알리고 notify를 받은 측은 해당 소송이 종료되기 이전까지 해당 자료를 사용할 수 없다. 한편, discovery과정에서 악의적으로 자료를 요청하는 경우 그 상대방측은 법원에 보호명령(protective order)을 신청할 수 있다.

a. General Rule

Parties may obtain discovery regarding any **non-privileged matter that is relevant to any party's claim or defense** and proportional to the needs of the case.

b. Work Product Doctrine

Under the work product doctrine, materials **that are prepared in anticipation of litigation or for trial** by or for party or its representative (including the other party's attorney, consultant, surety, indemnitor, insurer, or agent) **cannot** be discovered.

If a party **inadvertently**^{부주의로} discloses such material, the party can protect the material under the work product doctrine **by notifying** the opposing party. Once so notified, the opposing party cannot use the material until the claim is resolved.

c. Electronic Information

During discovery, the parties need to provide electronically stored information. If electronically stored information that should have been preserved **in the anticipation of litigation** is lost because of a party who failed to take **reasonable steps** to preserve it, the court may impose sanction.

d. Protective Orders

A party from whom discovery is sought may raise protective order. The party asks the court to protect the party from annoyance, embarrassment, undue burden and expense, and oppression.

[FRCP 26(c)]
A party from whom discovery is sought may move for a **protective order** in the court where the action is pending or, as an alternative on matters relating to a deposition, in the court for the district where the deposition will be taken.
The moving party must submit a certification that he has **in good faith** conferred or attempted to confer with other affected parties **in an effort to resolve the dispute without court action.**

2. Discovery Devices

Discovery devices란 discovery단계에서 정보를 수집할 수 있는 방법을 뜻하는 바, deposition, interrogatory, physical or mental examination이 해당한다. Deposition은 선서한 증인의 증언을 얻는 과정으로서 대부분의 경우 oral deposition으로 진행한다. Interrogatory란, witness가 상대방측이 제공한 문항에 대해 서면으로 답을 작성하는 방식으로 증거를 확보하는 과정이다. Physical or mental examination은 소송당사자가 법원에 신청하여 witness의 신체적 또는 정식적 검사를 진행하는 것이다.

a. Deposition

Deposition의 유형은 구두로 질의응답하는 oral deposition과 거리가 먼 곳에 거주하는 witness을 상대로 서면으로 진행하는 written deposition으로 구분된다. 법원의 허가 및 당사자간 합의(stipulation)가 없는 한 10개 이상의 deposition은 진행불가하다. 대부분의 경우 oral deposition을 진행하며, oral deposition을 진행하면서 확보한 증언은 일정 요건을 만족하는 경우에 한해 해당 witness의 법정 참석 없이도 재판 중 증거로 사용될 수 있다. 이는 법정 밖(out of court)에서 이루어진 증언을 재판 중 증거로 사용하는 것으로서, hearsay의 문제가 있으나 former testimony의 요건을 만족하는 경우 hearsay exception으로 인정되어 증거로서 사용가능하다(admissible하다). 해당 요건에 대한 자세한 내용은 「6장 Evidence」에서 논하도록 한다. 한편, deposition이 '소송당사자'를 상대로 진행이 되는 경우, 즉 소송당사자의 증언을 확보하기 위한 deposition의 경우에는 소송당사자(증인)에게 출석을 요구하는 소환장(subpoena)을 보낼 필요는 없고, deposition에 대한 notice를 보내는 것으로 충분하다. 다만, 소송당사자가 아닌 'witness'를 상대로 진행되는 경우에는 subpoena를 반드시 보내야 한다. Deposition에서 증언하는 자는 consulting witness(expert witness)를 제외한 누구나 가능하다. 다만, consulting witness를 상대로 deposition을 진행하고자 하는 측이 그 증언에 대한 상당한 필요성(substantial need)이 있고, 다른 방법으로 증거를 확보하기에 상당한 어려움(undue hardship)이 있는 경우에는 예외적으로 consulting witness를 상대로 하는 deposition을 허용한다.

TIP1 Deposition v. Affidavit
① Deposition은 witness가 oath를 하고 cross-examination가 가능한, trial에 가까운 격식을 갖춘 semi-trial이다.
② Affidavit은 witness가 oath한 후 작성되었으며 상대방의 cross-examination 없이 작성된 서류이다.

TIP2 Written deposition v. Interrogatories
Written deposition과 interrogatories는 discovery단계에서 서면으로 진행하는 방법이며, 이에 답하는 자가 oath를 해야 한다는 점에서 동일하나, 다소 차이가 있다.
① Written deposition은 소송당사자를 포함하여 witness를 상대로 진행가능하다.
② Interrogatories는 소송당사자를 상대로 진행하는 방법으로서, 질문과 답변을 변호사 등과 상의하여 미리 준비할 수 있다.

ⅰ. General Rule
Deposition is a part of discovery process and it gathers information from **sworn** witness's out-of-court testimony.

A party may take only 10 depositions and cannot depose the same person more than once. However, a party may take more depositions if there is court's order or stipulation of the parties.

ii. Types of Deposition

There are two types of deposition: oral and written deposition. Oral deposition is a common type of discovery attended by lawyers for both parties. It may be used at trial when the deponent (witness) is not available at trial.

Written deposition is designed to facilitate the depositions of witnesses living a great distance from the parties.

[Former Testimony (Hearsay exception)]

The testimony of a now unavailable witness given at trial, hearing, or in a deposition is admissible in a subsequent trial as long as there is a sufficient similarity of parties and issues so that the opportunity to develop testimony or cross-examine at the prior hearing was meaningful.

iii. Subpoena Requirement

Subpoena is not necessary to compel attendance of an opposing party and the notice of deposition is sufficient.

However, subpoena must be served to nonparty witnesses by any person who is not less than 18 years old and is not a party.

iv. Expert Witnesses

A party may depose any testifying expert.

A party may depose consulting witness only when the party has substantial need but there are undue hardship (impracticable) to obtain facts or opinions by other means.

b. Interrogatories
- Requesting party: 질문하는 자
- Responding party: 답하는 자

Interrogatories는 서면으로 작성된 질문지에 서면으로 답을 작성함으로서 증거를 확보하는 과정이다. 답을 하는 자는 자신이 알고 있는 사실뿐만 아니라 알 수 있는 사실에 대해서도 서술해야 한다. 법원의 명령 또는 당사자간 합의가 없는 한 최대 25개의 interrogatories가 허용된다.

Interrogatories are a formal set of written questions which are prepared by a party and the opposing party are directed to respond by written answer.
The responding party must respond not only with facts he knows but with facts available to him.
Each party is has a limit of **25 interrogatories.** However, with the **court's order or stipulation,** the party may serve more interrogatories.

c. Physical and Mental Examinations
Physical and mental examinations는 신체 및 정신상태에 대한 검사이다. Discovery device 중 유일하게 법원의 허가가 있어야만 진행가능한 방법이며, 법원은 이를 요청하는 측에게 선의의 이유(good cause)가 있다고 판단하는 경우에 한해 허용한다.

When the party's physical or mental condition is in controversy, examinations are available with the **court's order on showing of good cause.**

3. Duty to Disclose
상대방의 별도 요청이 없더라도 소송당사자가 상대방에게 반드시 제출해야 하는 자료들이 있는데, 그러한 제출은 제출되는 자료의 '내용'을 기준으로 initial disclosure, expert disclosure, pretrial disclosure로 구분된다.

a. Initial Disclosures

Initial disclosure는 소송당사자가 소송중 주장할 사안과 관련된 것을 공개하는 것을 뜻하며, 소송중 impeachment 목적만을 위해 주장할 내용은 여기에 포함되지 않는다. ① 주장할 내용에 대한 정보를 가진 자의 이름·주소·전화번호, ② 주장을 뒷받침할만한 문서(전자문서 포함) 및 자동차 사고 현장의 목격자들 명단, 하자있는 제품 샘플 등과 같은 유형물(tangible things), ③ 손해배상액 산정과정(computation of damages), ④ 보험계약서(insurance agreements)가 제출되어야 한다. ④ 보험계약서(insurance agreements)는 보험회사가 손배액을 지불해야 하는 경우에 한해 의무적으로 제출되어야 하며, 소송당사자의 과실유무 또는 그의 손배액 지불 가능여부를 논하는 소송에서는 제출의 의무가 없다. Initial disclosure는 Rule 26(f)에 근거하여 소송당사자간의 회의(conference of parties)를 개최한 날짜를 기준으로 14일이내로 제출해야 한다. Conference of parties에 관한 자세한 내용은 이하 「E. Pretrial Conferences」에서 다시 논하도록 한다.

ⅰ. General Rule

In most cases, a party **must, without awaiting a discovery request,** provide to the other parties:

① The name, the address, and telephone number **of each individual** likely to have discoverable information that the disclosing party **may use to support its claims or defenses, unless the use would be solely for impeachment;**

② A copy of **all documents, electronically stored information, and tangible things** that the disclosing party has in its possession, custody, or control and **may use to support its claims or defenses,** unless the use would be solely for impeachment;

③ **A computation of each category of damages** claimed by the disclosing party; and

④ Any **insurance agreement** under which an insurance company may cover the accident and it is liable wholly or partially for the liability under the judgment.

ii. Insurance Agreement

Evidence that a person was or was not insured against liability is **not** admissible upon the issue of whether **she acted negligently or otherwise wrongfully, or the issue of her ability to pay a substantial judgment.**

> TIP
> ① Civil Procedure 중 discovery 단계에서 insurance agreement: Initial disclosure에 해당되나, 보험회사가 손배액을 지불해야 하는 경우에 한함. 소송당사자의 과실유무 또는 그의 손배액 지불 가능여부를 논하는 경우에는 initial disclosure에 해당하지 않음.
> ② Evidence law 중 public policy exceptions에서 liability insurance: 소송당사자의 과실유무 또는 그의 손배액 지불 가능여부를 논하는 경우에는 liability insurance는 제출할 수 없다. 반면, 소송당사자의 agency, ownership, or control의 증명하고자 하는 경우 또는 impeachment의 목적으로 사용하고자 하는 경우에는 제출 가능하다.

iii. Time Limit

Initial disclosures must be made **within 14 days after the conference of parties.**

b. Expert Disclosure

Expert disclosure는 전문가 증인의 신원(identity) 공개를 뜻한다. 전문가 증인은 법정에서 직접 증언하는 testifying witness와 소송을 준비하는데 있어 전문가적 도움은 제공하였으나 법정에서 증언하지는 않을 consulting expert로 구분되는 바, expert disclosure는 testifying witness의 신원에 한한다. Deposition을 진행할 경우에도 testifying witness만을 상대로 진행가능하며, consulting expert를 상대로 한 deposition은 허용되지 않는다. 다만, deposition을 요청한 측의 입장에서 consulting expert의 신원 정보가 매우 중요하고 이를 수집하는 데 있어 심각한 어려움이 있는 경우 이에 한해 consulting expert를 상대로 한 deposition이 허용된다. Expert disclosure는 재판에 관한 기한을 결정하는 회의(scheduling conference)를 진행하는 과정에서 또는 재판을 시작하기 전 90일 이내로 제출해야 한다. 만일 해당 자료가 상대방측 전문가 증언을 반박하는 목적으로만 사용되는 경우에는 상대방측이 자료를 제출한 후 30일 이내로 제출해야 한다. Scheduling conference에 관한 자세한 내용은 이하 「E. Pretrial Conferences」에서 다시 논하도록 한다.

ⅰ. General Rule

"Testifying witness" is an expert who will **testify at trial.**
"Consulting witness" is an expert whose opinions are retained **in anticipation of litigation** but who will **not testify at trial.**
A party must **disclose** to the other parties the **identity of any expert witness** it may use **at trial** to present evidence. Usually, this disclosure must be with a **written report** prepared and signed by the witness.

ⅱ. Time Limit

The disclosure must be made **within the time directed by the court** in scheduling conference or at least **90 days before trial** in the absence of the court's direction. If the evidence is used **solely to rebut opposing party's disclosure of expert testimony,** it must be made **within 30 days** after disclosure of the evidence being rebutted.

ⅲ. In Deposition

A party **may depose** any testifying expert.

A party may **depose consulting witness** only when the party has **substantial need** but there are **undue hardship** (impracticable) to obtain facts or opinions by other means.

c. Pretrial Disclosures

Pretrial disclosure는 법정에 참석할 witness 명단, deposition 중의 witness 증언을 사용할 경우의 witness 명단, 소송중 사용될 증거물 리스트 등을 공개하는 것을 뜻한다. 여기서 소송중 impeachment 목적만을 위한 경우에는 initial disclosure와 마찬가지로 공개의 의무가 없다. Pretrial disclosure는 재판이 시작되기 전 20일 이내로 이루어져야 한다. Pretrial disclosure과정에서 공개된 자료가 재판중 사용되는 것을 반대하고자 하는 경우, ptretial disclosure가 이루어진 날짜를 기준으로 14일 이내에 반대의 motion을 취해야 하고 그렇지 못한 경우에는 반대의 motion을 waive된다. 다만, waive되었다 하더라도 해당 증거가 FRE 402 및 FRE 403에 위배되는 경우에는 제출불가하다.

i. General Rule

A party must disclose to the opposing party and file with the court a list of:

① The witnesses he expects to call or will call if needed at trial (testifying witnesses);

② The witnesses in a deposition and a transcript of relevant parts of the deposition; **and**

③ Documents or exhibits he expects to offer or will offer if needed.

Witnesses and evidence are **not** required to be disclosed if the use would be **solely for impeachment.**

ii. Time Limit

This disclosure must be made **at least 20 days before trial.**

Within 14 days after pretrial disclosure, a party may serve objections to use of the depositions and admissibility of the disclosed evidence. If the party did not serve objections, such objections are **waived** unless the evidence is irrelevant (FRE 402) or violates FRE 403.

[FRE 402]

Relevant evidence is admissible unless any of the following provides otherwise:
- The United States Constitution;
- A federal statute;
- These rules; or
- Other rules prescribed by the Supreme Court.

Irrelevant evidence is not admissible.

[FRE 403]

A court **may exclude** relevant evidence if its probative value is **substantially outweighed** by other factors (misleading the jury, waste of time, injustice prejudice, and confusion of the issues).

4. Motions to Compel and Sanctions

Discovery를 요청하였으나 상대방이 이에 응하지 않거나 불완전한 discovery를 제공한 경우, 법원에 discovery를 강제하도록 신청(motion to compel discovery)할 수 있다. 다만, 상대방과 협의하고자 했던 선의의 노력을 기한 후에만 motion이 받아들여 질 수 있다. 한편, 법원이 discovery를 강제하였는데도 불구하고 이에 응하지 않는 경우에는 법원은 그 정도에 따라 이후의 과정을 정지시키거나 해당 claim을 기각시키는 등 sanction을 부과할 수 있다.

a. Motion to Compel

When an opposing party fails to provide discovery or provides incomplete discovery, the other party may raise **motion to compel discovery.** The moving party must have made **a good faith attempt to confer with**^{협의하다} the opponent **prior to the motion to the court.**

b. Sanctions

The failure of following the court's order to provide discovery is treated as contempt^{멸시} of court. Then the court may:

ⅰ. Order to pay expenses incurred by other party;

ⅱ. **Prohibit** the disobedient party **from supporting or opposing** his claims or defenses, or from introducing designated matters in evidence;

ⅲ. **Strike pleadings** in whole or in part;

ⅳ. **Stay further proceedings** until the order is obeyed;

ⅴ. **Dismiss** the action or proceeding in whole or in part; or

ⅵ. Render **a default judgment** against the disobedient party.

E. Pretrial Conferences

Pretrial conference는 trial을 진행하기 전 진행되는 회의를 뜻하며, 그 유형에는 Rule 26(f)에 근거한 소송당사자자간의 conference of parties, Rule 16(b)에 근거하여 법원에 의해 진행되는 scheduling conference, trial 직전에 마지막으로 진행되는 final pretrial conference가 있다.

1. Conference of Parties

Conference of parties는 Rule 26(f)에 근거하여 소송당사자간 해당 사건의 주장과 반박, 합의 가능성, initial disclosure 준비, discovery 진행 계획에 대해 논의하는 자리이다. 예컨대, 갑 회사와 을 회사간 특허소송이 제기된 경우 initial disclosure 과정에서 양사의 기밀사안이 노출될 위험이 있는 경우 이를 조정하고자 conference of parties를 진행할 수 있다. 소송당사자들은 scheduling conference가 진행되기 21일 전까지 본 회의를 진행해야 하며, conference 종료 후 14일 이내에 본 논의에 대한 내용의 서면 보고서를 법원에 제출해야 한다.

a. General Rule

During the conference of parties, the parties must consider:

ⅰ. The nature and basis of their **claims and defenses;**

ⅱ. The possibilities for promptly **settling or resolving** the case;

ⅲ. Arrangement for the **initial disclosures;** and

ⅳ. A discovery plan.

b. Time Limit

The parties must confer at least 21 days before a scheduling conference is to be held or a scheduling order is due.

c. Responsibilities

The attorneys of record (or unrepresented parties) are **jointly responsible** for arranging the conference, for attempting **in good faith** to agree on the proposed discovery plan, and for **submitting to the court within 14 days after the conference** a written report outlining the plan [FRCP 26(f)].

2. Scheduling Conferences

Scheduling conference는 판사가 joinder, motions, discovery 등의 기한을 설정하는 자리이며(must), 재판의 날짜를 설정하는 경우도 있다(may). 판사는 피고가 complaint를 받은 날짜를 기준으로 90일 이내로 또는 피고가 소송에 참가한 날짜를 기준으로 60일 이내로 본 회의를 진행해야 한다. 여기서 '피고가 소송에 참가'했다는 것은 대개 원고의 summons에 응하는 것을 의미하며, 영어로 "defendant appeared"라 표현한다.

TIP   scheduled a conference ≠ scheduling conference

a. General Rule

The scheduling order **must** limit the time **to join other parties, amend the pleadings, complete discovery, and file motions.**

The scheduling order **may** set dates for **pretrial conferences** and for **trial** [FRCP 16(b)].

b. Time Limit

The judge must issue the scheduling order **as soon as practicable.** However, when the judge finds **good cause for delay,** the judge can issue the order **within the earlier of 90 days after defendant has been served with the complaint or 60 days after any defendant has appeared.**

3. Final Pretrial Conference

Final pretrial conference는 곧 시작될 trial에 대한 기본적인 계획을 짜는 자리로서, discovery 단계에서 공개되었던 정보 중 법정에 제출될 수 있는 evidence, 법정에 출석할 witness, 법정에서 논할 논점들이 정해진다. Trial 이 시작되면 final pretrial conference에서 정해진 바대로 진행되나, 부당함(injustice) 발생을 방지하거나 good cause가 있는 경우 수정가능하다.

A final pretrial conference makes a plan for the trial. It is held to make order that **controls trial,** regarding the **admission of evidence,** witnesses to be called, and factual and legal issues needing resolution. It may be modified only **to prevent manifest injustice or for good cause.**

F. Motion for Summary Judgment

미국의 민사소송에서 최종판결이 내려지는 것 외에 소송이 종결되는 경우에는 소송을 기각(dismissal)하는 경우, trial을 진행하기 전 summary judgment를 내리는 경우, jury verdict을 하지 않고 judgment for as a matter of law(JMOL)를 내리는 경우, jury verdict을 뒤집고 그 반대의 내용으로 judgment notwithstanding verdict(JNOV)을 내리는 경우, jury verdict을 뒤집고 new trial을 진행하는 경우 등이 있다. 그중 summary judgment, JMOL, JNOV는 판결이 내려지는 '시기'에 있어 차이가 있고, 기본적으로 판결의 기준은 동일하다.

Summary judgment란, trial이 시작되기 전까지 제출된 증거들에 입각해 판사가 "중요한(material) 사실적인 부분에 대해 더 이상 논의할 필요가 없다"고 판단하는 경우 내려지는 판결이다. 즉 합리적인 jury가 제출된 증거들을 보고 특정 사실적 부분에 대해 동일한 결론을 내릴 정도로 더 이상 논의할 것이 없다면(no genuine dispute), 사실적 판단을 하는 jury에게 해당 증거들을 보여줄 필요가 없으므로 trial을 진행시키지 않고 판사가 법률적인 판단만을 하여 판결을 내리는 것이다. 여기서 '중요한(material) 사실적 부분'이란, 결과에 영향을 미칠 수 있는 부분을 뜻한다. 예컨대, 갑·을간 소송에서 갑이 을이 빨간불에 직진했다는 증거를 제출하며 summary judgment를 신청하였고 을은 이에 대해 자신이 초록불에 직진하였다는 증거를 제출하였다면, 합리적인 jury가 을이 직진했을 당시의 신호에 대해 판단하기에 동일한 결론이 나올 수 없는 상황이므로, 갑의 summary judgment 신청을 기각하고 trial을 진행해야 하는 것이다. 판사는 주어진 모든 증거를 nonmoving party(을)에 유리하게 해석하더라도 합리적인 jury라면 moving party(갑)에게 유리한 verdict를 내릴 것이 분명한 경우 summary judgment를 내린다. 한편, summary judgment는 소송과 관련된 모든 사실적인 부분에 대해 내려질 수도 있고, 부분적으로 내려질 수도 있다.

Summary judgment는 원고가 pleading을 file함으로써 소송이 개시되고 discovery 단계에서 소송당사자 양측의 증거가 모두 제출된(close of discovery) 후 30일 이내로 신청할 수 있다. 소송당사자 양측 모두 신청할 수 있으며, 그 신청을 "motion for summary judgment"라 한다. Discovery 단계에서 각 소송당사자가 제출한 자료, deposition, interrogation뿐만 아니라 summary judgment를 신청한 소송당사자(갑)가 there is no genuine issue of material fact임을 입증하기 위해 제출하는 외부증거도 고려되는데, 그 외부증거를 "affidavit"이라 일컫는다. Affidavit은 trial이 열렸다면 증언을 할 수 있는 자가 personal knowledge를 가지고 있는 특정 사안에 대해 선서(sworn)를 하고 서면으로 작성한 것이다. 갑이 증거를 제출한 경우에는 반대측(을)이 이를 반박할 입증

자료를 제출해야만 summary judgment 신청이 기각되고 trial이 진행될 수 있다. 단순히 신청자가 주장하는 바를 부인하는 정도로는 부족하다. 상기 예시에서 을이 단순히 "빨간불에 직진하지 않았다."고 갑의 주장을 부인하는 정도로는 부족하고 자신이 초록불에 직진하였다는 증거를 제출해야만 trial을 진행시킬 수 있다.

1. Summary Judgment

a. General Rule

The court shall grant summary judgment if the movant shows that there is **no genuine dispute** as to any **material fact** and the movant is entitled to **judgment as a matter of law.** The fact is said to be genuinely disputed when a dispute is backed by evidence on both sides of the issue.

All parties are entitled to raise motion for summary judgment.

b. Time Limit

Any party may file a motion for summary judgment **at any time until 30 days after the close of all discovery.**

c. Partial

A party may move for summary judgment, identifying each (or part of) claim or defense on which summary judgment is sought. In other words, summary judgment may be **partial.**

d. Appeal

Summary judgment is appealable.

The denial of a **motion** for summary judgment is generally **not appealable.**

2. Procedures

a. Moving Party

A moving party must support the assertion that a fact is genuinely disputed with **depositions, affidavits,** interrogatory answers, or other materials.

An affidavit or declaration used to support or oppose a motion **must be made on personal knowledge,** set out facts that would be **admissible in evidence,** and show that the affiant or declarant is **competent to testify on the matters stated.**

b. Non-Moving Party

The non-moving party must support his objection with his own **depositions, affidavits,** interrogatory answers, or other materials. In other words, the non-moving party must **come forward with evidence.** If not, the non-moving party risks summary judgment.

---

case

갑·을간 교통사고에 대한 소송에서 갑이 기한 내에 affidavit을 제출하며 summary judgment를 요청하는 motion을 취했다. 갑이 제출한 affidavit의 내용은 다음과 같다. "을은 60km/h 구간에서 80km/h로 운전했다."

① 을이 이에 대해 affidavit을 제출했다. 그의 affidavit 내용은 다음과 같다. "나는 80km/h로 운전하지 않았다."

⇒ 갑의 진술에 대해 deny할 뿐, 구체적으로 자신의 주장에 대해 evidence를 제출하지 않았다. 따라서 the court may grant summary judgment.

② 을이 이에 대해 affidavit와 witness의 진술이 담긴 deposition을 제출했다. 두 서류에는 을이 50km/h로 운전했다는 내용이 담겨 있었다.

⇒ 을은 자신의 주장에 대해 구제적인 evidence를 제출하였으므로 there is a genuinely disputed material fact. 따라서 the court may not grant summary judgment.

3. Summary Judgment v. Motion to dismiss under Rule 12(b)(6)

Summary judgment와 dismissal under Rule12(b)(6)은 사실여부를 논하지 않는다는 점, trial을 더 이상 진행시키지 않고 소송을 종결한다는 점에서 동일하나 다소 차이가 있다. 첫째로, dismissal under Rule12(b)(6)은 사실관계를 확정하지 않으나 summary judgment는 사실관계를 확정한다.

Dismissal under Rule12(b)(6)은 원고가 complaint상 주장한 내용상 흠결이 있어 소송을 기각하는 것을 의미하는 바, 그 주장 내용의 사실여부를 확정하지는 않는다. 예컨대, 갑이 complaint상 을이 자신에게 사과를 하지 않은 것에 대해 손해배상을 청구했다면, 을이 갑에게 사과를 했다 혹은 하지 않았다라는 판결 없이 소송을 기각한다. 다시 말해, 실제로 을이 사과를 하지 않았다 하더라도 갑의 주장은 법적 근거를 가지지 못하는 주장으로서 Rule12(b)(6)에 의해 기각된다. 반면 summary judgment는 합리적인 jury가 제출된 증거들을 보고 특정 사실적 부분에 대해 동일한 결론을 내릴 정도로 논의할 것이 없는(no genuine dispute) 경우 summary judgment를 신청한 자에게 유리한 방향으로 특정 사실을 확정한다. 예컨대, 갑이 을의 negligence를 근거로 손해배상을 청구하였고 '을이 빨간불에 직진했다'는 사실에 대해 motion for summary judgment를 취했다고 가정해보자. 만일 갑의 motion이 받아들여진다면 '을이 빨간불에 직진했다'는 사실은 확정된다. 다시 말해 을이 빨간불에 직진을 했는지 혹은 초록불에 직진을 했는지 더 이상 논하지 않고, '을이 빨간불에 직진했다'고 확정된다. 둘째로, dismissal under Rule12(b)(6)은 complaint만을 고려하여 판단되나 summary judgment는 complaint를 포함한 pleadings, discovery 과정에서 제출된 문서, affidavit을 모두 고려하여 판단된다. 이는 양자를 청구하는 시점이 다르기 때문이다.

G. Joinder

Joinder란, 당사자(party) 및 청구(claim)의 병합을 뜻한다. 즉 joinder는 다수의 당사자가 참여하는 joinder of parties 또는 다수의 청구가 참여되는 joinder of claims로 구분된다. 한편, joinder 유형에는 compulsory/ermissive joinder, counterclaim, cross-claim, impleader, intervention, class action 등이 있으며, 이들은 joinder of parties 또는 joinder of claims로 구분될 수 있다. 다만, joinder of parties와 joinder of claims를 구분하는 기준이 뚜렷하지 않아 시중에 나와 있는 교재마다 각 유형을 다르게 구분하고 있다. 예컨대, 일부 교재에서는 class action을 joinder of parties로 구분하고 있으나 일부 교재에서는 joinder of claims로 구분하고 있다. Bar 시험 기출문제에서는 각

유형이 joinder of parties와 joinder of claims 중 어느 것에 해당하는지에 대해 논하는 문제는 출제된 바 없고, joinder가 허용될 수 있는지 그 여부에 대해 논하는 문제가 출제되었을 뿐이다. 따라서 본 서는 유형에 대한 구분 없이 각 유형의 특징에 대해 논하도록 한다.

[표 3-1]

	소송형태	내용	비슷한 우리 제도
다수 당사자 소송 (complex litigation)	당사자병합 - 공동소송 (joinder of parties)	강제적 당사자병합 (FRCP 19) 임의적 당사자병합 (FRCP 20)	통상 공동소송 필수적 공동소송 예비적·선택적 공동소송 추가적 공동소송
	소송참가 (intervention)	권리로서의 소송참가 (FRCP 24(a)) 허가에 의한 소송참가 (FRCP 24(b))	보조참가 공동소송적 보조참가 공동소송참가
	경합권리자 확정소송 (interpleader)	연방규칙상의 확정소송 (FRCP 22) 제정법상의 확정소송 (28 U.S.C. § 1335 등)	독립당사자 참가
	제3당사자소송 (impleader, FRCP 14)		소송고지
	대표당사자소송 (class action, FRCP 23)		증권관련 집단소송

출처: 이시윤, "新民事訴訟法 제11판(2017)." 735-736면.

1. Compulsory Joinder

Compulsory joinder는 '강제적 당사자 병합'을 뜻하며, 원고와 피고 모두에게 허용된다. 이는 병합되고자 하는 제3자가 해당 소송에 반드시 필요한 자(necessary party)로서, 여기서 '반드시 필요한 자(necessary party)'라는 것은 법원이 병합하고자 하는 제3자 없이 온전한 배상(complete relief)을 판결할 수 없고, 병합되지 않는 경우 그 자가 주장하는 바(interest in the action)가 손상될 뿐만 아니라 소송당사자가 이중의 책임(multiple liability)을 지게 할 가능성이 있는 경우를 뜻한다. 한편, compulsory joinder에 대해서는 supplemental jurisdiction이 인정되지 않는 바, 법원은 join할 당사자에 대해 독립적인 관할권, 즉 SMJ와 PJ이 있어야 한다.

만일 제3자가 necessary party이나 원고가 그 자에게 service of process
를 할 수 없는 경우 또는 SMJ가 없는 경우 등과 같이 join할 수 없는 경우
라면, 해당 소송을 어떻게 처리하여야 하는가. 법원은 "in equity and
good conscience"로 봤을 때 제3자의 참가없이 소송진행이 가능하다고
판단되면 소송을 진행하고, 그렇지 못한 경우에는 해당 소송을 기각
(dismiss)해야 한다. 법원이 이에 대한 판단을 할 때 본 소송 외의 다른 대
안, 소송당사자, 제3자의 피해 등 다양한 요소를 고려한다.

a. General Rule

FRCP authorizes joinder of [plaintiffs] over the [defendant's]
objection only when:

ⅰ. Party is a necessary party; and

① The court cannot accord **complete relief** among existing
parties if the absent person is not joined;

② The absent person claims an interest in the action that
would be impaired if that person is not joined; or

③ The person's absence may leave any of the parties subject to
a risk of multiple liability.

ⅱ. Joinder is feasible^{가능한} (the court has jurisdiction).

① Joinder will not revoke subject matter jurisdiction (SMJ); and

② The court has personal jurisdiction (PJ) and proper venue
over the necessary party.

b. Jurisdiction

There is **no** supplemental jurisdiction to support compulsory
joinder **by plaintiff** [28 U.S.C. §1367(b)]. Supplemental jurisdiction
can be used to support compulsory joinder **by defendant.**

c. When Absentee cannot be Joined

When the absentee who is compulsory to be joined cannot be
joined, the court determines whether to proceed or dismiss the
action.

The court considers the following factors:

ⅰ. A possible **alternative remedy** instead of the dismissed action;

ⅱ. The adequacy of a judgment provided without the absentee; and

ⅲ. The extend of prejudice to the absentee or available parties.

If the action should be proceeded **in equity and good conscience,** the court **proceeds** it. If the absentee is considered **indispensable**^{필수} ^{적인}, the court must **dismiss** the action.

✔ Joint tortfeasor (defendant who is subject to joint and several liability) → 원고는 다수의 tortfeasors 중 아무나 임의로 선택하여 full recover 가능 → 타 tortfeasor를 소송당사자로 포함시키지 않더라도 소송진행 가능 → indispensable × → dismiss 가능

✔ 본 소송이 아니더라도 원고가 해당 cause of action에 대해 소송을 진행할 수 있는 법원이 존재함 → alternative remedy 존재 → dismiss 가능

2. Permissive Joinder

Permissive joinder란, "임의적 당사자 병합"으로서 원고와 피고 모두에게 허용된다. 이는 당사자 아닌 제3자의 주장(claim)이 해당 소송의 동일한 사건이나 거래(same transactions or occurrence)에서 발생하였고, 소송당사자와 동일한 법적 및 사실적 문제(common question of law or fact)를 가진 경우 법원의 재량으로 허용된다. 또한 법원이 제3자에 대해 독립적인 관할권, 즉 SMJ, PJ, proper venue를 가져야 한다. Supplemental jurisdiction은 제3자가 '피고'로서 join하고자 하는 경우에는 인정되나 '원고'로서 join하고자 하는 경우에는 적용될 수 없다.

a. General Rule

FRCP provides that two or more plaintiffs or defendants **may join** their claims in a single lawsuit whenever:

　　i . The claims to be joined are arising out of the **same transactions or occurrence;** and

　　ii . There is a **common question of law or fact** to all the parties.

b. Jurisdiction

Joinder will not revoke SMJ and the court has PJ and proper venue over the necessary party. There is **no supplemental jurisdiction** to support permissive joinder **by plaintiff.**

[28 U.S.C. §1367(b)]

In any civil action in the district courts **solely on diversity jurisdiction,** supplemental jurisdiction **shall not be invoked** over:

　　i . Claims **by plaintiffs** against persons made parties under Rule 14 (impleader), 19 (compulsory joinder), 20 (permissive joinder), or 24 (intervention);

　　ii . Claims by persons proposed to be **joined as plaintiffs** under Rule 19 (compulsory joinder) of such rules; or

　　iii. Claims seeking to **intervene as plaintiffs** under Rule 24 (intervention) of such rules.

c. Same Transactions or Occurrence

When determining whether the claim arose out of same transaction or occurrence, the following factors are considered:

　　i . Whether the issues of fact and law same;

　　ii . Same evidence test; and

　　iii. Logical relationship (causal link).

3. Intervention

a. Intervention of Right

Intervention is the process by which a non-party may join the litigation. Under the rule of intervention of right, a person **must be** permitted to intervene if three conditions are met:

ⅰ. The movant's interest is related to the property or transaction that is the subject of the action;

ⅱ. The movant is so situated that disposition of the action may as a practical matter impair or impede the movant's ability to protect its interest; and

ⅲ. Existing parties do not adequately represent the movant's interest.

b. Permissive Intervention

Permissive intervention is discretionary with the court. Permissive intervention:

ⅰ. Must not destroy complete diversity;

ⅱ. Must be supported by its own jurisdictional ground; and

ⅲ. It is available when the applicant's claim or defense and the main action have a question of fact or law in common.

4. Counterclaim

[도표 3-2]

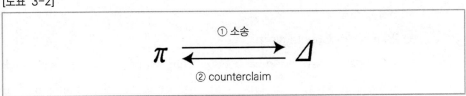

Counterclaim은 '반소'를 뜻하며 소송계속중에 피고가 그 소송절차를 이용하여 원고에 대하여 제기하는 소이다. 이는 강제적인 compulsory counterclaim과 임의적인 permissive counterclaim으로 나뉜다. Compulsory counterclaim은 본소(本訴) 피고의 권리로서 본소와 관련된 분쟁이 있다면 이에 대해 피고는 원고를 상대로 소를 제기해야 한다. 만일 본소 피고가 compulsory counterclaim을 제기하지 않으면 동일한 소송 또는 새로운 소송에서 동일한 청구(claim)를 주장할 수 없다. 동일한 소송에서 청구할 수 없는 것은 피고가 반소권리를 포기했다고 보기 때문이며, 새로운 소송에서 청구할 수 없는 것은 claim preclusion을 그 근거로 한다. 예컨대, 원고 갑이 피고 을간 발생한 자동차 사고에 대해 을의 negligence를 주장하며 손배청구를 한 경우, 피고 을이 갑의 contributory negligence를 주장하고자 한다면 을의 청구는 원고 갑의 청구와 동일한 사건(자동차 사고)으로부터 발생한 것이므로 compulsory counterclaim이다. 만일 본 소송에서 을의 주장이 받아들여지지 않고 원고 갑이 승소했다면 피고는 이후 new trial에서도 갑의 contributory negligence를 근거로 손배청구 할수 없다. 한편, permissive counterclaim은 소송이 SMJ(FQJ, DCJ, SPJ)를 만족하는 한 본소와 관련되지 않은 소라 할지라도 본소 피고가 본소가 진행된 이후 언제든 자유롭게 제기할 수 있는 소송이다.

A claim for relief brought by a defendant against a plaintiff is called a counterclaim.

a. Compulsory Counterclaim

FRCP **requires** a **defendant** to bring his claim as a counterclaim against a plaintiff if the counterclaim **arises out of the same transaction or occurrence** as the plaintiff's claim against the defendant.

b. Permissive Counterclaim

Defendant may bring a counterclaim which may be completely unrelated to the original claim as long as the claim has an **independent jurisdictional basis.** In other words, permissive counterclaim is available regardless of whether it arises out of the same transaction or occurrence as plaintiff's claim against defendant.

c. Jurisdictions

As to compulsory counterclaim, supplemental jurisdiction can be used.

As to **permissive** counterclaim, there is **no** supplemental jurisdiction to support. Thus, an independent jurisdictional basis is required.

5. Cross-Claim

[도표 3-3]

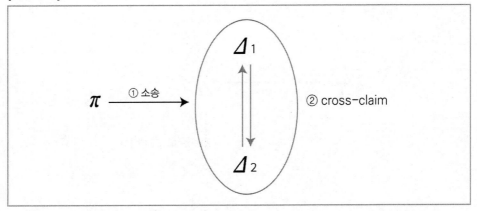

Cross-claim이란, 원고가 다수의 피고를 상대로 제기한 소에서 피고가 공동 피고 중의 피고를 상대로 제기하는 소송을 뜻한다. 이는 소장(complaint)에 대한 답변서(answer)를 통해 제기되고, 본소에 원고가 제기한 주장이 발달된 사건 및 거래와 관련된(arises out of the same transaction or occurrence) 주장이어야 한다. 또한 cross-claim에는 supplemental jurisdiction(SPJ)이 인정되는 바, 별도의 독립적인 관할권이 없어도 진행가능하다. 다만, same transactions or occurrences 여부를 판단함에 있어 법원은 discretion to refuse 가 있기 때문에 특정 claim이 supplemental jurisdiction (SPJ)과 cross-claim 의 모든 요건을 만족한다 할지라도, 판사가 재량으로 이를 거부할 수 있 다. Same transactions or occurrence는 supplemental jurisdiction(SPJ)의 요건이기도 하면서 cross-claim 요건이기도 하기 때문이다.

a. General Rule

A defendant's answer may state as a cross-claim **against a co-defendant** any claim that **arises out of the same transaction or occurrence** that is the subject matter of the **original action** between the plaintiff and the defendants.

b. Jurisdictions

Supplemental jurisdiction can be used.

6. Impleader

[도표 3-4]

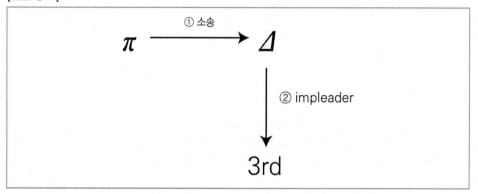

Impleader란, 피고가 제3자를 상대로 한 청구가 추가되는 '제3당사자소송'을 뜻하며 "third-party complaint"라고도 한다. 이는 피고가 원고가 자신을 상대로 제기한 청구의 일부 또는 전부가 제3자의 책임임을 주장하기 위해 이루어지는 joinder로서, 이를 통해 피고는 제3자를 상대로 contribution 또는 indemnity를 청구한다.

a. General Rule

The impleader is a claim raised by the **defendant against the nonparty** who may be joined as a third-party defendant. Impleader is invoked when the defendant alleges that the nonparty **is liable** to the defendant **for all or part of the claim against her**, then she may bring an impleader. In other words, the defendant may implead a nonparty when he has a claim **for contribution or indemnity.**

b. Jurisdiction

Supplemental jurisdiction may be invoked. This is because impleader and the original claim derive from common nucleus of operative fact.

Proper venue is not required.

7. Interpleader

[도표 3-5]

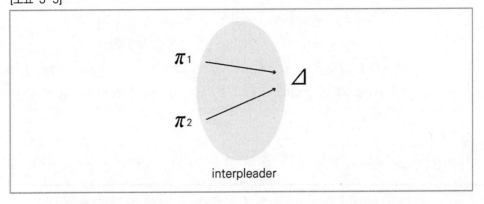

interpleader

Interpleader란, 한국법상 '경합권리자 확정소송'에 해당하며, 다수의 원고가 그들간의 분쟁을 해결하기 위해 한 명을 상대로 소송을 제기하는 형태이다. 유족들간 상속의 권리를 주장하며 보험회사를 상대로 소송하는 경우와 특정 자산에 대해 권리를 주장하는 자들이 그 자산을 점유하고 있는 자를 상대로 소송하는 경우에 제기하는 경우가 대표적이다. 한편, interpleader를 제기하는데 있어 SMJ에 대해 FRCP와 U.S.C.에서 다르게 규정하고 있다. FRCP에서는 일반적인 SMJ rules를 적용하는 바, 소송이 federal rules에 근거하거나(FQJ) 소송당사자간 complete diversity를 만족하는 경우(DCJ) 법원의 SMJ를 인정한다. U.S.C.도 FRCP와 마찬가지로 FQJ 또는 DCJ에 근거한 SMJ를 인정하나 DCJ의 경우 '원고간' diversity를 만족하면서 AIC가 500불 이상인 경우 인정하는 rule을 취하고 있다.

a. General Rule

Interpleader is civil procedure in which a plaintiff or a defendant raises a claim in order to litigate a dispute between two or more other parties. Typically, interpleader arises in insurance contract case and a case compelling ownership of property.

b. Jurisdiction

There are **two rules** applicable to interpleader as to jurisdiction: Federal Rules of Civil Procedure (Rule 22) and Federal Interpleader Statute (28 U.S.C. §1335).

ⅰ. **Federal Rules of Civil Procedure (Rule 22)**

Normal rules of subject matter jurisdiction, requiring complete diversity or federal question claim are applicable.

ⅱ. **Federal Interpleader Statute (28 U.S.C. §1335)**

The federal statute requires diversity between **any two compelling claimants** and the amount in controversy **be $500 or more.**

8. Class Action

certifying class → (1st notice) // fair hearing → 2nd notice → settlement → appeal

Class action은 '대표당사자소송'으로서, Rule 23에 규정되어 있다. 다수의 소비자나 투자자들이 공통된 원인이나 쟁점을 가지고 손해배상청구를 하는 경우, 그 피해자집단 중에서 대표자(representative members)가 나서서 class에 속하는 총원을 위해 일괄하여 소를 제기하고 일거에 전체의 권리를 실현시키는 소송형태이다. Class action 소송과정은 법원이 해당 소송의 대상인 class를 확정(certify a class)함으로써 시작된다. Class action의 전체 단계에 걸쳐 두 번의 통지(notice)가 있는데, 그중 첫 번째 통지 (1st notice)는 법원의 certification 이후에 class action이 진행되고 있음을 member에게 전달하기 위해 이루어지고, 두 번째 통지(2nd notice)는

dismissal 또는 settlement를 진행하고자 하는 경우 이루어진다. 첫 번째 통지는 class action의 유형 중 세 번째 유형("common question" class action)의 경우에만 의무적으로 진행하고, 다른 유형의 class action인 경우에는 법원의 재량으로 진행여부를 결정한다.

a. Certifying Class

> "CANT" – Common, Adequate, Numerous, Typical

Certify란, 법원이 해당 소송을 class action으로 진행하는 것이 옳은지에 대해 판단하는 것, 즉 법원이 해당 class action이 일정 요건을 만족했는지 그 여부를 확인하여 해당 소송의 대상인 class를 확정(define)하는 행위다. Class action은 총 5개의 요건이 만족되어야 하는데, 단체소송의 대표자에 대한 4개의 요건을 만족하고, 진행하고자 하는 소송이 단체소송의 세 개의 유형 중 하나 이상에 해당해야 한다. 대표자의 주장 및 항변사유는 수많은(numerous) 자들로 구성되어 있고 공통된 법적 논점(common questions of law or fact)을 가지고 있는 단체의 주장 및 항변사유를 대표하고(typical), 대표자가 그러한 단체의 이익을 보호하기에 적합한(adequate) 자이어야 한다. 여기서 'typical하다'는 것은 대표자의 주장과 단체의 주장의 성격이 동일하다는 것을 의미한다. 예컨대, 똑같이 손배청구를 한다 하더라도 그것의 성격이 수리비에 대한 경우와 personal injuries에 대한 경우는 typical하지 못하므로 class action이 적합하지 않다. 또한 class action의 세 개의 유형은 다음과 같다. Class action이 아닌 별개의 소송을 진행하는 경우 일관성 없는 판결의 위험이 있는 경우, injunctive or declaratory relief가 적합한 소송인 경우, 공통된 법적 논점(common questions of law or fact)이 다른 법적 논점에 비해 매우 지배적이고 class action이 다른 소송유형과 비교하여 가장 우세한 경우가 그것이다.

i. Requirements of Representative Members

One or more **representative members** of a class may be parties on behalf of the entire class if:

① The class is so **numerous** that joinder of all members is impracticable;

② There are **common questions of law or fact** among the class;

③ The claims or defenses of them are **typical** of the claims or defenses of the class; and

④ They may **adequately protect** the interests of the class.

ii. Types of Class Action

In addition to the requirements of representative members, the class must satisfy a certification requirement. The class is **certified** if:

① Prosecuting separate actions would create **a risk of inconsistent adjudications** or risk of harm the interests of class members;

② **Injunctive or declaratory relief is appropriate** for the class as a whole regarding the defendant's act or refuse to act; or

③ There are **common questions of law or fact** predominate over questions affecting individual class members and **a class action is superior** to other available methods to adjudicate the case ("common question" class action).

b. Jurisdiction

As to diversity jurisdiction, only the citizenships of the **named representatives** is considered. Supplemental jurisdiction may be invoked.

c. Effect of Judgment

Class action에 대한 판결은 해당 class의 모든 구성원들에게 효력이 인정된다. 다만, "common question" class action(세번째 유형)에서 탈퇴(opt-out)한 자에게는 판결효력이 미치지 않는다.

Except the members in a "common question" class action who opt-out, **all members** of a class will be bound by the judgment. In other words, members of other two types of class action cannot opt-out and are bound by the judgment.

d. The First Notice

> Only in "common question" class action

The first notice란, certify a class action한 후 해당 class 구성원들에게 소송에 대해 통지(notice)하는 단계다. 이 단계는 단체 내의 모든 사람들이 동일한 사실적 또는 법률적 사실을 가지고 있는 "common question" class action 유형인 경우에만 의무적으로 진행하고, 다른 유형의 class action인 경우에는 법원의 재량으로 진행여부를 결정한다. "Common question" class action 유형인 경우에 한해 통지의 의무를 부여하는 것은 구성원으로 규정된 사람에게 스스로 탈퇴(opt-out)할 기회를 부여하여 판결의 효력으로부터 자유롭도록 하기 위함이다. 반면, "common question" class action을 제외한 나머지 두 유형의 단체소송에서의 member는 opt out할 수 없다.

i. **General Rule**

It is **required** to provide notice to all members of the **"common question" class** of the pending class. This is to provide class members opportunity to opt out. Notice to members in other class actions is discretionary with the court.

ii. **Contents of Notice**

The notice must state nature of the action, the definition of the class, the class claims, issues, or defenses, and the binding effect of class judgment.

e. Dismissal and Settlement

Class action에 있어 해당 소송을 기각(dismiss)하거나 협상(settlement)을 하기 위해서는 반드시 '법원의 승인(approval)'이 있어야 한다. Dismissal 또는 settlement 제의(proposal)는 모든 구성원들에게 notify 되어야 하며, 이때의 notice가 2nd notice이다. 이는 구성원들이 해당 제의에 대해 hearing이 진행될 때 반대의견을 낼 수 있는 기회를 제공하기 위함이며, 모든 유형의 class action에서 의무적으로 진행된다는 점에서 세 번째 유형의 경우에만 의무적으로 진행되는 1st notice와 차이가 있다. Hearing을 진행하여 법원은 공정하고(fair), 합리적이고(reasonable), 적합한(adequate) 경우에 한해 dismissal 또는 settlement를 허용하고, 구성원들은 법원의 결정에 대해 appeal할 수 있다. Hearing 중 settlement에 대해 진행하는 hearing을 "fairness hearing"이라 일컫는다.

ⅰ. In General

Dismissal or settlement of a class action requires **court's approval.** The court can make approvals after the class is certified under the five requirements.

ⅱ. Notice Requirements (2nd Notice)

Notice of proposed dismissal or settlement may be given to **all class members in all types of class action when the court requires it.** It is to give members opportunity to oppose the proposed dismissal or settlement in fairness hearing.

ⅲ. Fairness hearing

Fairness hearing is a process in which the court determines whether to approve the **settlement.** It is the final process to determined the settlement before the distribution of settlement benefits to the class.

ⅳ. Appeal

A class member opposing to the court's approval of settlement or dismissal may bring an appeal.

f. Appeal

Class action 과정에서의 appeal 유형은 다양한데, 대표적으로 appeal of approval of settlement, appeal of class action certification decision, appeal from final judgment가 있다. Appeal of approval of settlement는 앞서 언급한 바와 같이 법원이 소송대표인에 의한 합의를

승인한 것에 구성원이 진행하는 appeal이며, appeal of class action certification decision은 class를 정의한 법원의 판단(certification)에 구성원이 진행하는 appeal이다. Appeal from final judgment는 소송에 대한 최종판결에 대해 진행하는 appeal이다. Class certification은 final judgment가 아니므로 원칙적으로 appeal이 불가능하나, 법원이 certify한 시점을 기준으로 14일 이내로 appeal하는 경우 예외적으로 허용되는 appeal이다.

A class member opposing to the court's approval of settlement may bring an appeal. A party may seek review of the court's class action certification decision within 14 days after the grant of the order.

g. Class Action Fairness Act (CAFA)

"디오백" — Diverse, 5million, 100person

Class Action Fairness Act(CAFA)는 2005년 2월 18일에 Congress에 의해 시행된 법으로서, class action에 대한 연방법원의 재판권을 확대하였다. CAFA에 따르면 class의 구성원이 100명 이상이고 AIC가 5백만불 이상인 class action의 경우, 완화된 diversity 요건, 즉 minimum diversity가 적용되어 최소 한 명의 원고(대표자)와 한 명의 피고간 diversity가 인정되면 연방법원의 재판권이 인정된다. 다만, diversity를 만족하는 구성원이 class 전체 규모의 1/3~2/3 수준인 경우에는 diversity 요건이 충족되지 못했다 보고 연방법원의 재판권이 부정된다. 한편, CAFA가 적용되는 class action의 경우 피고의 신청으로 해당 소송을 주 법원에서 연방법원으로 이송하는 removal에 있어 예외의 rules가 적용된다. 본래 '모든' 피고의 동의 하에 removal 신청이 가능하나, CAFA가 적용되는 class action의 경우 '한' 명의 피고가 removal 신청을 할 수 있다. 또한 피고의 domicile이 연방법원이 소재하는 주(forum state)와 일치하면 안 된다는 rule도 적용되지 않는다.

ⅰ. General Rule

Under 28 U.S.C. §1332 (Class Action Fairness Act), a federal district court exercises **diversity jurisdiction** over a class action if:

① **Any class member** is diverse citizenship **from any defendant** (minimum diversity);

② The amount in controversy **in the aggregate exceeds $5million;** and

③ **At least 100 members** in the proposed class or classes.

A court may decline minimum diversity when nondiverse members constitute grater than one-third and less than two-third of total class.

ⅱ. Removal

Any of defendants, rather than all defendants, may remove the case. In addition, there is no defendant's in-state requirement.

II. Trial

A. Jury Trial

1. General Rule

Jury trial은 배심원재판을 뜻하는 바, 연방법원에서 진행되는 '민사소송'에서 소송당사자는 수정헌법 7조에서 보호하는 헌법적 권리(right to jury trial)에 의거하여 배심원재판을 신청할 수 있다. 한편, '형사소송'에서 보호되는 right to jury trial은 수정헌법 6조에 의거한다. 민사소송에서의 right to jury trial은 모든 소송에서 인정되는 것은 아니고 손해배상을 구하는 소송(legal claim)에 한해 인정되는 바, equitable claim에서는 권리가 인정되지 않는다. 다만, class action, interpleader, derivative action 등과 같이 사건의 행태상 손배청구를 명할 수 없고 equitable suit으로만 진행 가능한 경우에는 right to jury trial이 보장된다. 한편, 동일한 소송에 대해 legal claim과 equitable claim이 동시에 존재하는 경우에는 일단 legal claim에 대해 jury trial로 진행한 후 equitable claim으로 진행해야 한다. 소송당사자는 법원 및 상대방측에게 마지막 pleading을 보낸 시점을 기준으로 14일 이내로 서면으로 jury trial을 요청해야 한다.

a. The Seventh Amendment

A party has the right of trial by jury **under the Seventh Amendment.** Even though the state court would deny a jury by state statute, **the federal court must permit a jury trial.** In other words, **the state statue** that eliminating the right to jury is constitutional.

TIP
① The right to jury in **civil** cases are preserved under the **Seventh** Amendment.

② The right to jury in **criminal** cases are preserved **for serious crimes** under the **Sixth** Amendment.

b. Legal Suits of Common Law

Under the Seventh Amendment, a party has right to a jury trial in federal courts **in all suits of common law** where the amount in controversy **exceeds $20** and the underlying dispute is **legal in nature.**

A party has no right to a jury trial in case in which the underlying dispute is **equity in nature,** a claim for injunction or specific performance. If legal and equitable claims **are joined** in one action, **the legal claim** should be tried **frist** to the jury and then the equitable claim to the court.

c. Time Limit

A party may demand a jury trial by:

ⅰ. Serving the other parties with a written demand in a pleading no later than **14days after the last pleading** directed to the issue is served; and

ⅱ. Filing the demand to the court and serves it to other parties.

d. Withdrawal

A proper demand may be withdrawn only if **all parties consent.**

2. Jury Trial Procedures

a. Jury Size

A jury must begin with **at least 6 and no more than 12 members.**

b. Jury Selection

ⅰ. **Jury Venire**

"Venire" means the potential jurors who are summoned to appear in court. Venire should be a **reasonable cross-section of the community.** The jurors who will actually hear the case are chosen from the venire.

ⅱ. **Voir Dire**

"Voir dire" is the process in which the venire fill out a questionnaire to discover whether they have potential bias. If a jury provides false testimony on voir dire, **a new trial** is appropriate.

ⅲ. **Jury Challenges**

"Jury challenge" is the process that the juror is excused. There are two types of jury challenge: challenge for cause and preemptory challenge.

When the voir dire reveals that the juror is **biased,** the juror is excused for cause. When the party concludes that an average person in the juror's shoes would **not be fair,** the juror can be excused (preemptory challenge). However, the juror **cannot** be excused based on **race and sex reasons.**

c. Jury Deliberations and Verdicts

After receiving the jury instructions, the jury goes to the jury room for deliberation. During the deliberation, jurors must not communicate with any nonjurors, counsel, or parties. If not, **it may lead to a new trial.**

The verdict must be **unanimous** and each juror must participate in the verdict.

3. Jury Trial and New Trial

In a jury trial, a **new trial** is appropriate when a juror:

ⅰ. Gave false testimony on voir dire;

ⅱ. Concealed material facts relating to his qualifications to serve;

ⅲ. Made a erroneous verdict (inconsistent determinations in a verdict); and

ⅳ. Communicated with any nonjurors, counsel, or parties during deliberation.

B. Dismissals

• With leave of court: 법원이 개입함.

• With prejudice = Adjudication on the merits: 동일한 소송을 제기할 수 없다. Dismissal은 원고에 의한 voluntary dismissal과 피고에 의한 involuntary dismissal로 구분된다. Voluntary dismissal은 법원의 개입여부를 기준으로 with leave of court와 without leave of court로 구분되는데, 법원이 개입하는 경우를 voluntary dismissal with leave of court라 표현한다.

원고는 기본적으로 without leave of court 방식으로 dismissal을 진행하고, 그 방식을 이용할 수 없는 경우에 한해 with leave of court 방식을 취한다. Without leave of court인 방법으로는 두 가지가 있는데, dismissal에 대한 통지(notice)와 당사자간 합의(stipulation)가 그것이다. Dismissal에 대한 통지는 피고가 원고의 소장에 대한 answer를 하지 않았거나 summary judgment를 신청하기 이전에 한해 가능하다. 반면, stipulation은 시간적 제한 없이 모든 소송당사자가 dismissal에 이의가 없는 한 유효하다. 통지 방법의 경우 원고가 동일한 cause of action에 기한 소송에 대해 처음으로 한 dismissal만이

without prejudice로 인정된다. 반면, 동일한 cause of action에 기한 소송을 원고가 이전 소송에서 dismissal without prejudice한 경우에는 with prejudice로 인정된다. 이를 two dismissal rule이라 일컫는다. Stipulation에 의한 dismissal 의 경우 without prejudice로 인정된다.

Involuntary dismissal은 피고가 dismissal을 신청하고 이에 법원이 승인하는 방식으로 이루어지는 바, without leave court이다. 법원의 별도의 언급이 없는 한 with prejudice으로 본다.

There are two types of dismissals: with prejudice and without prejudice. If a dismissal is **with prejudice,** it is deemed as judgment **on the merits** and claim preclusion issue arises.

1. Voluntary Dismissals

The **plaintiff** may voluntarily dismiss the case either with leave of court or without leave of court. A voluntary dismissal is granted by the court in its discretion only when voluntary dismissal without leave of court is not available.

[표 3-2]

Voluntary dismissal		Involuntary dismissal (with court)
without court	**with court**	
without prejudice (two dismissal rule)	without prejudice	with prejudice (judgment on the merits)

a. Without Leave of Court

The plaintiff may dismiss either **by filing notice or by stipulation.**

i. By Notice

The plaintiff can dismiss the case by notice **before** the defendant answers or files a motion for summary judgment. Under the **two dismissal rule,** a dismissal by notice is **without** prejudice if the plaintiff who has **not dismissed the same claim before**. In other words, a notice operates as an adjudication on the merits when the plaintiff has already dismissed the same claim.

ⅱ. **By Stipulation**

The plaintiff can dismiss the case by stipulation **at any time.** A dismissal by stipulation is **without prejudice** unless the stipulation states otherwise.

b. With Leave of Court

A voluntary dismissal is granted by the court in its discretion only when voluntary dismissal without leave of court is not available. Dismissals **with leave of court** are **without prejudice** unless the court specifies otherwise.

However, when there is a pending counterclaim, the original claim can be dismissed only when the counterclaim could remain independently.

2. Involuntary Dismissals

Involuntary dismissals are ordered by the **courts** with the **defendant's** motion when:

ⅰ. The plaintiff failed to prosecute;

ⅱ. The plaintiff failed to comply with the Federal Rules; or

ⅲ. The plaintiff failed to comply with a court order.

Involuntary dismissals are generally **with prejudice** unless the court orders otherwise.

C. Motion for Judgment as a Matter of Law (JMOL)

• Judgment as a matter of law = Directed verdict

• Motion for judgment as a matter of law = Motion for directed verdict

Judgment as a matter of law란, jury가 verdict를 내리기 전 판사가 주어진

증거를 보고 "중요한(material) 사실적인 부분에 대해 논의할 필요가 없다"고 판단하는 경우 해당 judgment를 신청한 측에 유리하게 내리는 판결이다. 즉 합리적인 jury가 제출된 증거들을 보고 특정 사실적 부분에 대해 동일한 결론을 내릴 정도로 논의할 것이 없는(no genuine dispute) 경우 jury의 verdict 없이 판사가 법률적인 판단을 하여 직접적으로 판결(directed verdict)을 내리는 것이다. 이때 판사는 주어진 증거를 최대한 non-moving party에게 유리하게 해석해야 한다. 본 기준은 앞서 언급한 summary judgment의 판결기준과 동일하며, 양자는 판결이 내려지는 시기에 있어 차이가 있을 뿐이다. Summary judgment는 discovery가 종료된 후 재판이 시작되기 전 내려지는 판결이다. 한편, judgment as a matter of law는 trial 중에 주어진 논점에 대해 상대방측이 fully heard된 이후에 신청가능하다. 다시 말해, 상대방측이 재판 중 증거를 제출하고 이에 대한 rebut이 모두 완료된 상태, 즉 at close of the case에서 신청이 가능하다. 예컨대, 원고의 증거제출과 피고의 반박이 모두 완료된 at close of the plaintiff's case 시점에 피고는 motion for judgment as a matter of law를 할 수 있다. 이후 피고가 증거제출을 하고 at close of the defendant's case 시점에는 양측의 모든 증거가 모두 제출된 상태로서 법원은 증거제출을 종료한다. 이 시점에는 원고와 피고 모두 motion을 취할 수 있다. 다시 말해, 원고는 소송 중 motion을 할 수 있는 기회가 한 번 주어지고 피고는 두 번의 기회가 주어진다.

1. General Rule

The motion for judgment as a matter of law is made by **any party before submission of the case to the jury.** A judge could directed verdict when a **reasonable** person could reach **only one conclusion** with submitted evidence.

2. Requirements

The court can grant the motion:

ⅰ. Only after the nonmoving party has been **fully heard on the matter** and the court concluded that;

ii. A **reasonable** jury would **not have** a legally sufficient basis to find **for the nonmoving party** on that issue; and

iii. The court must view the evidence in light **most favorable to the nonmoving party.**

III. Post-Trial

A. Renewed Motion for Judgment as a Matter of Law (JNOV)

- Renewed motion for judgment as a matter of law = Judgment notwithstanding the verdict

Judgment notwithstanding the verdict란, jury verdict이 내려졌으나 이에 대한 jury의 판단이 명백히 잘못되었다고 보고 판사가 jury의 verdict과 반대되는 내용으로 내리는 판결이다. 판결에 불리한 측이 판결이 내려진 시점을 기준으로 28일 이내에 신청해야 하는데, 그 신청자가 소송중 motion for judgment as a matter of law(JMOL)를 취한 적이 있어야 한다. 이는 소송 중 증거제출이 모두 완료된 후에 상대방에게 하자를 치유할 수 있는 기회를 제공하기 위한 요건이다. JNOV에도 summary judgment와 JMOL에 적용되는 동일한 판단기준을 적용하는 바, 합리적인 jury가 제출된 증거들을 보고 특정 사실적 부분에 대해 동일한 결론을 내릴 정도로 논의할 것이 없는(no genuine dispute) 경우 내려지는 판결이다.

1. Requirements

A party may renew motion for judgment as a matter of law when:

i. Judgment was entered **against whom the party;** and

ii. The party **raised the motion during the trial** but the court did not grant it.

2. Standard

The standard is the same as for the motion for judgment as a matter of law. The motion should be granted when:

ⅰ. A **reasonable** jury would **not have** a legally sufficient basis to find **for the nonmoving party** on that issue; and

ⅱ. The court must view the evidence in light **most favorable to the nonmoving party.**

3. Time Limit

No later than 28 days after the entry of judgment, the movant may file a renewed motion for judgment as a matter of law and may include an alternative or joint request for a new trial.

B. Motion for New Trial

New trial이란, jury verdict를 부정하여 새로운 재판을 통해 승자를 다시 정하는 과정으로서, jury verdict를 부정하여 그 내용과 반대되는 내용으로 내리는 judgment notwithstanding the verdict(JNOV)와 차이가 있다. New trial은 소송당사자의 신청 또는 법원의 직권으로 진행가능하다. 만일 verdict 자체에는 문제가 없지만 그 정도가 과하다고 판단되는 경우에는 new trial 대신 손해배상액을 조정하는 경우도 있다. 다만, 손해배상액을 본래 verdict보다 적게 조정하는 remittitur만이 허용되며, 본래 배상액보다 높게 조정하는 additur는 위헌이다.

1. General Rule

A motion for a new trial must be filed **no later than 28 days after the entry of judgment.** The court may grant a new trial on all or some of the issues based on the reason, such as:

ⅰ. An error during the trial;

ⅱ. The verdict that is against the weight of the evidence;

ⅲ. Misconduct by juror; and

iv. Excessive or inadequate verdict.

✔ Error in admissibility of evidence → 위 i 에 해당
✔ Improper jury instructions → 위 i 에 해당
✔ 과도한 손배청구액 판결 → 위 iv에 해당

2. Remittitur and Additur

When the verdict is excessive or inadequate, the courts may offer two options for the plaintiff to choose: remittitur and additur. Remittitur is accepting an award **less than** that given by the jury or a new trial, and it is constitutional. Additur is accepting a higher award, and it violates the Seventh Amendment.

C. Clerical Mistakes

Clerk의 실수가 발견되는 경우, 법원이나 소송당사자 측의 신청으로 이를 수정할 수 있다. 별도의 신청기한은 없으며, 수정한 내용은 최종판결이 내려진 시점으로 소급적용된다.

Clerical mistakes would be corrected by **court's motion or the motion of any party.** There is no time limit. The date of correcting **relates back** to the date of entry of judgement.

D. Motion for Relief from Final Judgment

1. General Rule

On motion for relief from final judgment, the court may **relieve a party** or its legal representative from a final judgment, order, or proceeding for the following reasons:

  i. Mistake, inadvertence, surprise, or excusable neglect;
 ii. **Newly discovered evidence** that, **with reasonable diligence**, could **not** have been discovered in time to move for a new trial (no

later than 28 days after the entry of judgment);

iii. Fraud (whether previously called intrinsic or extrinsic), misre-resentation, or misconduct by an opposing party;

iv. The judgment is void;

v. The judgment has been satisfied, released, or discharged; it is based on an earlier judgment that has been reversed or vacated; or applying it prospectively is no longer equitable; or

vi. Any other reason that justifies relief.

2. Time Limit

For (i), (ii), and (iii) reasons, a motion must be made **no more than a year** after the entry of the judgment or order or the date of the proceeding.

For other reasons, a motion must be made **within a reasonable time.**

E. Motion for Appeal

1. Appeals

A party may file a notice of appeal with the district court **within 30 days from the entry of the judgment.**

However, when the **post-trial motions** (motion for JNOV, a motion for a new trial) are raised, 30-days limitation is extended and a party may file a notice of appeal **within 30 days from the entry of the order** based on the motions.

2. Final Judgment Rule

a. General rule

Under the final judgment rule, parties may appeal **only from final judgments** of the district courts. A final judgment is one that disposes all issues as to all of the parties and ends the litigation on the merits.

b. Exceptions

ⅰ. Collateral Order Doctrine

본 이론에 따르면, appeal하고자 하는 claim이 main issue와 독립적인 별개의 문제이고 지금 당장 appeal하지 않으면 이후 상소하더라도 피고에게 appeal할 기회가 없는 경우, 해당 선고가 final judgement가 아니더라도 appeal을 허용해야 한다.

Under the doctrine, an immediate appeal may be taken if:

① The issue is important and separate from (collateral to) the merits of the action; and

② If a delay in appellate review would effectively preclude the losing party from an opportunity to vindicate^{입증하다} its rights on appeal.

ⅱ. Mandamus or Prohibition

Mandamus orders a trial judge to act, and prohibition orders the judge to refrain from acting. Mandamus or prohibition from the appellate court reverses the trial court's ruling only when an appeal is insufficient to correct a problem and there is a serious abuse of power by the trial court.

ⅲ. Doctrine of Pendent Appellate Jurisdiction

Under the doctrine of pendent appellate jurisdiction, a party seeking review must show that the **ground** of the appellate jurisdiction and **non-final orders** are inextricably intertwined or meaningful review of the ruling.

✔ Appeal하고자 하는 측이 그 근거로 judicial economy를 주장한다면, 본 이론은 적용될 수 없다.

Reason of **judicial economy** alone would not justify a court in expanding its jurisdiction to cover non-final orders.

✔ 소송당사자인 갑이 forum-selection clause를 근거로 motion to dismiss를 하였으나 기각되었고 이에 기각시킨 법원의 판결을 appeal하고자 하는 경우, 갑은 forum-selection clause와 motion to dismiss의 깊은 연관성에 대해 증명해야 한다.

F. Preclusion

- Claim preclusion = Res judicata: 이전 소송에서 다루었던 subject matter를 주제로 다시 소송하지 말자.
- Issue preclusion = Collateral estoppel: 이전 소송에서 jury가 판단했던 사실관계를 그대로 가져오자(이에 대해 다시 논하지 말자).

Preclusion은 소권 남용을 방지하기 위한 제도로서, claim preclusion과 issue preclusion으로 구분된다. Claim preclusion은 중복된 소제기의 금지 또는 이중소송의 금지원칙을 뜻하는 바, 이전 소송에서 다루었던 동일사건(subject matter)에 대한 일체의 소제기를 금하는 것이다. 예를 들어, 전소(前訴)에서 갑·을간 발생한 교통사고에 대해 갑이 을의 과실을 이유로 자신의 팔 injury에 대한 손해배상을 청구한 경우 후소(後訴)에서는 동일한 교통사고로 인한 다리 injury 등과 같은 일체의 청구가 허용되지 않는다. 한편, issue preclusion은 전소(前訴)에서 jury가 판단한 사실관계를 후소(後訴)에서 중복하여 다루는 것을 금하는 것이다. 상기 예시에서 전소(前訴)의 jury가 을의 과실을 인정했다면 후소(後訴)에서는 을의 과실여부에 대해 다시 논하지 않고 전소(前訴)에서 인정한 바와 같이 을의 과실을 인정한다.

1. Claim Preclusion (Res Judicata)

Claim preclusion은 이전 소송에서 다루었던 동일사건(subject matter)에 대한 일체의 '소제기'를 금하는 것이다. 다시 말해, 전소(前訴)에서 다루었던 사건에 대해 후소(後訴)에서 다시 논하는 것을 금하는 것으로서, 후소에서 해당 소송이 "merged되었다" 또는 "barred되었다"고 표현한다. 만일 전소에서 '원고'가 승소하였고 후소의 소송당사자가 이에 대해 다시 논하려고 하는 경우라면, the cause of action is merged라 표현하고, 전소에서 '피고'가 승소한 경우라면 the cause of action is barred라 표현한다.

Claim preclusion이 인정되기 위해서는 세 요건이 만족되어야 하는데, ① 전소의 유효한 최종판결(final judgment on merits)이 존재할 것, ② 후소의 소송당사자가 전소의 소송당사자와 동일할 것, ③ 후소 청구의 근거(cause of action)가 전소 청구의 근거와 동일할 것이 그것이다.

첫 번째 요건인 전소의 최종판결(final judgment)은 그 판결이 내려지기까지 실체적 사안에 대한 충분한 심리가 있었다는 것을 의미하는 바, 그러한 판결을 final judgment on merit이라 표현한다. 충분한 심리를 거치지 않았다 하더라도 그에 상응하는 결과, 즉 실체적 사안에 대한 심리를 한 것과 같은 결과와 함께(with prejudice) 소송의 종료가 있어야 한다. With prejudice한 소송의 예로는 default judgment as a penalty, dismissal for willful violation of discovery order, involuntary dismissal for failure to state a claim upon which relief may be granted가 있으며, 이러한 경우에는 잘못을 하지 않은 측이 주장하는 바를 그대로 인정하여 판결을 내리기 때문에 실체적 사안에 대한 심리가 있었다고 보는 것이다. 반면, lack of jurisdiction, improper venue 또는 dismissal for failure to join an indispensable party와 같이 '절차적 사안'의 문제로 소송이 종료된 경우에는 on merits 요건을 만족하지 않는다. 즉 종료된 소송의 소송당사자는 이후에 동일한 cause of action에 관한 청구를 다시 제기할 수 있다.

두 번째 요건은 후소에서의 소송당사자가 전소에서의 소송당사자와 동일할 것을 요구한다. 여기에서 '동일한 소송당사자'라는 것은 동일인인 경우뿐만 아니라 in privity 관계에 있는 자도 포함하는 넓은 개념이다. In privity란 동일한 이익을 공유하거나 control할 수 있는 관계를 뜻한다. 예컨대, 갑·을간 소송이 있었고, 그 이후 갑과 agent-principal 관계를 맺고 있는 병이 을을 상대로 소송을 제기하였다면, 갑과 병간 in privity 관계가 인정되는 바, 두 번째 요건이 충족되어 claim preclusion이 적용될 수 있다.

세 번째 요건은 후소 청구의 근거(cause of action)가 전소 청구의 근거와 동일할 것을 요구한다. 일반적으로 동일한 사건 및 거래(transactions or occurrences)인 경우 본 요건이 충족되었다고 보며, 여기서 'transactions or occurrences'는 앞서 Part one. Jurisdictions에서 논한 「Supplemental Jurisdictions(SPJ)」 파트에서 논한 개념과 동일하다.

a. General Rule

Under the doctrine of claim preclusion, the parties and their privity are barred from asserting the same cause of action in a later lawsuit when:

i . Earlier judgment is a **valid final judgment on the merits;**

ii . **Same claimant** asserts against **same defendant;** and

iii. The parties assert the **same cause of action.**

b. Merger and Bar

In both cases in which the cause of action is merged or barred, the claimant **cannot sue** on the same cause of action.

The cause of action is **merged** into the earlier judgment, when the **claimant wins** in the earlier case; the cause of action is **barred** by the earlier judgment, when the **defendant wins** in the earlier case.

c. On Merits

"On the merits" means a court's judgment or decision made based on the law **after hearing all of the relevant facts and evidence** presented in trial.

✔ Dismissal for failure of the complaint to state a claim on which relief can be granted (dismissal based under Rule 12(b)(6)) — on the merits ○

✔ Dismissal for a failure to prosecute — on the merits ○

✔ Involuntary dismissal as a penalty on failure of complying with the court's order — on the merits ○

✔ Lack of jurisdiction — on the merits ✕

✔ Improper venue — on the merits ✕

✔ Failure to join a party when required to do so (compulsory joinder) — on the merits ✕

✔ Voluntary dismissals — on the merits ✕

✔ Dismissal order — on the merits ✕

아래 두 논점은 claim preclusion, 특히 첫 번째 요건(on the merits)
과 밀접한 관련이 있는 논점들이다. 새로운 소송을 제기할 수 있는
지 그 여부를 판단하는 문제에서 claim preclusion을 함께 고려하는
것이 고득점 포인트다.

① Dismissal: 소송이 dismiss된 이후 동일한 subject matter를 바탕
으로 새로운 소송을 제기하는 경우→with/without prejudice를
확인하여 claim preclusion의 요건 충족 여부를 판단한다.

② Compulsory counterclaim: 피고가 소송진행 중에 compulsory
counterclaim을 제기하지 않았고, 해당 claim(counterclaim)을
후에 새로운 소송으로 제기한 경우→with prejudice 인정 →
claim preclusion의 첫 번째 요건 충족

d. Same Parties

Identical parties or the parties in privity with the parties in the first
action satisfy the same parties requirement.

The party in the second action is "in privity," when she **is
connected or shares the same interests** with the first party.

✔ Family relationship — in privity ×

✔ Agency — in privity ○
(예: 갑이 운전사 을을 상대로 소송을 제기하였고, 그 이후 을이 소
속된 회사 ABC를 상대로 동일한 사고에 대해 소송을 제기한 경우
두 번째 요건이 충족되는 바, claim preclusion이 적용되어 갑은 해
당 소송을 제기할 수 없을 것이다.)

✔ The second party **succeeded** to the first party's **interest** — in
privity ○
(예: ABC·갑간 소송이 있었고, 그 이후 ABC를 매입한 을이 갑을
상대로 소송을 제기한 경우, 두 번째 요건이 충족되는 바, claim
preclusion이 적용되어 을은 해당 소송을 제기할 수 없을 것이다.)

✔ When the second party **controlled** the first litigation — in privity ○

✔ When the first party adequately **represents** the second party's interests — in privity ○

e. Same Cause of Action

Usually, same cause of action is recognized when claims are raised from **same transaction or occurrence.**

✔ A claim for property damage and a claim for personal injury based on the same car accident — same cause of action ○ (res judicata 적용 → 후소 제기 불가)
✔ A claim for a portion of installment payments and a claim for other portion of installment — same cause of action (res judicata 적용)
✔ A claim for installment payments **due at the time of the case** and a claim for other portion of installment payments which were not due at the time of the case — same cause of action × (res judicata 적용불가)

소송을 제기한 시점을 기준으로 기한이 만료된 installment에 대한 소송과 그 이후의 installment에 대한 소송은 동일사건에 기한 소송들로 보지 않는다. 따라서 res judicata가 적용되지 않는다.

2. Issue Preclusion (Collateral Estoppel)

Issue preclusion은 전소에서 jury가 판단한 '사실관계'를 후소에서 중복하여 다루는 것을 금하는 것이다. Issue preclusion은 이전 소송이 유효한 최종판결(final judgment)이고, 후소에서 이전 판결에서 논하고자 하는 사안을 이미 심리하였고, 해당 사안(논점)이 이전 판결에 중요한 영향을 미친 경우에 적용된다. 그중 두 번째 요건은 이전 소송에서 논하지 않은 논점에는 issue preclusion이 적용되지 않아 이후 소송에서 논할 수 있다는 의미로서, 이는 claim preclusion과 구별되는 특징이다. Claim preclusion은 동일한 청구의 근거(cause of action)를 가지는 모든 청구, 심지어 실제로 청구되지 않은 청구에도 적용된다.

한편, issue preclusion을 주장하고자 하는 경우 전소와 후소의 소송당사자가 다른 경우에도 인정되는가 하는 논점이 있다. 과거에는 issue preclusion을 주장하는 측과 그 상대방측 모두 전소에서의 소송당사자일 것을 요구하였다(mutuality rule). 다만, 최근에는 보다 완화된 mutuality rule을 적용하여 이전 소송에서 논한 논점에 대한 판결을 제3자가 자신을 보호하고자 issue preclusion을 주장하는 경우(use defensively) fair하다고 판단되는 경우에 한해 허용한다. 반면, 제3자가 자신의 주장을 위해 issue preclusion을 주장하는 경우(use offensively)에도 use defensively의 경우와 마찬가지로 fair하다고 판단되는 경우 issue preclusion이 허용되나, 법원은 잘 인정하지 않는 경향이 있다. 또한 후소의 소송당사자가 wait-and-see plaintiff로서 use offensively인 경우, issue preclusion이 적용된다. Wait-and-see plaintiff란, 후소의 원고가 전소의 소송당사자로서 충분히 참여할 수 있었음에도 불구하고 참여하지 않은 자를 뜻하는 바, wait-and-see plaintiff의 주장을 후소에서 논한다면(issue preclusion을 적용하지 않는다면) 제3자가 전소에 참여하지 않고 그 판결을 지켜본 후 자신에게 유리한 판결이 내려지면 후소에서 issue preclusion을 주장할 위험이 있기 때문이다.

a. General Rule

Issue preclusion arises when:

i. Earlier judgment is a **final judgment;**

ii. **Same** claimant asserts against **same** defendant;

iii. Issue was **actually litigated** and determined in the first case; and

iv. Issue **was essential** to the earlier judgment.

b. Actually Litigated

Actually litigated issue requirement is the biggest difference between collateral estoppel and res judicata. Collateral estoppel **bars only the issue** which are raised (are litigated) in the earlier case. In contrast, res judicata bars all claims based on the cause of action even if those are not raised in the earlier case.

c. Essential Issue

If the judgment is entered depending on the issue of fact decided, issue was essential to the judgment.

d. Mutuality Requirement

Traditionally, issue preclusion required strict mutuality and both the party asserting issue preclusion and the party against whom issue preclusion was asserted were bound by the prior judgment.

In modern, this strict mutuality requirement is rejected. When **nonparty** uses judgment either offensively (as a plaintiff) or defensively (as a defendant) it must be **fair and equitable.**

e. Wait-And-See Plaintiff

Offensive issue preclusion is not appropriate if the plaintiff in the second action could **easily have joined** in the earlier action. This is to promote judicial efficiency by encouraging plaintiffs to join the prior action.

---

case 1

갑이 식당에서 넘어져 다쳤고, 이에 대해 식당 직원 을을 상대로 negligence case를 제기하였다. 해당 소송에서 jury는 '을 has no negligence'임을 인정하였고 그 결과 갑은 패소하였다. 이후 갑은 식당주인 병을 상대로 negligence case를 제기하였고, 병은 '을 has no negligence'를 주장하였다. Does the jury's conclusion in 갑·을 case that 을 has no negligence preclude 갑 from litigating that issue in the 갑·병 case?

⇒ Yes. 병(non-party)은 자신의 책임이 없다는 점을 주장하기 위해 해당 issue를 그대로 후소(後訴)에서 주장하고 있으므로, 이는 defensive issue preclusion에 관한 문제이다. 갑은 이전 소송, 즉 갑이 을을 상대로 제기한 소송에서 증인을 부르거나 cross-examination을 하는 등 을의 과실에 대해 논의할 수 있는 기회가 충분히 있었으므로, 후소(갑이 병을 상대로 제

기한 소송)에서 해당 issue에 대해 preclusion을 인정하더라도 fair하다. 따라서 갑은 갑·병 소송에서 을의 과실여부를 다시 논할 수 없다.

---

case 2

ABC회사에서 제조한 자동차를 구매한 갑이 자동차의 결함으로 인한 personal injury를 주장하며 ABC회사를 상대로 소송을 제기하였다. 본 소송에서 jury는 '자동차의 결함'을 인정하였고 그 결과 갑이 승소하였다. 이후 동일한 자동차를 구매한 을이 이전 갑과 ABC회사간 소송에서 논의되었던 '자동차의 결함'을 주장하면서 ABC회사를 상대로 personal injury 소송을 제기하였다. Does the jury's conclusion in 갑·ABC case that defects on the car preclude ABC from litigating that issue in the 을·ABC case?

⇒ Maybe Yes. 을(non-party)은 소송상대방인 ABC회사에 적대적으로(against ABC) 자동차 결함을 주장하므로, 이는 offensive issue preclusion이다. ABC회사는 이전 소송, 즉 갑이 제기한 소송에서 증인을 부르거나 cross-examination을 하는 등 자동차 결함에 대해 논의할 수 있는 기회가 충분히 있었으므로, 후소(을이 제기한 소송)에서 해당 issue에 대해 preclusion을 인정하더라도 fair하다. 따라서 ABC회사는 을과의 소송에서 자동차 결함여부를 다시 논할 수 없다.

4장
Torts

//

미국법상 torts는 '위법행위'를 뜻하는 바, 이는 고의 또는 과실로 인해 타인에게 손해를 가하는 위법행위를 뜻하는 한국법상 불법행위보다 넓은 개념이다. 한국법에서는 고의 또는 과실로 인한 위법행위를 일반 불법행위로 정의하고 행위자의 고의 또는 과실이 없더라도 책임을 묻는 무과실책임이 불법행위의 예외로 인정된다. 다시 말해, 한국법상 불법행위는 위법성의 원인인 '고의 또는 과실'에 초점이 맞춰져 있는 개념인 것이다. 반면, 미국법상 torts는 '위법성'에 초점이 맞춰져 있는 개념으로서 고의 또는 과실과 같은 원인을 기준으로 하지 않고 위법성의 성격에 따라 torts의 유형을 구분한다. 따라서 본 서는 고의에 의한 위법행위(intentional torts), 경제적 또는 명예적 손실을 발생시키는 위법행위(defamation, invasion of right to privacy, etc.), 과실에 의한 위법행위(negligence), 무과실책임(strict liability) 그리고 제품하자와 관련된 위법행위(product liability)로 구분하여 각 위법행위에 대해 논한다.

☑ 객관식 Tips

1. 주어진 사안에서 '원고'와 '피고'가 누구인지 확인하는 것이 중요하다.
2. 문제에서 원고가 주장하는 피고의 위법행위를 명시하지 않고 "sue for injury"라는 표현이 있는 경우, 관련된 위법행위(intentional torts, negligence, strict liability 등)의 요건을 각각 판단한다.
   ① "for defamation" — slander와 libel 중 해당하는 요건을 기준으로 판단한다.
   ② "for invasion of privacy" — invasion of privacy의 네 유형 각각의 요건을 적용하여 판단한다.
   ③ "for emotional distress" — IIED, NIED, NG 각각의 요건을 적용하여 판단한다.
3. 책임유무를 판단할 경우, 적용가능한 defenses를 확인하는 것이 고득점 포인트다.
4. 문제에 논점이 드러나 있는 경우가 많아, 출제의도를 파악하는데 어려움이 적다.

Q: If 갑 uses 을 for **defamation**, will he prevail?

Q: If 갑 asserts a claim based on **battery**, what is the reason?

Q: If 갑 sues을 for **NIED**, how should the court rule?

5. 문제에서 원고가 주장하는 바를 명시하지 않은 경우, 모든 유형의 torts(intentional torts, negligence, strict liability 등)를 고려해야 한다.

Q: If the plaintiff 갑 sues 을 for his injuries, can he recover?

Q: In a suit by 갑 against 을, what is the likely result?

6. 문제에서 판결의 내용(결론)을 정하고 이에 대한 '근거'를 묻는 문제의 경우도 있다.

Q: In a suit by 갑 against 을, if 갑 prevails, what is the likely reason?

7. 아래는 Torts와 관련하여 자주 출제되는 논점과 그에 대한 고득점 포인트를 정리한 것이다.

① Intentional torts — general intent와 specific intent의 구분

② Negligence — proximate causation에 대한 이해

③ Negligence per se — 발생한 injury가 주어진 statute가 보호하고자 한 injury인 경우에 한해 책임을 인정한다.

④ Strict liability for possessing animals — 원고의 신분(trespasser)을 확인해야 한다.

⑤ Strict liability for abnormally dangerous activity — 발생한 injury가 해당 activity의 위험성과 관련이 있는 경우에 한해 그 책임을 인정한다.

Part One. Intentional Torts

Intentional torts란, 가해자의 '고의에 의한' 위법행위를 뜻한다. 고의는 "intent"라 표현하며, 자신의 행위로 인하여 타인에게 위법한 침해가 발생하리라는 것을 인식하면서 이를 행하는 심리상태를 말한다. 여기서 고의(intent)는 행위자가 특정 행위를 행하는 시점을 기준으로 행위자가 그 결과를 인식하는 specific intent부터 결과가 발생할 수도 있겠다고 substantially certain하는 general intent를 모두 포괄하는 개념이다. 한편, 과실(negligence)은 부주의로 말미암아 타인에게 위법한 침해가 발생한다는 것을 '알지 못하고서' 어떤 행위를 하는 심리상태를 말한다. 형법상 고의와 과실의 구별은 매우 뚜렷하고 행위자의 악성을 중요하게 보아 원칙적으로 고의범을 벌하고 과실범은 예외적으로 처벌함으로써 그 구별실익이 크다. 다만 민법상으로는 형법에 비해 그 구별이 뚜렷하지 않아 쉽지 않으며 그 구별실익은 고의에 의한 손해의 경우 배상액 경감을 청구할 수 없다는 정도이다. (김준

호, "고의 또는 과실", 「민법강의」 제22판(법문사, 2016), 1860~1861면.)

I. Prima Facie Case

Intentional torts는 크게 사람에 대한 위법행위(to person)와 물건에 대한 위법행위(to property)로 구분되며, prima facie case이다. Prima facie는 "on the first appearance"의 동의어로서 '언뜻 보기에 명확한'이라는 의미를 지닌다. 즉 prima facie case는 원고가 제시한 증거가 언뜻 보기에 명확하여 rebuttable presumption을 형성하고 이에 대한 피고의 반증이 없으면 원고가 승소할 사건이라는 뜻으로서, '원고가 입증책임을 지는 사건' 정도로 이해하면 되겠다. 모든 종류의 intentional torts는 prima facie case로서 원고는 피고의 act, intent, causation, 이 세 요건에 대한 입증책임을 지고 damage 요건은 intentional infliction of emotional distress (IIED), trespass to chattels 그리고 conversion을 제외한 대부분의 intentional torts에서는 원고에게 입증책임이 없다. 다시 말해, 피고의 행위로 인해 원고의 피해(액)가 반드시 있어야 하는 것은 아니고 원고가 피고로부터 진정한 사과를 원하는 등 명목상의 배상(nominal damages)을 원하는 경우에도 소송제기가 가능하다. 다만, 원고가 damage에 대해 증명하지 않는 경우 이론적으로는 소송제기가 가능하나 실무상 jury가 damage를 증명하지 아니한 원고에게 유리한 판단을 내리는 경우는 드물다.

To establish a prima facie case for intentional tort liability, the **plaintiff** is required to prove: defendant's **act, intent, and causation.**

1. Act

피고의 act(행위)는 '자유의지를 가진(volitional)' 행위이어야 한다. 따라서 타인이 밀쳐 하게 된 행위와 같이 피고의 결심(determination)과 무관하게 이루어진 행위는 act로 인정되지 않는다. 한편, 넘어지는 순간 팔을 뻗은 행위와 같은 반사적인(reflexive) 행위, epileptic seizure(간질 발작), sleep walking(몽유병 환자가 돌아다니는 행위)은 모두 타인에 의한 행위가 아닌 피고에 의한 행위이므로 volitional하다.

형법상 act는 민법상 act보다 좁은 개념으로서 피고인의 '자발적인(voluntary)' 행위를 뜻한다. 형법상 타인이 밀쳐 하게 된 행위와 같이 행위자의 결심 (determination)과 무관하게 이루어진 행위, 넘어지는 순간 팔을 뻗은 행위와 같은 반사적인(reflexive) 행위, epileptic seizure(간질 발작), sleep walking(몽유병 환자가 돌아다니는 행위)은 모두 involuntary하다고 보아 act로 인정하지 않는다.

Defendant is liable for intentional trots only if his act is **volitional**^{자발적인} **movement on defendant's part.**

✔ 갑이 을을 밀쳤고, 을이 병과 부딪힘. ─ 갑의 행위: volitional 인정 ○, 을의 행위: volitional 인정 ✕

✔ 갑이 넘어질 것 같아 팔을 허우적이다가 을과 부딪힘. ─ 갑의 행위: volitional 인정 ○

✔ 갑이 바나나 껍질을 밟아 넘어지다가 을과 부딪힘. ─ 갑의 행위: volitional 인정 ✕

[Act in Criminal case]

The defendant's act must be **voluntary.** The act should be the product of the defendant's determination and a conscious exercise of the will, not the reflexive (convulsive^{발작적인}) or unconscious act.

[표 4-1]

	Torts (intentional torts)	Criminal law
Act	volitional act	voluntary act
Not the product of the actor's determination	인정✕	인정✕
Reflexive act (unconscious/convulsive)	인정○	인정✕

2. Intent

a. Two Types of Intent

Intent 유형은 피고가 특정 '행위를 행하는' 시점을 기준으로 specific intent와 general intent로 구분된다. 피고가 행위를 행할 당시 "intentional tort의 intent 요건을 만족할만한 행위를 발생시키겠다."는 고의를 가진 경우에는 specific intent, 그러한 행위가 발생할 수 있다는 것을 충분히 확신(substantially certain)할 수 있었던 경우에는 general intent로 인정된다. 예컨대, 축구 선수 갑이 경기가 잘 풀리지 않자 화가 난 나머지 관중석 쪽을 향해 공을 찼고 관중 을이 머리에 그 공을 맞아 battery를 주장하며 소송을 제기한 경우, 갑의 어떤 intent가 인정되는가. 우선, battery는 intent to bring harmful or offensive contact to the plaintiff's person이 요구되는 위법행위이다. 갑이 공을 찰 당시 offensive contact를 야기하겠다는 결과를 의도할 것은 아니었으므로 specific intent는 인정될 수 없다. 다만, 갑이 공을 찰 당시 경기 중이었고 관중석에 사람들이 많았던 상황이므로 자신의 행위가 offensive contact를 야기할 수도 있다는 것을 substantially certain할 수 있었던 상황이므로, general intent는 인정된다. 만약 갑이 공을 찰 당시 경기가 없는 날이었고 관중석에 아무도 없었다고 믿고 공을 찼는데 우연히 지나가던 을의 머리에 맞았다면, 갑이 자신의 행위로 하여금 offensive contact를 야기할 수도 있다는 것을 substantially certain할 수 없는 상황이므로 general intent는 인정되지 않는다. 즉 갑은 을에 대해 손배책임이 없다.

Defendants are liable for intentional torts only when he has a certain mental state when he performs the wrongful act.
There are two types of intent: specific intent and general intent. **Specific intent** is recognized when the defendant acted with **the purpose** to bring the consequences. **General intent** is recognized when the defendant **knew substantial certainty** that the consequences will result at the time of the performance.

원고가 의자에 앉으려고 할 때 5살 아이가 원고를 돕고자 의자를 당겼는데, 이로 인해 원고가 넘어져 다친 경우 5살 아이에게 intentional tort liability (battery)가 인정되는가?

⇒ Yes. 5살 아이가 의자를 당길 당시 원고 신체상의 offensive contact(넘어짐)를 의도하지는 않았으나 자신이 의자를 당김으로서 원고 신체상에 offensive contact를 야기할 수 있다는 것을 substantially certain할 수 있었던 상황이므로 general intent가 인정되기 때문이다 [Garratt v. Dailey, Wash. 2d 197, 279 P.2d 1091 (1955)].

case 2

① 하키장에서 갑이 하키공을 쳤는데, 하키장 반대편 가장자리의 벤치에 앉아있던 을이 공에 맞아 갑을 상대로 battery를 주장하며 소송을 제기하였다. Is 갑 liable for battery?

⇒ May be no. 갑이 하키공을 칠 당시 offensive contact를 야기하고자 하는 의도가 없었으므로 specific intent는 인정되지 않는다. 또한 반대편 가장자리에 앉아있는 자에게 offensive contact를 substantially certain할 수 있었다고 보기에는 어려우므로, general intent 또한 인정될 수 없다. 따라서 갑은 battery 성립요건인 intent가 없으므로 을에 대해 책임이 없다.

② 상기와 동일한 상황에서 을이 갑 바로 옆에 있는 벤치에 앉아있었고, 갑이 을을 맞추고자 하키공을 친 것은 아니라면, is 갑 liable for battery?

⇒ Yes. 갑이 하키공을 칠 당시 을을 맞추고자 하는, 즉 offensive contact를 야기하고자 하는 의도가 없었으므로 specific intent는 인정되지 않는다. 다만, 자신이 하키공을 치는 행위가 바로 옆에 앉아있는 자에게 offensive contact를 substantially certain할 수 있었다고 보기에 충분한 상황이므로, general intent는 인정된다. 따라서 갑은 을에게 battery에 대한 책임을 진다.

case 3

① 갑이 길을 걷다가 맞은편에서 자동차가 자신을 향해 돌진하는 것을 보고,

이를 피하기 위해 옆에 있는 을 소유의 화단으로 뛰어들었다. 이 과정에서 을의 화단이 망가졌고, 을은 갑을 상대로 trespass to land를 주장하며 소송을 제기했다. Is 갑 liable for trespass to land?

⇒ Yes. 갑이 을의 화단으로 뛰어드는 행위 자체가 physical invasion of real property이고, 이를 갑이 인지하고 있었으므로 specific intent가 인정된다. 따라서 갑 is liable for trespass to land.

② 늦은 밤, 갑이 자신의 집으로 착각하여 을의 집에 들어갔다. 이에 을은 갑을 상대로 trespass to land를 주장하며 소송을 제기했다. Is 갑 liable for trespass to land?

⇒ Yes. 갑은 집에 들어가는 행위가 특정 공간에 대한 physical invasion of real property이므로 specific intent가 인정된다. 갑의 specific intent가 인정되고 battery 성립요소(act of physical invasion, intent to bring physical invasion, causation)가 모두 만족되는 바, 갑이 진심으로 자신의 집이라 착각했다는 사실은 그의 battery 책임유무와 무관하다. 따라서 갑 is liable for trespass to land.

b. Transfer of Intent

피고가 을을 상대로 assault 의도를 가지고 한 행위의 결과가 battery가 되었다면, 피고의 intent는 assault와 battery 중 어떤 intent가 인정되는가. 이 경우 피고의 assault intent가 battery intent로 이전되었다고 본다. 즉 피고가 행위 당시 의도했던 바와 다른 결과가 나오는 경우, 피고는 "transferred intent"가 있다고 본다(doctrine of transfer of intent). 본래 의도한 torts와 다른 torts가 행해진 경우, 다른 피해자에게 본래 의도한 torts가 행해진 경우, 다른 피해자에게 다른 torts가 행해진 경우 모두 본 rule이 적용된다. 다만, transferred intent가 모든 종류의 intentional torts에서 인정되는 것은 아니며 일반적으로 다섯 가지의 불법행위에 대해서만 인정된다.

ⅰ. General Rule

Under the doctrine of transfer of intent, intent to commit a tort is transferred to the actually injured person or to the other tort. The doctrine is applicable when:

① The defendant commits a **different tort** against the person against whom he intended;

② The defendant commits a tort which he intended to commit **against a different person;** and

③ The defendant commits a **different tort** against a **different person.**

ⅱ. Application

The doctrine is applicable only when the case involves:

① Assault;

② Battery;

③ False imprisonment;

④ Trespass to land; and

⑤ Trespass to chattels.

3. Causation

원고는 피고의 행위(act)와 결과(injury) 간 인과관계(legal causation)를 입증해야 한다. 즉 피고의 행위와 결과 간에 피고에게 책임을 물을 수 있을 정도의 관계가 있다는 것을 보여야 하는데, 피고의 행위가 결과에 직접적인 영향을 끼치지 않더라도 어느 정도의 인과관계(substantial factor)가 있다면 causation 요건이 만족된다.

The result must have been **legally caused** by the defendant's act or something set in motion thereby. The causation requirement is satisfied when the conduct of defendant is a **substantial factor** in bringing about the injury.

II. Intentional Torts to Person

A. Battery

Battery는 폭행, 즉 원고에 대한 해롭거나 불쾌한 피고의 접촉을 뜻한다. 여기서 '원고'는 원고의 신체뿐만 아니라 그와 연결된 모든 것을 의미하며, '불쾌함' 여부는 합리적인 사람을 기준으로 객관적으로 판단(objective test)한다.

1. Prima Facie Case

In a battery action, the plaintiff must prove:

ⅰ. The defendant's **act** brought **harmful or offensive**^{불쾌한} **contact** to the **plaintiff's person;**

ⅱ. Defendant had **intent** to bring harmful or offensive contact to the plaintiff's person; and

ⅲ. **Causation.**

2. Harmful or Offensive Contact

Contact is harmful when it causes injury, pain, or impairment of any body function.

Contact is offensive when a ordinary person with **reasonable sense of personal dignity** would find it is offensive **(objective test).**

✔ 퇴근길 사람이 많은 지하철에서 갑이 넘어지려하자 을이 갑의 허리를 잡음. → reasonable person 입장에서 을의 행위(갑의 허리에 contact)가 offensive할 가능성은 적다(offensive 인정×). → battery 인정×

✔ 공항에서 보안검사를 위해 몸을 수색하는 행위 → offensive 인정×

✔ "몸 수색 전에 반드시 행인에게 동의를 구해야 한다."는 규정이 있는 경우 → offensive ○ (may be)

3. Plaintiff's Person

For battery purposes, plaintiff' person means anything **connected** or close to the plaintiff.

✔ 갑이 쓰고 있는 모자, 안경, 마스크에 대한 harmful contact → plaintiff's person 인정 ○

✔ 갑이 타고 있는 자동차, 말 → plaintiff's person 인정 ○

B. Assault

Assault는 위협을 뜻하며, 이에는 피고가 위협을 가하고자 하는 intent를 가진 경우와 battery를 범하고자 하는 intent를 가졌으나 결과적으로 원고와의 신체적 접촉 없이 원고에게 위협만을 가하게 된 경우(attempted battery가 된 경우)가 있다. 즉 battery와 assault는 battery를 범하고자 하는 intent(intent to bring harmful or offensive contact to the plaintiff's person)를 가지고 있다는 점에서 동일하나, '신체적 접촉 유무'를 기준으로 구분된다.

> TIP 피고의 assault 책임유무를 묻는 문제의 경우, 두 유형을 모두 고려해야 한다.

In an assault action, the plaintiff must show:

i. Defendant's act created the plaintiff's **reasonable apprehension** of **immediate** battery (harmful or offensive contact to person);

ii. Defendant's **intent** to bring plaintiff's apprehension of immediate battery; and

iii. **Causation.**

C. False Imprisonment

False imprisonment란 감금, 즉 타인을 제한된 공간에 가두어 자유를 억압하는 작위 또는 부작위를 뜻한다. 여기서 '제한된 공간'이란 합리적인 자가 해당 구역을 빠져나올 경로를 찾을 수 없는 공간을 뜻한다. 한편, 원고가 자신이 감금되었다는 사실을 인지하지 못했다는 점은 본 위법행위에 대한 책임유무를 판단하는데 있어 무관하다. 즉 원고가 자신이 감금되었다는 사실을 인지하지 못했다하더라도 피고의 false imprisonment가 인정될 수 있다.

1. Prima Facie Case

In a false imprisonment action, the plaintiff must show:

ⅰ. Defendant's **act or omission** to act that **confines** the plaintiff to a **bounded area against plaintiff's will**;

ⅱ. Defendant's **intent** to confine the other; and

ⅲ. **Causation.**

2. Act or Omission

Defendant may confine or restrain^{제지하다} plaintiff by the use of physical barriers, physical force or threats.

Omission of defendant's pre-existing obligation to assist plaintiff move around can be a confinement.

✔ 복역기간이 다 된 수감자를 감옥에서 내보내주지 않은 경우 → omission of obligation 인정 ○

✔ 비행기 착륙 후 직원이 거동이 불편한 승객에게 휠체어 서비스를 제공하지 않은 경우 → omission of obligation 인정 ○

3. Plaintiff's Awareness

The action can be raised only when the plaintiff **is aware of** the confinement.

✔ 을이 갑이 차 안에 있다는 사실을 알면서도 갑이 '잠든 사이' 차 문을 잠근 경우 → 갑 has no awareness.

✔ 을이 갑이 차 안에 있다는 사실을 모르고 갑이 '잠든 사이' 차 문을 잠근 경우 → 갑 has no awareness, but no intent.

4. Bounded Area

It is actionable when the freedom to move is **confined in all direction** and there should be **no reasonable means of escape.**

✔ 문이 열려 있으나 문 밖에 총을 들고 있는 사람이 서 있는 경우 ― bounded area 인정 ○

✔ 창문이 unlocked이나 100층 높이여서 뛰어내릴 수 없는 경우 ― bounded area 인정 ○

5. Shopkeeper's Privilege

원칙적으로 모든 사람은 타인이 자유롭게 움직일 권리를 침해할 수 없으므로, 정당한 권리 없이 타인을 잠시 수색하기 위해 잡아두는(detention) 경우 false imprisonment에 대한 책임을 진다. 다만, 상점은 많은 물건이 진열되어 있는 곳으로서, 상점을 운영하는 자(shopkeeper)에게 고객이 물건을 훔칠 것 같은 의심스러운 행동을 하는 경우 예외적으로 detention을 할 수 있는 privilege를 인정하는 바, 합리적인 의심하에 합리적인 시간 동안 합리적인 방법으로 진행되는 detention은 허용된다.

A shopkeeper has privilege to detain someone for investigation when:
 i . There must be a **reasonable belief** about the fact of theft;
 ii . The detention must be in a **reasonable period of time;** and
 iii . The detention must be in a **reasonable manner.**

D. **Intentional Infliction of Emotional Distress (IIED)**

Intentional infliction of emotional distress(IIED)는 행위자가 충격적인 행위를 통해 원고에게 심각한 정신적 충격을 주고자(intent) 한 경우 또는 원고에게 그러한 충격을 줄 수 있을 것이라 충분히 예상할 수 있었음에도 불구하고 이를 간과(recklessly disregard)하고 행위한 경우에 성립된다. 또한 원고가 자신이 입은 심각한 정신적 피해에 대해 입증책임을 진다. IIED는 trespass to chattel과 conversion과 비교하여 가장 많은 damage award를 배상받을 수

있는 소송근거이다. 자세한 내용은 이하 「C. Conversion」에서 다시 논하도록
한다.

1. Prima Facie Case

In an intentional infliction of emotional distress action, the plaintiff
must show:

ⅰ. Defendant's **extreme and outrageous conduct**;

ⅱ. Defendant's **intent** to cause plaintiff to suffer **severe** emotional
distress **or recklessness** about the effect of his conduct;

ⅲ. **Causation**; and

ⅳ. **Damages (severe emotional distress)**.

2. Extreme and Outrageous

피고 행위의 extreme and outrageous^{매우 충격적인} 여부를 판단하는데 있어
객관적인 기준은 존재하지 않으나, '사회적으로' 용납할 수 없는 행위로
인정되며, 판례에서 extreme and outrageous conduct를 인정하는 경우는
크게 세 경우로 구분된다. ① 피고의 행위가 지속적인 경우, ② 피고가 운
송업자, 의사 등 높은 도덕적 태도를 요구하는 직업을 가진 경우 그리고
③ 원고가 노약자 및 임산부와 같이 예민한 그룹에 해당하는 경우가 그러
하다. 한편, 언어를 통해 수치심을 유발한다거나 언어폭력을 하는 경우에
는 대부분 IIED가 인정되지 않는다.

Conduct is extreme and outrageous when a society will not tolerate
the defendant's conduct.

In many cases, extreme and outrageous conduct is recognized when:

ⅰ. Defendant's conduct is durable;

ⅱ. Defendant is in position which is subject to the higher standard of
duty of care (e.g., doctor, common carrier);

ⅲ. Plaintiff is in the sensitive group (e.g., pregnant women, elderly).

3. Intent or Recklessness

A person acts recklessly when the defendant **consciously disregard** a **high probability** that the emotional distress would occur.

4. Damages

Actual damages are required and nominal damages are not sufficient. Plaintiff can recover damages regardless of **physical injuries.**

5. To Third Parties

갑이 을에게 한 행위를 보고 병이 정신적 피해를 입은 경우, 갑은 병(원고)에게 IIED에 대한 책임을 지는가. 이 경우, 병이 을(제3자)과 가족관계에 있는지 그 여부를 기준으로 IIED의 기본적인 요건에 추가적으로 요구되는 조건이 다르다. 만약 병이 을의 가족이라면 갑이 행위 당시 을이 병과 가족관계이라는 점과 을이 현장에 있다는 점을 인지하고 있어야 인정된다. 만약 병이 을과 가족관계가 아닌 경우(병이 bystander인 경우)라면, 갑이 행위 당시 병이 그 현장에 있었다는 것을 인지하고 있었고, 갑의 행위로 인해 병에게 정신적 피해와 더불어 신체적 피해가 발생해야만 IIED가 인정된다. 한편, 피고가 원고의 가족인 제3자의 시신을 수습하는데 있어 시신이 뒤바뀌거나 훼손하는 등의 실수를 범하여 원고가 정신적 피해를 입은 경우에도 IIED가 인정된다. 이는 원고와 제3자가 가족관계를 형성하고 있으므로 원고가 피고의 행위 당시 현장에 있어야 한다는 요건이 완화된 것이다.

a. Family

i . General Rule

When a third party **victim is a close family,** the defendant is liable for IIED to the plaintiff when:

① There is a defendant's **extreme and outrageous conduct;**

② There is a defendant's **intent** to cause plaintiff to suffer **severe** emotional distress **or recklessness** about the effect of his conduct;

③ There is **causation;**

④ There is **severe emotional distress;**

⑤ The plaintiff **was present** at the time of the defendant's conduct; and

⑥ The defendant **was aware of such presence and relationship** between the third party victim and the plaintiff.

ⅱ. Exception

A person who did intentional or reckless **mishandling of a relative's corpse**^{시체} is liable for the other family members, even when those were **not present** at the time of the defendant's conduct.

b. Bystander

When a third party **victim is a bystander,** the defendant is liable for IIED to the plaintiff when:

ⅰ. There is a defendant's **extreme and outrageous conduct;**

ⅱ. There is a defendant's **intent** to cause plaintiff to suffer **severe** emotional distress **or recklessness** about the effect of his conduct;

ⅲ. There is **causation;**

ⅳ. There is **severe emotional distress** and **bodily injury;**

ⅴ. The plaintiff **was present** at the time of the defendant's conduct; and

ⅵ. The defendant **was aware** of such presence.

III. Intentional Torts to Property

A. Trespass to Land

Trespass to land란, 타인의 토지에 무단으로 침입한 것을 뜻한다. 여기서 '침입'은 행위자(피고)의 신체뿐만 아니라 유형(有形) 물체가 타인(원고) 소유의 토지에 들어가는 행위도 포함하는 개념이다. 유형 물체(tangible objects)가 타인의 토지에 침입하면 trespass to land, 무형 물체(intangible objects)가 타인의 토지에 침입하면 nuisance를 근거로 소송가능하다. 한편, 피고의 intent 는 특정 토지에 '들어가고자 하는' 의지면 족하며, '남의 토지에' 들어가고자 하는 intent까지 요구되는 것은 아니다. 따라서 피고가 자신의 토지로 착각 (mistake title)하여 타인의 토지에 들어갔다 하더라도 trespass to land에 대한 책임을 진다.

1. Prima Facie Case

In a trespass to land action, the plaintiff must prove:

ⅰ. The defendant's act of **physical invasion** of **plaintiff's real property**;

ⅱ. Defendant had **intent** to bring physical invasion of plaintiff's real property; and

ⅲ. **Causation.**

2. Physical Invasion

Physical invasion element is satisfied if the defendant causes **tangible objects or third person** to enter the plaintiff's land.

Entry of **intangible** objects may satisfy **nuisance.**

- ✔ 공, 자전거 → tangible → trespass를 근거로 소송
- ✔ 입자가 쌓이는 것(물, 먼지) → tangible → trespass를 근거로 소송
- ✔ 소리, 냄새 → intangible → nuisance를 근거로 소송
- ✔ 갑이 찬 공이 을 마당에 떨어졌고, 갑이 병에게 이를 가져다줄 것을 부탁하여 병이 을 마당에 허락 없이 들어간 경우 — 갑을 상대로 trespass 주장 가능

3. Intent

The **intent to enter on the particular piece of land** is sufficient to establish trespass to land.

Mistake of title is not a defense to trespass claims. Defendant's intent to invade the plaintiff's land is not required.

✔ 당뇨병이 있는 갑이 길을 걷다가 갑자기 '의식을 잃고' 을의 토지 위에 쓰러짐. → 갑's intent 인정 ×
✔ 술에 취한 갑이 자신의 집으로 착각하여 을의 집으로 들어간 경우 → 갑's intent 인정 ○

B. Trespass to Chattels

Chattel은 동산(動産)을 뜻하는 바, trespass to chattel은 타인이 동산에 대해 가지고 있는 점유권을 방해하는 위법행위이다. Trespass to chattel의 성립요건 intent의 경우 trespass to land와 마찬가지로 타인의 동산을 점유하여 그의 점유권을 '방해하고자(trespass) 하는' 것까지 요구되지는 않고 '점유하고자' 하는 의지가 있으면 족하다. 따라서 피고가 해당 동산의 소유권이 자신에게 있다고 착각(mistake)했다 하더라도, 피고의 책임(trespass to chattel)은 면할 수 없다. 예컨대, 갑(피고)이 을(원고)의 시계를 자신의 것이라 오인하여 이를 자신의 집에 가져온 경우 갑이 해당 시계를 점유하고자 하는 intent가 있었으므로 갑의 trespass to chateel이 인정된다. 한편, 원고는 피고의 행위로 인한 피해는 피고로 인해 원고가 해당 동산을 점유할 수 없었던 점, 피고의 점유로 인해 해당 동산이 소실된 점, 해당 동산의 가치 하락 등을 통해 증명된다.

1. Prima Facie Case

In a trespass to chattels action, the plaintiff must prove:

i . The defendant's act of **interference** with plaintiff's **right of possession in the chattel;**

ii . Defendant had **intent** to bring interference of plaintiff's right of possession;

iii. **Causation;** and

iv. **Damages.**

2. Intent

The intent to do act of interference with the chattel is sufficient to establish trespass to chattel.

Mistake of title is not a defense as to trespass claims. Defendant's intent to interfere with the plaintiff's chattel is not required.

3. Damages

Actual damages are required and nominal damages are not sufficient. When there is **diminished value of the chattel, the loss of possession itself, or a dispossession** resulted by the defendant, the damages element is satisfied.

C. Conversion

Conversion은 타인이 동산에 대해 가지고 있는 점유권(및 소유권)을 방해하는 행위라는 점에서 trespass to chattel과 유사하나, 양자간 개념과 damages 산정방법에 있어 차이가 있다. Conversion은 trespass to chattel과 비교하여 그 방해가 더 심한 위법행위로서, 피고의 행위가 '상당한(serious) 방해'인 경우에 한해 인정된다. 여기서 '상당한 방해'는 피고가 절도(larceny)와 같이 형법상 금지된 행위를 하는 경우 그리고 약속한 시간에 돌려줄 것을 거부하는 행위, 빌린 동산을 다른 것과 바꾸는 행위와 같이 동산에 대한 점유권을 방해하는 경우 모두 인정된다. 다만, 피고의 행위가 동산에 damage를 야기하거나 원고의 점유권이 완전히 박탈되어야 하는 것은 아니다. 예컨대, 갑(원고)이 자신의 자동차를 잠시 을(피고)에게 빌려주었고 3일 후 되돌려 받기로 하였으나, 을이 갑의 허락 없이 병에게 해당 자동차를 빌려주었고 5일이 지난 후 갑에게 반환하려 하자 갑이 이를 거부하였다고 가정해보자. 갑의 자동차에 어떠한 damage도 없었다 하더라도 을은 갑의 자동차를 약속 내용과 다르게 사용함으로써 갑의 점유권을 '상당히 방해'하였으므로, 갑은 을을 상대로 conversion을 주장할 수 있다. 한편, 손배액의 경우 conversion은 full value 를, trespass to chattel은 점유권 방해로 인해 발생한 피해를 기준으로 산정된다. Conversion은 행위자가 행위 당시 가지고 있었던 intent보다는 그의 행위로 인해 발생한 원고의 피해(damage)에 중점을 둔 위법행위로서, 행위자가 행위 당시 해당 결과(피해)를 초래하고자 하는 intent가 요구되는 것은 아니며 그가 원래 가졌던 intent와 다른 결과(피해)가 발생하더라도 행위자는 이에 대해 책임을 져야 한다.

TIP   Conversion으로 인정되는 행위는 trespass to chattel으로도 인정될 가능성이 높다.

TIP2   Q: <u>What cause of action may the plaintiff assert against the defendant?</u>

원고가 '주장할 수 있는' 피고의 책임을 묻는 문제가 출제되었고, trespass to chattel, conversion, IIED가 각각 별개의 선지로 구성되어 있는 경우, 가장 많은 손배액을 청구할 수 있는 소송근거, 즉 IIED를 선택해야 한다. 예컨대, 피고가 원고에게 앙심을 품고 원고의 정신적 충격을 유발하기 위해 원고가 아끼는 자동차를 완전히 훼멸시켰고 원고는 정신적 충격을 받은 경우, 원고는 피고를 상대로 어떤 책임을 주장해야 하는가. 본 사안에서 원고는 피고의 trespass to chattel, conversion 그리고 IIED 모두 주장가능하나 그 중 IIED를 주장할 경우의 손배액이 가장 크다. 다만, IIED의 경우 원고의 severe emotional distress가 입증되어야 한다.

① Trespass to chattel → diminished value of the personal property
② Conversion → full value of the personal property
③ IIED → actual damages

1. Prima Facie Case

In a conversion action, the plaintiff must prove:

ⅰ. The defendant's act of **serious interference** with plaintiff's **right of possession in the chattel;**

ⅱ. Defendant's **intent** to bring interference of plaintiff's right of possession; and

iii. **Causation.**

2. Serious Interference

Serious interference includes wrongful acquisition (e.g., larceny, embezzlement), wrongful transfer, wrongful detention, substantial change, and severe damage.

* ✔ 갑에게 미술품을 빌린 을이 이를 병에게 판매한 경우 → wrongful transfer → serious interference ○
* ✔ 부산 영화제에 가기 위해 친구에게 3일동안 차를 빌렸으나 5일이 지난 후에도 돌려주지 않은 경우 → wrongful detention → serious interference ○
* ✔ 부산 영화제에 가기 위해 친구에게 차를 빌려 영화제에 가는 길에 배가 아파 약국에 들린 경우 → serious interference ✕
* ✔ 가방을 리폼해주는 곳에서 백팩을 만들어 달라고 부탁했으나 핸드백을 만들어 준 경우 → substantial change → serious interference ○
* ✔ 갑에게 노트북을 빌려 사용하다가 노트북 위에 물을 쏟아 노트북이 망가진 경우 → severe damage → serious interference ○
* ✔ 갑의 노트북을 훔친 을 → 형법상 larceny + 민법상 conversion

3. Intent

The intent to interfere with the plaintiff's right of possession is sufficient to establish conversion.

* ✔ 갑에게 노트북을 빌려 사용하다가 노트북 위에 물을 쏟아 노트북이 망가진 경우 → 갑이 을에게 노트북을 빌릴 당시 이를 망가뜨리겠다는 의도가 없었다 할지라도, conversion에 대한 책임을 진다.

4. Damages

If the conversion claim succeeded, plaintiff is required to pay the **full** value of the chattel.

Ⅳ. Defenses to Formation

Defense란, 항변사유를 뜻한다. 즉 피고의 행위가 구성요건을 모두 성립하나 실질적으로 위법이 아니라고 인정할 만한 특별한 사유를 뜻하는 바, 피고가 이를 입증하면 그의 행위는 위법으로 인정되지 않는다. 다만, 위법으로 인정되지 않는다 하여 피고가 야기한 피해에 대해 완전히 면책되는 것은 아니고, 항변사유의 유형에 따라 완전 면책 또는 부분 면책이 된다. Intentional torts 에 대한 defenses에는 크게 content, protective privilege, privilege of arrest 그리고 necessity가 있다. Consent는 원고가 피고에게 해당 행위를 하는데 있어 동의한 경우를 뜻하며, 모든 torts의 defense로 인정된다. Protective privilege는 self-defense, defense of others 그리고 defense of property를 모두 포함하는 개념으로서, 원고의 위법행위에 대해 피고가 자신 또는 제3자의 이익을 방위하기 위하여 부득이 타인에게 손해를 가한 경우를 뜻한다. 여기서 '이익'은 신체에 관한 이익과 자산에 관한 이익을 모두 포함한다. 한편, privilege of arrest는 공권력을 가지지 않은 일반 시민 피고가 범죄인을 arrest하는 과정에서 피고가 타인에게 가한 손해에 대한 책임을 면책해주는 것이다. Necessity는 한국법상 긴급피난에 해당한다.

A. Consent

Consent가 항변사유로 인정되기 위해서는 피고의 행위가 원고의 consent 범위(scope) 내의 행위에 해당하여야 하며, 이를 초과하는 행위에 대해서는 intentional torts로 인정된다. Consent 유형에는 원고의 표명에 의한 express consent와 주변적 상황을 고려했을 때 피고가 원고가 동의했다고 생각하기에 합리적인 경우 인정되는 implied consent가 있다. 긴급상황 시 법적으로 원고의 consent가 있었다고 간주(implied by law)하여 피고의 위법행위에 대해 면책하는 경우도 있다. 여기서 '긴급상황'이란, 원고가 심신상실(incapable) 상태이고 합리적인 사람이 보았을 때 원고의 생명 또는 신체적 상해를 보호하기 위해서 동의 없는 접촉(contact)이 필요하다고 판단되는 경우를 뜻한다.

일부 책에서는 이러한 경우를 법적으로 인정한 consent(consent implied by law)로 보아 implied consent의 유형 중 하나로 보기도 하나, 본 서는 emergency exception을 별도의 유형으로 구분하였다.

The consent can be given expressly or by implication.
To be a valid defense, the consent must be valid and the defendant must not exceed the scope of the consent.

1. Express Consent

Express (actual) consent is recognized when plaintiff has expressly given to the defendant's act.

a. Valid Consent

Consent should be valid and a consent is invalid when:

　ⅰ. The consent is made **by mistake which is caused by the defendant;**

　　(The consent by mistake on the **plaintiff's part** is a valid defense.)

　ⅱ. The consent is made **by fraud** and the fraud is as to **essential matter;**

　　(If fraud is as to collateral matter, consent is a valid.)

　ⅲ. The consent is made **by immediate duress (threats);**

　　(If threats are as to **future** action or future economic deprivation, the consent is still **valid.)**

　ⅳ. The defendant's tortious conduct constitutes a crime (in most jurisdictions).

| TIP | Defense로서의 consents

　① By mistake → △ caused → defense 인정 × (피고 책임 ○)
　② By fraud → essential → defense 인정 × (피고 책임 ○)
　③ By duress → immediate → defense 인정 × (피고 책임 ○)

2. Implied Consent

원고의 행위가 피고로 하여금 원고가 피고의 행위에 대해 동의했음을 믿기에 합리적인 경우, 원고의 implied consent가 인정되는 바, 피고는 자신의 행위에 대해 민사적 책임을 지지 않는다. 여기서 원고의 '행위(conduct)'는 원고가 의사전달을 위해 한 행위가 아닌 의자에 앉거나 팔을 내미는 등 일반적인 행위가 주변 상황과 결합되었을 때 합리적인 피고가 consent로 받아들일 수 있는 행위를 뜻한다. 따라서 고개를 끄덕이거나 손가락으로 오케이 사인을 하는 행위 등 상대방에게 의사를 전달하기에 충분한 행위는 express consent에 해당한다.

Implied consent is recognized when it is **reasonable** for the defendant to **interpret** plaintiff's **overt**^{명시적인} conduct or surrounding circumstances as a consent.

✔ 예방접종 받기 위한 줄에 서 있던 갑이 의사 을에게 팔을 내민 경우 → 합리적인 사람이 갑의 행위를 본다면 충분히 그의 consent를 추론할 수 있다. → implied consent ○ → 을은 battery에 대해 책임을 지지 않는다.

✔ 풋볼 경기에 참여한 갑이 다른 참여자 을과 몸이 부딪힌 경우 → 풋볼 경기에 참여한 것은 타인과의 접촉에 대해 묵시적으로 동의했다고 볼 수 있다. → implied consent ○ → 을은 battery에 대해 책임을 지지 않는다.

✔ 풋볼 경기 참여자 갑이 경기도중 다른 참여자 을의 얼굴을 때린 경우 → 풋볼 경기에 참여한 것은 타인과의 접촉에 대해 묵시적으로 동의했다고 볼 수 있으나 얼굴 구타 정도의 접촉까지 동의했다고 보기는 어렵다. → 갑의 행위(얼굴 구타)는 을의 consent 범위를 넘어선 행위이다. → 갑은 battery에 대해 책임을 진다.

3. Emergency Exception

In an emergency situation, consent is **implied by law** and the defendant without consent is not liable for his intentional torts.

An emergency situation is when the plaintiff is **incapable** to consent and a **reasonable** person would conclude that some contact is necessary **to prevent death or serious bodily harm.**

B. Protective Privilege

1. Self-Defense

Self-defense는 '자기방어'를 뜻한다. 한국법상 정당방위는 타인의 불법행위에 대하여 자기 또는 제3자의 법익을 방위하기 위하여 부득이 그 타인에게 손해를 가한 행위를 통칭하는 개념으로서, '자신'의 법익을 방위하기 위해 한 행위만을 칭하는 self-defense와 약간의 차이가 있다. Self-defense의 성립요건에는 행위자의 합리적인 믿음과 합리적인 물리력이 있는데, 그중 deadly force가 '합리적인 물리력(force)'인지 그 여부를 판단하는 것이 가장 큰 논점이다. Deadly force는 행위자에게 deadly force가 가해졌고, 행위자가 안전한 구역으로 피해야 할 의무(duty to retreat)를 이행할 수 없는 경우에 한해 합리적인 물리력으로 인정된다. 다만, 행위자가 자신의 집에서 deadly force를 가하는 경우(defense of property)에는 duty to retreat이 요구되지 않는다. 이는 개인이 소유한 집 또는 토지에 대한 강력한 privacy가 인정되는 바, 자신의 집에서는 안전한 구역으로 피해야 할 의무(duty to retreat)가 없다는 castle doctrine에 근거한 rule이다.

a. General Rule

When a person has **reasonable beliefs** that he **is being (or is about to be)** attacked, a person is justified to use **reasonable force.**

b. Reasonable Force

The force is reasonable when it is necessary to protect such potential injury.

Deadly force is allowed only if the defendant has a reasonable belief that he is about to be attacked by the force sufficient to cause death or serious bodily injury.

The initial aggressor can raise self-defense only when the other party has responded with deadly force to nondeadly force.

✔ 갑이 을을 주먹으로 때렸더니 을이 갑에게 총을 겨눈 경우 → 갑의 폭행은 nondeadly force이었지만 을은 이에 대해 deadly force로 반응함. → 갑은 initial aggressor임에도 불구하고 을에 대해 deadly force를 사용할 수 있다.

c. Duty to Retreat

When the defendant is in his house, he has **no duty to retreat** before using **deadly force** (the castle doctrine).

Under the Second Restatement, the defendant has a duty to retreat.

[In Criminal Cases]

Under the majority rule, a person who uses deadly force as a self-defense is **not** under the duty to retreat.

Under the minority rule (retreat doctrine), a person **is** required to retreat only when retreat can be made **in complete safety** except for the following situations:

ⅰ. When the attack occurs **in one's own home;**

ⅱ. When the victim (e.g., police) is making a **lawful arrest;** or

ⅲ. When the attack is made by victim of **rape or robbery.**

d. Bystander Injury

The actor is not liable for injuries to bystanders which are occurred during acting in self-defense.

2. Defense of Others

Defense of others는 누군가가 self-defense가 필요하다고 생각되어 그

자를 위해 위법행위를 한 자에게 인정되는 항변사유이다.

When a person has **reasonable beliefs** that the defended^{지켜낸} party **would be entitled to use self-defense,** the person is justified to use **reasonable force.**

```
case
```

행인 갑이 을이 병에게 구타당하는 모습을 보고 을을 구하고자 병을 밀쳐내었다. 그런데 실제로는 을이 먼저 병에게 구타를 했고(initial aggressor) 병이 이에 대한 self-defense로 을을 구타하고 있었던 상황이었다면, 갑은 병에게 intentional torts에 대해 책임을 지는가?

⇒ No. 갑이 을(defended party)에게 self-defense가 필요한 상황이라고 믿기에 충분한 상황이었으므로 reasonable belief로 인정된다. 따라서 defense of others가 인정되어 갑은 병에 대해 책임이 없다.

3. Defense of Property

여기서 "property"는 동산과 부동산을 통칭하는 용어로서, defense of property는 동산 및 부동산에 대한 권리(점유권 및 소유권)를 가진 자가 자신의 자산을 지키고자 타인을 상대로 물리력(force)을 행사한 경우를 뜻한다. 다만, 행위자(피고)는 force를 행사하기 전 권리침해자(원고)에게 해당 침해를 그만둘 것을 권고(request to desist)해야 하며, 해당 권고를 했음에도 여전히 권리가 침해된다면 자산을 지키는 수준의 reasonable force만을 행사해야 한다. 앞서 언급한 self-defense 및 defense of others와 마찬가지로 force의 reasonability는 deadly force와 관련이 높은 논점으로서, 이익을 방위하는데 있어 deadly force 사용이 합리적인 경우에 한해 deadly force를 사용한 행위가 defense로 인정된다.

a. General Rule

A defendant can use reasonable force to prevent a commission of tort by plaintiff against the defendant's premises or personal property.

To be justified, an actor (defendant) must **request** the tortfeasor to desist^{그만두다} from the commission and use **reasonable force.**

b. Reasonable Force

Only the reasonable force is allowed.

Deadly force that will cause serious bodily harm or death, such as spring gun, vicious dog, trap, **is unreasonable.** Such force is not allowed even when it is used **toward the trespassers** or when the landowner **has made warning** regarding such force.

[Katko v. Briney, 183 N.W.2d 657 (Iowa 1971)]

Case brief: 부부가 사람이 살고 있지 않는 집에 침입(trespass)하여 몇 개의 낡은 bottles와 fruit jars를 챙겼다. 집 주인은 trespasser들이 자주 침입한다는 사실을 알고 이를 방지하고자 spring shotgun trap을 안방에 설치한 상태였다. 남편이 안방에 들어가는 순간 총이 발사되었고, 그의 다리에 맞아 불구가 되었다. 이에 남편은 집주인을 상대로 injury에 대한 배상을 청구하였다.

Held: 인명의 가치가 자산의 가치보다 높으므로 자산(property 또는 chattel)을 보호하고자 죽음에 이르게 하거나 심각한 신체적 injury를 야기하는 force를 행사하는 것은 허용되지 않는다. 또한 권리자(집 주인)는 force를 행사하기 전 권리침해를 저지(repel)하는 일련의 단계를 거쳐야 하는 바, trespasser 및 petty thief를 상대로 총을 사용할 수 없다.

⇒ Using deadly force or force causing serious bodily injury is not allowed to protect the land or chattels, unless the defendant's personal safety is threatened. Thus, spring-loaded gun is not justified against a trespasser or even a petty thief.

c. Request to Desist

A person must **request** a tortfeasor **to desist** from the interference with property **before** he uses reasonable force.

The request is **not** required when the actor **reasonably believes** that the request would be futile^{소용없는} or dangerous.

[표 4-2]

	Self-defense/ Defense of others		Defense of property
Duty to retreat (dead force)	Dead force가 reasonable해야 함.		
	general	○	—
	in house	×	
Duty to desist	—		○

4. Reentry and Recapture

'부동산' 점유권자(및 소유권자)의 자력구제를 reentry onto land, '동산' 점유권자의 자력구제를 recapture of chattels라 한다. Reentry 및 recapture는 자산을 보호하고자 하는 행위라는 점에서 defense of property와 유사하나, defense of property는 현재 권리자가 가지고 있는 이익을 방위하기 위한 행위인 반면, reentry 및 recapture는 현재의 상태를 변경하고자 하는 행위라는 점에서 차이가 있다.

Reentry onto land의 경우, force를 행사할 수 없고 법적 절차를 통한 peaceful한 방법을 사용해야 한다. Common law에 따르면 기만(fraud)이나 무력(force)에 의해 권리를 침탈당한 경우에 한해 reasonable force를 행사할 수 있으나, 최근에는 어떠한 경우에서도 force 행사는 금지된다. 예컨대, 갑의 토지에 을이 무단점유한 경우, modern law에 따르면 갑은 자신의 토지를 법적 절차를 통해 reenter해야 하며, force를 행사하는 것은 허용되지 않는다. 만일 force를 행사한다면 이에 대한 배상의 의무가 있다.

Recapture of chattels의 경우, 권리가 침탈된 상황에 따라 force 행사 가능여부가 다르다. 권리를 침탈한 자가 동산에 대한 권리를 wrongfully 가지고 있는 경우에는 force를 행사할 수 있고, 그 자가 권리를 lawfully 가지고 있는 경우에는 force를 행사할 수 없다. 여기서 'lawfully'라는 것은 권리자가 '자발적'으로 해당 권리를 이전시킨 경우를 뜻하는 바, 을이 갑의 시계를 약속한 기간이 지난 후에도 점유하고 있는 경우, 을이 갑의 시계를 조건부 대여를 하였으나 조건을 미충족한 상태로 점유하고 있는 경우 등 모두 을이 lawfully하게 권리를 가지고 있다고 본다. 예컨대, 갑이 을에게 자신의 시계를 3일간 빌려주고 되돌려 받기로 하였으나 을이 이를 돌려주지 않아, 갑이 시계를 되찾기 위해 을의 손을 비트는 것은 허용되지 않는다. 갑이 을에게 시계를 자발적으로 빌려주었으므로, 을이 갑의 시계를 lawfully possess하고 있었기 때문이다. 반면, 도둑이 훔쳐간 경우는 권리자가 자발적으로 해당 권리를 도둑에게 이전시킨 것이 아니므로 wrongfully하다고 인정되는 바, 권리자는 도둑을 상대로 reasonable force를 행사할 수 있다.

a. Reentry onto Land

Under the common law, using **reasonable force** is allowed only when the right is interfered **by fraud or force.**

In modern, **the use of force is not allowed** for reentry onto land. Statutes provide recovery procedures and only method owner can use is **peaceful method.**

b. Recapture of Chattels

Use of force is not allowed and the owner must use **peaceful means,** when the right is interfered by a person who **lawfully** possessed chattels or became **beyond the owner's consent.**

Using reasonable force is allowed **only when in pursuit.**

---

case

① 갑이 을에게 옷 수선을 9월 20일까지 부탁했지만 을이 10월 15일까지 옷을 돌려주지 않자, 갑이 을의 수선집에 무단으로 들어가 자신의 옷을 챙겨나왔다. 이에 대해 을은 갑을 상대로 trespass to land를 주장하며 소송을 제기했다. Is 갑 liable for trespass to land?

⇒ No. 9월 20일에 을이 최초로 갑의 옷에 대해 possession을 가진 것은 lawful한 행위였으므로 갑은 force를 사용할 수 없다. 따라서 갑이 을의

수선집에 무단으로 들어간 위법행위는 조각될 수 없다.

② 상기와 동일한 사안에서, 갑이 larceny와 burglary로 기소되었다면 Is 갑 guilty for larceny and burglary?

⇒ No. Larceny는 행위자의 '타인의 물건을 훔치고자'하는 intent를 요하며 burglary는 행위자의 'felony를 범하고자'하는 intent를 요하는 specific intent crime이다. 본 사안에서 갑이 을의 수선집에 들어간 것은 자신의 옷을 되찾아 오기 위함이었을뿐 을의 물건을 훔치거나 felony를 범하고자 함이 아니었다. 따라서 양 범죄는 성립하지 않는다.

[표 4-3]

Defense	Torts	Criminal law
"내 것을 가져온 것뿐이다(recapture)."	defense × ⇒ liable	defense ○ ⇒ not guilty
"내 것인 줄 알았다(mistake)."	defense × ⇒ liable	defense ○ ⇒ not guilty

C. Privilege of Arrest

형법상 유효한 영장(warrant)을 발급받은 자는 타인을 체포(arrest) 할 수 있다. 본래 타인을 arrest하는 행위는 intentional tort(battery 등)에 해당하나, 유효한 영장을 발급받은 자에게 arrest할 수 있는 특권(privilege of arrest)을 인정하여 그 책임을 묻지 않는다. 예컨대, 갑이 유효한 영장을 발급받아 을을 arrest하였고 을이 갑을 상대로 battery를 근거로 민사소송을 제기한 경우, 갑이 항변사유로서 privilege of arrest를 주장할 수 있다. 체포하는 과정에서 타인의 토지에 invasion하는 것도 허용된다. 다만, 정해진 기간을 초과하여 detention하거나 정해진 시간 내로 magistrate 앞에 arrestee를 소환하지 않는 경우와 같이 체포하는 과정이나 그 이후의 과정에서 불법적인 요소가 있다면 그에 대한 책임은 인정된다.

A person has privilege to arrest a third person, and invasion of land during making arrest is also privileged.

D. Necessity

Necessity는 한국법상 '긴급피난'에 해당하며, 다수의 이익을 방위하기 위한 public necessity와 소수의 이익을 방위하기 위한 private necessity로 구분된다. Public necessity는 절대적인 항변사유(absolute defense)로서 가해자(피고)는 damages 배상에 대해 책임을 지지 않으나, private necessity는 가해자(피고)의 '특권(privilege)'으로 인정되는 바, damages 배상에 대한 책임이 인정된다. 예컨대, 갑이 길을 걷던 중 갑자기 맹견이 달려들어 이를 피하고자 을의 화단에 무단으로 침입하여 울타리가 부러진 경우, 한 명(갑)의 이익을 보호하고자 타인(을)의 이익을 침해하였으므로 private necessity에 해당하는 바, 을은 갑에게 울타리에 대한 damages를 청구할 수 있다. 한편, necessity는 intentional torts to property, 즉 trespass to land, trespass to chattel 그리고 conversion에 한해 적용되는 항변사유다.

> **TIP** ① Be justified: 절대적인 항변사유로 인정된다는 의미로서, 행위자는 damages(손배액)에 대한 의무도 없다. "The defense is absolute."로 표현되기도 한다.
> ② Be qualified: 제한적인 항변사유로 인정된다는 의미로서, 행위자의 불법행위는 조각되지만 행위자는 damages 배상에 대한 의무를 진다. "The action is privileged but not authorized"로 표현되기도 한다.

1. General Rule

A person may interfere with the property when the interference is **reasonably and apparently necessary** to avoid threatened injury from a natural or other force.

There are two types of necessity: public necessity and private necessity.

2. Public Necessity

Public necessity is recognized, when it is necessary to protect **a large** number of people. The privilege is **absolute** and the actor is **not** required to pay for nay injury he causes.

- ✔ 학교의 많은 아이들을 보호하기 위해 광견병이 걸린 개를 총으로 쏴 죽인 경우
- ✔ 화재의 확산을 막기 위해 창고를 전소시킨 경우

3. Private Necessity

Private necessity is recognized, when it is necessary to protect a **limited number of people.** The defense is **qualified** and the privilege is **not** absolute. Thus, the actor **is required to pay for any injury he causes.**

When the act is to **benefit** the owner's land, the defense is **absolute.**

- ✔ 갑이 등산을 하던 도중 갑작스러운 폭풍우를 만나 이를 피하기 위해 산속에 있는 을의 집에 들어간 경우
- ✔ 갑이 negligent하게 운전하는 을의 자동차를 피하기 위해 병의 화단을 훼손한 경우
- ✔ 갑이 폭우를 대비하여 자신의 boat를 을의 부두(dock)에 묶은 경우

> case

갑이 등산을 하던 도중 갑작스러운 폭풍우를 만나 이를 피하기 위해 산속에 있는 을의 집에 들어간 경우, Is 갑 liable for trespass to land?
① 을의 집 문이 '열려' 있던 경우
⇒ Damage가 없는 경우 → 갑 is justified to trespass the land.
② 을의 집 문이 잠겨 있어 을이 '창문을 깨고' 집에 들어간 경우
⇒ Damage가 있는 경우 → 갑 is justified to trespass the land, but is liable for damages.

Part Two. Other Torts

본 파트에서는 경제적인 피해나 명예적 피해, 기타 사생활 침해 등과 같은 무형의 피해(less tangible)를 발생시키는 위법행위에 대해서 논한다. 이에는 크게 경제적 피해 관련 위법행위와 명예적 피해 관련 위법행위, 그리고 사생활 침해와 관련된 위법행위가 있다. 이들은 신체적 피해, 금전적 피해와 같이 구체적인 피해(tangible harm)를 발생시키는 intentional torts와 차이가 있다.

I. Defamation

Defamation은 '명예훼손'을 뜻하며, 명예훼손이 인정되는 경우 위법행위자는 타인의 명예에 부정적인 영향을 끼쳐 야기한 정신적 및 재산적 손해에 대해 배상할 책임을 진다. 다만, 명예훼손은 수정헌법 1조상 보장되는 freedom of speech(표현의 자유)와 개인의 명예 보호라는 두 가치가 충돌하는 문제로서, 그 성립요건은 개인의 신분 및 적시된 내용에 따라 달리 규정된다. 개인(private figure)의 개인적인 내용(private matter)에 대해 적시한 경우 완화된 성립요건을 기준으로 하여 defamation에 대한 책임을 비교적 쉽게 인정되는 반면, 공인(public figure) 또는 공적인 내용(public matter)에 대한 적시는 앞선 경우보다 falsity와 fault, 이 두 요건이 추가적으로 요구되어 비교적 엄격히 defamation의 성립을 인정한다. 이는 private person은 적시된 내용에 대해 반박할 기회가 적어 공인보다 defamation에 의한 피해가 더 크다고 여기기 때문이다. Private person의 private matter에 관한 경우 freedom of speech보다 개인의 명예 보호에 더 가치를 두고, public figure 또는 public matter에 관한 경우에는 freedom of speech를 개인의 명예 보호보다 더 가치를 둔다고 할 수 있다.

A. Prima Facie Case

In a defamation action, the plaintiff must show:

ⅰ. **Defamatory language** by the defendant;

ⅱ. The defamatory language that is **of or concerning the plaintiff;**

ⅲ. **Publication;** and

ⅳ. **Damages to the reputation** of the plaintiff.

1. Defamatory Language

a. Defamatory

Defamatory language is language that attacks one's **reputation in the community.** Language that makes third persons to avoid contact with the plaintiff is defamatory.

All statements of **fact** are defamatory. Statements of **opinion** are defamatory only when it is an express allegation **based on specific facts.**

- ✔ 사형에 찬성한 jury를 상대로 "살인마"라고 얘기한 경우 → opinion → defamation ×
- ✔ "갑에게 회계를 맡기기에는 믿음직스럽지 못하다."고 얘기한 을
  - ① 을이 갑과 함께 일하는 동안 갑이 dishonest하다고 생각해서 언급했다면, defamatory language.
  - ② 을이 아무 근거 없이 자신의 생각/의견을 언급한 것이라면, opinion.

b. Types of Defamatory Language

There are two types of defamatory statement: libel and slander.

Libel is a **written or recorded** defamatory statement.

Slander is a **spoken** defamatory statement.

- ✔ Radio/TV broadcasts — libel
- ✔ Cartoons, novels — slander

2. Group Defamation

The defamatory language as to a group (no referring particular member) is actionable only when the group is **so small** that the **reasonable** person can understand that the language is referring a particular member.

TIP 대개 25명 내외의 규모까지 small group으로 인정한다.

case

① ABC 오케스트라는 100명의 단원으로 구성되어 있다. 갑이 ABC 오케스트라에 대해 "ABC 오케스트라는 실력과 상관없이 돈 많은 사람을 단원으로 뽑는다."라고 많은 사람들에게 얘기했다. 이에 대해 ABC 오케스트라의 단원 중 플루티스트인 을은 갑을 상대로 defamation을 근거로 소송을 제기하였다. 을의 승소가능성에 대해 논하라.

⇒ No. ABC 오케스트라는 100명의 단원으로 구성되어 있는 바, 그 규모가 매우 커 ABC 오케스트라에 대한 언급을 을에 대한 언급으로 볼 수 없다. 즉 갑의 statement는 을에 관련한 것이 아닌 ABC 오케스트라에 대한 defamatory statement이다.

② 갑이 ABC 오케스트라에 대해 "ABC 오케스트라의 플루티스트는 실력과 상관없이 돈 많은 사람을 단원으로 뽑는다."라고 많은 사람들에게 얘기했다. ABC 오케스트라는 5명의 플루티스트가 있다. ABC 오케스트라의 단원 중 플루티스트인 을은 갑을 상대로 defamation을 근거로 소송을 제기하였다. 을의 승소가능성에 대해 논하라.

⇒ Yes. ABC 오케스트라의 플루티스트는 5명으로 구성되어 있는 바, 갑의 statement는 플루티스트라는 작은 규모의 단체에 대한 defamatory statement 이다. 따라서 을을 포함한 다섯 명의 플루티스트 모두 갑을 상대로 defamation에 대해 손배청구를 할 수 있다.

3. Publication

"Publication" means a communication **to a third person who understood**

it. The communication may be made **either intentionally or negligently.**

✔ 갑이 마이크가 켜져 있는지 모른채 defamatory statement를 언급한 경우 → negligently made publication → publication 요건 만족

4. Damage

Defamation 소송에 있어, 피고의 행위로 인한 원고의 피해(damage)는 general damage와 special damage로 구분된다. General damage는 명예가 훼손됨으로써 발생한 추상적인 피해를 뜻하는 바, defamation의 나머지 성립요건들이 충족되는 경우 general damage 요건도 충족되었다고 추정(presume)된다. 즉 원고는 general damage에 대한 입증책임이 없다. Special damage는 원고의 명예가 훼손됨으로써 발생한 금전적(pecuniary damage) 피해를 뜻하는 바, defamation의 유형에 따라 이에 대한 입증이 요구된다.

For defamation, both general and special damages should be proved. Different rules are applicable depending on whether the claim is for libel or slander.

a. Types of Damage
i. General Damage

General damage is to compensate the plaintiff for the general **injury to her reputation** caused by the defamation.
It is **preumed by law** and the plaintiff **is not required to prove** it.

✔ Humiliation^{굴욕}
✔ Loss of friends
✔ Wounded feelings: 마음의 상처

ii . Special Damage

Special damage is **pecuniary loss** caused by the defamatory statement.

The plaintiff **is required to prove** it depending on the types of defamation.

✔ Loss of job
✔ Loss of business relationship
✔ Loss of customers
✔ Loss of scholarship

b. Libel

i . Most Jurisdictions

In most jurisdictions, for all libels, **general damages are presumed by law** and special damages are **not** required to be proved.

ii . Minority Jurisdictions

In minority jurisdictions, there are two types of libel: libel per se and libel per quod.

Libel per se means libelous statement that **defamatory on its face, and both general and special damages are not required to be proved.**

Libel per quod means a libel that is **not** defamatory **on its face.** Thus, plaintiff is required to provide the extrinsic evidence. General damages are presumed but **special damages** are required to be proved.

[표 4-4] Libel의 성립요건

		General damage	Special damage
다수설 (Libel)		입증 × (is presumed)	입증 ×
소수설	Libel per se		입증 ×
	Libel per quod		입증 ○

c. Slander

i . General Rule

General damages are presumed by law but special damages **are required** to be proved.

ii . Exceptions

Slander per se is a slander that has been regarded as so harmful. For slander per se, both general damages and special damages are **presumed** (special damages are not required to be proved).

There are four categories for slander per se: business or profession, loathsome disease, crime involving moral turpitude, and unchastity of a woman.

① **Business or Profession**

When there is a defamatory statement regarding plaintiff's **abilities in his business or profession,** the plaintiff may raise a claim for slander per se.

✔ Dishonesty

✔ Lack of the basic skill to perform the profession

② **Loathsome Disease**

When there is a defamatory statement that the plaintiff is suffering from loathsome^{혐오스러운} diseases, such as venereal^{성병의} disease and leprosy^{나병}, the plaintiff may raise a claim for slander per se.

Statements as to insanity or tuberculosis^{결핵} are not actionable for slander per se.

③ **Crime involving Moral Turpitude**

When there is a defamatory statement that the plaintiff is (or was) guilty of a crime involving moral turpitude^{부도덕 범죄}, the plaintiff may raise a claim for slander per se.

The Restatement extends such defamatory statement to all crimes **punishable by imprisonment.**

[Crimes involving Moral Turpitude]

Crimes involving moral turpitude mean **crimes involving dishonesty or false statement, such as assault,** perjury, false statement, false pretense, embezzlement.

④ **Unchastity**

When there is a defamatory statement that imputes unchaste^행^{실이 나쁜} behavior to women or men (under the Restatement), the plaintiff may raise a claim for slander per se.

[표 4-5] Slander

	General damage	Special damage
Slander	입증 ×	입증 ○
Slander per se (×4)		입증 ×

[도표 4-1] Special damage 입증 요건

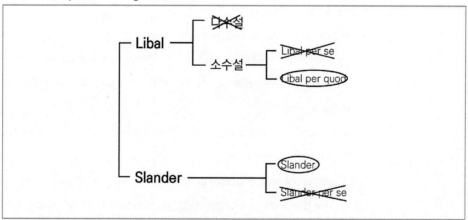

* 모든 유형에서 general damage에 대한 입증은 불필요

B. Public Figure and Public Matter

1. Falsity

Generally, a defamatory statement is presumed to be false.

However, in a case involving a public figure or public matter, the plaintiff is **required to prove** that the statement was false as an element of the defamation case. This is because of **the free to speech** is protected under the First Amendment of the U.S. Constitution.

> TIP Defamatory statement가 public figure 및 public matter에 관한 진술이나 그 내용이 true인 경우, 원고는 defamation을 주장할 수 없으나 IIED 또는 invasion of privacy를 주장할 수 있을 것이다.

2. Defendant's Fault

a. General Rule

In a case involving a public figure or public matter, plaintiffs must prove **defendant's fault, actual malice or, at least, negligence.** This is because **the free to speech** is protected under the First Amendment of the U.S. Constitution.

b. Actual Malice

"Actual malice" is defined as:

ⅰ. **Knowledge that the statement was false;** or

ⅱ. **Reckless disregard as to its truth or falsity.**

In determining recklessness, **subjective standard** is used and the reasonable person standard is not used. The plaintiff must show that **the defendant,** not the reasonable person, had **serious doubts** as to the truthfulness of the statement the defendant published.

3. Public Figure

a. Definition

"Public figure" incloudes public officials and persons who:

 ⅰ. Have achieved pervasive^{만연한} fame or notoriety^{악평}; or

 ⅱ. Voluntarily take on **a central role** in a particular public controversy.

> ✔ 상인 갑이 사회 이슈인 최저임금제에 대해 TV 토론에 나와 의견을 표명한 경우 → ⅱ에 해당

b. General Rule

When the case involves **public figure,** the plaintiff must additionally prove that:

 ⅰ. The statement made by the defendant was **false (falsity);** and

 ⅱ. The defendant made the statement **with actual malice (fault).**

4. Private Persons

a. Private Matter

In a case involving **private person and private matter,** there are no additional elements the plaintiff must prove. This is because there is no constitutional protection for the defendant.

b. Public Matter

In a case involving **private person and public matter,** the plaintiff must additionally prove that:

 ⅰ. The statement made by the defendant was **false** (falsity); and

 ⅱ. The defendant made the statement **with, at least, negligence.**

① **Negligence**

When the private plaintiff shows that the defendant made the **false** statement **by negligence** as to its truth or falsity, **actual injury** should be proved for damages. In other words, the damages the private plaintiff can recover is limited to the actual injury when the false statement is made by defendant's negligence.

② **Actual Injury**

In proving actual injury, the plaintiff must provide **competent evidence.** The "actual injury" includes out-of-pocket loss, impairment of reputation, personal humiliation, and mental suffering.

③ **Actual Malice**

When the private plaintiff shows that the defendant made the **false** statement **with actual malice,** there is no limitation on the damages (punitive damages can be recovered).

[표 4-6]

Private 人		Public 人	
Private matter	Public matter	Private matter	Public matter
(기본요건(×4)) ⅰ. Defamatory language; ⅱ. As to the plaintiff; ⅲ. Publication; and ⅳ. Damages ⇒ damages 제한×	기본요건(×4) + falsity + **NG** + actual injury ⇒ damages for actual injury	기본요건(×4) + falsity + NG/actual malice ⇒ damages 제한×	
	기본요건(×4) + falsity + **actual malice** ⇒ damages 제한×		

C. Defenses

1. Consent

Consent by a plaintiff is a complete defense to a defamation case.

2. Truth

Truth is a complete defense to a defamation case in which the plaintiff is not required to prove falsity (the case is as to private person).

3. Absolute Privilege

All statements made in judicial, legislative, and executive proceedings are absolutely privileged, and the speaker is not liable for defamatory statements.

All statements in judicial proceedings, such as statements made by judge, jurors, counsel, witnesses, or parties in trial, hearing, or deposition, are absolutely privileged.

All statements by legislators and executive official are absolutely privileged.

4. Qualified Privilege

a. Newsworthy or Public Interest

Reports of public hearings or meetings which are newsworthy, such as trade association meeting and political convention, are qualified privileged.

Statements made by persons who take official action are qualified privileged.

b. Interest of Publisher and Recipient

Statements made by the defendant to protect his own actions, property, or reputation are qualified privileged.

When the defendant reasonably made a statement to the recipient who has corresponding interest in receiving it, qualified privilege is recognized.

TIP	Defamation 생각 route

① Person 및 statement 내용(matter) 구분 → ② 각 요건 파악 →

③ Defense 적용가능 여부

II. Invasion of Privacy

사생활을 침해하는 것은 위법행위로서, 구체적으로는 ① 타인(원고)의 사진 또는 명의를 도용하는 경우(appropriation^{도용} of plaintiff's picture or name), ② 타인의 private한 사안을 침범하는 경우(intrusion on plaintiff's affairs or seclusion^{은둔)}, ③ 타인(원고)에 대한 사실을 reckless하게 공표하여 제3자가 원고에 대해 오해를 하게끔하는 경우(publication of facts placing plaintiff in false light^{오해}), ④ 타인의 private한 사실을 공표하는 경우(public disclosure of private facts about plaintiff), 이렇게 네 유형으로 구분된다. 그중 두 번째 유형은 대개 사생활이 보호되어야 하는 '공간'을 physically 침범한 경우를 뜻하는 바, 화장실이나 침실에 카메라를 설치하는 행위가 대표적이다. 세 번째 와 네 번째 유형은 원고에 대한 사실을 제3자에게 전달한다는 점에서 defamation과 유사하나, 양자는 피고의 행위로 인해 원고가 입은 '곤란함 또는 모욕감'을 보상하는데 중점을 둔 반면, defamation은 원고가 사회생활을 하는데 있어 가지고 있는 '명성'에 해가 입은 경우 이를 보상하는데 중점을 두고 있다.

The tort of invasion of privacy is developed to protect privacy and personality. There are four types of invasion of privacy: appropriation of plaintiff's picture or name, intrusion on plaintiff's affairs or seclusion, publication of facts placing plaintiff in false light, and public disclosure of private facts about plaintiff.

A. Appropriation of Plaintiff's Picture or Name

In appropriation of picture or name cases, plaintiff is required to prove defendant's **unauthorized use** of plaintiff's picture or name for his **commercial advantage.**

B. Intrusion on Plaintiff's Affairs or Seclusion

In intrusion upon seclusion cases, plaintiff is required to prove that:

ⅰ. Defendant **intrudes** on **private** affairs or seclusion of the plaintiff; and

ⅱ. Such intrusion would be **highly offensive** to a **reasonable** person.

Seclusion means plaintiff's right to physical solitude or to the privacy of personal affairs.

Publication of matters occurred **in a public place** (e.g., street) is **not** intrusion on privacy.

C. Publication of Facts Placing Plaintiff in False Light

이는 타인(원고)에 대한 사실을 reckless하게 공표하여 제3자가 원고에 대해 오해를 하게끔하는 경우로서, false light case라고도 한다. 피고의 행위로 인해 원고가 입은 곤란함 또는 모욕감을 보상하는데 중점을 두고 있는 바, 피고가 제3자에게 전달한 내용이 반드시 embarrassed하거나 offensive해야 하며 해당 내용을 한 명이 아닌 '다수(large enough group of people)'에게 전달해야 한다. 따라서 피고가 공표한 내용이 원고의 private한 것이어야 하는 것은 아니고, 원고에 대한 사실이 왜곡되어 합리적인 대중이 보기에 충분히 오해할 수 있는 상황의 경우 인정된다. 예컨대, 기자가 아동학대에 대한 기사 내용에 이와 무관한 성직자의 사진을 함께 올린 경우, 사진만을 보았을 때 성직자가 아동학대에 가담했다고 보기 충분함으로 성직자는 false light를 주장할 수 있다. 한편, 피고가 해당 내용을 전달할 당시 사실여부에 대해 actual malice를 가지고 reckless하게 전달해야 본 위법행위가 인정되는 바, public figure 및 public matter에 관한 소송의 경우에 한해 recklessness 조건이 요구되는 defamation에 비해 요건이 까다롭다 할 수 있다.

In false light cases, plaintiff is required to prove that:

ⅰ. Defendant published facts as to plaintiff, placing plaintiff **in a false light** in the public;

ⅱ. Such publication would be **highly offensive** to a **reasonable** person;

and

iii. Defendant acted **with actual malice** (when the published matter is in the public interest).

D. Public Disclosure of Private Facts about Plaintiff

이는 피고가 타인(원고)의 private한 사실을 공표하는 경우로서, 원고의 emotions 및 mental suffering을 보호하는데 그 의의가 있다. 여기서 'private한 사실'이란, 원고가 살아가는데 있어 대중에게 알려지지 않는 사실을 뜻하는 바, 성 성향(sexual orientation), 의료기록(medical history), 경력(employment history) 등이 이에 해당한다. 상기 ③유형과 마찬가지로 피고가 원고의 private한 사실을 '다수'에게 공표해야 하며, 그러한 공표가 합리적인 사람의 입장에서 상당히 offensive해야 한다.

In cases as to public disclosure of private facts, plaintiff is required to prove that:

i. Defendant published plaintiff's **private** facts; and

ii. Such publication would be **highly offensive** to a **reasonable** person.

✔ 채권자가 채무자의 상점 유리에 "owner는 채무불이행하였다."고 쓰여진 종이를 붙인 경우

E. Defenses

1. Consent

Consent is a complete defense to an invasion of privacy case.

2. Defenses to Defamation

All defenses applicable to defamation cases are applicable to publication of facts placing the plaintiff in a false light case and public disclosure of private facts case.

III. Misrepresentation

Misrepresentation은 '기만'으로서, 상대방을 속이고자 하는 의도를 가지고 사실과 다른 내용을 언급하는 intentional misrepresentation과 그러한 의도는 없었으나 사실과 다른 내용을 언급함으로서 상대방에 대해 지고 있는 주의의무(duty of care)를 위반하여 인정되는 negligent misrepresentation으로 구분된다. Negligent misrepresentation는 피고가 주의의무를 지는 특정된 자에 한해 인정되는 위법행위로서, 피고의 misrepresentation에 의해 피해를 본 임의의 사람은 이를 주장할 수 없다.

A. Intentional Misrepresentation

1. Prima Facie Case

In intentional misrepresentation cases, the plaintiff must prove:

ⅰ. Misrepresentation made by defendant;

ⅱ. Scienter^{고의} (defendant had **knowledge** that the statement is false/ defendant's **recklessness**);

ⅲ. An intent to induce the plaintiff to rely on the misrepresentation;

ⅳ. Causation;

ⅴ. Plaintiff's **justifiable reliance** on the misrepresentation; and

ⅵ. Damages **(only actual pecuniary damages)**.

2. Duty to Disclose

Generally, there is no duty to disclose and the defendant is not liable for the misrepresentation for failure to disclose a material fact or opinion.

However, the defendant owes the plaintiff **duty to disclose** and he is liable for the failure to disclose **when:**

ⅰ. There is a **fiduciary relationship** between the defendant and the plaintiff;

ⅱ. Defendant is selling **real property** to plaintiff and he knows that the plaintiff has no knowledge or cannot reasonably discover material fact; or

iii. Defendant's statement deceived plaintiff.

✔ Seller 갑이 을에게 false fact를 알려준 후에 을이 그 사실을 rely on한다는 사실을 알게 된 경우 → 위 iii에 해당 → duty to disclose 인정 ○

TIP Scienter 요건이 충족되지 못한 경우, negligent misrepresentation 으로 소송을 제기할 가능성이 높다.

3. Damages

Plaintiff is recoverable only when he suffered **actual pecuniary loss** by relying on the defendant's false statement.

Generally, the damages is measured by the **benefit of the bargain** enjoyed by the defendant, such as the difference between the value of the property as represented and the value of the property as it actually is.

B. Negligent Misrepresentation

1. Prima Facie Case

In negligent misrepresentation cases, the plaintiff must prove:

i. Misrepresentation made by defendant **in a business or professional capacity**;

ii. Breach of duty of care to **particular** plaintiff;

iii. Plaintiff's **justifiable reliance** on the misrepresentation; and

iv. Damages **(only actual pecuniary damages)**.

✔ 원고(갑)가 제3자(을)와 business 거래를 하고 피고(병)는 해당 거래와 무관한 경우 — 위 i 요건 충족×

Ⅳ. Interference with Business Relations

1. Prima Facie Case

In a case as to interference with business relations, plaintiff must prove that:

  ⅰ. There are **existing** contractual relationship between plaintiff and a third party or probable **future** business expectancy of plaintiff;

  ⅱ. Defendant had **knowledge** of such relationship or expectancy;

  ⅲ. Defendant **intentionally interfered** and such relationship or expectancy was **breached or terminated;** and

  ⅳ. Plaintiff has suffered **damage.**

  ✔ Intentionally did not renew the contract: 위 ⅲ요건 충족× → intentional misrepresentation 인정×

2. Damage

Plaintiff must prove his actual damage caused by the interference. Plaintiff may recover **mental distress damages** and **punitive damages.**

3. Privileges

When defendant is privileged, he is not liable for the interference. The privilege is recognized when the interference is a proper attempt **to obtain business for the defendant** or **to protect his interests.**

  ✔ 갑·을간 체결한 계약이 존재하고, '갑의 competitor인' 병에 의해 갑·을간 관계가 깨진 경우 — privilege 인정○

  ✔ 갑이 을에게 채무를 지고 있고, '갑의 또 다른 creditor인' 병이 갑에 대해 채권을 행사하여 갑이 을에 대한 채무를 이행하지 못한 경우 → 병이 갑·을간 계약(채무관계)을 방해함. → 병의 채권행사는 자신의

interest를 보호하고자 한 행위임. → privilege 인정 ○

TIP1　① 갑·을간 이미 체결한 계약이 존재하거나 계약을 체결할 expectancy 가 있고, 병이 이를 방해해서 갑·을간 관계가 깨진 경우: Interference with business relations(torts) 문제

② 갑·을간 체결한 계약이 존재하고, 갑·병간 별도로 체결한 계약 이 있다. 병이 갑·병간 계약을 breach하는 경우: Contracts 문제

③ 갑·을간 체결한 계약이 존재하고, 병이 갑·을간 계약에 대해 방 해하여 갑·을간 관계가 깨진 경우: Interference with business relations(torts) 문제 → 만일 병의 privilege가 인정된다면, 병은 이에 대해 책임을 지지 않는다.

TIP2　Interference with business relations의 경우, 피고의 intent가 입증 되는 경우에 한해 그 책임이 인정된다. 즉 피고는 그의 negligence 에 의해 발생된 interference with business relations에 대해서는 책 임을 지지 않는다. 반면, defamation이나 invasion of privacy는 피 고의 negligence가 인정되는 경우에도 피고가 책임을 지는 바, interference with business relations와 비교하여 더 쉽게 인정된다 할 수 있다.

V. Wrongful Institution of Legal Proceedings

A. Malicious Prosecution (Criminal Cases)

1. Prima Facie Case

Malicious prosecution occurs when one party initiates litigation against another party **knowingly and with malicious intent.**

Plaintiff is required to prove:

ⅰ. Criminal proceedings **was initiated;**

ⅱ. The institution was terminated **in favor to plaintiff;**

ⅲ. There was **no probable cause** for prosecution;

ⅳ. Defendant had **improper purpose;** and

ⅴ. **Damages.**

✔ Warrant, arrest, indictment — ⅰ요건 충족○

✔ 판결이 나기 전에 settlement가 이루어진 경우 — ⅰ요건 충족○

✔ 원고 is acquitted, case was dismissed, charge was dropped, 원고 is innocent. — ⅱ요건 충족○

2. Damages

Plaintiff may be awarded for damages for all harms, including **punitive damages.**

The **length** of proceeding affects the damage award, while the **stage** of proceeding does **not.**

B. Wrongful Civil Proceedings

Malicious prosecution is extended to civil cases. However, no probable causation element is not required in civil proceedings.

C. Absolute Privilege

Prosecuting law enforcement officers and judges are **absolutely privileged** and cannot be sued for malicious prosecution.

Part Three. Negligence

Negligence란, 가해자의 과실, 즉 부주의로 인해 타인에게 위법한 침해가 발생한 행위를 뜻한다. 원고는 피고의 주의의무(duty of care), 의무 위반(breach of duty), 부주의와 손해간 인과관계(causation) 그리고 손해(damage)를 입증해야 한다. '부주의'는 주의의무의 위반을 뜻하는 바, 그 주의의무는 사회의 보통사람 (ordinary, prudent, reasonable person)으로서의 주의의무를 기준으로 한다. 다만, 어린아이, 토지 소유자 및 점유자 등 행위자의 신분에 따라 별도로 주의의무 기준을 정한 경우도 있다. 한편, 주의의무의 범위는 가해자가 행위 당시 예견가능 (foreseeable)한 자에 한한다. 다시 말해, 가해자는 그의 부주의로 인해 발생할 수 있는 위법한 침해 범위(zone of danger) 내에 있는 자에 한해 책임을 진다.

I. Prima Facie Case

In a negligence case, plaintiff must prove:
- i . **Duty** (The defendant owes the plaintiff a duty to conform to a **specific standard** not to impose an unreasonable risk of injury);
- ii . **Breach** (The defendant breached that duty);
- iii . **Causation** (Defendant's breach of duty was the **actual and proximate** cause of the plaintiff's injury); and
- iv . **Damage** (There is damage on the plaintiff's person or property).

II. Duty of Care

A. General Rule

When a person engages in an activity, he must conform with **a reasonable standard of care.** Every person is under a legal duty to act **as an ordinary, prudent, reasonable person.** However, the duty of care is owed **only to foreseeable plaintiffs.**

B. Foreseeable Plaintiff

모든 자는 타인의 안전성을 해치는 비합리적인 행위를 하지 않을 주의의무 (duty of care)를 지고 있다. 그렇다면 여기서 '타인'의 범위를 어디까지 설정 해야 하는가. 이에 대한 기준을 명시한 대표적 판례가 Palsgraf v. Long Island Railroad, 248 N.Y. 339 (1928)이다. 본 판례에 따르면 주의의무는 행 위자(피고)가 행위 당시 예견가능(foreseeable)한 자에 한한다. 예컨대, 갑의 부주의로 인해 을이 피해를 입은 경우 을에 대한 갑의 책임유무는 갑이 행위 당시 을의 피해를 예상할 수 있었는지 그 여부를 기준으로 판단한다. 갑이 을 의 피해를 예상할 수 있었다면, 즉 을이 foreseeable plaintiff였다면, 을은 "위 험범위(zone of danger) 내에 있었다"고 표현된다. 본 법리는 당시 Cardozo 판사의 의견으로서 다수설에 해당하여, Cardozo view라고도 한다. 반면, Andrew 판사는 '모든 이'를 상대로 주의의무를 진다는 소수설을 내었고 이를 Andrew view라고 한다. 한편, Cardozo 판사는 foreseeable plaintiff의 주된 예시로 행위자로부터 피해를 입은 자를 구조하려는 자(rescuer)를 들었고 전 재판권에서 rescuer를 per se foreseeable plaintiff로서 인정하고 있다. 예컨 대, 상기 예시에서 병이 을을 구조하다가 다쳤다면, 병은 foreseeable plaintiff로서 갑의 병에 대한 negligence가 인정된다.

> case

기차를 놓친 승객 갑을 기차에 태우기 위해 철도회사 직원 한 명이 갑을 밀 고 한 사람은 갑을 끌어 당겼다. 이 과정에서 갑이 들고 있던 폭탄이 든 가방 이 철도 위에 떨어지면서 폭탄이 터졌다. 이로 인해 갑이 탄 기차 반대편의 플랫폼에 세워져 있는 저울이 넘어졌고 그곳에 있던 을이 저울 위에 깔려 다 쳤다. 을이 철도회사를 상대로 negligence를 이유로 소송을 제기했다. 을은 승소가능한가?

⇒ No. 을의 피해는 밀고 당기는 행위로 인해 흔히 발생하는 유형의 피해가 아니다. 또한 사건 발생 당시 을은 비교적 먼 곳에 서 있었다. 즉 을은 foreseeable plaintiff가 아니므로 철도회사(의 직원)는 을에게 주의의 의무

를 지지 않는 바, 을의 피해에 대한 책임이 없다 [Palsgraf v. Long Island Railroad, 248 N.Y. 339 (1928)].

1. Zone of Danger

Under the majority view (Cardozo view), a person owes duty to care only to **foreseeable plaintiffs**. Defendant is liable only to the person **in the zone of danger.** It is based on **proximate** causation.

Under the minority view (Andrews view), a person is liable for **all damages** caused by the breach of duty regardless of its foreseeability. It is based on actual causation.

2. Rescuers

A **rescuer** (a person who comes to aid) is a **foreseeable plaintiff** and the defendant is liable both for the rescued person and rescuer in peril.

However, under **the firefighter's rule,** firefighters and police officers **cannot** recover for injuries caused by the risks inherent in the job. This is based on public policy and assumption of risk.

3. Fetus Injuries

본 파트에서는 태아에 대한 주의의무가 breach된 경우에 대해 논하는 바, 태아가 입은 피해에 대해 부모가 제기하는 wrongful birth 또는 wrongful pregnancy 소송과 태아가 제기하는 wrongful life 소송에 대해 논한다. 여기서 '태아'란 독자생존이 가능한 상태의 태아를 뜻한다. 양자 모두 태아의 선천인 장애를 진단하지 못한 의사의 과실 및 피임의 과정에서의 과실에 대해 제기하는 소송이며, 대부분의 재판권에서 인정하지 않고 있다.

Negligence can be raised for injuries fetus suffered. It is for breach of a duty of care owed toward a fetus^{태아}. The fetus must have been **viable**^{독자생존 가능한} at the time of injury.

a. Wrongful Birth or Pregnancy

It is a claim **of parents** for the birth of an unhealthy child. Generally, such claims are from a physician's failure to diagnose a congenital^{선천적인} defect of the fetus or to do proper contraceptive^{피임의} procedure.

Most of courts do not recognize such claims. In minority jurisdictions, parents generally recover damages that is caused by having a child (e.g., medical expenses of pregnancy and to treat child's disease).

b. Wrongful Life

It is a claim **of a child** for failure to diagnose a congenital^{선천적인} defect of the fetus or to do proper contraceptive^{피임} procedure.

Most of courts do not recognize such claims.

C. Standard of Care

Standard of care는 주의의무의 기준을 뜻하는 바, 행위자에게 어떤 수준의 주의의무가 요구되는지에 대해 논한다. 일반적으로 행위자는 사회의 보통사람(ordinary, prudent, reasonable person)으로서의 주의의무를 지는 바, 행위자와 동일한 상황에 처한 ordinary person이 할 법한 행위와 행위자의 행위를 비교하여 그 차이가 큰 경우 행위자의 negligence가 인정된다. 여기서 '동일한 상황'이라는 것은 행위자의 '신체적(장애)' 수준과 동일한 경우 또는 행위자의 '신분'과 동일한 경우를 뜻한다. 행위자의 나이, 경험, 교육수준, 성향(예민함 등)과 같은 개인적인 요소를 고려하지 않는 객관적인 판단이므로 "objective test"를 한다고 표현하기도 한다. 여기서 행위자의 신체적(장애) 수준은 고려되고 정신적 수준은 고려되지 않는다는 점에 유의해야 한다. 예컨대, insane한 갑이 을을 때려 을이 injury를 입은 경우, 갑의 insanity는 고려하지 않으므로 갑의 정신적 수준과 비슷한 자의 행위가 아닌, ordinary person으로서의 행위가 기준이 되는 바, 갑의 negligence가 인정된다. 이는 행위자의 insanity가 defense로 인정되는 형법 법리와는 차이가 있다. 한편, 행위자가 어린아이인 경우, 그 아이의 나이·지능·교육수준과 비슷한 수준을 가진 아이로서의 주의의무가 요구되며, 토지 점유자(및 소유자)에게는 해당

토지와 관련된 자의 신분에 따라 다른 수준의 주의의무가 요구된다. 자세한
내용은 해당 파트에서 다시 논하도록 한다.

1. General Rule

A reasonable standard of care is measured against **the ordinary,
prudent, reasonable person. Objective standard** is used, but defendant's
physical characteristics are considered. Defendant's **mental capacity** is
not considered.

2. Duty to Act

일반적으로 모든 사람은 타인을 구하거나(rescue) 타인의 이익을 위해 행
동할 의무가 없다. 즉 타인을 구하지 않거나 타인의 이익을 위해 행동하지
않았다 하더라도 그에 대한 책임이 없다. 다만, 그러한 의무가 없다 하더
라도 일단 타인을 위해 행동하기 시작하면 주의의무를 다해야 한다. 한편,
Good Samaritan statutes에 따르면 위급한 상황에서 타인에게 자발적으로
의료적 도움을 지원한 자는 negligence에 대한 책임으로부터 면제되나,
gross negligence에 대해서는 책임을 진다. Gross negligence란, 가해자가
행위할 당시 타인의 피해가 발생할 것임을 충분히 예상할 수 있었음에도 불
구하고 이를 간과(recklessly disregard)하고 행위한 경우의 과실을 뜻한다.

a. General Rule

There is no duty to rescue or to act for the benefit of others.
However, once a person acts for the benefit of another, the person
is held to a standard of **reasonable** care and is under the duty to
continue the assistance.

b. Good Samaritan Statutes

Under the Good Samaritan statutes, persons who voluntarily
provides **medical assistance** to others in emergency have **no
negligence liability.** However, those are still **liable** for **gross
negligence.** Gross negligence is a voluntary reckless disregard for

the safety of others.

3. Children

"AIE" — Age, Intelligence, Experience

In a negligence action, children is required to conform the standard of other child who has similar **age, intelligence, and experience.**
However, when a child engaged in a **hazardous activity** (e.g, adult activity), they must conform the standard of **adult.**

✔ Driving a car/tractor/motorcycle — adult activity ○
✔ Operating motorized vehicles — adult activity ○
   – Motorscooter, minibike
   – Snowmobiles: 모터썰매
   – Dirt bike: 오토바이와 비슷하나, 언덕이나 산골짜기와 같이 거친 지형에서 타기 적합한 bike
✔ Baking/Cooking → 일반적으로 성인이 하는 행위이나, 명백히 위험한 행위라 판단할 수 없다. → adult activity ✕
Even if an activity is characteristically engaged in by adults, if it is not distinctly dangerous it is not recognized as adult activity.

4. Landowners to Those Off the Premises

일반적으로 토지 점유자(및 소유자)는 해당 토지의 외부(off the premises)에 있는 자에 대해 주의의무가 없다. 다만, 토지 점유자는 unreasonable한 토지의 인공적인 상황(artificial condition) 또는 토지에 인접한 건축물(structures)로 인해 발생한 피해에 대해 책임을 지며, 그러한 상황에 대해 안내표지판을 세우는 등 행인(passersby)들을 위한 예방조치(precaution)를 해야 할 의무가 있다. 또한 토지 내부에서 하는 행위로 하여금 토지 외부에 있는 자에게 피해를 가하지 않도록 주의할 의무가 있다. 토지 점유자는 스스로의 행위뿐만 아니라 제3자의 행위의 그러한 행위를 control할 의무도 있다.

Generally, a landowner has **no duty** to protect a person who is **outside the premises** from the natural and artificial conditions on the premises.
However, there are three exceptions in which a landowner has duty to protect one from the artificial conditions.

a. Unreasonably Dangerous Artificial Conditions

A landowner is liable for damage caused by unreasonably dangerous **artificial** conditions or structures abutting adjacent land.

✔ Hedge(산울타리) — artificial condition ○ (갑 토지의 hedge가 많이 자라 운전자의 시야를 방해하였고 이로 인해 사고가 발생한 경우, 갑의 책임이 인정된다.)
✔ 겨울에 지붕에 물을 뿌렸고, 이것이 얼어 버린 경우 — artificial condition ○
✔ 겨울에 눈이 얼어 버린 경우 — artificial condition ×

b. Passersby

A landowner has duty to take **precautions** to protect persons passing by from dangerous conditions.

✔ 지붕의 처마 끝을 수리하는 경우, 집 울타리 밖에 '펜스'를 설치해야 할 duty of care가 있다.

c. Conduct on the Premises

A landowner owes others off the premises duty of care with respect to his own activities on the land, or duty to control the conduct of others on his property, so as to avoid unreasonable risk of harm.

✔ 지붕의 처마 끝을 수리하던 집주인의 부주의로 인해 망치가 집 울타리 밖으로 떨어져 행인이 다침. → 집주인 is negligent.

5. Landowners to Those On the Premises

토지 점유자(및 소유자)는 해당 토지(구역)에 '들어오는(on the premises)' 자의 '신분'에 따라 그들에게 다른 정도의 주의의무를 가진다. 토지 점유자의 허가 없이 들어오는 trespasser에게는 제한된 상황에 한해 주의의무가 요구되며, licensee, invitee 순으로 높은 주의의무가 요구된다. Licensee는 '자신의 이익'을 위해 토지 점유자의 허가를 얻어 들어온 자를 뜻하는 바, 토지 점유자는 알고 있으나 licensee가 발견할 수 없는 위험한 상황에 대해 점유자는 licensee에게 주의를 주거나(warn) 해당 공간을 안전하게 만들 의무를 진다. 점유자가 인지하지 못하고 있는 위험한 상황에 대해서는 의무가 인정되지 않는 바, 위험요소 유무를 확인하기 위해 점검(inspect)할 의무는 없다. 한편, invitee는 대중을 위한 공간에 들어간 자 또는 토지 점유자와의 계약관계를 가지거나 '점유자'의 이익을 위해 점유자의 허가를 얻어 들어온 자를 뜻한다. 토지 점유자는 invitee에게 licensee에 대한 주의의무와 더불어 해당 토지의 위험요소 유무 여부를 확인해야 할 의무(duty to investigate)도 진다. 한편, 앞서 언급한 바와 같이 토지 점유자는 대개 trespasser에 대해 주의의무가 없으나, trespasser가 어린아이이고 토지 내에 어린아이들의 흥미를 끌기에 충분한 인공물이 존재하는 경우에는 보다 높은 주의의무를 진다(attractive nuisance doctrine). 다만, 어린아이가 adult activity를 하는 경우에는 본 rule이 적용되지 않는다.

a. Trespasser

i. Definition

Trespasser is one who enters on the land **without permission or privilege.** There are three types of trespasser: undiscovered, anticipated, and discovered trespasser.

Discovered or anticipated trespasser is a person whom a landowner **knows or should reasonably know** of the presence of.

✔ 주인과 마주친 적이 없고 주인이 그의 존재를 인지하지 못한 경우 — undiscovered trespasser

✔ 잔디가 지속적으로 밟혀 길 모양이 난 경우 — anticipated trespasser

✔ 토지주가 버리지 않은 쓰레기가 있는 경우 — anticipated trespasser

✔ 주인과 면식이 있는 trespasser — discovered trespasser

ii. General Rule

A landowner has **no** duty to **undiscovered** trespasser.

A landowner **owes** duty only to anticipated or discovered trespasser. The landowner owes a **duty to warn of or to make safe artificial** conditions **known to the landowner** (concealed) that involve **a risk of death or serious bodily harm** (dangerous) and that the plaintiff is **unlikely to discover.**

✔ 인공 구조물 — artificial condition ○

✔ 동물 — artificial condition ○

b. Licensee
i. Definition

Licensee is one who enters on the land with the landowner's express or implied permission **for her (licensee's) own purpose or business.**

✔ 야구 관람 티켓을 구매한 자

✔ Guest at a party

✔ 집에 놀러 온 friend

ii. General Rule

A landowner owes licensees a **duty to warn of or to make safe dangerous** condition that the landowner **knows or has reason to know** and which the **plaintiff was not likely to discover.**

A landowner has **no** duty to inspect for dangers.

c. Invitee

    i . Definition

An invitee is one who enters on the land with the landowner's express or implied invitation **with the landowner or for the landowner's benefits.** Invitee includes a public invitee and business visitor.

✔ 공항에 온 사람, 기차역에 온 사람, 박물관에 온 사람, 공원에 온 사람 — public invitee

✔ 슈퍼에 온 손님, 음식점에 온 손님 — business visitor

    ii . General Rule

A landowner has a **duty to warn of or to make safe dangerous** condition that the landowner **knows or has reason to know** and which **the plaintiff was not likely to discover.**

A landowner owes a **duty to inspect** for dangers.

    iii. Scope of Invitation

A person who **exceeds the scope** of the invitation is treated as trespasser. Thus, the landowner owes such people only **duty to warn of known** dangerous conditions that create an unreasonable risk of harm to him.

[표 4-7] Landowner's duty to persons on the premises

		요건	Landowner's duty
Trespasser	undiscovered	No duty	
	anticipated/ discovered	know + risk of death/serious bodily harm + plaintiff was not likely to discover	• duty to warn/make safe (only to anticipated/discovered trespasser)

	know/have reason to know + plaintiff was not likely to discover	• duty to warn/make safe
Licensee		
Invitee	know/have reason to know + plaintiff was not likely to discover	• duty to warn/make safe • duty to inspect

d. Attractive Nuisance Doctrine

The doctrine is applied **only to children** and **cannot** be applied when child engaged in **adult activity**.

The landowner is liable for the physical harm to a **trespassing child** if:

  ⅰ. Landowner **knows or should have known** of **dangerous artificial** condition on the land;

  ⅱ. Landowner knows or should have known that **children are likely to trespass;**

  ⅲ. Those children **cannot recognize** the risk of dander;

  ⅳ. The **physical harm** is caused by an artificial condition on the land; and

  ⅴ. **Burden** of maintaining the condition **is slight** compared to **the risk of the danger.**

> **TIP**   Trespasser가 child인 경우, ① trespasser에 대한 주의의무와 ② attractive nuisance doctrine을 모두 고려하는 것이 고득점 포인트다.

6. Professionals

Professionals are persons who are professional or have special skills. As to professionals, the standard of care is measured against similar communities.

Under the informed consent doctrine, physicians have **duty to inform risks** of treatment to a patient before the patient makes decision. However, physicians are **not** required to inform when:

ⅰ. Risk is a **commonly known** risk;

ⅱ. Patient **waives** the information; or

ⅲ. Disclosure would be **too harmful** to the patient (e.g., heart-attack).

7. Common Carriers and Innkeepers

운송업체(common carriers) 및 숙박업체(innkeeper)에게는 비교적 높은 수준의 duty of care가 요구된다. 최근 판례는 innkeeper에게 일반적인 (ordinary) 수준의 duty of care를 요구하는 경향이 있으나, 객관식 문제를 풀 때에는 높은 수준의 duty of care를 기준으로 풀어야 한다. 여기서 '높은 수준'의 duty of care란, independent contractor의 negligence로 인한 피해도 common carrier 및 innkeeper가 책임진다는 의미로서 strict liability를 뜻하지는 않는다. 예컨대, 택시회사(common carrier)가 자동차 정비업소(independent contractor)에 정비를 맡겼는데, 그 정비소 직원의 과실로 브레이크 수리가 원활히 되지 않아 택시 운행 중 승객이 다쳤고 승객이 택시회사를 상대로 소송을 제기한다면, 정비소 직원의 과실로 인한 피해임에도 불구하고 택시회사가 이에 대해 배상해야 한다. 원칙적으로 principal은 independent contractor(정비소)에게 자신의 duty를 delegate하기 때문에 independent contractor의 negligence에 대해 책임을 지지 않으나, common carriers(택시회사) 및 innkeeper의 경우에는 public policy상 그들의 delegation을 인정하지 않고 그들에게 책임을 지우는 것이다.

Under the common law, common carriers and innkeepers owe **higher** standard of duty of care. Common carriers have **duty to keep its vehicles instrumentalities safe** for its customers.

✔ 버스, 기차, '유료의' 자동차 운송 서비스 제공자, 화물운송업체 — common carriers

✔ Hotel operator — innkeeper

8. Bailment

Bailment는 임치(任置)'로 인한 관계를 뜻하는 바, 임치인(bailor)이 자신의 동산(personal property)을 수치인(bailee)에게 위탁하는 관계이다. Bailment는 임치인 혹은 수치인에게만 유리하도록 체결할 수도 있는데, 그 유형에는 임치인(bailor)이 수치인(bailee)에게 자신의 여행기간 동안 우편물을 대신 보관해달라고 부탁한 경우와 같은 임치인(bailor)에게만 유리한 bailment sole benefit of bailor와 수치인(bailee)이 자신의 목적을 위해 임치인의 자동차를 빌리는 경우와 같은 수치인에게만 유리한 bailment sole benefit of bailee bailment로 구분된다.

Bailment is a legal relationship where **physical possession,** not ownership, of personal property is transferred from the bailor to the bailee.

a. Sole Benefit of Bailor

When the bailment is **only for the benefit of the bailor,** the **bailor** has duty to inform of **known** dangerous defects or **would have known** dangerous defects **by reasonable diligence.** The **bailee** is liable only when he is **grossly negligent.**

b. Sole Benefit of Bailee

When the bailment is **only for the benefit of the bailee,** the bailor has duty to inform of **known** dangerous defects. The bailee is liable even for **slight negligence.**

D. Statute and Negligence

법규는 그 법규가 적용되는 자에게 일정한 의무를 부과한다. 예컨대, 독성이 있는 화학물질을 제조하는 자는 반드시 뚜껑에 어린이 보호용 안전캡을 씌워야 한다는 statute의 경우, 독성이 있는 화학물질 제조자에게 뚜껑을 제조하는데 있어 어린이에 대한 주의의무를 부과한다. 따라서 이러한 법규위반은 주의의무의 존재(duty)와 주의의무 위반(breach)를 의미하는 바, negligence per se가 인정된다. 다만, 법규가 보호하고자 하는 class에게 법규가 보호하고자 하는 피해가 발생된 경우에 한해 본 rule이 적용되며, 행위자의 법규준수가 더 큰 위험을 야기할 수 있었던 경우 또는 행위자가 상황을 통제할 수 없어 법규를 위반한 경우에는 본 rule이 예외적으로 적용되지 않는다. 한편, negligence per se가 인정된다 하더라도 negligence 성립요건 네 개 중 duty와 breach만이 추정되는 바, 원고는 causation과 damage를 추가적으로 증명해야 한다.

1. Negligence Per Se

When a defendant violates the statute, **negligence per se** applies and a **duty and breach** is established.

In a negligence per se claim, plaintiff must show:

ⅰ. That the plaintiff is in the class of persons **the statute is designed to protect** (class of person); and

ⅱ. That the statute's purpose is to prevent **the type of harm** that the plaintiff has suffered (class of risk).

2. Exceptions

Violation of some statutes may be **excused** and the defendant has no liability for the injury when:

ⅰ. Compliance to statutes would be **more dangerous** than violation; or

ⅱ. Compliance is **impossible** since it is beyond defendant's control.

✔ 차도위에 갑자기 뛰어든 아이를 피하기 위해 급브레이크를 밟은 경우
— ⅰ에 해당

✔ 운전도중 심장마비가 온 경우 — ⅱ에 해당

E. Negligent Infliction of Emotional Distress (NIED)

모든 사람은 타인에게 정신적 충격을 가하지 않도록 주의할 의무(duty)가 있으며, 이를 이행하지 않은 경우 negligent infliction of emotional distress(NIED)에 대한 책임을 진다. NIED는 ① 가해자가 행위 할 당시 피해자가 within the zone of danger에 있었고 ② 피해자에게 정신적 피해로 인한 신체적 피해가 있는 경우에 한해 인정된다. NIED는 가해자의 negligence로 인해 직접적으로 정신적 충격을 받은 자뿐만 아니라 해당 행위를 가까이에서 지켜봄으로서 정신적 충격을 받은 자도 주장할 수 있다. 다만, "zone of danger"는 비교적 좁은 범위를 의미하는 바, negligent한 행위가 발생한 위치에서 '창문과 같은 장애물 없이 몇 발자국 이내의 위치' 정도로 이해하면 되겠다. 예컨대, 갑이 negligent하게 운전을 하다가 을과 충돌할 뻔하여 을이 정신적 충격을 받았고 바로 옆에 서 있던 행인 병도 정신적 충격을 받았다면, 을과 병 모두 갑을 상대로 NIED를 주장할 수 있다. 반면, 을이 길 건너(across the street)에서 또는 창문 너머로 해당 사고를 목격하였다면, 을은 not within the zone of danger이므로 갑을 상대로 NIED를 주장할 수 없다. 한편, 정신적 충격에 의한 피해는 금전적 또는 신체적 피해와 비교하여 명확히 입증되기가 어렵고 피고에게 불합리한 책임이 주어질 수 있는 위험성이 있어, 정신적 충격으로 인한 '신체 증상(physical injury)'이 입증된 경우에 한해 NIED를 인정한다.

앞서 언급한 IIED는 피고가 타인에게 정신적 충격을 가하고자 하는 intent 또는 reckless를 가지고 한 행위에 대해 책임을 지는 것으로서, 주의의무를 다하지 않은 행위로 인해 추가적으로 발생한 정신적 피해에 대해 책임을 지는 NIED와 차이가 있다. 또한 IIED를 주장하는 원고는 정신적 피해에 따른 신체 증상(physical injury)을 입증할 필요가 없다.

1. General Rule

A defendant is liable for negligent infliction of emotional distress (NIED) when the defendant creates a foreseeable risk of emotional distress (physical injury) to the plaintiff.

For a NIED claim, plaintiff must show that:

ⅰ. He was **within the zone of danger**; and

ⅱ. He suffered **physical symptoms** from the distress.

✔ Yard에서 놀던 아들의 비명소리가 들리자 집 창문으로 아들이 다친 모습을 본 엄마 — within the zone of danger ✕
✔ Across the street에 서 있던 행인이 사고 현장을 본 경우 — within the zone of danger ✕
✔ 건물 입구에서 건물 내부의 상점에 있던 아들의 사고 현장을 본 경우 — within the zone of danger ✕
✔ insomnia(불면증), miscarriage(유산), hear attack(심장마비) — physical symptoms

2. Closely Related Bystander

갑이 negligent하게 운전을 하다가 을과 충돌한 장면을 병이 길 건너(across the street)에서 목격하였다면, 병은 not within the zone of danger이므로 갑을 상대로 NIED를 주장할 수 없다. 하지만 병이 을의 엄마였다면 을과 병은 가까운 관계를 맺고 있는 바, 병이 겪은 정신적 충격이 클 것이라는 것은 충분히 예상가능하다. 따라서 목격자(bystander, 병)가 not within the zone of danger이었다 할지라도 그(병)가 negligence의 피해자(을)와 가까운 관계의 사람이고 사고 현장(present at the scene)에서 직접 목격(observed or perceived)한 경우, NIED가 인정된다. 여기서 '사고 현장(present at the scene)'은 앞서 설명한 zone of danger보다 넓은 개념으로서, 사고 현장을 목격할 수 있는 정도의 거리를 의미한다. 한편, 다수의 주에서는 일반적인 NIED와 마찬가지로 '신체적 피해'에 대한 입증을 요구한다.

[표 4-8] IIED v. NIED

IIED to 3rd	NIED to 3rd
△ knows (π is present + close relationship)	π perceived it
π was present	
close relationship	
severe emotional distress	

Under a bystander theory which is adopted by modern majority jurisdictions, bystander who was **outside of the zone of danger** can recover for NIED when:

ⅰ. The plaintiff is a **close relative** of the victim;

ⅱ. The plaintiff was **present at the scene** of the injury;

ⅲ. The plaintiff personally **witnessed** the event; and

ⅳ. The plaintiff suffered **physical symptoms** (in majority jurisdictions).

✔ Yard에서 놀던 아들의 비명소리가 들리자 집 창문으로 아들이 다친 모습을 본 엄마 ― present at the scene ×

✔ Across the street에 서 있던 행인이 사고 현장을 본 경우 ― present at the scene ○

✔ 건물 입구에서 건물 내부의 상점에 있던 아들의 사고 현장을 본 경우 ― present at the scene ○

---

 case

갑이 운전 중 통화를 하다가 어린아이 을을 보지 못하고 사고가 났다. 길 맞은편(across the street)에 서 있던 엄마 병이 이를 보고 정신적 충격을 받아 불면증이 생겼다. 이에 대해 병은 갑을 상대로 NIED에 대한 배상을 받을 수 있는가?

⇒ Yes. 원칙적으로 엄마 병은 not zone in the danger이므로 NIED를 주장

할 수 없다. 다만, 병은 을과 가까운 사이(closely related)이며, 을의 사고 현장에 있었으며(present at the scene), 사고를 목격(observed)했다. 또한 정신적 충격에 의한 신체적 증상, 즉 불면증도 겪고 있다. 따라서 병은 불면증에 대해 갑을 상대로 배상받을 수 있다.

3. Exceptions (No Physical Symptoms Requirement)

a. Mishandling Corpse

When the defendant **mishandled a relative's corpse** or misinformed someone that a family member has died, the physical symptoms are **not** required to be proved.

b. Physician and Patient

When a duty arises from the **relationship** between the plaintiff and the defendant and the defendant is liable **directly** for the plaintiff, the physical symptoms are **not** required to be proved.

✔ 의사 갑이 환자 을의 차트를 다른 암환자 병의 차트와 혼동(negligent) 하여, 질병이 없는 을에게 암이 있다고 얘기했고 이로 인해 을이 정신적 충격을 받은 경우

III. Breach

A. Proving Methods

For proving breach, the plaintiff uses custom or usage, statute, or proves res ipsa loquitur.

1. Statute

Violation of the applicable statute can establish the defendant's breach of the duty in negligent per se cases.

2. Hand Formula

$$B < (P \times L) \Rightarrow \triangle \text{ liable}$$

Defendant's liability turns on the relationship between burden on precaution (B), the probability (P) of the occurrence of harm, and magnitude^{규모} of harm (L) resulting from the accident. If PL exceeds B, then the defendant should be liable.

3. Res Ipsa Loquitur

Res ipsa loquitur는 발생한 사건이 피고의 과실이 아닌 한 발생할 수 없다는 점을 원고가 입증하면 jury가 피고의 duty와 breach를 추론(infer)할 수 있다는 원칙이다. 따라서 res ipsa loquitur가 적용된다 하더라도 원고는 여전히 causation과 damage 요건에 대해 입증책임을 가지고 있는 바, res ipsa loquitur의 적용이 확정된 후 피고가 directed verdict을 요청하는 motion을 취하더라도 이는 받아들여질 수 없다.

a. General Rule

Under the res ipsa loquitur doctrine, jury can infer **duty and breach** when the plaintiff shows that:

ⅰ. The event is of a kind which ordinarily **does not occur in the absence of negligence;**

ⅱ. There is connection between the defendant and negligence; and

ⅲ. The plaintiff was free from the negligence.

---

case 1

원고가 길을 걷다가 갑자기 날아온 밀가루 통에 맞아 정신을 잃고 쓰러졌다. 주변에는 피고가 운영하는 슈퍼가 있었을뿐, 원고는 피고의 negligence를 직접적으로 증명할 목격자 및 증거가 없었다. 이 경우 원고는 피고를 상대로 negligence를 주장할 수 있는가?

⇒ Yes. 밀가루 통이 날아오는 것은 누군가의 negligence가 아니라면 일어날

수 없는 사건이다(does not occur in the absence of negligence). 피고는 슈퍼를 운영함에 있어 창고에서 해당 밀가루 통을 잘 관리할 의무가 있는 (exclusive to the control) 바, 피고의 negligence가 인정된다(connection). 또한 본 사건에서 원고의 injury에 대해 그의 negligence는 존재하지 않는다. 따라서 res ipsa loquitur가 적용된다 [Byrne v. Boadle, Court of Exchequer England, 1863].

> **case 2**

① 호텔 창문에서 의자가 날아와 다친 갑이 호텔을 상대로 res ipsa loquitur 를 주장하는 경우
⇒ 호텔은 호텔직원뿐만 아니라 많은 사람들이 오가는 장소로서, 의자를 던진 행위가 호텔(의 직원)의 부주의에 의한 것이라고 볼 수 없다(손님이 의자를 던졌을 수도 있다). 따라서 본 사안은 위 ⅱ요건을 충족하지 못하는 바, res ipsa loquitur가 적용될 수 없다.
② 음식점에서 식사를 하던 갑의 음식에서 벌레가 나왔고, 갑이 음식점을 상대로 res ipsa loquitur를 주장하는 경우
⇒ 음식점의 음식에서 벌레가 나온 것은 음식점(의 직원) 외 타인의 부주의가 개입될 수 없는 상황이므로, 본 사안에는 res ipsa loquitur가 적용될 수 있다.

b. Effects

Even though the plaintiff satisfies the doctrine of res ipsa loquitur, negligence is not presumed and the burden of proof is not changed. The plaintiff still has burden of proof on **causation and damages,** and the motion for **directed verdict** raised **by the defendant cannot be granted.**

The defendant can submit evidence that due care was exercised.

Ⅳ. Causation

A. General Rule

원고는 피고의 과실과 자신의 피해간 인과관계를 입증해야 하는데, 피고의 과실이 자신의 피해를 야기한 사실상의 원인(actual causation)임과 동시에 법적인 원인(proximate causation)임을 보여야 한다. 여기서 '사실상의 원인(actual causation)'은 자연법칙적 인과관계가 인정되는 원인을 뜻하는 바, 주로 "피고의 과실이 없었다면 그러한 결과도 일어나지 않았다."는 점을 입증함으로써 증명된다. 법적인 원인(proximate causation)은 actual causation 중 법적으로 책임을 물을 수 있는 원인을 뜻한다.

Regarding the causation requirement, the plaintiff must prove both actual **and** proximate causation. Actual causation should be proven first.

B. Actual Causation

• Actual causation = Causation in fact = Factual causation

'사실상의 원인(actual causation)'은 자연법칙적 인과관계가 인정되는 원인을 뜻하는 바, 주로 "피고의 과실이 없었다면 그러한 결과도 일어나지 않았다."는 점을 입증함으로써 증명된다. 이러한 방법을 "but-for test"라 한다. But-for test를 적용하기 부적절한 경우에는 substantial factor test와 alternative cause approach를 통해 actual causation을 증명할 수 있다. Substantial factor test에 따르면, 피고의 행위를 포함한 두 개 이상의 원인이 결합되어 하나의 피해를 야기한 경우, 원고가 각 원인이 독립적으로 발생하였더라도 충분히 해당 피해를 발생시켰을 것임을 입증하면 피고의 행위를 actual causation으로 인정한다. 한편, alternative cause approach는 두 명 이상의 피고에게 과실이 있으나 그들 중 원고의 피해를 야기한 과실이 누구의 과실인지 특정할 수 없는 경우, 원고가 '그들 중 한명의 과실이 피해를 야기했음'을 증명한다면 피고를 명확히 지명할 수 없다 하더라도 피고에게 causation에 대한 입증책임이 이전(shift)된다. 자신의 행위가 원인이 아니라는 것을, 즉 actual causation

이 아니라는 것을 증명한 피고는 책임이 없고, 그렇지 못한 피고의 행위는 원고 피해의 actual causation으로 인정된다.

1. But-For Test

Under a but-for test, a defendant's conduct is an actual cause of injury (damage) if **but for** the defendant's conduct the plaintiff would not have suffered the harm.

2. Multiple Defendants

a. Substantial Factor Test

When but-for test is inapplicable, the substantial factor test is used. Under the test, defendant's action is an **actual causation** when:

ⅰ. There are **more than two defendants** cause **an injury;** and

ⅱ. Each defendant was **sufficient (substantial) to cause** the injury alone.

---

case 1

갑의 집을 중심으로 왼쪽과 오른쪽에 숲이 있다. 을의 부주의로 인해 왼쪽 숲에 불이 났고 병의 부주의로 인해 오른쪽 숲에도 불이 났다. 이 과정에서 갑의 집이 전소되었다. 이 경우, 갑은 을의 negligence(causation)를 주장할 수 있는가?

⇒ Yes. 을과 병의 negligence가 각각 발생했다 하더라도 갑의 집을 전소하기에 충분했음이 증명된다면, substantial factor test에 따라 을과 병 각각의 negligence는 갑의 피해에 대한 direct causation으로 인정된다. 즉 을의 부주의와 병의 부주의가 각각 독립적인 원인(direct causation)으로서 intervening factor 없이 갑의 피해를 야기한 것이다 (을's NG ⇒ 전소 // 병's NG ⇒ 전소). 따라서 을의 부주의는 갑의 피해에 대한 actual causation과 proximate causation으로 모두 인정되는 바, 을의 책임이 인

정된다.

case 2

택배회사 갑에서 일하는 직원 을이 업무 과다로 인한 요통을 이유로 갑을 상대로 소송을 제기했다. 을은 평소 허리에 무리가 가는 과한 헬스와 미식축구를 즐긴다. 이 경우, 을은 갑의 negligence(causation)를 주장할 수 있는가?
⇒ 을의 요통은 다양한 원인(헬스, 미식축구 그리고 과다 업무)에 의한 결과이다. 따라서 을이 헬스와 미식축구를 하지 않고 회사 업무만을 했다 하더라도 자신에게 동일한 증상(결과)이 나타났을 거라는 점을 증명한다면, substantial factor test가 적용되어 actual causation이 인정된다.

[참고] 만약 헬스, 미식축구, 회사 업무 각각 모두 요통을 야기하기에 충분했다는 점이 증명된다면, 각 원인들은 독립적인 원인(direct causation)으로서 갑의 피해를 야기했다고 본다.

b. Alternative Liability Theory

The alternative liability theory is applicable when:

i. **Two or more defendants** are negligent;

ii. It is uncertain as to **which defendant** caused plaintiff's injury; and

iii. The plaintiff proved that harm was **caused by one of them** (but it is uncertain as to which one).

The **burden of proof shifts to defendants** and each must prove that his negligence is **not the actual causation** of the plaintiff's injury.

case

갑은 을, 병, 정 회사에서 제조하는 허브차를 즐겨 마신다. 어느날 복통으로 병원을 간 갑은 허브의 독성이 제거되지 않은 상태에서 섭취하여 복통이 생겼음을 알게 되었다. 을·병·정 회사는 각각 자신들의 허브차를 만드는 모든 과정에 참여한다. 갑은 을을 상대로 negligence(causation)를 주장할 수 있는가?

⇒ Yes. 을·병·정 회사는 각각 자신들의 허브차를 만드는 모든 과정에 참여하므로 갑은 res ipsa loquitur를 통해 그들의 duty와 breach를 입증할 수 있다. 또한 갑이 자신의 복통은 을, 병, 정 회사의 부주의에 의한 것임이 분명하다는 점을 증명한다면, 을·병·정 중 어느 회사의 과실에 의한 것인지 명확히 증명할 수 없다 하더라도 causation에 대한 입증책임은 피고인 을·병·정에게 이전(shift)된다(alternative causation approach). 따라서 을·병·정은 자신들의 행위가 actual causation이 아니라는 것을 증명해야 하고, 그렇지 못한 경우 그들의 actual causation이 인정되어 갑에 대해 책임을 진다.

C. Proximate Causation

- Proximate causation = Legal causation
- Cause = Factor = Force: 원인/요소
- Direct causation: Intervening force 없이 직접적으로 피해를 야기한 원인
- Indirect causation: Intervening force와 combined되어 피해를 야기한 원인
- Dependent factor: 최초 원인(피고의 negligence)에 대한 반응(response/reaction)으로서 발생한 사안
- Independent factor: 최초 원인(피고의 negligence)에 의해 발생하였으나, 그에 대한 반응(response/reaction)으로서 발생한 것은 아닌 사안

법적인 원인(proximate causation)은 actual causation 중에서 법적으로 책임을 물을 수 있는 의미 있는 원인을 뜻하는 바, '예상가능성(foreseeability)'을 기준으로 판단된다. Proximate causation 여부를 판단하기 위해서는 우선 주어진 사안이 direct cause case인지 indirect cause case인지 구분해야 한다. Direct cause case란 피고의 과실과 원고의 피해 사이에 개입하는 사유(intervening factor)가 '없는' 경우를 뜻하는 바, 피고의 과실이 직접적으로 피해를 야기한 경우가 이에 해당한다. 한편, indirect cause case는 피고의 과실과 원고의 피해 사이에 개입하는 사유(intervening factor)가 '있는' 경우로서, 피고의 과실과 다른 사유가 결합되어 피해를 야기한 경우를 뜻한다.

Direct cause case의 경우, 피고가 행위 할 당시 예상가능했던 결과(foreseeable

injury)에 한해 피고 행위(negligence)를 proximate causation으로 인정한다. 따라서 피고의 행위는 direct causation이자 proximate causation이 되는 것이다. 한편, indirect cause case의 경우에는 intervening factor의 foreseeability와 intervening factor에 의한 결과의 foreseeability를 판단하여, intervening factor에 의한 결과가 foreseeable하면 피고의 책임이 인정된다. 다시 말해, intervening factor의 foreseeability는 고려되지 않고, intervening factor에 의해 원고의 피해가 피고의 과실만 존재했을 때보다 커지거나 다른 유형의 손해가 발생했다 하더라도 피고는 그 손해에 대해 책임을 진다. 다만, 제3자가 범죄행위(crime) 또는 고의에 의한 위법행위(intentional torts)를 행하여 unforeseeable한 intervening factor가 발생한 경우에는 그러한 행위의 결과가 foreseeable하다 하더라도 피고에게 그 모든 손해를 배상하게 하는 것은 다소 무리가 있다. 따라서 이러한 경우에는 예외 rule을 적용하여 피고는 제3자가 야기한 원고의 피해에 대해서는 책임지지 않는다.

[표 4-9] Indirect cause cases

Case	Foreseeability of intervening force	Foreseeability of harm	△'s Liability
	최초 NG로 인해 interv. force가 injury를 야기할 가능성이 높아졌는가	Interv. force가 야기한 harm이 예상가능한 범위의 harm인가	
1	○	○	○
2	×	○	○
	예외: interv. force = unforeseeable crime or intent. tort of 3rd party ⇒ △ has no liability		
3	○	×	×
4	×	×	×

1. General Rule

The proximate causation test is based on **foreseeability**.

a. Direct Causation

An actor (defendant) is a direct causation when **foreseeable** result (harm) was caused **without intervening causes.** If the actor could not reasonably have foreseen results, he is not liable for the result.

b. Indirect Causation

ⅰ. General Rule

There are two factors to be considered in determining whether the defendant is liable for the plaintiff's injury when there is an intervening cause: foreseeability of intervening cause and foreseeability of result caused by the intervening cause.

Generally, the defendant is **liable** when the defendant could have **foreseen the results** caused by the intervening cause.

ⅱ. Superseding Force

① General Rule

When the defendant is **not** liable, the intervening force is a **superseding force that cuts off the defendant's liability.** Intervening force which is unforeseeable is superseding force. In other words, a superseding force **breaks the chain of proximate causation** (connection between defendant's negligence and the ultimate injury).

② Superseding Force

The intervening act is a superseding cause when the intervening act:

(a) Was sufficient by itself to cause the injury;

(b) Was not reasonably foreseeable to the negligent actor (unforeseeable intervening act); and

(c) Was not a normal response to the negligent actor's conduct (independent intervening act).

ⅲ. Unforeseeable Intervening Force and Foreseeable Results

① General Rule

Generally, the defendant **is liable** for the plaintiff's injury when intervening force was not foreseen but **the result of it**

is foreseeable.

② Exception

When the intervening force is an **unforeseeable crime or intentional tort of a third party,** the defendant is **not liable** for the plaintiff's injury. This is because such intervening force is deemed as a superseding force that cuts off defendant's liability.

The intervening force is an **foreseeable** crime or intentional tort of a third party when the defendant's action **increased a risk** that a third person would commit a crime or intentional torts.

---

case 1

발렛요원 갑이 negligent하게 차 키를 차에 두고 내린 후, 도둑 을이 차에 있는 돈을 훔쳐갔다. 차주 병이 갑을 상대로 을이 훔쳐간 돈에 대해 소송을 제기할 경우, 승소할 수 있는가?

(갑's NG, 차 키＋을's crime, 절도 ⇒ $ harm)

⇒ Yes. 갑이 차 키를 차에 두고 내림으로써 절도의 위험성이 높아졌다. 즉 을의 절도는 갑이 아닌 제3자의 crime이나, 갑의 행위로 인해 그 발생가능성이 높아진 foreseeable한 intervening force로서 갑의 책임을 cut off 하지 않는다. 따라서 갑은 을에 대해 책임을 진다.

---

case 2

① 가스 배관공사자인 갑이 negligent하게 가스를 충분히 제거하지 않고 퇴근하였고, 그 후 을이 공사장에 들어와 방화했다. 토지주인 병이 방화로 인한 금전적 피해에 대해 갑을 상대로 소송을 제기할 경우, 승소할 수 있는가?

(갑's NG, 가스＋을's crime, 방화 ⇒ $ harm)

⇒ No. 방화로 인한 금전적 피해는 foreseeable harm이므로 원칙적으로 갑은 이에 대한 책임이 있다. 다만, 을의 행위(방화)는 제3자의 crime이고, 갑이 가스를 충분히 제거하지 않은 행위(negligence)가 방화의 위험성을 높

였다고 볼 수 없는 바, 을의 방화는 unforeseeable intervening force이다. 따라서 을의 행위는 superseding force로 인정되어 갑의 책임을 cut off한다. 따라서 갑은 금전적 피해에 대한 책임이 없다.

② 가스 배관공사자인 갑이 negligent하게 가스를 충분히 제거하지 않았고 퇴근하였고, 그 후 을이 공사장에 들어와 방화했다. 공사장 주변은 범죄율이 매우 높은 지역이며, 갑은 이 사실을 인지하고 있었다. 토지주인 병이 갑을 상대로 이에 대해 소송을 제기할 경우, 승소할 수 있는가?

(갑's NG, 가스＋을's crime, 방화 ⇒ $ harm)

⇒ No. 을의 행위(방화)는 제3자의 crime이나, 갑은 범죄율이 높은 지역에서 가스를 충분히 제거하지 않으면 방화의 위험성이 높다는 것을 인지가능한 상태였으므로 을의 방화는 foreseeable한 intervening force이다. 따라서 을의 행위는 갑의 negligence를 cut off하지 않는 바, 갑은 병에 대해 책임이 있다.

2. Typical Foreseeable Independent Intervening Forces

Independent forces are one that is caused by defendant's negligence but is not natural responses or reactions to the negligence. Such forces are **foreseeable** when defendant's negligence **increased the risk that theses forces would cause harm** to the plaintiff.

Following situations are as to typical foreseeable independent intervening forces.

a. Subsequent Disease or Accident

case 1

갑의 negligent한 운전으로 인해 을이 팔을 다쳤고, 팔 상처가 감염되어 피부병이 발병한 경우

(갑's negligence＋감염 ⇒ 팔 injury, 피부병)

⇒ 감염은 부주의한 운전에 의해 발생하였으나, 부주의한 운전의 reaction으로서 발생한 사안은 아니므로 independent intervening factor이다. 팔이 다친 후 감염되는 것은 foreseeable intervening force이므로, 감염은 갑의

책임을 cut off하지 않는다. 또한 감염에 의한 피부명은 foreseeable result 이므로, 갑은 을의 팔과 피부 모두에 대해 책임을 진다.

---

case 2

갑이 negligent하게 운전하여 을을 향해 돌진하자 을이 이를 피하고자 병의 화단에 뛰어들어 화단이 망가진 경우
(갑's negligence + 을이 뛰어듦 ⇒ 화단 망가짐)

⇒ 을이 타 토지에 뛰어든 행위는 다가오는 차를 피하는 foreseeable intervening force이고, 을이 병 화단에 뛰어들어 발생한 화단 손상은 foreseeable result이다. 따라서 갑은 병의 화단 손상에 대해 책임을 진다.

b. Subsequent Medical Malpractice

case 1

갑의 negligence로 인해 팔을 다친 을이 병이 운전하는 구급차를 타고 병원을 가는 길에, 병의 negligence로 인한 차 사고로 다리를 다친 경우
(갑's negligence + 병's negligence ⇒ 팔, 다리 injury)

⇒ 병원을 가는 과정에서의 구급차 사고는 foreseeable한 intervening force 이므로, 병의 negligence는 갑의 책임을 cut off하지 않는다. 또한 차 사고로 인한 다리 손상은 foreseeable result이므로, 갑은 을의 팔과 다리 injury에 대해 책임을 진다.

case 2

갑의 negligence로 인해 을이 '오른팔'을 다쳤으나, 의사 병이 negligent하게 을의 '왼팔'을 절단(amputation)한 경우
(갑's negligence + 병's negligence ⇒ 오른팔, 왼팔 injury)

⇒ 상해를 입은 후 치료를 받는 것은 foreseeable한 intervening force이므로, 병의 negligence는 갑의 책임을 cut off하지 않는다. 또한 수술 중 의사의 과실에 의한 신체적 손상은 foreseeable result이므로, 갑은 을의 양쪽 팔 모두에 대해 책임을 진다.

c. Negligence of Rescuers

갑의 negligence로 인해 을이 화상을 입었고 병이 을을 구조하는 과정에서
병의 negligence로 인해 을의 다리가 골절된 경우

(갑's negligence + 병's negligence ⇒ 화상, 골절)

⇒ 갑은 을의 화상과 골절 양쪽 모두에 대해 책임을 진다.

d. Reaction Forces

갑의 negligence로 인해 을이 오른팔을 다쳤고, 이를 보고 놀란 행인 병이 도
망치는 과정에서 negligent하게 을의 '왼팔'에 harm을 가한 경우

(갑's negligence + 병's negligence ⇒ 오른팔, 왼팔)

⇒ 갑은 을의 양쪽 팔 모두에 대해 책임을 진다.

V. Damage

A. General Rule

In negligence cases, damage is not presumed as in intentional tort cases.
Generally, damage means **actual harm or injury** and plaintiff is to be
awarded economical or noneconomical damages. **Punitive damages** is
available in limited situations but **nominal damages** is **not** available in
negligence cases.

B. Types of Damages

1. Actual Damages

• Actual damages = Compensatory damages

Actual damages is a compensation awarded by a court in response to
a loss suffered by a party. The amount awarded is based on the
proven harm, loss, or injury suffered by the plaintiff.

- ✔ Medical expenses
- ✔ Cost of repairs to damaged property
- ✔ Lost wages/income
- ✔ Damage for emotional distress: NIED의 경우 physical injury를 동반한 emotional distress인 경우에 한해 손배청구가 가능하나, negligence의 경우에는 physical injury와 무관하게 네 요건(duty, breach, causation, damage)이 만족되는 경우 손배청구가 가능하다.

2. Nominal Damages

Nominal damages arises when there is no actual damage. **No nominal damages** is awarded in negligence cases.

- ✔ 이삿짐 센터 직원 갑이 을의 명화(名畵)를 옮기는 과정에서 명화를 바닥에 떨어뜨렸으나 그림이 훼손되지 않은 경우, 을이 갑(또는 갑의 회사)을 상대로 'negligence를 이유로' 소송한다면, actual damage가 없으므로 negligence가 인정될 수 없다.

3. Punitive Damages

Punitive damages may be awarded when the defendant's actions are **willful, wanton, reckless, or malicious.** Some courts are reluctant to award the punitive damages.

4. Collateral Source Rule

Under the collateral source rule, damages are not reduced or mitigated even though the plaintiff received benefits from other sources rather than the defendant.

C. Eggshell-Skull Doctrine

Eggshell-skull doctrine에 따르면, 원고의 피해(injury)가 흔히 예상할 수 없거나 그 규모가 일반적으로 발생하는 규모보다 더 큰 규모로 발생한 경우에도 피고는 이에 대해 책임을 져야 한다. 다시 말해, 원고의 피해(injury) '규모 및 정도'가 unforeseeable하다 하더라도 피고는 그 모든 것에 대해 책임을 진다. 이는 앞서 「C. Proximate Causation」에서 논했던 원인으로부터 예상할 수 없었던 다른 '유형'의 피해를 의미하는 unforeseeable harm과는 차이가 있다. 한편, 원고의 '피해(injury)'라는 것은 골절, 분열증, 금전적 손해 등과 같이 원고 신변에 발생한 구체적 결과를 의미한다. 예컨대, 본래 불안장애를 앓고 있던 원고가 피고의 assault로 인해 골절되고 분열증이 생긴 경우, 일반적인 사람의 경우 assault로 인해 분열증이 생길 확률이 적고 예상하기 힘든 손해라 하더라도 피고는 원고에게 골절과 분열증 모두에 대해 배상책임을 진다.

Under **the eggshell skull doctrine,** a plaintiff can recover for the **full extent** of his injuries which is **greatly in excess of those that a normal victim would suffer.** Liability includes even when harm is entirely different from that which the other had previously sustained.

✔ The plaintiff has history of depression is a preexisting condition. → The defendant is liable for both physical injury and depression.

Ⅵ. Defenses

A. Contributory Negligence

1. General Rule

In some jurisdictions applying contributory negligence, the plaintiff's contributory negligence **completely bar** recovery. When there is a plaintiff's contributory negligence, the plaintiff **cannot recover anything** from the defendant.

2. Defendant's Intentional Torts

The defendant in an action for an **intentional tort** or for willful or wanton misconduct **cannot** assert the plaintiff's contributory negligence as a defense.

3. Last Clear Chance

• Last clear chance doctrine = Humanitarian doctrine

Under this doctrine, the person (defendant) with the last clear chance to avoid an accident but fails to do so is liable for negligence.

It is plaintiff's rebuttal against the defense of contributory negligence, and permits the plaintiff to **recover full amount of damages** despite his own contributory negligence.

| TIP | 피고가 contributory negligence를 주장하는 경우, last clear chance doctrine 적용가능 여부를 판단해야 한다.

| case |

철도기관사 갑은 제한속도보다 빠르게 기차를 운행하고 있었고, 을은 만취상태로 기차 선로 위에 주차를 해 놓고 있었다. 갑이 을을 발견했을 당시 충분히 정차할 수 있을 거리가 있었음에도 불구하고 과실로 정차하지 못하고 기차는 을의 차와 충돌하였다. 이에 대해 을은 갑을 상대로 갑의 negligence를 이유로 소송을 제기했으나, 갑은 contributory negligence를 주장하며 자신에게 책임이 없음을 주장했다. 법원은 이에 대해 어떻게 판단해야 하는가?

⇒ Overrule the 갑's argument. 본 사안에 contributory negligence가 적용되는 경우는 을의 negligence가 존재하므로 을은 갑으로부터 어떠한 배상도 받을 수 없음이 원칙이다. 다만, 기차를 정차하여 본 사건을 피할 수 있었던 last chance가 갑에게 있었으므로, 이를 이행하지 못한 갑은 을에게 책임을 져야 한다.

B. Comparative Negligence

1. Pure Comparative Negligence

Under the pure comparative negligence system, the plaintiff who was contributorily negligent can recover a percentage of his damages.

✔ Jury가 갑의 과실을 1%, 을의 과실을 99%로 인정한 경우, 갑은 을로부터 전체 피해액 중 99%만을 배상받을 수 있다.

2. Partial Comparative Negligence

• Partial comparative negligence = Modified comparative negligence 원고의 과실이 50% 이하일 경우 피고로부터의 recover를 인정하는 주와, 원고의 과실이 50% 미만일 경우에 한해 recover할 것을 인정하는 주로 구분된다. 예컨대, jury가 갑의 과실을 50%, 을의 과실을 50%로 인정한 경우, 전자(前者)에서는 갑은 을로부터 recover할 수 있는 반면, 후자(後者)에서는 recover할 수 없다.

In some jurisdictions, a plaintiff is **barred** from recovering when his negligence was **more serious** than that of the defendant (more than 50%).

In other jurisdictions, a plaintiff is **barred** when his negligence was **at least** as serious as that of the defendant (50% or more at fault).

C. Assumption of Risk

원고가 피해발생의 위험성을 인지하고 있었으나 그 위험성을 자발적으로 수용(assume)하였다면, 원고는 피고로부터 배상받을 수 없다. 원고가 위험성을 수용하는 방법에 따라 assumption of risk의 유형이 구분되는 바, 원고가 피고와 체결한 계약서상 위험성을 수용하겠다는 조항을 명시한 경우의 express assumption of risk와 원고가 특정 행위에 가담함으로써 해당 행위의 위험성에 대한 수용의 의지가 함축되었다고 보는 경우의 implied assumption of risk가 있다.

Express assumption of risk는 원고와 피고간의 계약서상 피고의 negligence 에 대해 책임을 묻지 않겠다는 내용의 면책조항(exculpatory clause)이 있는 경우 인정된다. 다만, 피고가 recklessly하게 또는 gross negligently하게 행동 한 경우, 원고가 상대적으로 불리한 입장에 있었던 경우 또는 public policy 상 피고가 자신의 negligence에 대해 스스로 책임지는 것이 합리적인 경우에 는 exculpatory clause가 있다하더라도 원고의 express assumption of risk가 인정되지 않는다. 그중 public policy상 피고가 자신의 negligence를 스스로 책임져야 하는 경우에는 피고가 운송업자(common carrier)인 경우, 사기 (fraud)·폭력(force)·긴급상황(emergency)이 연관된 사안인 경우 그리고 원 고가 법령(statute)에 의해 보호받는 집단인 경우가 있다.

1. General Rule

When the plaintiff **knew** the risk but **voluntarily assumed it,** assumption of risk is recognized and the plaintiff **cannot** recover from the defendant.

There are two types of assumption of risk: express assumption and implied assumption.

a. Voluntary

The plaintiff must voluntarily assume the risk.

If the plaintiff acted **in emergency,** such as engaging in rescue, saving the kid, or act under force, his act is **not** voluntary.

2. Express Assumption of Risk

a. General Rule

When the plaintiff assumed the risk by express agreement, the express assumption of risk is recognized.

b. Exceptions

Courts will **not** recognize the plaintiff's express assumption of risk when:

   i. The liability is caused by the defendant's **reckless, wanton, or**

gross negligence;

ii. There is a gross disparity^{격차} of bargaining power between the parties; or

iii. It is **against the public policy** to recognize the assumption of risk, insulating people from the consequences of their own negligence.

✔ 부합계약(adhesion contract)상의 exculpatory clause의 유효성은 인정되기 어렵다. 즉 계약 당사자 중 일방인 피고가 exculpatory clause가 있는 계약서를 작성하고 원고가 해당 계약서(약관)에 서명을 하였다면 원고의 assumption of risk가 인정되기 어려우므로 피고는 원고에 대해 책임을 진다 — 위 ii 경우에 해당

✔ 놀이공원의 귀신의 집 입장티켓에 '내부에서 발생하는 각종 공포 이벤트에 따른 손님의 정신적 및 신체적 피해에 대해 책임지지 않는다.'는 내용이 명시되어 있고 이를 구매한 손님이 귀신의 집에 들어가 직원의 이벤트로 heart attack이 온 경우 → 손님은 해당 티켓을 반드시 구매해야 하는 입장이 아니라 원치 않은 경우 거절할 (구매하지 않을) 수 있는 위치에 있었으므로 adhesion contract로 인정되지 않는 바, 예외 rule이 적용될 수 없다. → 손님(원고)의 assumption of risk 인정 → 직원(피고)으로부터 배상받을 수 없다.

c. Public Policy

Common carriers are not permitted to limit their liability for personal injury.

In cases involving **fraud, force, or an emergency,** risks will not be assumed.

A **protected class under the statute** will not be deemed to have assumed any risk.

3. Implied Assumption

a. Knowledge

Plaintiff must have knowledge of the risk. When he **average person** would clearly appreciate the risk, plaintiff's knowledge may be implied.

✔ 미식축구에 참여한 자는 '타인과의 신체접촉'이라는 risk에 대해 assume했다고 볼 수 있다.

Part Four. Strict Liability

Strict liability는 한국법상의 '무과실책임'과 유사한 개념이다. 행위자의 행위 성격이 행위자에게 안전하게 행동할 의무를 부과해야 할 정도로 충분히 위험한 경우, 행위자의 negligent 여부와 무관하게 지는 책임을 뜻한다. Strict liability 유형에는 동물점유자가 지는 책임을 뜻하는 strict liability for animals, 위험한 행위를 하는 자가 지는 책임인 strict liability for abnormally dangerous activities 그리고 제조물에 대해 지는 책임인 product liability for strict liability가 있다. Product liability for strict liability는 「Part Five. Product Liability」에서 타 유형의 product liability와 연계하여 논하도록 한다.

A defendant is strictly liable for plaintiff's injury regardless of the negligence of defendant. There are three types of strict liability: strict liability for possession of animals, for abnormally dangerous activity, and product liability for strict liability.

I. Prima Facie Case

In a strict liability case, plaintiff establishes:

ⅰ. The nature of the defendant's activity imposes an **absolute duty** to make safe;

ⅱ. The defendant **breached** the duty;

ⅲ. The dangerous aspect of the activity is the **actual and proximate cause** of the plaintiff's injury; and

ⅳ. The plaintiff suffered **damage** to person or property.

✔ 피해가 발생했다는 사실은 피고가 안전히 행동해야 한다는 duty를 breach 했음을 입증한다. — 요건 ⅱ 충족

II. Strict Liability For Possession of Animals

Strict liability for animals 유무여부는 injury 유형, animal 유형, 원고의 신분 (protected person 여부), 이 세 가지를 고려하여 판단한다. 본 파트에서는 동물에 의해 발생된 personal liability에 대해 논하는 바, 동물이 타인의 토지에 들어가 발생된 피해 등에 대해서는 논하지 않는다. Personal injury가 wild animal에 의해 발생된 경우 해당 동물의 점유자가 strict liability를 지나, domestic animal에 의해 발생된 경우에는 점유자가 해당 동물이 위험한 성격을 가지고 있다는 점을 인지하고 있는 경우에 한해 strict liability를 가지고 그렇지 않은 경우에는 negligence에 대해 책임을 진다. Restatement (Third) of Torts에 의하면, 일반적으로 애완용으로 키우지 않는 자연에서 서식하는 동물로서 선천적으로 맹렬함과 위험성(inherently fierce or dangerous)을 가진 동물을 "wild animal"이라 한다. 가장 대표적인 wild animal은 lion과 bear이다. Snake의 경우, 독사는 wild animal로 구분되나 독이 없는 뱀은 wild animal이 아니다. 한편, 원고가 trespasser인 경우 동물점유자(집주인)은 negligence에 한해 책임을 진다. 만일 trespasser가 토지에 들어왔음을 인지하고도 동물점유자가 그에게 wild animal에 대한 경고를 주지 않는다면 negligence가 인정되어 trespasser에 대한 책임이 인정된다. 한편, 동물점유자가 자신의 자산(집)을 보호할 목적으로 wild animal을 점유하고 있었고 그 동물이 타인에게 심각한 신체적 피해를 야기할 수 있음을 인지하고 있었다면, 동물점유자는 trespasser를 포함한 그 피해를 입은 모든 자에게 책임을 진다. 이는 자산을 보호하기 위해 deadly force를 사용할 수 없다는 intentional torts의 법리가 적용되기 때문이다.

A. Types of Animals

1. Wild Animals

The owner of a wild animal is strictly liable for personal injuries caused by it.

✔ Lion, bear — wild animal ○

✔ Poisonous snake — wild animal ○

✔ Snake, bees — wild animal ×

2. Domestic or Farm Animals

The owner of a domestic animal or farm animal **is strictly liable** for **personal injuries** caused by it only when **he knows** that particular animal's dangerous characteristics. Otherwise, the owner is liable only for **negligence.**

Under the "dog bite" statutes in some jurisdictions, the owner is **strictly liable** even when he has **no knowledge** of dangerous characteristics.

✔ Puppies — domestic animals

✔ Cattle, horses — farm animals

B. Protected Persons

1. Trespassers

When wild animals or abnormally dangerous domestic animals caused trespasser's injuries, the owner is liable only if there is **negligence.**

However, when the owner protects his property from intruders by keeping a vicious **watchdog** and **knows** that it could cause **serious bodily harm,** he is liable for **trespasser's** injuries caused by the animal. This is because a landowner cannot use deadly force to protect his property.

2. Licensees and Invitees

The owner is **strictly liable** for a licensee's or invitee's injuries caused by wild animals or abnormally dangerous domestic animals.

However, the landowner who has a **public duty** to keep the animals is liable for licensees or invitees only if there is **negligence.**

✔ Public zookeeper — public duty 인정

[표 4-10] Strict liability 'for personal injury'

wild animals & domestic/farm animals의 위험한 성향 인지				그 외
Trespasser		Licensee & Invitee		
일반	to protect home	일반	public duty(동물원)	
NG	책임 有 (intentional torts)	SL	NG	NG

III. Strict Liability For Abnormally Dangerous Activities

- Abnormally dangerous (Second and Third) = Ultra-hazardous (First) = Inherently dangerous = Unduly dangerous

Strict liability for abnormally dangerous activities는 행위자가 상당히 위험한 행위(abnormally dangerous activity)를 하는 경우 과실유무와 관계없이 해당 행위로 인해 발생한 피해에 대해 지는 책임을 뜻한다. 여기서 "abnormally dangerous activity"는 행위자가 합리적인 주의를 기울인다 하더라도 해당 행위로 하여금 타인 또는 타인의 자산에 대한 심각한 피해(serious harm)가 예상되고 해당 행위가 사회적으로 만연(common)하지 않은 경우 인정된다. 다만, 그러한 행위로 인해 발생한 모든 피해에 대해 책임이 인정되는 것은 아니고 해당 행위가 가지고 있는 위험성이 일반적으로 야기하는 피해에 한해 책임을 진다. 한편, abnormally dangerous activity 여부는 jury가 아닌 '법원'이 판단하는 사안(a question of law)으로서, 이에 대해 directed verdict를 내려질 수 있다.

A. General Rule

1. Strict Liability

A defendant who engaged in an abnormally dangerous activity is strictly liable for the plaintiff's harm, **regardless of his negligence** or reasonable precautions taken to prevent the harm.

The defendant is liable **only for harm resulted from the normally dangerous propensity** of the condition or thing involved.

✔ 피고가 toxic한 물체를 트럭에 싣고 운전하고 있었는데, 트럭이 전복되어 행인과 충돌해 행인이 골절상을 입은 경우, 이는 toxic한 물체에 의한 전형적인 피해가 아닌 바, 피고는 원고에 대해 **not** strictly liable. 반면, 동일한 사안에서 트럭이 전복되어 toxic한 물체가 새어나와 행인이 화상을 입었다면, 피고는 원고에 대해 strictly liable하다.

2. Abnormally Dangerous

In determining whether an activity is abnormally dangerous, **the court** considers:

i . Whether the activity must create a foreseeable risk of **serious harm** even when **reasonable care** is exercised by actors; and

ii . Whether the activity is **not a matter of common usage in the community.**

The court decides whether an activity is abnormally dangerous and it can decide on a motion for **directed verdict.**

3. Foreseeable Plaintiff

In majority jurisdictions, the defendant has strict liability only to **foreseeable** plaintiffs.

4. Differences between Restatements

The First, Second, Third Restatements 모두 strict liability for abnormally dangerous activities 적용여부를 판단할 때 common usage 요소를 고려하지만, 이를 해석하는 데 있어 차이가 있다. The First Restatement와 The Second Restatement에서는 많은 사람들이 하는 행위가 아니더라도, 그 행위에 사용되는 물건이 common하다면 common usage라고 보고

strict liability를 인정한다. 한편, the Third Restatement에서는 많은 사람들(by mass of mankind in community)이 하는 행위만을 common usage라고 인정하여, 비교적 좁은 해석을 한다. 다음은 common usage에 관한 the Restatement (Third) 인용문이다.

"The transmitting electricity through wires itself is engaged in by only one party. Even so, electric wires are pervasive within the community. Moreover, most people, though not themselves engaging in the activity, are connected to the activity…. The concept of common usage can be extended further to activities that, though not pervasive, are nevertheless common and familiar within the community."

"전기를 전송하는 행위는 한 행위자에 의해 일어난다. 그렇다 할지라도 전기선은 사회에서 만연하다. 게다가 대부분의 사람들은 직접 전기를 전송하는 행위에 개입하지 않는다 할지라도 그 행위에 관련되어 있다. "Common usage" 개념은 사회에서 만연하지 않더라도 사람들에게 익숙하고 친숙한 행위에 확장되어 적용할 수 있다 [Restatement (Third) of Torts §20, comment j]."

B. Defenses

1. Assumption of Risks

When the plaintiff has **knowledge on the danger** and his unreasonable conduct contributed to the harm from the animal or abnormally dangerous activity, he **cannot** recover from the defendant.

2. Negligence

Contributory negligence is not a defense, while comparative negligence is a defense in many states.

Part Five. Product Liability

Product liability란, 공급자(생산자 포함)가 생산한 제품에 결함이 있고 그 결함에 의해 소비자가 신체적 피해를 입은 경우 이에 대한 공급자의 책임을 뜻한다. 본 책임여부를 판단하는데 있어 원고와 피고간의 직접적인 계약관계(privity)는 요구되지 않기 때문에 해당 제품을 소비자에게 직접 판매한 소·도매업자, 유통업자, 생산자 모두 본 책임의 주체가 될 수 있다. 또한 여기서 '소비자'는 해당 제품을 직접 구매한 자뿐만 아니라 그 제품을 사용한 자도 포함하는 광의의 개념으로 사용된다. 다만, 책임의 주체가 해당 제품을 판매할 당시 예상할 수 없었던 자의 피해에 대해서는 책임을 지지 않는다. 한편, 제품의 '결함' 유형으로는 manufacturing defects와 design defects가 있다. Manufacturing defects는 예컨대 핸드폰 배터리가 생산불량으로 폭발한 것처럼 제조과정에서 설계와 다르게 생산되어 그 제품이 지니는 통상적인 위험성을 넘어선 경우를 말한다. 여기서 '통상적인 위험성'은 일반적인 소비자를 기준으로 판단한다(consumer expectation approach). 한편 design defects는 설계상의 결함과 제조업자가 합리적인 설명·지시·경고 기타의 표시를 하지 않아 발생한 결함을 모두 포함한다. 여기서 '설계상의 결함'은 제조업자가 합리적이고 실현가능성 있는 대체설계를 채용하였더라면 피해(위험)를 줄일수 있었음에도 이를 채용하지 아니하여 당해 제품이 안전하지 못하게 된 경우를 말한다(feasible alternative approach).

Product liability 종류에는 product liability based on intent, product liability based on negligence, product liability based on strict liability, product liability based on implied warranties of merchantability and fitness 그리고 product liability based on express warranty and misrepresentation이 있다.

I. Basic Concepts

There are five types of product liability: product liability based on intentional tort, negligence, strict liability, implied warranties, and express warranties (misrepresentation). In all categories, the plaintiff must prove that **defect** of a product and **causal link** between plaintiff's harm and the defect.

A. Contractual Privity

Contractual privity between the defendant and the injured plaintiff is **not** required for product liability, but the defendant is not liable for unforeseeable plaintiff.

1. Defendant

Everyone in the channel of distribution can be a defendant in product liability case. In other words, a defendant who did not directly sell the product to the plaintiff can be liable.

2. Plaintiff

Every user who is injured by the defective product can recover damages. In other words, a plaintiff who is not a buyer, but the buyer's friend, family, or a **complete stranger** can recover.

---

case

갑이 A제조사의 물을 구입하여 이를 가방에 넣어두었고, 도둑 을이 가방에 있던 물을 훔쳐 마신 후 배탈이 났다. 을은 A제조사를 상대로 product liability based on negligence를 주장할 수 있는가? (Privity에 대해 논하라)

⇒ 을이 직접 물을 구입한 것이 아니므로 을과 A제조사간 직접적인 privity가 형성되어 있지는 않다. 다만, 을은 A제조사가 충분히 예상할 수 있는 (foreseeable) 원고의 범위에 있는 자이므로, 을이 물 제조사의 negligence 를 입증하는 한 product liability based on negligence가 인정될 수 있다. 이 경우, 갑은 res ipsa loquitur를 이용하여 물 제조사의 duty와 breach를 증명할 가능성이 높다.

B. Defects

For products liability claim, plaintiff must show that the product was defective. There are two types of defects: manufacturing defects and design defects.

1. Manufacturing Defects

a. Consumer Expectation Approach

A plaintiff may use consumer expectation approach to prove manufacturing defects, showing that a product is **unreasonably dangerous beyond the expectation of reasonable consumer.**

b. Presumption

As to manufacturing defects, the plaintiff must show that the defect has existed at the time the **product left defendant's control.**

If the product moved **in ordinary chain of distribution,** a presumption that the defect existed when product left defendant's control is made.

2. Design Defects

Design defects are recognized when the product is manufactured as the manufacturer intended, but **retains a risk of damage.** Design defects can be proven through feasible alternative approach.

a. Feasible Alternative Approach

i . General Rule

According to **feasible alternative approach,** the product (entire line) has design defective when:

① **Product's features or packaging** creates dangerous propensities of the product; and

② There is a **hypothetical alternative design at the time of manufacture.**

ii. Hypothetical Alternative Design

Hypothetical alternative design is recognized if alternative design is:

① Economical (when the **burden** (e.g., cost) on it is **less than** the **benefit** (e.g., less harm) from it);

② Safer than the entire line marketed; and

③ Practical (when it does not interfere the product's **primary purpose**).

b. Inadequate Warnings

경고문을 부착하지 않거나 부적합한 경고문을 부착하는 것은 design defect로서, 제조사는 이에 대해 product liability를 진다. 다시 말해, 제조사는 소비자에게 제품의 위험성에 대한 적절한 warning을 해야 한다. 해당 warning이 합법적이라 하더라도 그 내용을 이해하기 힘든 경우에는 product liability가 인정된다. 또한 warning을 한다고 해서 면책되는 것은 아니고, 제조사가 해당 제품의 위험성을 감소시킬 수 있는 모든 조치를 취했음에도 불구하고 더 이상 제품의 위험성을 감소시킬 수 없는 경우 그대로 존재하는 위험성(residual risk)에 한해 warning을 해야 한다. 대체 디자인이 있거나 수정 가능한 경우와 같이 실현가능한 결함 제거 방법이 있는데도 불구하고 단순히 warning만을 한 경우에는 제조사의 product liability가 인정된다.

i. General Rule

Inadequate warnings are included in design defects. Manufacturers should provide clear warnings to describe any dangers of the product. The warning could be inadequate when it is obscure^이해하기 힘든.

Inadequate warnings can be recognized even if it satisfies the statutes.

ii. Only for Residual Risks

Warning relieves defendant **only from residual**^잔여의 **risks.** If the product is re-designable or the defects are correctible, the defendant is still liable for the product liability.

iii. Learned Intermediary Rule

Under the learned intermediary rule, it is sufficient to provide warnings to **prescribing physicians for drugs and medical devices.** Warnings to the patient is not required.

3. Typical Issues

a. Misuse

Suppliers are required to anticipate **reasonably foreseeable uses,** such as misuses of the product, and must make the product reasonably safe for such uses.

Since the **jury** determines whether misuses are foreseeable, motion to directed verdict cannot be granted.

b. Allergy

A product is defective when the manufacturer did not make adequate **warning** as to the **danger of allergic reaction** the manufacturer knows of.

C. Doctrines as to Damage

본 파트에서는 원고가 유사한 여러 제품을 사용한 후 제품에 의한 피해를 입었으나 피해를 야기한 제품을 '특정할 수 없는 경우' 적용되는 rule에 대해 논한다. 피고가 특정되지 않았음에도 피고들의 책임을 인정하는 바, rule 적용에 있어 다소 엄격한 요건이 충족되어야 한다. Market share liability doctrine이란, 시장 점유율에 따라 피고에게 책임을 지우는 이론으로서 하자 있는 물건들이 야기할 수 있는 harm의 정도가 일치할 경우에 한해 적용가능하다. Alternative liability doctrine은 각 피고가 생산한 제품은 단독적으로도 피해를 야기하기에 충분했음을 원고가 입증하는 경우 피고들의 책임을 인정하는 이론이다. Joint venture doctrine은 여러 피고가 공조한(in common project) 경우 그중 한 명의 책임을 다른 피고들이 질 수 있다는 내용의 이론이다.

1. Market Share Liability Doctrine

Under the market share liability doctrine, the damages could be apportioned based on the market shares of manufacturers of a defective product. However, this doctrine is applicable only when the defective products **are fungible**^{대체 가능한} **in relation to their capacity to cause harm.**

2. Alternative Liability Doctrine

Under the alternative liability doctrine, defendants are liable when each was negligent and either individual could have caused the plaintiff's injuries.

3. Joint Venture Doctrine

Under the joint venture doctrine, one defendant's negligence is imputed to other defendants who are engaged **in a common project.**

II. Product Liability based on Intent

Product liability based on intent란, 공급자가 결함 있는 제품을 공급할 당시 해당 제품으로 인한 구매자의 피해를 충분히 예상했거나 예상할 수 있었던 경우에 지는 책임을 뜻하며, 실무상 자주 발생하지는 않는다.

The defendant is liable for products liability based on intent if he **intended** to bring injury caused by a defective product or **knew** that they were substantially certain to occur. Liability based on an intentional tort is not very common in products liability cases.

III. Product Liability based on Negligence

Product liability based on negligence란, 공급자 및 제조자의 '과실'로 인해 소비자가 피해를 입은 경우 지는 책임이며, negligence에 관련된 일반적인 소송과 마찬가지로 원고(소비자)가 피고(공급자 및 제조자)의 과실을 입증해야 한다.

A. Prima Facie Case

To establish a prima facie case for negligence in a products liability case, plaintiff must prove:

i . The existence of a **legal duty** owed by the defendant to that particular plaintiff;

ii . **Breach** of that duty;

iii. Actual and proximate **cause;** and

iv . **Damage.**

B. Duty of Care

Commercial suppliers of a particular product owe the users of the product duty of care. Suppliers include:

i . Manufacturer, assembler, intermediaries (wholesaler and retailer);

ii . Seller **of used items** who **reconditioned or rebuilt** them; and

iii. Commercial lessor.

✔ Repairing person ─ commercial supplier ×

✔ Service provider ─ commercial supplier ○

(Negligence in a product liability applies when the defendant is a service provider, while strict product liability is inapplicable.)

C. Breach

1. General Rule

To prove breach of duty, the plaintiff must show:

ⅰ. Defendant's negligent conduct; **and**

ⅱ. That it leaded to the supplying of a defective product by the defendant.

2. Plaintiff's Approach

In cases involving **manufacturing defects,** the plaintiff may raise **res ipsa loquitur** issue.

In cases involving **design defects,** the plaintiff must prove that manufacturers who designed the product **knew or should have known** of enough facts to have notice about the dangers of the product in a reasonable manufacturer standard.

3. Unknown Danger

There is **no** liability for **unknown danger** to a **reasonable** manufacturer. In other words, manufacturer has **not** liable for the danger of the product which becomes apparent **after** the product has reached the public.

D. Causation

The negligent defendant is liable even when there is an **intermediary's negligent failure to discover.** This is because the fact that an intermediary could have discovered a defect with a reasonable inspect is **not a superseding cause** and it does not cut off the defendant's liability (the defendant is still liable for his negligence).

Ⅳ. Product Liability based on Strict Liability

Product liability based on strict liability는 소비자가 commercial suppliers의 과실을 입증하기에는 다소 어려움이 존재하므로 소비자의 입증책임을 덜어주기 위해 commercial suppliers의 과실유무와 관계없이 인정하는 책임이다. Commercial supplier가 하자있는 제품을 제공하여 그로 인해 소비자가 신체적 피해를 입은 경우 이에 대한 commercial supplier의 책임이 인정된다. 여기서 "commercial supplier"는 상업적으로 제품을 판매하는 과정에 참여하는 모든 자를 통칭하는 개념으로서, 소매업자(retailer)와 같이 제품을 제조하는 과정에 참여하지 않는 자도 strict product liability를 질 수 있다. 소비자에게 배상한 피고는 '상위'의 commercial supplier를 상대로 구상권(right of indemnification)을 청구할 수 있다.

A. Prima Facie Case

To establish a strict product liability case, plaintiff must prove that:

ⅰ. The defendant is a **commercial seller;**

ⅱ. The defendant supplied a **defective product;**

ⅲ. The defective product was the **actual and proximate cause** of the plaintiff's injury; and

ⅳ. The plaintiff suffered **damage.**

B. Commercial Seller

A strict product liability is only available against a commercial seller who **engaged in the business of selling products for use or consumption.** Thus, retailers could be liable for strict product liability even if those have no direct control over the design and manufacture of a product.

C. Without Negligence

The plaintiff can recover against a producer **without proof of negligence.**

D. Indemnity

A supplier of a defective product has a right of indemnification against **any previous suppliers** in the distribution chain.

V. Product Liability based on Express Warranty and Misrepresentation of Fact

Product liability based on express warranty와 product liability based on misrepresentation은 판매자 및 공급자가 제품에 관해 특정 사실을 확언 (affirmation)하거나 거짓된 사실(misrepresentation of fact)을 발설한 경우, 이에 관련하여 판매자(및 공급자)가 지는 책임을 뜻하는 바, commercial suppliers에게 적용된다. 본 책임의 주체에 대해 일부 원서에서는 "either commercial supplier or a seller"라 표현하고, UCC2-313 조문에서는 "seller"라 표현하고 있으나 commercial supplier는 상업적으로 제품을 판매 하는 과정에 참여하는 모든 자를 통칭하는 개념으로서 seller를 포함한 모든 commercial supplier가 본 책임의 주체가 될 수 있다고 이해하면 되겠다. Product liability based on express warranty와 product liability based on misrepresentation은 모두 제품 판매(sale of goods)와 대여(lease of goods) 과정에서 인정된다는 점에서 동일하나, 약간의 차이가 있다. Product liability based on express warranty는 "흠집 없이 paint 가능," "험한 지형에서의 흔 들림 없는 승차감" 등과 같이 판매상품의 특성을 표현한 문구가 있으나 해당 내용이 사실이 아닌 경우 판매자가 지는 책임인 한편 product liability based on misrepresentation은 판매자가 구매자의 의존을 유도하고자 제품에 대한 거짓 정보(misrepresentation)를 발설한 경우 지는 책임이다. 즉 판매자에게 구매자의 의존을 유도하고자 한 의도가 있었는지 그 여부가 양 책임의 주된 구별기준이다. 한편, 양 책임은 판매자 및 공급자의 '직접적인 행위'로 인해 생 성되는 책임으로서, 일정 요건이 만족되는 경우 판매자 혹은 공급자가 제품에 대해 어떠한 발설도 하지 않더라도 '묵시적(implied)인' warranty가 존재한다 고 보는 product liability based on implied warranties of merchantability and fitness와 차이가 있다.

A. Product Liability based on Express Warranty

Warranty란 한국법상 '담보책임'과 유사한 개념으로서, 그 유형에는 express warranty와 implied warranty가 있다. 본 파트에서는 express warranty에 입각한 제조물 책임에 대해 논하고, implied warranty에 입각한 제조물 책임은 이하 「Ⅵ. Product Liability based on Implied Warranties of Merchantability and Fitness」에서 별도로 논하도록 한다. Express warranty는 판매자 및 공급자가 구매자에게 거래의 기초(basis of the bargain)가 되는 사안, 즉 거래의 목적물인 제품에 대해 확언(affirmation) 또는 약속한 경우 인정되며, 해당 제품이 그 확언 또는 약속에 미치지 못할 때 판매자 및 공급자가 지는 책임을 product liability based on express warranty라 한다. 판매자의 과실유무와 무관하게 warranty 위반에 대한 책임이 인정되는 바, product liability based on express warranty는 strict liability의 일종이다. 다시 말해, 원고는 판매자의 과실을 입증할 필요 없이 "warranty 위반이 존재한다."는 사실을 증명하면 충분하다.

1. General Rule

An express warranty arises where a seller or supplier **makes any representation or promise** as to the nature or quality of the product to the buyer that becomes part of the **basis of the bargain.**

2. No Proof of Fault

In product liability of express warranty cases, it is **not** required to prove defendant's fault (negligence). It is enough for the plaintiff to show that the breach is occurred in fact.

B. Product Liability based on Misrepresentation of Fact

Product liability for misrepresentation of fact는 판매자가 제품에 대한 거짓 정보(misrepresentation)를 발설했고 구매자의 의존을 유도하고자 하는

intent(intent to induce the reliance of the buyer)를 가진 경우 판매자가 지는 책임을 뜻한다. 여기서 판매자의 'intent to induce the reliance of the buyer'는 판매자가 구매자를 유도하고자 발언해야만 인정되는 것은 아니고, 해당 제품의 광고·라벨을 보여주는 행위로도 족하다. 한편, 본 intent 요건은 product liability for misrepresentation of fact의 요건으로서, 판매자가 misrepresentation할 당시의 심리(mental state)와 구별되는 개념이다. 판매자가 misrepresent할 당시의 심리(mental state)는 product liability for misrepresentation의 유형을 구분하는 기준으로서, 이에 따라 판매자는 intentional misrepresentation, negligence 또는 strict liability 법리를 기준으로 책임을 진다. 다시 말해, 적용되는 법리와 무관하게 '정보를 전달하여 구매를 일으키고자 하는 의지(intent to induce the reliance of the buyer)' 요건이 만족되어야 한다. 판매자가 해당 정보를 잘못된 정보인지 알면서도(knowingly) 또는 잘못된 정보일 가능성이 큼에도 불구하고 이를 무시하고(with reckless disregard) 구매자에게 전달한 경우, 그는 intentional misrepresentation에 대한 책임을 진다. 한편, 보통의 사람(resonable person)이었다면 해당 정보가 잘못된 정보라는 점을 충분히 인식할 수 있었던 경우, 판매자는 negligent misrepresentation에 대한 책임을 진다. Strict liability는 판매자의 intent와 관계없이 그의 거짓 발언에 대해 지는 책임이다.

1. General Rule

Liability for misrepresentation of fact may arise when the seller made a representation of **a material fact** about product and he **intended to induce reliance by the buyer.**

Product liability based on misrepresentation of fact could arise based on intentional and negligent misrepresentations and strict liability.

2. Material Fact

The representation of fact must be a **substantial factor in inducing the purchase,** such as the quality, nature, or appropriate use of the product.

✔ Puffing(허풍) → material fact × → product liability for misrepresentation of fact 인정 ×

✔ Opinion → material fact ×

3. Justifiable Reliance

The reliance must be **justifiable** and there was no plaintiff's knowledge. Only the reliance **affecting the transaction** can raise misrepresentation liability.

4. Types of Liability

a. Intentional Misrepresentation

Plaintiff is required to show that the defendant made the misrepresentation **knowingly or with reckless disregard.**

[Intentional Misrepresentation (Intentional Torts)]
To prove intentional misrepresentation, the plaintiff must show:
ⅰ. Misrepresentation by defendant;
ⅱ. **Scienter (knowingly or with reckless disregard);**
ⅲ. Intent to induce plaintiff's reliance on the misrepresentation;
ⅳ. **Justifiable reliance** on the misrepresentation; and
ⅴ. Damages.

b. Negligent Misrepresentation

Plaintiff is required to show that a **resonable** person should have known such representations to be false when making them.

c. Strict Liability for Misrepresentation

When the misrepresented seller engaged in the sale of products, the plaintiff is not required to show defendant's fault. The plaintiff is only required to show that **defendant's representation proved false.**

VI. Product Liability based on Implied Warranties of Merchantability and Fitness

Product liability based on implied warranties of merchantability와 product liability based on implied warranties of fitness는 판매자가 구매자에게 물건을 판매할 당시 구매자에게 implied warranty를 주었다고 보고 판매자가 이를 breach 한 경우 지는 책임을 뜻한다. 양 책임 모두 제품 판매(sale of goods)와 대여(lease of goods) 과정에서 인정된다. Product liability based on implied warranties of merchantability란, 상인이 상품을 판매하면 그 상인은 그 상품이 통상적인 목적을 위한 사용에 적합하다는 implied warranty를 한 것으로 보고, 만약 그렇지 않을 경우에 그 상인에게 지우는 책임을 뜻한다. 한편, product liability based on implied warranties of fitness는 판매자가 상품을 판매할 당시 구매자의 상품 사용목적을 인지하고 있었고 그 구매자의 구매 행위가 판매자의 실력이나 안목에 의존했던 경우 implied warranties of fitness가 있었다고 보고, 만약 그 물건이 구매자의 목적에 적합하지 않은 경우 판매자가 지는 책임이다. 여기서 '판매자'가 반드시 상인이어야 하는 것은 아니다.

A. Product Liability based on Implied Warranties of Merchantability

1. General Rule

Under the UCC2, when a producer is a **merchant** with respect to those goods, a contract of sale includes an implied warranty of merchantability. If a product fails to fulfill the standards imposed by an implied warranty, the warranty is breached and the **merchant** will be liable.

2. Merchantable

"Merchantable" means that the goods are **fit for the ordinary purposes** for which such goods are used.

B. Product Liability based on Implied Warranties of Fitness

1. General Rule

An implied warranty of fitness for a particular purpose arises when the **seller** knows or has reason to know:

ⅰ. The **particular purpose** for which the goods are required; and

ⅱ. That the **buyer is relying on the seller's skill or judgment** to select or furnish suitable goods.

C. Common Rules

1. Scope of Coverage

Implied warranties of merchantability and fitness arise in the **sale of goods** and the **lease of goods.**

2. No Proof of Fault

The plaintiff is **not** required to prove that the breach of warranty is occurred because of the defendant's fault. It is enough to show that the breach is occurred in fact.

3. Damages

Purely economic losses are recoverable in implied warranty actions, in addition to personal injury and property damages.

4. Notice to Seller

The buyer (plaintiff) is required to give the seller (defendant) notice within a reasonable time after the buyer discovered the breach. In other words, notice of breach could be a defense to the breach of implied warranties.

[표 4-11] Product liability간 비교

	Product liability based on Express warranty	Product liability based on Misrepresentation of fact	Product liability based on Implied warranties of merchantability	Product liability based on Implied warranties of fitness
적용범위	arise in the sale of goods and the lease of goods			
적용대상	commercial seller	commercial seller	merchant	seller
△'s fault 요건	×	책임 유형에 따라 differ	×	×
Notice to △ 요건	×	×	○	○

Part Six. Nuisance

A. General Rule

Nuisance는 법의 제지를 받을 수 있는 '방해행위'를 뜻하는 바, 행위자(피고)의 intent 또는 방해받은 권리의 주체를 기준으로 구분된다. 행위자(피고)가 방해행위를 할 당시 가지고 있었던 intent를 기준으로 하는 경우 intentional torts, negligence 또는 strict liability로 구분되며, 각 경우의 법리에 따라 원고의 자력구제(self-help), 손배청구 또는 법원의 금지명령(injunction)이 인정된다. 대부분의 nuisance는 intentional torts이며, strict liability에 근거한 nuisance는 "absolute nuisance" 또는 "nuisance per se"라 일컫는다. 한편, 방해받은 권리의 주체를 기준으로 하는 경우, 원고 개인이 자신의 토지를 이용하고 누릴 권리를 방해하는 사적 방해(private nuisance)와 건강 및 안전 보장, 공중도덕 보장, 공공도로 사용권 등과 같이 대중이 공통적으로 가지고 있는 권리를 방해하는 공공 방해(public nuisance)로 구분된다.

Nuisance is an invasion of private property rights by conduct that is either intentional, negligent, or subject to strict liability. If strict liability is basis for nuisance, it is called as an "absolute nuisance" or "nuisance per se." There are two types of nuisance: private and public nuisance.

B. Private Nuisance

1. General Rule

Private nuisance is a conduct that **substantially or unreasonably interferes** with the plaintiff's **use or enjoyment** of his land.
Unreasonability should be proved when the case is for a nuisance **based on intent or negligence**.

2. Substantial and Unreasonable Interference

- Substantial = Normal 人 기준으로 불쾌함

• Unreasonable = injury > △'s conduct의 유용성

Private nuisance를 주장하고자 하는 원고는 피고의 행위가 substantial하고 unreasonable하다는 것을 입증해야 한다. Substantial 여부는 해당 지역의 '일반 사람'을 기준으로 판단하는 바, 원고의 general 또는 reasonable한 토지이용이 피고로부터 방해받은 경우에 한해 nuisance가 인정된다. 만약 원고가 토지를 일반적이지 않은 specialized한 목적으로 이용하고 있었고 해당 토지를 이용함에 있어 방해받은 경우에는 nuisance가 인정되지 않는다. 예를 들어, 갑이 비교적 심신이 불안정한 사람들이 오가는 정신치료 센터를 운영하고 있고 갑의 이웃 을은 피아노 학원을 운영한다고 가정해보자. 을 학원의 피아노 소리가 갑의 센터에도 들려 그 소리에 갑 센터 환자들이 불안증세가 심해졌다면, 갑은 을을 상대로 nuisance를 주장할 수 있는가. 만약 해당 지역의 '일반' 사람들이 피아노 소리를 소음으로 느끼지 못할 정도였다면, 피아노 소리는 갑의 specialized한 목적(정신치료 센터)에 있어 방해가 될 뿐 일반적인 목적으로 이용했을 때에는 방해가 되지 않는 바, 을의 nuisance가 인정될 가능성은 낮다.

If a **normal person in the community** feels offensive, inconvenient, or annoying, the interference is **substantial.** Interference is **unreasonable** when the gravity of the injury outweighs the utility of defendant's conduct.

Even if the interference is reasonable, the plaintiff may be entitled to compensation. Such compensation is to prevent the plaintiff bearing the burden of cost, and it is not to prevent the defendant's continuing conduct.

3. Private Nuisance v. Trespass

Private nuisance requires interference with the use or enjoyment of another's property, while the trespass requires a physical invasion of another's property.

Private nuisance requires substantial interference, while the trespass does not require it.

[표 4-12] Nuisance v. Trespass

	Nuisance	Trespass
Liability basis	intentional torts, negligence, or strict liability	intentional torts
무엇을 방해하는가?	use or enjoyment	exclusive use/possession
유형적/무형적 침범	all • 무형적: by noise, smell, dust • 유형적: nuisance에 해당하며, 추가적 요건을 만족하는 경우 trespass로도 인정	physical invasion (유형적 침범)

4. Private Nuisance based on Strict Liability

Strict liability 중 dangerous animal에 근거한 nuisance의 경우, 단순히 그 동물이 존재하는 것만으로 nuisance가 성립하는 것은 아니고, 그 동물로 하여금 피해자가 자신의 토지 이용(use and enjoyment)이 원활하지 못한 경우에 nuisance가 인정된다.

Private nuisance is recognized when vicious animal causes a substantial and unreasonable interference with the owner's use of his land. Mere existence of vicious animal is not a private nuisance.

C. Public Nuisance

1. General Rule

Public nuisance is a conduct that **unreasonably** interferes with a right common to general public. Generally, interference with the **health, safety,** or property rights of the community is recognized as public nuisance.

2. Recovery

Only when a private party suffered **unique damage** which the public did not suffer at large, recovery is available.

D. Common Rules

1. Remedies

For nuisance, plaintiff may be awarded **damages** or **injunctive relief.** Plaintiff may reduce the nuisance **by self-help** only when it is necessary. As to self-help, the plaintiff may use the force necessary to accomplish the reduction.

The usual remedy is damages, and injunctive relief may be granted when the legal remedy is unavailable or inadequate.

2. Defenses

In nuisance cases, the defendant may raise defenses such as: contributory negligence, assumption of risk, and compliance with statute.

Part Seven. General Considerations

A. Joint and Several Liability

1. General Rule

Joint and several liability는 '연대책임'을 뜻하는 바, 다수의 위법행위자 (tortfeasor)가 연대책임을 지는 경우 원고는 그들 중 한명을 임의로 선택하여 배상액 전체를 청구할 수 있다. 이는 원고가 모든 위법행위자를 상대로 청구하는 경우에 한해 full recover할 수 있는 joint liability와 다른 개념이다. 다만, 위법행위자가 다수라 하여 연대책임이 인정되는 것은 아니고, 둘 이상의 위법행위자간 협력하여(in concert) 위법행위를 행한 경우 또는 위법행위자들간 협력 없이 독립적으로 행위했고 그로 인해 발생한 손해와 각 행위자들의 행위간 인과관계를 명확히 할 수 없는 경우(손해를 나눌 수 없는 경우)에 한해 연대책임이 인정된다. 예컨대, 갑·을·병이 집단으로 정을 구타하여 정이 뇌사상태에 빠진 경우 갑·을·병의 위법행위는 in concert이므로 그들은 연대책임을 진다.

[도표 4-2]

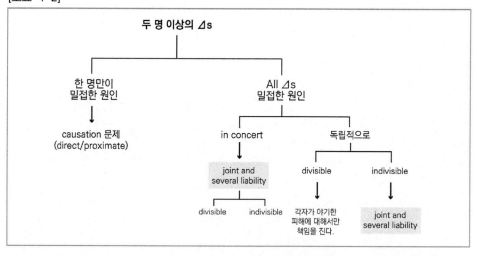

If **more than one defendants** were negligent, those defendants would be jointly and severally liable for the damages.

Each of those defendants is liable for the **full amount** of the plaintiff's damages from the negligence.

2. Condemnation

Joint and several liability가 인정되는 경우, 원고의 임의 선택에 의해 원고에게 full damages를 지급한 위법행위자가 해당 손해에 대해 책임이 있는 타 위법행위자에게 그의 책임만큼(in apportion)을 변상(辨償)하도록 요구할 수 있는데, 이러한 변상을 "condemnation"이라 한다. 이는 한국법상 타인에 갈음하여 채무를 변제한 사람이 그 타인에 대하여 가지는 상환청구권을 뜻하는 '구상권(求償權)'과 유사하나, 한국법상 구상권자에게 과실이 있는 경우 다른 연대채무자에 대해 분담을 청구할 수 없다는 점은 미국법상 condemnation과 다소 차이가 있다. Condemnation은 위법행위자간 위법행위의 정도가 비슷한 경우에 한해 인정된다. 요컨대 갑·을이 in concert로 병에게 손해를 가했고, 그 과정에서 갑은 negligence, 을은 intentional tort를 행했다 가정하자. 병이 갑을 피고인으로 하여 손해배상을 청구했고 갑이 그 의무를 다했다면, 갑에 대한 을의 condemnation은 인정될 수 없고, indemnity만이 인정된다.

Under the rule of contribution, a tortfeasor who paid full damages in excess of his share of damages may obtain contribution **for the excess** against the other tortfeasor who is jointly and severally liable. The function of contribution is making responsibility **apportioned** among tortfeasors.

3. Indemnity

다수의 위법행위자 중 원고에게 전액을 배상한 자가 타 위법행위자에게 '전액'을 변상하도록 요구할 수 있는데, 그러한 변상을 "indemnity"라 한다. 이는 변상요구를 받은 위법행위자의 책임 비율에 따라 배상금액의 '일부'를 요구하는 condemnation과 차이가 있다. Indemnity는 특정한 경우에 한해 인정되는 바, 당사자간 indemnity하기로 계약을 체결한 경우,

vicarious liability가 인정되는 경우, strict products liability가 인정되는 경우 그리고 협력한 위법행위자(co-joint tortfeasor)간 위법행위의 정도 차이가 매우 큰 경우가 이에 해당한다. 예컨대, 갑·을이 in concert로 병에게 손해를 가했고 그 과정에서 갑은 negligence, 을은 intentional tort를 행했다면, 두 위법행위의 정도 차이가 매우 크므로 indemnity가 인정된다.

Under the rule of indemnity, a tortfeasor who paid full damages has right to indemnity and shifts the **entire loss** to other tortfeasor(s) who is **jointly and severally liable.** The right of indemnity is recognized when:

ⅰ. Right to indemnity is created **by contract;**

ⅱ. **Vicarious liability** is recognized between tortfeasors;

ⅲ. **Strict product liability** is recognized; or

(Supplier has a right of indemnification against **any previous suppliers** in the distribution chain.)

ⅳ. There is a **significant difference in degree of fault** against a co-joint tortfeasor.

B. Vicarious Liability

Vicarious liability는 위법행위를 한 자와 특별한 관계를 맺고 있는 자가 해당 위법행위에 대해 배상해야 하는 책임을 뜻하며, 한국법상 사용자책임에 해당한다. 다시 말해, vicarious liability가 인정되면 특별한 관계를 맺고 있는 자들간 joint and several liability가 인정되는 바, 원고는 그들 중 아무나 임의로 선택하여 배상액 전체를 청구(full recover)할 수 있다. 이후 배상책임을 다한 자는 위법행위에 대해 본래 책임이 있는 자를 상대로 right to indemnity를 행사하여 배상액 전체를 변상받을 수 있다. 예컨대, 갑·을간 특별한 관계를 형성하고 있고 갑의 부주의(negligence, 위법행위)로 인해 제3자인 병이 골절상을 입은 경우, 을은 갑을 대신하여 병의 골절상에 대해 손해배상할 의무를 진다. 다시 말해, 갑의 vicarious liability가 인정되면 갑·을간 joint and several liability가 인정되어 병이 을과 병 중 아무나 임의로 선택하여 소송을 제기하더라도 손배액 전체를 청구할 수 있다. 한편, vicarious liability에서 '특별한 관계'는 대리관계(agency)를 뜻하는 바, 위법행위를 한 자가 agent, 위법행위를 한 자와 특별한 관계를 맺고 있는 자가 principal에 대응된다. 사용자와 근로자의 관계, partnerships(합명회사, 합자회사 또는 유한책임회사) 및 joint venture의 사원(partners)간 관계 모두 agency에 해당하며, vicarious liability 개념이 동일하게 적용되나 편의를 위해 이하 내용은 사용자와 근로자의 관계로 설명하였다.

Vicarious liability가 인정되려면 ① 사용자가 근로자를 통제(control)할 수 있을 것, ② 근로자의 위법행위가 고용업무 수행 과정(within the scope of employment) 중 발생할 것, 이 두 요건이 충족되어야 한다. ① "사용자가 근로자를 control할 수 있다"는 것은 근로자가 independent contractor(도급근로자)가 아닌 employee(피용자) 형태로 고용되어 있다는 것을 의미하는 바, 그 여부는 업무상 전문적인 skill이 필요한 정도, 급여 지급방식, 고용기간 등 다양한 요소들을 종합적으로 판단하여 결정된다. 다만, independent contractor인 경우에도 vicarious liability를 인정하는 두 경우의 예외가 있는데, 하나는 independent contractor가 폭발작업과 같이 본질적으로 위험한 (inherently dangerous) 행위에 가담하는 경우이고 다른 하나는 public policy상 의무를 nondelegable하다고 보는 경우이다. Nondelegable한 의무에는 대표적으로 택시와 같은 운송업자(common carrier)가 운송 매개체를 안전한 상태로 유지할 의무와 상점 및 호텔을 안전한 상태로 유지할 의무가 해당한다. 원칙적으로 principal은 independent contractor에게 자신의 의무를 delegate하기 때문에 independent contractor의 negligence에 대해 책임을 지지 않으나, common carriers 및 innkeeper의 경우에는 그들에게 높은 수준의 주의의무가 요구되는 바, public policy상 delegation을 인정하지 않고 그들에게 책임을 지우는 것이다. 한편, ② 근로자의 위법행위는 그가 고용업무 수행 과정(within the scope of employment) 중 발생해야 하는 바, 이는 doctrine of respondeat superior에 근거한다. 만일 근로자가 업무 목적과 사적 목적을 모두 가지고 업무하다가 위법행위를 행했다면, 해당 행위가 '업무의 범위에서 벗어난 정도'를 기준으로 판단한다. 업무의 범위에서 조금 벗어난 경우(detour)에는 vicarious liability가 인정되어 사용자가 배상책임을 지는 반면 업무의 범위에서 현저히 벗어난 경우(frolic)에는 사용자에게 배상책임이 없다.

1. General Rule

When two persons establish a special relationship (agency) and one person commits a tortious act against a third party, another person is vicariously liable to the third party for the tortfeasor's act.

Special relationships are recognized between employee and employer or between each member of a partnership or a joint venture.

[Joint Venture]

A joint venture is a business entity which is generally characterized by shared ownership, shared returns and risks, and shared governance.

2. Employee v. Independent Contractor Rule

a. General Rule

Principal is **liable** for torts committed by the **agent,** if principal employed him as an employee. By contrast, principal is **not** liable for torts committed by the agent, if principal employed him as an **independent contractor.**

When the degree of the **principal's control** over the agent is higher, the agent is an employee. Jury consider several factors, such as:

ⅰ. Level of skills required;

(Skill을 많이 요하지 않는 업무라면, employee로 본다.)

ⅱ. Whether work is part or whole of principal's business;

(근로자의 업무가 고용자 사업의 일부라면, employee로 본다.)

ⅲ. Payment for regular work; and

(시급이라면 employee로, 프로젝트 별로 급여를 지급한다면 independent contractor로 본다.)

iv. The length of the relationship.

(지속되는 관계라면 employee로, 특정 프로젝트 동안에만 유지되는 관계라면 independent contractor로 본다.)

✔ 근로자와 사용자 간 노동계약서상 '근로자는 independent contractor 이다.'라고 명시되어 있는 경우, 그러한 조항이 있다 하여 jury가 반드시 indepnedent contractor로 인정하는 것은 아니다.

b. Exceptions

Even if an agent is an independent contractor, a principal is vicariously liable for tortious acts by the agent if:

i . The independent contractor participates **in inherently dangerous activities;** or

ii. The duty is **non-delegable** under the public policy.

Under the common law, common carriers and innkeepers owe **higher** standard of duty of care and their duties are **nondelegable.**

✔ Maintenance of taxi taxi: non-delegable duty

운전사 및 수리공(maintenance)은 택시회사의 independent contractor 이나 택시의 안전을 유지할 의무는 non - delegable duty로서, 택시의 불안전함(운전사의 부주의한 운전 또는 택시의 부품결함 등) 으로 인해 승객이 피해를 입는 다면 택시회사는 이에 대해 책임을 져야 한다.

Common carriers have duty to keep its vehicles instrumentalities safe for its customers and the duty is nondelegable.

✔ Maintenance of store store: non-delegable duty

상점 주인이 independent contractor를 고용하여 상점을 수리했다 하더라도 상점의 안전을 유지할 의무는 non - delegable duty로서, 상점의 위험한 상황으로 인해 고객이 피해를 입는다면 상점 주인은 이에 대해 책임을 져야 한다.

3. Doctrine of Respondeat Superior

a. General Rule

Under the doctrine of respondeat superior rule, employer will be liable for the employee's tortious conduct only if it occurred **within the scope of his employment.** Whether an employee was acting within the scope of his employment is generally **a question of fact.**

b. Exceptions

An employer is vicariously liable for an employee's tortious conduct occurred **not within** the scope of his employment only when:

ⅰ. **Employer intended** the conduct or consequences; or

ⅱ. Employer was **negligent or reckless in selecting, training, controlling, supervising the employee.**

4. Typical Issues

a. Vicarious Liability v. Negligence

Vicarious liability는 책임을 지는 자와 위법행위를 한 자간 특별한 관계가 있음을 근거로 정립된 개념이다. 한편, negligence의 경우 과실이 있는 자가 자신의 행동에 대해 책임을 진다. 두 개념은 책임을 지는 자에게 직접적인 위법행위가 있었는지 그 여부를 기준으로 차이가 있다. 예컨대, 근로자가 운송업무를 위해 트럭을 운전하는 과정에서 사고가 난 경우, 이는 within the scope of employment한 행동 중 발생한 위법행위이므로 사용자가 vicarious liability를 진다. 한편, 사용자가 면허증 없는 근로자를 negligently하게 채용하여 운전을 하게 하여 사고가 난 경우, 이는 사용자의 negligence(위법행위)에 의한 것이므로 vicarious liability와 무관하다.

b. Parents and Child

A parent is not vicariously liable for the child's tortious conduct. However, parents are liable for their negligence, not using due care in exercising control the child.

c. Dramshop Acts

근래 많은 주에서 채택하고 있는 dram shop act에 따르면, 상당히 취한 손님에게 술을 서빙한 host 및 술집은 해당 손님이 타인에게 피해를 입힌 경우 그 피해에 대해 vicarious liability를 진다.

Majority of jurisdictions apply dram shop acts which imposes **vicarious liability** to anyone injured by the drunken drinker when **a business** selling alcoholic drinks or **a host** serving liquor to a drinker who is obviously intoxicated or close to it.

5장
Constitutional Law

//

본 장은 미국의 최고법 Constitutional law에 대해 논하는 바, 미국의 정부 시스템 (federalism)에 대해 논하는 파트와 미국시민의 헌법적 권리에 대해 논하는 파트, 이렇게 두 파트로 구성되어 있다. 미국은 연방정부와 주 정부가 서로 독립적인 정부를 구성하는 federalism 시스템을 가지고 있다. 각 정부는 삼권분립이 되어 있고, 연방정부의 권한이 헌법에 명시되어 있다. 연방정부의 권한은 광범위하면서도 헌법에 의해 제한적이고, 주 정부는 연방정부가 가지고 있는 권한을 제외한 모든 권한을 가진다. 따라서 법의 합헌성을 판단하는 경우 해당 법을 제정한 주체(연방 또는 주 정부)를 기준으로 한다. 한편, 헌법은 미국시민에게 보장되는 헌법적 권리에 대해 명시하고 있는 바, Bill of Rights, 수정헌법 13조, 14조, 15조에 대해 논한다. 대부분의 헌법적 권리는 '연방'정부로부터 보호하는 것이 기본이나 14조 Due Process Clause에 의거하여 '주' 정부에도 확대적용가능하다. 반면, 정부가 아닌 개인의 행위는 헌법적 제약을 받지 않는 바, 예컨대 갑이 을의 헌법적 권리를 침해하였다 하더라도 을은 갑 행위의 위헌성을 주장할 수 없다.

☑ 객관식 Tips

1. 본 장에 관한 문제 및 선택지에는 논점이 드러나는 경우가 많아 출제포인트를 파악하기 용이하다.
   Q: 갑 moved to dismiss the suit **on First Amendment grounds.** Should the court grant the motion?
   Q: Is the statute **constitutional?**
   Q: The law is
   (a) **constitutional**, because ...
   (b) **unconstitutional**, because ...
   Q: What is the applicable **standard of review?**

Q: Which of the following **constitutional provisions** would be most helpful to
갑?

(a) **The Equal Protection Clause**

(b) **The Privileges or Immunities Clause**

2. 소송당사자에게 가장 유리한 또는 불리한 근거를 찾는 문제가 많은데, 이는 해당
근거들의 옳고 그름을 판단토록 요구하는 문제가 아니라 best answer를 찾는 문
제이므로 standard of review를 기준으로 생각한다. 예컨대, 원고에게 유리한 근
거를 찾을 경우 EP의 SS test가 적용될 수 있다면, EP가 답일 것이다.

Q: What is best argument supporting the constitutionality of the ordinance?

Q: What is the strongest constitutional defense?

Q: What is the best constitutional argument?

3. 본 장에 관한 문제는 논점과 관련된 typical case를 위주로 출제된다.

4. 본 장에 관한 문제를 풀 때에는 항상 주어진 법률을 '누가' 제정하였는지, 즉
① federal 정부인지 ② state 정부인지 파악하는 것이 고득점 포인트다.

⇒ ① federal government: Congress, president, federal courts

② state government: city, village, township

Part One. The Federal System

I. Federalism

미국은 연방정부와 주(州) 정부가 서로 독립적인 정부를 구성하는 federalism
시스템을 가지고 있다. 주 정부는 연방정부로부터 독립된 통치권한을 가지고
있는 바, Congress(연방정부)는 주 정부에게 주의 주민들을 통치하는 바에 대
해 강요할 수 없다(Dual sovereignty). 다만, 연방법이 미국의 최고법이므로
연방법과 주 법이 충돌할 경우에는 연방법이 우선한다(Supremacy Clause).
그렇다고 해서 연방정부가 무한한 권리를 가지는 것은 아니고, 연방정부는
헌법에서 명시한 권리와(federal government is limited, enumerated
powers) 해당 권리를 행사하기 위해 필수적이고 적합한 법률만을 제정할 수
있다(Necessary and Proper Clause). 한편, 주 정부간에도 독립성을 유지해
야 하는 바, 재판권을 가지는 법원의 판결은 다른 재판권에서도 인정된다
(Full Faith and Credit Clause).

Under the federalism in the United States, the federal government and the state government co-exist. Both the federal government and the states are treated as **independent sovereigns.**

A. Exclusive Powers

1. Exclusive Federal Powers

a. Limited powers

The federal government has **limited and enumerated**^{열거된} **powers.** The federal government can assert only powers granted by the Constitution.

b. Necessary and Proper Clause

In addition to the enumerated powers, Congress can make laws which is necessary and proper for carrying into execution.

[Article I, Section 8]

To make all Laws which shall be necessary and proper for carrying into Execution the foregoing Powers and all other Powers vested by this Constitution in the Government of the United States, or in any Department or Officer thereof.

2. Exclusive State Powers

a. Dual Sovereignty (Tenth Amendment)

주 정부는 연방정부로부터 '독립된' 통치 권한을 가지고 있는 바, Congress(연방정부)는 주 정부에게 주의 주민들을 통치하는 바에 대해 강요(commander)할 수 없다. 다만, Congress가 주 정부를 하나의 개체로 간주하여 주(州)의 행위를 통치하는 것은 가능하다. 다시 말해 Congress가 주(州)의 주민들을 특정 방식으로 통치하라는 내용의 법률을 제정하는 것은 위헌이나, Congress가 미국시민들 전체를 통치하는 내용의 법률을 시행하는데 그 과정에 있어 주 정부를 미국시민 중 한 명으로 보고 해당 법률을 적용하는 것은 합헌이다.

Under the Tenth Amendment, states retain **sovereign authority.**
States have all powers except for the powers delegated to the
federal government by the Constitution.

Thus, Congress cannot require the states **to govern** according to
Congress's instructions. Congress may **not commander** the states **to
regulate private conduct.** Congress **may** regulate the states on the
same terms **as private actors.**

[Amendment X]

The powers not delegated to the United States by the Constitution,
nor prohibited by it to the States, are reserved to the States
respectively, or to the people.

---

case

Congress가 입법한 ABC Act의 내용은 다음과 같다.
"50명 이상의 근로자가 있는 모든 대상(States 포함)은 사내 폭력에 관한
hotline을 설치해야 한다." 이를 따르지 않을 경우, 근로자는 그 대상으로부터
사내 폭력에 의한 피해 배상금을 받을 수 있다. 유타 주(州) 정부에 속해 있
는 근로자는 1천명이지만 유타 주(州) 정부는 hotline을 설치하지 않았다. Is
ABC Act constitutional?

⇒ Yes. ABC Act를 유타 주(州) 정부에 적용한 것은 유타 주(州) 정부를 법
이 적용되는 하나의 대상으로 간주하여 적용한 것이다. 즉 ABC
Act(Congress)가 유타 주(州) 정부로써의 근로자들을 통치하는 방법에 관
해 규정한 것이 아니므로, ABC Act는 합헌이다.

TIP Congress의 행위가 federalism principal에 위배되는지 그 여부를
판단할 경우, Congress(또는 Congress가 제정한 법)가 주(州)를 '주
정부'로 취급하는지, 아니면 하나의 '개체'로 취급하는지를 기준으로
한다. '주 정부'로 보는 경우, 해당 법률은 위헌이다.

3. Intergovernmental Immunity Principle

Intergovernmental immunity principle은 연방정부와 주 정부는 서로 독립적인 주권을 가지고 있는 바, 서로의 주권을 침해하는 것을 방지하고자 서로의 법률로부터의 면책(immunity)을 인정한다는 원칙이다. 즉 연방정부 또는 주 정부가 규정한 법률이 서로의 기능(function)을 방해한다면 해당 법률을 서로에게 적용할 수 없다. 예컨대, 주 정부(연방정부)가 규정한 법률이 연방정부(주 정부)의 기능을 방해하는 경우 연방정부(주 정부)는 해당 주 법(연방법)으로부터 면책된다(be immune). Utah 주가 강설량이 10cm이상 되는 날에 모든 차량의 체인설치를 의무화하였고 이를 위반하는 경우 과태료를 지불해야 한다는 법을 규정했다고 가정해보자. 군인 (military) 차량이 체인설치를 하지 않은 경우, Utah 주는 과태료 지급을 강제할 수 없다. 군인 차량은 연방정부로서 be immune from the Utah state이므로, 체인을 설치하지 않았다 하더라도 Utah 주는 이에 대해 제재를 가할 수 없다. Congress가 Michigan 주에 있는 federal land에 송유관을 설치하고자 하는데 Michigan 주에서 송유관 설치 시 state agent의 허가를 요구하는 경우(그러한 state law가 있는 경우), Michigan 주의 규정은 Congress의 function을 방해하는 규정으로서 해당 federal land가 Michigan 주에 위치해 있다 하더라도 state agent의 허가 없이도 송유관 설치가능하다(state law로부터 면책된다).

The federal government and the states are independent sovereigns. Thus, each government should not **intrude** the other government. This is to prevent the governments from intruding on each others sovereignty.

> TIP   연방정부가 state law를 위반하는 행위를 하여 소송이 제기된 경우 federal government가 주장할 수 있는 가장 좋은 항변사유(defense)는 intergovernmental immunity이다.

B. Supremacy Clause

Supremacy Clause에 따르면, federal law와 state law가 동일한 사안(subject matter)에 대해 규정하는 바가 충돌(conflict)하는 경우 federal law가 state law에 우선한다(preempt). 예컨대, Utah 주가 강설량이 10cm 이상 되는 날에 모든 차량의 체인설치를 의무화하는 법을 규정한 반면, Congress는 차량 체인이 도로를 심하게 훼손시킨다는 것을 이유로 모든 차량의 체인을 금하였다면, Congress에 의한 규정이 Utah 주에 의한 규정에 우선한다. 즉 Utah 주는 차량 체인을 설치하지 않은 차량에 대해 제재를 가할 수 없다.

If there is a conflict between federal law and statute law, the **federal law preempts** state law. In other words, the state law must yield to federal law and it is invalid.

[Article VI, Clause 2]
This Constitution, and the Laws of the United States which shall be made in Pursuance thereof ... shall be the supreme Law of the Land. ...

TIP1   Supremacy Clause 관련 문제 생각 route
      ① Federal과 state law간 **충돌(conflict) 부분** 있는지?
      ② Federal government has the **power to make** the federal law?
TIP2 10th amendment < Supremacy Clause

C. Full Faith and Credit Clause

When a judgment is given full faith and credit, it should be **recognized in other state** if:

i . The court rendering the judgment has **jurisdiction** over the subject matter and the parties;

ii . The judgment was **on the merits** (made conclusive judgment); and

iii . The judgment is **final.**

[Article IV, Section 1]

Full faith and credit shall be given in each state to the public acts, records, and judicial proceedings of every other state. And the Congress may be general laws prescribe the manner in which such acts, records and proceedings shall be proved, and the effect thereof.

II. Federal Government

A. Legislative Power

1. Taxing Power

Congress has the power to lay and collect taxes, imposts^{관세}, and excises^{소비세}. Direct taxes must be apportioned among the states.

2. Spending Power

Congress는 조세징수권(power to tax)과 예산편성권(power to spend)을 가지고 있다. Power to spend는 그 예산의 편성목적(purpose)이 인종차별과 같이 위헌적이지 않은 한, 대부분의 경우 인정된다. 더 나아가 Congress는 자신들이 달성하고자 하는 목표를 위해 연방이 편성한 예산을 이용하여 주(州) 정부를 유도할 수 있다. 다시 말해, 의회가 주(州)에게 조건부 예산편성을 제시하거나 또는 의회의 목적에 동조하는 주(州)에게만 예산을 편성할 수 있다. 이러한 행위(법률)는 의회의 spending power에 입각한 U.S. 공공복지를 위한 행위로서 지나치게 강압적(unduly coercive)이지 않은 한 합헌이며, 주 정부의 독립적인 통치권한을 인정하는 Tenth Amendment에도 위배되지 않는다.

Congress has **spending power** for **the common defense and the general welfare** of the U.S. **unless** they are **unduly coercive.** However, the spending for unconstitutional purposes, such as for racial discrimination, is prohibited.

Congress may withhold federal money to induce a state to exercise its sovereign authority to achieve congressional goals. Congress may condition the states' receipt or use of federal funds on state compliance with federal statutory and administrative directives.

3. Commerce Power

Commerce Clause에 따르면 Congress는 'interstate commerce와 관련된' channels, people, instrument, 그리고 activities만을 규율할 수 있다. 앞서 언급한 바와 같이 연방정부는 limited power를 가지고 있는 바, 그 외에 관련한 법률은 제정할 수 없다. 따라서 Congress는 '모든' 영업장 또는 '모든' 근로자에게 적용되는 포괄적인 commerce 법규를 제정할 수 없다. 예컨대, Congress는 근로 장소에서의 폭력에 관한 법은 제정할 수 있으나, 일반적인 폭력에 관한 법은 제정할 수 없다.

Congress may enact three types of regulations under the Commerce Clause. Congress may regulate:

ⅰ. The **channels** of interstate commerce;

ⅱ. The **people and instrumentalities** that work and travel in the channels of interstate commerce; and

ⅲ. Activities that **substantially affect** interstate commerce.

The regulated activity must be **economic or commercial** in nature. **Rational basis** is used for Congress to conclude that the class of activities subject to regulation, in the aggregate, has a substantial effect on interstate commerce.

4. War Power

Congress has the power to declare war and to raise and support armies.

Congress has regulatory power in economic matters.

Congress has the power to make rules for government and regulation of armed forces. The constitutional basis of courts of military justice is Article I.

5. Investigatory Power

a. General Rule

Congress's investigatory power is a very broad power which is to investigate secure information for potential legislation or other official cases.

However, the investigatory power should be exercised with expressed or implied authorization. The investigatory inquiry should be **within the congressional power.**

b. Witness's Rights

Witnesses can refuse Congress's investigatory inquiry with the **privilege against self-incrimination** under the Fifth Amendment or if **procedural due process** is violated. However, Congress can cite^{소환하다} the witness in contempt for^{~을 이유로} refusing to appear or answer before Congress.

6. Bankruptcy Power

Congress has the power to establish uniform laws on the subject of bankruptcies throughout the United States.

7. Postal Power

Congress has the power to establish post offices and post roads.

8. Necessary and Proper Power

• Necessary and Proper Clause = Elastic clause

In addition to the enumerated powers, Congress can make laws which are necessary and proper for carrying into execution.

9. No Federal Police Power

Congress has **no** general police power. However, to the District of Columbia and to over all United States military bases, Congress can exercise police power-type powers.

✔ "Marijuana를 소유하는 행위는 불법이며, marijuana를 소유하고 있는 자는 arrest할 수 있다"는 법을 제정한 경우 — police power 행사 ○

✔ Interest rate를 regulating하는 법을 제정한 경우 — police power 행사 ○

10. Delegation of Legislative Power

Congress may delegate its legislative power to executive or administrative officers.

After delegation, Congress shall not keep controlling over certain delegates under the separation doctrine.

Congress can delegate its authority to enact **regulations** and to impose **civil penalties.** Prosecution must left to the executive and judicial branches.

11. Speech or Debate Clause

The Senators and Representatives shall be privileged for any speech or debate in either House, they shall not be questioned in any other place.

Conduct occurred **in the regular course** of the legislative process is immune from prosecution.

✔ Senate floor에서 언급한 speech → Speech or Debate Clause 적용 ○ → 보호받을 수 없음(may be questioned).

✔ 많은 기자단(press) 앞에서 언급한 speech → Speech or Debate Clause 적용 × → 보호받을 수 없음(not be questioned).

12. Congressional Veto

의회가 executive power에 veto하기 위해서는 반드시 양원의 동의와 대통령 및 executive agent의 동의가 모두 있어야 한다. 따라서 Congress는 자신의 "veto power를 executive branch에 양도하고 그들의 veto 행위가 만족스럽지 못한 경우 의회 양원의 동의만으로 veto시킬 수 있다."는 법을 제정한다면, 이는 위헌이다.

To be a valid legislative veto, passage by **both houses** of Congress and the approval of the **President** are required. Otherwise, the legislative veto is invalid.

When Congress delegated its power to executive agency but requires the Congress's approval for the purpose of control of the delegation, it is unconstitutional.

13. Property Clause

a. General Rule

The Congress shall have ower to dispose of and make all needful rules and regulations respecting the territory or other property belonging to the United States [Article IV, Section 3].

✔ "U.S.에서 운행하는 모든 차량에는 에어백이 설치되어야 한다."
✔ "모든 토지에는 ABC 전선을 배선해야 한다."

b. Property Clause and Taking Clause

Under the Fifth Amendment, **governmental** taking of property for a public purpose is indirectly recognized. The taking should be accompanied with **just compensation.**

[Taking Clause]

The Taking Clause under the Fifth Amendment prohibits (federal) governmental taking of private property **for public use without just compensation.** It is applicable to the **states** through the Fourteenth Amendment.

B. Executive Power

Under Article II Section 1 of the Constitution, the executive power shall be vested in a President. Executive functions may be delegated^{위임되다} within the executive branch by the President or by Congress.

1. As Chief Executive

The President has power to direct subordinate executive officers.

2. Pardons

The President shall have **exclusive power** to grant pardons for offences against United States, **except in cases of impeachment.** Since the power is exclusive, Congress cannot limit it.

The power is **not** applicable to offenders who convicted **state** law.

3. Appointment and Removal

The President, with the advice and consent of the Senate, shall appoint Ambassadors, other public Ministers and Consuls, Judges of the Supreme Court, and all other officers of the United States. Congress may vest the appointment of inferior officers by law.

The President may remove high level executive officers without any interference from Congress.

4. Veto Power

Veto is refusing to approve a bill. The President may veto any law passed by Congress (by both houses). If the President does not exercise veto power within 10 days after receiving the bill, it becomes law.

5. Treaty Power

a. General Rule

The President shall have power, by and with the advice and consent of the Senate, to make Treaties, provided two thirds of the Senators present concur^{동의하다}.

Treaties are **supreme law of the land** and any state law inconsistent with the treaty is invalid.

b. Self-Executing v. Non-Self-Executing Treaties

Self-executing treaties mean ones effective without any implementation by Congress.

Non-self-executing treaties are treated as supreme law of the land only after the implementation by Congress.

6. Executive Privilege and Executive Immunity

a. Executive Privilege

Under the privilege, presidential **documents and conversations** are presumptively privileged.

If there is a need for such materials as evidence **in a criminal case** (e.g., the evidentiary subpoena) in which they are relevant and otherwise admissible, the privilege is not absolute and it must yield to such proceeding.

Executive privilege is **absolute on military, diplomatic, or sensitive national security secrets.**

b. Executive Immunity

The President has **absolute** immunity from **civil damages** based on actions taken by the President **in the course of carrying out their duties.** This immunity is to enable the President to perform his designated functions without fear of personal liability.

The immunity of **other** federal executive officials is **qualified** and those can be immune from the liability only when they can show good faith.

C. Judicial Power

Article III of the U.S. Constitution establishes the federal judiciary. There shall be one Supreme Court and other inferior courts (lower federal courts).

1. Federal Courts

미국에는 두 유형의 연방법원이 있는데, 하나는 Article III를 근거로 설립된 법원(Article III courts)이고, 다른 하나는 Article I을 근거로 행정적인 권한을 행사하기 위해 설립된 법원(Article I courts)으로서 U.S. Tax Court, courts of the District of Columbia 등과 같이 administrative 기능과 judicial 기능을 모두 가지고 있는 'hybrid한' 법원을 포함한다. Article III courts는 연방대법원(Supreme court)과 Congress에 의해 설립된 하급법원을 포함하는 바, 이하 내용은 Article III 중심으로 이들에 관해 논한다. 연방법원에서 소송을 진행하는 경우는 다른 유형의 소송에 비해 그 요건이 매우 까다롭다. 이를 doctrine of strict necessity라 일컫는다. 해당 소송에 대해 연방법원의 재판권(jurisdiction)이 인정되어야 하며, 연방법원에서 진행될만한 사건이어야 하며(justiciability), 수정헌법 11조(The Eleventh Amendment)에도 부합해야 한다. Jurisdiction은 해당 소송에 대해 SMJ, PJ, venue를 모두 만족해야 하는 바, 본 내용은 civil procedure 과목에서 다룬다. Justiciability를 위한 요건은 ① advisory opinion을 제공하는 사건이 아닐 것, ② 원고가 standing을 가질 것, ③ moot하지 않은 사건일 것, ④ ripe한 사건일 것 그리고 ⑤ 사건이 political question에 연관되지 않을 것, 이렇게 다섯 가지가 있다.

첫 번째 요건은 사법권에 관한 Article III에서 언급된 "case or controversy" 단어를 해석하는데서 만들어졌다. 이는 추상적(abstract)이거나 가상적인 (hypothetical) 사건이 아닌, 즉 판결에서 advisory opinion을 제공하는 사건이 아닌 법적으로 영향을 미칠 수 있는 사건일 것을 요구한다. 두 번째 standing 요건은 원고가 해당 사건에 대해 소송을 제기할 수 있는 '자격'을

의미하는 바, 해당 법률에 의해(causation) 발생된 피해(injury)가 있고 판결을 통해 해당 피해가 제거될 수 있는(redressability) 경우에 인정된다. 세 번째 요건은 moot하지 않을 사건이어야 한다. Moot는 '고려할 가치가 없는'으로 직역되며, (이미 해결되어) 논점이 없다는 것을 의미한다. 즉, 연방법원에서 합헌성에 대해 논하기 위해서는 moot하지 않아야 한다. 다시 말해, 소송이 진행되는 모든 과정에 있어 사건이 해결되지 않고 논점이 있는 상태를 유지해야 한다. 예컨대, 형기를 모두 마친 자가 소송진행 과정에서 자신의 헌법적 권리가 침해되었다고 주장한다면 이미 형기를 마쳐 더 이상 해결할 논점이 없으므로, 즉 moot case이므로 연방법원에서 진행될 수 없다. 네 번째 ripeness 요건은 원고가 입은 피해가 이미 발생되었거나 그 피해 발생이 immediate할 것을 요구한다. 다섯 번째 요건은 진행되는 사건이 political question과 연관성이 없을 것을 요구한다. Political question이란, 헌법에 의해 입법부 및 행정부에 위임된 사안 또는 사법권으로는 해결할 수 없는 사안을 뜻한다. 이러한 사안에 대해서는 연방법원에서 합헌성 여부를 판단할 수 없다.

한편, 수정헌법 11조 또한 연방법원(Article III court)에서 진행하는 합헌성 여부에 대한 소송의 요건에 대해 규정하고 있다. 수정헌법 11조에 따르면, '타 주민(州民)이나 외국인'이 주 정부를 상대로 손배청구 한 소송은 '연방법원'에서 진행할 수 없다. State sovereignty는 수정헌법 11조와 유사하나, 이는 주 법원에서 제기된 소송에 대한 내용으로서 '당해 주 주민'이 자신의 주 정부를 상대로 '주 법원'에 손해배상을 청구하는 소는 금지된다.

앞서 언급한 바와 같이 하급법원은 Congress에 의해 설립된다. 따라서 하급법원은 doctrine of strict necessity에 의한 요건들 외에도 Congress가 제정한 규정에 의해 재판권이 제한될 수 있다. 연방대법원의 재판권은 original jurisdiction과 appellate jurisdiction으로 구분되는데, 그중 appellate jurisdiction만이 Congress가 제정한 규정에 의해 제한을 받는다.

a. Article I Courts

Following the Article I, **Congress** can establish federal courts

(Article I courts) by its legislative powers. Some of Article I courts have both judicial and administrative functions, which are called as "hybrid courts."

- ✔ U.S. Tax Court
- ✔ Courts of the District of Columbia

b. Article III Courts

Following the Article III, **Congress** can establish federal courts (Article III courts) and those courts **are limited** in their judicial power by the standards of subject matter, parties, and case or controversy.

In addition to the Article III, **Congress** can describe the jurisdictional **limits on both original and appellate courts** (no Supreme Court's original jurisdiction).

2. Supreme Court

a. Original Jurisdiction

State가 소송당사자, 즉 state의 이익을 위해 소송에 참여하는 경우 original jurisdiction이 인정된다. 만약 state가 해당 주 주민들의 이익을 위해 그들의 대표로서 소송에 참여한다면, original jurisdiction은 인정되지 않는다.

TIP Original jurisdiction v. Exclusive to federal court

Original jurisdiction은 FQJ, DCJ, SPJ와 같이 연방법원이 관할권을 가지고 있는 모든 소송 중 Supreme Court에서 진행가능한, 즉 appellate jurisdiction을 제외한 특정 관할권을 뜻한다. Subject matter exclusive to federal court는 오직 연방법원에서만 진행가능한 소송주제를 뜻한다.

Supreme Court has original jurisdiction in all cases affecting Ambassadors^{대사}, other public Ministers^{장관} and Consuls^{영사}, and those in which a State shall be a party.

Although Congress cannot limit or enlarge the original jurisdiction of the Supreme Court, Congress may give **concurrent** jurisdiction to lower federal courts, except for the cases between states.

b. Appellate Jurisdiction

Congress **can** limit or regulate the appellate jurisdiction of the Supreme Court.

There are two ways to invoke the appellate jurisdiction of the Supreme Court: certiorari and appeal.

ⅰ. By Certiorari

The Supreme Court has **discretion** in deciding to hear cases and it grants writ of certiorari when it decides to do. Usually, Supreme Court grants writ of certiorari for following cases:

① Cases from the **highest state courts** where the validity of a treaty/statute of U.S./statute of any State is drawn in question on the ground of the Constitution or federal law; and

② Cases from **federal courts of appeals.**

ⅱ. By Appeal

If the cases come to the Supreme Court by appeal, it has **no discretion.** Appeal is available by the decisions of three-judge federal district court panels.

3. Limited Powers

a. Under Article Ⅲ

As the federal government is a government of **limited powers,** federal courts have limited judicial power. Article III of the U.S. Constitution provides that federal courts shall have judicial power over **all cases and controversies:**

i. Arising under the Constitution, laws, or treaties of the United States;

ii. Of admiralty^{해군의} and maritime jurisdiction;

iii. In which the United States is a party;

iv. Between two or more states;

v. Between a state and citizens of another state;

vi. Between a state or citizens thereof and foreign states, citizens, or subjects; and

vii. Between citizens of different states.

b. Case and Controversies

i. **No Advisory Opinions**

The federal courts are not authorized to issue advisory opinions.

✔ "보조금 지급의 재량권을 가지고 있는 federal agent가 연방법 원의 judgment를 참고하여 지급여부를 판단하도록 한다."는 내 용의 규정 — 본 규정은 judgment를 '판결'이 아닌 federal agent가 참고할 수 있는 'advisory 역할'을 한다고 보는 바, 본 규정은 위헌이다.

ii. **Ripeness**

A federal court will hear a case only when the plaintiff has been **already harmed** or there is an **immediate threat** of harm.

iii. **No Mootness**

① **General Rule**

A federal court will hear a case that is not moot^{고려할 가치가 없는}. In other words, a **real and live controversy** must exist at **all stages** of case, not only at the time of filing a complaint.

② **Exceptions**

(a) The controversy is not deemed moot, when the problem

in the lawsuit is **capable of repetition.** Typical examples are issues regarding pregnancy, elections, and divorce.

(b) In **class actions,** a class action is not deemed moot and representative may continue the action even though the representative's controversy has become moot.

ⅳ. Standing

① General Rule

To establish standing, a plaintiff must show:

(a) An **injury in fact;**

(b) **Causation** (fairly traceable to the challenged conduct of the defendant); and

(c) **Redressability** (**likely** to be redressed^{시정하다} by a favorable judicial decision).

② Injury in Fact

위 (a)요건(injury in fact)은 Supreme Court에서 소송이 진행될 당시 injury가 존재해야하는 것은 아니고 곧 제정될(be enacted) 법규로 인해 피해가 야기될 수 있다는 것이 분명한 경우에도 인정된다.

The plaintiff must show that his **constitutional or statutory rights** have been violated. Such injury should be **concrete and particularized** [Los Angeles v. Lyons, 461 U.S. 95, 103 S. Ct. 1660 (1983)].

③ Standing Issues

(a) Asserting Rights of Others

Only a person who has standing can assert rights, thus a plaintiff who asserts rights of **others** has **no standing.** A plaintiff has standing only when he suffered a direct impairment of **his own** constitutional rights.

However, a plaintiff can assert rights of others when the plaintiff's injury adversely affects his relationship with the others.

(b) Taxpayer

Taxpayers have **no standing** to challenge the way of federal tax spending.

However, taxpayers **have** standing to challenge Congressional spending **violating the Establishment Clause.** In other words, Congressional spending and taxing power are limited only by the Establishment Clause.

TIP 원고가 정부의 특정 행위에 대한 위헌성에 대해 소송을 제기하고 이에 대해 standing 유무를 판단하는 경우 '원고가 처한 상황 및 상태'와 '원고가 주장하는 바'를 기준으로 판단한다. 예컨대, 주 정부가 여성 연금에 비해 남성 복지기금에 현저히 많은 예산을 편성하였고 이에 대해 원고 갑이 Equal Protection Clause를 주장하는 경우에는 standing이 인정된다. 반면, 원고 갑이 미성년자로서 세금을 낸 적이 없고 주 정부 tax spending의 위헌성여부에 대해 소송을 제기하였다면, 갑은 taxpayer가 아니므로 standing이 인정되지 않는다.

c. State Grounds

The Supreme Court shall not hear the case from a state court when the judgment is made based **on the adequate and independent state laws.** The Court will not hear even though it has jurisdiction over the parties and the subject matter. The Court **will hear** only the case in which the state court judgment **turned on federal grounds.**

Utah 주 Supreme Court에서 주 법 ABC statute와 Congress에서 제정한 DEF Act의 합헌성 여부에 대해 ABC statute는 위헌, DEF Act는 합헌으로 판결 내렸다. 이에 원고는 ABC statute에 대한 합헌성 여부를 다시 논하고자 U.S. Supreme Court에 소송을 다시 제기하려 한다. Has the U.S. Supreme Court jurisdiction?

⇒ No. 주 Supreme Court의 사건을 federal court인 U.S. Supreme Court로 상소할 경우 해당 U.S. Supreme Court은 그 사건에 대해 appellate jurisdiction를 가져야 한다. 그러나 ABC statute는 Utah 주의 state ground로서, U.S. Supreme Court는 이에 대해 논할 수 없다.

d. Abstention

Abstention은 '기권, 자제'로 직역되는데, 헌법상에서는 주 법원에서 아직 진행중(pending)이거나 미결정된 사안에 대해 연방법원은 해당 사건에 대해 관할권이 있다 하더라도 이를 심리할 수 없다는 의미로 사용된다. 여기서 'pending 여부'는 소송이 file된 시점을 기준으로 판단한다.

The federal court should abstain the case which involves **unsettled** question of state law or **pending** state proceedings. It is to give state courts a chance to settle the underlying state law question. However, the federal court will hear a case **to enjoin** a pending state court's **prosecution** if it is taken **in bad faith** (e.g., merely to harrass the defendant).

e. Not Political Questions

The federal court has authority to hear and decide a legal question, not a political question.

Political questions are:

　ⅰ. Issues that are treated in another branch of government under the Constitution; or

ii. Issues that the judicial process cannot manage or enforce.

f. The Eleventh Amendment

i. General Rule

Under the Eleventh Amendment, a **state** is immune from suit raised by the **private person of another state or of foreign state for damages in federal court.** Lawsuits against the state in federal court are barred.

ii. Sovereign Immunity

Under the sovereign immunity, lawsuits raised **by a private person of the state against the state for damages** in the **state's own court** are barred.

However, Congress can abrogate^{폐지하다} when:

① Congress unambiguously asserts; and

② Congress enacted the statute.

[The Tenth Amendment — Dual Sovereignty]

The states retain a significant measure of **sovereign authority,** and Congress cannot require the states **to govern** according to Congress's instructions.

[표 5-1]

for injunction	for $	
	타 주민/외국인 → State in federal ct	해당 주민 → State in state ct
가능	불가 (11th Amend.)	불가 (sovereign immunity)

III. State Government

A. Foreign Commerce

1. Regulation

The power to regulate foreign commerce is **exclusively reserved to Congress.** However, the states can regulate foreign commerce in a few local aspects.

2. Tax

Under the Import-Export Clause, the states are prohibited from imposing any tax on **imported** goods, **except with congressional consent.** The states are wholly prohibited from imposing any tax on **exported** goods.

B. Regulation of Interstate Commerce

1. Congressional Action and State Action

Congress's power to regulate **interstate** commerce is **nonexclusive** and is shared with the states.

However, a regulation made by Congress preempts one made by states.

2. In the absence of Congressional Action

주(州) 정부 또는 지방 정부는 일정 요건을 만족하는 한 Congress가 제정하지 않은 내용에 대해 interstate commerce에 관한 법규를 제정할 수 있다. 그 요건에는 ① 본 주의 이익을 위해 타 주를 차별(discriminate)하지 않을 것, ② 지나치게 부담적(burdensome)이지 않을 것이 있다. 위 두 요건 중 하나라도 만족하지 못하는 법규는 "dormant commerce clause" 또는 "negative commerce clause"라고 일컬으며 이들은 위헌이다.

첫 번째 요건에 있어 해당 주 법으로 인해 타 주에게 일시적인 부담이 주어지고 이 부담을 해당 주가 얻을 수 있는 이익과 비교하여 현저히 큰 경우에는 설사 주 법이 비차별적이라 하더라도 해당 주 법은 위헌이다. 두 번째 요건에서의 '부담스러움(burdensome)' 여부는 burden과 local benefit을 비교형량하는 Pike balancing test를 사용하여 판단한다. Burden on interstate commerce가 local benefit보다 적은 경우, unduly burdensome 하다고 본다.

a. General Rule

If Congress has not enacted laws regarding the subject, a state or local government may regulate local aspects of interstate commerce if:

ⅰ. The regulation does **not discriminate** against out of state competition to benefit local economic interests; and

ⅱ. The regulation is **not unduly burdensome.**

b. Nondiscriminatory Regulation

- Facially nondiscriminatory: 법 규정 자체가 비차별적인 경우를 뜻함.
- Facially discriminatory: 법 규정 자체가 차별적인 경우를 뜻함.
- Nondiscriminatory: 법 규정 자체는 비차별적이지만 이를 시행하면 결론적으로 차별적인 경우를 뜻함.

A nondiscriminatory state law that imposes an **incidental burden** on interstate commerce will be **unconstitutional** if the burden it imposes is clearly excessive in relation to the putative local benefits.

c. Not Unduly Burdensome

ⅰ. **Pike Balancing Test**

> burden on interstate commerce 〉 local benefit
> ⇒ unduly burdensome ⇒ 위헌

Under the "Pike balancing test," statutes are unconstitutional if the burden imposed on interstate commerce is clearly excessive in relation to the local benefits.

✔ 주 법이 로비를 통해서 입법되었다는 사실 — unduly burdensome 여부 판단에 영향을 주지 않는다.

✔ 주 법에 부합하기 위해 제도 등을 변경하는데 드는 비용 — burden on interstate commerce

TIP 주 법 규정에 관한 조사 결과가 문제에 명시되어 있는 경우 그 내용을 Pike balancing test에 적용하여 판단한다.

ii. Exceptions

A discriminatory state or local law may be valid if:

① The discriminate is necessary to protect **important state interest;**

② **Market participant exception** is applicable; or

③ The discrimination is favoring government performing **traditional government functions.**

(a) Important State Interest

A discriminatory state or local law is constitutional if it is to protect the state's important **noneconomic interest, such as health and safety.** A least restrictive means test is used and such discriminatory state law is constitutional only when there are no reasonable alternatives.

✔ A주에서 "out-of-state nurse license를 인정하지 않는다"는 내용의 법률을 제정한 경우 — 주 주민에게 적합한 nurse service를 제공하기 위함이며 다른 대안이 없다면 합헌일 가능성이 높다. 반면, 본 법률이 A주에서의 시장경쟁에서 A주 간호사를 보호하고자 함이라면 위헌이다.

✔ B주에서 "타 주 감자종자의 수입을 금한다"는 내용의 법률을 제정한 경우 — 타 주의 감자종자가 B주의 독특한 감자

종자에 나쁜 영향을 미쳐 이를 보호하고자 본 법률을 제정하였다면 합헌일 가능성이 높다. 반면, 본 법률이 B주에서의 시장경쟁에서 B주 감자를 보하고자 함이라면 위헌이다.

(b) Market Participant

Under a market participant exception, a discriminatory state or local law which favors state over out-of-state interests is constitutional if the state is acting as a market participant.

✔ A주에서 시멘트 공장을 설립하여 시멘트를 판매하였고, 구매자 중 타 주 회사인 XYZ는 원자재 90% 이상을 A주 시멘트에 의존하고 있었다. A주는 생산감소와 시멘트 부족이 발생하자 "A주 주민에게 먼저 판매하고 타 주에게 판매하겠다"는 내용의 법률을 제정하였다. XYZ회사는 본 법률의 Commerce Clause 위반을 주장하였다. — A주는 법률제정자(regulator of an economic activity)가 아닌 시장참여자로서, A주에 유리하고 타 주를 차별하는 법률을 제정할 수 있다 [Reeves, Inc. v. Stake - 47 U.S. 429, 100 S. Ct. 2271 (1980)].

(c) Traditional Government Functions

A discriminatory state or local law is constitutional if it is to perform the state's traditional functions.

✔ Waste disposal
✔ Issuing debt securities for public projects

C. The Twenty-Frist Amendment

수정헌법 21조는 주류에 관한 주(州)의 법률제정권을 인정하는 조항으로서, 과거 주류의 제조 및 판매를 금지한 수정헌법 18조를 폐지하고 제정된 조항

이다. 수정헌법 21조는 intrastate commerce뿐만 아니라 interstate commerce
에 대한 법률도 제정할 수 있다고 인정함으로써 주가 commerce에 관한 법률
을 보다 넓게 제정할 수 있도록 인정했다고 볼 수 있다. 다만, 주류에 관한
법률이라 하더라도 그 내용이 Commerce Clause에 위배된다면 위헌이다. 또
한 taxing power는 의회의 권리로서, 주류에 대한 tax에 관한 법률은 주가 아
닌 연방정부인 의회만이 제정할 수 있다.

States may regulate the transportation, importation, and possession of
intoxicating liquors. However, such regulations could be unconstitutional
if those violate **Commerce Clause.**

States have **no** authority to **taxation,** since Congress has taxing power.

D. Tax on Interstate Commerce

1. Types of State Taxes

본 파트에서는 주에서 levy하는 세금의 유형에 대해 논하는 바, 이에 관한
주 법은 이하 「2. Under Commerce Clause」에서 논하는 rules가 적용된다.

a. Use Tax

Use tax is a tax on the **purchasers** who made a purchasing **out of
the** levying^{부과하다} **state.** Tax is imposed on the goods used, stored,
or consumed in the state.

Use tax is **not** discriminatory against interstate commerce.

b. Sales Tax

Sales tax is a tax on the seller of goods for sales completion within
the levying state.

Sales tax is **not** discriminatory against interstate commerce.

c. Ad Valorem Property Tax

Ad valorem은 "according to value"라는 의미를 가진 라틴어로서, ad
valorem property tax는 과세대상의 금액(value)에 일정 세율을 곱해
서 계산하는 세금의 일종이다.

Ad valorem taxes are levied based on the determined value of the item being taxed, such as real estate or personal property.

It is levied on the subject when the interstate shipment has come to an end. In other words, **goods in transit are exempt** from ad valorem property tax and the goods are subject to the tax when it has reached its destination.

d. Privilege Tax

• Privilege tax = Franchise tax = Occupation tax = License tax

Privilege tax는 기업이 주(州) 내에서 특정 행위를 하는 것에 대해 부과하는 세금을 뜻하는 바, 도로에서 사진을 찍는 사진작가에게 부과하는 도로 이용료(tax) 등이 이에 해당한다. 이는 세금을 부과하는(규정한) 주 내에서의 소득에 대해 세금을 부과하는 income tax와 별개의 세금이다.

Privilege tax is levied to companies that want to do business in the state. It is levied on the **specific local activity,** not on the whole commercial business.

2. Under Commerce Clause

앞서 언급한 바와 같이 taxing power는 연방정부(Congress)에 부여된 권리로서, 주(州)가 interstate commerce에 대해 tax를 부과하는 법률을 제정하는 경우 많은 제약이 있다. 우선 Commerce Clause에 따라 주는 타주와 자주(自州)를 차별하여 부과하는 tax(discriminatory tax)는 제정할 수 없다. 또한 차별적이지는 않으나 해당 세금이 interstate commerce에 영향을 미칠 수 있는 경우(undiscriminatory tax)에는 세 요건을 만족하는 경우에 한해 인정된다. 세 요건은 ① 납세자와 세금을 부과하는 주(州)간 상당한 관계(substantial nexus)가 있을 것, ② 세금 부과가 공정할 것, ③ 세금과 해당 세금으로 인한 주의 이익(benefit)간 정당한 관계가 있을 것이다.

a. Discriminatory Tax

State taxes should not discriminate against interstate commerce under the Commerce Clause. Discriminatory taxes may be constitutional, unless Congress authorizes them.

TIP Commerce Clause, Immunities and Privileges of Article IV, Equal Protection Clause, 이 세 조항을 함께 고려하는 것이 고득점 포인트다.

b. Undiscriminatory Tax

If the state taxes are undiscriminatory but have impact on interstate commerce, those are valid only when:

ⅰ. There is a **substantial nexus** between the taxpayer and the state;

ⅱ. The tax is **fairly apportioned;** and

ⅲ. There is a **fair relationship between the tax and benefits** provided by the state.

✔ 모든 판매과정이 A주에서 발생하였고 A주에서 해당 상품에 대해 sales tax를 부과하는 경우 ― 요건 ⅱ 만족(고려할 필요 없음)

There is no apportionment issue here, since there is no sufficient nexus between such sales tax and any other states.

Part Two. Individual Guarantees

본 파트는 미국시민의 헌법적 권리에 대해 논하는 바, Bill of Rights를 포함하여 이에 관한 헌법조항(수정헌법 13, 14, 15조)에 대해 논한다. Bill of Rights는 권리장전(權利章典), 즉 인간의 권리를 천명한 법률을 뜻하는 바, 미국의 Bill of Rights는 수정헌법 1~10조를 통칭한다. 최초로 헌법이 제정될 당시 미국 헌법 기초자들은 기본적인 권리는 표명되지 않더라도 당연히 인정되는 권리라 여겨 헌법상 권리장전을 포함시키지 않았으나, 이후 1791년에 헌법 수정안(수정헌법)을 제정할 당시 10개 조항으로 이루어진 권리장전이 상정되었는데, 그것이 수정헌법 1조~10조인 것이다. 수정헌법 1조~10조는 '연방정부'에 한해 적용되나 일부 내용은 수정헌법 14조 Due Process Clause에 의거하여 주(州)에도 확대적용가능하다. 미국의 Bill of Rights에 대한 내용은 「7장 Criminal Procedure」에서도 다루는데, 7장은 미국 '형사소송절차'에서 보호되어야 하는 헌법상 권리에 초점을 두고, 본장에서는 그 외의 미국시민의 헌법적 권리에 대해 논한다.

I. Constitutional Restrictions

A. Bill of Rights

The Bill of Rights guarantees fundamental rights to the people and protects them against improper acts by the **federal** government.

Some of such protections have been incorporated into the **Due Process Clause of the Fourteenth Amendment** and applicable to the **states**.

[표 5-2]

Amendment	Rights
The First Amendment	• free to speech/assembly • free to press • right to petition • free exercise • free of religion

The Second Amendment	• right to bear arms
The Third Amendment	• **prohibiting against quartering troops in a person's home**
The Fourth Amendment	• right against unreasonable search and seizure
The Fifth Amendment	• privilege against self-incrimination • right to compensation for taking • **right to grand jury indictment in criminal cases**
The Sixth Amendment	• right to speedy and public trial by impartial jury • right of confrontation
The Seventh Amendment	• **right to jury trial in civil cases**
The Eighth Amendment	• right against cruel and unusual punishment • right against excessive bail and excessive fine provisions • **right against excessive fines**
The Tenth Amendment	• **limiting federal government's power over states**

* State에 확대적용할 수 없는 권리에 bold 표시함.

B. The Thirteenth Amendment

> No slavery or invol. servitude // federal + state + 개인

수정헌법 13조는 노예제도를 폐지하고 타인을 강제적인 노역에 참여시킬 수 없음을 명시하고 있는 바, 강제노역에 가까운 personal service를 강제하는 specific performance를 명하는 판결도 금지된다. 본 조항은 연방정부와 주 정부뿐만 아니라 개인에도 적용된다. 한편, Congress는 본 조항을 개인에 적용하는데 있어 필요한 바를 법률로 제정할 수 있다(Enabling Clause). Enabling Clause는 수정헌법 13조뿐만 아니라 14조, 15조에서도 명시되어 있다.

[The Thirteenth Amendment]

Section 1. **Neither slavery nor involuntary servitude**, except as a punishment for crime whereof the party shall have been duly convicted, shall exist within the United States, or any place subject to their jurisdiction.

Section 2. Congress shall have power to enforce this article by appropriate legislation.

1. General Rule

The Thirteenth Amendment **prohibits slavery.** Thus, courts are reluctant to order specific performance of a **personal service contract,** which is equivalent to involuntary servitude.

It is applicable to **both governmental action** (federal and state actions) **and private action.**

- ✔ Compulsory military service (e.g., conscription^{징병제}) ─ 수정헌법 13 조 적용 ×
- ✔ Civil obligations (e.g., jury duty) ─ 수정헌법 13조 적용 ×
- ✔ 수감자 노역 ─ 수정헌법 13조 적용 ×

2. Congressional Power (Enabling Clause)

The Enabling Clause of the Thirteenth Amendment enables Congress to enforce the amendment through appropriate legislation.

C. The Fourteenth Amendment

Due Process Clause // state

수정헌법 14조는 주(州)가 개인의 생명(life), 자유(liberty), 권리(property)를 적법한 절차(due process) 없이 침해하는 것을 금한다. 이는 Bill of Rights에서 보장하는 헌법적 권리를 주 정부에 확대적용하는 근거이다. 한편, 수정헌법 14조는 13조와 마찬가지로 Enabling Clause를 통해 본 조항을 적용하는데 있어 필요한 바를 법률을 제정할 수 있는 권리를 Congress에게 부여한다. 다만, 주 '전체'가 본 조항을 위배했음을 명시하고 그러한 위반을 해결하기에 적절한 법률을 제정해야 한다. 예컨대, 주의 위헌적 행위가 two district of the state와 같이 일부 지역에만 적용되는 경우에는 Congress는 Enabling Clause에 입각한 권리를 행사할 수 없다(adopt legislation할 수 없다). Due Process Clause에 대한 구체적인 내용은 이하「Ⅱ. Due Precess」에서 논하도록 한다.

[The Fourteenth Amendment]

Section 1. Nor shall any **State** deprive any person of **life, liberty, or property,** without due process of law; nor deny to any person within its jurisdiction the equal protection of the laws.

Section 5. The Congress shall have power to enforce, by appropriate legislation, the provisions of this article.

1. General Rule

The Fourteenth Amendment prohibits state's deprivation of life, liberty, or property without due process.

It applies **only to** the actions by state or local government, government officer, or private individual whose behavior is state action.

2. Congressional Power (Enabling Clause)

The Enabling Clause of the Fourteenth Amendment enables Congress to enforce the amendment through appropriate legislation.

To be a valid enforcement, Congress must:

ⅰ. Point out state violation of the Fourteenth Amendment; and

ⅱ. Enforce legislation that is **congruent**^{적절한} **and proportional**^{비례하는} to solving the identified violation.

3. Incorporation

The rights which are protected under the Fourteenth Amendment are incorporated into the Bill of Rights.

D. The Fifteenth Amendment

> right to vote // federal + state

수정헌법 15조는 미국시민들의 투표권을 보호하는 바, 민족(race) 또는 인종 (color)을 근거로 한 투표권 제한을 금한다. 한편, 수정헌법 15조는 13조, 14 조와 마찬가지로 Enabling Clause를 통해 본 조항을 적용하는데 있어 필요한 바를 법률을 제정할 수 있는 권리를 Congress에게 부여한다.

[The Fifteenth Amendment]

Section 1. The right of citizens of the United States **to vote** shall not be denied or abridged **by the United States or by any State** on account of **race, color, or previous condition of servitude.**

Section 2. The Congress shall have power to enforce this article by appropriate legislation.

1. General Rule

The Fifteenth Amendment protects **right to vote** and prohibits deprivation of right to vote based on **race, color, or previous condition of servitude.**

It is applicable both to **the federal and the state government.**

2. Congressional Power (Enabling Clause)

The Enabling Clause of the Fifteenth Amendment enables Congress to enforce the amendment through appropriate legislation.

E. Contracts Clause

Article I Section 10은 주 정부로부터 개인을 보호하고 주 정부가 연방정부에 부여된 권한에 개입하는 것을 방지하고자 주(州)의 특정 행위를 금지하는 조항으로서, 조약체결, 주 화폐 제조 등의 행위가 열거되어 있다. 그중 주는 계약상 채권·채무에 영향을 미칠 수 있는, 특히 채권·채무를 손상시키는 법률을 제정할 수 없다는 내용의 조항을 Contracts Clause라 일컫는다. Contracts Clause는 이미 '체결된' 계약의 채권만을 보호하는 바, 주가 채권을 손상시키는 내용의 법률을 제정한 후 계약이 체결되었다면 해당 계약은 주 법의 적용대상으로서 Contracts Clause에 의해 보호받지 못한다. 한편, Contracts Clause는 주 '법'에 한해 적용되는 조항으로서, 주가 채권을 손상시킬 수 있는 법률을 제정하는 것을 금할뿐 법원의 판결에는 적용되지 않는다. 다시 말해, 법원이 reformation 등과 같이 계약당사자간 채권·채무에 영향을 미칠 수 있는 판결을 내린다 하더라도 이는 Contracts Clause에 위배되지 않는 바, 합헌이다.

[Article I Section 10]

No State shall enter into ... Law impairing the Obligation of Contracts, ...

1. General Rule

Under the Contracts Clause, **states** cannot enact laws that **retroactively** impair contract rights. If a state legislation causes **substantial impairment** of the contract, the legislation is generally unconstitutional (invalid). The Contracts Clause is applicable only to **state legislation.**

2. Exception

Even though there is a substantial impairment, the legislation could be constitutional if it:

ⅰ. Serves an **important public interest;** and

ⅱ. Is a **reasonable and narrowly tailored** to promote that interest.

TIP   ① Bankruptcy에 관한 state statute: × constitutional

② Foreclosure에 관한 state statute: Commerce Clause에 위배되지 않는 한 constitutional

③ Arbitration을 강제하는 state statute: The Seventh Amendment(right to jury trial in civil cases)는 state에 적용불가 → constitutional

F. No Ex Post Facto Laws

Ex post facto는 '소급하는' 의미를 가진 용어로서, ex post facto laws는 소급 적용되어 법률적 결과 또는 상태에 변화를 주는 법률을 뜻하는 바, 헌법상 금지된다. 이는 criminal case에만 적용되며, '피고가 committed crime한 당시'를 기준으로 과거에는 무죄가 인정되었던 행위에 대해 죄책을 인정하는 법률, 동일한 죄책에 대해 더 무거운 형벌을 인정하는 법률, 유죄를 인정하는데 있어 그 기준을 완화하는 법률은 모두 금지된다. 한편, 본 rule은 연방정부와 주 정부 모두에 적용가능하다.

[Article I Section 9] Federal
No Bill of Attainder or ex post facto Law shall be passed.

[Article I Section 10] State
No State shall ... ex post facto Law, ...

1. General Rule

An ex post facto law is a legislation that **retroactively** changes the consequences or statute of **criminal** actions. It is prohibited under the Constitution.
Both the federal and state government cannot pass any ex post facto laws.

2. Retroactive Changes

✔ A statute makes an act criminal that **was innocent when done** — × constitutional
✔ A statute prescribes **greater punishment** for an act than punishment prescribed when it was committed — × constitutional
✔ A statute requires **lesser evidence to convict** a person of a crime in compared to the evidence required when the act was allegedly committed — × constitutional

죄책을 인정하는 기준이 '느슨해지는' statutes는 금지된다.

G. No Bills of Attainder

Bills of attainder는 사법절차 없이 특정인을 처벌한다는 내용의 법률을 뜻하는 바, 이는 헌법상 금지된다. 본 rule은 연방정부와 주 정부 모두에 적용가능하다.

[Article I Section 9] Federal

No Bill of Attainder or ex post facto Law shall be passed.

[Article I Section 10] State

No State shall ... pass any Bill of Attainder, ...

A bill of attainder is a legislation that declares **specific** a person or members of a group guilty **to punish** them **without a judicial trial.**
Both the federal and state government cannot pass any bill of attainder.

- ✔ Congress's statute prohibiting of the salaries payment to three named federal agency employees, based on the grounds that they are engaged in subversive activities → ① specific individuals ② prohibition the payment of salaries is to punish them ③ without a judicial trial → bill of attainder
- ✔ Congress's statute making it a crime for a member of communist party to act as an official of a labor union → ① specific individuals ② making it a crime is to punish them ③ without a judicial trial → bill of attainder

[Bill of Rights(권리장전)]

The Bill of Rights guarantees fundamental rights to the people and protects them against improper acts by the **federal** government.

II. Due Process (The Fifth Amendment)

Due Process Clause(DP)는 정부는 미국시민의 권리를 침해해서는 아니 되며, 부득이 침해하는 경우에는 적절한 절차를 따라야 한다는 헌법조항으로서, 수정헌법 5조(연방정부)와 14조(주 정부)에 명시되어 있다. DP는 권리가 부여된 자의 권리를 박탈하는 법률에 대한 조항으로서, 권리를 '박탈'하는 내용의 규정은 DP와 관련 있는 반면, 권리를 '부여'하는 내용의 규정은 DP와 무관하다. 예컨대, "for cause가 있는 경우 federal agent의 직책을 박탈한다"는 규정은 DP에 부합해야 하나, 'federal agent가 되기 위한 요건'에 대한 규정은 DP와 무관하다. 다만, 요건 충족 기준에 있어 특정 부류의 사람들에게만, 예컨대 주 주민에게만 특혜를 부여하는 등 타 주민과 주 주민간 차별이 존재한다면 Equal Protection Clause(EP) 문제가 될 수는 있다. Equal Protection Clause(EP)에 대한 자세한 내용은 이하 해당 파트에서 다시 논하기로 한다. 한편, DP는 연방정부와 주 정부에 적용되는 조항으로서, 미국시민(개인)의 행위에는 적용되지 않는 바, 직원의 권리를 침해하는 내용의 '회사' 규칙은 DP와 무관하다(합헌이다).

Due Process(DP)는 substantive due process(SDP)와 procedural due process(PDP)로 구분되는 바, 두 유형의 DP에 모두 부합해야만 법률의 합헌성이 인정된다. Substantive due process(SDP)는 ① government(연방 또는 주)가 ② 미국시민이 권리를 행사할 수 있는 '모든 방법'을 차단하는 것을 금한다. '모든' 낙태(right to abortion)를 금하는 법률은 DP에 부합해야 하나, '특정 병원'에서의 낙태를 금하는 법률은 미국시민이 낙태할 수 있는 모든 방법을 차단한 것은 아니므로 DP에 부합하지 않더라도 합헌이다. 한편, 부득이 정부가 미국시민의 권리를 침해(권리를 행사할 수 있는 모든 방법을 차단)하게 되는 경우에는 일정 요건을 갖추어야 하는데, 침해된 '권리'를 기준으로 다른 요건이 적용된다. 침해된 권리가 fundamental rights인 경우 엄격한 요건이 요구되는 바, SS test가 적용되는 반면, 그 외의 권리가 침해된 경우에는 RR test가 적용된다. 다시 말해, fundamental right를 침해하는 법률은 대개 위헌이다. 만약 특정 법률이 substantive due process에 부합한다면, 해당 법률이 procedural due process(PDP)에 부합하는지 그 여부를 판단해야 한다.

PDP는 ① 정부가 ② 미국시민의 생명(life), 자유(liberty), 또는 권리 (property)를 침해하는 경우 ③ 적절한 '절차'를 따라야 한다는 헌법조항이다. 여기서 '절차'는 hearing 및 notice를 의미한다.

A. General Rule

Under the Due Process Clauses of the Fifth Amendment, the **federal** government shall not arbitrarily or unfairly deprive **a person's life, liberty, or property,** without due process.

It is applicable to **state and local** governments **through the Fourteenth Amendment.**

[The Fifth Amendment] Federal

... nor be deprived of life, liberty, or property, without due process of law; ...

[The Fourteenth Amendment] State

... nor shall any **State** deprive any person of life, liberty, or property, without due process of law; ...

1. Governmental Actions

DP는 state 및 federal 정부의 행위에만 적용되는 바, 개인 행위에는 적용되지 않는다. 다만, 개인의 행위가 정부의 기능(function)을 수행하거나 정부가 private 활동에 상당히 연관되어 있는 경우에는 state action으로 보고 DP Clause를 적용한다.

The Due Process Clause does **not** apply to **private** actions. However, the action of the private party is deemed as the **governmental activity** if the private party:

ⅰ. Performs exclusive **public functions;** or

ⅱ. **Significantly involves state** in its activities.

✔ Running a lottery(로또 사업) — public functions ×(DP 적용×)

✔ security, fire protection, and sanitation services — public functions ○(DP 적용○)

B. Substantive Due Process

1. General Rule

Government shall not deprive **all means** exercising a person's life, liberty, or property.

✔ ① "prohibits the use of all state-owned hospitals for the abortions" → 주 병원에 한해 right to abortion을 금하고 있으므로, abortion할 수 있는 다른 방법이 존재함. → DP 적용 ×

② "prohibits the use of all hospitals for the abortions" → 모든 병원에서의 right to abortion을 금하고 있으므로, abortion할 수 있는 다른 방법이 없음. → DP 적용 ○

✔ "State shall not allocate funds to hospitals for the abortions"

① What is strong argument for the state(주(州)에 유리한 주장은 무엇인가)?

⇒ Funds를 지급하지 않는다 하여 right to abortion을 전면적으로 금한다 할 수 없다. → DP 적용 ×

② What is strong argument against the state(주(州)에 불리한 주장은 무엇인가)?

⇒ Funds를 지급하지 않겠다는 것은 병원에서의 abortion을 전면적으로 금하는 것과 다름없다. 즉 right to abortion을 행사할 수 있는 방법이 없다. → DP 적용 ○

2. Applicable Tests

When a legislation limits a **fundamental right, strict scrutiny test** will be applied. **The state** must show that the challenged classification serves **compelling** governmental objectives.

In all other cases, **rationality test** is applied. **Petitioner** should show that the discrimination is not **rationally related** to legitimate governmental interest.

[Fundamental Rights]
✔ Right of privacy
✔ Right to vote
✔ Right to travel
✔ All First Amendment rights (e.g., free to speech and assembly, free to belief, freedom of religion)

C. Procedural Due Process

1. General Rule

Even if the deprivation satisfies the substantial due process, statutes shall satisfy the procedural due process. The **government** should use adequate procedures **(notice and hearing)** when it deprives an individual interest.

Generally, the government should provide an individual **notice** and **opportunity to respond before** termination of the interest. If the prior-hearing is impracticable, post-hearing is allowed.

2. Life, Liberty, or Property

a. General Concepts

"Liberty" means unobstructed action according to individual's will. "Property" includes benefit under the federal and state government on which individual has **legitimate claim.**

✔ Freedom from bodily restraints — liberty
✔ Freedom from unconstitutional restraints — liberty
✔ Government employment — property

b. Typical Examples

✔ Public employment contract에 "An employee can be terminated **only for cause.**" 조항이 있는 경우, 해당 직원은 property interest 를 가지는 바, 정부가 public employee의 해고를 경정하는 과정은 due process에 부합해야 한다.

✔ 출석이 요구되는 public education에는 개인의 property interest가 인정되는 바, federal 및 state government가 학생의 정학(suspension) 을 결정하는 과정은 due process에 부합해야 한다.

D. **Taking Clause**

Taking Clause는 정부가 '공적사용(public use)'을 위해 taking을 시행하는 경우 개인에게 반드시 '보상(compensation)'해야 한다는 토지수용에 관한 헌법 조항이다. 이는 수정헌법 5조에 명시되어 있는 조항으로서, 수정헌법 14조를 통해 주 정부에도 확대적용 할 수 있다. 'Public use' 여부는 토지사용이 공적 목표(public purpose)에 합리적으로 관련되어 있는지(rationally related) 그 여부를 기준으로 판단하는 바, 약간의 연관성이 있으면 될 뿐 토지사용으로부 터 얻을 수 있는 공적이익(public benefits)이 합리적으로 예상가능해야 하는 것은 아니다. 정부가 타인에게 토지에 대한 영구적인 물리적 점유(permanent physical occupation)를 허가한 경우에는 그 점유를 통한 토지사용이 public purpose와 관련성이 없다 하더라도 public use가 인정되는 바, 정부는 compensation을 지급할 의무가 있다.

한편, taking은 토지수용을 뜻하는 바, 물리적인 수용(physical taking)과 과 세 · 외자규제 등 경제적 손실을 초래하는 간접적인 수용(regulatory taking)으 로 구분된다. 그중 regulatory taking은 그것이 인정되는 세 가지의 경우가 있 는데, total regulatory taking, "Penn Central" taking, land-use exaction이 그것이다. Total regulatory taking은 Lucas 판례로부터 정립된 유형으로서, 토지의 '모든' 경제적 가치가 상실된 경우의 regulatory taking을 의미한다. "Penn Central" taking은 Penn Central 판례를 통해 정립된 유형으로서, 정부 에서 제정한 regulation이 taking에 해당하는지 그 여부를 multi-factor balancing test를 기준으로 판단하는 바, 경제적 영향(economic impact), 토

지주인의 투자기대치(investment backed expectation)가 저해된 정도 그리고 정부행위의 성격(character)을 종합적으로 고려하여 판단한다. Land-use exaction은 정부가 개인에게 benefit(허가 등)을 제공하는 조건으로 exaction (부담)을 요구하는 것을 의미하는 바, regulatory taking에 해당한다. 여기서 'benefit'는 해당 토지 주인의 토지사용에 대한 허가를 뜻하는 바, 증축허가 (building permit) 등이 이에 해당한다. Exaction은 강요·과세 등으로 직역되나, 여기서는 정부가 해당 토지에 대한 사용을 강제하는 행위를 뜻하는 바, 정부가 해당 토지에 대한 easement를 허가하는 경우로 이해하면 되겠다. 정부의 허가로 인해 해당 토지를 사용하는 주체는 제3자 혹은 정부이다. 예컨대, 정부가 전기회사에게 해당 지역의 전기공급을 위해 갑의 토지상 전봇대 설치를 허가하는 경우, 정부가 갑의 토지에 안전을 위해 전광판 설치를 강제하는 경우 모두 exaction이 인정된다. 다만, exaction을 통해 얻는 정부의 이익과 benefit간 밀접한 관련이 있고, exaction의 정도가 정부가 이루고자 하는 목적에 비례하는 경우에는 해당 exaction이 taking으로 인정되지 않는 바, 정부는 개인에게 compensation을 지급하지 않아도 된다. 상기 두 요건에 대한 입증책임은 정부에게 있으며, 특히 두 번째 요건은 자료를 통해 입증되어야 한다.

그렇다면 Taking Clause와 Due Process Clause는 어떤 연관성이 있는가. Taking은 개인의 자산(property)에 대한 권리를 침해하는 것으로서 Due Process Clause에 부합해야 한다. SDP의 경우 침해된 권리의 유형에 따라 다른 요건이 적용되는 바, 개인의 '자산'은 fundamental right가 아니므로 RR test를 적용해야 한다. 따라서 taking은 대개 SDP에 부합하는 바, taking된 자산 소유주는 PDP를 주장하여 해당 taking의 위헌성을 주장하는 것이 유리하다.

| TIP | Taking Clause 관련 출제요소 |

① "private property," for "public use," with "compensation"

② Due process

③ Indirect/implicit power of Congress

1. General Rule

Under the Fifth Amendment Taking Clause, the **governmental** taking of **private** property for **public use** is prohibited without **just compensation.**

It is also applicable to **state and local governments** through the Fourteenth Amendment.

2. Public Use

If a taking is for purely private purpose, it is void. A public use is recognized when it is rationally related to a public purpose. Public purpose is recognized when the issues are as to **public safety, public health, morality, peace and quiet, law and order.**

✔ To protect children pedestrians
✔ To increase property-tax revenues
✔ To fund police and fire services
✔ To create leisure, recreational, and employment opportunities for residents
✔ To stimulate business development
✔ 정부가 개인 갑으로부터 토지를 구매하여 public purpose를 위한 갤러리를 건축할 개인 을에게 판매한 경우

3. Regulatory Taking

Regulatory taking (non-physical taking) is recognized when:
 i . The government denies all economic value of the private property (total regulatory taking);
 ii . Several factors are considered and regulatory taking is recognized ("Penn Central" taking); or
 iii. When an exaction was imposed by a government in exchange for a discretionary benefit conferred by the government (land-use

exaction).

a. Total Regulatory Taking

A total regulatory taking is recognized when regulations deprive an owner of all economically viable uses or destroy all reasonable investment-backed expectations [Lucas v. South Carolina Coastal Council, 505 U.S. 1003 (1992)]. The court rarely find a total regulatory taking.

✔ Regulation이 적용되는 경우 claimant의 본래 사용목적을 위해 추가적인 비용이 반드시 발생한다 하더라도 이는 추가적인 비용이 발생될 뿐, 그 목적을 위한 토지사용이 전면적으로 불가능해지는 것은 아니므로, total regulatory taking이 인정될 수 없다.

b. Penn Central Taking

Several factors considered in determining whether a taking is occurred are: (1) the economic impact on the claimant, (2) the extent to which the regulation has interfered with distinct investment backed expectations, and (3) the character of the government action [Penn Central Transportation Co. v. New York City, 438 U.S. 104 (1978)].

c. Land-Use Exaction

When an exaction (e.g., easement) was imposed by a government in exchange for a discretionary benefit conferred by the government, regulatory taking is recognized.

However, the exaction is not a taking if:

i. There is an essential nexus between the public interest that the proposed development contributes and the permit condition; and

ii. The exaction must be roughly proportional to the anticipated impact of the requested development.

The government must make some effort to quantify its findings in support of the dedication beyond the conclusive statement.

✔ 정부가 bike path이용의 대가로 개인에게 exaction을 요구하는 것은 to reduce traffic congestion하고자 하는 정부의 public interest와 essential nexus가 있다. → i 요건 충족 → taking × → just compensation 불필요

III. Equal Protection Clause

Equal Protection Clause(EP)는 특정 부류(class)에 대한 '차별'을 금하는 헌법 조항이다. 이는 수정헌법 14조에 명시되어 있는 조항으로서, 주(州)에 적용된다. 연방정부의 경우 Due Process Clause(5조)가 EP의 내용도 포함하고 있다고 보는 바, EP가 명시되어 있는 조항은 없으나 주와 동일하게 EP가 적용된다. EP는 개인의 권리를 보호한다는 점에서 substantive DP와 유사하나, EP는 개인을 분류하여 특정 'class'의 권리를 제한하고 substantive DP는 '모든' 개인의 권리를 제한한다는 점에서 큰 차이가 있다. 또한 EP는 'class 분류기준'에 따라 다른 요건을 적용하는 반면, substantive DP는 정부가 제한하는 '권리의 유형'에 따라 다른 요건을 적용한다. EP의 경우 정부가 인종(race), 국적(alienage)에 따라 권리제한을 달리하는 경우 가장 엄격한 요건인 SS test를 적용하고, 성별(gender)에 따라 권리를 제한한다면 IR test를, 그 외의 경우에는 RR test를 적용하여 해당 법률의 위헌여부를 판단한다. 한편, Privileges and Immunities Clause of Article IV는 fundamental right에 대해 주 주민을 우대하고 타 주 주민을 차별하는 법률을 금하는 조항으로서, 주 주민과 타 주 주민에 대한 차별을 금하는 바, EP로부터 파생된 조항이라 할 수 있다. Privileges and Immunities Clause of Article IV는 주 행위에 한해 적용되는 바, 회사(corporation) 또는 외국인(alien)의 행위에는 적용되지 않는다.

① State-owned facility가 abortion에 관련된 모든 행위를 금지함. → SDP 문제 → state-owned facility가 아닌 다른 곳에서도 abortion할 수 있다. → constitutional

② State가 예산 책정 시(allocate funds), abortion하는 병원에는 예산을 배정하지 않겠다는 규정을 제정함. → EP 문제 → abortion을 근거로 한 차별이므로, RR test를 적용 → constitutional일 가능성이 높음.

A. General Rule

1. Standards of Review

a. Strict Scrutiny Test (SS test)

The state must show that the challenged classification serves **compelling** governmental objectives.

b. Intermediate Scrutiny Test (IR test)

The state must show that the challenged classification serves important governmental objectives and that the discriminatory means employed are **substantially** related to the achievement of those objectives.

c. Rational Basis Test (RR test)

Petitioner should show that the discrimination is not **rationally related** to legitimate governmental interest.

2. Equal Protection Clause

The Fourteenth Amendment provides that **no state** shall deny to **any person** within its jurisdiction the equal protection of the laws.

3. Suspect Classifications

race, alienage ⇒ SS test

정부가 인종(race), 국적(alienage)을 기준으로 권리제한을 달리하는 경우 이를 suspect classification이라 하며, 가장 엄격한 요건인 SS test가 적용된다. 기본적으로 연방정부와 주 정부에 대해 동일한 요건이 적용되나, 외국인(alienage)을 차별하는 법률의 경우 연방정부에 보다 완화된 요건이 적용되는 바, 비합리적이지 않는 한 유효하다. 한편, 여기서 '외국인'은 합법적으로 미국 영토에 체류하는 자를 뜻하며 그렇지 않은 자, 즉 불법체류자(illegal alien)에 대해서는 SS test가 아닌 RR test가 적용된다. 다만, 불법체류자의 자녀들(illegal aliens children)은 무료공교육에 대한 권리를 가지는 바, 정부는 이에 대해 불법체류자의 자녀들과 자국민을 차별해서는 아니 된다.

a. Race

When the government discrimination is based on race, strict scrutiny test is used.

b. Alienage

ⅰ. Federal v. State

When the **federal** government discrimination is based on alienage, it is **valid** if it is not arbitrary^{독단적인} and unreasonable. When the **state** government discrimination is based on alienage, **strict scrutiny test** is used to determine validity.

ⅱ. Illegal Aliens

• Illegal aliens = Undocumented aliens

Illegal alien adults are no suspect classification and the **rational basis** test is used.

Illegal alien **children** has the right to a **free public education**. Thus, a statute denying children of illegal aliens the right without showing a **substantial state interest** is unconstitutional.

4. Quasi-Suspect Classifications

> gender ⇒ IR test

When the government discrimination is based on gender, intermediate scrutiny test is used.

5. Other Classifications

> 기타 ⇒ RR test

When the government discrimination is neither a suspect nor a quasi-suspect classification, rational basis scrutiny is used.

B. Privileges and Immunities Clause of Article IV

Privileges and Immunities Clause of Article IV prevents a **state** from **discrimination in favor of its own citizens** when it affects a **fundamental right.**

[Article IV, Section 2, Clause 1]
The citizens of each state shall be entitled to all privileges and immunities of citizens in the several states.

✔ Right to earn a living — fundamental right 인정 ○
✔ Right to pursue livelihood — fundamental right 인정 ○
✔ Important commercial activities or civil liberties — 인정 ○
✔ Right for enjoying leisure — fundamental right 인정 ×

IV. Fundamental Rights

A. Right of Privacy

Rights of privacy include right of marriage, child-rearing, sexual relations (use of contraceptives^{피임약}), and abortion.

1. Marriage and Family Relationship

People have **the right to enter into a marriage relationship** and **the right of family members to live together**.

Parents have **constitutional right to make decisions concerning the care, custody, and control of their children**.

- ✔ "…prohibiting families from living in a single household" → violating the right of family members to live together → constitutional ×
- ✔ "All children should be educated in public schools" → violating parent's right to make decisions on children **education** → constitutional ×

2. Abortion

Right to abortion은 낙태권, 즉 여성이 낙태를 선택할 수 있는 권리를 뜻하는 바, fundamental right에 포함된다. 따라서 원칙적으로는 정부가 본 권리를 침해하는 경우 SS test에 부합해야 그 합헌성이 인정되나(SDP), right to abortion은 산모의 건강 및 태아의 생명과 직결된 권리인 만큼 다른 fundamental rights에 비해 보호되는 정도가 적다. 따라서 정부의 compelling interest 유무가 아닌 'undue burden 유무'를 기준으로 위헌성을 판단하는 바, 이러한 기준을 undue burden test라 일컫고, right to abortion은 quasi-fundamental right라 일컫는다. 한편, 미국헌법은 태아의 생존력(viability) 유무, 즉 태아가 자궁 밖에서 생존할 수 있는지 그 여부를 기준으로 right to abortion의 보호정도를 달리하는데, 태아의 생존력이 없는 pre-viability 시기에는 right to abortion을 강력히 보호하고, 생존력이 있는 post-viability 시기에는 보호정도가 약하다. Viability는 대개 임신 6개월차에 생성된다고 보는 바, trimester(3개월)을 기준으로 right to abortion의 보호정도를 달리 규정하는 법률은 위헌이다. Pre-viability 시기에는 right to abortion에 대한 보호정도가 강하므로, 여성이 본 권리를 행사하는데 있어 undue burden을 가하는 법률은 원칙적으로 위헌이며, 산모의 생명 및 건강을 위한 undue burden만이 인정된다. 반면, post-viability 시기에는 산모의 생명 및 건강을 해치지 않는 한 undue burden을 가하는 법률은 합헌이다.

a. Undue Burden Test

As to the right to abortion, **undue burden test** is used rather than the normal strict scrutiny test. The legislation is unconstitutional if it places an undue burden on the right.

Undue burden is recognized when the legislation places a substantial obstacle in the path of women seeking a abortion prior to viability.

b. Before Viability

A woman's right to abortion is protected under the Constitution only **before viability,** and therefore legislation banning all previability abortion is unconstitutional.

However, the government may impose undue burden if it is necessary to save the life or health of the woman.

- ✔ "Abortions must be performed by licensed physicians." → undue burden ✕ → constitutional
- ✔ "Physicians must provide the woman with information as to the abortion procedure." → undue burden ✕ → constitutional
- ✔ "There must be the consent of a **spouse**." → undue burden ○ → constitutional ✕
- ✔ "There must be **parent(s)**' consent when minor who is insufficiently mature to make the abortion decision obtains abortion." → undue burden ○ → constitutional ✕
- ✔ "There must be a 24-hour waiting period between the time woman's consent is given and the time of the abortion." →

undue burden × → constitutional

c. After Viability
After viability the state's prohibiting a woman from obtaining an abortion is **valid unless** an abortion is necessary to protect the mother's life or health.

B. Right to Vote
The right to vote is a fundamental right and **strict scrutiny test** is used for the restrictions on voting. However, the case law shows no clear limitations on the government.

1. Voting Qualification
The government **can** restrict the right to vote based on the **age, residency, or citizenship.**

- ✔ 18세 이상인 자만이 투표에 참여할 수 있다. — constitutional
- ✔ A주에 30일 이상 거주한 자만이 A주 투표에 참여할 수 있다. — constitutional
  Shorter residency (50 days) requirement is constitutional. Longer residency requirement violates Equal Protection Clause if there is no compelling governmental interest.
- ✔ U.S. citizen만이 투표에 참여할 수 있다. — constitutional

2. Primary Elections
Primary election이란, political party에서 예비선거(primary)를 통해 대표 (candidate on bullet)를 선출하는 과정을 뜻한다. Primary election 또는 primary election의 후보자를 제한하는 법률, 예컨대 primary election의 후보자가 되기 위한 요건을 규정한 법률은 개인이 정치적 단체에 참여할 자유(freedom of association, the First Amendment) 및 Equal Protection

Clause와 높은 연관성을 가지는 바, 타 정당의 당원이 weak한 대표를 선출하기 위해 특정 정당에 입당하는 것(raiding)을 방지할 수 있는 정도의 제한만이 유효하다(합헌이다).

- ✔ "A person should have been registered with a party for 3 months before the primary election to participate in it." — constitutional (to prevent raiding)
- ✔ 가장 높은 지지율의 정당을 discriminate하는 법률 — constitutional × (violate the right to vote)

C. Right to Travel

Right to travel은 미국시민이 미국 내 모든 주에서 자유롭게 거주 또는 취업할 수 있는 권리를 뜻하는 바, '자유롭게 이주할 수 있는 권리'로 이해하면 되겠다. 따라서 이주한 주에서 새로운 거주자를 인정하는데까지 상당한 기간을 요구하는 법률은 새로운 거주자와 기존의 거주자를 차별하는 법률로서 RR test가 적용된다.

1. General Rule

Individuals have right to travel, which is the right to change one's state of residence or employment. The right to travel includes the right to international travel.

2. Distinctions based on Length of Residency

A legislation requiring waiting period to be a resident, it is unconstitutional.

Such legislation must satisfy the rational basis test since it discriminates new-arrived resident in favor or permanent residents.

D. Right to Refuse Medical Treatment

1. General Rule

Individuals have the right to refuse medical treatment based on their liberty.

However, there is **no** right to commit suicide. Thus, a statute prohibiting persons from assisting **in committing suicide** is constitutional.

2. Exceptions

a. Contagious Diseases

A legislation requiring an individual to submit to vaccination against contagious^{전염되는} diseases is constitutional.

b. Criminal Defendants

The government may involuntarily administer medication (e.g., antipsychotic drugs) to a defendant with mental disorders in order to make him **competent to stand trial** if:

ⅰ. The treatment is medically appropriate;

ⅱ. The treatment is substantially unlikely to cause side effects;

ⅲ. The treatment is **less intrusive alternatives;** and

ⅳ. The treatment is necessary to further important governmental trial-related interests.

V. Rights under the First Amendment

앞서 언급한 바와 같이 수정헌법 1조는 Bill of Rights의 일부로서, 미국시민의 권리에 대해 표명한 조항이다. 본래 '연방정부(Congress)'에 한해 적용되나 일부 내용은 수정헌법 14조 Due Process Clause에 의거하여 주(州)에도 확대적용가능하며, 개인에게는 적용되지 않는다. 수정헌법 1조에서 다루는 권리에는 표현의 자유(freedom of speech), 언론·출판의 자유(freedom of press), 종교의 자유(freedom of religion)가 있다.

The First Amendment protects individual's freedom of speech and assembly, freedom of the press, freedom of association, and freedom of religion from **Congress.** The protection is applicable to the **states** through the Fourteenth Amendment, but **not to the private party.**

A. Freedom of Speech

Freedom of speech는 '표현의 자유'를 뜻하는 바, 개인 또는 단체가 자신의 견해와 사상에 대해 자유롭게 표출할 수 있는 권리를 의미한다. 헌법상 '표현(speech)'은 구두적인(oral) 표현과 표현의 가치가 있는 행위를 통칭하는 용어로서, 표현의 가치가 없는 단순한 행위는 헌법상 보호받을 수 없다. 예컨대, 자신의 생각에 대한 전단지를 행인에게 나눠주는 행위(leaflet)는 표현의 가치가 있는 행위로서, 이에 대한 규제는 헌법상 제한이 있다. 헌법상 보호하는 권리는 '공공장소'에서의 표현행위만을 의미하는 바, 사유지에서의 표현행위는 헌법상 보호되지 않는다. 다시 말해, 사유지에서의 표현행위를 제한하는 법규는 합헌이고, 공공장소에서의 표현행위를 규제하는 법률은 일정 요건을 만족하는 경우에 한해 그 합헌성이 인정되는데, 공공장소의 유형에 따라 다른 요건이 적용된다. 공공장소의 유형은 public forum, designated public forum, nonpublic forum으로 구분되며, nonpublic forum이 사유지(private place)와 다른 개념이라는 점에 유의해야 한다. 한편, 표현행위를 규제하는 법률은 특정 '내용'에 대한 표현행위를 제한하는 경우(content-based)와 내용과 무관하게 표현행위를 제한하는 경우(content-neutral)로 구분된다. Content-based 법률의 합헌성 요건이 content-neutral 법률의 합헌성 요건보다 까다롭다. 다만, freedom of speech가 기본권이기는 하나 모든 유형의 표현이 보호되는 것은 아니고 음란물(obscenity), 타인의 명예를 훼손하는 표현(defamation) 등과 같은 표현(unprotected speeches)은 헌법상 보호받지 못하는 바, 이러한 '내용'에 대한 표현행위를 제한하는 것은 합헌이다.

1. Basic Rules

The right to freedom of speech under the First Amendment is applicable to the **federal** government and **state or local** governments through the Fourteenth Amendment.

"Speech" includes **verbal** speech and **expressive activities (conducts).** However, conduct that has no communicative value does **not** fall within the protection of the First Amendment.

2. Prior Restraint

Prior restraints that put barrier on speech before it even occurs are unconstitutional.

To be a valid prior restraint, it must **narrowly tailored** to achieve **compelling** interest and there is **no less restrictive alternative.**

✔ "Grand jury에서 증언한 내용을 외부에 발설해서는 안 된다." → prior restraint ○ → constitutional ×

✔ "Preserving a fair trial for an accused" → prior restraint ○ → constitutional only if there is be no other way of preserving a fair trial for the defendant

3. Public Places

공공장소는 public forum, designated public forum, nonpublic forum으로 구분되며, nonpublic forum이 사유지(private place)와 다른 개념이라는 점에 유의해야 한다. 모든 유형의 공공장소에서의 표현행위는 헌법상 보호되나 각 장소에서의 표현행위가 보호되는 '정도'는 다르다. 다시 말해, 각 유형에서의 표현행위에 대한 규제의 합헌성을 판단하는 경우 다른 기준이 적용된다. Public forum은 전통적으로 자유롭게 표현행위를 할 수 있었던 장소를 뜻하고, designated public forum은 본래 표현행위를 위한 장소가 아니나 정부가 시민의 표현행위를 위해 공개하는 장소를 뜻하는 바, public forum과 designated public forum에는 동일한 rules가 적용된다. Nonpublic forum은 public forum과 designated public forum을 제외한 공공장소를 뜻한다.

a. Public Forum

Public forum is a place in which historically has been used for the free exercise of the right to speech and public debate and assembly.

- ✔ School
- ✔ Streets, sidewalks
- ✔ Public parks
- ✔ Residence area

TIP 미국헌법상 공공장소 유형(public forum, designated public forum, nonpublic forum)은 한국법상 정확히 대응되는 개념이 없어 쉽게 이해되지 않는 개념으로서, 정의보다는 '예시'로 이해하는 것이 좋다.

b. Designated Public Forum

A designated public forum is a place in which is **opened for speech** by government entity.

All the rules applicable to a traditional public forum apply to a designated public forum.

- ✔ School rooms that are open for after-school use by social, civic, or recreation groups: 수업이 없는 방과 후 교실을 개방한 경우

c. Nonpublic Forum

Nonpublic forum is public property that is not defined as a public forum or designated public forum.

4. Content-Based Restrictions

개인 또는 단체의 표현에 대한 규제는 표현의 '내용'을 근거로 하는

content-based restriction과 내용과 무관한 규제인 content-neutral restriction으로 구분되는 바, 각 유형에 적용되는 합헌성 기준이 다르다. Content-based restriction에는 SS test가 적용되는 반면, content-neutral restriction에는 보다 완화된 기준인 IR test가 적용된다. 다시 말해, content-based restriction에 대한 헌법적 제한이 더 엄격하다. 예컨대, "폭력적인 비디오 판매를 금한다"는 법률은 비디오의 내용, 즉 폭력적인 '내용' 여부를 기준으로 하는 규제(content-based restriction)로서, 정부가 본 법률이 정부의 compelling interest에 narrowly tailored함을 보인 경우에 한해 합헌이다. 다만, 타인의 명예를 훼손하는 표현(defamation) 등과 같이 헌법상 보호받지 못하는 표현(unprotected speeches)들이 있는데, 이들에 대한 content-based restriction에는 예외적으로 SS test가 적용되지 않는다. 한편, "연방 공원에서의 캠핑을 금한다"는 법률은 캠핑의 목적과 상관없이 '일체의' 캠핑을 금하는 규제(content-neutral restriction)로서, 정부가 본 법률이 정부의 important interest에 narrowly tailored함을 보인 경우에 한해 합헌이다.

a. General Rule

Content-based regulation is one that is to prohibit communication of **specific ideas** and it is subject to **SS test.** To be a constitutional content-based regulation, the government must show that it is **narrowly tailored** to serve a **compelling** state interest.

b. Exceptions (Unprotected Speeches)

Unprotected speech란, 헌법의 보호를 받지 못하는 표현들을 일컫는 바, 정부가 unprotected speech에 대해 규제를 하는 경우 SS test가 적용되지 않는 바, 대부분의 경우 이러한 규제는 합헌이다. Unprotected speeches에는 fighting words, words that advocating breaking the law, obscenity^{음란함}, defamation, false advertising 등이 있다. 그중 words that advocating breaking the law는 불법행위를 옹호하는 표현을 뜻하는 바, '당장(imminent)' 불법적인 행위를 발생시킬만한 표현만을 의미한다. 따라서 개인이 불법행위를 옹호하는 표현을 했다 할지라

도 당시 상황을 고려했을 때 청취자가 이를 심각하게 받아들이지 않았다면 그러한 표현은 헌법상 보호된다. 한편, words that advocating breaking the law는 특정 불법행위를 지지(advocate)하는 표현으로서, 단순히 불법행위를 옹호하는 '생각'을 표출하는 것과는 다르다.

Unprotected speeches are excluded from the protection under the First Amendment. Unprotected speeches include fighting words, words that advocating breaking the law, obscenity, defamation, false advertising. The government can ban such statements.

ⅰ. Fighting Words

"Fighting words" are words which provoke an **immediate** breach of the peace or which likely to cause a **violent reaction** from others.

ⅱ. Words that Advocating Breaking the Law

✔ The advocacy calling for **imminent** law-breaking

✔ The advocacy of illegal conduct (**not** just an abstract expression of **ideas**)

✔ When the law-breaking that is **likely to occur**

ⅲ. Obscenity

① General Rule

Obscenity is a work that meets the following test:

(a) The **average person** finds that the work appeals to the **prurient**^{색을 밝히는} interest as a whole;

(b) The work depicts or describes sexual conduct specifically defined by the applicable state law **in a patently**^{분명히} **offensive way;** and

(c) The work does not have serious literary, artistic, political, or scientific value.

Whether the description is obscene is determined by the **jury.**

② Obscenity and Minors

The government has compelling interest in protecting minors from obscenity. Thus, the government may restrict obscenity addressed to minors.

ⅳ. Defamation

Defamation은 '명예훼손'을 뜻하는 바, 「4장 Torts」에서 논한 defamation과 동일한 개념이다. 명예훼손은 개인의 신분 및 적시된 내용에 따라 성립요건이 다르게 적용되는 바, 개인(private figure) 의 개인적인 내용(private matter)에 대해 적시한 경우 완화된 성립 요건을 기준으로 하여 defamation에 대한 책임을 비교적 쉽게 인정하는 반면, 공인(public figure) 또는 공적인 내용(public matter) 에 대한 적시는 앞선 경우보다 falsity와 fault, 이 두 요건이 추가적 으로 요구되어 비교적 엄격한 성립요건이 요구된다. 이는 private person은 적시된 내용에 대해 반박할 기회가 적어 공인보다 defamation에 의한 피해가 더 크다고 여기기 때문이다. 한편, defamation은 수정헌법 1조상 보장되는 피고의 freedom of speech와 원고 개인의 명예 보호라는 두 가치가 충돌하는 문제로 서, 특정 표현을 defamation으로 인정하는 요건이 엄격할수록 freedom of speech을 보호하는 정도가 높다고 볼 수 있다. 따라서 private person의 private matter에 관한 표현은 freedom of speech보다 개인의 명예 보호에 더 가치를 두어 피고의 freedom of speech를 보호하는 정도가 비교적 약하고, public figure 또는 public matter에 관한 표현은 개인의 명예 보호보다 freedom of speech에 더 가치를 두어 피고의 freedom of speech를 비교적 강 하게 보호한다고 할 수 있다. Defamation의 성립요건은 「4장 Torts」 에서 논한 내용과 동일한 바, 본 파트에서 다시 논하지는 않기로 한다.

ⅴ. False Advertising

회사가 수익창출을 목적으로 언급한 표현을 commercial speech 라 일컫는다. 그중 오해의 소지가 있거나(misleading) 거짓된

(fraudulent) 정보가 있는 commercial speech는 unprotected speech로서, 이를 규제하는 법률은 합헌이다. 반면, 그러하지 않은 commercial speech는 헌법상 보호되는 표현으로서 그러한 표현을 규제하는 법률은 IR test에 부합하는 경우에 한해 그 합헌성이 인정된다. 다만, 여기서 적용하는 IR test는 일반적인 IR test와는 달리 규제 방식이 정부가 추구하는 목적(interest)에 '합리적으로 부합(reasonably fit)'하면 그 합헌성을 인정하는 바, 그 방식이 최소한의 규제방식(least restrictive means)이어야 하는 것은 아니다.

① General Rule

An advertisement that is as to a **lawful activity** and is **misleading or fraudulent,** it is **not** protected under the First Amendment. In other words, the government may discriminate such statements based on contents.

② Commercial Speech

If commercial speech is as to a lawful activity and is **not** misleading or fraudulent, it is protected under the First Amendment. When the government regulates on such statements, the government must show that the regulation:

(a) Serves a **substantial governmental interest;**

(b) **Directly advances** the asserted governmental interest; and

(c) Is **narrowly tailored** to serve the substantial interest (**reasonably fit** to the interest).

5. Content-Neutral Restrictions

정부가 특정 내용에 대한 표현행위를 제한하고자 제정한 법률은 아니나 이를 시행하는 경우 표현행위를 제한하는 결과를 초래하게 되는 법률을 content-neutral restriction이라 한다. 전단지를 나눠주는 행위를 금하는 법률, 전광판 설치를 금하는 법률 모두 이에 해당한다. 이러한 법률의 합헌성은 기본적으로 IR test를 기준으로 판단한다. 한편, content-neutral restriction이면서 표현행위에 대한 시간, 장소, 또는 방법을 제한하는 법률을 time, place, and manner regulations(T/P/M Restriction)라 일컫는다. T/P/M restriction의 합헌성은 그 규제가 적용되는 공공장소의 유형, 즉 public forum(및 designated forum)과 nonpublic forum에 따라 다른 기준이 적용된다. Public forum의 경우 법률이 ① 특정 주제(content) 및 찬반의견(viewpoint)을 제한하지 않으며(neutral), ② 정부의 중요한 목적에 narrowly tailored하고, ③ 해당 표현을 할 수 있는 일체의 방법을 제한하는 것이 아니고 다른 방법이 존재하는(open alternative channels of communication) 경우 합헌이다. Nonpublic forum의 경우 법률이 ① 찬반의견(viewpoint)을 제한하지 않으며(neutral), ② 정부의 목적에 합리적으로 관련이 있는(reasonably related) 경우 합헌이다. "Viewpoint neutral"은 특정 주제에 대해서는 금지할 수 있으나 주제에 대한 찬성 또는 반대 의견을 금지하는 것은 아니 된다는 의미이다. 예컨대, 마약에 대한 기고문을 금지하는 것은 content neutral하지 못한 반면, 마약에 대해 찬성하는 기고문을 금지하는 것은 viewpoint neutral하지 못하다. Public form에서는 양자 모두 위헌이나 nonpublic form에서는 마약에 대한 기고문을 금지하는 법률은 합헌이고, 마약에 대해 찬성하는 기고문을 금지하는 법률은 위헌이다.

a. General Rule

To be a constitutional content-neutral regulation, the government must show that:

ⅰ. It is **narrowly tailored** to serve (must be **least restrictive** method);

ⅱ. An **important** state interest;

ⅲ. It leaves **open alternative channels of communication;** and

ⅳ. The interest is **unrelated to the suppression of speech.**

b. Time, Place, and Manner Regulations (T/P/M Restrictions)

ⅰ. In Public Forum

Government may regulate time, place, and manner restriction on speech if the regulation:

① Is **content neutral** and **viewpoint neutral;**

② Is **narrowly tailored** to serve an **important** government interest; and

③ Leaves **open alternative channels of communication.**

case

Utah 주에서 고속도로 전광판 설치에 관해 다음과 같이 새로이 규정했다: "제한속도 100km/h 이상인 고속도로에는 전광판을 설치할 수 없다." 이는 고속도로 자동차 사고를 줄이기 위해 규정되었으나, 수백개의 회사들은 전광판 업체들과 이미 계약을 한 상태로 해당 계약을 해지 및 수정하려면 1조원이 넘는 비용이 들 것으로 예상된다. 제한속도 120kim/h인 고속도로에 전광판을 설치한 한 회사가 본 규정의 위헌성을 주장하기 위해 Utah 주를 상대로 소송을 제기했다. Who will likely prevail?

⇒ Utah 주. 본 규정은 전광판, 즉 표현행위를 수반한 행위(conduct associated with speech)에 대한 것으로서 public forum인 고속도로에서의 speech에 대한 restriction이다. 전광판의 내용(content)을 기준으로 한 규제가 아닌 content-neutral한 규제이다. 사고 예방은 정부의 important interest이며, 본 규정이 시행된다 하더라도 제한속도 100km/h 미만인 고속도로 또는 그 외 도로에서의 전광판 설치는 가능하므로 open alternative channels 요건도 만족한다. 따라서 Utah 주의 time, place, manner restriction은 합헌이다.

c. In Nonpublic Forum

Regulations on speech are constitutional if they are:

ⅰ. **Viewpoint neutral;** and

ⅱ. **Reasonably related** to a legitimate government purpose.

Regulation is **viewpoint neutral** when it distinguishes between **broad categories** of speech but does not distinguish based on specific content within a category.

✔ "no political advertisement" — viewpoint neutral ○

✔ "no articles as to marijuana" — viewpoint neutral ×

✔ "no articles against marijuana" — viewpoint neutral ×

Ohio 주는 city bus 광고 임대사업을 하면서 정치적(political) 광고는 금한다
는 규정을 두었다. Ohio 주가 candidate인 갑의 정치적 광고를 본 규정에 근
거하여 거절하자, 갑이 본 규정의 First Amendment 위반을 주장하며 소송을
제기했다. Is 갑 correct?

⇒ No. City bus는 대중교통(public transportation)으로서 public forum으로
인정되지 않는 바, RR test에 의거하여 Ohio 주 규정의 위헌성을 판단해
야 한다. 즉 Ohio 주 규정이 view point neutral이고 본 규정이 Ohio 주
목적(interest)과 합리적인 연관성이 있다면 합헌이다. 본 규정은 정치적인
'모든' 내용을 금하고 있는 바, 현 대통령에 대한 반대의견을 금하는 규정
과 같이 특정 내용을 금하고 있지 않다. 따라서 view point neutral한 규제이
다. 또한 본 규정을 시행함으로서 정부는 학대, 편애 그리고 편협한 청중의
위험을 최소화한다는 이익을 얻을 수 있다(minimizing chances of abuse,
the appearance of favoritism, and the risk of imposing on a captive
audience) [Lehman v. City of Shaker Heights, 418 U.S. 298 (1974)].

[표 5-3]

Content-Based		Content-Neutral		
General rule	Exception	General rule	T/P/M	
			public forum	nonpublic forum
[SS test] ⅰ. narrowly tailored ⅱ. compelling interest	unprotected speeches	[IR test] ⅰ. content neutral ⅱ. narrowly tailored ⅲ. important interest ⅳ. leave open alternative channels (**least restrictive** method)	[IR test] ⅰ. content neutral ⅱ. narrowly tailored ⅲ. important interest ⅳ. leave open alternative channels	[RR test] ⅰ. narrowly tailored ⅱ. compelling interest

B. Freedom of Press (Media)

1. General Rule

The media has right to freedom of speech as the individuals or groups. They have no greater freedom than the individuals or groups.

2. Right to Attend Trials

The media (press) have a constitutional right to attend trials, including criminal trials, civil trials, and pre-trial proceedings. However, the court can limit the right when the court show their overriding interest and there is no less restrictive means.

✔ Protecting children who are victims of sex offenses — overriding interest ○

C. Freedom of Religion

Freedom of religion은 종교의 자유를 뜻하는 바, 미국 시민은 자신의 의사에 따라 자유롭게 종교를 선택하거나 선택하지 않을 권리를 가진다. 따라서 미국 정부는 특정 종교를 금지할 수 없으며(Establishment Clause), 특정 종교를 강요할 수도 없다(Free Exercise Clause). 본 권리는 수정헌법 14조에 의거하여 주 정부에도 동일하게 적용가능하다.

There are two clauses as to freedom of religion in the First Amendment: Establishment Clause and Free Exercise Clause. Both clauses are applicable to the states through the Fourteenth Amendment.

TIP1   Free Exercise Clause v. Establishment Clause
① Free Exercise Clause: 정부의 규정이 일정 행위를 '금지'한 경우
② Establishment Clause: 정부의 규정이 일정 행위를 '장려' 및 '허가'한 경우 또는 정부에서 특정 행위를 '한' 경우

종교에 관한 법률의 위헌성 여부는 ① Equal Protection Clause, ② Free Exercise Clause, ③ Establishment Clause 모두를 함께 판단해야 한다.

1. Free Exercise Clause

The Free Exercise Clause is preventing government from banning or burdening individuals based on the person's religious beliefs.

---

case

Federal legislation: "교인 수가 100명 이상인 종교단체에 종교지원금을 지급한다." 교인 수가 30명인 종교단체가 본 규정의 합헌성 여부에 대해 소송을 제기한 경우, freedom of religion under the First Amendment와 Equal Protection Clause 중 어떤 조항을 근거로 주장하는 것이 유리한가?

⇒ Freedom of religion under the First Amendment.

① Freedom of religion under the First Amendment 중 Establishment Clause: 본 사안의 내용으로는 Lemon test의 compelling government interest 요건을 만족한다고 볼 수 없다.

② Equal Protection Clause: 본 규정은 '교인 수' 및 '종교단체의 규모'를 기준으로 discrimination을 야기하는 바, RR test를 기준으로 위헌성 여부를 판단해야 한다. 따라서 합헌일 가능성이 높다.

2. Establishment Clause

a. General Rule

Under the Establishment Clause, Congress shall not **respect** an establishment of religion. The governmental action is constitutional under the "Lemon" test when it:

  ⅰ. Has **no secular purpose;**

  ⅱ. Has **no** primary effect that **advances** religion; and

  ⅲ. Does **Not** produce **excessive government entanglement** with religion.

b. Typical Situations

✔ The government displays the Ten Commandments with a predominantly religious purpose. → violates the Establishment Clause (× constitutional)

✔ The government puts a holiday-Christmas display with no religious purpose. → constitutional

⇒ 첫째, 크리스마스 장식을 전시하는 것은 국가가 크리스마스를 기념하기 위한 것으로서 secular purpose이다. 둘째, 해당 전시에는 종교적 목적이 없다. 셋째, 해당 전시가 특정 종교를 위하는 결과로 귀추된다고 볼 수 없다. 따라서 크리스마스 장식 전시는 Establishment Clause에 위배되지 않는다.

✔ The government puts the religious symbols, such as nativity scene(그리스도 성탄화). → × constitutional

✔ State provides textbooks to all students, including the students attending religious schools. → constitutional

✔ In public schools, prayer and Bible reading → × constitutional (voluntary/involuntary participation과 무관)

✔ 영어과정 중 영어 Bible 읽기 과목이 필수과목인 경우 → for secular purpose → constitutional

✔ In public schools, 식사 전 기도를 의무화 한 경우 → × constitutional

6장
Evidence

//

본 장은 jury에게 제출될 수 있는 evidence를 가려내는(filtering) 기준인 Evidence law에 대해 논하는 바, common law와 Federal Rules of Evidence(FRE)에 근거한다. 다시 말해, 민사소송에서의 discovery 단계 또는 형사소송에서의 수사단계에서 확보된 증거들이 모두 trier of fact(jury)에게 제출될 수 있는 것이 아니고, Evidence law를 기준으로 admissible하다고 판단되는 증거들만이 trier of fact(jury)에게 제출될 수 있다. 한편, 사건 유형(민사소송 또는 형사소송), 증거의 유형, 제출 목적 등에 따라 적용되는 rule이 다르므로, 동일한 증거에 대한 admissibility가 상황에 따라 달리 판단될 수 있다.

☑ 객관식 Tips

> 1. 본 장에 관한 모든 문제는 '증거의 admissibility'를 판단하는 문제이다.
>   ① 주어진 사안에서 제출된 증거의 admissibility 유무여부를 판단하는 문제
>   Q: Is the [testimony] admissible?
>   Q: How should the court rule on the admissibility of the [X-ray]?
>   Q: If 갑 seeks to submit the [diary], how will the court rule on it?
>   Q: May the evidence be allowed?
>   ② 소송당사자가 증거를 제출하고자 할 때 반대측이 이에 반대하는 경우, 법원의 판단을 예상하는 문제
>   Q: How would the court most likely rule on this objection?
>   Q: May the court approve 갑's motion to suppress?
>   Q: Should the 갑's motion to suppress be sustained?
>   ③ 법원이 소송당사자의 motion to suppress를 sustain했다고 또는 overrule했다고 가정했을 때, 그 근거를 판단하는 문제
>   Q: If the motion is sustained, what is the likely reason?

2. 본 장에 관한 모든 문제는 가장 먼저 ① civil v. criminal case ② evidence for impeachment v. substantive evidence로 구분한다.
3. Overrule과 sustain. motion to suppress. motion to object 등 용어 실수 주의
    Q: <u>How would the court most likely rule on this objection?</u>
    ⇒ ① Sustain → objection을 인정함. → 해당 증거는 suppress되어야 함. → 해당 증거는 inadmissible함.
    ② Overrule → objection을 인정하지 않음. → 해당 증거는 admissible함.
    Q: <u>May the court approve 갑's motion to suppress?</u>
    ⇒ ① Yes → 해당 증거는 suppress되어야 함. → 해당 증거는 inadmissible함.
    ② No → 해당 증거가 suppress될 근거가 없음. → 해당 증거는 admissible함.

I. Introduction

A. Evidence Law

The law of evidence regulates the admission of the evidence at the trial of a lawsuit. The evidence filtered through the applicable rules of evidence **determines the material facts in the controversy.**

B. Evidence Classifications

증거는 이를 구분하는 기준에 따라 다양하게 구분될 수 있다. 다음은 증거를 구분하는 네 가지 기준에 대한 설명이다. ① 증거가 증명을 요하는 사실을 '증명하는 방법'에 따라 direct evidence 또는 circumstantial evidence로 구분될 수 있다. Direct evidence는 사실을 직접적으로 증명하는 직접증거를 뜻하며, circumstantial evidence는 사실을 추인하여 간접적으로 증명하는 간접증거 또는 정황증거를 뜻한다. ② 증거의 '성격'에 따라 물건의 존재 및 상태가 증거인 물증(real evidence), 서류의 존재 및 내용이 증거인 서증(documentary evidence) 또는 사람의 진술이 증거인 인증(testimonial evidence)으로 구분될 수 있다. ③ 증거 '제출방식'을 기준으로 intrinsic evidence 또는 extrinsic evidence로 구분할 수 있다. 재판에서 증언대에 선 증인(witness on stand)의 진술을 통해 증명하는 경우 해당 진술은 intrinsic evidence로 구분되며, 그

외의 방법을 통해 제출되는 증거는 extrinsic evidence로 구분된다. ④ 증거 '제출목적'에 따라 substantive evidence 또는 evidence for impeachment로 구분된다. 증거 및 증거의 내용이 사실임을 증명하기 위해 제출하는 경우 해당 증거는 substantive evidence이며, 증거를 통해 증인(witness)의 신뢰성 (credibility)을 공격하기 위해 제출하는 경우 해당 증거는 evidence for impeachment이다.

> TIP Evidence law에 관련된 모든 문제는 상기 구분법 중 증거제출의 '목적'을 기준으로 구분한 ④번(substantive evidence/evidence for impeachment)을 기준으로 푼다.

1. Direct or Circumstantial Evidence

a. Direct Evidence

Direct evidence directly establishes a material issue.

Direct evidence is obtained when it is communicated by a person who has **actual knowledge** through his sense.

b. Circumstantial Evidence

Circumstantial evidence requires **inference** to establish a material issue. Jury needs to make an inference about what happened.

> ✔ 젖은 채로 들어오는 남편 → 밖에 비가 오고 있음을 유추할 수는 있으나 이를 확언할 수는 없다(다른 사람이 뿌린 물에 젖었을 가능성도 있다).

2. Real, Documentary, or Testimonial Evidence

a. Real Evidence

Real evidence (physical objects) is the evidence that conveys a **firsthand sense impression** to the jury.

> ✔ Knives, guns

✔ Jewelry

✔ 피에 젖은 피해자 옷

b. Documentary Evidence

Documentary evidence is evidence **in the form of writing.**

c. Testimonial Evidence

Testimonial evidence is oral evidence given **under oath.** Those are made by the witness responding to the questions of the attorneys through **direct or cross-examination.**

3. Intrinsic or Extrinsic Evidence

Intrinsic evidence is evidence that is obtained from the **examination of the witness on stand.**

Extrinsic evidence is evidence that is obtained outside the examination.

4. Substantive Evidence or Evidence for Impeachment

증거는 그 '사용의 목적'에 따라 substantive evidence와 evidence for impeachment로 구분된다. 증거 및 증거의 내용이 사실임을 증명하기 위해 제출하는 경우 해당 증거는 substantive evidence이며, 증거를 통해 증인(witness)의 신뢰성(credibility)을 공격하기 위해 제출하는 경우 해당 증거는 evidence for impeachment이다. 예컨대, "우주는 팽창하고 있다."는 내용이 담긴 논문(treatise)을 통해 우주가 실제로 팽창하고 있다는 것을 증명하고자 한다면, 해당 논문은 substantive evidence이다. 반면, 상대방 측 전문가 증인(expert witness)이 우주는 팽창하고 있지 않다고 주장했고 이에 해당 논문을 통해 그 증인의 신뢰성을 공격하고자 하는 경우에는 해당 논문은 evidence for impeachment가 된다. 이처럼 동일한 증거(물)가 사용되는 목적에 따라 증거유형이 다르게 결정되고 각 유형마다 admissibility 요건이 다르므로, 특정 증거가 사용된 목적을 파악하는 것이 중요하다.

a. Substantive Evidence

Substantive evidence is the evidence offered **to support a fact in issue.**

- ✔ Hearsay = an out-of-court statement that is offered **to prove the truth of the matter asserted**
- ✔ 검사가 '피고인이 총기를 사용했음'을 증명하기 위해 제출한 총기
- ✔ 원고가 피고의 negligence를 증명하고자 부른 증인이 "피고가 빨간 불에 직진했다."고 증언한 경우, 해당 증언은 substantive evidence 이다.

b. Evidence for Impeachment

Evidence for impeachment is the evidence offered **to attack the credibility of witnesses.**

> **case**

원고 갑과 피고 을간 소송에서 갑측의 witness인 병이 "을이 빨간 불 신호에 정차하지 않고 직진한 것을 보았다."라고 증언했다. 이에 을측 변호사가 병을 상대로 cross-examination을 하는 과정에서 "사고 당시 police에게 빨간 불 신호에 정차했다고 진술하지 않았습니까?"라고 물었다. 을측이 사용한 병의 prior inconsistent statement는 substantive evidence와 evidence for impeachment 중 어떤 증거에 해당되는가?

⇒ 을측이 사고 당시 "을이 빨간 불 신호에 정차했음"을 증명하기 위해 cross-examination을 했다면, substantive evidence이다. 반면, 을측이 "병의 증언은 신빙성이 없다"는 것을 증명하기 위해 cross-examination을 했다면, evidence for impeachment이다.

C. Jury Instruction

만약 제출된 증거가 제한적으로 사용되어야 하는 경우, 요컨대 소송당사자 중 한 명에 관한 사실만을 증명하거나 한 가지의 목적으로만 사용되어야 하는

경우, 법원은 해당 증거를 올바른 목적 및 범위 내로 사용할 수 있도록 jury를 지도(instruction)해야 한다. 다만, 법원이 판단하기에 jury instruction을 하더라도 해당 증거가 야기할 수 있는 위험성(불공정한 편견(unfair prejudice) 등)이 해당 증거의 증명성(probative value)보다 현저히 큰 경우, 즉 FRE 403에 위배되는 경우에는 해당 증거를 제한적으로 허용하기 보다는 아예 제외(exclude)시킬 수 있다.

Generally, if evidence is admissible as to one party or for one purpose, the court **must instruct the jury** accordingly restricting evidence to its proper scope.

If the court determines that even with a limiting instruction, the probative value of the evidence would be substantially outweighed by danger of unfair prejudice with respect to its incompetent purpose, the evidence **may still be excluded** [FRE §403].

D. Burdens and Presumptions

1. Burden of Proof

Burden of proof는 입증책임을 뜻하며, burden of production과 burden of persuasion 이 두 요소가 모두 만족되어야 인정된다. Burden of production은 jury에게 증거를 '제출해야 할' 의무를 뜻하며, burden of persuasion은 입증책임이 있는 자가 자신이 제출한 증거를 통해 trier of fact(jury)를 '설득해야 할' 의무를 뜻한다.

Burden of production은 일반적으로 특정 사실을 주장하는 자(갑)에게 있으나, 그가 주장한 사실에 대해 상대방(을)이 반박(rebut)하는 경우에는 본 의무가 그 상대방(을)에게 이전(shift)되는 바, 그 상대방(을)이 해당 사실을 반박(rebut)할 증거를 제출해야 할 의무를 진다. 다만, burden of persuasion은 상대방(을)에게 이전되지 않기 때문에 본 의무는 특정 사실을 최초로 주장한 자(갑)가 지속적으로 진다. 예컨대, 갑이 "집 주인 을이 천장 누수문제를 알고 있었음에도 불구하고 이에 대해 아무 언급을 하지 않았다."고 주장하였고, 이에 대해 을이 해당 사실에 대해 알지 못했음을 주장하며 갑 주장을 rebut한다고 가정해보자. 갑이 주장하는 시점에는 갑에게 burden of production과 burden of persuasion이 있었으나, 을이 갑 주장을 rebut하는 시점에는 갑의 burden of production이 을에게 shift되고, 갑의 burden of persuasion은 그대로 갑에게 유지된다. 한편, 검사 갑이 피고인 을의 범죄혐의를 주장한 후 피고인 을이 affirmative defense를 주장하는 경우와 같이 소송당사자(을)가 '새로운 사실'을 주장하는 경우에는 상대방(갑)의 주장을 rebut하는 것이 아니므로, 갑의 burden of production이 을에게 이전되는 것이 아니고 주장하는 자(을)에게 처음부터 burden of production이 존재한다. 즉 affirmative defense에 대해 을은 burden of production과 burden of persuasion을 모두 진다. 만일 을이 affirmative defense에 대한 증거를 제출하였고 이에 대해 갑이 반박하고자 한다면, 을의 burden of production이 갑에게 이전되고 burden of persuasion은 그대로 을에게 유지된다.

Burden of persuasion은 제출한 증거가 특정 issue에 대해 일정 수준 (standards of proof) 이상으로 jury 및 법원을 설득시킬 것을 요구한다. 이는 burden of production이 모두 이행된 후 판단된다. 즉 양측이 burden of production에 입각하여 충분한 증거를 제출하면 jury는 해당 증거들의 증명수준(jury 및 법원을 설득시키는 정도)을 판단하여 사실을 확정한다. 증거들의 증명수준(jury 및 법원을 설득시키는 정도), 즉 standards of proof는 민사소송과 형사소송에서 다르게 적용되는 바, 민사소송에서는 clear and convincing evidence 또는 preponderance evidence 정도, 형사소송에서는 beyond reasonable doubt 정도가 요구된다. 예컨대, 형사소송에서 검사는 피고인 혐의의 element에 대해 burden of proof를 진다. 다시 말해, 검사는 jury에게 증거를 제출해야 하는 burden of production을 지며, 그 증거들이 해당 사실을 증명하는 수준은 beyond reasonable doubt이어야 한다. 검사가 피고인의 범죄혐의를 입증한 후 피고인이 insanity를 주장하는 경우에는 피고인이 burden of production와 burden of persuasion을 지며, 피고인에게 요구되는 standard of proof는 각 주(州) 법원에서 달리 규정한다. 만약 특정 issue에 대해 양 측이 모두 burden of production을 만족할 만큼 증거를 모두 제출했음에도 불구하고 여전히 의문점이 남는다면, jury는 burden of persuasion을 지고 있는 측에 불리한 결정을 내린다. 상기 천장 누수 예시에서 갑·을이 burden of production에 입각하여 충분한 증거를 제출하였으나 여전히 을의 천장 누수에 대한 사전인지(事前認知) 여부에 대해 의문점이 남는 경우, jury는 burden of persuasion을 지는 갑에게 불리한 결정, 즉 을이 사전에 알지 못했다고 판단한다.

a. Burden of Production

• Burden of production = Burden of going forward with evidence = Burden of presentation

The burden of production is the duty to present evidence to the jury.

The party against whom a **presumption** is directed has the burden of producing evidence **to rebut** the presumption.

The Supreme Court held that jury instructions shifting the burden of proof to the defendant in criminal cases is unconstitutional.

b. Burden of Persuasion

The burden of persuasion is the duty **to convince** the jury **to a certain standard.**

In criminal cases, facts must be proven **beyond a reasonable doubt** to overcome the defendant's presumption of innocent.

In civil cases, facts must be proven **either by preponderance of evidence or by clear and convincing evidence.**

[도표 6-1]

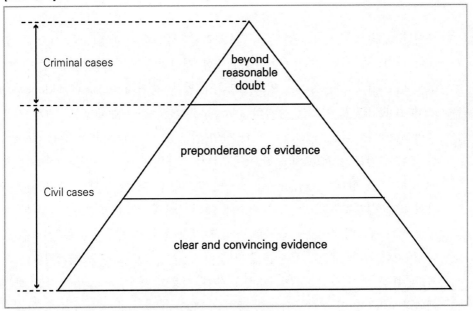

2. Presumptions

Presumption은 추정(rebuttable presumption)과 간주(conclusive presumption)를 통칭하는 용어이다.

a. Rebuttable Presumption

A rebuttable mandatory presumption is a finding the elemental fact upon proof of the basic fact. However, the defendant may **rebut** the presumption by submitting some evidence.

b. Conclusive Presumption

- Irrebuttable presumption = Conclusive presumption = Absolute presumption

A conclusive presumption is defined as an irrebuttable presumption which is a finding the elemental fact upon proof of the basic fact and **cannot be rebutted.**

II. Relevance

증거는 해당 소송에서 다루는 사건·시간·당사자와 연관성(relevance)이 있어야 한다. 즉 사건·시간·당사자에 대한 개연성에 영향을 미치는 증거만이 trier of fact에 제출될 수 있고, 그렇지 않은 증거(irrelevant evidence)는 inadmissible하다. 이것이 증거의 admissibility를 판단하는데 있어 가장 기본적인 rule이다. 다만, irrelevant하다 하여 반드시 inadmissible하거나 relevant하다 하여 반드시 admissible한 것은 아니다. 예컨대, 갑이 자신의 복부 상처에 대해 을을 상대로 negligence 소송을 제기했을 때 을은 해당 재판 이전에 갑이 병을 상대로 동일한 복부 상처에 대해 소송을 제기하였다는 사실(본 소송과 irrelevant한 사실)을 근거로 갑이 제기한 소송이 거짓임을 주장할 수 있다. 이처럼 해당 재판과 무관한 증거(갑이 병을 상대로 소송을 제기했다는 사실)를 특정 목적(갑의 false claim)을 위해 사용한 경우, relevant하다고 보는 예외의 rules가 있다. 이 외에도 증거는 FRE 403과 public policy에 입각한 rule에 위배되지 않아야 한다. FRE 403은 증거의 'probative value'와 jury에게 편견을 심어줄 수 있는 경우와 같은 증거사용의 '위험성'을 비교형량하여, 증거사용의 위험성이 현저히 큰 경우 inadmissible하다고 보는 rule이다. 다시 말해, 증거가 relevant하더라도 해당 증거의 위험성이 그 probative value보다 현저히 크면 inadmissible하다. 한편 public policy에 입각한 rule에 따르면, 사회적으로 장려되는 행위가 특정 목적으로 제출된 경우 그 행위가 relevant하더라도 inadmissible하다.

---

relevant evidence – relevance rule의 예외 – FRE403 – public policy – ∂ = admissible

---

A. Basic Rule

1. General Rule

Evidence is relevant if it relates to **time, event, or person in controversy.** All relevant evidence is admissible.

Relevant evidence is evidence having **any tendency to make the existence of any fact more or less probable** than it would be without the evidence.

2. Exceptions

> BIC BVSS CF — same Bodily injury, Impossibility, Causation, Business routine, Value, prior Similar conduct, Similar accidents/injuries Caused by same event/condition, prior False claims

a. Same Bodily Injury or Prior False Claims

상대방이 이전에 현 소송과 유사한 torts 소송을 제기했었다는 사실은 현 소송과 무관한 사안(증거)이므로 원칙적으로 inadmissible하다. 다만, 동일한 증거를 현 소송이 거짓되다(false)는 점을 증명하기 위해 사용한다면 admissible하다. 예컨대, 원고가 이전에 제기했던 소송이 false했고 현 소송이 그와 유사하므로 현 소송 또한 false하다고 주장하는 것은 가능하다. 이와 동일한 법리로 상대방이 이전에 제기했던 상해(injury)와 현재 제기하는 상해(injury)가 동일하다는 점(증거)을 현 소송이 거짓되다(false)는 점을 증명하기 위해 사용한다면 admissible하다. 예컨대, 갑이 자신의 복부 상처에 대해 을을 상대로 negligence 소송을 제기했을 때 을은 해당 재판 이전에 갑이 병을 상대로 동일한 복부 상처에 대해 소송을 제기하였다는 사실(증거)을 근거로 갑이 제기한 현 소송이 거짓(false or exaggerated)임을 주장할 수 있다. 즉 이전의 claim for body injury는 admissible하다.

The evidence of a person's **prior similar tort claims or prior accidents** is admissible only when it is used to prove that the present case is likely to be **false or exaggerated.** The party may raise prior similar false claims to prove that the present case is likely to be false or exaggerated.

The evidence of a person's **prior claim for an injury to the same**

portion of plaintiff's body which he claims in the present case is admissible only when it is used to prove that the present case is likely to be **false or exaggerated.**

b. To Rebut Impossibility

소송당사자가 특정 사실의 불가능성을 주장하고 상대방이 이를 반박하기 위해 이전에 해당 사실이 발생했었음에 대한 증거를 제출한다면 해당 증거는 admissible하다. 예컨대, 자동차 충돌 사건에서 원고가 자신의 차량은 시속 100km 이상의 속도를 낼 수 없음을 주장하는 경우, 이를 반박하기 위해 피고가 원고의 차량이 시속 120km의 속도를 냈었던 적이 있었다는 증거를 제출할 수 있다.

The evidence of prior occurrence is admissible when it is used to rebut a claim of impossibility.

c. To Prove Causation

피고의 행위와 원고의 피해간 인과관계가 복잡한 경우 원고는 인과관계를 증명하는데 있어 해당 소송과 무관한 증거를 제출할 수 있다 (admissible하다). 예컨대, 원고 갑이 피고 을의 blasting에 의해 피해를 입은 경우, 갑은 이웃 병의 집이 전소되었다는 정보를 제출하여 자신의 피해와 을의 blasting간 인과관계를 증명할 수 있다.

When the causations are complicated, evidence that concerns other times, events, or persons can be used.

d. Business or Industrial Routine

A fact of an established business routine is relevant **to show that a particular event occurred.**

e. To prove Value

The evidence of sales of similar personal property or real property is admissible **to prove value.** Those sales should not be too remote in time.

f. Similar Accidents or Injuries Caused by Same Event or Condition

원고가 주장하는 사고(accident) 및 상해(injury)가 이전 소송에서 다루었던 사고(accident) 및 상해(injury)와 동일한 상황에서 발생되어 유사한 경우, 이러한 유사성은 원고가 ① 위험한 상황의 존재, ② 피고가 위험한 상황 존재를 인지하고 있음 또는 ③ 위험한 상황이 본 소송의 사건 및 상해의 원인이라는 점을 증명하기 위해 사용하는 경우에 한해 admissible하다.

The evidence of prior similar accidents or injuries is admissible in the present case in which accidents or injuries are caused by the same event or condition. This rule is applicable only when the evidence is used **to prove:**

 i . The **existence** of a defect or dangerous **condition;**

 ii . That the defendant **knew** of the defect or dangerous condition; and

iii. That the defect or dangerous condition **caused** the present injury.

g. Prior Similar Conduct

The evidence that a party previously committed a similar conduct is admissible, when it is used to prove the party's **motive, intent, or mental state** in the present case.

B. FRE 403

A court may exclude relevant evidence if its probative value is substantially outweighed by other factors, such as the danger of unfair prejudice, misleading the jury, and waste of time.

✔ Lie detector test, polygraph examination → may be excluded(거짓말탐지기 사용은 jury에게 unfair prejudice를 심어줄 가능성이 높다. 한편, expert witness가 본 test에 대해 증언한다 할지라도 충분한 데이터를 동반한 신뢰성 있는(reliable) 방법을 사용해야 하는데, lie detector의 경우 비교적 less reliable하다.)

> TIP FRE 403이 변형된 형태의 rule이 많으므로 정확한 표현("substantially outweighed")을 익히는 것이 중요하다.

C. Public Policy Exceptions

"MIPSS" — Medical expense, liability Insurance, Plea negotiation, Subsequent remedial measures, Settlement

소송 당사자가 보험가입, 사건현장 수습, 진료비 지급 등 사회적으로 장려되는 행위를 했는데 이 행위가 그 당사자에게 불리한 증거로 사용된다면 사람들은 그러한 행위를 하지 않을 것이다. 따라서 FRE에서는 relevant한 증거일지라도 그 증거가 사회적으로 장려되는 행위라면 public policy를 이유로 inadmissible하다고 본다. 다만, 사회적으로 장려되는 모든 행위가 inadmissible한 것은 아니고 그 증거의 '사용목적'에 따라 사용가능여부가 다르다.

> TIP Public policy에 관한 rule은 ① 해당되는 항목(medical expense, liability insurance 등)뿐만 아니라 ② 증거의 '사용목적'을 파악하는 것이 중요하다.

1. Payment of Medical Expense

Payment of medical expenses is inadmissible to prove **liability for the injury.**

However, admissions of fact stated with the offers to pay medical expenses are admissible.

2. Liability Insurance

Evidence that a person was or was not insured against liability is not admissible upon the issue of whether **she acted negligently or otherwise wrongfully, or the issue of her ability to pay a substantial judgment.**

However, such evidence is admissible for another purposes, such as to prove **agency, ownership, or control, or for impeachment purposes.**

- ✔ 피고의 negligence를 주장하기 위해 liability insurance가 없다는 사실을 증명하는 경우 → to prove negligence → admissible ✕
- ✔ 피고에게 손배를 지급할만한 경제력이 있음을 주장하기 위해 피고에게 liability insurance가 있다는 사실을 제출하는 경우 → to prove the ability to pay → admissible ✕
- ✔ 피고가 특정 차량에 대해 소유권을 가지고 있음을 주장하기 위해 피고에게 liability insurance가 있다는 사실을 제출하는 경우 → to prove ownership → admissible ○
- ✔ 피고의 witness가 피고의 liability insurance 회사 사원이라는 사실을 제출(피고에게 liability insurance가 있음을 제출)하는 경우 → 해당 witness에게 bias가 있다는 것을 증명하기 위해, 즉 그 witness를 impeach하기 위해 사용한다면 admissible하며, 그 외의 목적으로 사용한다면 inadmissible하다.

3. Plea Negotiation

Anything as to plea negotiation, such as withdrawn guilty pleas, offers to plead guilty, and statements made in negotiating, are **inadmissible against the defendant** who participated in the plea guilty in any proceeding.

Such evidences are admissible for impeachment purposes.

4. Subsequent Remedial Measures

Evidence of repairs made after the occurrence of an injury is inadmissible **to prove negligence, culpable conduct, a defect in a product or its design, or a need for a warning or instruction.**

However, such evidence is admissible to prove ownership or control, to rebut claim that precaution was not feasible, or to prove destruction of evidence.

- ✔ 제조사가 하자있는 제품을 보완한 사실을 통해 "제조사가 충분히 보완할 수 있었음에도 불구하고 하지 않았다"며 피고의 negligence를 증명하는 경우 → admissible ✕
- ✔ 제조사가 하자있는 제품을 보완한 사실을 통해 "보완하기 이전의 제품은 하자있는(defective) 제품이었다."는 것을 증명하는 경우 → admissible ✕
- ✔ 제조사가 본 제품을 더 안전하게 바꿀 수 없음을 주장하는 경우, 이에 대해 원고는 제조사가 하자있는 제품을 보완한 사실을 to rebut claim that precaution was not feasible하기 위해 사용할 수 있다(admissible 하다).

5. Settlement/Offers to Settlement in Disputed Civil Cases

- • Settlement = Compromise

당사자간 합의(settlement)는 사회적으로 장려하는 행위이다. 따라서 당사자간 합의 또는 합의 제안(offer to settlement) 내용이 민사소송에서 다루고 있는 claim의 validity 또는 손해배상액(amount)을 증명하기 위해 제출하는 것은 inadmissible하다. 예컨대, 원고와 피고간 합의하던 중 원고가 "500만원을 주면 소송을 제기하지 않겠다."고 언급하였으나 원고가 피고를 상대로 negligence 소송을 제기한 경우 피고가 원고 claim의 invalidity를 증명하기 위해 해당 언급(settlement 내용)을 제출한다면 inadmissible하다. 이때 소송당사자가 offer에 대해 동의를 했는지 그 여부는 admissibility와 무관하다.

본 rule의 적용에 있어 가장 중요한 요건은 합의 또는 합의 제안이

disputed claim에 대한 것이어야 한다는 점이다. 당사자간 책임(liability) 또는 손배액(amount)에 대해 '다투는 소송(disputed claim)'이 있는 상태에서 행해진 합의이어야 한다는 뜻으로서, 당사자간 책임과 손배액에 대해 당사자가 인정하여 더 이상 다툼의 여지가 없는 상태에서 진행되었던 합의 내용은 admissible하다. 예컨대, 갑이 자신의 책임을 인정한 후 합의금을 낮추고자 offer to settlement를 하였다면 을은 해당 settlement 도중 언급된 모든 사실을 제출할 수 있다(admissible하다). 갑이 자신의 책임을 인정함으로서 갑의 offer to settlement는 disputed claim이 없는 상태에서 행해졌기 때문이다. 또한 여기서 'claim'은 소송을 제기한 경우만을 뜻하는 것은 아니고 당사자 중 일방이 소송제기의 의지를 표명하는 것으로 족하다. 예컨대, 갑·을간 교통사고가 발생하여 갑이 병원에 입원하였고 을에게 소송을 제기하겠다고 협박하자 을이 갑에게 합의를 제안한 경우, 갑의 협박은 claim 요건을 만족하고 disputed claim이 있는 상태에서 존재한 offer to settlement이므로 해당 합의 중 언급한 내용은 inadmissible하다. 만일 을이 사고 발생 직후 갑에게 합의를 제안하였다면, 갑이 소송을 제기하겠다는 의지를 표명하지 않은 상태에서 이루어진 offer to settlement이므로 그 과정 중의 진술은 모두 admissible하다.

한편, 재판 중 증인이 증언한 내용과 당사자간 합의 또는 합의 제안(offer to settlement) 내용이 다르다는 점을 들어 증인을 impeach하려는 경우에도 당사자간 합의 또는 합의 제안(offer to settlement) 내용은 inadmissible하다.

a. General Rule

In **civil case,** evidence of settlements or offers to settlement **about the disputed claim** is inadmissible when it is:

ⅰ. To prove or disprove **the validity or amount;**

ⅱ. **To impeach** the witness through a prior inconsistent statement or a contradiction.

[FRE 408(a)(2)]

conduct or a statement made during compromise negotiations about the claim — except when offered in a criminal case and when the negotiations related to a claim by a public office in the exercise of its regulatory, investigative, or enforcement authority.

b. Disputed Claim

The claim must be disputed as to liability or amount. Thus, every statement made during the settlement is admissible when the settlement took place without an actual dispute. If a party admits liability and the amount of liability, there is no disputed claim.

TIP1   Settlement에 관한 rule은 ① civil case, ② disputed claim, ③ 증거가 제출된 목적, 이 세 요소를 고려하여 적용한다.

TIP2   동일한 문장에 대해 settlement에 관한 exception rule과 medical expense에 관한 exception rule이 모두 적용가능한 경우가 많다.

TIP3   제출된 testimonial evidence가 여러 문장으로 구성되어 있는 경우, 각 문장에 대한 admissibility를 별도로 판단해야 한다. 즉 제출된 증거의 일부는 admissible하고 일부는 예외에 해당하여 inadmissible할 수 있다. 예를 들어, "내가 급히 가느라 신호를 못보고 지나쳤어. 소송을 제기하지 않겠다하면 내가 병원비 내줄게."라는 문장에서 "소송을 제기하지 않겠다하면 내가 병원비 내줄게"라는 statement는 offer to settlement 예외에 해당되어 inadmissible하나, "내가 급히 가느라 신호를 못보고 지나쳤어"라는 statement는 피고의 negligence를 증명하는데 사용될 수 있다(admissible하다).

III. Judicial Notice

Judicial notice란, 모든 이가 사실임을 인정할 수 있을 정도로 다툼의 여지가 없는 사안에 대해 소송당사자의 증거제출 없이 법원이 진실되다고 인정하는

것을 뜻한다. 이는 특정 '사실'이 진실되다고 인정하는 judicial notice of fact
와 특정 '법률'이 진실되다고 인정하는 judicial notice of law로 구분된다.
Judicial notice of fact는 adjudicative fact(소송당사자 및 해당 소송에 관련
있는 자에 대한 사실)에만 적용되며, 이에는 ① 해당 법원의 지리적 관할 내
에서 일반적으로 알려진 사실과 ② 공적 기록, 통계, 과학적 검사 결과 등과
같이 정확성에 의심의 여지가 없는 source로부터의 사실이 포함된다. 다만,
judicial notice를 jury가 반드시 받아들여야 하는 것은 아니다. 민사소송의 경
우 jury는 반드시 받아들여야(must) 하나, 형사소송의 경우 jury의 판단에 따
라 받아들일 수(may or may not) 있다. 한편, 법원은 지리적 관할 내에 적용
가능한 법률 및 법규를 judicial notice of law로서 소송당사자의 증거제출 없
이 진실로 인정하고 적용해야 한다.

A. Judicial Notice of Fact

1. General Rule

Judicial notice is the court's acceptance of a fact **as true without**
formal presentation of evidence.

Judicial notice may be taken only if it is not subject to reasonable
dispute because it:

i . Is **generally known within the territorial jurisdiction** of the trial
court; or

ii . Can be accurately and readily determined **from sources** whose
accuracy cannot reasonably be questioned.

2. Adjudicative Fact

Adjudicative fact란, 소송당사자 및 해당 소송에 관련 있는 자에 대한 사
실을 뜻한다. 예컨대, 이러한 자들이 언제, 어디서, 무엇을, 어떻게, 왜 행
동했는지와 관련된 모든 사실은 adjudicative fact이다. 한편, legislative
fact는 입법자가 입법한 배경을 뜻하며, judicial notice에 관한 rules는 적
용되지 않는다.

The rule governs judicial notice of an **adjudicative** fact only, not a legislative fact.

3. Procedure

A court **may** take judicial notice at any time during a proceeding, including on appeal, upon a request of a party or by the court's own initiative.

In a **civil** case, the jury **must** be instructed to accept the noticed fact as conclusive.

In a **criminal** case, the jury must be instructed that it **may or may not** accept any judicially noticed fact as conclusive.

B. Judicial Notice of Law

The judge's task of finding applicable law is accomplished by informal investigation of legal source materials.

IV. Real Evidence

본 챕터는 물건의 존재 또는 상태가 증거방법이 되는 물증(物證, real evidence)에 대해 논한다. Real evidence는 documentary evidence와 마찬가지로 해당 증거의 진정성(authentication), 즉 '그 증거를 통해 말하고자 하는 바'가 진실임을 증명해야 한다. 예컨대, 검사가 피고인 갑의 총을 제출하고자 하는 경우 검사는 '해당 총이 해당 사건의 그것' 또는 '해당 총이 갑의 것'이라는 점을 증명해야 한다. 여기서 증명의 방법은 대부분 personal knowledge를 가지고 있는 자가 증언을 함으로써 인정되고, 피 샘플과 같이 훼멸의 위험성이 큰 증거인 경우 chain of custody에 대한 증명이 추가적으로 요구된다. 상기 예시에서 해당 총이 피고 갑의 것이라는 것을 알고 있는 친구 을의 증언은 authentication을 할 수 있고, authenticate를 하는 자가 그 증거물에 대해 100퍼센트 잘 알고 있지 못한다 하더라도 inadmissible한 것은 아니며, 그

authentication을 통해 그 증거물을 얼마만큼 신뢰할지(weight the evidence)에 대한 판단은 jury의 몫이다.

A. Authentication

Authentication of evidence is a prerequisite for its admissibility. To authenticate, the proponent must produce sufficient evidence to prove **what the proponent claims it to be.**

Real evidence is commonly authenticated by testimony of **personal knowledge** or by establishing a **chain of custody.**

1. Personal Knowledge

If the object has significant features, a witness who has personal knowledge may authenticate the object by testifying that the object is what the proponent claims it is.

Personal knowledge means that the witness must have **observed** the matter with a present recollection.

2. Chain of Custody

If the evidence can be confused or **easily tampered with,** the proponent must show that chain of custody is not broken.

✔ Blood sample
✔ Sample tested for the presence of drugs

V. Documentary Evidence

본 챕터는 서류의 내용 또는 존재 자체가 증거방법이 되는 서증 및 서면(documentary evidence)에 대해 논한다. 여기서 documentary evidence는 서류를 뜻하는 일반적인 개념보다 넓은 개념으로서 사진(photographs), 녹취록 및 녹화본(records), X-ray 등을 모두 포함한다. Documentary evidence 는 real evidence와 마찬가지로 해당 증거의 진정성(authentication), 즉 '그 증거를 통해 말하고자 하는 바'가 진실임을 증명해야 한다. 예컨대, 검사가 피고인 갑의 살인계획이 적혀 있는 일기장을 제출하고자 하는 경우 검사는 '해당 일기장이 갑의 것임'을 증명해야 하고, 원고가 피고와의 전화 녹취록을 제출하고자 하는 경우에는 '녹취록의 목소리가 피고의 목소리'임을 증명해야 한다. 다만, documentary evidence의 authentication은 real evidence의 경우보다 그 방법이 다양하다.

A. Authentication

Authentication of evidence is a prerequisite for its admissibility. To authenticate, the proponent must produce sufficient evidence to prove **what the proponent claims it to be.**

Documentary evidence is authenticated by various methods.

1. Ancient Documents

A document can be authenticated by evidence that it:

ⅰ. Is **at least 20 years** old when offered;

ⅱ. Is in a **condition** that creates no suspicion about its authenticity; and

ⅲ. Was in a **place** where it would likely be.

2. Reply Letter Doctrine

A document may be authenticated by evidence that it was written **in response to a communication.** The doctrine is applicable when it is unlikely that it was written by the third party other than the recipient of the first communication.

3. Handwriting Verification

Handwriting can be verified by:

ⅰ. A comparison by an **expert witness** or the trier of fact; or

ⅱ. **Lay witness** opinion who has **personal knowledge.**

Lay witness must be familiar with the handwriting **before the trial.**

4. Voice Documents

Voice can be authenticated by evidence as to the **identity of the speaker.**

The identity of the speaker can be proved by the person who has become familiar with the voice **at any time, even after the trial.**

TIP	① Handwriting → before the trial
	② Voice → any time

5. Self-Authenticating Documents

For the self-authenticating documents, extrinsic evidence is not required.

The following documents are self-authenticating:

ⅰ. Public documents;

ⅱ. Newspapers;

ⅲ. Trade inscriptions and labels affixed^{부착된} in the course of business that indicate ownership;

ⅳ. Certified business records; and

ⅴ. Commercial paper, such as checks, promissory notes.

B. Best Evidence Rule (BER)

• Best evidence rule = Original document rule

서류의 존재 자체가 아닌 서류의 '내용'이 증거로 제출될 경우에는 best evidence rule(BER)이 적용되는 바, 해당 증거는 authentication rule과 BER 모두에 위배되지 않아야 admissible하다. Best evidence rule은 서류를 원본으로 제출할 것을 요구하며, 본 rule은 문서뿐만 아니라 동영상, 사진에도 적용된다. 다만, 원본이 제출자의 귀책사유 없이 소실된 경우 등 원본을 제출하지 못할만한 합리적인 이유가 존재할 경우에는 예외적으로 secondary evidence를 제출할 수 있다. Secondary evidence란 원본을 대신하여 제출하고자 하는 서류 내용을 증명할 수 있는 증거를 뜻하는 바, 증거로 제출하고자 하는 문서내용에 대한 증언, 원본의 복사본 등을 의미한다.

> TIP ① 서류가 그 '자체'로 증거가 되는 경우에는 authentication만을 판단한다.
> ② 서류의 '내용'이 증거가 되는 경우에는 authentication와 BER을 모두 판단한다.

1. General Rule

The best evidence rule is called as the "original document rule." In proving the **material contents** of the writing, the **original writing** must be produced. The rule is applicable to the **writing, recording, photograph, and X-ray.**

When the original is unavailable, **secondary evidence** of the writing, such as oral testimony, copies of the document, or notes, is allowed.

2. Applicability

The best evidence rule applies to when:

ⅰ. The writing is a **legally operative or dispositive instrument** such as a contract, deed, will, or divorce decrees; or

ⅱ. A witness has the knowledge as to a fact because he had **read a document.**

✔ 근로자가 고용주를 상대로 미지급된 월급을 지급하라는 소송에서 제출된 출퇴근기록부: 근로자는 본 서류를 보지 않아도 해당 내용을 알고 있는(personal knowledge를 가지고 있는) 반면, 고용주는 본 서류를

읽어야만이 그 내용에 대해 알 수 있다. → '근로자'가 본 서류를 제출하는 경우 BER 적용 ×, '고용주'가 제출하는 경우에는 BER 적용○

✔ 갑이 을의 채무불이행을 근거로 소송을 제기하였고, 갑·을간 작성한 계약서를 제출한 경우: legally operative instrument → BER 적용 ○

3. Non-Applicability

The rule is inapplicable when:

ⅰ. A witness with personal knowledge testifies to a fact that exists independently of a writing which records the fact;

ⅱ. A writing is **collateral** to litigated issue;

ⅲ. A writing is a **public record**; or

ⅳ. A writing is a **summary**.

a. Summaries

양이 방대하여 모든 원본을 검토하기에 비효율적인 경우, 원본 대신 이를 요약·정리한 것을 제출할 수 있다. 다만, 판사가 원본을 검토하기 위해 원본을 제출하라고 요구할 수 있다.

When it would be inconvenient to examine a **voluminous** writings, recording, or photographs in court, the proponent may present a chart, summary, or calculation showing the contents of originals. However, the judge may order the originals or duplicates to be produced in court and those originals must be available.

4. When Original is Unavailable

The original is unavailable and secondary evidence is admissible if:

ⅰ. All of the originals are lost or destroyed **without proponent's bad faith**;

ⅱ. The original cannot be obtained by any available judicial process; or

iii. The party **against** whom the original would be offered:

    ① Had **control** of the original;

    ② Had **notice** that the original would be required to be submitted at the trial or hearing; and

    ③ **Failed** to produce it at the trail or hearing.

When the original is unavailable because of the serious misconduct of the proponent, the exception rule is inapplicable.

VI. Testimonial Evidence (Witness)

Testimonial evidence는 사람의 진술이 증거방법이 되는 인증(人證)을 뜻하는 바, 소송당사자 및 그 변호인의 질문에 따른 witness의 증언을 통해 제출된다. 본 챕터는 크게 증인심문과정, 증인의 신뢰도 탄핵(impeachment), 증언거부권(privilege), 이 세 논점에 대해 논한다.

A. Competency of Witness

1. General Rule

Witnesses are **presumed to be competent** until the contrary is proved. There are four basic testimonial qualifications: **capacity to observe, capacity to recollect, capacity to communicate, and capacity to appreciate the obligation to speak truthfully.** If a witness requires an interpreter, the interpreter must be qualified and take an oath as general witnesses.

Witness's competence is always relevant and is not a collateral matter.

2. Personal Knowledge

The witness must have personal knowledge of the matter he is to testify about.

Personal knowledge means that the witness must have **observed** the matter with a present recollection.

3. Oath

The witness must declare he will testify truthfully, by oath or affirmation.

4. Judge and Juror as Witness

The presiding^{주재하는} judge and jurors may not testify as a witness. Jurors are not allowed to testify as to the matters occurred **in jury deliberations and post-verdict proceedings.**

However, jurors may testify as to:

ⅰ. Mistake in entering the verdict onto the verdict form; and

ⅱ. Extraneous prejudicial information or any outside influence brought to bear on any juror.

B. Dead Man's Statute

A Dead Man's Statute states that a party with an interest in the case may not testify **against the representative or successors in interest of the deceased**^{고인} about communications **with a deceased.**

Dead Man's Statute is applicable **only in civil cases.** It is designed to protect the persons who claim directly under the decedent, such as executor, administrator, heir (issues), legatee, and devisee. The rule is applicable when either side of the lawsuit is the protected party.

> TIP   Dead Man's Statute 관련 출제요소
> ① civil case, ② 고인의 statement, ③ against protected party

---

case 1

갑이 친구 을에게 100만원의 채무가 있는 상태에서 사망했다. 을은 갑의 유산관리자(administrator) 병을 상대로 채무 100만원에 대해 소송을 제기했고, 갑이 생전에 을에게 "내가 죽으면 내 유산에서 100만원을 가져가라"고 말한 statement를 증거로 제출하고자 한다. Is the statement admissible under the Dead Man's Statute?

⇒ No. 본 사안에서 병은 administrator로서 Dead Man's Statute의 protected party이다. 을이 제출하고자 하는 statement는 갑 생전에 갑·을간 나누었던 statement이며, 이를 protected party(병)를 상대로(against) 제출하고자 하므로, inadmissible하다.

---

case 2

갑은 을의 부주의한 운전으로 인해 사망하였다. 갑의 유산관리자(administrator) 병이 을을 상대로 negligence에 대해 소송을 제기하자, 을은 갑이 사고 당시 "내가 신호등을 잘못 봤네요."라고 말한 statement를 증거로 제출하고자 한다. Is the statement admissible under the Dead Man's Statute?

⇒ No. 본 사안에서 병은 administrator로서 Dead Man's Statute의 protected party이다. 을이 제출하고자 하는 statement는 갑 생전에 갑·을간 나누었던 statement이며, 이를 protected party(병)를 상대로(against) 제출하고자 하므로, inadmissible하다.

C. Examination Forms

증인을 심문하는 방법에는 direct examination과 cross-examination이 있다. Witness를 부른 측이 심문하는 것을 direct examination, 그 후에 그 witness를 상대로 상대방 측이 심문하는 것을 cross-examination이라 한다. Cross-examination 이후에 다시 redirect examination을 진행할 수도 있다. Direct examination의 범위에는 제한이 없고, 유도심문(leading question)이 원칙적으로는 금지된다. 한편, cross-examination의 내용은 direct examination에서 다루었던 내용 및 impeachment로 제한되고, 유도심문(leading question)

은 허용된다. Leading question은 질문에 대한 대답이 "예," "아니오"로 한정된 닫힌 질문 또는 의도된 대답을 유도하는 질문을 뜻한다.

1. Direct Examination

a. General Rule

A direct examination is an examination in which the party asking the questions to whom he called.

b. Scope

There is no scope limitation.

c. Leading Question

Leading questions include questions calling for "yes," "no" answers and questions framed to suggest the answer desired.

Generally, leading questions are **not** permitted on direct examination. However, leading questions are allowed on direct examination if no objection is made only when:

ⅰ. It is used to elicit **preliminary or introductory** matter;

ⅱ. The witness needs **help to respond** because of loss of memory, immaturity, or physical or mental weakness; or

ⅲ. The witness is **hostile** (improperly uncooperative) or an **adverse party.**

✔ "당신의 이름은 갑입니까?" → introductory matter → leading question 가능

✔ Witness가 상대방에게 유리한 증언을 하는 경우 → The witness is hostile. → leading question 가능

✔ 원고측이 피고를 adverse witness로서 부르고, 피고 변호인이 피고 (witness)를 cross-examination하는 경우 → adverse party → leading question 가능

2. Cross-Examination

a. General Rule

Cross-examination is an examination in which the opposing party asks the questions to the witness after direct examination.

b. Scope

The scope of cross-examination generally is limited to:

ⅰ. The subject matter of the **direct examination;** and

ⅱ. The credibility of the witness (**impeachment**).

However, the scope of cross-examination is a matter of **judicial discretion.** The court may allow additional inquiry or may cut off the examination.

c. Collateral Matters

부수적인 사안에 대해서 witness에게 질문 후, witness의 답을 반박하기 위해 extrinsic evidence를 제출하는 것은 허용되지 않는다.

The cross-examiner is **bound** by the witness's answers to questions concerning **collateral** matters. Thus, the cross-examiner **cannot rebut** the response of the witness by producing **extrinsic evidence.**

If the evidence would be admissible regardless of the contrary assertion by the witness, the evidence is collateral.

d. Leading Questions

Leading questions are **permitted** on cross-examination.

[표 6-1]

	Direct examination	Cross-examination
Scope	제한 ×	• direct exam. • impeachment
Leading question	원칙: 불가 예외(×3): 가능	가능
Collateral matter	−	extrinsic evidence로 rebut 불가

3. Nonresponsive Answer

Nonresponsive answer란, 증인이 질문에 대한 적합한 답을 하지 못하고 해당 질문을 피하거나 그와 무관하게 답한 경우를 뜻한다. Nonresponsive answer는 심문하는 측의 요청에 의해 삭제될 수 있다(be stricken).

When the witness made nonresponsive answer to any question asked, the statement **should be stricken.** The motion to strike must be held **by examining counsel,** not by opposing counsel.

D. Recollection Refreshed

Recollection refreshed는 '상기된 기억'이란 뜻으로, 본 챕터는 증언대에 선 증인이 기억을 잘 상기시키지 못하는 경우 그 기억을 상기시키는 과정에 대해 논한다. Recollection refreshed 유형에는 present recollection refreshed와 past recollection recorded가 있으며, 'present' recollection refreshed 과정을 거쳐야만 'past' recollection refreshed 과정을 행할 수 있다. Present recollection recorded는 증인이 기억을 상기시킬 수 있도록 특정 자료를 주어 읽어보도록 하는 과정을 뜻한다. 여기서 '특정 자료'는 일반적으로 증인이 직접 작성한 일기 또는 보고서가 해당된다. 해당 자료는 오직 증인만이 읽어볼 수 있으며, 증언할 때에는 그 자료를 전혀 보지 않는다. 즉 해당 자료는 오직 증인의 상기를 위해 사용되고 증인은 자신이 머릿속에 기억하는 바를 증언(testimonial evidence)할 뿐이다. 따라서 present recollection recorded 에서 사용된 자료는 evidence가 아니다. 다만, 상대방측은 자료의 일부분을

'증거'로 제출할 수 있는 권리가 있으며, 해당 자료를 확인(inspect)하고 이에 대해 cross-exam도 할 수 있다.

만일 자료를 읽었는데도 불구하고(present recollection refreshed 과정을 거쳤는데도 불구하고) 증인이 여전히 기억을 잘 하지 못한다면 증인측이 해당 자료를 jury에게 읽어줄 수밖에 없는데, 이 과정을 past recollection recorded라 일컫는다. 이 과정에서 자료는 present recollection recorded와 달리 jury에게 '그대로' 읽혀 전달되기 때문에 documentary evidence이다. 자료의 내용이 사용되는 경우로서 hearsay 문제가 있으나, 해당 자료가 그 증인에 의해 해당 사건에 대한 적합한 내용을 담고 있다는 proper foundation 요건을 만족하면 hearsay exception 중 past recollection recorded exception으로 인정되어 admissible하다. 다만, hearsay exception에 해당한다 하더라도 해당 자료를 사용한 측은 해당 자료를 jury에게 그대로 '읽어'주는 것만 허용되고, 이를 증거물(exhibit)로서 제출하여 jury에게 '보여'주는 것은 허용되지 않는다. 해당 자료가 exhibit으로 제출하는 것은 증인측(해당 자료를 사용한 측)의 상대방측이 제출하는 경우에만 허용된다.

1. Present Recollection Refreshed

Present recollection refreshed is the use of a writing to refresh the witness's memory and enable the witness to testify about it.

The writing or thing is **not in evidence,** and is used **solely to refresh** her recollection.

2. Past Recollection Recorded

• Past recollection refreshed = Recorded recollection

a. General Rule

When a witness has insufficient recollection of an event to testify fully **even after the present recollection refreshed,** the writing itself may be **read into evidence** if a **proper foundation is laid** for its admissibility.

The use of a writing as evidence of a past recollection is

frequently classified as an **exception to the hearsay rule.**

b. Foundation

The foundation for the writing must be established through the proofs that:

ⅰ. The witness at one time had **personal knowledge** of the facts recited in the writing;

ⅱ. The writing **was made by the witness** or made under her **direction** or that it was adopted by the witness;

ⅲ. The writing was **timely made** when the matter **was fresh in the mind** of the witness;

ⅳ. The writing is **accurate;** and

ⅴ. The witness has **insufficient recollection** to testify fully and accurately.

TIP Witness(작성자)가 해당 자료를 under the stress of excitement인 상태에서 작성해야 하는 것은 아니며, 해당 사안을 정확하게 기억하고 있는 상태에서 작성한 것으로 족하다. Under the stress of excitement 요건은 hearsay exception 중 excited utterances에서 요구된다.

---

c. As an Exhibit

The writing may be **read into evidence** and heard by the jury.

The document itself is received **as an exhibit,** only when it is offered by the **adverse party.**

E. Opinion Testimony

1. Lay Witness

Lay witness opinion is admissible only if:

ⅰ. The opinion is **rationally** based on the **firsthand knowledge** of the witness;

ii. The opinion is held to determine **a fact in issue;** and

iii. The opinion is **not based on scientific, technical, or other specialized knowledge.**

2. Expert Witness

a. Requirements

The witness' expert opinion can be admitted if:

i. The witness **is qualified as an expert;**

ii. The opinion is helpful to the jury;

iii. The witness believes in the opinion to a reasonable degree of certainty;

iv. The opinion is supported by sufficient facts or data; and

v. The opinion is based on reliable principles and methods that were reliably applied.

✔ "called a witness who has 12 years experience in the field" → 위 ⅰ요건 미충족(not qualified as an expert yet)

✔ "called an expert witness who has 12 years experience in the field" → 위 ⅰ요건 충족(qualified as an expert)

───────

TIP 증인이 expert로서 qualified되었다는 것은 법원으로부터 expert로 인정받았음을 의미하는 바, 특정 field에서 오랜 근무경력을 가졌다는 사실, 특정 분야에 있어 높은 학위를 가졌다는 사실 모두 증인이 qualified expert라는 사실을 입증하지는 못한다. 따라서 지문에 "qualified" 또는 "expert witness" 단어가 명시되어 있는 경우에 한해 expert opinion rule을 적용해야 한다.

b. Ultimate Issue

전문가의 의견은 jury의 판단에 도움이 될 만한 수준이어야 하며, 사실을 확정하는 의견은 허용되지 않는다. 특히, criminal case에서 사건 당시의 피고인 심리상태(mental state/intent)를 확정하는 의견은 허용되지 않는다.

The expert opinion must **help** the trier of fact **to understand** the evidence or **to determine** a fact in issue. Especially, the Federal Rules prohibit ultimate issue testimony **in a criminal case** where the defendant's **mental state** constitutes an element of the defense of crime.

- ✔ "Defendant had mental disease." → It is not about mental state of defendant. → admissible
- ✔ "Defendant's mental disease makes him insane." → It is about mental state of defendant. → inadmissible

c. Factual Basis

When the expert's opinion is based on facts, the opinion may be admissible as long as the facts are of a kind **reasonably relied** upon by experts in the **particular field**.

F. Impeachment

Impeachment란, 증언을 한 증인의 신뢰도를 공격하는 과정으로서, 증인이 진실되지 못하다는 사실을 입증할 증거를 통해 그의 신뢰도가 높지 않음을 증명한다. Impeachment '유형'은 다양한데, impeach하기 위해 사용된 증거가 무엇인지에 따라 그 유형이 결정된다. 예컨대, 증언을 한 증인이 평소 진실되지 못하다는 평판(opinion or reputation)이 있다는 점, 해당 증인이 A라 증언하였으나 이전에는 B라 증언한 적이 있다는 점(prior inconsistent statement), 유리하게 혹은 불리하게 증언할만한 동기(motive, bias)가 있다는 점은 모두 impeach하는 유형으로 구분된다. 한편, 해당 증거를 어떤 방식으로 제출하느냐가 또 다른 논점인데, 증언을 한 증인에게 직접 질문하는 cross-examination과 그 외의 증거(real evidence, documentary evidence, 별도의 증인)가

impeachment '방법'이다. 요컨대, 갑측 증인(을)의 증언이 끝난 후 반대측 병이 opinion or reputation 유형을 통해 을의 신뢰도를 공격하고자 하는 경우, 병이 별도로 소환한 증인(정)이 "갑이 평소 진실되지 못하다는 평판을 가지고 있습니다."라는 증언(extrinsic evidence)을 제출함으로써 가능하다. Impeachment 대상은 상대방 측 증인, 해당 변호사가 소환한 증인(같은 측 증인) 그리고 hearsay의 화자(declarant)가 모두 포함된다.

1. To whom

The credibility of a witness may be attacked **by any party,** including the party calling him.

The credibility of a declarant of the hearsay can be attacked.

2. Impeachment Methods

Impeachment를 하는 방법에는 cross-examination과 extrinsic evidence가 있다. Cross-examination은 해당 witness에게 질문을 하는 방식으로서, 그 증인과 impeachment를 하는 자의 입을 통해 그 증인의 신뢰도를 공격하는 방법(intrinsic evidence)이다. Extrinsic evidence는 공격하고자 하는 witness 이외의 증거, 요컨대 증거물(real evidence), 서류(documentary evidence), 다른 witness의 증언(testimonial evidence)을 통해 증인의 신뢰도를 공격하는 방법이다. Cross-examination 방법은 모든 impeachment 유형의 과정에서 허용되나, extrinsic evidence는 일부 제한이 있다. Extrinsic evidence 사용에 있어 제한 및 요건은 아래 impeachment 유형 파트에서 자세히 논하도록 한다.

A witness may be impeached either by cross-examination or by extrinsic evidence.

[표 6-2]

	Cross-examination	Extrinsic evidence
Prior inconsistent statements	○	○ when: laying foundation
Bad acts	○	○
Bias	○	×
Sensory deficiencies	○	○
Opinion/Reputation	○	○
Conviction of crime	○	○ (record of crime)
Contradictory facts	○	○ when (요건×3)

3. Types of Impeachment

a. Prior Inconsistent Statements

"Witness의 증언은 그가 이전에 했던 말과 다르다"는 점을 증명해 witness의 신뢰도를 impeach할 수 있다. "증인은 현재 A라 하였으나 이전에 B라 한 적이 있지 않습니까?"와 같이 해당 증인에게 직접 심문하는 cross-examination을 통해 impeachment가 가능하다. 해당 증인(갑)이 이전에 다른 말을 언급했다는 사실을 증명할만한 외부증거(extrinsic evidence), 요컨대 증인(갑)이 목격자로서 경찰에게 B라 진술했다는 내용이 담긴 police report 또는 증인이 B라 언급하였음을 들은 친구(을)의 증언을 통한 impeachment도 가능하다. 다만, extrinsic evidence는 impeach 대상인 증인(갑)에게 스스로 해명할 수 있는 기회가 주어진 경우에 한해 인정된다. 즉 증인이 이전에 B라 언급한 바에 대해 해명할 수 있는 과정이 사전에 주어져야 하는데, 이 과정을 "laying foundation"이라 일컫는다. 다만, laying foundation을 생략하는 것이 공정하다 여겨지는 경우(justice so requires)에는 해당 과정 없이 바로 extrinsic evidence를 제출할 수 있다.

i. General Rule

A party may show that the witness has made inconsistent

statements on other time as to **material part** of his present testimony.

An inconsistent statement may be proved by either cross-examination or extrinsic evidence.

To prove the statement by extrinsic evidence, a **proper foundation** must be laid.

ii. Laying Foundation

Laying foundation is a process in which the witness is **given opportunity to explain or deny** the allegedly inconsistent statement. It is required as a prerequisite of submitting extrinsic evidence of the witness's prior inconsistent statement.

However, this requirement may be **waived** when "justice so requires," as when the witness has left the stand and is not available.

---

case

갑·을간 소송에서, 갑의 witness 병이 "정이 나에게 을이 잘못했다고 했다"고 진술했다. 정은 사망한 상태이고, 병의 statement는 hearsay exception에 해당하여 admissible하다. 을은 정을 impeach하기 위해 무를 witness로 세워 정's prior inconsistent statement를 증명했다. 이 경우, is 무's statement admissible?

⇒ Yes. 병의 statement에서 declarant는 정이고, 을은 무(extrinsic evidence)를 통해 정을 impeach하고자 한다. 따라서 을은 정에게 해명할 기회를 주어야 하나(laying foundation) 정은 이미 사망한 상태(not available)이므로 laying foundation 조건은 waive된다. 따라서 무의 진술은 제출가능하다(admissible).

TIP Prior inconsistent statement를 통한 impeachment에서 특별히 laying foundation에 중점을 둔 문제가 아니라면, laying foundation이 되었다고 본다.

iii. Substantive Evidence v. Evidence for Impeachment

앞서 언급한 내용은 증인의 prior inconsistent statement를 impeachment의 목적으로 사용하는 경우이다. 만일 증인의 prior inconsistent statement를 그 내용이 사실임을 입증하기 위해 사용한다면, 동일한 증거가 substantive evidence로 인정된다. 예컨대, 증인 갑이 증인석에서 A라 언급하였으나 이전에 B라 언급한 적이 있다는 사실(prior inconsistent statement)을 갑의 신뢰도를 공격하기 위해 제출하면 evidence for impeachment, B가 사실임을 증명하기 위해 제출하면 substantive evidence로 구분된다. 다시 말해, 증인의 prior inconsistent statement는 '사용목적'에 따라 substantive evidence 또는 evidence for impeachment로 구분되며, 그 사용목적에 따라 admissibility 요건이 다르다. 더 자세한 내용은 hearsay 부분에서 논하도록 한다.

[표 6-3] Oath 요건 유무

	① Impeachment	②, ③ Substantive evidence
Oath	−	有

b. Bad Acts

Bad acts는 도덕적으로 나쁜 행위 또는 형법적으로 범죄에 해당하지만 conviction되지 않은 행위를 뜻한다. 즉 conviction 유무를 기준으로 bad acts와 conviction of crime가 구분되는 바, convicted되지 못한 범죄행위는 모두 bad acts로 구분된다. Witness의 'truthful하지 못한' bad act를 통해 impeachment를 경우 extrinsic evidence는 허용되지 않는다. 이는 prejudice effect를 방지하기 위함이며, character evidence와 밀접한 관련이 있다. 본 내용은 impeachment에 대한 것이므로, witness의 거짓말을 한 적이 있다는 사실 등과 같이 'witness가 진실되지 못하다'는 점을 증명할 수 있는 bad acts만이 사용된다. 동기를 때린 적이 있다는 사실과 같이 진실성과 무관한 bad acts는 character evidence에서 다루어진다.

Bad act is an immoral act or a criminal act that has not yet been convicted. Evidence showing that a witness's bad act may be used for impeachment purpose.

Witness's bad acts can be proven **only by cross-examination.** The court, in its discretion, may allow such inquiry only if the bad act has probative value of truthfulness.

Extrinsic evidence of bad acts is **not** permitted.

c. Bias

Witness에게 소송당사자를 위해 또는 소송당사자를 against하여 증언할만한 motive가 있다는 점을 통해 신뢰도를 낮출 수 있다. 이처럼 bias를 이용한 impeachment 과정에서는 cross-examination과 extrinsic evidence 모두 사용할 수 있다.

The evidence showing that the witness has **a motive to lie** can be used for impeachment.

The motive may be proved by either cross-examination or extrinsic evidence.

- ✔ "Witness는 한 달 전 원고에게 해고당했다."
- ✔ "Witness는 원고의 insurance company이다. 따라서 statement for plaintiff만을 언급할 것이다."
- ✔ "Witness는 본 재판의 피고인과 동일한 사건에 대해 기소된 상태이며, 증언을 하면 감형해주겠다는 plea guilty가 있었다."
- ✔ "Witness가 원고의 집에 돌을 던지는 것을 보았다." → Witness가 원고에게 가지고 있는 bias를 보여주는 증거이며, credibility와 무관한 bad act이므로 impeachment 유형 중 bad act에는 해당하지 않는다. → cross-examination과 extrinsic evidence 모두 사용될 수 있다.

d. Sensory Deficiencies

Witness가 언급한 바에 대해 정확하게 인지하고 있지 못하다는 점, 해당 사실을 확인하기에 신체적 또는 정신적 결함이 있다는 점 등을 증명하여 impeach할 수 있다.

Evidence showing that a witness has **no knowledge** of the facts or that the witness has **sensory deficiencies** to perceive can be used for impeachment.

Such evidence may be proved by either cross-examination or extrinsic evidence.

✔ 사건을 목격했다고 진술한 증인에게 "당신에게는 시력장애가 있지 않습니까?"라고 cross-examination 한 경우
✔ 증인이 기억상실증을 앓고 있다는 내용의 진단서(extrinsic evidence)를 제출한 경우

e. Opinion or Reputation

Witness의 진실되지 못한 성격이라는 의견 또는 그러하다는 사회적인 평판을 통해 impeach할 수 있으며, 해당 과정에서는 cross-examination과 extrinsic evidence 모두 사용할 수 있다. 대부분 다른 witness를 부르는 방식, 즉 extrinsic evidence를 이용한 방식으로 진행하는데, 소환된 witness가 증언하고자 하는 reputation은 탄핵하고자 하는 자의 '사회적인' 평판이어야 하며, 소수의 사람들 또는 해당 증인을 잘 알지 못하는 사람들 사이에서의 평판은 인정되기 어렵다.

Evidence as to a poor reputation of a witness or other's opinion as to the witness's character for truthfulness can be used for impeachment purpose.

Such evidence may be proved by either cross-examination or extrinsic evidence.

Usually, such evidence is proved by calling other witness (extrinsic evidence) who knows witness's general reputation for truth **in the community.**

f. Conviction of Crime

증인의 범죄경력은 prejudice danger를 야기할 가능성이 매우 높기 때문에, 이를 이용한 impeachment는 일정 요건을 만족한 경우에 한해 허용된다. 요건은 conviction of crime을 사기죄, 위증죄와 같이 진실성에 관한 범죄(crime conviction for moral turpitude)와 그 외의 범죄로 구분하여 각 유형에 따라 다르게 규정되어 있다. 진실성에 관한 범죄(crime conviction for moral turpitude)는 해당 범죄가 convicted 된 시점으로부터 10년을 초과한 경우를 제외하고 모두 impeachment 목적으로 제출가능하다(admissible하다). 한편, 그 외의 범죄는 felony 인 경우에 한해 impeachment 목적으로 제출가능하며 criminal case와 civil case를 구분하여 별도의 요건이 규정되어 있다. 이러한 요건들을 모두 만족한 범죄경력은 cross-examination과 extrinsic evidence 방법을 통해 제출될 수 있으며, 대개 범죄경력이 적힌 record가 extrinsic evidence로서 제출된다.

[표 6-4]

	Crime conviction for moral turpitude	그 외		
① Time	10yr 이내만 가능. BUT P>>D → 10yr 이후도 가능			
② Felony? Misdemeanor?	—	only Felony		
③ Criminal? Civil?	—	Criminal case		Civil case (大)
④ W = △? W = W?	—	W = △ (小)	W = W (大)	가능, unless P<<D
결론	가능	가능, only when P>D	가능, unless P<<D	가능, unless P<<D

ⅰ. General Rule

A witness may be impeached by proof of conviction of a crime **only in limited circumstances** because of the danger of prejudice danger.

Such evidence may be proved by either cross-examination or extrinsic evidence (e.g., the record of conviction).

ⅱ. Conviction

The evidence must be an **actual conviction** of crime.

The fact that the witness has been arrested or charged may not be allowed.

A conviction may be sued to impeach even though an appeal is pending.

ⅲ. Time Limit (10-Year Restriction)

The evidence of conviction of a crime is inadmissible, if more than 10 years have passed **from the date of conviction or the date of release from the confinement, whichever is later.**

However, such convictions are admissible if the court determines that the probative value of the conviction **substantially outweighs** its prejudicial effect.

ⅳ. Crime Conviction for Moral Turpitude

- Crime conviction for moral turpitude^{부도덕한 행위} = Crime involving dishonesty or false statement

Any crime conviction involving dishonesty or false statement may be used for impeachment purpose, as it satisfies 10-year restriction (time limit).

The impeachment by such crimes is permitted **even when Rule 403 is violated.**

✔ Assault
✔ Perjury

✔ Criminal fraud

✔ False pretense

✔ Embezzlement

ⅴ. Other Crimes

① Felony

Felony is the crime that is punishable **by death or imprisonment for more than one year.**

② Criminal v. Civil Case

In civil cases, felony is **admissible** unless its probative value is substantially outweighed by the danger (misleading the jury, waste of time, injustice prejudice, and confusion of the issues).

If, in criminal cases, the witness is a **defendant,** the evidence of defendant's felony is admissible **only when** its probative value **outweighs** the danger (misleading the jury, waste of time, injustice prejudice, and confusion of the issues).

If, in criminal cases, the witness is **a person other than a defendant,** the evidence of witness's felony is **admissible** unless its probative value is **substantially outweighed** by the danger (misleading the jury, waste of time, injustice prejudice, and confusion of the issues).

[FRE 403]

A court **may exclude** relevant evidence if its probative value is **substantially outweighed** by other factors (misleading the jury, waste of time, injustice prejudice, and confusion of the issues).

g. Contradictory Facts

"Witness의 증언 내용은 사실과 다르다"는 것을 증명함으로써 impeach-ment 할 수 있다. 이는 witness의 증언과 fact가 일치하지 않다는 것을 증명하는 유형으로서, witness의 이전 증언이 현재 증인석에서의 증언과 일치하지 않는다는 것을 증명하는 prior inconsistent statement를 통한 impeachment와 차이가 있다. 본 유형은 cross-examination과 extrinsic evidence 방법을 통해 제출될 수 있으나, extrinsic evidence는 증언이 논점과 밀접한(material) 관련이 있는 경우, 신뢰도에 있어 해당 증언이 중요한 경우, opposing party가 제출할 수 없는 evidence에 대해 witness가 스스로 증언한 경우, 이 세 경우에 한해 허용된다.

한편, expert witness를 상대로 contradictory fact를 이용한 impeachment 를 할 경우 흔히 사용되는 것이 논문(treatise)이다. Expert witness의 발언과 상반되는 내용의 논문을 증거로 제출하여 해당 witness의 신뢰성을 공격할 수 있는데, 이때 논문의 신뢰성(reliability)이 해당 witness, 타 expert witness 또는 judicial notice를 통해 확보된 경우에 한한다.

i. General Rule

Extrinsic evidence of contradictory facts is permitted for impeachment when:

① The witness's testimony is as to **material issue** in the case;

② The witness's testimony is **significant** on the issue of credibility; or

③ The witness **volunteers** testimony about a subject as to which the opposing party would otherwise be precluded from offering evidence.

ii. Treatises

Typical way to attack the credibility of an expert witness is using scientific publication or treatises that are established as **reliable authority.** A lawyer may cross-examine the expert with the contents of the treaties contrary to the expert's statement.

Reliability may be established by:

① The testimony or admission of the testifying expert;

② The testimony of another expert; or

③ Judicial notice.

4. Collateral Matter

원칙적으로 impeachment는 논점과 관련된 증언을 한 증인을 상대로 진행된다. 논점에서 벗어난 부수적인(collateral) 사실에 대해 증언을 한 증인에 대해 진행하는 impeachment는 제한이 있는데, collateral한 사실에 대해 언급한 증인을 상대로 군이 impeachment를 진행하여 논점을 흐리거나 prejudice를 야기하는 등과 같은 불필요한 혼란을 피하기 위함이다. 이런 경우, extrinsic evidence를 통한 contradictory facts 유형과 prior inconsistent statement 유형이 금지된다.

When a witness makes a statement which is collateral to the issues in the case, contradictory facts through extrinsic evidence or prior inconsistent statement is prohibited.

5. Bolstering and Rehabilitation

앞서 논한 부분은 증인이 증언을 한 후 그의 신뢰도를 공격하는 impeachment에 대한 내용이다. Impeachment로 인해 신뢰도가 낮아진 증인은 신뢰도를 다시 높이기 위해 증거를 제출할 수 있는데, 이러한 행위를 rehabilitation이라 일컫는다. Rehabilitation과 유사한 개념인 bolstering은 witness의 credibility를 강화하기 위한 행위라는 점에서 rehabilitation과 유사하나, 그것을 행하는 '시기'에 있어 그 차이가 있다. Bolstering은 impeachment가 행해지기 '전'에 witness's credibility를 강화하는 행위로서 Evidence law상 허용되지 않는다. 반면, rehabilitation은 impeachment가 행해진 '후'에 witness's credibility를 강화하는 행위로서 Evidence law상 허용된다. 즉 witness's credibility를 강화하는 행위는 impeachment가 행해진 후에만 허용된다. 예를 들어, witness가 증언을 하기 전 자신이 하고자 하는 말을 이전에도 동일하게

했었다(prior consistent statement)고 언급하는 것은 증언하기 이전에 자신의 credibility를 강화하기 위한 bolstering으로서, 허용되지 않는다. 반면, 갑측 witness 을이 A에 대해 증언하자 상대방 병측이 cross-examination을 통해 A가 틀렸음을 주장했고 이에 갑측이 또 다른 witness 정을 통해 을이 이전에 A라고 얘기했었음을 증언한다면, 이는 병측의 impeachment 후에 이루어진 witness 을의 rehabilitation이므로 허용된다.

G. Testimonial Privileges

Privilege란, 진술거부권이다. Privilege에 대한 statute는 substantive law이다. 따라서 complete diversity jurisdiction (DCJ)으로 연방법원에서 진행되는 civil case에서는 Erie doctrine에 의해 the state law of privilege가 적용된다. 아래 내용은 common law상 인정되는 privileges이다.

1. Attorney-Client Privilege

Attorney-client privilege는 변호사와 의뢰인간 이루어졌던 confidential communication에 대한 진술거부권으로서, 이는 의뢰인 및 변호사가 그러한 communication에 대한 증언을 거부하기 위해 행사하는 특권이다. 즉 본 특권은 의뢰인과 변호사 모두 행사하여 confidential communication에 대한 증언을 거부할 수 있다. 본 특권은 "'의뢰인'이 hold하고 있다"고 표현하는데, 이는 의뢰인이 본 권리를 행사하여 의뢰인 스스로 진술을 거부할 수 있을뿐만 아니라 수임관계에 있는 상대방(변호사)에게 진술거부를 강요할 수도 있다는 의미이다. 따라서 변호사 스스로 본 특권을 행사하지 않았다하더라도 의뢰인이 행사하였다면, confidential communication에 대해 증언할 수 없다. 또한 변호사는 의뢰인이 attorney-client privilege를 행사하지 않더라도 본 권리를 행사하여 진술을 거부할 수 있으나, 자신이 본 권리를 행사하였다하여 본 권리를 행사하지 않은 의뢰인에게 이를 강요할 수는 없다. 여기서 'confidential communication'은 의뢰인 및 그의 대리인이 법적 조언을 얻기 위해 변호사에게 언급한 비밀 대화를 뜻하는 바, 대화 내용을 적은 memorendum은 본 특권으로부터 보호받지 못한다. 즉 상대방 측 및 법원이 범행에 사용된 knife, gun 또는 memorendum의 제출을 요구하였을 때 의뢰인 또는 변호사는 이를 거부할 수 없다. 다만, 소송을 위해 작성된 문서의 공개가 work product doctrine에 의해 금지될 수는 있다. 한편, 변호사가 의뢰인을 의사로부터 검진 받아 이를 소송에 사용할 경우, 의사와 의뢰인 및 변호사간 대화는 physician-patient privilege가 아닌 attorney-client privilege에 해당한다. 이는 해당 대화가 의뢰인의 치료를 목적으로 이루어진 것이 아니라, 변호사의 요청으로 소송을 위해 이루어진 대화이기 때문이다.

Attorney-client privilege는 수임관계가 종료된 이후에도 지속되는가. 본 특권은 변호사가 해당 사건으로부터 remove되었다 하더라도 지속되고, 심지어 의뢰인이 사망한 후에도 지속된다고 본다. 즉 attorney-client privilege는 수임관계의 지속성과 무관하게 지속된다.

a. General Rule

Confidential communications between an attorney and a client which are made **confidentially** for the purpose of **seeking or providing legal advice** are privileged.

Only the client holds the privilege, and he is the only person who can refuse to disclose the communications.

The privilege **continues even after the death of the client.**

TIP   ① 변호사와 의뢰인간 대화: attorney-client privilege
       ② 소송준비 과정에서 작성된 문서: work-product doctrine

[**Work Product Doctrine**]

Under the work product doctrine, documents **prepared in anticipation of litigation** is protected from discovery by opposing counsel.

b. Communication between Attorney and Physician

When the attorney requests the client to be examined by a doctor, the communication between the attorney (and the client) and physician is under the **attorney-client privilege.**

The physician-patient privilege is inapplicable since the communication is not one made for the treatment.

c. Exceptions

변호사의 도움이 범죄계획 또는 범행에 이용되었고 이 사실을 의뢰인이 알았거나 알았어야 했던 경우 그리고 수임료에 대한 소송 등과 같이 변호사와 client간 소송의 경우 privilege가 적용되지 않는다.

The attorney-client privilege is inapplicable when:

ⅰ. Legal advice was acquired for **future wrongdoing** that the client knew or reasonably should have known to be a crime or fraud; or

ⅱ. There is a **dispute between attorney and client** (breach of duty by either attorney or client).

2. Spousal Privileges

부부간의 관계에서 형성되는 privilege에는 ① privilege for confidential marital communication, ② privilege of spousal immunity, 이렇게 두 종류가 있다.

① Privilege for confidential marital communication의 경우, spouse가 부부간 비밀스럽게 이루어진 대화에 대한 증언을 거부할 수 있도록 인정하는 특권이다. 부부간의 '비밀스러운 대화'를 보장하기 위한 특권으로서, 제3자가 있는 상태에서 이루어진 대화 또는 공개적으로 이루어진 대화는 보호받지 못하고, 대화가 아닌 다른 사안, 예컨대 배우자 중 일방의 알리바이 등은 보호받지 못한다(증언을 거부할 수 없다). 민사소송과 형사소송에서 모두 인정되고, 소송당사자인 spouse와 witness로 나온 spouse 모두 본 privilege를 hold한다. 다시 말해, spouse 중 일방이 privilege를 행사하면 다른 spouse는 본인의 의사와 관계없이 marital communication에 대해 증언할 수 없다. 또한 부부가 이혼한다고 하여 대화의 비밀스러운 성

격이 사라지는 것은 아니므로 부부가 이혼한 후에도 본 privilege는 지속된다.

한편, ② privilege of spousal immunity는 현재의 '부부관계'를 유지시키는데 그 의의가 있어 spouse가 혼인생활 중 있었던 사안에 대해 증언을 거부할 수 있도록 인정하는 특권이다. 이는 형사소송에서만 인정되며 혼인생활 중 있었던 피고인으로 재판중인 배우자(party spouse)에게 불리한 사안에 대한 증언을 보호한다. 또한 이는 witness로 나온 spouse(witness spouse)가 hold하는 privilege로서, witness spouse가 privilege를 행사하지 않은 상태에서 소송당사자인 spouse가 증언을 거부할 수 없고 witness로 나온 spouse가 privilege를 행사면 소송당사자인 spouse는 본인의 의사와 관계없이 증언할 수 없다.

[표 6-5]

	Privilege for confidential marital communication	Privilege of spousal immunity
누가	both	witness spouse
어디서	civil + criminal case	only in criminal
무엇을	marital communication	against party spouse
언제	always (이혼 후에도 가능)	only during marriage

a. Privilege for Confidential Marital Communication

Both spouses hold the privilege for confidential marital communication.

The privilege is applicable in **both civil and criminal** cases.

The privilege is applicable only to communication made **during marriage.**

The privilege remains **even after the divorce or the death of one spouse.** In other words, the termination of the marriage is irrelevant.

갑이 을을 살해했다는 혐의로 소송이 진행되고 있다. 갑은 살인사건 발생 당일, 자신의 부인인 병에게 "을에게 복수할거야"라고 했다. 검사는 병을 witness로 불렀지만 갑이 privilege를 주장하며 병의 증언을 object했다. 소송이 진행될 당시에는 갑은 병과 이혼한 상태였다. 이 경우, court는 갑의 objection을 받아들여야하는가?

⇒ Yes. 본 사안은 criminal case이며 병이 증언하고자 하는 바는 부부관계가 성립된 상황에서 이루어진 갑과 병간의 대화 내용에 대한 것이다. Privilege for confidential marital communication는 부부간의 관계가 종료된 상태에서도 적용될 수 있다. 이 privilege는 소송당사자인 갑과 witness로 나온 병 모두가 주장할 수 있는 권리이다. 따라서 갑이 privilege 행사를 주장했으므로, 병은 갑·병간의 대화에 대한 증언을 할 수 없다.

b. Privilege of Spousal Immunity

Only a **witness spouse** holds the privilege.

The privilege is applicable **only in criminal cases.**

The privilege is applicable to any things **against the party spouse** and the matter in the action.

The privilege can be asserted **only during the marriage.** In other words, after the divorce or the death of one spouse, the privilege cannot be asserted.

갑이 을을 살해했다는 혐의로 소송이 진행되고 있다. 검사는 갑의 부인 병을 witness로 불러 살인사건 발생 당일 갑의 옷차림새에 대해 질문했다. 이에 갑이 privilege를 주장하며 병의 증언을 object했다. 이 경우, court는 갑의 objection을 받아들여야 하는가?

⇒ No. 본 사안은 criminal case이며 현재 갑과 부부관계를 맺고 있는 병이

증언하고자 하는 바는 갑의 옷차림새이다. 따라서 privilege of spousal immunity가 적용될 수 있다. 본 privilege는 witness spouse인 병에게만 있는 권리이므로 갑은 privilege를 주장하며 병의 증언을 object할 수 없다.

3. Physician-Patient Privilege

Physician-patient privilege는 의사와 환자간 대화가 '치료의 목적'으로 이루어진 경우 형성되며, 환자가 hold하는 privilege이다. 따라서 변호사가 소송에 제출할 목적으로 의뢰인을 의사로부터 검진 받도록 하였고 그 과정에서 이루어진 의사와 의뢰인(변호사)간 대화는 physician-patient privilege가 아닌 attorney-client privilege에 해당한다. 이는 소송을 위해 준비하는 과정에서 이루어진 대화이기 때문이다. 한편, 본 특권은 일부 주 법원에서만 인정되고, 연방법원에서는 인정되지 않는다.

a. General Rule

Physician-patient privilege is **not** recognized in the **federal** courts.
Physician-patient privilege is applicable when:

ⅰ. There is a professional relationship between physician and patient **for the treatment purpose**;

ⅱ. The information is acquired **in the course of treatment**; and

ⅲ. The information is **necessary for treatment**.

b. Exceptions

The physician-patient privilege is not applicable when:

ⅰ. **Patient puts physical condition in issue**;

ⅱ. Physician's aid was used for the commission **of a crime or tort**; or

ⅲ. There is a **dispute between physician and patient**.

✔ 갑·을간 negligence 소송에서 갑의 신체적 피해를 논하는 경우: physical condition in issue → privilege 인정 ×

✔ 환자 갑이 을을 상대로 자신의 personal injury에 대한 손배청구를

한 경우: physical condition in issue → privilege 인정 ×

TIP   Physician-patient privilege 관련 출제요소
       ① state court v. federal court, ② treatment 과정에서의 statement
       (attorney-client privilege와의 구분), ③ 예외(×3)

4. Privilege against Self-Incrimination

변호사가 소송당사자인 witness에게 incriminating answer를 유도하는 질
문을 하는 경우, witness는 privilege against self-incrimination을 주장하
여 증언을 거부할 수 있다. 예컨대, defamation 소송에 있어 원고측 변호
사가 피고를 adverse witness로 불러 "당신은 원고가 도둑이라고 얘기한
적이 있습니까?"라고 direct examination을 하는 경우, witness(피고)는 증
언을 거부할 수 있다.

Under the **Fifth Amendment,** a witness cannot be compelled to testify
against himself. The witness can refuse to make a statement that
incriminates^{잘못한 것처럼 보이게 하다} him.
The privilege against self-incrimination can be claimed in both **civil
and criminal** cases.

TIP   Privilege against self-incrimination & Impeachment
       Witness가 privilege against self-incrimination을 주장하며 증언하기
       를 거부하는 경우, 변호사는 그 witness에 대한 모든 impeachment가
       금지된다. Impeachment는 witness의 증언이 존재한 후에만 진행가
       능하나, witness가 privilege against self-incrimination을 주장하는
       경우 더 이상 impeach할 증언이 없기 때문이다.

case

자동차 사고에 대한 소송에 있어, 원고측 변호인이 사건 당일 음주운전여부
를 물어보자 피고가 privilege against self-incrimination을 증언하기를 거부

했다. 이에 원고측 변호인은 피고가 과거 음주운전으로 be convicted되었다는 내용의 record를 제출하고자 한다. Is the record admissible?

⇒ No.

① Record가 substantive evidence로 사용되었다면, record는 character evidence인 바 civil case인 본 사안의 material issue와 무관하다. 따라서 the record is inadmissible.

② Record가 evidence for impeachment로 사용되었다면, 피고가 privilege against self-incrimination을 주장하며 증언하기를 거부하였으므로, 원고측 변호인은 impeachment process를 진행할 수 없다. 따라서 the record is inadmissible.

Ⅶ. Hearsay

- Declarant: 화자(話者)

    (예: "갑 told me(을) that he saw the defendant 병 was stealing the jewelry." (갑⇒을) 본 hearsay에서 declarant는 갑이다.)

- The party against whom the statement is used/offered/submitted: 특정 진술로 인해 불리하게 된 소송당사자 중 일방

    (예: 검사가 피고인의 혐의를 증명하기 위해 hearsay를 제출한 경우, the party against whom the statement is used는 피고인이다.)

Hearsay는 "hear"와 "say"가 합쳐진 용어로서, 자신이 직접 경험한 것 또는 자신의 의견에 대해 증언하는 것이 아니라 누군가(declarant)로부터 듣고(hear) 그의 진술을 증언(say)하는 것을 뜻한다. 갑이 "을이 A라고 얘기했다"라고 증언한 경우, 갑이 "을이 병한테 A라고 얘기하는 것을 들었다"고 증언한 경우 모두 hearsay에 해당한다. Evidence law에서는 직접 사건을 목격한 자가 document 또는 memo를 작성하여 이를 증거로 제출하는 경우 해당 문서가 작성자의 정보를 듣고(hear) 말하는(say) 것으로 보고 문서에 작성된 글을 hearsay로 본다. 경찰이 사건 현장에서 "트럭과 승용차가 충돌하여 승용차의 앞 유리창이 모두 깨졌다."고 police report를 작성한 경우 해당 문장은

hearsay이다.

Hearsay의 정의를 더 구체적으로 살펴보자. Hearsay란, 증인이 ① 증언을 하고 있는 해당 법정 외의 장소(out-of-court)에서 ② 특정 사실을 증명하기 위해(to prove the truth) 언급한 ③ hearsay를 뜻한다. Out-of-court statement는 증인이 증언을 하고 있는 법정 외의 장소 및 시간에 언급된 모든 진술을 뜻하는 바, 갑이 '경찰서'에서 경찰에게 한 진술을 경찰이 증언대에 서서 하는 경우("갑이 경찰서에서 A라고 진술했다."고 말한 경찰의 증언), 병이 증언대에 서서 자신이 '그 전날' 친구 정에게 한 진술을 증언하는 경우(병이 "어제 내가(병이) 친구 정에게 A라고 얘기했다"고 증언하는 경우) 모두 out-of-court statement에 해당한다. Hearsay를 증언대에서 언급하는 자는 witness이며, hearsay를 실제로 언급한 자, 예컨대 상기 경찰서 예시에서는 갑이, 정에게 한 진술에서는 병을 declarant라 일컫는다. 한편, hearsay는 진술을 제출하는 목적이 특정 사실을 증명하는데 있는 바, substantive evidence에 해당한다. 만일 declarant로부터 들은 정보를 impeach하기 위해 또는 해당 statement가 존재한다는 것을 증명하기 위해 사용한다면, 이는 hearsay가 아니다.

Hearsay는 inadmissible하다. 왜 그럴까. 앞서 살펴본 바와 같이, hearsay는 타인 또는 증인이 out of court에서 언급한 진술로서 hearsay가 declarant에 의해 언급된 시점과 witness에 의해 언급된 시점간 시간차가 존재한다. 즉 witness가 증언대에서 증언을 하는데 있어 기억에 왜곡이 생겨 declarant가 진술한 statement가 그대로 전해지지 않을 가능성이 높다. 따라서 hearsay가 불리하게 작용한 소송당사자 중 일방(the party against whom the statement is used)은 declarant에게 직접 해당 진술에 대해 심문(cross-examination)하여 사실관계를 확인할 수 있어야 할 것이다. 하지만 declarant가 아닌 witness가 증언하였으므로 실질적으로 cross-examination을 진행할 수 있는 기회가 없다. 또한 hearsay는 declarant가 언급한 진술을 witness가 재진술하는 것이므로 witness의 증언 후 witness를 상대로 cross-examination을 진행한다 하더라도 사실관계 파악이 어려워 cross-examination이 무의미해질 수 있다. 이러한 상황에서 hearsay의 증거력을 인정하는 것은 소송당사자의 정당한 기회, 즉 declarant를 대상으로 cross-examination을 진행할 기회를 박탈하는 결과를 야기하므로 hearsay는 inadmissible하다고 규정한 것이다. 그렇다면 declarant를 상대로 cross-examination을 진행할 수 있는 경우(또는 진행한 것과 다름없는 상황)와 declarant가 진술할 당시 사실을 왜곡할 가능성이 매우 희박한 경우에도 여전히 hearsay는 inadmissible한가. 이들은 hearsay를 inadmissible하다고 규정한 근거가 상실된 상황이므로 양 경우에는 admissible하다고 보는 바, 전자의 경우는 officially non-hearsay 및 hearsay exception 가 이에 해당한다. 이에 관한 자세한 rules는 이하 각 파트에서 논하도록 한다.

[도표 6-1]

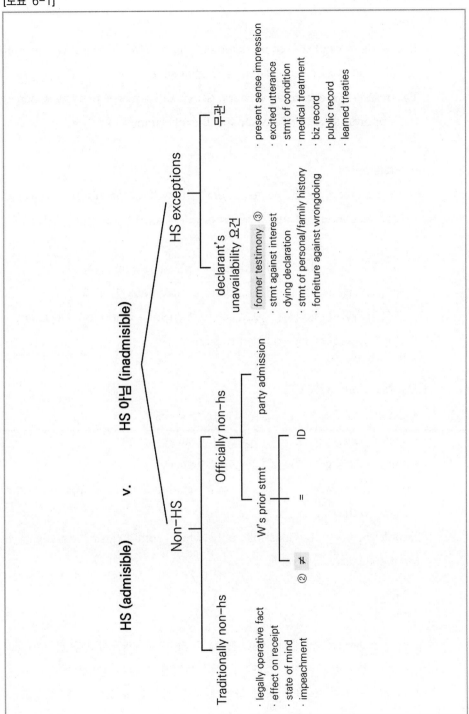

HS (admissible)   v.   HS 이외 (inadmissible)

Non-HS   HS exceptions

Traditionally non-hs   Officially non-hs   declarant's   무관
                                                      unavailability 요건
                       W's prior stmt   party admission
                                                      · former testimony ③   · present sense impression
· legally operative fact   · stmt against interest   · excited utterance
· effect on receipt   =   ID   · dying declaration   · stmt of condition
· state of mind   · stmt of personal/family history · medical treatment
· impeachment   ≠   · forfeiture against wrongdoing   · biz record
              ②   · public record
                                                                                         · learned treaties

A. General Rule

1. Hearsay

Hearsay is an out-of-court statement that is offered to prove the truth of the matter asserted, and it is inadmissible.

The reason for excluding hearsay is that **the adverse party was denied the opportunity to cross-examine the declarant.**

a. Statement

A statement is a person's **oral or written assertion.** Nonverbal conduct intended as an assertion also constitutes a statement.

✔ 엄지를 치켜드는 행위(thumbs up): statement 인정 ○

✔ 고개를 끄덕이는 행위(nodding): statement 인정 ○

✔ 탐지견이 용의자를 보고 짖은 행위(dog's barking): Declarant is not a person → not a hearsay

2. Double Hearsay

- Double hearsay = Hearsay within hearsay
- Outer hearsay = The 1st level of hearsay
- Inner hearsay = The 2nd level of hearsay

Double hearsay is an out-of-court statement that incorporates other hearsay within it.

Double hearsay is admissible only when **both** hearsay statements fit for the hearsay exception.

---

case

원고 측이 police record를 증거로 제출하고자 한다. 제출하고자 하는 police record 내용은 다음과 같다. "하얀색 차의 운전자 이름은 갑, 빨간색 차의 운전자 이름은 을이다. 목격자 병이 하얀색 차가 빨간불 신호에 멈추지 않고 직

진했다고 얘기했다." 본 내용은 사고발생 직후 5분 내로 사고현장에 도착한 police 정이 작성했다. Is the police record admissible?

⇒ Yes.

(병 ⇒ police 정 ⇒ police record)

Police record에는 두 문장으로 이루어져 있으며, 첫번째 문장은 hearsay, 두 번째 문장은 double hearsay에 해당한다. 첫 번째 문장("하얀색 차의 운전자 이름은 갑, 빨간색 차의 운전자 이름은 을이다")은 business record로서 admissible하다. 두 번째 문장("목격자 병이 하얀색 차가 빨간 불 신호에 멈추지 않고 직진했다고 얘기했다")은 목격자 병의 말을 듣고 (hear) police 정이 작성(say)하였고, police 정이 작성하여(hear) report 에 기입(say)되었으므로, double hearsay이다. 앞서 언급한 바와 같이 document 또는 memo가 증거로 제출된 경우 그 document가 작성자의 정보를 듣고(hear) 말하는(say) 것으로 보고 hearsay로 취급하기 때문이 다. 본 사안에서 정은 사고 발생 직후 사고 현장에 도착했으므로 병의 statement는 present sense impression, police record는 business record 로 인정되므로, the police record is admissible.

B. Non-Hearsay

Non-hearsay는 hearsay가 아닌 statement를 의미하며, 그 유형은 hearsay 정의에 맞지 않는 statement를 뜻하는 traditionally non-hearsay와 원칙적으 로는 hearsay가 맞지만 Federal Rules of Evidence(FRE)상에서 hearsay가 아 니라고 별도로 정한 officially non-hearsay로 구분된다. 본래 traditionally non-hearsay는 별도의 rule 없이 hearsay 정의만을 기준으로 판단하는 것이 가능하나, 그 판단이 쉽지 않은 대표적인 네 가지 경우는 별도로 암기하는 것 을 추천하는 바이다. 한편, officially non-hearsay는 witness's prior statement 와 party admission을 포함한다.

1. Traditionally Non-Hearsay

✔ 증인 갑의 증언: "을 told me(갑) that he saw the defendant 병 was stealing the jewelry." (을 ⇒ 갑)

⇒ Was the defendant 병 stealing the jewelry?

⇒ ① Defendant 병이 jewelry를 훔쳤다는 사실을 증명하고자 본 진술을 제출하는 경우, hearsay 인정 ○ (inadmissible).

② 갑이 병이 훔쳤다는 사실을 인지하고 있었다는 사실을 증명하고자 본 진술을 제출하는 경우, hearsay 인정 × (admissible).

✔ 증인 갑의 증언: "을 told the owner(병) that he saw the defendant 정 was stealing the jewelry." (병 ⇒ 갑)

⇒ Hearsay 인정 가능

✔ 구매자가 제조사에 쓴 편지 내용: "냉장고에서 타는 냄새가 자주 납니다." (구매자 ⇒ 편지)

⇒ 냉장고에서 타는 냄새가 자주 납니까?

⇒ ① 냉장고의 결함을 증명하고자 본 편지를 제출하는 경우, hearsay 인정 ○ (inadmissible).

② 제조사가 냉장고의 결함을 인지하고 있었다는 사실을 증명하고자 본 편지를 제출하는 경우, hearsay 인정 × (admissible).

✔ 회계보고서: "갑의 회사는 100억의 가치를 가진다." (회계사 ⇒ 보고서)

⇒ 갑의 회사는 100억의 가치를 가집니까?

⇒ ① 갑 회사가 100억의 가치를 지닌다는 점을 증명하고자 본 보고서를 제출하는 경우, hearsay 인정 ○ (inadmissible). 예컨대, 을이 갑의 회사를 매입하였고 이후 갑이 50억 가치의 회사를 100억 가치의 회사로 속였다는 것을 근거로 misrepresentation 소송을 제기하였다고 가정해보자. 해당 소송에서 갑이 본 회계보고서를 제출한다면 hearsay로 인정되어 inadmissible하다.

② 을이 갑 회사를 매매하기 전 해당 회계보고서를 통해 갑 회사의 가치를 인지하고 있었다는 사실을 증명하고자 본 보고서를 제출하는 경우, hearsay 인정 × (admissible).

TIP 주어진 statement를 의문문으로 바꾸었을 때 그 의문문에 대한 대답(사실)을 증명하기 위해 해당 statement가 제출되었다면 hearsay, 그렇지 않다면 not hearsay로 판단한다.

a. Verbal Acts or Legally Operative Fact

Statements are not hearsay and are admissible, when they are used to prove **its legal effect** or **whether the statements were made.**

✔ "갑이 '을은 도둑이다'라고 말했다."고 병이 증언하고자 하는 경우 → 을이 defamation의 성립요건 중 publication을 증명하기 위해 제출하는 경우, 이는 을이 도둑인지 판별하기 위해 제출하는 것이 아니고, 갑이 그렇게 말했다는 사실을 증명하기 위함이므로 hearsay가 아니다. 이와 더불어, 본 statement를 법정에서 증언하고자 하는 증인 병은 "갑이 해당 statement를 언급했다"는 사실에 대해 personal knowledge가 있어야 한다.

✔ 갑·을간 체결한 contract 내용 중 "갑이 을에게 냉장고를 50만원에 팔고자 한다"라는 내용 → "갑 will sale the computer for 50만원 to 을."이라는 문구가 있는 계약서를 갑·을간 contract 구성요건인 offer가 존재했음을 증명하기 위해 제출하는 경우, 이는 갑이 정말로 을에게 컴퓨터를 50만원에 팔았는지 그 여부를 증명하기 위함이 아니므로 hearsay가 아니다.

✔ 갑이 breach of the contract를 이유로 을을 상대로 소송을 제기했고 을이 갑·을간 계약체결 후 주고 받았던 "을은 계약 기한보다 10일 늦게 배송한다."는 내용의 편지를 제출하는 경우, 이는 을이 실제로 계약 기한보다 10일 늦게 배송했는지 그 여부를 증명하기 위함이 아닌, 자신의 breach를 부정하기 위함이므로 hearsay가 아니다.

b. Statements Offered to Show Effect

Statements are not hearsay when they are used to prove the **statement's effect on the listener or reader.**

> case

승객 갑이 taxi driver 을의 negligence에 대해 소송을 제기하였다. 갑은 을이 자주 다니는 정비소 직원 병이 을에게 "타이어가 많이 마모되었으니, 바꾸는 것이 좋겠다"라고 하는 것을 들었다. 갑은 자신이 들은 병의 statement를 제출하여 을이 그 위험성을 인지하고 있었다는 사실을 증명하여 그의 negligence를 증명하고자 했다. Is 병's statement admissible?

⇒ Yes, because it is not a hearsay. 갑은 병의 statement를 타이어가 많이 마모되어 있다는 점을 증명하고자 제출하는 것이 아니고, 을이 위험성을 인지하고 있었다는 것을 증명하기 위해 제출한 것이므로 hearsay가 아니다. 따라서 admissible하다.

c. Statements Offered to Show Declarant's State of Mind

Statements are not hearsay when it is used to prove the declarant's state of mind.

Usually, such statements are evidence of **insanity and knowledge.**

✔ 피고인 갑이 범행 당시 "도깨비가 나를 쫓아온다"라고 말한 것을 듣고 행인 을이 witness로 이를 증언하는 경우(을이 "갑이 '도깨비가 나를 쫓아온다'고 말했다"고 증언한 경우) → 갑이 그렇게 말했다는 것은 그의 insanity를 보여주는 circumstantial evidence로서 사용된 것일 뿐, 정말로 도깨비가 갑을 쫓아갔는지 그 사실을 증명하기 위해 제출된 것이 아니다. → hearsay × (it is admissible.)

d. Statements for Impeachment

Statements are not hearsay when it is used to attack the credibility of the witness.

2. Officially Non-Hearsay

Officially non-hearsay란 그 성격이 hearsay 정의에 맞아 본래는 hearsay이나, the party against whom the statement is used가 declarant를 상대로 cross-examination을 진행할 수 있는 경우(또는 진행한 것과 다름없는 상황)이므로 FRE상에서 non-hearsay로 규정되는 진술을 뜻한다.

Officially non-hearsay에는 두 유형이 있는데, 증인석에서 증언하는 witness가 declarant(화자)인 경우와 hearsay를 declarant인 소송당사자에 대해 against하게 사용하는 경우가 그것이다.

첫 번째 유형은 declarant가 증인석에 있으므로 the party against whom the statement is used가 declarant를 상대로 cross-examination을 진행할 수 있는 기회가 충분히 주어지는 경우이다. Declarant로서 언급한 진술이 witness로서 언급한 진술과 일치하지 않는 경우(prior consistent statement), 일치하는 경우(prior consistent statement) 그리고 특정인을 지목하는 진술인 경우(prior statement of identification) 모두 본 유형에 해당한다. 그 중 declarant로서의 진술이 prior consistent statement인 경우에는 해당 진술을 declarant가 oath를 한 상태에서 언급해야 하며, 나머지 두 경우에는 oath 조건이 요구되지 않는다. 예컨대, 갑측 witness 을이 A라고 증언한 후 상대방 병측 witness 정이 "을이 과거 deposition에서는 B라고 언급하였다."고 증언했다고 가정해보자. 이는 B가 사실임을 증명하고자 갑의 과거 진술을 가져온 경우로서 본래 hearsay에 해당한다. 다만, declarant와 witness가 모두 을이므로 본 진술이 against하게 적용되는 갑측이 declarant(을)를 상대로 cross-examination을 진행할 수 있다. 또한 deposition은 oath를 필요로 하는 절차이므로, witness 정의 hearsay는 officially non-hearsay로 인정되어 admissible하다.

두 번째 유형은 소송당사자(갑)의 out-of-court statement를 against 갑으로써 사용하는 경우로서, the party against whom the statement is used인 갑에게 cross-examination을 진행할 수 있는 기회가 주어야 한다. 다만, 갑이 declarant인 스스로(갑)에게 심문을 굳이 할 필요는 없으므로 실제로 cross-examination을 진행하지 않는다 하더라도 무방하다. 예컨대, 갑·을간 소송에서 갑측이 "을이 친구에게 A라고 얘기했다."고 진술한 경우 해당 statement는 본래 hearsay이나 the party against whom the statement is used와 declarant가 일치하므로 갑의 진술은 officially non-hearsay로 인정되어 admissible하다.

[표 6-6] Oath 요건 유무

	② Prior inconsistent statement	Prior consistent statement	Prior statement of identification
Under oath	有	—	—

a. Witness's Prior Statement

The witness (the declarant of the statement) must be at the trial or hearing and **be subject to cross-examination** regarding the statement.

ⅰ. Prior Inconsistent Statement

Witness's prior inconsistent statement가 officially non-hearsay로 사용되는 경우는 to prove the truth이므로, substantive evidence 이다. 한편, witness's prior inconsistent statement는 types of impeachment 파트에서 상술한 바와 같이, witness의 신뢰도를 탄핵하기 위한 목적으로도 사용가능하다. 다만, substantive evidence 로 사용되는 경우와 impeach 목적으로도 사용되는 경우, 즉 witness's prior inconsistent statement를 '사용하는 목적'에 따라 그 admissibility 요건이 다르다.

To be admissible as a **substantive** evidence, the prior inconsistent statement must be made **under penalty of perjury** (under oath).
If the statement is made under oath, the statement can be used either as a substantive evidence or for impeachment.
If the statement is not made under oath, the statement can be used only for impeachment, not as a substantive evidence.

[표 6-7] Oath 요건 유무

	Impeachment	Substantive evidence (= officially non-hearsay ②)
Oath	—	有

ii. Prior Consistent Statement

Prior consistent statement는 witness가 증언대에서 언급한 진술과 동일한 진술을 이전에 언급한 바 있다는 사실을 보이는 증명방법으로서, 주로 신뢰도 강화(rehabilitate)를 위해 사용된다. 이때 prior consistent statement는 oath가 이루어지지 않은 상태에서 언급된 진술도 가능하다.

A prior consistent statement is admissible when it is offered **to rehabilitate** a witness whose credibility **has been impeached.**
The statement is **not** required to be under oath or made at a formal proceeding.

iii. Prior Statement of Identification

A witness's prior statement that identifies a person as someone he perceived earlier is not hearsay.
The statement is **not** required to be under oath or made at a formal proceeding.

✔ **Photo identification** in a police office: officially non-hearsay 로 인정 ○ → admissible(under oath or made at a formal proceeding 여부와 무관)

b. Party Admission

- Party admission = Admission by party-opponent = Statements by opposing party

Party admission은 소송당사자(갑)의 out-of-court statement를 against 갑으로써 사용하는 경우로서, the party against whom the statement is used와 declarant가 일치하면 인정되는 officially non-hearsay (substantive evidence)이다. 다만, 양자가 반드시 동일인물이어야 하는 것은 아니며 양자간 vicarious liability가 인정되는 관계를 형성하고

있는 경우에도 본 rule이 확대적용된다. 즉 the party against whom the statement is used와 declarant가 agents, co-conspirators 또는 partners 관계를 형성하고 있다면 본 rule이 적용된다. 여기서 co-conspirators는 공모자들을 뜻하며 이들은 서로 agency 관계를 맺고 있는 바, co-conspirator 중 한 명(갑)이 공모한 내용에 대해 언급한 statement는 다른 co-conspirator(을)를 against하여 사용될 수 있다. 이때 statement가 공동범행을 '위한' 내용이어야 하고 공동범행에 동참했으나 도중에 공동범행을 '방지'하고자 하는 언급한 내용은 party admission으로 인정될 수 없다.

A statement **made by a party** and offered **against that party** is not hearsay.

When the declarant and the party have following relationship, the declarant's statement is admissible:

 ⅰ. Agency or employment relationship;

 ⅱ. Co-conspirators; and

 ⅲ. Partners.

① Agency or Employment Relationship

　　Statements made by agent or employee are admissible when:

　　(a) The statements are made **during agency or employment relationship;** and

　　(b) The statements are as to **a matter within the scope** of his agency or employment.

② Co-Conspirators

　　Statements made by one conspirator to a third party are admissible against co-conspirators if:

　　(a) It is made **in furtherance of** a conspiracy to commit a crime or a civil wrong; and

　　(b) At the time of declarant **was participating** in the conspiracy.

③ Partners

The statement by one partner, regarding the matters **within the scope of the partnership business,** is admissible against the other partner.

TIP   Party admission 관련 출제요소

① Substantive evidence로서 제출되었는가(제출목적).

② The party against whom the statement is used와 declarant가 일치하는가.

③ The party against whom the statement is used와 declarant간 관계가 agents, co-conspirators 또는 partners인가.

---

case 1

① 갑은 냉장고의 하자로 인해 다쳤다. 이후 냉장고 회사 을의 수리사원인 병이 갑의 집에서 수리를 하며 "죄송합니다. 냉장고 부품이 녹슬어 있었습니다."라고 말했다. 갑은 본 사건에 대해 냉장고 제조회사 을을 상대로 negligence 소송을 제기했고, 냉장고의 하자를 증명하기 위해 "병이 '냉장고 부품이 녹슬어 있었습니다.'라고 언급했다"고 증언하였다. Is 갑's statement admissible?

⇒ Yes as an officially non-hearsay. (병 ⇒ 갑)

갑의 statement는 냉장고의 부품이 녹슬어 있었던 사실을 통해 냉장고의 하자를 증명하고자 함으로 substantive evidence이다. 즉 갑의 statement 는 hearsay이다. 다만, the party against whom the statement is used인 회사 을과 declarant 병은 employment relationship이 존재하는 바, party admission이 인정된다.

② 상기 동일한 상황에서 병이 냉장고 회사 을을 퇴직한 사원(prior employee)인 경우, Is 병's statement admissible?

⇒ No.

갑·을·병이 살인을 공모했는데, 이 과정에서 undercover police인 정이 갑·을·병과 함께 했다. 갑은 정이 undercover police라는 사실을 모르고, "내가 망을 보고 있는 동안 너는 문을 잠궈라"라고 얘기했다. 을을 피고인으로 하는 소송에서 witness로 나온 정이 갑이 자신에게 한 statement를 증언하고자 했다. 이에 을은 hearsay라며 object했다. How would the court most likely rule on this objection?

⇒ Overrule. (갑 ⇒ 정)

정의 statement는 갑의 범죄사실을 입증하기 위해 제출되었으므로 substantive evidence로 구분되는 바, 본래 hearsay이다. 다만, the party against whom the statement is used인 을과 declarant 갑은 co-conspiracy를 형성하고 있고, 해당 statement는 공모의 내용을 담고 있으므로 party admission이 인정되어 admissible하다.

C. Hearsay Exceptions

Hearsay exception은 크게 declarant의 unavailability를 요건으로 하는 경우와 declarant의 availability가 '무관한' 경우로 구분된다. 즉 전자에 해당하는 모든 exception rules는 declarant가 unavailable하다는 요건을 가지고 있다. Unavailability란 declarant가 증언을 할 수 없는 경우를 뜻하는 바, declarant가 증언을 거부하거나 사망한 경우 또는 소송당사자가 declarant와 연락을 취할 수 없는 경우 모두 포함된다. 다만, 소송당사자가 declarant와 연락할 어떠한 노력과 조치를 취하지 않은 경우에는 unavailability가 인정되지 않는다.

1. Unavailability

A declarant is unavailable if:

ⅰ. He is exempted from testifying under the **privileges;**

ⅱ. He **refuses to testify** as to the statement;

ⅲ. He **cannot remember** the subject matter;

ⅳ. He is unable to be stand at the trial because of **death or physical or mental illness;** or

ⅴ. He is **absent** and the statement's proponent has been **unable to procure**^{어렵게 구하다} his attendance or testimony by process or other **reasonable** means.

2. Declarant's Unavailability

a. Former Testimony

Hearsay가 inadmissible하다고 규정한 이유는 상대방 측에게 declarant를 상대로 cross-examination할 권리를 박탈하지 않기 위함이다. 그런데도 불구하고 declarant가 unavailable한 상태에서 그 declarant's statement를 증거로 제출하기 위해서는 보다 엄격한 요건이 필요하다. 예컨대, witness 갑이 "을이 나에게 A라고 말했다."고 증언하였고 을은 사망한 경우라면 갑의 진술이 against하게 작용하는 소송당사자측은 unavailable한 declarant 을을 상대로 cross-examine할 수 없다. 따라서 갑의 진술을 증거로 제출하기 위해서는 다음의 네 요건이 모두 만족되어야 한다. 첫째, declarant가 statement를 언급할 당시 under oath 상태이어야 한다. 둘째, declarant가 statement를 언급할 당시 현재 소송에서 그 statement가 불리하게 작용될 측이 그 declarant를 cross-examination할 수 있는 기회가 충분히 주어져야만 한다. 즉 그 statement는 deposition, hearing 또는 소송 중에 언급되었어야 한다. 셋째, declarant가 statement를 언급할 당시 그 statement가 불리하게 작용되는 현재 소송의 당사자측이 존재하는 상태이어야 한다. 넷째, 그 statement가 언급된 deposition, hearing 또는 소송의 subject matter는 현재 소송의 subject matter와 같아야 한다.

ⅰ. General Rule

The testimony given **at trial, hearing, or in a deposition** which is made by a **now unavailable** declarant is **admissible** in a subsequent trial as long as there is a sufficient **similarity of parties and issues** so that the opportunity to develop testimony or **cross-examine** at the prior hearing was meaningful.

ii. Under Oath

The former testimony must have been given **under oath.**

iii. Cross-Examination

The party against whom the former testimony is offered must have had **the opportunity to develop the testimony at the prior proceeding** by direct, cross, or redirect examination of the declarant.

- ✔ Affidavit by other than parties → cross-examination 불가능 → former testimony 인정 ×
- ✔ Deposition → under oath+cross-examination 가능 → former testimony 인정 ○
- ✔ Grand jury → cross-examination 불가능 → former testimony 인정 ×
- ✔ To police officer in police office → under oath × & cross-examination × → former testimony 인정 ×
- ✔ 동일한 소송당사자의 타 소송에서 witness가 피고를 상대로(against 피고) 증언한 내용의 transcript(witness는 현재 unavailable하다.)를 피고를 상대로 제출하는 경우 → former testimony ○

iv. Identity of Parties

The requirement of identity of parties requires only that the party against whom the testimony is offered, or in civil cases, the party's predecessor in interest was a part in the former action.

"Predecessor in interest" includes one in a privity relationship with the party.

- ✔ Grantor-grantee
- ✔ Life tenant-remainderman

✔ Joint tenants

ⅴ. Identity of Subject Matter

The former testimony is admissible upon any trial in the same or another action of the "same subject matter." The same "cause of action" in both proceedings is not required.

✔ 갑·을간 교통사고가 발생했고, 갑이 을을 상대로 personal injury에 대해 소송을 제기한 경우, 교통사고가 subject matter, personal injury가 cause of action이다.

[표 6-8] Prior inconsistent statement 비교

	Impeachment	Substantive evidence	
	① Impeachment	② Officially non-hearsay	③ Former testimony
Oath 요건	−	有	有
Cross-examination 요건	−	−	有
Declarant's unavailability 요건	−	−	有

① Deposition 과정 중의 prior inconsistent statement: ① 가능, ② 가능, ③ 가능
② Grand jury 과정 중의 prior inconsistent statement: ① 가능, ② 가능, ③ 불가
③ Police officer에서의 prior inconsistent statement: ① 가능, ② 불가, ③ 불가

b. Statement against Interest

Declarant가 해당 statement를 언급할 당시 그 statement가 자신에게 against interest임을 충분히 인지하고 있었다면, 그 statement는 hearsay exception으로 인정되어 admissible하다. 이는 합리적인 사람이 자신에게 불리한 언급을 할 때 그 내용을 왜곡시킬 가능성이 적다고 보기 때문에 인정하는 예외 rule이다. 여기서 interest는 금전적

(pecuniary) 이익뿐만 아니라 소유권(proprietary) 이익, 형사상의 (penal) 이익을 모두 포함하며, statement의 against interest 정도가 합리적인 사람이라면 이에 대해 언급하지 않을 정도로 엄청난 피해를 야기할 정도이어야 한다.

The testimony of a now **unavailable** declarant may be admissible if:
ⅰ. The statement was **against** that person's pecuniary^{금전적}, proprietary ^{소유권의}, or penal^{형사상의} **interest;** and
ⅱ. **When it was made.**

TIP Statement against interest v. Party admission

두 개념은 화자가 과거에 언급한 진술이 화자에게 against되어 사용된다는 점에서 유사하나, 차이가 있다. Statement against interest는 declarant가 말할 당시 그 statement가 자신의 이익에 지극히 불리하게 작용할 수 있다는 것을 인지하고 있었어야 한다. 또한 statement against interest는 소송당사자가 아닌 제3자에 의해 증명되는 경우가 많다. 한편, party admission은 the party against whom the statement is used와 declarant가 일치하는 경우 또는 agency를 형성하는 경우로서, 해당 statement의 내용이 반드시 declarant에게 against한 내용이어야 하는 것은 아니다. 예컨대, 냉장고 회사 을의 수리사원인 병이 갑의 집에서 수리를 하며 "냉장고 부품이 녹슬어 있었습니다."라고 말한 경우 해당 statement가 declarant인 병의 이익에 against되는 내용은 아니다.

c. Dying Declarations

사람은 죽음이 임박한 순간에 솔직하므로, 그 순간에 언급한 진술에는 거짓이 없을 것이다. 따라서 그러한 진술은 시간이 지나 declarant가 unavailable한 재판에서 재언급된다 하더라도 hearsay exception으로 인정되어 admissible하다. 본 rule은 민사소송과 살인사건(homicide)에 관한 형사소송에 한해 적용된다. Declarant가 반드시 사망해야 하는 것은 아니며, statement를 언급할 당시 자신이 죽음에 임박했다고 '믿은' 상태이면 충분하다. 또한 declarant의 statement가 '사망 causation과 관련'되어야만 본 exception이 인정되는 바, statement의 일부에만 예외가 적용되는 경우도 있다.

In a homicide case or a civil case, the out-of-court statement is admissible when:

ⅰ. The declarant is now **unavailable;**

ⅱ. The declarant **believed** his death was imminent; and

ⅲ. The statement is in regard to **the cause** or circumstances of declarant's death.

---

case

① 갑이 횡단보도를 건너고 있었는데, 오토바이 운전자 을이 신호위반을 하여 갑과 충돌하였다. 그 길로 을은 도망을 쳤고, 경찰은 사고 발생 5분 후 사고현장에 도착했다. 갑은 자신이 곧 사망할 것이라 생각하여 경찰에게 "오토바이가 나를 치고 도망갔다. 나는 곧 죽을 것 같으니 내 재산을 사회에 기부해달라."고 얘기했다. 갑은 현재 병원에서 치료를 받고 있고 생명에 지장이 없다. 갑이 을을 상대로 negligence 소송을 제기하였고 경찰이 증인으로서 갑이 한 말을 증언하고자 하는 경우, Is the statement admissible?

⇒ Partially Yes. (갑 ⇒ 경찰)

갑은 재판이 진행되는 시점을 기준으로 unavailable하고, 갑이 경찰에게 말할 당시 스스로 죽음이 임박했음을 믿었으므로 사망의 원인에 해당하는 "오토바이가 나를 치고 도망갔다." 부분은 dying declarant 예외에 해당하여 admissible하다. 다만, "내 재산을 사회에 기부해달라."는 부분은 갑의 injury에 대한 causation과 무관한 내용이므로 inadmissible하다.

② 상기 사안에서 경찰이 현장에서 갑의 말을 듣고 이를 record에 기록했다. 재판에서 해당 record를 제출하고자 하는 경우, Is the record admissible?

⇒ Yes. (갑 ⇒ 경찰 ⇒ record)

해당 records는 경찰의 말을 기록한 1st hearsay, 갑이 경찰에게 한

statement를 2nd hearsay로 하는 double hearsay이다. 1st hearsay는 public record, 2nd hearsay는 "오토바이가 나를 치고 도망갔다." 부분에 한해 dying declaration이 인정될 것이다.

d. Statement of Personal or Family History

Statements regarding birth, marriage, divorce, death are admissible as a hearsay exception.

✔ Birth/Marriage/Divorce/Death certificate
✔ Family Bible: 출생·사망·혼인 등을 기록할 여백이 있는 문서

3. Regardless of the Declarant's Unavailability

a. Present Sense Impressions

Present sense impressions란, declarant가 무언가를 '보자마자' 그에 대한 자신의 생각을 말한 statement를 뜻한다. 무언가를 보자마자 이야기한 것이므로 화자의 statement가 왜곡될 확률이 없다고 보아 인정된 hearsay exception이다. 즉 사건이 발생된 시점과 declarant가 진술을 언급한 시점의 차이가 매우 적은 경우에 중점을 둔 rule로서, declarant가 목격한 상황이 놀라운 것이어야 하는 것은 아니다.

A statement describing or explaining an event or condition, made **while or immediately after** the declarant perceived it, is admissible. The event is **not** required to be shocking or exciting to the declarant.

b. Excited Utterances

Excited utterance란, declarant가 놀라운 것 또는 현상을 목격하는 순간 내뱉는 statement이다. 사람이 놀라 반사적으로 말을 내뱉을 경우 사실에 대해 왜곡할 가능성이 적기 때문에 인정되는 exception rule이다. 본 rule은 declarant가 목격한 상황이 놀라운 것이고, 해당 상황을

목격하여 진정되지 않은 상태에서, 즉 시간이 얼마 지나지 않은 상태에서 언급된 진술에 한해 적용된다.

A statement relating to a startling event or condition, made **during or soon after** the declarant was **under the stress of excitement** that it caused, is admissible.

TIP   Declarant가 '놀라운' 현상을 목격하고 '그에 대한 생각'을 언급한 statement는 present sense impressions와 excited utterance 모두에 해당할 것이다. 하나의 statement가 여러 유형의 exceptions에 해당할 수 있다는 점에 유의하자.

c. Present State of Mind

Present state of mind란, declarant가 말하는 당시 자신의 심리상태에 대해 언급한 statement로서, 무엇을 보고난 후 그것에 대한 생각을 이야기한 것이 아니다. 주로 화자의 의도, motive, 계획에 대한 statement가 해당된다. Declarant 자신의 생각은 그의 말을 통해서만이 알 수 있고, declarant가 자신의 생각을 언급한 것이므로 왜곡될 확률이 없다고 보아 인정되는 exception rule이다.

A statement of a declarant's **then-existing** state of mind (e.g., **intent, motive, or plan**), emotion, sensation, or physical condition is admissible.

✔ Witness 을이 다음과 같이 증언했다. "갑이 나에게 '나는 내일 모든 것을 끝낼 거야.'라고 이야기 했다" → intent → hearsay exception 인정(을의 증언 is admissible.)
✔ 갑의 attorney 을이 다음과 같이 증언했다. "갑이 나에게 '나는 아들 병과 사이가 좋지 않아 나의 애완견에게 모든 재산을 증여하겠다'라고 이야기 했다." → motive → hearsay exception

✔ Witness 을이 다음과 같이 증언했다. "갑이 나에게 '나는 세탁소에 갔다가 Bar에 갈 거야'라고 이야기 했다." → plan → hearsay exception 인정(을의 증언 is admissible.)

d. Physical Condition

Declarant가 "배가 아프다," "피부가 따갑다," 등과 같이 자신의 현재 신체상태에 대해 언급하는 경우 사실을 왜곡할 확률이 적기 때문에 이러한 statement는 hearsay exception으로 인정된다. 다만, 화자의 과거부터 존재했던 신체상태(symptoms 또는 medical history 등)는 present physical condition에 비해 왜곡될 확률이 크므로 치료 또는 진단의 목적으로 언급된 경우에만 hearsay exception으로 인정된다.

ⅰ. Present Physical Condition

A statement of declarant's **present** physical condition, such as mental feeling, pain, or bodily health, is admissible.

It is not required to be made for treatment purposes.

ⅱ. Past Physical Condition

A statement of declarant's **past** physical condition, including **past symptoms, medical history, and causation,** is admissible only if it is **made for diagnosis or treatment purposes.**

e. Business Records

Business records란, 단체에서 '정기적'으로 작성하는 문서를 뜻한다. 따라서 기업에서 작성된 문서뿐만 아니라 비영리단체, 학교 등에서 정기적으로 작성된 문서 모두 business records로 인정될 수 있다.

Any writing or record made **in the regular course of any business** is admissible.

The writing must be written by the person who has the **personal knowledge** or who has a **business duty** to transmit such matters to the writing.

ⅰ. Police Records

A police record is admissible as a hearsay exception when the statement in the record is written **by the police.**

The statement in the record made by other person is required to fit for hearsay exception independently since it is a double hearsay.

```
case
```

원고 측이 police record를 증거로 제출하고자 한다. 제출하고자 하는 police record 내용은 다음과 같다. "하얀색 차의 운전자 이름은 갑, 빨간색 차의 운전자 이름은 을이다. 목격자 병이 하얀색 차가 빨간불 신호에 멈추지 않고 직진했다고 얘기했다." 본 내용은 사고발생 직후 5분 내로 사고현장에 도착한 police 정이 작성했다. Is the police record admissible?

⇒ Yes.

(police 정 ⇒ police record // 병 ⇒ police 정 ⇒ police record)

첫째, "하얀색 차의 운전자 이름은 갑, 빨간색 차의 운전자 이름은 을이다" 부분은 business record로서 admissible하다. 둘째, "목격자 병이 하얀색 차가 빨간불 신호에 멈추지 않고 직진했다고 얘기했다" 부분은 목격자 병의 말을 듣고(hear) police 정이 작성(say)한 내용이므로, double hearsay이다. 따라서 해당 부분이 hearsay exception에 해당되어야만 admissible하다. 본 사안에서 정은 사고 발생 직후 사고 현장에 도착했으므로 병의 statement는 present sense impression으로 인정될 가능성이 높다. 따라서 the police record is admissible.

ⅱ. Business Records v. Preparation for Litigation

If the statements were not in a record inherent for a company (party) and it is offered **by the preparer (company),** the record is one prepared **in anticipation of litigation** rather than the business record.

However, if the record is offered **against** the preparer (company), it is recognized as one prepared **in regular course of business** [Palmer v. Hoffman, 318 U.S. 109, 63 S. Ct. 477 (1943)].

f. Public Records

Public records는 공문서를 뜻하는 바, 증거법에서는 일반적으로 판결문과 경찰보고서를 의미한다. Public record는 공문서에 특정 내용이 작성되어 있다는 점 또는 공문서에 특정 내용이 없다는 점을 증명하기 위해 제출되며, 양자 모두 hearsay exception으로서 admissible하다. 다만, 소송의 성격(민사소송 또는 형사소송)에 따라 public record 제출에 제한이 있다. 이는 사실을 확정하는데 있어 민사소송과 형사소송에서 요구하는 증거력 정도(standard of proof)에 차이가 있기 때문이다. 따라서 낮은 수준을 요구하는 민사소송의 판결문은 높은 수준을 요구하는 형사소송에서 제출될 수 없다. 예컨대, 갑이 운전하던 차에 치여 을이 사망하였고 을의 가족이 갑을 상대로 손배청구(민사소송)를 하여 승소한 후 갑이 살인죄로 기소(형사소송)되었다고 가정해보자. 갑의 살인죄에 대한 형사소송에서 검사는 민사소송의 판결문을 제출할 수 없다. 민사소송에서는 보다 낮은 증거력을 요하므로 해당 증거를 바탕으로 내려진 판결문의 내용이 형사소송에서 요구되는 beyond reasonable doubt의 기준에 미치지 못하기 때문이다. 만일 갑의 살인죄가 인정된 후 민사소송이 제기되었다면, 갑의 criminal conviction에 대한 판결문은 민사소송에서 제출 가능하고, 갑의 이전 형사소송 판결문을 살인죄 형사소송에서 제출하는 것도 가능하다. 다만, 형사소송 판결문, 즉 범죄경력(criminal record)은 prejudice를 야기할 가능성이 높아 'felony에 대한' conviction이 해당 재판에서 반드시 '필요한 (essential) 경우'에 한해 그 제출이 admissible하다. 이는 character evidence에서 criminal conviction을 제한하는 법리와 동일하다.

ⅰ. General Rule

Public records and the statement of absence of public record are admissible.

ⅱ. Use of Prior Criminal Conviction

In both criminal and civil cases, prior criminal conviction is admissible only when:

① The prior conviction is **felony;** and

② It is used to prove **any fact essential to the judgment.**

However, if the prior felony is used to prove that on a particular occasion the person acted in accordance with the general propensity as a character evidence, it is inadmissible.

ⅲ. Use of Prior Civil Judgment

A civil judgment is inadmissible in a subsequent criminal proceeding **because of the different standards of proof.**

A civil judgment is also inadmissible in a subsequent civil proceeding, unless it is used to prove personal, family, or general history, or boundaries of land.

[Standards of Proof]

In criminal cases, each element of crime must be proven beyond a reasonable doubt to overcome the defendant's resumption of innocent.

In civil cases, facts must be proven either by preponderance of evidence or by clear and convincing evidence.

[표 6-9]

	Prior criminal conviction	Prior civil judgment
In civil case	가능, only when felony + essential	불가능, except for personal, family, or general history, or boundaries of land
In criminal case		불가능

g. Past Recollection Recorded

Testimonial evidence 챕터 중 recollection recorded 파트에서 상술한 바와 같이, past recollection recorded는 substantive evidence로 jury 에게 읽혀지거나 exhibit으로서 제출된다. 이는 record임에도 불구하고 hearsay exception으로 인정되기 때문에 가능한 것이다.

h. Learned Treatises

논문도 record이므로 원칙적으로 hearsay이지만, 일정 요건을 만족하면 hearsay exception으로 인정되어 substantive evidence로서 admissible 하다. 앞서 impeachment 부분에서 언급한 바와 같이 treatises는 reliability 요건이 만족되는 한 evidence for impeachment로서 제출 가 능하다. 이에 추가적인 요건이 만족되면 substantive evidence로도 제출 가능하다. 또한 admissible한 treatise라 할지라도 이를 제출하고자 하는 측은 past recorded recollection과 마찬가지로 jury에게 읽어(read)줄 수만 있을 뿐 jury에게 exhibit으로서 보여주지는 못한다.

A learned treatise is admissible as a substantive evidence, if:

ⅰ. The treatise is established as **reliable authority** (by the admission of the witness, by other expert testimony, or by judicial notice);

ⅱ. The treatise was relied upon by the expert on **direct examination** or it has been brought to the attention of the expert witness on **cross-examination;** and

ⅲ. The relevant portion is **read into the jury,** not actually shown to the jury, and the witness **must be one the stand** when the treatise is read into evidence.

This exception is reasoned that the treatises contain unique credibility characteristics compared to other hearsay documents.

VIII. Character Evidence

Character evidence란 솔직함, 폭력성, 조심성 등과 같이 특정인의 성격을 보여줄 수 있는 증거를 뜻하며, 이를 제출할 수 있는 방법에는 specific acts와 reputation 및 opinion이 있다. 예를 들어, 피고(인)의 dishonesty한 성격을 증명하기 위해 과거 피고(인)가 엄마한테 거짓말한 사건을 증거로 제출한다면 specific acts 방법을 이용한 것이며, witness를 불러 그 witness가 피고(인)이 dishonesty하다는 평판을 가지고 있음을 증언한다면 reputation 및 opinion 방법을 이용한 것이다. 일반적으로 specific acts 방법에는 특정인의 과거 bad acts와 범죄경력(crime conviction)이 이용된다. 다만, 이러한 character evidence가 '그 사람은 그러한 성격이니 이번 사건에서도 그렇게 행동했을 것'임을 주장하기 위해 사용된다면 jury에게 prejudice를 심어줄 위험이 매우 크기 때문에 허용되지 않으며, 허용된다 하더라도 매우 엄격한 조건이 요구된다. 한편, character evidence 중 specific acts 방법을 이용하는 경우 상기 목적 이 외에 다른 목적, 즉 특정인의 motive, intent, absence of mistake 등을 증명하기 위해 사용된다면 admissible하다. 다시 말해, character evidence의 admissibility는 그 증거의 '사용목적'을 기준으로 판단되며, admissibility 요건은 criminal case와 civil case를 기준으로 다르게 규정되어 있다.

A. Character Evidence

1. General Rule

Character evidence refers to a **person's general propensity or disposition,** such as honesty or dishonesty, peacefulness or violence, carefulness or carelessness.

Evidence of a person's character is **not** admissible to prove that on a **particular** occasion the person **acted in accordance with the character.**

2. Exception

Evidence of a person's character is admissible in certain limited circumstances.

In criminal cases, character evidence is admissible only when the defendant **opens the door.**

In civil cases, character evidence is admissible only when character **is directly in issue.**

3. Proving Methods

There are three methods to prove character evidence: specific acts, reputation, and opinion.

As to reputation, witness must testify a person's general reputation **in community.**

4. Character v. Habit

Character evidence는 사람의 '성격'을 보여주는 증거로서, 대부분의 경우 "usually," "frequently," "often" 단어가 사용된다. 한편, habit는 특정한 상황에서의 '습관·버릇'을 뜻하는 바, 운동선수의 루틴과 같이 일정하게 무심코 하는 행위로서 admissible하다.

Character evidence refers to a person's general propensity or disposition. Habit is a person's response to a specific set of circumstances, and it is admissible.

✔ "갑 never stops at the stop sign." → stop sign 앞에서의 습관·버릇 → habit → admissible

✔ "갑 is always in hurry." → character

✔ "갑 often gets angry." → character

B. In Criminal Cases

Criminal 소송에서는 원칙적으로 피고인이 먼저 피고인 자신의 성격 또는 victim의 성격에 대해 언급한 경우(open the door)에 한해 character evidence가 논의될 수 있다. 피고인 자신의 성격을 먼저 언급하는 경우, 그는 자신의 self-defense 또는 검사가 주장하는 범죄를 저지를만한 성격을 가지지 못했다는 점을 증명하기 위해 자신의 좋은 성격을 증명할 evidence를 제출한다. 한편, 피고인이 victim의 성격을 먼저 언급하는 경우에는 자신의 self-defense를 주장하며 victim의 나쁜 성격을 증명할 evidence를 제출한다.

1. Defendant's Character

a. Open the Door

> △ open the door → R/O

In criminal cases, a defendant may introduce his character evidence to show her innocence of the alleged crime. The prosecution **cannot initiate** evidence of the defendant's bad character.

A defendant puts his character in issue **by calling a witness (extrinsic evidence)** to testify to the defendant's good reputation. **A specific acts** of conduct of the defendant is **inadmissible.**

b. Prosecution's Rebut

> cross-exam. → specific acts ~~extrinsic~~
> calling other witness → R/O

Once the defendant introduced her character, the prosecution may rebut either by **cross-examination** (intrinsic evidence) or by **calling other witness** (extrinsic evidence).

In cross-examination, the prosecution usually asks the witness whether he has **heard or known of** specific bad acts of the defendant regarding the character in question. Even if the witness denies the specific bad acts, prosecution **cannot** bring **extrinsic evidence** to prove them.

When the prosecution called other witness to rebut the defendant's character evidence, the witness **cannot testify a specific acts** of the defendant.

---

case 1

피고인 갑이 살인죄로 기소되었다. 갑의 witness 을이 "갑은 peaceful한 사람이라는 평판을 가지고 있다."고 증언하였다. 이에 검사는 을을 상대로 cross-examination을 진행하였고, 그 과정에서 을에게 "갑이 이전에 병과 시비가 붙어 크게 싸웠다는 사실을 알고 있습니까?"라고 물었다. 검사의 statement는 admissible한가?

⇒ Yes for both purposes. 검사의 statement가 substantive evidence로서 갑의 violent한 성격을 증명하고자 제출되었다면, admissible하다. 검사의 statement는 character evidence로서, 형사소송에서 피고인 갑이 open the door하였고 검사가 이를 반박하기 위해 cross-examination을 진행하였다. 그 과정에서 검사가 갑의 specific act를 증거로 제출하였으므로 admissible하다. 한편, 검사의 statement가 impeachment 목적으로 제출된 경우, 즉 witness 을의 신뢰도를 낮추기 위해 제출한 경우에도 admissible하다. 검사는 을이 언급한 사실(갑이 peaceful하다는 사실)이 사실과 다르다는 것을 주장(contradictory facts)함으로서 impeach하고자 하였다. 검사의 cross-examination을 통해 진행된 impeachment이므로 admissible하다.

[참고] 검사의 statement가 갑의 bad act에 대해 언급하고는 있으나, 이는 witness 을의 신뢰도와 무관한 내용이므로 bad act를 이용한 impeachment라 볼 수 없다.

---

case 2

피고인 갑이 살인죄로 기소되었다. 갑의 witness 을이 "갑은 peaceful한 사람이라는 평판을 가지고 있다."고 증언하였다. 이에 검사는 witness 정을 불렀고, 정은 "갑이 이전에 병과 시비가 붙어 크게 싸웠다는 사실이 있습니다."라고 증언했다. 정의 statement는 admissible한가?

⇒ No for substantive evidence. But yes for impeachment. 정의 statement 가 substantive evidence로서 갑의 violent한 성격을 증명하고자 제출되었 다면, inadmissible하다. 정의 statement는 character evidence로서, 형사 소송에서 피고인 갑이 open the door하였고 검사가 witness 정을 통해 이를 반박하고자 하였다. 다만, 새로운 witness를 부르는 것은 extrinsic evidence에 해당하는 바, 정의 statement는 inadmissible하다. 반면, 정의 statement가 impeachment 목적으로 제출된 경우에는 admissible하다. 본 사안에서 검사는 contradictory facts를 통한 impeachment를 진행하였고, 정 witness(extrinsic evidence)의 증언이 사용되었다. 정의 증언이 피고인 갑의 character evidence에 관한 증언으로서 material하다 볼 수 있으므 로, admissible하다.

2. Victim's Character

a. General Rule

ⅰ. Open the Door

> △ open the door → R/O

The defendant may introduce **reputation or opinion** evidence of **victim's** bad character **to prove defendant's innocence.**

ⅱ. Prosecution's Rebut

> cross-exam./calling other witness → R/O

Once the defendant introduced victim's character evidence with reputation or opinion evidence, the prosecution may introduce **reputation or opinion** evidence of:

① The **victim's** good character for the same trait; or

② The **defendant's** bad character for the same trait.

b. Exception

In homicide cases, the prosecution can bring victim's good character evidence for peacefulness to rebut defendant's self-defense claim even before the defendant brings it.

In rape cases, defendant cannot introduce reputation or opinion evidence of rape victim's bad character.

C. In Civil Cases

when essential element + R/O, S

Character evidence is admissible in civil cases, only when it is an **essential element of a claim or defense.** In other words, it is admissible only when it is **directly in issue.** Character evidence is essential element in **defamation action, negligent hiring action, and child custody action.**

All of methods, **reputation, opinion, and specific acts** can be used.

TIP1 Defamation case는 Evidence law에서 hearsay와 character evidence, 이 두 issue와 관련이 있다. Defamation case에서 해당 statement가 존재했음을 증명하기 위해 제출된다면, 이는 hearsay 정의와 맞지 않으므로 traditionally non-hearsay이다. 한편, defamation을 이유로 제기된 민사소송에서 피고인이 defense로서 자신이 언급한 statement가 사실임을 증명하기 위해 원고의 character에 대한 evidence를 제출하는 것은 허용된다. 이때 원고의 character와 제출되는 character evidence는 relevant해야 한다.

TIP2 특정인의 과거 나쁜 행위(bad acts, criminal conviction 모두 포함)에 대한 admissibility 판단 route:
Substantive evidence와 impeachment 목적으로 사용되었을 경우로 구분하여 판단한다.

① Substantive evidence = character evidence: civil v. criminal 판단 → 방식(R/O, S) 및 요건 판단

② Impeachment: bad acts v. criminal conviction 판단 → 방식 (cross-examination, extrinsic evidence) 판단

D. Rape Cases

Rape와 관련된 모든 소송에서는 피고(인)은 victim의 character evidence를 제출할 수 없다. 즉 rape cases에서 피고(인)은 자신의 무죄 또는 self-defense를 주장하기 위해 victim의 성적 행동이나 그러한 경향에 대해 언급할 수 없다. 이는 rape victim을 보호하기 위함이다. 다만, 형사소송에서 피고인이 victim의 신체적 증거가 자신이 아닌 victim과 다른 자간의 성관계에 의한 것이라는 점 또는 성관계에 있어 victim의 consent가 있었다는 점을 증명하기 위해 victim의 character evidence를 제출하는 것은 허용된다. 한편, 민사소송에서는 victim이 먼저 자신의 character evidence를 제출하였고, 피고가 제출하고자 하는 victim의 character evidence의 probative value가 그 증거로 인해 편견이 생길 수 있는 위험성보다 현저히 클 경우에 한해 허용된다.

1. General Rule

In any civil or criminal rape cases, evidence offered to prove the sexual behavior or sexual disposition of the alleged victim is generally inadmissible.

2. Exceptions

a. In Criminal Rape Cases

> to prove other person/consent ⇒ 가능

In criminal rape cases, evidence of specific instances of sexual behavior by the victim is admissible when it is offered to prove:

  i. **Other person,** not the defendant, was the source of semen, injury, or other physical evidence; or

  ii. **Consent** of the victim.

b. In Civil Rape Cases

> Victim first + P》D ⇒ 가능

In civil rape cases, evidence of specific instances of sexual behavior by the victim is admissible only when:

ⅰ. Its probative value **substantially outweighs** the danger of prejudice;
and

ⅱ. The evidence is submitted to rebut the allegation **by the victim.**

E. When Admissible

"MIMIC" — Motive, Intent, absence of Mistake, Identity, Common scheme

The evidence of **specific acts** (e.g., crimes, wrongs, or other acts) is **admissible** for another **non-propensity purpose,** such as proving motive, opportunity, intent, common scheme or plan (preparation), knowledge, identity, absence of mistake, or lack of accident.

✔ 피고인 갑의 receiving stolen property 혐의에 대한 재판에서 갑이 해당 목적물이 stolen property인지 몰랐다고 주장하였다. 이에 검사측이 '갑이 3년 전 동일한 제품에 대해 receiving stolen property로 charged된 적이 있다는 사실'을 증거로 제출하는 경우, 이는 갑의 intent에 대한 증거로서 admissible하다.

✔ 피고인 갑의 살인죄에 대한 재판에서 검사측이 '갑이 3년 전 살인으로 charged되었을 때 당시 범행에 사용했던 총과 본 범행 현장에서의 총이 동일하다'는 것을 증거로 제출하는 경우, 갑의 과거 범행사실은 common scheme(iedntity)을 증명하기 위한 증거로서 admissible하다.

7장

Criminal Law and Criminal Procedure

//

본 장은 형법(criminal law)과 형사소송(criminal procedure)에 대해 논한다. Criminal law는 범죄와 형벌에 관한 법률 체계로서 각 주마다 다르게 규정하고 있는 바, 본 서는 common law와 Model Penal Code(MPC)를 중심으로 작성되었다. Criminal law에 관한 객관식 시험은 피고인의 행위가 범죄 성립요건을 만족하여 그에 대한 죄책이 인정되는지 판단하는 문제가 주를 이룬다. 한편, criminal procedure는 미국 형사소송절차 및 그 과정에서 보장되어야 하는 시민들의 헌법상 권리에 대해 논하는 바, 수정헌법 4조, 5조 그리고 6조를 중심으로 다양한 권리들에 대해 논한다. Criminal procedure에 관한 객관식 시험에는 피고인의 헌법적 권리가 침해되었는지 그 여부를 기준으로 제출된 증거의 증거력(admissibility)을 판단하는 문제가 주로 출제된다.

☑ 객관식 Tips

> 1. Criminal law에 관한 문제는 범죄인정여부와 defenses 적용여부를 판단하는 문제가 주를 이루는데, 그중 주어진 상황에서 피고인에게 인정되는 가장 중한 죄책 및 주장가능성이 가장 높은 defense를 선택하는 문제가 다수 출제된다.
> ① 죄책에 관한 문제:
> Q: What is the **most serious crime** of which 갑 could be convicted?
> Q: If 갑 is guilty, he is most likely guilty of
> Q: Has 갑 committed [burglary]?
> ② Defenses에 관한 문제:
> Q: 갑's claim of self-defense should be
> Q: 갑's best argument that he is not guilty of [murder] is
> 2. CL과 MPC 중 어떤 기준으로 판단해야 하는지 확인한다. 문제에서 별도의 언급이 없으면 CL을 적용한다.
> 예: The jurisdiction has adopted the [Model Penal Code] version of conspiracy.

3. Criminal law에 관한 문제에서 '피고인'과 '죄책'을 잘 확인하여 실수를 줄인다.

4. 사안에 statute를 제공하는 경우가 많다.

　예: First-degree murder is defined in the jurisdiction as the ...

　⇒ 사안을 읽을 때 statute의 내용을 파악할 필요는 없고, 문제를 풀 때 내용을 파악하면 시간을 절약할 수 있다. 반드시 꼼꼼히 읽도록 한다!

　⇒ 특히 mental state 요건에 관한 부분이 자주 출제된다.

5. Criminal law에 관한 문제 중 가장 출제 빈도수가 높은 논점은 "intent"이다. 아래는 intent에 관한 주요 출제포인트다.

　① Murder를 구분하는 기준 ⇒ CL과 MPC의 비교

　② Defenses 중 mistake와 impossibility의 구분

　③ Attempt에 관한 문제

　　(a) Attempted murder — intent to kill

　　(b) Attempted burglary — intent to commit felony를 가지고 들어가려 시도만 해도 죄책인 인정됨.

　④ Double Jeopardy ⇒ 양 죄책의 구성요건(intent) 확인

6. Criminal procedure에 관한 문제는 대부분의 경우 출제요점이 그대로 드러나 있어 논점을 파악하는데 어려움이 적다.

　Q: Was the **search warrant** valid?

　Q: Were 갑's **rights** violated?

　Q: What is the best argument that 갑 has a **constitutional basis** for relief?

　Q: 갑 argued that it violates the **Double Jeopardy Clause**. His claim is

　Q: Should the court **suppress** the [marijuana]?

Part One. Criminal Law

본 파트는 미국형법에 대해 논하는 바, 범죄의 구성요건 및 defenses(위법성조각사유 및 책임조각사유)에 대해 논한다. 앞서 언급한 바와 같이 각 주마다 형법을 달리 규정하고 있어 이하 내용은 common law와 MPC의 차이점에 중점을 두고 서술하였다. 본 파트는 그 내용이 크게 서론, defenses, 범죄로 구분되어 있고, 각 범죄에 대해서는 구성요건과 적용가능한 defenses를 논한다. 범죄 유형은 사람에 대한 범죄와 재산에 대한 범죄로 구분되어 있다.

- Act = Actus reus
- Mental state = Mens rea

- Objective test: '합리적인 사람'을 기준으로 판단하는 방법
- Subjective test: '특정인'을 기준으로 판단하는 방법으로서, 해당인의 개인적인 사안들을 모두 고려한다.
- Guilty: 유죄인(adj.)
- Acquit: 무죄를 선고하다(v.) ⇒ Be acquitted
- Pursue: 유죄를 선고하다(v.)
- Charge is dropped.: 기소가 기각(dismiss)되다.

I. General Concepts

A. Sources of Criminal Law

미국법상 형법은 common law, Model Penal Code (MPC), 헌법(Constitutional law) 그리고 administrative agency에 의해 규정된 범죄(administrative crimes)에 대해 다룬다. MPC는 미국법률협회에 의해 1962년에 처음 발간된 모범 형법전이다. 공식적인 법률은 아니나 각 주에서 criminal law를 제정할 당시 이를 참고하는 바, MPC가 각 주의 criminal law에 상당한 영향을 끼친다고 할 수 있다. 한편, 미국헌법은 반역죄에 대해 규정하고 있으며 범죄를 규정할 수 있는 권한을 가진 administrative agency에 의해 규정된 범죄도 있다.

There are four types of criminal law: **common law** crimes, **Model Penal Code (MPC)** crimes, constitutional crimes, and administrative crimes.

A common law crimes are enforced when there is no statute defining the offense.

The Model Penal Code is not a source of law but it has influenced the drafting of state criminal statutes.

The Constitution defines treason^{반역죄} and an administrative agency who is delegated^{위임하다} the power through a legislature to prescribe rules or the violation of which may be punishable as a crime.

B. Classification of Crimes

Under the common law, there are three types of crimes: treason, felonies, and misdemeanors.

1. Felonies

In most jurisdictions, felonies are defined as crimes punishable **by death or imprisonment exceeding one year.**

Following crimes are only felonies under the common law.

 i . Murder;

 ii . Manslaughter;

 iii. Rape;

 iv. Robbery;

 v . Larceny;

 vi. Arson;

 vii. Burglary;

 viii. Sodomy^{남색}; and

 ix. Mayhem^{난동}.

2. Misdemeanors

Misdemeanors are defined as crimes punishable by imprisonment **for less than one year or by a fine only.** Crimes that are not defined as felony are misdemeanors.

C. Rule of Merger

Merger란, 두 개 이상의 죄를 합쳐 하나의 죄로 인정하는 것을 뜻하는 바, 교사죄(solicitation), 미수죄(attempt), 흡수관계에 있는 범죄, 즉 어떤 구성요건의 내용이 다른 구성요건의 내용에 포함되는 범죄, 이 세 유형의 범죄에 한해 merger가 가능하다. 예컨대, 갑이 을에게 병을 살해하라 교사하였고 을이 살인을 실행한 경우 갑의 solicitation은 살인죄(homicide)에 merger되며, solicitation과 homicide 두 개의 죄책이 동시에 인정될 수 없다.

There are three types of merger: merger of solicitation, merger of attempt, and merger of lesser included offenses into greater offenses.

1. Solicitation or Attempt

Solicitation or attempt merges into completed crimes. In other words, an offender cannot be convicted of both the solicitation or the attempt and the completed crime.

2. Lesser Offenses into Greater Offenses

If the elements of the lesser charge are **wholly contained** in the greater charge, the lesser charge merges into the greater charge. It is also required by the Double Jeopardy Clause.

✔ Robbery and larceny
① Robbery 구성요건: taking, carrying away, of tangible personal property of another, without consent, with the intent to permanently deprive the person of his interest in the property, by force
② Larceny 구성요건: taking, carrying away, of tangible personal property of another, without consent, with the intent to permanently deprive the person of his interest in the property
⇒ Larceny의 구성요건이 robbery의 구성요건에 '포함'되는 바, larceny는 robbery에 merge된다(Larceny **can** merge into robbery).

✔ Burglary and larceny
① Burglary 구성요건: breaking, entering of swelling house of another in the night, without consent of another, with the intent to commit a felony therein.
② Larceny 구성요건: taking, carrying away, of tangible personal property of another, without consent, with the intent to permanently deprive the person of his interest in the property
⇒ Burglary의 구성요건이 larceny의 구성요건에 '포함'되지 않으며,

larceny의 구성요건이 burglary의 구성요건에 '포함'되지도 않는다. 따라서 larceny는 burglary에 merge될 수 없다. 만일 merge한다면, 이는 Double Jeopardy Clause에 위배된다.

The theft is not a lesser-included offense of burglary and burglary is not a lesser-included crime of theft. → Larceny **cannot** merge into burglary.

✔ Burglary and Conspiracy to commit burglary

① Burglary 구성요건: breaking, entering of swelling house of another in the night, without consent of another, with the intent to commit a felony therein

② Conspiracy to commit burglary 구성요건: an agreement between two or more persons, overt act, intent to enter into an agreement and an intent to achieve the goal (to commit the crime)

⇒ 따라서 conspiracy는 burglary에 merge될 수 없다. 만일 merge한다면, 이는 Double Jeopardy Clause에 위배된다.

D. Constitutional Issues

본 챕터에서는 형법에 관한 헌법 조항에 논한다. 본 챕터에서 논하는 내용은 주로 형법을 제정하는데 있어서의 헌법적 제한이며, 형사소송에서 보호되어야 하는 피고인의 헌법상 권리는 「Part two. Criminal Procedure」에서 논한다. Bills of attainder는 사법절차 없이 특정인을 처벌한다는 내용의 법률을 뜻하는 바, 이는 금지된다. Ex post facto는 '소급하는' 의미를 가진 용어로서, ex post facto laws는 소급적용되어 법률적 결과 또는 상태에 변화를 주는 법률을 뜻하는 바, 헌법상 금지된다. 이는 criminal case에만 적용되며, '피고가 committed crime한 당시'를 기준으로 과거에는 무죄가 인정되었던 행위에 대해 죄책을 인정하는 법률, 동일한 죄책에 대해 더 무거운 형벌을 인정하는 법률, 유죄를 인정하는데 있어 그 기준을 완화하는 법률은 모두 금지된다. 또한 애매한(vague) 법규는 무효이며, 법규의 내용은 분명하고 어떤 행위에 대해 형벌을 부과하는지 명백해야 한다.

1. No Bills of Attainder

A bill of attainder is a legislation that declares **specific** a person or members of a group guilty **to punish** them **without a judicial trial.** It is prohibited in criminal law.

2. No Ex post Facto Laws

An ex post facto law is legislation that **retroactively** changes the consequences or statute of **criminal** actions. In criminal law, ex post facto law is prohibited.

3. Void for Vagueness Doctrine

Under the void for vagueness doctrine, criminal laws that are vague are void. The laws are vague when those do not state explicitly and definitely what conduct is punishable.

II. Essential Elements of Crime

The defendant is guilty when the prosecution proves:

ⅰ. Actus reus (guilty act);

ⅱ. Mens rea (guilty mind);

ⅲ. Concurrence; and

ⅳ. Causation.

Additionally, there should be **no** applicable justifications and defenses.

A. Act (Actus Reus)

형법상 범죄 성립요소인 act는 피고인의 작위 및 부작위를 뜻하며, 작위는 피고인의 '자발적인(voluntary)' 행위만을 뜻한다. 여기서 '자발적'이라는 것은 민법상 사용되는 용어보다 좁은 의미를 가지는 바, 타인이 밀쳐 하게 된 행위와 같이 행위자의 결심(determination)과 무관하게 이루어진 행위, 넘어지는 순간 팔을 뻗은 행위와 같은 반사적인(reflexive) 행위, epileptic seizure(간질 발작), sleep walking(몽유병 환자가 돌아다니는 행위)은 모두 해당되지 않는 다(involuntary하다). 한편, 민법상 intentional torts 성립요소의 act는 피고의 '자유의지를 가진(volitional)' 행위를 뜻하는 바, 피고 스스로 움직인 행위는 모두 act로 인정된다. 즉 형법상 act보다 넓은 개념으로서, 타인이 밀쳐 하게 된 행위와 같이 행위자의 결심(determination)과 무관하게 이루어진 행위를 제외한 행위는 모두 act로 인정된다.

부작위(omission)는 피고인에게 작위의 의무가 있고, 피고인이 작위의 의무 가 있는 상황을 인지하였고, 의무를 행할 수 있는 능력이 있었던 경우에 한해 형법상 범죄로 성립한다. 법규, 계약 등에 의해 피고인과 피해자 사이에 피고 인의 의무가 인정되는 경우, 피고인이 도움을 제공한 경우, 피고인이 위험을 제공한 경우 피고인에게 작위의 의무가 있다고 인정된다.

1. General Rule

Act is a voluntary act or unlawful omission (fail to act) by the defendant.

✔ Speeches — act ○
✔ Thinking — act ✕

2. Voluntary Act

The defendant's act must be **voluntary.** The act should be the product of the defendant's determination and a conscious exercise of the will, not the reflexive (convulsive^{발작적인}) or unconscious act.

[표 7-1] "Act" 해석

	Criminal law	Torts (intentional torts)
Act	voluntary act	volitional act
Not the product of the actor's determination	인정✕	인정✕
Reflexive act (Unconscious/Convulsive)	인정✕	인정○

3. Ommission

a. General Rule

> 전제x3(legal duty, knowledge, ability) + ommission ⇒ actus reus 요
> 건 만족

Omission by the defendant can satisfy actus reus element if:

  i . The defendant has a **leal duty to act;**

  ii . The defendant **knew** the situation creating the duty to act; and

  iii. The defendant had **ability** to perform the duty.

b. Legal Duty

Legal duty arises from:

  i . A **statute,** a **contract,** or relationship between the defendant and
     the victim;

  ii . The defendant's **voluntary assumption** of care; or
     (Once the defendant provides aid to others)

  iii. The **creation of peril** by the defendant.

B. Mental State (Mens Rea)

Mental state is the defendant's state of mind or intent **at the time of his act.** Common law and Model Penal Code (MPC) use different categories as to mental state.

Under the common law, there are four types of crime: specific intent crime, general intent crime, crime requiring malice, and crime requiring no intent (strict liability).

The MPC proposes four types of criminal mental state: purposely, knowingly, recklessly, and negligently.

TIP   ① CL의 경우, 범죄 유형에 따른 intent 요건이 충족되었는지 그 여
        부를 판단해야 하는 문제가 다수 출제되는 바, 각 intent 요건이
        요구하는 정도를 파악하는 것이 중요하다. 또한 문제에서 피고

인의 (기소된) 범죄에 대한 정보만 제공될 뿐 범죄의 유형은 제공되지 않으므로, 수험자는 각 죄책이 어떤 범죄의 유형으로 구분되는지 암기해야 한다.

② MPC의 경우, 문제에서 해당 사건에 적용가능한 statute를 명시하는 경우가 많다. 해당 statute에 범죄의 성립요건(intent 요건)이 명시되어 있으므로, 주어진 statute를 꼼꼼히 읽는 것이 중요하다.

1. Common Law

Under the common law, there are four types of crime: specific intent crime, general intent crime, crime requiring malice, and crime requiring no intent (strict liability).

[표 7-2]

Specific intent	General intent	Malice	Strict liability
• Solicitation • Attempt • Conspiracy • First degree murder • Assault (attempted battery) • Larceny • Robbery • Burglary • Forgery • False Pretenses • Embezzlement	• Kidnapping • False imprisonment • Battery • Rape	• CL murder • Arson	• Statutory rape • Selling liquor to minors • Bigamy (in some jurisdictions)

a. Specific Intent

Specific intent crimes require defendant's **specific intent** at the time of the commitment.

b. General Intent

General intent is an awareness of all factors constituting the crime. General intent can be inferred by **mere doing of the act.**

c. Malice

Malice exists when the defendant **recklessly disregard** a substantial and unjustifiable risk that the particular harmful result would occur.

d. Strict Liability

- Strict liability = Public welfare offenses

For the strict liability crimes, the mental state of the defendant is **not** required. Defenses that would negate state of mind (e.g., mistake of fact) are not available.

2. MPC

The MPC proposes four types of criminal mental state: purposely, knowingly, recklessly, and negligently.

a. Purposely

When a person purposely or **intentionally** engages in a certain conduct or causes in a certain result, it satisfies mental state element of a criminal offense.

✔ A statute makes it a felony to purposely possess cocaine.

✔ A statute provides "any person who purposely sells alcoholic beverages to any person under the age of 18."

b. Knowingly

A person acts knowingly or **willfully** when he has knowledge (or is aware of high possibility) regarding the nature of his conduct or the existence of certain circumstances.

✔ A statute: "False imprisonment is a knowingly confining a

person without valid consent and without authority of law."

⇒ A person is guilty when he ① knows that without valid consent & ② knows that without authority of law

c. Recklessly

A person acts recklessly when the defendant **consciously disregards** a substantial and unjustifiable risk that the particular harmful result would occur.

d. Negligently

A person acts negligently when he fails to be aware of a substantial and unjustifiable risk and such failure constitutes a substantial deviation from the **standard of care** that a **reasonable** person would exercise under the similar circumstances.

3. Transferred Intent

피고인이 특정 '대상'을 상대로 특정 '범죄'를 범하기 위해 행동하였으나 성공하지 못하고, 다른 대상을 상대로 해당 범죄를 범하였거나 그 특정 대상을 상대로 다른 범죄를 범한 경우에는 본래 피고인이 가지고 있던 intent가 실제로 범하게 된 범죄에 대한 intent로 이전된다(transferred intent doctrine). 즉 피고인이 범행 당시 의도했던 바와 다른 결과가 나오는 경우, 피고인은 "transferred intent"를 가지고 있었다고 본다. 예컨대, 피고인 갑이 을을 상대로 battery를 의도하였으나 결과적으로 병에게 homicide를 범하게 된 경우, 갑이 본래 가지고 있었던 battery에 대한 intent가 결과적으로 발생한 homicide에 대한 intent로 transfer되었다고 본다. 다시 말해, homicide의 intent 요건이 만족된다. 한편, 본 rule은 attempt에 적용되지 않는다. 따라서 상기 예시에서 갑의 을에 대한 attempt to battery는 homicide의 intent로 이전되지 않고 그대로 유지되는 바, 갑은 homicide와 attempt to battery 모두에 대해 죄책이 있다.

Under the transferred intent doctrine, a defendant is still liable where he acted with the intent to commit a crime against a particular person but instead commit a different crime or to another person.

It is inapplicable in attempt cases.

C. Concurrence

The physical act and the mental state must exist **at the same time.**

D. Causation

There must be a causation between a harmful result and the defendant's act.

E. Absence of Defenses

범죄가 성립되기 위해서는 책임조각사유와 위법성조각사유가 없어야 한다. 자세한 내용은 「Ⅲ. Culpability」와 「Ⅳ. Exculpation」에서 논하기로 한다.

III. Culpability

한국형법상 범죄의 성립요건은 구성요건해당성·위법성·책임성을 따지고 그 행위가 위법성조각사유나 책임조각사유에 해당하는 경우에는 제외하는 법리 형태를 취하고 있으나, 미국형법에서는 이와 달리 구성요건해당성만을 보고 그 행위가 심신상실(insanity and intoxication)이나 책임무능력자(infancy) 또는 그 외 defenses에 해당하는지를 봐서 처벌 여부를 판단한다. 여기서 심신상실 (insanity and intoxication)이나 책임무능력자(infancy)를 통틀어 "culpability" 라 하고, '그 외 defenses'는 심신상실(insanity and intoxication) 및 책임무능 력자(infancy)를 제외한 한국법상 위법성조각사유 및 책임조각사유를 모두 포함한 개념으로서 영어로 "exculpation"라고도 표현한다. Exculpation은 명 확히 말해 justification, excuse 그리고 other defenses로 구분되어 있지만 객 관식 시험에서 각 defense의 유형을 구분토록 요구되는 문제는 출제되지 않는 바, 필자는 크게 culpability와 exculpation으로만 구분하고 각 사유를 설명했다. 본 챕터에서는 culpability에 해당하는 심신상실(insanity and intoxication)과 책임무능력자(infancy)에 대해 논한다. 한편, culpability와 exculpation 모두 피고인의 affirmative defense에 해당하는 바, 이에 대한 입증책임은 '피고인'에게 있다. 다만, 피고인이 제출하는 증거력 정도에 대해서는 판례가 나뉘나 대부분의 재판권은 preponderance of the evidence 수준을 요한다.

Insanity는 정신병, 정신병질을 뜻하며, intoxication은 음주 및 약물로 인한 명정상태를 뜻한다. 한국형법상 심신상실은 insanity와 intoxication을 모두 포함하는 개념이다. 한편, infancy란 형사미성년자를 뜻한다. 한국에서는 14세 미만자가 형사미성년자이므로 그들의 행위는 책임능력이 없어 형벌을 과할 수 없으나 미국형법은 이와 다르다. 미국은 7세 미만자의 행위는 책임능력이 없다고 간주(conclusive presumption)하므로 형벌을 과할 수 없고, 7세 이상 14세 미만자는 rape를 제외한 범죄에 대해 책임능력이 없다고 추정(rebuttable presumption)하므로 반증이 있으면 형벌을 과할 수 있다. Rape의 경우 7세 이상 14세 미만자는 책임능력이 없다고 간주한다. 한편, 14세 이상자는 책임능력이 있으므로 형벌을 과할 수 있다.

A. Burden of Proof

A defendant has the burden of proof as to an affirmative defense.

Many jurisdictions require a defendant to prove the affirmative defense **by a preponderance of the evidence.**

Federal courts require proof by clear and convincing evidence.

One Supreme Court requires a defendant to prove beyond a reasonable doubt.

B. Insanity

Insanity는 정신병, 정신병질을 뜻하며, 피고인이 범죄행위를 '범할 당시' 그의 insanity가 피고인의 생각 및 행위에 영향을 미친 경우에 한해 defense로 인정된다. 피고인의 insanity가 피고인에게 영향을 미쳤는지 그 여부를 판단하는 기준에는 M'Naghten test, MPC, irresistible impulse test, Durham test가 있다. Affirmative defense에 대한 입증책임은 피고인에게 있는 바, '피고인'은 자신이 test의 요건에 부합한다는 것을 증명해야 한다. 한편, MPC에서 명시한 기준은 M'Naghten test와 irresistible impulse test가 혼합된 형태를 취하고 있다.

If there was abnormal mental condition **at the time of the crime,** the defendant can raise the insanity defense. There are several tests determining whether the defendant was insane.

1. Insanity Tests

a. M'Naghten Test

Under the M'Naghten test, a **defendant** must show that:

ⅰ. Severe mental disease or defect;

ⅱ. Caused a defect of reason^{생각}; and

ⅲ. As a result of such severe mental disease or defect, defendant:

① Did not know the **wrongfulness** of his actions; or

② Did not understand the **nature and quality** of his actions.

✔ Murder로 기소된 피고인은 범행 당시 자신이 상인을 향해 총을 발사한 것이 잘못된 행위인지 몰랐다. ― ⅲ① 요건(did not know wrongfulness) 충족

✔ 머리를 야구공으로 생각하고 이를 bat로 힘껏 친 경우 ― ⅲ② 요건 충족

b. MPC

Under the MPC, a defendant must show that:

ⅰ. Severe mental disease or defect; and

ⅱ. Caused a lack of substantial capacity to either:

① **Appreciate the wrongfulness** of his conduct; **or**

② **Conform his conduct** to the requirements of law.

c. Irresistible Impulse Test

Under the irresistible impulse test, a defendant is entitled to an acquittal if he proves that:

ⅰ. Severe mental disease or defect; and

ⅱ. Caused him unable to control his actions or to conform his conduct to the law.

d. Durham Test

Under the Durham test, a defendant is entitled to an acquittal if he proves that his crime would not have been committed **but for** the mental disease of defect. In other words, he defendant who shows that the crime was **the product of** mental disease or defect, he is entitled to an acquittal.

2. Limitation

피고인의 severe mental disease or defect를 앓고 있는 정도가 상기 언급한 기준에 부합한다하여 defense로 인정되는 것은 아니고, 피고인이 그러한 정신병질로 말미암아 믿게 된 사실을 근거로 한 행위가 '형법상 합법적인 행위'인 경우에 한해 defense로 인정된다. 예컨대, delusion(망상)을 앓고 있는 갑이 을이 자신을 저주한다고 믿고 을을 살해한 경우, 갑이 믿게 된 사실(을이 자신을 저주함)을 근거로 한 행위(자신을 저주하는 자를 살해하는 행위)는 형법상 illegal하다. 따라서 갑의 insanity defense는 받아들여질 수 없다. 반면, 동일한 사안에서 갑이 을이 자신을 죽이려고 달려들었다고 믿었다면, 갑이 믿게 된 사실(을이 자신을 죽이려고 달려듦)을 근거로 한 행위(자신을 살해하려 달려드는 자를 살해한 행위)는 self-defense로 인정되는 바, 형법상 면책된다(legal하다). 따라서 갑의 insanity defense는 받아들여질 수 있다. 다시 말해, 피고인의 severe mental disease or defect가 인정된다면 '피고인이 믿은 사실을 기반으로' 피고인 행위의 illegal여부를 판단해야 한다.

Insanity defense **cannot** be recognized when the defendant's actions would have been **criminal** even if the facts had been as he believed them to be.

TIP1 Insanity에 관한 문제에는 어떤 test에 입각하여 판단해야 하는지 명시되어 있다. 만일 판단기준이 명시되어 있지 않다면, M'Naghten test를 기준으로 판단한다.

"The jurisdiction in which the defendant is tried has adopted only the Durham test."

"The jurisdiction in which the defendant is tried follows the MPC for inanity."

TIP2 Insanity 관련 문제 생각 route

① Insanity 성립요건을 만족했는지 확인 (주어진 기준을 바탕으로)

② '피고인이 믿은 사실을 기반으로' 피고인 행위의 위법성 여부를 판단★

3. Insanity v. Incompetency

Insanity와 incompetency는 피고인의 정신상태가 정상적이지 못하다는 점에서 동일하나 판단시점 및 법적효과에 있어 차이가 있다. Insanity는 피고인이 범행을 범할 당시 정신병으로 인해 올바른 판단을 하지 못하는 심실상실의 상태에서 범행을 범하는 경우 범죄의 성립요건이 모두 충족되더라도 피고인에게 형벌을 가하지 않는다. 한편, incompetency는 재판을 진행하는 과정에서 피고인이 해당 과정을 이해하지 못하거나 변호인에게 자신의 defense를 위한 정보를 제공하지 못하는 등 재판을 진행하기에 어려운 정도의 정신상태인 경우 재판의 진행을 멈추고 피고인의 정신상태가 competent하게 되는 시점에 다시 재판을 진행한다. 피고인은 재판 중 스스로 incompetent하다고 판단되는 시점에 자신의 incompetency에 대해 심리하기 위한 hearing 개최를 요청할 수 있으며, 해당 hearing에서 right to jury를 행사할 수 있다.

a. Incompetency

A defendant is incompetent when he, as a result of a mental disease or defect, is unable:

ⅰ. To **understand the nature of the proceedings** being brought against him; or

ⅱ. To **assist his lawyer** in the preparation of his defense.

b. Incompetency and Due Process

Under the Fourteenth Amendment Due Process Clause, a defendant may **not stand trial** (not be tried, convicted, or sentenced) if he is **incompetent.** The defendant has a right of **notice and a hearing** to being declared incompetent. In many jurisdictions, the defendant also has a **right to a jury** in determination of competence.

[표 7-3]

	Insanity	Incompetency
판단 시점	범행할 당시	재판 진행 중
판단 기준	다양한 test에 입각하여	① 과정에 대한 이해가 불가능한 경우; or ② 자신의 변호인을 도울 수 없는 경우
법적효과	피고인에게 형벌을 가하지 않는다.	재판 진행 중지

C. Intoxication

Intoxication may be caused by alcohol, drugs, and medicine. There are two types of intoxication: voluntary and involuntary intoxication.

1. Voluntary Intoxication

Intoxication is voluntary when a defendant intentionally self-induced substance without duress or knowledge to be intoxicating. The intent to be intoxicated is not required.

Voluntary intoxication can be a defense only against a **specific intent** crimes and first degree murder. It may reduce the first degree murder to second degree murder, but not reduce the second degree murder to manslaughter. This is because voluntary intoxication may negate the defendant's deliberation and premediation, but cannot negate the criminal recklessness.

2. Involuntary Intoxication

Intoxication is involuntary when the defendant becomes intoxicated:

ⅰ. **Without knowledge on the nature** of the substance;

ⅱ. Under the **duress;** or

ⅲ. Based on **medical advice** without awareness of the substance's intoxicating effect.

D. Infancy

Under the common law, infancy defense can be offered based on **physical age at the time of the crime.**

A child under the age of seven has **no** criminal liability. It is a **conclusive** presumption of incapability.

A child between the ages of seven and fourteen is **presumed incapable** of committing crime. It is a **rebuttable** presumption. However, a child under fourteen is **conclusively** presumed incapable of committing **rape.**

A child age fourteen or older is treated as adults.

[표 7-4]

	age < 7	7 ≤ age < 14	14 ≤ age
Criminal liability	× (conclusive)	× (rebuttable)	○
Rape		× (conclusive)	

IV. Exculpation

본 챕터는 심신상실(insanity and intoxication) 및 책임무능력자(infancy)를 제외한 나머지 defense, 즉 심신상실(insanity and intoxication) 및 책임무능력자(infancy)를 제외한 한국법상 위법성조각사유 및 책임조각사유에 대해 논한다. 이에는 정당방위(self-defense and defense of others), 체포로부터의 저항(resisting arrest), 긴급피난(necessity), 강요된 행위(duress가 있는 행위), 피해자의 승낙(consent), 착오(mistake), 함정수사(entrapment) 등이 있다. 앞서 언급한 바와 같이 미국형법은 한국형법과는 다른 법리를 취하는 바, exculpation은 한국법상 위법성조각사유와 명확히 대응되는 개념은 아니다.

A. Burden of Proof

A defendant has the burden of proof as to an affirmative defense.

Many jurisdictions require a defendant to prove the affirmative defense by a preponderance of the evidence.

Federal courts require proof by clear and convincing evidence.

One Supreme Court requires a defendant to prove beyond a reasonable doubt.

B. Self-Defense and Defense of Others

Self-defense 및 defense of others는 한국형법상 정당방위, 즉 자기 또는 타인의 법익에 대한 현재의 부당한 침해를 방위하기 위한 상당한 이유가 있는 행위를 뜻한다.

1. Self-Defense

Self-defense는 원칙적으로 먼저 부당한 공격을 가한 자(aggressor)에게 인정되지 않으나, aggressor가 싸움을 멈추고 싶다는 의사를 타인에게 알린 경우와 aggressor의 작은 공격에 대해 상대방(피해자)이 deadly force로 응답하는 경우에는 예외적으로 aggressor의 self-defense를 인정한다. 예컨대, 갑이 을의 머리를 주먹으로 때리자 을이 총을 들고 갑을 위협하는 경우 갑이 aggressor임에도 불구하고 그의 행위(머리를 주먹으로 때린 행위)는 self-defense로 인정될 수 있다. 한편, 행위자는 자신을 방위하기 위해 nondeadly force 및 deadly force를 사용할 수 있으며, deadly force를 사용하기 전 별도로 이를 피하고자 노력해야 할 의무(duty to retreat)는 없다(다수설). 다만, 일각에서는 행위자가 deadly force를 사용하지 않고도 안전한 상태(in complete safety)를 확보할 수 있는 경우에 한해 duty to retreat를 요구하며, 행위자의 거주지에서 부당한 공격을 받은 자, 용의자를 체포하는 경찰 그리고 강간 및 강도의 피해자의 경우에는 in complete safety 여부와 무관하게 duty to retreat가 요구되지 않는다.

a. General Rule

A person may use either non-deadly or deadly force **without fault** as he **reasonably** believes it is necessary to protect himself from the **imminent** use of **unlawful** force upon himself.

b. Without Fault

The person is without fault means he is not an aggressor. An aggressor has **no** right to use force in her own defense, **except** for two situations:

i. When an aggressor **tries to remove himself** from the fight and **communicates his desire** to the other person; or

ii. When the victim of the initial aggression **escalates a minor fight** into one involving deadly force.

c. Duty to Retreat

Under the majority rule, a person who uses deadly force as a self-defense has **no** duty to retreat.

Under the minority rule (retreat doctrine), a person **is** required to retreat only when retreat can be made **in complete safety** except for the following situations:

i. When the attack occurs **in one's own home**;

ii. When the victim (e.g., police) is making a **lawful arrest**; or

iii. When the attack is made by victim of **rape or robbery.**

TIP 시험문제에서 별도의 언급이 없는 경우, majority rule(no duty to retreat)을 적용한다.

[표 7-5]

Self- defense	원칙		Aggressor는 self-defense 주장불가
	예외		① Aggressor가 싸움을 멈추고 싶다는 의사를 표명한 경우; or ② Aggressor의 작은 공격에 대해 상대방이 deadly force로 응답하는 경우
Deadly force	다수설		**no** duty to retreat
	소수설	원칙	有 duty to retreat (deadly force를 사용하지 않고 complete safety가 가능한 경우에 한해)
		예외	① 행위자의 거주지에서 부당한 공격을 받은 자; ② 용의자를 체포하는 경찰; or ③ 강간 및 강도의 피해자의 경우

d. Imperfect Self-Defense

Murder의 성립요건인 malice가 없었으나 self-defense를 주장하기에 적합하지 않은 경우, 피고인에게 어떤 죄책이 인정되는가. 예컨대, 갑이 을이 자신을 향해 위협적 행동을 한다 여겨 을을 밀쳤고 이로 인해 을이 사망한 경우, 어떤 죄책이 인정되는가. 갑이 을이 위협적 행동을 한다 여기고 을을 밀쳤으므로 malice는 없었으나, 갑이 그렇게 여기기에 unreasonable한 경우라면 self-defense도 인정될 수 없다. 이러한 경우를 imperfect self-defense라 일컬으며, 갑은 을의 사망에 대해 murder보다 경감된 manslaughter에 대해 책임을 진다.

Under the imperfect self-defense rule, the defendant is liable for **manslaughter,** when he has no justifiable self-defense.

2. Defense of Others

Defense of others can be raised only when the defendant **reasonably** believes that the person he assisted has the legal right to use force in his own defense.

The special relationship between the defendant and the person he assisted is not required.

C. Defense of Dwelling and Other Property

Generally, a defendant may not use deadly force in defense of his dwelling and in defense of other property.

D. Resisting Arrest

Every person has right to resist from the arrest with either nondeadly or deadly force. Using deadly force is justifiable, only when an attack is made by a police officer but he does not know that the person is a police officer.

E. Necessity

When the defendant **reasonably** believes that a conduct is necessary to avoid some harm to society, his criminal conduct is justifiable.

Objective test is used, thus the good faith belief is insufficient.

F. Duress

When a criminal conduct is performed under the threat of imminent infliction of death or great bodily harm, it is **excusable** and the defendant is not guilty of an offense.

Duress defense is not applicable in homicide case.

Traditionally, threats to property were not sufficient to establish the defense of duress, but under the MPC, it is sufficient.

Duress는 exculpation 중 excuse에 해당하는 바, justifiable 대신 "excusable" 표현을 사용한다.

G. Consent

동의를 할 수 있는 능력을 가진 자가 속임 없이 자발적으로 한 동의가 있는 경우, defense로 인정될 수 있다. 다만, 모든 범죄에 대해 defense로 인정되는 것은 아니고 kidnapping과 같이 강제성이 요구되는 범죄에 한해 인정된다. Consent가 있는 행위는 '강제성' 요건을 만족할 수 없기 때문이다(negate the element). 반면, statutory rape와 같이 강제성과 무관하게 특정 행위를 범죄로 규정하는 strict liability crime에 대해서는 consent가 defense로 인정될 수 없다.

Consent is a defense only when it **negates an element** of the offense. Consent should be **voluntarily** given by a party who has **legal capability** of consenting **without fraud**.

H. Mistake and Impossibility

Mistake와 impossibility는 착오, 즉 피고인의 의도와 그 결과에 차이가 있는 경우를 뜻한다. Mistake란, 피고인이 인식한 것과 실제 발생한 것에 차이가 있고 결과적으로 범죄의 구성요소를 '만족한' 경우를 뜻한다. Impossibility란, 피고인이 인식한 것과 실제 발생한 것에 차이가 있고 결과적으로 범죄의 구성요소를 만족하지 '못한' 경우를 뜻한다. 두 유형의 착오는 각각 사실적인 부분과 법률적인 부분에 대한 착오, 즉 mistake of fact, mistake of law, factual impossibility 그리고 legal impossibility로 구분된다. Mistake 또는 impossibility에 해당한다 하여 반드시 defense로 인정되는 것은 아니고, 각 유형에 따라 일정 요건을 만족하는 경우에 한해 defense로 인정된다.

1. Mistake of Fact

Mistake of fact는 '사실착오'로 해석되며, '사실적인' 부분에 대해 피고인이 인식한 것과 실제 발생한 것에 차이가 있으나 결과적으로 범죄의 구성요소를 '만족한' 경우를 뜻하는 바, 내 것인 줄 알고 타인의 것을 가져간 경우, 멧돼지인줄 알고 사람을 사격한 경우 등이 이에 해당할 수 있다. Mistake of fact는 범죄의 구성요소 중 피고인의 mens rea(intent)를 부정(negate)하는 경우에 한해 defense로 인정된다. 따라서 피고인의 mens rea를 요건으로 하지 않는 strict liability crime의 경우에는 defense로 인정될 수 없다. 예컨대, 14세 이하인 자와 성관계를 가지면 strictly liable하다는 형법 조항이 있다고 가정하자. 본 조항은 행위자의 mens rea와 무관하게 14세 이하인 자와 성관계를 가지면 무조건 유죄로 보는 strict liability crime에 대해 규정하고 있다. 따라서 갑이 17세인 줄 알고 14세인 을과 성관계를 가졌다 할지라도 갑의 mens rea와 무관하게 유죄이므로 갑의 mistake of fact는 defense로 인정될 수 없다. 한편, 규정된 행위를 함으로써 intent가 있다고 보는 general intent crime과 결과를 충분히 예상할 수 있었음에도 불구하고 이를 간과하고 한 행위를 범죄로 인정하는 malice crime의 경우에는 mistake of fact의 합리성(reasonable)이 추가로 요구된다. 즉 general intent crime과 malice crime은 mistake of fact가 reasonable하고 mens rea를 부정해야만 defense로 인정된다. 예컨대, ABC 주의 형법은 사람을 사격하는 경우 general intent crime으로 처벌받는다는 규정이 있다고 가정해 보자. 갑이 밝은 낮에 가까이 있던 사람을 멧돼지인줄 알고 사격한 경우, 사람을 멧돼지로 인지한 갑의 착오는 사람을 사격하겠다는 intent를 negate하나 밝은 낮에 가까이 있는 사람을 멧돼지로 착각한 것은 reasonable하지 못하므로 defense로 인정될 수 없고 갑은 유죄다.

Mistake of fact is a defense only when the mistake **negates the state of mind** required for the crime.

It can be a defense to a specific intent crimes, regardless of the reasonability of the mistake of fact.

It is a defense to **general** intent crimes and **malice** crimes only when the mistake of fact is **reasonable.**

It is **not** a defense to **strict liability crimes,** since strict liability crimes do not require state of mind.

✔ 갑이 을의 시계를 자신의 것이라 오인하여 집에 가져간 경우 그의 mistake of fact는 larceny에 대한 defense로 인정가능한가?

⇒ Larceny는 specific intent crime으로서, intent to permanently deprive the person of his interest in the property를 요건으로 한다. 갑이 을의 시계를 자신의 것이라 오인하였으므로, 그가 larceny를 범할 당시 을이 물건에 대해 가지고 있는 권리(interest)를 영원히 침탈하고자하였다 할 수 없다. 따라서 mistake of fact(을의 시계를 자신의 것이라 오인함)는 defense로 인정되어 갑은 무죄다.

✔ "18세 미만의 청소년에게 knowingly 술을 판매하는 경우 10개월 미만의 징역에 처한다."는 내용의 statute가 있다. 바텐더 갑은 15세인 손님 을에게 ID카드를 제시할 것을 요구하였고 이에 을은 20세로 적혀 있는 가짜 ID카드를 제시하였다. 갑은 을에게 술을 판매하였고 기소되었다. 이에 갑이 mistake of fact를 주장하였다. 법원의 판결에 대해 논하라.

⇒ Defense로 인정되는 바, 갑은 무죄다. 주어진 statute는 18세 미만인지 알면서(knowing), knowingly 술을 판매하는 것을 금한다. 갑은 15세인 을이 20세라 오인하였고(mistake of fact), 이는 'knowingly'라는 mental state를 부정하는 바, defense로 인정되고 갑은 무죄다.

2. Mistake of Law

Mistake of law란, 피고인이 '법률적인' 부분에 대해 인식한 것과 실제 발생한 것에 차이가 있고 결과적으로 범죄의 구성요소를 '만족한' 경우를 뜻한다. 이는 법규의 '존재'에 대한 착오와 법규 내용에 대한 '착오'로 구분된다. 법규의 '존재'에 대한 착오란, 피고인이 자신의 행위가 법적 처벌을 받을 수 있다는 점을 인지하지 못한 경우를 뜻하는 바, 한국법상 법률의 착오와 동일한 의미를 가지며 이는 항변사유로 인정되지 않는다. 즉 법에 대한 무지는 defense가 될 수 없다. 반면, 법규의 '내용'에 대한 착오는 범죄 구성요건에 대한 착오를 뜻하며 mistake of fact와 마찬가지로 mistake가 범죄 구성요소인 means rea를 부정하는 경우에 한해 defense로 인정된다.

Mistake of law is a defense only when the mistake **negates the state of mind.** In other words, the defendant can raise mistake of law when he makes mistake as to **the elements of a crime.**

When the defendant did not have knowledge that his conduct is prohibited by the criminal law, he is guilty. Mistake as to the **existence** of the statutes is **not** a defense.

* ✔ 갑 mistakenly believe that the definition of crime would not apply to him. → mistake as to the existence of the statutes → defense× (갑 is guilty)

* ✔ 갑 did not know that his action is prohibited under the criminal law. → mistake as to the existence of the statutes → defense× (갑 is guilty)

* ✔ 갑이 변호사로부터 잘못된 조언을 받아(was erroneously advised from his attorney) 자신의 행위가 합법적이라 믿은 경우 → mistake as to the existence of the statutes → defense× (갑 is guilty)

* ✔ 갑이 범행 당시 자신이 하는 행위는 battery에 해당한다고 믿었으나, 실제로는 robbery에 해당하는 경우 → mistake as to the existence of the statutes → defense× (갑 is guilty)

* ✔ 갑이 대출에 대한 담보물인 다이아몬드 반지 소유권이 자신에게 있다고 오인하여 이를 자신의 집에 가져갔고 larceny로 기소되었다. 실제로는 해당 반지의 소유권이 bank에 있었던 경우 → mistake as to the elements of a crime → defense○ (갑 is acquitted)

* ✔ "knowingly confining a person without authority of law is defined as false imprisonment"라는 내용의 statute가 있다고 가정하자. 식당 주인 갑이 식사를 마친 후 음식값을 지불하지 않는 을이 나가지 못하도록 막았고 이에 대해 false imprisonment로 기소되었다. 갑은 자신과 비슷한 상황에서 승소했다는 판례가 있다고 잘못 알고 있었다. → 갑은 자신에게 을을 confine할 수 있는 authority가 있다고 오인하였고 (그러한 판례가 있다고 오인함), 이는 "knowingly"라는 mens rea를

negate한다. → mistake as to the elements of a crime → defense ○
(갑 is acquitted)

TIP 법규의 '내용'에 대한 착오(mistake of law)와 mistake of fact를 명
확하게 구별하는 것은 어렵다. 시험문제에서도 피고인의 착오가
mistake of law와 mistake of fact 중 어느 것에 해당하는지 판단토
록 요구하는 경우는 없다. 따라서 법률의 무지는 mistake of law로
서 defense로 판단하고, 그 외의 mistake는 별도로 mistake의 유형
을 구분하지 않고 mistake of fact에 대해 판단하듯이 동일하게 해
당 mistake가 means rea를 부정하는지 그 여부를 판단한다.

3. Factual Impossibility

Factual impossibility란, 피고인이 '사실적' 부분에 대해 인식한 것과 실제
발생한 것에 차이가 있으나 결과적으로 범죄를 완성하지 '못한' 경우를 뜻
한다. 예컨대, 갑이 을의 지갑을 훔치고자 을의 주머니에 손을 넣었으나
을의 주머니가 비어있었던 경우 factual impossibility가 존재한다. 이 경우
피고인(갑)이 범죄를 완성하지 못했을뿐 범행(을의 주머니에 손을 넣음)
을 할 당시 자신이 하고자 하는 범행의 mens rea(을이 가지고 있는 지갑
에 대한 권리를 영원히 침탈하고자 하는 의도)를 가지고 있었기 때문에
factual impossibility는 defense로 인정되지 못하고 갑은 유죄다. 본 법리
에 입각하여 factual impossibility는 모든 유형의 crime에 대해 defense로
인정될 수 없다.

Factual impossibility occurs when a defendant completed all acts that
he intended but no crime is committed, because the facts are not as
he believes them to be.

✔ 갑이 을의 집을 전소할 목적으로 을의 마당에 폭탄을 설치하였으나 실
제로는 폭탄이 아닌 건전지였던 경우, is 갑 guilty for attempted
arson? → defense ×(갑 is guilty)

✔ 갑이 marijuana를 딜러에게 판매하였는데 실제로는 잡초였던 경우, is 갑 guilty for attempt to sell illegal drug? → defense ×(갑 is guilty)

✔ 갑이 을을 향해 총을 쏘았지만 총알이 장전되어 있지 않았던 경우→ defense ×(갑 is guilty)

4. Legal Impossibility

Legal impossibility란, 피고인이 '법률적' 부분에 대해 인식한 것과 실제 발생한 것에 차이가 있으나 결과적으로 범죄를 완성하지 '못한' 경우를 뜻한다. 예컨대, 자신의 행위가 felony인줄 알았으나 실제로는 범죄가 아닌 경우 등이 이에 해당한다. Legal impossibility는 attempt에 대해 항상 defense로 인정되나, 그 외의 범죄유형의 경우 legal impossibility가 해당 범죄의 mens rea를 부정하는 경우에 한해 defense로 인정된다.

Legal impossibility occurs when a defendant completed all acts that he intended but no crime is committed by him, because his act was not illegal.

✔ "18세 이상인 자만이 약을 구매할 수 있다"는 내용의 형법 statute가 있다. 18세인 갑은 21세 이상인 자만이 약을 구매할 수 있다고 알고 있었고, 약을 구매하기 위해 약국에 들어갔으나 구매하지 않고 되돌아 나왔다. 갑은 attempt로 기소되었다.
⇒ 갑이 시도한(attempted) 행위는 legal하다. 따라서 그가 불법적으로 약을 구매하고자 한 시도(attempt)는 없었다. → legal impossibility를 defense로 인정(갑 is acquitted)

✔ "11pm 이후에는 통행을 금지한다"는 내용의 형법 statute가 있다. 갑은 10pm 이후에 통행이 금지된다고 알고 있었고, 10pm에 공원을 걸었다. 이에 대해 갑은 attempt로 기소되었다.
⇒ 갑이 시도한(attempted) 행위는 legal하다. 따라서 그가 불법적으로 통행하고자 한 시도(attempt)는 없었다. → legal impossibility를 defense로 인정(갑 is acquitted)

✔ "시험지 문제 유출은 burglary(misdemeanor)이다"는 내용의 형법 statute 가 있다. 갑은 시험지 문제 유출이 felony에 해당한다고 알고 있었고, 교무실에 들어갔으나 시험지를 찾지 못하였다. 이에 대해 갑은 burglary로 기소되었다.

⇒ Burglary 구성요건 중 mens rea는 intent to commit a felony이다. 본 사안에서 갑은 misdemeanor를 행하고자 하였으므로 burglary의 구성요건은 만족할 수 없는 바, legal impossibility가 defense로 인정되고 갑은 무죄다.

[표 7-6]

Mistake of fact		Mistake of law	Factual impossibility	Legal impossibility	
Specific intent crime	when negate intent	when negate intent	무조건 defense × (guilty)	attempt	무조건 defense ○
General intent crime	only when ① negate intent; and ② it is **general**			그 외 crimes	when negate intent
Malice crime					
Strict liability crime	무조건 defense ○				

* 기본 rule: 오인이 mens rea를 negate할 수 있는 경우 defense로 인정한다.
   예컨대, mistake of fact의 경우 MPC에서 규정하는 statute에 대해 해당 statute의 mens rea(knowing, purposely 등)를 negate하는 경우 defense로 인정된다.
* defense로 인정 ⇒ be acquitted(무죄), defense로 인정× ⇒ be guilty(유죄)

I. Entrapment

• Entrapment = Sting operation = Trapping

1. General Rule

Entrapment^{합정수사} is a valid defense when:

ⅰ. The police **unduly encouraged** (enabled or aided) the defendant in the commission of the crime; and

ⅱ. The defendant was not **predisposed**^{경향이 있는} to commit the crime prior to the initial contact by the government.

2. Burden of Proof

The **defendant** has burden of production, and the government may rebut it by proving predisposition beyond a reasonable doubt in most jurisdictions.

V. Accomplice

Accomplice는 방조죄를 뜻하며, 방조한 자에게는 정범(principal)을 방조한다 (assist 또는 encourage)는 고의와 정범이 그 범죄행위를 실행할 것을 원하는 고의가 모두 있어야 하는 이중의 고의(dual intent)가 요구된다. 여기서 종범 (accomplice)의 두 번째 intent는 정범의 범죄에 대한 mens rea가 종범에게 도 동일하게 존재한 경우 인정된다. 예컨대, 정범(갑)이 robbery하는 과정에 서 을이 robber를 실행하고자 하는 고의와 갑을 assist하고자 하는 고의를 가 지고 행동한 경우 이중의 고의가 인정된다. 한편, 정법(principal)과 종법 (accomplice)의 구분은 modern law와 common law에서 달리한다. Modern law의 경우 범죄를 실행한 자를 principal 그리고 principal을 방조한 자는 accomplice로 구별하고, accomplice는 다시 principal을 도운 시점을 기준으 로 범행 과정에 방조한 자인 accomplice와 범행이 모두 완료된 시점에 방조 한 자인 accomplice after the fact로 구분된다. 한편, common law는 범죄를 실행한 자는 principal in the first degree로 규정하고, principal을 방조한 자 는 principal in the second degree, accomplice before the fact 그리고 accomplice after the fact를 포함한다. Principal in the second degree는 범행

과정에서 방조한 자 중 범행 현장에서 직접 방조한 자를 뜻하고, accomplice before the fact는 범행 현장에는 나타나지 않은 자를 뜻한다. Accomplice after the fact는 modern law와 마찬가지로 범행을 완료한 principal을 방조한 자를 의미하는 바, prosecution, investigator 등을 방해하는 crime 죄책을 진다. 즉 수사권방해(obstruction of justice) 죄책이 인정된다.

A. Parties to Crime

1. Modern Law

In most jurisdictions, there are three types of parties to a crime: principals, accomplices, and accessories after the fact.

a. Principal

A principal is a person who **actually engages** in the act (or omission) that causes the criminal result **with the required mental state.**

b. Accomplice

An accomplice is a person who:

ⅰ. Has the **intent to assist** the principal and the **intent that the principal commit the crime;** and

ⅱ. **Actually aids, commands, or encourages** the principal **before or during** the commission of the crime.

c. Accessory After the Fact

Accessory after the fact는 타인의 '범행 후' 형법적 제약, 즉 체포, 기소, 판결로부터의 도피를 '지원(assist)'한 경우 죄책이 인정된다. 따라서 타인의 범행이 모두 완료된 후에 그를 지원해야 accessory after the fact로 인정되고, 타인이 범행을 계획하는 시점부터 고려된 지원을 하는 것은 conspiracy로 인정된다. 한편, 단순히 타인의 범행을 권고·촉구(urge)하는 것으로는 방조죄가 성립될 수 없다. 타인의 범행을 알고도 이를 경찰에 알리지 않은 행위로 또한 방조죄가 성립될 수 없다. 예컨대, 갑이 burglary를 했다는 사실을 알고도 을이 이를 경찰에 알리지 않았다 하더라도 accessory after the fact에 대한 죄책이 인정되지 않는다.

An accessory after the fact is a person who **assists** another **to help** another escape arrest, trial, or conviction with the **knowledge** that the person committed a **felony**. He is charged with **obstruction of justice**. The crime (felony) must be **completed** at the time the accessory helps the felon. Mere urge is not sufficient. Thus, failure to notify the police about the crime committed by other person is insufficient.

2. Common Law

Under the common law, there are four types of parties to a crime: principals in the first degree, principals in the second degree, accessories before the fact, and accessories after the fact.

a. Principal in the First Degree

A principal in the first degree is a person who **actually engage** in the act (or omission) that causes the criminal offense.

b. Principal in the Second Degree

A principal in the second degree is a person who **aids, commands, or encourages** the principal **at the** crime.

c. Accessory Before the Fact

An accessory before the fact is a person who **aids, commands, or encourages** the principal, but is **not present** at the crime.

d. Accessory After the Fact

An accessory after the fact is a person who assists another **to help** another escape **arrest, trial, or conviction** after the crime.

[표 7-7]

	Modern law	Common law
Actually engage	Principal	Principal in the first degree
Aids, commands, or encourages	Accomplice	(at crime) Principal in the second degree
		(not at crime) Accomplice before the fact
	Accomplice after the fact	Accomplice after the fact

B. Dual Intent

1. General Rule

Accomplice requires:

ⅰ. **Intent to assist** the primary party; and

ⅱ. **Intent for primary party to commit the offense charged.**

In most jurisdictions, the dual intent requirement is satisfied if the defendant intended to assist the primary party and acted **with the intent required for the underlying offense.**

2. Knowledge

갑이 갑·을간 계약이 을의 범죄에 이용될 것을 알면서도(knowledge) 해당 계약을 체결한 경우, 갑에게 accomplice 범죄가 성립되는가. 이는 해당 계약 '목적물'의 불법성에 따라 달리 판단된다. 갑이 을에게 마약 등 불법 금지물품을 판매한 경우, intent assist가 인정된다. 한편, 갑이 불법적이지 않은 일반적인 계약을 을의 범죄행위를 예상하여 특별히 비싼 값에 체결 했다면 intent to assist가 인정된다. 이는 갑이 을의 범죄로부터 이득을 취했다고 보기 때문이다. 반면, 갑이 을에게 도끼를 일반적인 판매가격으로 매매했다면, 갑의 knowledge와 무관하게 intent to assist가 인정되지 않아 accomplice가 성립될 수 없다.

When a person involves the sale of **ordinary goods at ordinary prices,** his intent to assist is **not** recognized even when he knew that the sale would result crime.

In contrast, when a person provides **illegal item** or involves the sale of **higher price** because of the buyer's purpose, his intent to assist **is** recognized.

---

case 1

갑은 공구점을 운영하는 상인이다. 을이 갑의 상점에서 살인을 하기 위해 도끼를 구매했는데, 갑은 이를 알면서도 을에게 도끼를 판매했다. 을은 갑의 상점에서 구입한 도끼로 병을 살해했다. Is 갑 liable for accomplice?

⇒ No. 그는 일반물품을 일반적인 판매가격으로 판매했으므로 accomplice가 성립될 수 없다. 이때 갑이 을의 범죄행위에 대해 knowledge가 있었다는 사실은 accomplice 성립여부와 무관하다.

---

case 2

갑은 을이 은밀히 도박할 곳을 찾는다는 것을 알고 자신의 집을 비싼 값에 임대했다. Is 갑 liable for accomplice?

⇒ Yes. 갑은 임대계약을 체결함에 있어 을의 범죄행위를 예상하여 특별히 비싼 값에 임대하였으므로, 갑의 intent to assist가 인정된다.

C. Scope of Liability

1. General Rule

An accomplice is liable only for the crimes that were **foreseeable or probable.**

2. Accomplice and Involuntary Manslaughter

원칙적으로 모든 범죄에 대해 accomplice는 성립할 수 있으나, criminal negligence 또는 reckless를 성립요건으로 하는 involuntary manslaughter 의 경우 accomplice가 성립할 수 있는가에 대해서는 견해가 나뉜다. 다수 의 주에서는 다른 범죄들과 마찬가지로 involuntary manslaughter의 경우 에도 accomplice가 성립할 수 있다. 즉 종범(accomplice)이 involuntary manslaughter의 성립요건인 criminal negligence 또는 reckless를 가지고 있는 경우 두 번째 intent가 있었다고 본다. 반면, 소수의 주에서는 사람이 criminal negligence 또는 reckless를 하고자 의도할 수는 없으므로, 종범 의 두 번째 intent는 존재할 수 없고 방조죄는 성립하지 않는다.

In minority jurisdictions, the accused cannot have accomplice liability for involuntary manslaughter as a matter of law. This is because courts find that one cannot intend a negligent or reckless killing.

VI. Inchoate Offenses

한국형법에서는 범죄를 기수와 미수로 구분하는 반면, 미국에서는 계획단계에서의 범죄와 실행단계에서의 범죄로 구분한다. 한국은 하나의 동일한 범죄를 완성하면 기수범, 미완성한 경우에는 미수범으로 구분하므로 일반적으로 '미수론'과 '정범 및 공범론'으로 구분하여 설명한다. 그리고 '정범 및 공범론' 속에 교사범, 종범, 간접정범, 공동정범을 모두 포함하여 설명하는 것이 보편적이다. 이에 반해 미국형법에서는 inchoate offenses(계획단계에서의 범죄)와 실행단계에서의 범죄(예: 살인, 폭행, 감금, 납치, 강간죄 등)로 구분하고, 종범(accomplice)에 대해서는 별도로 설명하는 것이 보편적이다. 본 챕터에서는 inchoate offenses, 즉 계획단계에서의 범죄에 대해 논한다.

Inchoate offenses에는 미수(attempt), 교사죄(solicitation) 그리고 공모죄(conspiracy)가 있다. 이 세 유형의 범죄는 행위자가 본래 계획했던 범죄를 완성하지 못하더라도 기수로 인정한다. 즉 attempt는 최종범죄(principal offense)를 완성하지 못했다 하더라도 성립할 수 있고, solicitation은 교사한 내용의 범죄가 완성되지 못했다 하더라도 성립할 수 있다. 또한 conspiracy는 두 명 이상이 범행 계획을 했으나 범죄가 완성되지 못했다 하더라도 성립할 수 있다. 한편, 최종범죄(principal offense)가 완성된 경우에는, attempt와 solicitation은 해당 최종범죄에 결합(merge)되어 포괄일죄가 되는 반면, conspiracy는 최종범죄에 결합(merge)되지 않고 독립적인 범죄로 인정되어 'conspiracy'와 '최종범죄(principal offense)' 이렇게 두 개의 범죄가 인정된다.

A. General Concepts

An inchoate offense, preliminary crime, or incomplete crime is a crime of preparing for or seeking to commit another crime. There are three inchoate offenses: attempt, solicitation, and conspiracy. These offenses are completed even if the planned act may not have been completed.

The doctrine of merger is applicable to **attempt and solicitation** and an accused cannot be convicted both either attempt or solicitation and the principal offense.

The doctrine of merger is inapplicable to conspiracy and an accused can be convicted **both conspiracy and the principal offense.**

B. Attempt

Attempt는 미수(未遂), 즉 특정 intent를 가지고 실행에 착수하였으나 범죄를 완성시키지는 못한 경우를 뜻한다. 여기서 '특정 intent'란 완성하고자 한 범죄의 성립요소 중 mens rea를 뜻하고, 특정 intent를 가지고 한 행위이므로 common law상 specific intent crime으로 분류된다. 예컨대, attempted robbery로 기소된 경우 검사는 robbery의 mens rea 성립요건, 즉 피고인의 intent to permanently deprive the victim of the property를 증명해야 한다. 한편, '실행에 착수된 행위(overt act)'는 준비단계를 넘어선(beyond mere preparation) 행위를 의미하며, 피고인의 행위가 어느 정도로 진행되어야 '실행에 착수(overt act)'되었다고 볼 것인지에 대해서는 과거와 현대 다수의 주 및 MPC가 규정하는 바가 다르다. 객관식 문제에서 대부분 특정 기준을 명시하지 않는 경우에는 피고인이 의도한 범죄를 실행하기 위해 한 행동이 있다면 overt act 요건을 만족했다고 본다.

1. General Rule

A criminal attempt is an act done with the specific intent, but **falls short** of completing the crime. The elements of attempt are:

ⅰ. An overt act; and

ⅱ. **With the specific intent** to commit a crime.

2. Overt Act

Defendant's action must be an overt act that went **beyond mere preparation** for the offense. States use various tests for determining whether a defendant's conduct has gone far enough to constitute an attempt to commit a crime.

Traditionally, courts said that the actor's conduct must be **proximate** to the crime.

The Model Penal Code and most jurisdictions require only that a defendant's conduct be a **substantial step** forward commission of the crime.

✔ 피고인이 폭탄을 설치했으나 결함으로 폭탄이 터지지 않은 경우 — overt act ○ (attempted arson)
✔ 상점 직원이 돈을 내놓지 않자 피고인이 칼을 꺼내들었으나, 직원이 그를 잘 설득하여 피고인이 꺼냈던 칼을 다시 주머니에 집어넣은 경우 — overt act ○ (attempted robbery)
✔ 피고인이 판매자로부터 마리화나를 구매하였고, 이에 대해 attempt to smoke a marijuana로 기소된 경우 — overt act ○

3. Intent

Attempt requires **specific intent** to commit the underlying crime.

✔ 피고인이 attempted murder로 기소된 경우, 검사는 피고인의 intent to kill을 증명해야 한다.

4. Defenses

Attempt의 defense에는 legal impossibility와 abandonment가 있다. Legal impossibility는 피고인이 법률적 부분에 대해 인식한 것과 실제 발생한 것에 차이가 있으나 결과적으로 범죄를 완성하지 못한 경우를 뜻한다. 이는 유효한 defense로 인정된다. Abandonment의 경우, 다수의 주와 MPC에서 인정하는 바가 다르다. 대부분의 주에서는 피고인의 행위가 범죄 실행에 조금이라도 기여한 경우 attempt가 인정되는 바, 그러한 경우에는 abandonment를 유효한 defense로 인정하지 않는다. 반면, MPC에서는 피고인이 외부의 영향 없이 자발적 의지로 abandon하였고 그 정도가 단순히 현재의 계획을 미루거나 다른 피해자를 찾는 정도가 아니고 완전히 범죄를 포기하는 정도인 경우, defense로 인정한다.

a. General Rule

There are two defenses to attempt: legal impossibility and abandonment.

Legal impossibility occurs when a defendant completed all acts that he intended but no crime is committed by him.

b. Abandonment

- Abandonment = Withdrawal = Renounce

i. Majority Jurisdictions

In most jurisdictions, voluntary abandonment is not a defense to the crime of attempt once the actor's conduct has gone beyond mere preparation.

ii. Minority Jurisdictions (MPC)

In minority jurisdictions, the abandonment of an attempt before the crime is completed is an affirmative defense when the abandonment:

① Is voluntary; and

② Is made with a renunciation^{포기} of criminal purpose.

C. Solicitation

Solicitation은 교사죄, 즉 타인에게 범죄를 교사하여 그 자가 범죄실행의 결의를 생기게 하는 경우 인정되는 범죄이다. 즉 타인의 범죄실행을 의도하고 교사하는 경우 인정되는 범죄이며, common law상 specific intent crime으로 구분된다. Solicitation의 성립은 타인에게 범죄를 교사하는 행위만 있으면 충분하고, 그 교사된 자가 실제로 범죄를 실행해야하는 것은 아니다. 즉 피고인(갑)이 타인(을)을 교사한 이상 타인(을)이 피고인(갑)이 교사한 범죄를 완성했는지 그 여부와 무관하게 갑의 solicitation은 인정된다. 만일 타인(을)의 행위가 피고인(갑)이 교사한 범죄, 요컨대 robbery를 완성하였다면 rule of merger에 따라 solicitation과 robbery는 merge되어 피고인(갑)은 하나의 범죄(robbery)에 대해 형벌을 받게 된다.

1. General Rule

The elements of solicitation are:

i. An inciting^{선동}, commanding^{지시}, advising^{권고}, or inducing^{유도} **another** to commit a crime; and

ii. With the **specific intent** that the **solicited person commit** the crime.

2. Completion

The crime is completed **when solicitation is made.** The agreement of the solicited person or the success of the commitment are not necessary.

3. Defenses

Factual impossibility and abandonment are not defenses to the solicitation.

D. Conspiracy

Conspiracy는 공모죄를 뜻한다. 한국형법상 공범은 다수참가형태로 범죄에 가담하는 자를 모두 통칭하는 용어로서, 공동정범뿐만 아니라 교사범, 종범도 포함한다. 반면, 미국형법상 공범은 2인 이상의 자가 공동으로 범행계획을 수립하고 이를 실행한 경우(공동정범) 또는 2인 이상의 사람이 참가해야만 성립하는 범죄에 대해서만 인정하고, 교사범은 solicitation, 종범은 attempt의 기수를 인정한다. 예컨대, 마약을 판매하기 위해 갑이 마약 구매를 담당하고 을이 판매를 담당하기로 의사를 합치한 경우 conspiracy가 인정된다. 뇌물죄에 있어 뇌물을 공여한 갑과 뇌물을 수수한 을의 conspiracy가 인정된다. Conspiracy는 rule of merge가 적용되지 않는 바, 공동으로 계획을 수립한 범죄가 완성된 경우 해당 범죄와 conspiracy 모두에 대해 피고인(공범)의 죄책이 인정된다.

공모죄의 성립요소에는 2인 이상의 의사 합치(agreement), 실행에 착수된 행위(overt act), 의사를 합치하고자 하는 intent와 공동으로 계획을 수립한 범죄를 실행하고자 아는 intent가 있다. 첫 번째 요건 '2인 이상의 의사 합치(agreement)'의 유무여부를 판단할 때 2인 중 1인이 법적으로 보호되는 자이거나 함정수사 중이던 경찰인 경우 agreement를 인정할 것인가 하는 문제가 있다. 본 논점에 대해서는 2인의 범죄실행 intent가 있어야만 agreement가 성립한다고 보는 bilateral approach와 1인의 범죄실행 intent로도 agreement를 인정할 수 있다고 보는 unilateral approach가 있다. 따라서 법적으로 보호되는 자이거나 함정수사 중이던 경찰과 피고인이 범죄실행에 관해 함께 논한 경우, bilateral approach에 따르면 피고인의 conspiracy에 대한 기수는 인정되지 않고 unilateral approach에 따르면 기수가 인정된다. 객관식 문제에서 별도의 언급이 없는 경우, unilateral approach를 적용한다. 두 번째 요건 실행에 착수된 행위(overt act)는 다수의 주에서 인정하는 요건으로서, attempt의 성립요건인 overt act보다 넓은 개념이다. Attempt의 overt act 요건은 준비단계 이상의 행위만을 인정하는 반면, conspiracy의 overt act 요건은 준비단계에서의 행위부터 그 이후의 행위 모두를 인정한다. 세 번째 요건 중 의사를 합치하고자 하는 intent는 행동을 함으로서 추인된다. 범죄를 실행하고자 하는 intent는 단순히 공범이 공모한 범죄에 대해 인지하고 있음을 넘어서 각 공범으로부터 수립되어야 한다.

1. General Rule

The elements of conspiracy are:

ⅰ. An agreement between **two or more** persons;

ⅱ. (An **overt act**); and

ⅲ. An **intent** to enter into an **agreement** and an **intent to achieve** the goal (to commit the crime).

2. No Merge

The crime of conspiracy **cannot merge** into the completed crime. The conspirators can be convicted of **both** criminal conspiracy and the principal offense. In such cases, the punishment for conspiracy is generally independent from the punishment for the completed crime.

3. Two or More Persons

Regarding the element of agreement between two or more persons, traditional and modern rule use different approach.

a. Modern Rule (Unilateral Approach)

Under the unilateral^{일방적인} approach, when **one** person has criminal intent the agreement element is satisfied. When the defendant made an agreement with genuine criminal intent with undercover police officer, the defendant may be liable for conspiracy.

b. Traditional Rule (Bilateral Approach)

Under the bilateral approach, **at least two** criminal intent is required. An agreement between a defendant with genuine criminal intent and an undercover police officer does not satisfy the required element.

> **case**

갑은 undercover police 을이 marijuana를 구해오면 이를 판매하기로 agree 하였다. 갑은 을이 undercover police라는 사실을 모른다. 약속한 날짜에 undercover police가 가짜 marijuana를 갑에게 건넸고 갑이 이를 제3자 병에게 판매하는 과정에서 을이 갑을 arrest하였다. Is 갑 guilty for conspiracy?

① Unilateral approach를 적용하는 경우, 갑 is guilty for conspiracy.

② Bilateral approach를 적용하는 경우, 본 사안은 을의 criminal intent가 없는 경우로서 conspiracy의 agreement 요건을 만족하지 못한다. 따라서 갑 is not guilty for conspiracy.

4. Overt Act

The overt act element (the second prong) is required in modern majority of states. An act in furtherance of the conspiracy is required. **Mere preparation is sufficient.**

5. Intents

a. General Rule

Intent to agree can be **inferred from conduct.** Intent to achieve a goal of agreement should be established as to **each** individual defendant. The intent cannot be inferred from mere knowledge.

b. Conspiracy and Strict Liability Crimes

SL crime and conspiracy ⇒ specific intent crime

A conspiracy to commit a strict liability crime **requires intent,** since conspiracy requires specific intent.

6. Scope of Liability (Separate Doctrine)

갑·을간 편의점 robbery(강도)를 계획했고 이를 실행하는 과정에서 갑이 편의점 점원을 강간(rape)한 경우, 을에게도 강간죄가 인정되는가. 이는 conspiracy가 성립되었을 때 공모자의 책임범위에 대한 문제이다. Separate doctrine에 따르면, 해당 범죄(robbery)가 본래 계획했던 범행(robbery)의 일부이고 공범자(을)가 해당 범죄(robbery)의 발생을 예측가능했던 경우에 한해 죄책을 인정한다. 상기 예시에서 robbery 실행 중 발생한 rape는 예측가능성이 매우 낮은 범행이므로 갑이 rape에 대해 책임을 지고 을은 책임을 지지 않는다.

Under a separate doctrine, a conspirator is liable for the crimes of all other co-conspirators if the crimes were committed **in furtherance of the conspiracy and reasonably foreseeable.**

7. Defenses

Factual impossibility and abandonment are not defenses to conspiracy.

Ⅶ. Offenses against Person

미국형법은 범죄의 대상을 기준으로 사람에 대한 죄와 사물에 대한 범죄로 구분한다. 본 챕터는 사람에 대한 범죄(offenses against person)에 대해 논하며, 이에는 살인(homicide), 폭행(battery), 감금(false imprisonment), 납치(kidnapping), 강간과 추행(sex offenses) 등이 있다. 사물에 대한 범죄는 「Ⅷ. Offenses Against Property」에서 논하기로 한다.

A. Homicide

Homicide는 살인과 관련된 범죄를 통칭하는 용어로서, homicide 범죄의 분류는 common law와 MPC에서 달리한다.

1. Common Law

Common law는 살인과 관련된 범죄를 크게 murder와 manslaughter로 구분하고 manslaughter를 다시 voluntary manslaughter와 involuntary manslaughter로 구분한다. Murder란 행위자가 악의(malice aforethought)를 가지고 타인을 불법적으로 살해한 것으로 정의되며, 여기서 '악의(malice aforethought)'는 피고인이 intent to kill, intent to inflict great bodily injury, reckless indifference to an unjustifiably high risk to human life 또는 intent to commit a felony를 가지고 있는 경우 인정된다. 그중 reckless에 의해 발생된 murder를 "depraved-heart murder" 또는 "abandoned and malignant heart murder"라고 표현한다. 한편, manslaughter는 murder보다 감경된 죄책으로서 흥분된 상태에서 살해한 경우의 voluntary manslaughter와 criminal negligence에 의해 발생된 살인과 unlawful act manslaughter를 포함하는 involuntary manslaughter가 이에 해당한다.

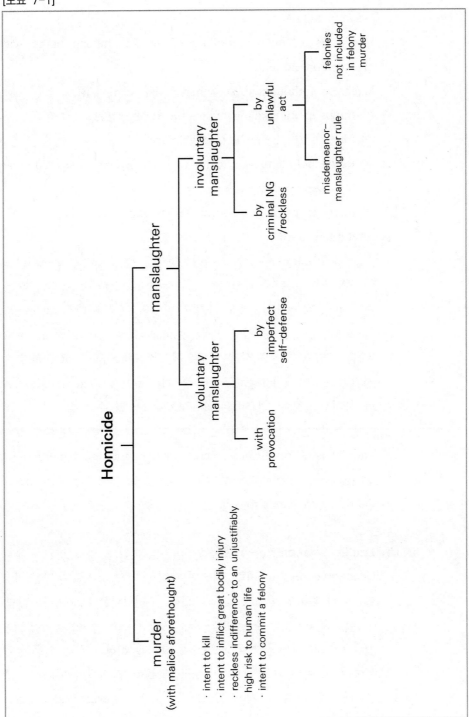

a. Murder

ⅰ. General Rule

Murder is an unlawful killing of another **human being with malice aforethought.**

Malice aforethought exists when a defendant has:

① **Intent to kill** (killing by willful, deliberate);

② Intent to inflict **great bodily injury;**

③ **Reckless** indifference to an unjustifiably high risk to human life (depraved-heart murder); or

④ Intent to commit a felony (**felony murder**).

ⅱ. Attempted Murder

Attempted murder는 '살인미수'를 뜻하는 바, specific intent crime에 해당한다. 따라서 피고인이 범행당시 murder의 mens rea 요건, 즉 malice aforethought를 가지고 있었던 경우에 한해 attempted murder가 인정될 수 있다. 다만, malice aforethought 중 intent to kill을 가지고 타인을 살해한 경우에 한해 attempted murder가 인정되며, intent to kill을 제외한 나머지 유형의 malice aforethought를 가지고 있었던 경우에는 attempt로 기소될 수 없다.

Attempt is a specific intent crime. Thus, **attempted murder** can be properly charged only when the defendant who attempted murder **with intent to kill.**

ⅲ. Deadly Weapon Rule

Deadly weapon rule이란, 피고인이 범행 당시 고의로 무기를 사용한 경우 피고인의 intent to kill을 추인한다는 rule이다. 다만, deadly weapon을 사용했다하여 반드시 intent to kill이 추인되는 것은 아니고 해당 무기를 사용하여 타인을 해하기 위해 사용한 경우에 한해 추인된다. 예컨대, bank robbery 과정에서 피고인이 총을 '천장'을 향해 쏜 경우, no intent to hurt person이므로 intent to kill이 아닌 reckless로 인정된다.

Under the deadly weapon rule, **intent to kill** could be inferred when the defendant intentionally uses deadly weapon.

iv. Depraved-Heart Murder

- Depraved-heart murder = Abandoned and malignant heart murder = Extreme recklessness murder

앞서 언급한 바와 같이 depraved-heart murder는 범행 당시 피고인이 reckless indifference to an unjustifiably high risk to human life를 가지고 있었던 경우의 murder를 일컫는 용어이다. Reckless는 행위자가 자신의 행동의 위험성을 인지(knowing the risk)했음에도 불구하고 이를 간과(disregard)하고 그대로 진행한 경우 인정되는 바, 피고인이 사람의 생명에 높은 위험성이 가해질 것이라는 점을 인지했음에도 불구하고 이를 간과하고 그대로 진행하는 경우 depraved-heart murder가 인정된다. 이는 주로 명정상태(intoxication)에서의 reckless한 운전 중 발생했고 reckless한 운전만으로는 발생하지 않았을 살인인 경우 인정되고, 단순히 reckless하게 운전한 사실만으로는 인정되기는 어렵다.

Depraved-heart murder is a murder committed by **reckless disregard (wanton indifference)** of an unreasonable high risk to human life.
It is usually appropriate when the defendant did **reckless driving** combined **with intoxication or other aggravating factors.** The reckless driving alone would not lead to a charge of depraved-heart murder.

TIP   Recklessness는 depraved heart murder와 involuntary manslaughter by criminal negligence or gross negligence의 성립요소이다.

ⅴ. Felony Murder

Felony murder란 본래 살인의 의도는 없었으나 felony(중범죄)를 범하는 과정에서 타인을 살해하는 경우를 뜻하는 바, 해당 felony의 intent가 인정되면 malice aforethought이 추인되어 murder에 대한 죄책이 인정된다. 예컨대, 피고인 갑이 burglary를 범하는 과정에서 을을 살해한 경우 갑이 burglary의 mens rea(intent to commit a felony)를 가지고 있었다면 malice aforethought가 추인되어 murder에 대한 갑의 죄책이 인정된다. 다만, 본 rule은 felony가 '살인과 무관한' 독립적인 범죄인 경우에 한해 적용되는데, 이는 과도한 형벌을 막기 위함이다. 예컨대, voluntary manslaughter는 felony로 구분되는 바, 기본적인 felony murder의 법리에 따르면 피고인이 voluntary manslaughter의 intent인 살인의 의도를 가지고 있었던 경우 felony murder에 대해 책임을 져야 한다. 하지만 이 경우 manslaughter를 범하였는데 이에 대해 보다 가중된 murder에 대해 책임을 지게 되는 모순이 발생한다. 따라서 manslaughter 또는 aggravated battery를 범하는 과정에서 타인을 살해하는 경우에는 felony murder로 인정될 수 없다. 한편, felony murder는 앞서 언급한 바와 같이 felony를 범하는 과정에서 발생한 살인에 대한 책임으로서, 행위자는 felony 과정에서 '예상가능한' 살인에 대해 책임을 진다(felony murder rule). 행위자 자신의 행위에 의한 죽음뿐만 아니라 공모자와 경찰에 의해 발생한 피해자의 죽음에 대해서도 책임이 인정된다. 다만, 피해자나 경찰에 의해 공범이 살해당한 경우에는 다른 공범의 죄책이 인정되지 않는다.

ⅰ. General Rule

Felony murder is a killing occurred during the commission of a felony. **Intent to commit the underlying felony** implies **malice aforethought.**

Felony must be independent of the killing element. Thus, **manslaughter or aggravated battery** is **not** a felony murder.

ⅱ. Felony Murder Rule

Under the felony murder rule, the felon is liable for the death **proximately** caused during the course of a felony. In other words, the felon is liable for the **foreseeable** death.

In most jurisdictions, a co-felon is criminally liable for the **victim's** death which is committed **by the other co-felon**. However, a co-felon is **not** criminally liable for the **other co-felon's** death which is caused by resistance of **victim or police**. This is because it is the death caused by a justifiable homicide.

[표 7-8]

행위자	사망자	책임유무
co-felon	victim	○ (felony murder)
police	victim	○
victim/police	co-felon	×

*공통 전제: Felony를 범하는 과정임.

> ✔ 갑·을이 robbery를 하는 과정에서 을이 쏜 총에 맞아 죽은 victim → Robbery 과정에서 발생할 수 있는 즉 충분히 예상가능한 death → 갑 is liable for murder (liable for felony murder).
>
> ✔ 갑·을이 robbery 하는 과정에서 police가 을에 대항하고자 총을 쏴 을이 사망한 경우 → 갑 is not liable for murder.
>
> ✔ 갑이 robbery 하는 과정에서 인질을 데리고 있었고 이에 경찰이 총을 쐈으나 오발로 인질이 사망한 경우 → 충분히 예상가능한 death → 갑 is liable for murder (liable for felony murder).

iii. Defense to Underlying Felony

> Felony → felony murder

An applicable defense that **negates an element** of the underlying **felony** is also applicable to felony murder.

However, statute of limitations (SOL) defense (**procedural defense**) to the underlying felony is **inapplicable** to felony murder.

TIP ┃ Felony murder의 defense는 underlying "felony"의 defense이다. Murder의 defense가 인정된다 하더라도 felony murder의 defense 로 인정되는 것은 아니다.

b. Manslaughter

i. Voluntary Manslaughter

① General Rule

A defendant is guilty of voluntary manslaughter when:

(a) The **provocation** would arouse sudden and intense passion in the mind of an **ordinary** person;

(b) The defendant must have **in fact been provoked;**

(c) There must **not** have been a **sufficient time** between the provocation and the killing for the passions for a reasonable person **to cool;** and

(d) The defendant **in fact did not cool off** between the provocation and the killing.

② Imperfect Self-Defense Doctrine

Murder의 성립요건인 malice가 없으나 self-defense를 주장하 기에도 적합하지 않은 경우, 즉 imperfect self-defense인 경우 피고인의 죄책은 murder에서 manslaughter로 경감된다. 예컨 대, 갑이 을이 자신을 향해 위협적 행동을 한다 여겨 을을 밀쳤 고 이로 인해 을이 사망한 경우 갑은 self-defense를 주장할 것이나, 만일 갑이 그렇게 믿은 것이 unreasonable하다면 imperfect self-defense로 인정되는 바, 갑은 을의 사망에 대해 manslaughter 책임을 진다.

Some states adopt imperfect self-defense doctrine. In such states, the defendant is liable for **manslaughter,** not murder, when he has no justifiable self-defense.

TIP1   Adequate provocation v. Imperfect self-defense
Adequate provocation과 imperfect self-defense 모두 voluntary manslaughter로 인정되는 근거이나 아래와 같은 차이가 있다.
① Adequate provocation은 "reasonableness"에 중점을 두는 근거로서, provocation과 피고인이 살인하는데 사용한 force간 적절한 balance가 있는 경우 reasonable하다고 보고 피고인에게 murder가 경감된 죄책인 voluntary manslaughter에 대해 형벌을 가한다.
② Imperfect self-defenses는 "imminence"에 중점을 두는 근거로서, 피고인에게 가해진 unlawful force가 imminent한 경우에 한해 인정된다.

TIP2   Voluntary manslaughter v. Intent to kill
Voluntary manslaughter 성립요건 중 provocation은 ordinary person을 기준으로 reasonable해야 한다. 만일 jury가 피고인의 provocation이 unreasonable하다고 판단한다면, 피고인은 intent to kill에 근거하여 murder에 대한 죄책을 진다.

ii. Involuntary Manslaughter

There are two types of involuntary manslaughter: killing with criminal negligence and killing by unlawful act.

① Criminal Negligence

Killing with criminal negligence는 형법적 과실에 의한 살인을

뜻하며, 여기서 '형법적 과실(criminal negligence)'이란 동일한 상황에서 피고인의 행위와 합리적인 사람의 행위에 차이(deviation)가 크고 그 차이가 민법상의 과실(negligence)보다 큰 경우를 의미한다.

A defendant is liable for involuntary manslaughter when a defendant is **criminally negligent** and causes the death (or serious bodily injury) of another human being. Criminal negligence is recognized when the defendant's conduct is **far** from the **reasonable** person standard. The deviation standard for criminal liability is stricter than one required for civil liability (torts liability).

✔ 졸음운전을 하다가 사람을 살해한 경우 — criminally negligent
✔ 친구가 만취했음을 인지했음에도 불구하고 자신의 차를 빌려주었고, 친구가 해당 차를 운전하다가 사람이 치어 살해된 경우 — 차주(車主)는 criminally negligent.

② Unlawful Act

피고인이 unlawful act를 하는 과정에서 타인을 살해하고 involuntary manslaughter에 대해 죄책을 지는 경우는 피고인이 misdemeanor를 범하는 과정에서 발생된 살인(misdemeanor-manslaughter rule)과 felony를 범하는 과정에서 발생된 살인이지만 felony murder로 인정되지 못하는 경우, 이렇게 두 유형이 있다. 전자(前者)의 경우는 misdemeanor를 하는 과정에서 발생된 살인으로서, 여기서 "misdemeanor"는 일반적으로 속도위반 등과 같은 violation of ordinance를 의미한다. 다만, 피고인의 misdemeanor 행위가 있고 타인이 사망했다 하여 반드시 manslaughter로 인정되는 것은 아니고, 해당 죽음과 misdemeanor간 연관성이 있어야 한다. 예컨대, 갑이 자신의 운전면허증이 만료되었다는 사실을 인지했음에도 불구하고 운전을 하던 도중 갑자기 유치원생 을이 뛰어나와 갑의 차에 치여 사망한 경우 갑의 manslaughter가 인정되는가. 갑의 행위(무면허 운전)는 misdemeanor이나, 본 행위가 을의 사망을 야기했거나 을의 사망이 본 행위로 하여금 예상가능한 결과가 아니다. 즉 본 행위와 을의 사망간 인과관계가 없으므로 갑의 manslaughter는 인정될 수 없다. 후자(後者)의 경우는 살인과 관련된 felony를 범하는 과정에서 발생된 살인을 뜻한다. 앞서 언급한 바와 같이 felony murder는 felony가 '살인과 무관한' 독립적인 범죄인 경우에 한해 인정되는 바, 그렇지 못한 felony를 범하는 과정에서 발생된 살인은 involuntary manslaughter의 기수가 인정되는 것이다. 따라서 aggravated battery를 범하는 과정에서 발생된 살인은 felony murder가 아닌 involuntary manslaughter의 기수가 인정된다.

There are two types of involuntary manslaughter by an unlawful act: one under the misdemeanor-manslaughter rule and one occurred during felonies which is not included in felony murder.

Under the misdemeanor-manslaughter rule, a killing occurred during the commission of a misdemeanor is manslaughter. There must be **casual link** or **foreseeability** between the killing and **the misdemeanor.**

③ **Involuntary Manslaughter v. Attempted Murder**

갑이 약속 시간에 늦어 규정된 속도보다 빠르게 운전하고 있었고, 갑의 차에 을이 치어 숨졌다고 가정해보자. 이 경우 속도위반이라는 misdemeanor를 범하는 과정 중 발생한 살인이므로 involuntary manslaughter의 기수가 인정될 것이다. 만일 상기 예시에서 을이 병원에 실려가 치료를 받고 숨지지 않고 회복했다면, attempted murder로 인정가능한가. Attempted murder

는 specific intent crime으로서, 행위자의 intent to kill이 요구된다. 본 사안에서 갑이 운전할 당시 을을 살해하겠다는 intent는 없었으므로 attempted murder는 인정되지 않는다. 다시 말해, involuntary manslaughter는 행위자가 살인이 '어떤 행위를 행하던 중' 발생되었는가에 초점이 맞춰져 있고, attempted murder는 행위자의 'intent to kill 유무'에 초점이 맞춰져 있다.

2. MPC

MPC는 common law와 마찬가지로 homicide를 크게 murder와 manslaughter로 구분하나, murder를 그 정도(degree)를 기준으로 구분한다는 점에서 차이가 있다. 구체적인 구별기준은 주(州)마다 다르게 규정하나 대부분의 경우 계획성, felony murder 등을 동반한 살인을 first degree murder로 규정하고 그 외의 살인을 second degree murder로 구분하는 방식을 취한다. 한편, manslaughter는 common law와 동일한 법리를 취하는 바, voluntary manslaughter와 involuntary manslaughter로 구분하고 각 개념도 동일하게 인정한다.

Modern statutes usually divide murder into degrees: first degree and second degree murders. The murders occurred with specific elements are defined as first degree murders and all other murders are second degree murders.

a. First Degree Murder

Generally, first degree murder is recognized when:

ⅰ. The prosecution proves **deliberate**^{의도적인} **and premeditated**^{계획적인} killing or felony murder; or

ⅱ. The prosecution proves felony murder.

"Deliberate" means that the defendant decided to kill in a cool manner.

"Premeditated" means that the defendant's killing is planned.

__TIP__   ① "according to MPC" → 상기 서술된 rule에 입각하여 판단한다.
          ② 지문에 statute가 명시되어 있는 경우 → 해당 statute에 입각하여
          판단한다.

B. Battery and Assault

1. Battery

a. Simple Battery

Battery a **general intent crime** and it is a misdemeanor in most jurisdictions. It is defined as:

ⅰ. An unlawful using **force;**

ⅱ. To another person; and

ⅲ. Causing in either **bodily injury or an offensive contact.**

b. Aggravated Battery

Aggravated battery is a felony and it occurs when:

ⅰ. A **deadly weapon** is used;

ⅱ. **Serious bodily injury** is caused; or

ⅲ. The victim is a **child, woman, or police officer.**

2. Assault

Assault는 ① 폭행미수(attempted battery)의 assault와 ② 행위자에게 타인이 현재의 신체적 침해에 대해 위협을 느끼게 하고자 하는 intent가 있는 경우의 assault가 있다. 첫 번째 유형의 assault는 행위 당시 battery를 행하고자 하는 피고인의 mental state가 있어야 하는 반면, 두 번째 유형의 assault는 행위 당시 피고인에게 타인이 위협을 인지하게 하고자 하는 intent가 있어야 한다. 즉 행위 당시 피고인이 가지고 있던 intent가 두 유형을 구분하는 기준이다. 위협은 '보통 사람'을 기준으로 판단되는 바, reasonable apprehension 표현이 사용된다. 또한, 피해자가 '신체적' 침해에 대한 위협을 느껴야 하는 바, 피고인이 윽박지르는 소리에 피해자가 놀

라 위협을 느낀 경우에는 assault가 인정되지 않는다.

| TIP | 객관식 문제에서 별도의 statute를 제시하지 않는 경우에는 위 두 유형을 모두 고려해야 하고, 두 유형 중 한 유형만을 assault로 규정한 statute를 별도로 명시하는 경우에는 해당 statute에 근거해 판단한다.

a. General Rule

In most jurisdictions, there are two types of an assault:

ⅰ. An **attempted battery**; and

ⅱ. The intentional conduct creating a **reasonable apprehension** in the mind of the victim of **imminent bodily harm**.

b. Aggravated Assault

Aggravated assault is an assault:

ⅰ. With a dangerous or deadly **weapon**; or

ⅱ. With intent to **rape or murder**.

C. False Imprisonment

False imprisonment is an **unlawful confinement of a person without his valid consent**.

[False Imprisonment in Torts]

In a false imprisonment action, the plaintiff must show:

ⅰ. Defendant's **act** or **omission** to act that **confines** the plaintiff to a **bounded area against plaintiff's will**;

ⅱ. Defendant's **intent** to confine the other; and

ⅲ. **Causation**.

D. Kidnapping

Kidnapping is an aggravated false imprisonment, which occurs when a person is unlawfully restrained. When the victim is **taken to** another location **or** when the victim is **concealed** in a secret place. Only some movement is sufficient.

In some modern statutes, kidnapping for ransom^{몸값}, kidnapping for commission of other crimes, and child stealing are defined as **aggravated kidnapping crimes.**

E. Sex Offenses

• Sex offenses = Sexual assault

1. Rape

a. General Rule

Rape is an unlawful sexual intercourse **without effective consent.** Under the common law, rape is a crime that is committed only by male. Most of modern statutes abandon it.

b. Consent

The consent given by victim is **ineffective** when:

ⅰ. Intercourse is accomplished by actual force or threats;

ⅱ. Victim is incapable of consenting; and

ⅲ. Consent is obtained by fraud.

2. Statutory Rape

a. General Rule

Statutory rape is an unlawful carnal knowledge of a person under the age of consent (usually under 16 to 18). **The consent or willingness of victim is irrelevant.** Statutory rape is a **strict liability crime.**

b. Mistake of Age

Because statutory rape is a **strict liability crime,** defendant's reasonable mistake as to the victim's age (mistake of fact) does **not** prevent liability for the crime.

c. Protected Party

Statutory rape가 특정 부류를 보호하고자 규정된 경우, 해당 부류에 속한 자가 범죄에 가담한다 하더라도 그의 죄책은 면제된다. 일반적으로 statutory rape는 미성년자를 보호하는 목적을 가지는 경우가 많으므로, 미성년자가 statutory rape로 기소된 경우 그가 protected class에 속한다는 점을 defense로 주장할 가능성이 높다.

If the legislation is **designed to protect a specific class members** from exploitation or overbearing, members of that class are **immune** from liability, even if they participate in the crime. Such immunity applies to any statutory crimes.

3. Bigamy

Bigamy is a marrying someone while having another living spouse. No individual may have more than one legal spouse at a time. It is a **strict liability crime** in all state and defendant's reasonable mistake of fact is not a defense.

Ⅷ. Offenses against Property

A. Larceny

Larceny란, 한국형법상 절도죄에 해당한다. 물건의 점유를 영원히 침탈하겠다는 mental state를 가지고 타인의 유형동산을 권리자의 허락 없이 절취하는 경우 기수가 인정된다. 여기서 '유형동산'은 영어로 personal property로 표현되며, 부동산(real property) 및 fixture, 서비스, 영화참관의 기회 등과 같은 무형자산(intangibles)은 포함되지 않는다. 가스 및 전기는 personal property로 인정되는 반면, 서류(document) 자체는 해당 서류 내용에 결합된다고 보아 그림과 같이 서류 자체의 가치가 인정되지 않는 한 personal property로 인정되지 않는다. 예컨대, 갑·을간 부동산 매매계약을 체결하였고 갑이 을에게 deed를 전달한 경우, '매매계약서'는 intangible인 '계약'에 결합된 것이며 'deed'는 해당 '부동산'에 결합된 것으로서 두 문서를 절취한 행위는 larceny 기수로 인정되지 않는다. 한편, 피고인이 타인의 물건을 '점유(caption)할 당시' 해당 물건의 점유를 '영원히' 침탈하겠다는 mental state를 가지고 이를 행동으로 실행해야 larceny의 기수가 인정된다. 이때 '행동'은 물건을 들었다 내려놓는 행동과 같이 taking으로 인정될 수 있을 정도의 모든 행동을 모두 포함한다. 예컨대, 갑이 을의 시계를 가지고 싶어 해당 시계를 손으로 잡았는데, 이를 주머니에 넣기 전 을이 다가오자 갑이 시계를 식탁에 다시 올려 놓은 경우, 갑이 시계를 손으로 잡은 행위는 caption이자 carrying away이며, 시계를 '잡을 당시' 그는 해당 시계를 '영원히' 가지고자 하는 intent가 있었으므로 larceny 기수가 인정된다. 한편, 갑이 시계를 주머니에 넣어 을의 집을 나서기 전, 마음이 바뀌어 해당 시계를 다시 식탁 위에 올려 놓은 경우에도 갑의 intent는 인정되어 larceny 기수가 인정된다.

1. General Rule

The crime of larceny occurs when there is:

ⅰ. A **caption** (obtaining control);

ⅱ. **Carrying away** (moving);

ⅲ. Of **tangible** personal property **of another;**

ⅳ. **Without consent** (by trespass); and

ⅴ. With **intent to permanently deprive** the person of his interest in the property.

2. Tangible Personal Property

a. Personal Property

✔ 부동산(real property) 및 fixture: personal property ×

✔ Intangibles: personal property ×

✔ 서비스: personal property ×

✔ 가스 및 전기: personal property ○

✔ 서류(document): personal property ×

✔ 그림: personal property ○

b. Abandoned, Stolen, or Lost Property

Taking and carrying away a **stolen or lost property** is **larceny.** This is because stolen or lost property is deemed as in the possession of the owner. Taking and carrying away of **abandoned** property **does not** constitute larceny.

3. Of Another

Possessor of the property is determined **at the time of the taking.** It is possible to commit larceny of the property owned by the defendant if another person has a **superior right to possession** of the property at that time.

✔ 갑이 자신의 옷을 을에게 수선을 맡겼으나 을이 이를 돌려주지 않아 갑이 을 몰래 자신의 옷을 을의 수선집에서 가지고 나온 경우: 갑이 옷을 가지고 나올 당시 해당 옷의 possession은 을에게 있었다. → larceny 인정○

✔ 갑이 자신의 옷으로 착각하여 을의 옷을 가져온 경우: intent 요건 충족✕ → larceny 인정✕

4. Without Consent

Larceny는 물건의 점유를 영원히 침탈하겠다는 mental state를 가지고 타인의 유형동산을 권리자의 '허락 없이' 절취하는 경우 기수가 인정된다. 권리자의 허락이 있다하더라도, 그 허락이 행위자(defendant)의 기만(misrepresentation)에 의해 이루어진 허락이라면 larceny by trick의 기수가 인정된다. 예컨대, 갑이 을의 시계를 영원히 침탈하겠다는 intent를 가졌으나 을에게는 잠시 사용하고 되돌려주겠다고 하고 을의 허락 하에 시계를 가져온 경우, 을의 consent는 있었으나 갑의 misrepresentation에 의해 이루어진 consent이므로, larceny by trick의 기수가 인정된다.

Possession of property without consent is called trespass. However, even if the victim consented to the possession by the defendant, **larceny by trick** is committed when the **consent is given by misrepresentation** by the defendant.

5. Intent to Permanently Deprive

At the time of the caption (taking), the defendant must have the intent to permanently deprive the person of the property.

6. Breaking Bulk Doctrine

Under the breaking bulk doctrine, larceny is committed when a bailee having lawful possession of property delivered in bulk breaks the bulk open and misappropriates^{유용하다} the contents.

7. Continuing Trespass Doctrine

본 원칙은 trespass와 mental state 형성 시점에 시간적 차이가 있는 경우, larceny의 기수를 인정할 것이냐에 대해 논한다. Trespass할 당시 larceny 의 mental state(피고인이 타인의 해당 자산에 대한 권리를 영원히 박탈하 겠다는 intent)가 아닌 다른 잘못된 intent를 가졌고 larceny의 mental state를 형성한 경우, larceny의 기수가 인정된다. 기수는 피고인이 larceny의 mental state를 형성한 시점에 인정된다. Trespass가 mental state를 형성한 시점까지 지속된다고 보기 때문이다. 여기서 '잘못된 intent'란, 허락 없이 타인의 자산을 사용 및 점유하겠다는 intent를 의미하 는 바, 권리자의 허락 없이 잠시 사용했다 다시 돌려놓겠다는 intent가 그 예이다.

Under the continuing trespass doctrine, when the defendant took property **with a wrongful intent (not the intent to steal)** and later makes the intent to steal it, the **trespass** in the initial wrongful taking continues until the defendant makes the intent to steal. Thus, **larceny** takes place at the time of defendant's formation of **the intent to steal.**

> **case**

① 10월 5일, 갑이 을의 집에서 을의 허락없이 시계를 가져왔고 며칠 뒤 다시 돌려 놓으려 했다. 그러나 10월 20일 갑은 마음을 바꿔 시계를 가지기로 마음먹었다. Is 갑 guilty for larceny?

⇒ Yes. 10월 5일, 갑이 을의 시계를 가져올(taking) 당시 그는 훔치고자 하는 intent는 없었으나 을의 허락이 없었으므로 a wrongful state of mind 가 인정된다. 따라서 갑의 taking은 을의 시계를 가지기로 마음을 바꾼 10월 20일까지 지속되어 larceny의 기수가 인정된다.

② 갑이 퇴근하려고 나서는데 바닥에 떨어져 있는 을이 잃어버린 시계를 발견했다. 갑은 다음날 을에게 돌려주기 위해 시계를 집에 가져왔다. 하지만 마음이 바뀐 갑은 자신이 그 시계를 가지기로 마음먹었다. Is 갑 guilty for larceny?

⇒ No. 갑이 시계를 챙길(taking) 당시, 그는 '을에게 돌려주고자' 하는 intent 를 가지고 있었고 이는 a wrongful state of mind가 아니다. 따라서 trespass 요건을 만족하지 못하는 바, 기수로 인정될 수 없다.

B. Embezzlement

1. General Rule

Embezzlement is defined as:

i. The **fraudulent conversion;**

ii. Of **personal** property of another;

iii. By a person in **lawful possession** of that property; and

iv. With the intent to defraud for a conversion to become embezzlement.

2. Conversion

The conversion occurs when the defendant deals with the property in a manner different from the arrangement pursuant to which he holds it.

3. Intent to Defraud

A defendant must have an intent to defraud for a conversion to become embezzlement.

C. False Pretenses

1. General Rule

The crime of false pretenses is defined as:

ⅰ. Obtaining **title;**

ⅱ. To the property of another;

ⅲ. By a **misrepresentation** (knowing false statement of past or existing fact); and

ⅳ. With **intent to defraud** the other.

2. Title

False pretenses requires obtaining **title** of the property, while larceny by trick requires obtaining custody. What is obtained is determined based **on what the victim intended to convey** to the defendant.

3. Misrepresentation

Misrepresentation as to the matter of fact made by the defendant is required.

Under MPC, all misrepresentation as to a past, present, or even future fact satisfy the requirement, while future fact was not sufficient traditionally.

4. Intent to Defraud

The defendant must have **known** that the statement **is false** when he made it and must have intended that the victim **relies on** the misrepresentation.

In most jurisdictions, **willful blindness** is recognized which means the deliberate avoidance of knowledge of the facts. When the defendant has notice of a **high probability** of the facts' existence and **deliberately avoids learning** the truth, his **intent to defraud** is recognized.

[표 7-9]

	Larceny	Larceny by trick	Embezzlement	False pretenses
해당 목적물에 대한 '피고인'의 권리	nothing/inferior possession		possession	nothing
어떻게	w/o consent	有 consent (by misrepresentation)	fraudulent conversion	misre-presentation
어떤 권리를 '절취'하는가	possession		possession	title
misrepresentation	무관	有	무관	有(성립요건)

* 목적물에 대한 피고인의 권리는 '범행 당시'를 기준으로 한다.

D. Robbery

Robbery는 한국형법상 강도죄에 해당하며, 타인의 재물을 강취하는 과정에서 폭행 및 협박이 사용되는 경우 기수가 인정된다. 폭행 및 협박의 '내용'은 사람 또는 신체에 대한 것이어야 하며, 피해자의 거주지(dwelling)를 제외한 자산에 대한 폭행 및 협박은 성립요건을 만족할 수 없다. 한편, 폭행 및 협박의 '정도'는 피해자의 저항을 억제하거나 즉각적인 신체적 피해를 야기할 것임을 시사할 정도이어야 한다. 따라서 피해자가 단순히 두려움을 느끼는 정도의 협박이 있었다면 robbery가 아닌 larceny의 기수가 인정될 것이다. 예컨대, 피고인이 상점에 들어가 주머니에 손을 넣은 채로 점원에게 "돈을 안 주면 당신을 총으로 쏘겠다."고 말한 경우, larceny의 기수가 인정된다. 만일 피고인이 총을 들이대며 "돈을 안 주면 당신을 총으로 쏘겠다."고 말했다면, robbery의 기수가 인정된다.

폭행 및 협박은 타인의 재물을 강취하는 과정에서 사용되어야 한다. 여기서 '강취하는 과정'이란, 타인의 재물에 대한 점유권을 침탈하는 과정뿐만 아니라 침탈 후 즉각적으로 이를 보호하고자 하는 과정도 포함한다. 예컨대, 갑이 을의 주머니에서 몰래 그의 지갑을 꺼낸 후 을이 이를 발견하고 갑에게 달려들자 갑이 폭행 및 협박한 경우 이는 갑의 accomplishment of possession이 완료된 후 사용된 폭행 및 협박으로서 robbery의 성립요건을 만족한다.

1. General Rule

Robbery is an aggravated form of larceny accomplished by force or threats of force, and is defined as:

ⅰ. A taking;

ⅱ. Of personal property of another;

ⅲ. From the other's person or presence;

ⅳ. By **force or threats;** and

ⅴ. With the **intent to permanently deprive** him of it.

2. Force or Threats

Threats of damage must be to person, not to property. However, threat of the victim's dwelling house is sufficient.

The fourth element is satisfied when the victim's resistance is overcome or the victim feel **immediate** death or serious physical injury to the victim or the victim's family member.

Force or threats must be used in accomplishment of possession, not far after it.

3. Burglary and Extortion

In modern, extortion is defined as obtaining property from another by threats. Usually, a taking of personal property of another by force or a threat not made in the process of taking is extortion.

E. Burglary

Burglary는 타인의 주거지에 felony를 저지르고자 밤에 침입하는 것을 내용으로 하는 죄를 뜻하는 바, 한국형법상 사람의 주거 장소의 평온과 안전을 침해하는 것을 내용으로 하는 주거침입죄와는 다른 개념이다. Common law에서는 오직 '밤(night)'에 행해진 침입(breaking)만을 burglary로 인정해왔으나, 근래 많은 주에서는 밤에 행해져야 한다는 요건을 삭제하였다. 여기서 '침입(breaking)'은 타인의 주거지에 enter하는 것을 뜻하는 바, 반드시 폭력적으로 행해져야 하는 것은 아니다. 예컨대, 타인의 잠겨있는 집 문을 부수고 집 안에 들어가는 행위, 그 문의 열쇠로 열고 들어가는 행위 모두 breaking에 해당한다. 객관식 시험문제에서는 특정 statute를 명시하거나 common law를 기준으로 한다는 점을 명시한다.

1. General Rule

Under the common law, burglary is:

ⅰ. A **Breaking**;

ⅱ. And **Entering**;

ⅲ. Of the dwelling house;

ⅳ. Of another in the night;

ⅴ. Without consent of another (trespass); and

ⅵ. With the **intent to commit a felony therein.**

2. Breaking

There are two types of breaking: actual and constructive breaking.
Actual breaking must be made with the use of force to gain entry.
Opening a closed or unlocked window is a breaking.
Constructive breaking means gaining entry by fraud, threat, or use of the chimney^{굴뚝}.

3. Entry

Placing **any portion** of the body inside the structure is entry.
Placing a tool or object into the structure is entry only if it is placed to accomplish the felony, not only to gain entry.

4. Intent to Commit Felony

The defendant must have intent to commit a felony **at the time of entry.**

His accomplishment of the felony he intended is not required.

---

case

① 갑과 을은 동일한 모델의 지갑을 가지고 있다. 을이 들고 있는 지갑을 본 갑은 자신이 잃어버린 지갑이 을이 자신의 것을 주워 가졌다고 생각했다. 그 다음날 갑은 밤 늦게 을의 집에 허락 없이 들어가 해당 지갑을 가져왔다. Is 갑 guilty for burglary?

⇒ No.

(logic1) Burglary는 specific intent, 즉 intent to commit a felony를 요건으로 하는 범죄이다. 따라서 갑에게 범행 당시 larceny를 행하겠다는 intent, 즉 타인의 property를 영원히 침탈(permanently deprive)하겠다는 intent가 있어야만 그에게 죄책을 물을 수 있다. 다만, 본 사안에서 갑은 자신의 것을 가져오기 위해 을의 집에 침입한 것으로서, 갑의 행위는 burglary로 인정되지 않는다.

(logic2) 본 사안에서 갑이 을 소유의 지갑을 자신 소유의 것으로 착오를 하였다. 이는 mistake of fact로서 specific intent인 burglary의 defense로 인정된다. 따라서 갑은 죄책이 없다.

② 상기 예시와 동일한 상황에서 갑이 "나의 행동이 burglary인지는 몰랐다." 고 주장했다. Is 갑 guilty for burglary?

⇒ Yes. Mistake of law is not an excuse.

③ 을이 갑의 지갑을 빌려갔는데 돌려주지 않자, 갑이 밤늦게 을의 집에 허락 없이 들어가 해당 지갑을 가져왔다. Is 갑 guilty for larceny?

⇒ Yes. Larceny는 타인의 possession을 침탈하는 행위로서, 갑이 을의 집에 침입할 당시 을에게 지갑에 대한 possession이 있었다. 따라서 비록 갑이 지갑을 소유하였으나 갑 is guilty for larceny.

F. Arson

Arson은 한국형법상 방화죄, 특히 주거로 사용하는 건축물에 불을 놓아 소훼한 것을 뜻하는 현주건조물방화죄(現住建造物放火罪)와 유사하다. 미국 common law에서 arson은 '타인'의 주거건축물에 'malice를 가지고' 불을 놓아 소훼한 행위로 정의된다. 다만, 근래의 법에서는 소훼된 건축물이 반드시 타인의 점유 및 소유임을 요구하지 않는다. 한편, 미국형법상 '소훼'는 그 정도가 연기에 그슬리는 정도(scorching)로는 부족하고 최소한 까맣게 된 정도(charring)이어야 하며 가구, 카페트, 서가 등에 불이 붙은 경우에도 기수를 인정한다.

1. General Rule

Arson is the:

ⅰ. Burning;

ⅱ. Of the dwelling;

ⅲ. Of another; and

ⅳ. With **reckless disregard (malice)**.

2. Burning

Mere charring^{까맣게 타다} (blackening) is sufficient, while scorching^{그슬리다} is insufficient.

3. Malice

The burning should be caused by the defendant reckless disregard of an obvious risk that the structure would burn. The burning by his intent or knowledge is sufficient. However, accidental burning and burning by the negligence are insufficient.

G. Receipt of Stolen Property

Receipt of stolen property는 '장물죄'를 뜻하는 바, 장물(臟物, stolen property)임을 알면서 해당 동산에 대해 영원히 이익을 취하겠다는 intent를 가지고 점유하거나 control하는 행위를 의미한다. 여기서 '장물'은 타인이

larceny, burglary와 같은 범죄를 범하는 과정에서 획득한 동산을 뜻한다. 다만, 장물이라는 상태가 영원히 지속되는 것은 아니고 정당한 자가 동산을 소유하게 되면 해당 동산은 더 이상 장물로 인정되지 않는다. 예컨대, 갑이 을을 상대로 burglary를 범하는 과정에서 시계를 획득하였고 병이 이 모든 것에 대해 알면서도 갑으로부터 해당 시계를 매입하였다고 가정해보자. 이때 시계는 장물(stolen property)로서, 병의 receipt of stolen property에 대한 죄책이 인정된다. 하지만 이후 정이 stolen property인지 모르는 채 시계를 구입하였다면 해당 시계는 더 이상 stolen property가 아니므로 정의 receipt of stolen property는 인정되지 않는다.

1. General Rule

Receipt of stolen property is:

ⅰ. Receiving possession and control;

ⅱ. Of **stolen** personal property;

ⅲ. **Knowing** that the personal property has been obtained **in committing a criminal offense** by another person; and

ⅳ. With the **intent to permanently deprive** the owner of his interest in the property.

2. Stolen Property

Stolen property means any property obtained by commission of property offenses, such as larceny and burglary. Stolen status is lost when a stolen property is recovered by the rightful owner.

| case |

갑은 장물인 그림을 파는 dealer이다. 경찰 을은 갑에게 함정수사를 하는데 협조하기를 요청하였고, 갑은 이에 동의하였다. 갑은 그림을 사려는 자가 있는 경우 을에게 알리기로 하였다. 병은 갑이 장물인 그림을 파는 dealer임을 알고 그를 찾아왔고, 마음에 드는 그림을 구매하기로 결정하였다. 이때 을이

병을 receipt of stolen property를 근거로 체포하였고 병은 기소되었다. Is 병 properly charged?

⇒ Yes. 본 사안에서 경찰이 그림을 소유자로서 recover한 바 없고, 그림을 stolen property로서 함정수사에 이용하였으므로 병이 해당 그림을 구매하기로 하였을 때 해당 그림은 stolen property의 상태를 유지하고 있었다. 따라서 병의 죄책이 인정된다.

Once stolen property is recovered by the owner or by the police on the owner's behalf, it loses its stolen status. However, in this case, the police did not recover the stolen picture.

H. Forgery

Forgery is:

ⅰ. Making or altering;

ⅱ. Of a false **writing**; and

ⅲ. With intent to defraud.

I. Bribery

Bribery는 '뇌물죄'를 뜻하는 바, 본래 공무원을 상대로 하는 뇌물죄만을 의미하였으나 근래에는 그 의미가 확대되어 공무원 아닌 자를 상대로 하는 뇌물죄도 인정하고 있다.

Under the common law, bribery is defined as the payment or receipt of anything of value to influence the actions of an official.

Under modern statutes, classes of persons who are not public officials can be liable for bribery.

Part Two. Criminal Procedure

본 파트는 미국 형사소송절차 및 그 과정에서 보장되어야 하는 시민들의 헌법상 권리에 대해 논한다. 헌법상 권리의 경우 미국의 권리장전(Bill of Rights)에 명시되어 있는 권리들 중 형사소송절차에서 국가로부터 보호되어야 하는 시민 권리에 초점을 두고 있다. 주로 수정헌법 4, 5, 6 그리고 8조가 다루어지는 바, 이들의 대략적인 내용은 다음과 같다. 국가 공권력은 개인을 상대로 비합리적인 프라이버시 침해(search)나 자유제한(seizure)을 해서는 아니 된다(수정헌법 4조), 용의자 및 피고인은 자신에게 불리한 진술을 강요당하지 않을 권리가 있다(수정헌법 5조), 피고인은 자신에게 불리한 증언을 한 증인을 cross-examine할 수 있는 권리가 있다(수정헌법 6조), 과도한 형벌은 금지된다(수정헌법 8조). 본래 상기 조항들은 연방의 형사절차에만 적용되는 것이 원칙이나, 판례들을 통해 수정헌법 14조의 Due Process Clause를 근거로 주(州)의 형사절차에도 동일하게 적용해왔다. 이러한 헌법상 권리가 침해되어 확보된 증거는 재판에서 증거력(admissibility)가 인정되지 않는다. 한편, 본 파트에서 다루는 수정헌법은 국가의 행위를 제한하는 것을 그 주된 내용으로 하는 바, 여기서 '국가'는 공권력을 가진 자(lawful enforcement power) 및 정부로부터 수색의 대가로 돈을 받는 private police 그리고 정부의 지시로 수색을 진행한 자 모두 포함하는 개념이나, 본 서는 편의상 '경찰'이라는 표현을 사용하였다.

- Prosecute = 형사소송 과정이 시작되다.
- Accuse = 혐의를 제기하다.
- Charge = 기소(n.), 검사가 기소하다(v.)
  "Being charged" with a crime means the prosecutor filed charges.
- Charge is dropped. = 기소되다.
- Indictment = Grand jury가 기소하다.
  An indictment means the grand jury filed charges against the defendant.
- Be convicted = 선고가 내려지다.
  "Being convicted of a crime" means that the person has been found guilty after trial. A person convicted of a crime is, by law, guilty.
- Lawful enforcement officer: 공권력을 가진 자 (e.g., 경찰)

I. General Concepts

A. Defendant's Constitutional Rights

All defendants have **constitutional rights** to be protected from unreasonable arrest, conviction, or punishment in criminal procedure. The following amendments to the U.S. Constitution are applicable to the **federal and state** government under the Due Process Clause of the Fourteenth Amendment.

[표 7-10]

The Fourth Amendment	• Unreasonable searches and seizures • Exclusionary rule
The Fifth Amendment	• Right against self-incriminating testimony • Right to counsel • Right to remain silent • Double jeopardy • Right to grand jury
The Sixth Amendment	• Right to counsel • Right to a speedy trial • Right to a public trial • Right to a jury trial • Right to confront witness (Confrontation clause) • Right to compulsory process for obtaining witness
The Eighth Amendment	• Cruel and unusual punishment

B. Criminal Procedure

각 주의 형사소송절차는 다르게 구성되어 있으며 그 차이가 커서, MBE 목적으로 공부할 경우 세부적인 절차구성을 모두 익힐 필요는 없다. 따라서 본 서는 미국의 형사소송을 pre-trial과 trial로 구분하여 대략적인 절차구성에 대해 논하는 바, 자세한 내용은 이하 「VI. Procedure」에서 논하도록 한다.

[도표 7-1]

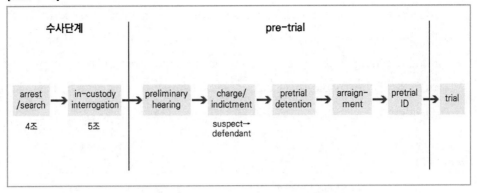

II. Search and Seizure (The Fourth Amendment)

A. General Rule

국가 공권력(경찰)은 개인을 상대로 비합리적인 프라이버시 침해(search)나 자유제한(seizure)을 행해서는 아니 된다. 이는 수정헌법 4조에서 규정하고 있는 시민의 헌법적 권리로서, 형사소송절차 중 수사단계에서 경찰이 행하는 search와 seizure에 대해 제한을 가한다. Search는 물건 및 영역을 수색하는 행위로서 예를 들어 몸 수색, 자동차 내부 및 트렁크 수색, 집 수색, 가방 수색 등을 말한다. Seizure는 사람 또는 물건을 잡아두는 행위를 말하는 바, 합리적인 사람이 해당 상황을 전체적으로 고려했을 때 자유롭게 그 자리를 떠나지 못할 것이라 느끼는 경우 인정된다. 차를 세워서 신분증을 요구하는 것(automobile stop), 의심스런 사람을 불심검문하는 것(investigatory detention = stop and frisk), 체포(arrest) 등이 해당된다. '합리성'은 경찰이 사람 또는 물건에 대해 가지는 의심의 정도(strength of suspicion)와 영장(warrant)의 유무로 판단된다. 의심의 정도(strength of suspicion)는 경찰이 가지는 의심의 수준과 범죄의 상관관계를 뜻하는 바, search 및 seizure의 유형에 따라 reasonable suspicion(RS) 또는 probable cause(PC)가 요구된다. 영장(warrant)의 경우, 원칙적으로 search는 warrant를 필요로 하는 반면, seizure는 필요하지 않다. 즉 warrant가 요구되는 search 및 seizure임에도 경찰이 warrant 없이 행하였다면 이는 비합리적이므로 위헌이다.

The Fourth Amendment provides that people have the right to be **free from unreasonable searches and seizures.** It is generally recognized on the premises that everyone is entitled to a reasonable **right to privacy.** In determining whether the search or seizure is reasonable, **scope and strength of the suspicion** (e.g., probable cause, reasonable suspicion) are considered.

[도표 7-2]

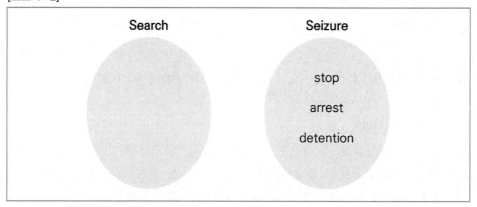

1. Search

A search is an intrusion **by the government** that violates an individuals **reasonable expectation of privacy.**

2. Seizure

A seizure is an **exercise of control** by the government over a person or thing. A person has been seized when a **reasonable** person would believe that he is **not free to leave under the totality of the** circumstances.

B. Arrest and Other Detentions

1. Arrest

Arrest는 체포, 즉 사람에 대한 seizure를 뜻한다. 원칙적으로 경찰은

arrest를 하는데 있어 probable cause를 가지고 있어야 하여 체포영장
(warrant)은 필요하지 않다. 다만, 경찰이 '자신의 집에 있는' 용의자를 체
포할 경우에는 체포영장이 예외적으로 필요하다. 자신의 집에 있는 용의
자의 경우, 미국은 개인의 집에 상당한 privacy가 있다고 보는 바, 공공장
소에서 행해지는 일반적인 체포보다 엄격한 요건(warrant)이 요구되는 것
이다. 용의자가 타인의 집에 있다하더라도, 경찰은 해당 용의자에 대한 체
포영장을 타인의 집에서 합법적으로 행사할 수 있다. 예컨대, 경찰이 갑에
대한 체포영장을 발급받았고 갑이 을의 집에 있는 경우라면, 경찰이 을의
집에서 갑을 체포(arrest)하는 것은 합법이다. 반면, 을의 집을 수색(search)
하는 것은 허용되지 않는다.

a. General Rule

> PC ○, warrant ✕

Arrest is **a seizure** of a person, and it occurs when the government
takes a person **into custody** against her will for criminal
prosecution or interrogation.

There must be **probable cause** to arrest a person at the time of
arrest, and arrest warrant is **not** required.

b. Exception (Need Warrant)

ⅰ. Home Non-emergency Arrest

An arrest warrant **is** required when the police arrests a person
in his own home in **non-emergency** circumstances. An arrest
warrant may be executed **in the home of a third party,** but the
police cannot search the home of a third party.

2. Other Detentions

a. Stop and Frisk (Investigatory Detentions)

> stop ⇒ RS ○, warrant ✕ ⇒ frisk

Stop은 불심검문을 말하는 바, 경찰이 수상한 거동 기타 주위의 사정

을 합리적으로 판단하여 죄를 범하였거나 또는 범하려 하고 있다고 의심(reasonable suspicion)할 만한 상당한 이유가 있는 자를 정지시켜 질문 및 조사하는 것을 뜻한다. 경찰은 스스로 의심을 거두기 위해 적극적으로(in a diligent and reasonable manner) 질문 및 조사해야 하며, 이 과정에서 해당인에게 신분증(identification)을 요구할 수도 있다. 일반적으로 질문 및 조사는 20분 이내의 짧은 시간 동안 이루어지기 때문에 "investigatory detention"이라고도 한다. 익명으로 제공된 정보라하더라도 경찰이 이를 바탕으로 RS를 성립하기에 합리적인 경우라면, stop시킬 수 있다. 한편, 특정인을 stop(investigatory detention)시킨 후, 그 detained된 자(detainee)가 무장한 경우 등과 같이 경찰이 스스로의 신변이 위험하다고 합리적으로 판단하는 경우에는 detainee의 몸을 더듬어 확인할 수 있는데 그 정도는 겉옷을 훑어보는 정도(frisk)만 허용되며 옷의 안 주머니를 확인하는 것은 불가하다. 이는 Terry v. Ohio, 392 U.S. 1(1968) 판례를 통해 정립된 rule로서, 이러한 stop을 "Terry stop"이라 일컫기도 한다.

그렇다면 stop과 arrest의 차이점은 무엇인가. Stop은 경찰의 reasonable suspicion을 요구하는 반면, arrest는 이보다 더 구체적인 수준의 probable cause를 요구한다. 경찰이 용의자를 stop하는 과정에서 probable cause가 생기면 arrest를 할 수 있는 것이다. 경찰이 detained된 용의자에게 신분증을 요구했으나 그가 이에 불응한 경우에도 arrest할 수 있다. 다만, reasonable suspicion과 probable cause를 구분하는 기준이 다소 모호하여 이 두 개념을 명확하게 구분할 수는 없으나, 판례는 '질문 및 조사하는 시간'을 기준으로 구분하고 있다. 그 시간이 짧다면 stop, 길다면 arrest로 본다.

ⅰ. General Rule

When a police has a **reasonable suspicion with articulable facts** of criminal activity or involvement in a complete crime, he can **stop (detain)** a person **to investigate** for a **reasonable short time.** The police must act in a **diligent and reasonable manner** in investigation.

Frisk is allowed only when the police has **reasonable suspicion** that the person (detainee) is **armed and presently dangerous** [Terry v. Ohio, 392 U.S. 1(1968)].

ii. **Informant's Tips**

Informant's tips can be a source of suspicion only when the tips are **reasonable.**

iii. **Stop and Arrest**

Stop occurs during the short period of time (no more than 20 minutes). The police may develop probable cause during stop if the suspect fails to identify himself, and the detention becomes an arrest. The search after the arrest does not need search warrant, since it constitutes a search incident to the arrest.

b. Automobile Stop

```
① for violating law ⇒ RS ○, warrant ×
② roadblock ⇒ RS ×, warrant ×
```

자동차를 정지시키는 것은 seizure이며, 이렇게 자동차를 seizure하는 경우에는 두 유형이 있다. 하나는 '특정' 자동차(또는 그 탑승자)의 위법한 행위가 합리적으로 의심되어 해당 자동차를 정차시키는 seizure이고, 다른 하나는 자동차 및 자동차의 기동성을 이용한 범행 요컨대 밀입국, 음주운전 여부를 확인하기 위해 '모든' 자동차를 정차시키는 seizure이다. Reasonable suspicion(RS) 요건의 유무가 두 유형의 가장 큰 차이점이다. 전자(前者)의 경우 RS가 요구되는 바, 경찰이 차량 및 탑승자의 위법행위에 대해 RS가 있는 경우에 한해 warrant 없이 해당 자동차를 정차시킬 수 있다. 후자(後者)의 경우는 경찰이 도로에 바리케이드를 설치하여 위법행위에 대한 의심을 전혀 가지지 않고 모든 차량을 대상으로 진행하는 중립적인 seizure로서, RS와 warrant 모두 요구되지 않는다. 한편, 경찰이 자동차를 seizure하는 것은 자동차뿐만 아니라 그 자동차 내의 탑승자도 seizure하는 것이기 때문에, 자동차를 stop시킨 후 운전자를 포함한 모든 탑승자들을 자동차에서 내리라 명할 수 있고 앞서 investigatory detention에서도 언급한 바와 같이 탑승자들이 무장을 했다고 합리적으로 의심되거나 경찰의 안전이 위협받을 수 있다고 의심되는 경우에는 경찰이 이들을 frisk할 수 있다.

ⅰ. General Rule

There are two types of automobile stops: stops for violating law and stops with roadblock.

When a police has at least **reasonable individualized suspicion** to believe that a car has violated law, he can stop the car.

Police can set up roadblocks to stop cars **without** such individualized suspicion, when:

① Stop are **random;** and

② Stop is for the purposes of the problem closely **related to automobile and its mobility.**

ⅱ. Occupants

When a police stops a car, the police can order **driver and occupants** to get out and **frisk them if he reasonably believes** that they are armed and dangerous.

ⅲ. Pretextual Stops

특정 운전자가 교통법규 위반을 하였거나 경찰이 운전자의 교통법규 위반에 대한 probable cause를 가지고 해당 차량을 정차시켰다면, 그 정차는 합헌이다. 설사 경찰이 실제로는 교통법규와 무관한 다른 범죄에 대한 의심을 가지고 이를 위해 정차시켰다 하더라도, 그 정차는 합헌이다.

The stop is constitutional even if officer used the statute as a pretext^{구실} to investigate criminal wrongdoing, when he has **probable cause** to believe that the automobile violated **a traffic law.**

경찰 갑이 순찰을 하던 중 속도를 위반하며 운전하는 을을 보았다. 해당 주에는 속도위반 운전자를 arrest한다는 statute가 있다. 경찰 갑은 을이 상습적으로 마약을 판매한다고 평소에 의심하고 있었고, 해당 자동차에 마약이 있을 거라 확신했다. 갑은 statute를 근거로 을을 arrest하였고 합법적으로 자동차에 있는 마약을 확보했다. Is drug admissible?

⇒ Yes.

C. Search

Search는 '수색'이라는 뜻으로, 미국형법에서는 구체적으로 '정부'가 개인의 '프라이버시가 있는' 물건 및 장소를 침해하는 행위로 명명하고 있다. 원칙적으로 search에는 영장(warrant)이 필요하다. 본 챕터에서는 search의 정의, 영장 없이 진행 가능한 warrantless search(영장요건의 예외) 그리고 각 search의 범위에 대해 자세히 논한다.

1. General Rule

search = '정부'행위 + 有 reasonable E.P. + W

The Fourth Amendment provides that people have right to be **free from unreasonable searches and seizures.** A search is an intrusion **by the government** into an individuals' **reasonable expectation of privacy,** and it requires **search warrant.**

a. Governmental Conduct

수정헌법 4조는 unreasonable seizure 및 search로부터 개인을 보호하는 규정이다. 여기서 search란, '정부'가 개인의 프라이버시가 있는 물건 및 장소를 침해하는 행위를 뜻하는 바, 수정헌법 4조는 '정부'의 행위만을 규제하며 개인의 행위에는 적용되지 않는다. 다시 말해, 개인(갑)이 타인(을)의 물건 및 장소를 unreasonable하게 수색하여 증거를 확보한 경우, 갑은 정부가 아닌 개인으로서 수정헌법 4조가 적용되지 않는 바, 갑의 수색을 통해 얻은 증거는 admissible하다. 한편, 정부로부터 수색의 대가로 돈을 받는 private police 그리고 정부의 지시로 수색을 진행한 자 모두 '정부'로 보고 이들의 행위에는 수정헌법 4조가 적용된다.

The Fourth Amendment applies only to **governmental searches.** Searches by private person are not subject to the Fourth Amendment.
Searches by private police who is publicly paid or by a person who is directed by the government are governmental searches.

b. Expectation of Privacy

수정헌법 4조는 search가 진행된 물건 및 장소에 대해 '합리적인 프라이버시를 기대하는 자'만의 권리를 보장하고, 그러한 자들만이 국가의 수정헌법 4조 위반여부를 논할 수 있다. 다시 말해, unreasonable search를 주장하는 자는 반드시 해당 search가 이루어진 물건 및 장소에 대해 reasonable expectation of privacy, 즉 standing을 가져야 한다. Reasonable expectation of privacy(standing)는 일반적으로 점유하고 있는 장소, 소유하고 있는 장소 또는 잠을 자는 장소에서 인정된다. 예컨대, 갑과 을이 길거리에서 함께 살인계획을 논하고 있었고 이 대화를 경찰이 녹음한 경우, '길거리'는 갑과 을의 프라이버시가 없는 공개된 장소이므로 이들의 헌법적 권리가 보장되지 않는다(open field doctrine). 따라서 갑 및 을은 경찰이 제시한 녹음파일에 대해 영장없는 수색임을 주장하며 inadmissibility를 주장할 수 없다. 반면, 갑의 집에서 갑과 그의 집에 잠시 놀러 온 을간 대화를 경찰이 수색영장 없이 녹음했다면, 갑의 집은 갑이 expectation of privacy를 가지는 장소이므로 오직 갑의 권리만이 수정헌법 4조의 보호를 받는다. 따라서 을이 피고인인 형사재판에서 검사가 해당 녹취록을 증거로 사용한다 하더라도 을은 해당 수색의 위헌성을 주장할 수 없다.

TIP 본 논점은 일반적으로 피고인이 특정 증거물의 suppression을 주장하고 이 주장이 받아들여질 수 있는지 그 여부를 묻는 문제로 출제된다. 이 경우, 우선 ① 피고인의 해당 증거물에 대한 reasonable expectation of privacy 유무를 판단하고, 만일 있다면 ② probable cause와 warrant 유무여부를 판단하여 suppress 여부를 결정한다.

i. General Rule

Only the defendant whose reasonable expectation of privacy was invaded can assert a Fourth Amendment right. Thus, only the defendant who establishes **standing** to challenge for alleged violation of the Fourth Amendment.

Reasonable expectation of privacy is recognized in:

① The place a defendant owns or has right to possession;

② The defendant's home; or

③ The place in which a defendant was **overnight guest.**

ii. Open Fields Doctrine

Under the open fields doctrine, areas outside the curtilage are open fields, which are held out to the public, and such areas are unprotected by the Fourth Amendment.

✔ Curtilage(주택에 딸린 땅) — reasonable expectation of privacy 인정 ○ (search로 인정)

✔ Garbage left outside of the curtilage — search로 인정 ×

✔ Dog-sniff within the curtilage — search로 인정 ○

✔ Dog-sniff at entry to home — search로 인정 ×

✔ Dog-sniff of a car at traffic stop — search로 인정 ×

✔ Fly-overs to observe things therein with the naked eye — reasonable expectation of privacy 인정 × (search로 인정 ×)

c. Reasonableness (Warrants)

수정헌법 4조는 unreasonable seizure 및 search로부터 개인을 보호하

는 규정이다. Search가 'reasonable'하다는 것은 유효한 warrant를 발부받은 상태에서 진행한다는 의미이다. Warrant의 유효성 요건에는 중립적인 magistrate judge에 의해 발부될 것, 제출된 증거(affidavit)들이 probable cause(PC)를 가지기 충분할 것, 수색하고자 하는 장소 및 물건을 구체적으로 명시할 것, 이렇게 세 요건이 있다. 한편, 실제로는 유효한 warrant가 존재하지 않으나 경찰이 search 할 당시 유효한 warrant가 존재한다고 합리적으로 믿은 경우에는 reasonable search로 인정되는 바, 해당 search를 통해 확보한 증거는 admissible하다.

i . Valid Warrants

To be a valid warrant, it must:

① Be issued by a **neutral and detached magistrate;**

② Be based on **probable cause** developed by facts submitted to the magistrate; and

③ **Particularly describe** the place or things to be searched.

ii . Affidavits

익명으로 제공된 정보라 하여 probable cause를 형성하지 못하는 것은 아니고, 그 정보의 신뢰성, personal knowledge 등을 고려하여 probable cause의 형성여부를 판단해야 한다. 이때 참고되는 자료가 affidavit이다. 예컨대, 갑이 마약을 제조한다는 익명의 정보를 입수한 경찰이 동일한 정보제공자가 이전에 제공했던 정보가 정확했었다는 내용의 affidavit을 magistrate에게 제출하는 경우, 범행에 관한 probable cause를 형성하기에 충분하고 magistrate는 search warrant를 발부할 수 있다. Affidavit은 특정 사안에 대한 진술서로서, 작성한 자가 해당 내용이 사실임을 oath하고 작성한다. 형사소송에서는 경찰이 형성한 probable cause에 대해 타당성을 심리할 때 사용되며, 민사소송에서는 소송당사자가 summary judgment를 주장함에 있어 그 근거로서 사용된다.

An affidavit must be submitted **to the magistrate** and it is used to determine whether probable cause is established. The affidavit includes the factors determinative of probable cause, such as the informer's reliability and his personal knowledge. Its sufficiency is determined by totality of the circumstances.

iii. Particular Description

물건 및 장소에 대한 search 범위는 search warrant상 명시되어 있는 것에 한한다. 이는 사람에 대한 search의 경우에도 마찬가지로 search warrant상 명시되어 있는 특정 사람에 한해 search를 진행된다. 따라서 search warrant상 명시되어 있는 장소에 있는 사람이라 할지라도 그 사람의 이름이 warrant상 명시되어 있지 않는 한 그 사람에 대한 search는 위헌이다. 예컨대, search warrant상 'ABC건물의 1층 전체'에 대한 수색이 승인되었고 그곳에 갑이 있었던 경우, 경찰은 갑에 대한 수색을 진행할 수 없다. 만일 search warrant상 'ABC건물의 1층 전체 그리고 갑'이라 적혀있다면 갑에 대한 수색은 합헌이다.

To be a valid search, the warrant should include particularity of the place to be searched or the items and the persons to be seized. The police is not authorized to search **persons** found on the premises who are not **named** in a search warrant.

> **TIP**
> ① Arrest: 갑의 체포영장이 발급되었고, 갑이 을의 집에 있는 경우 '갑'을 체포하는 것은 합헌이고, '을 집'을 수색하는 것은 위헌이다.
> ② Search: 갑에 대한 수색영장이 발급된 경우, '그 외'의 사람에 대한 수색은 위헌이다.

iv. Police's Good-Faith Belief

When a police **reasonably** held a good faith belief that his action is authorized by a valid warrant, the search is constitutional even if there is no valid warrant actually.

d. Wiretapping

• Wiretapping = Eavesdropping

Wiretapping^{도청} is an intrusion of a reasonable expectation of privacy, and is a **search** under the Fourth Amendment. For wiretapping, probable cause and a valid warrant are required.

2. Warrant Exceptions (Warrantless Search)

There are six exceptions to the warrant requirement in which warrantless search is reasonable and constitutional.

> **TIP** Warrantless search 관련 출제요소
> ① warrantless search의 요건, ② scope

a. Automobile Search

PC ○, warrant ×

특정 차량에 밀수품, 범행도구 등과 같은 불법적인 물건이 있다는 probable cause가 있는 경우, 경찰은 해당 차량을 영장 없이 수색할 수 있다. 이는 차량은 기동성이 있어 경찰이 영장을 발부받을 시간이 없고 차주가 차량 내에서 가지는 expectation of privacy가 비교적 적다고 보기 때문에 warrantless search를 허용한 것이다. Search하는 과정에서 경찰이 예상한 불법적인 물건이 아니고 전혀 다른 증거를 수집했다 하더라도 그 증거력은 인정된다(admissible). 한편, automobile search의 범위는 경찰이 불법적인 물건이 있다고 생각한 공간에 따라 다르다. 만일 경찰이 차량에 실린 container, 예컨대 차량에 실린 캐리어에 불법적인 물건이 들어있을 거라는 probable cause를 가진다면, 수색의 범위는 해당 캐리어에 국한된다. 만일 특정 container로 한정하지 않고 차량에 불법적인 물건이 있을 거라는 probable cause를 가진다면, 수색의 범위는 자동차 내부뿐만 아니라 트렁크와 동승자

(passenger)를 모두 포함한다. 이때 '동승자'를 대상으로 하는 수색은 frisk를 넘어선 정도의 수색으로서, 동승자의 소지품(belongings)까지도 진행된다. 이는 차주와 마찬가지로 동승자가 차량 내에서 가지는 expectation of privacy가 작다고 보기 때문이다.

i. General Rule

Automobile search without warrant may be conducted when the police has probable cause to believe that contraband or evidence of a crime is concealed in a vehicle.

ii. Scope

The scope of the search is the **entire vehicle, including the trunk,** and movable **containers** within the vehicle that is **believed to be carrying** the object for which they are searching. **Any evidence** found during the search is admissible, even if it is different object from the police are searching for.

b. Search Incident to Lawful Arrest

> PC ○, warrant ✕

Search incident to lawful arrest란, 경찰이 probable cause(PC)를 가지고 체포한 자(갑)를 체포함과 동시에 바로 수색하는 경우를 뜻한다. 이는 합법적인 arrest에 따른 부수적(incident to)인 수색으로서, 경찰의 신변을 보호하고 증거물이 훼손되는 것을 방지하고자 인정되는 warrantless search이다. 예컨대, 경찰이 갑의 마약판매에 대한 probable cause(PC)를 가지고 갑을 체포한 후 갑의 옷 안 주머니에서 칼을 발견하는 경우 해당 칼은 admissible하다. 수색의 허용범위는 일반적인 수색보다 좁게 인정되는 바, 경찰은 원칙적으로 arrestee가 팔을 뻗을 수 있는 범위(wingspan) 이내의 구역만을 수색할 수 있다. 즉옷의 안 주머니를 수색하는 것도 허용되는 바, frisk보다는 그 범위가 넓다. 다만, 수색하는 장소가 누군가의 은신처로서 arrest하는 경찰에게 위협을 가할 수 있을거라 의심되는 경우에는 경찰이 wingspan보다 더 넓은 범위(protective sweep)에서 사람이 있을만한 물건 및 장소를 수색할 수 있다[Maryland v. Buie, 494 U.S. 325, 110 S. Ct. 1093 (1990)]. 대개 공범이 있을거라 의심되는 경우 본 rule이 적용된다. 한편, 경찰이 자동차 내의 탑승자를 체포한 후 해당 '자동차'를 수색할 경우 원칙적으로는 상기 rule이 동일하게 적용되나, 자동차 내부는 탑승자를 기준으로 wingspan 범위를 넘어선 수색이므로 추가적인 요건이 만족되는 경우에 한해 허용되는데, ① 경찰이 탑승자를 제압할 수 없고 그 탑승자가 차 내부에 접근할 수 있는 경우이거나 ② 경찰이 해당 탑승자를 arrest한 이유(범행)의 근거를 차 내부에서 찾을 수 있다는 합리적인 확신이 있는 경우에 허용된다. 여기서 '자동차 내부'는 trunk를 포함하지 않는다. Search하는 과정에서 경찰이 arrest를 하게 된 PC와 무관한 증거를 수집했다 하더라도 그 증거력은 인정된다(admissible).

i . General Rule (Arrest Person, Search Person)

Search incident to an arrest may be conducted **without warrant** when the police **arrests** a person based on **probable cause.** In other words, the arrest should be constitutional under the Fourth Amendment.

ii . Scope

This rule is to protect threat to the officer's safety and destruction of the evidence. Thus, the scope of the search should be **within arrestee's wingspan** (within the person and area he can immediately control).

If the police has **reasonable suspicion** that the arresting area can impose danger to the police (e.g., the presence of **accomplices**), the police may conduct a **protective sweep** of the area. The police can search only the containers in which **a person might hide.**

iii. Arrested Automobile Occupants (Arrest Person, Search Vehicle)

If the police arrested the automobile occupants, he may search the **interior of the vehicle** if:

① The arrestee is **unsecured** and still can access to the interior of the vehicle; or

② The police **reasonably believes** that evidence of the offense for which the person was arrested **may be found in the vehicle.**

iv. Search Incident to Incarceration or Impoundment

After a valid arrest, the police may search an arrestee's personal belongings before incarcerating^{구금} him into the lockup^{유치장}.

c. Plain View

경찰이 합법적으로 위치한 장소에서 불법적인 물품을 우연히 발견하는 경우, warrant 없이 해당 물품이 위치한 장소를 수색할 수 있다. 여기서 '합법적으로 위치한 장소'란 도로, 공용주차장과 같이 경찰이 해당 장소에 위치함에 있어 개인의 interest를 침해하지 않는 장소를 뜻하며, '우연히'라는 것은 경찰이 별도의 수색을 하지 않고 맨 눈으로 (plain view)라는 의미이다. 예컨대, 경찰이 주차장에 주차되어 있는 차량 옆을 지나치다 창문을 통해 흰색 가루가 담긴 투명한 비닐봉지를 발견한 경우, 경찰은 '주차장'이라는 public place에 합법적으로 위치해 있었고 창문을 통해 plain view로 발견하였으므로 영장 없는 수색이라 할지라도 이는 합헌이고 비닐봉지는 admissible하다.

When the police discover evidence in plain view, they may conduct a warrantless seizure. There are requirements for the plain view exception:

ⅰ. The police are **lawfully positioned;**

ⅱ. The police see the object **in plain view;** and

ⅲ. It is **immediately apparent** that the evidence is incriminating.

d. Consent

수색에 대한 동의를 얻은 경우, 경찰은 warrantless search를 진행할 수 있다. Consent 논점에서 가장 중요한 것은 '동의의 유효성'과 '수색의 범위'인데, 동의의 유효성은 동의를 한 자에게 동의를 할 수 있는 권한(authority)이 있는지 그 여부와 동의의 자발성(voluntariness)을 기준으로 판단된다. 원칙적으로 authority는 수색할 물건 및 장소의 소유자뿐만 아니라 해당 물건 및 장소에 대해 소유자와 권한을 동일하게 나누어 갖는 자에게도 있다. 예컨대, 갑과 을이 함께 소유하고 있는 자동차에 대해서는 갑·을 모두 동의할 수 있는 authority가 있는 바, 경찰이 갑의 동의를 얻어 search 과정에서 얻은 증거를 against 을의 목적으로 제출할 수 있다. 일반적으로 부모는 자녀의 방에 대해 consent authority를 가지고 있으나 자녀가 소유한 잠겨 있는(locked) 무언가에 대해서는 authority가 없다. 이는 부모가 평소에 자녀의 물건 및 장소에 대해 접근(access)이 있었는지 그 여부를 기준으로 판단한다. 자녀의 방의 경우 부모가 일반적으로 드나드는 곳이기 때문에 그 자녀의 나이와 무관하게 consent authority가 인정되나, 만일 자녀가 항상 방문을 잠궈놓아 부모의 access가 없었다면 부모는 그 방의 수색에 대해 consent authority가 없다고 보는 것이다. 만약 잠겨 있지 않은 자녀의 방 안에 잠겨 있는 케이스가 있는 경우라면, 경찰이 방 수색에 대해 부모의 consent를 얻었다 할지라도 잠겨 있는 케이스에 대한 수색은 진행할 수 없다. 한편, 동의를 한 자에게 실제로 authority가 없다 하더라도 경찰이 동의를 받을 당시 동의를 한 자에게 동의 authority가 있다고 합리적으로 믿을 수 있었던 상황이었다면 해당 동의는 유효하다고 본다. 한편, 수색의 범위는 동의를 얻은 범위에 한정된다. 또한 특정 장소에 대한 동의를 얻어 행하는 수색은 경찰이 수색을 통해 얻고자 한 증거물이 있을만한 모든 물건에 대해 유효하다. 예컨대, 경찰이 마약혐의에 대해 엄마의 동의를 얻어 아들의 방을 수색하는 경우 마약이 있을만한 작은 케이스를 열어 확인하는 행위는 합헌이다. 이는 엄마의 동의를 얻어 아들이 잠궈놓은 케이스를 확인하는 invalid한 수색과는 차이가 있다.

TIP Consent에 의한 warrantless search
　　① consent 유효성: authority(소유자＋평소 접근이 있었던 자)와 voluntariness

② 수색 범위: 수색목적에 부합하는 공간

ⅰ. General Rule

If there is a **valid and voluntary** consent, the police may conduct a warrantless search. It does not invade a privacy, because the consent search is conducted according to the consent.

ⅱ. Valid Consent

If the consent is made by whom the police **reasonably believed** having authority, the consent is valid.

The consent made by any person who has **equal right to use** the property is valid, and the evidence can be used against the other users.

Parents have authority to make a consent for a search of a **child's room.** However, the consent cannot extend to a search of **locked containers** within the room.

ⅲ. Voluntary Consent

The consent must be made **without coercion.** Voluntariness is determined considering the totality of the circumstances.

ⅳ. Scope

The scope of the search is limited to the scope of the consent. The scope of consent extends to any area when the extension is reasonable under the circumstances.

e. Stop and Frisk

상기 「B. Arrest and Other Detentions」에서 설명한 내용과 동일한 개념이다.

f. Emergency and Hot Pursuit

ⅰ. Emergency Aid Exception

When the police **objectively** believed that there is threat on health or safety, warrantless search may be conducted.

ⅱ. Hot Pursuit

When the police are fleeing felon (in pursuit), they may conduct warrantless search. The scope of the search is as broad as reasonable to prevent the suspect from resisting or escaping. Police may enter and search a private dwelling in pursuit of the fleeing.

g. Evanescent Evidence

The police may conduct a warrantless search when the evidence is evanescent^{쉽게 사라지는}. The evanescence is determined by the totality of circumstances.

✔ Tissues under a suspect's fingernails
✔ Blood alcohol testing

[표 7-11]

		Strength of suspicion	Warrant
Arrest		PC	×
Stop (人)		RS	×
Automobile stop	generally	RS	×
	neutral. traffic stop	×	×
Search		PC	○
Search 예외(x6)		×	×

[표 7-12] 수색범위(scope)

유형		Scope
人 stop		stop and frisk (경찰보호를 목적 → frisk)
車 stop	일반적인 stop	① 車 내부+탑승자(frisk) ② 경찰보호를 목적 → weapon이 있을만한 공간으로 제한
	roadblock (neutral stop)	
Automobile exception		① 車 내부+탑승자+**trunk** ② PC와 관련된 공간으로 제한
Search inc. to lawful arrest	人 arrest → 人 search	① wingspan 또는 ② protective sweep(공범 有이라는 RS가 있는 경우에 한해) → 사람이 숨어있을만한 공간으로 제한
	人 arrest → 車 search	① 車 내부+탑승자 ② PC와 관련된 공간으로 제한
Consent		① consent한 장소에 한한다. ② 위법행위와 관련된 공간으로 제한

* Search에 대한 기본적 rule: search warrant 내용에 입각하며, 장소와 사람은 별도다.
* frisk < wingspan < protective sweep
* Scope가 일치하는 한, 예상한 위법행위와 무관한 증거가 발견되더라도 admissible하다. 예컨대, 위법한 총기소지를 의심하여 진행된 search 과정에서 마약이 발견된 경우, search의 scope가 적합했다면 마약은 admissible하다. 이는 focus on "search," not focus on the things이기 때문이다.

[표 7-13] Automobile에 관한 seizure 및 search

	Stop		Search incident to arrest	Automobile exception
	general	roadblock		
전형적 case	차량을 정차시킴.	음주측정을 위해 모든 차량을 검문함.	운전자를 arrest한 후 차량을 수색함.	차량에 위법적 증거가 있다고 믿는 경우 해당 차량을 수색함.
합헌성 요건	RS ○, W ×	—	① PC ⇒ arrest; and ② The arrestee is unsecured; 또는 The police reasonably believe that evidence is in the vehicle.	PC ○, W ×
Scope	車 내부＋탑승자(frisk)		車 내부＋탑승자	車 내부 ＋탑승자 ＋trunk

D. Exclusionary Rule

Exclusionary rule은 수정헌법상 명시되어있지는 않으나 수많은 판례들을 통해 정립된 rule로서, 수정헌법 4조에 위배되는 unreasonable search 및 seizure를 통해 얻은 증거는 재판에서 배제되어야 한다는 것을 그 내용으로 한다. 이는 국가권력을 가진 자가 수정헌법 4조를 위배하는 경우에 대해 논하는 rule로서, unreasonable search 및 seizure에 의한 직접적인 증거뿐만 아니라 그로부터 파생되는 증거에도 fruit of poisonous tree doctrine(위법증거 배제법칙, 독수독과이론, 毒樹毒果理論)을 통해 확대 적용된다. 다만, fruit of poisonous tree doctrine이 모든 경우에 있어 적용되는 것은 아니고 exclusionary rule에도 예외의 경우가 있다. Fruit of poisonous tree doctrine의 경우 grand jury와 미란다원칙에 위배되어 확보된 진술에는 적용되지 않는 바, 수정헌법 4조에 위배되는 search 및 seizure를 통해 얻은 증거에 대해 grand jury에 출석한 증인에게 심문할 수 있으며 미란다원칙이 고지되지 않은 상황에서 언급된 진술을 통해 확보한 증거는 admissible하다. 한편, 불법적으로 확보된 증거가 다른 합법적인 방법으로도 필연적으로 확보될 수 있었고, 합법적이고 독립적인 자원(source)이 존재하며, 불법적으로 확보된 증거를 사용하더라도 그 중요성이 매우 낮아 피고인에게 피해가 없는 경우 exclusionary rule이 예외적으로 적용되지 않는다.

1. General Rule

Under the exclusionary rule, searches and seizures obtained in violation of the Fourth Amendment should be excluded in criminal cases.

a. Fruit of Poisonous Tree Doctrine

Under the fruit of poisonous tree doctrine, evidence ("fruit") obtained from the illegal evidence ("poisonous tree") is inadmissible. **The doctrine is inapplicable in grand jury.** "Fruits of poisonous tree" may be used to ask a witness before a grand jury. The doctrine is also inapplicable to **statements obtained in violation of Miranda.** In other words, the evidence derived from statements obtained without given Miranda warning is admissible.

2. Exceptions

The exclusionary rule is inapplicable in the following situations:

i. In which the illegal evidence would have **inevitably**^{필연적으로} **been discovered** through lawful means (inevitable discovery doctrine);

ii. In which there is a **valid independent source;** and

iii. In which illegal evidence is **not critical** to proving the case against the defendant (harmless error exception).

III. The Fifth Amendment

용의자 및 피고인의 진술(statement), 즉 자백(confession)이 증거력을 가지기 위해서는 해당 진술을 확보하는 과정에서 위헌적인 요소가 없어야 한다. 즉 피고인의 헌법적 권리들이 침해되지 않아야 하며, 자발적으로 이루어진 진술만이 증거력을 가진다. 여기서 '헌법적 권리'란, 불리(self-incriminating)한 진술을 강요당하지 않을 권리(right against self-incriminating testimony), 변호사를 선임할 권리(right to counsel) 그리고 묵비권을 행사할 권리(right to remain silent)를 뜻한다. 그중 불리한 진술을 강요당하지 않을 권리(right against self-incriminating testimony)는 수정헌법 5조에 명시되어 있는 권리이며, 나머지 두 권리는 Miranda v. Arizona, 384 U.S. 436 (1966) 판례를 통해 확립된 권리들이다. 본 챕터에서는 상기 세 헌법적 권리에 대해 자세히 논한다. 한편, 용의자 및 피고인이 반드시 '자발적(voluntary)'으로 진술을 언급해야 한다는 rule은 수정헌법 14조의 Due Process Clause에 의거한다.

앞서 언급한 바와 같이 수정헌법 5조에 따르면 누구도 자신에게 불리한 진술(self-incrimination)을 강요받을 수 없다. 즉 경찰의 강요에 의해 언급된 자백은 증거로서 효력이 인정되지 않는 바, 자백의 증거력(admissibility)은 right against self-incrimination의 침해여부를 기준으로 판단된다. 본 법리는 Miranda v. Arizona, 384 U.S. 436 (1966) 판례를 통해 보다 구체화되었다. 법원은 in-custody interrogation 상황에 처한 용의자가 자백을 하기 전 미란다 원칙을 고지해야 하는 의무가 경찰에게 있음을 명시하였다. In-custody라는 공포스러운 상황이 용의자에게 심적 부담으로 작용하여 원치 않는 자백을 할 수 밖에 없으며 그렇게 언급된 자백은 강요에 의한 자백과 다름없는 바, 용의자에게 불리한 진술을 강압적으로 확보하는 것을 금지하는 수정헌법 5조를 위반하기 때문에 미란다 원칙을 고지해야 한다는 것이다.

미란다원칙의 내용은 다음과 같다.

1. 진술을 거부할 수 있는 권리
2. 모든 진술이 법정에서 불리하게 작용할 수 있다는 점
3. 변호인을 선임할 수 있는 권리
4. 변호인을 선임할 수 없는 상황인 경우 국선변호사를 선임할 수 있는 권리

Under the Fifth Amendment, the lawful enforcement officer must inform Miranda rights to anyone who is in custody prior to interrogation. Miranda Warnings must include four things that:

1. You have the right to remain silent.

2. Anything you say can and will be used against you in a court of law.

3. You have the right to an attorney.

4. If you cannot afford an attorney, one will be appointed for you.

다시 말하자면, 경찰이 용의자에게 미란다 원칙을 고지하면 용의자의 묵비권을 행사할 수 있는 권리(right to remain silent)와 변호인을 선임할 수 있는 권리(right to counsel)가 인정되는 바, 이 두 권리를 통틀어 "Miranda rights"라 일컫는다. 즉 Miranda rights는 수정헌법 5조 상의 right against self-incrimination으로부터 파생된 권리이다. 따라서 명확히는 Miranda rights과 right against self-incrimination은 별개의 개념이나 자주 혼용되기도 한다. 경찰이 in-custody 용의자에게 미란다 원칙을 고지하면 용의자는 Miranda rights에 따라 가만히 있거나, 진술을 거부하거나, 변호사를 선임하거나 또는 Miranda right를 포기(waive)할 수 있다. 그중 진술을 거부하는 것은 묵비권을 행사할 수 있는 권리(right to remain silent)에 따른 행위이고, 변호사를 선임하는 것은 변호인을 선임할 수 있는 권리(right to counsel)에 따른 행위이다. 양 권리 모두 용의자가 권리를 행사(invoke)하고자 함을 명시(unambiguously)한 경우에 한해 그 권리의 행사가 인정되는 바, 그렇지 않은 경우에는 용의자의 권리행사가 인정되지 않아 경찰은 피고인에게 자백을 유도하는 질문을 계속할 수 있다. Miranda right에 대한 포기(waiver)는 용의자가 포기의 의미를 충분히 인지한 상태에서(knowingly) 자발적으로(voluntarily) 행한 경우에 한해 인정된다. 한편, 수정헌법 5조에 따른(미란다 원칙에서 파생된) 변호사 선임권은 수정헌법 6조에 의한 변호사 선임권과 다소 차이가 있다. 본 챕터에서는 수정헌법 5조에 따른 변호사 선임권에 대해 논하고, 수정헌법 6조에 의한 right to counsel은 이하 「Ⅳ. The Sixth Amendment」 파트에서 수정헌법 5조에 의한 right to counsel과 비교분석한다. 한편, 본래 수정헌법 5조는 동일한 범죄에 대해 두 번이상의 기소를 금한다는 내용의 Double Jeopardy

Clause를 포함하고 있으나, 본 챕터는 진술 및 자백에 초점을 두고 논하는 바, Double Jeopardy Clause에 대한 자세한 내용은 이하 「Ⅵ. Procedure」 파트에서 별도로 논하도록 한다.

A. Miranda Warning

1. General Rule

The lawful enforcement officer are required to give Miranda warnings to a suspect who is subject to an **in-custody interrogation.** Miranda warnings must reasonably convey to a suspect his rights and are not required to be the clearest possible formulation.

Once Miranda warnings are given to the suspect, the suspect may **unambiguously invoke** his rights (right to remain silent and right to counsel) and the police must honor it.

a. In-Custody

Custody is a substantial seizure and is defined as either a **formal arrest** or **restraint on freedom of movement** of the degree with a formal arrest.

The **objective test** is applied. Whether a suspect is in custody is determined by how a **reasonable** person in the suspect's situation would perceive his circumstances. Therefore, a suspect's age, experience, and other personal characteristics are **not** considered.

b. Interrogation

Miranda warnings must be made **prior to** interrogation by the police.

"Interrogation" is defined not only as questioning initiated by law enforcement but as any words that are reasonably likely to elicit an incriminating response.

수감 중인 용의자(an incarcerated person) 갑이 그의 pre-incarcerated criminal activity에 대해 두 명의 조사원들에 의해 조사받았다. 조사원들은 그에게 원한다면 언제든 조사를 중단할 수 있다는 점을 명시했다. 갑은 자신의 범행을 시인했고, 검사는 이 statement를 법원에 제출하려고 하자 갑이 Miranda 원칙 위반을 주장하며 object했다. 검사가 제출하고자 한 갑의 자백은 admissible한가?

⇒ Yes. 수감자가 다른 수감자들과 격리된 상태로 interrogation이 진행된다면, 이는 custodial interrogation per se이다[Mathis v. United States, 136 S. Ct. 2243 (2016)]. 하지만 custodial interrogation 여부는 여러 상황을 종합적으로 검토해야 한다. 본 사안에서 갑은 자신이 원한다면 언제든 조사를 중단할 수 있다는 점을 충분히 인지하고 있었으므로, custodial interrogation을 인정할 수 없다[Howes v. Fields, 132 S. Ct. 1181 (2012)].

2. Limits on Miranda

Miranda is **inapplicable** to statements by a probationer to **probation officer** or statement by a witness made before a **grand jury.**

Miranda is **inapplicable** and Miranda warning is not required when the defendant had **no knowledge** that a person is a **lawful enforcement officer** (or is working for government).

Miranda is **inapplicable** to questions by the police as to **basic information** (e.g., age, date of birth, height, weight).

TIP   Grand jury

① Fruit of poisonous tree doctrine 적용× → 수정헌법 4조에 위배되는 search 및 seizure를 통해 얻은 증거에 대해 grand jury에 출석한 증인에게 심문할 수 있음.

② Miranda 원칙 적용× → 미란다 고지 없이 확보된 증언은 admissible하다.

B. Right against Self-Incriminating Testimony

Right against self-incrimination은 불리한 진술을 강요당하지 않을 권리를 뜻하는 바, 용의자 및 피고인은 자신의 범행에 관한 발언을 거부할 수 있다. 다만, 본 권리가 증인으로서의 발언을 금하는 것은 아니기 때문에 subpoena 를 받아 증인석에 선 자가 self-incriminating한 부분에 대해 질문을 받는 경우 이에 대한 발언을 거부할 수 없다.

1. General Rule

Under the Fifth Amendment, a person shall not be compelled to provide self-incriminating testimony. However, a person who is subpoened by the party has no right against self-incriminating.

2. Testimonial Evidence

The right against self-incriminating under the Fifth Amendment applies only to **present testimonial or communicative evidence.**
It does not apply to real or physical evidence and the communications made in the past.

✔ Defendant's diary, calender → communications made in the past → right against self-incriminating 주장 불가
✔ Handwriting exemplar → real evidence → right against self-incriminating 주장 불가

C. Right to Counsel

Right to counsel이란 변호사 선임권을 뜻하며, 본 챕터에서는 수정헌법 5조에서 규정하는 권리, 즉 Miranda right에 대해 논한다. 수정헌법 5조에 의한 변호인 선임권은 in-custody 상태의 용의자에게 경찰이 미란다원칙을 고지한 시점 이후에 용의자가 그 권리를 행사하겠다는 의지를 표명(ambiguously) 해야만 그 권리행사가 인정된다. 일단 용의자가 본 권리를 행사하면 변호사가 부재한 상태에서 경찰이 용의자에게 하는 '모든 유형의' 질문이 금지되는

바, 용의자의 체포와 관련된 범죄뿐만 아니라 범죄와 무관한 질문 또한 금지된다. 한편, 본 권리는 수정헌법 14조를 통해 주(州)에 확대적용이 가능하다.

The Fifth Amendment applies to the states through the Fourteenth Amendment.

1. When

Under the Fifth Amendment, a suspect has a right to have a counsel (attorney) present **after being informed of her Miranda rights.**
A suspect must invoke his right to counsel **unambiguously.**

2. Questioning

Once a suspect invokes his right under Miranda, **all questioning** is prohibited. Both questions relating to the crimes and unrelated to the crimes are all prohibited.

D. Right to Remain Silent

Right to remain silent는 묵비권을 행사할 수 있는 권리를 뜻하는 바, 경찰이 미란다원칙을 고지한 후 interrogation을 시작하기 전 또는 interrogation을 진행하는 도중에 용의자가 본 권리를 행사하겠다는 의지를 표명(unambiguously)하는 경우 그 권리행사가 인정된다. 용의자가 본 권리를 행사하면 경찰은 용의자의 체포와 관련된 '범죄에 관한' 일체의 질문은 금지된다. 이는 범죄와 무관한 질문 또한 금지하는 right to counsel과 권리의 범위에 있어 차이가 있다.

1. When

Prior or during the interrogation, a suspect has a right to remain silent when he invokes his right **unambiguously.**

2. Questioning

Once a suspect invokes his right under Miranda, questioning **relating**

to the crime is prohibited.

> TIP   권리의 범위
> ① Right to counsel: **all** questioning
> ② Right to remain silent: only questioning relating to the crime

E. Suspect's Waiver of Rights

knowingly and voluntarily

용의자는 미란다원칙을 고지받은 후 미란다 권리, 즉 불리(self-incriminating)한 진술을 강요당하지 않을 권리, 변호사를 선임할 권리(right to counsel), 묵비권을 행사할 권리(right to remain silent)를 포기하고 자백을 할 수 있다. 다만, 권리의 포기(waiver of rights)는 반드시 용의자 스스로 자신의 행위(포기)가 어떤 것을 의미하는지 충분히 인지하는 상태에서(knowingly) 자발적(voluntarily)으로 이루어져야 한다. 한편, 용의자가 knowingly 그리고 voluntarily 자백(confession)을 하였다 하더라도 경찰이 미란다원칙(Miranda warning)을 고지하지 않았다면 해당 statement는 증거력이 없다(inadmissible). 이는 자백의 증거력은 미란다원칙 고지와 knowingly 그리고 voluntarily 이루어진 포기(waiver)가 자백의 증거력의 두 요건이기 때문이다.

> TIP   Confession의 admissibility는 ① 경찰의 미란다원칙 고지 여부, ② 용의자의 waiver의 유효성(knowingly와 voluntarily)을 순서대로 판단해야 한다.

Ⅳ. The Sixth Amendment

A. Right to Counsel

본 챕터는 수정헌법 6조에 의한 right to counsel에 대해 논하는 바, 이는 수정헌법 14조를 통해 주(州) 정부에도 적용될 수 있으며 용의자 및 피고인이 본 권리를 행사하겠다는 의지를 표명(unambiguously)해야만 그 권리행사가 인정된다는 점에서 수정헌법 5조에 의한 right to counsel(right to counsel under Miranda)과 동일하나, 권리가 부여되는 시점과 선임권의 성격 등에 있어 차이가 있다. 두 권리의 차이점은 다음과 같다.

첫째, 수정헌법 5조에서 부여하는 변호인 선임권은 미란다 원칙에서 파생된 권리로서 in-custody 용의자에게 경찰에 의한 interrogation이 시작되기 전에 주어지는 권리이다. 한편, 수정헌법 6조의 변호인 선임권은 형사소송과정 중 중요한 단계(critical stages of a criminal prosecution)에서 용의자에게 주어지는 권리이다. 이때의 '중요한 단계'는 기소된 이후의 소송과정(pre-trial부터)이라고 생각하면 된다. 둘째, 수정헌법 5조의 변호인 선임권은 일단 용의자가 그 권리를 행사하면 공권력 행사자는 변호사가 부재한 상태에서 어떠한 질문도 할 수 없다. 한편, 수정헌법 6조에서는 피고인이 변호인 선임권을 행사하더라도 이 권한은 특정 범죄에 국한되기 때문에, 피고인이 기소된 원인의 범죄에만 적용된다. 예를 들어, 갑이 살인죄와 강간죄로 각각 기소된 경우 살인죄 형사소송과정 중 피고인이 변호인선임권을 행사하면, 공권력 행사 자는 변호사가 부재한 상태에서 그 피고인에게 살인죄와 관련된 질문은 할 수 없지만 강간죄와 관련된 질문은 자유롭게 할 수 있다.

1. General Rule

Under the Sixth Amendment, in **all critical stages of a prosecution after formal proceedings** have begun, the defendant has a right to counsel present during questioning. The Sixth Amendment applies to the states through the Fourteenth Amendment.

a. Critical Stages
✔ Preliminary hearing to determine probable cause to prosecute
✔ Arraignment
(Arraignment는 피고인에게 indicted된 내용을 자세히 알리고 plea 하기를 요청하는 절차이다.)
✔ Guilty plea
✔ Sentencing
✔ Post-indictment interrogation

- ✔ Post-charge lineup
- ✔ Felony trial
- ✔ Misdemeanor trial when imprisonment is actually imposed or a suspended jail sentence is imposed
- ✔ Overnight recesses during trial

  (Recess란, trial 또는 hearing의 임시연기(延期)를 뜻한다.)
- ✔ Appeal as a matter or fight
- ✔ Appeal of guilty pleas and pleas of nolo contendere

  (Nolo contendere는 "I do not wish to contend^{다투다}"는 의미를 가진 라틴어로서, pleas of nolo contendere(nolo contendere pleas)는 피고인이 자신의 죄책을 인정한다는 점에서 guilty pleas와 동일하다. 다만, guilty pleas와 다르게 대부분의 주는 민사소송에서 pleas of nolo contendere를 증거로 제출하는 것을 금하고 있으며, pleas of nolo contendere의 내용이 그대로 선고로 이어지는 것은 아니다.)

b. Offense Specific

The Sixth Amendment right to counsel is offense specific and it does **not** guarantee counsel for **unrelated** offenses.

2. Waiver

Suspect는 자신에게 주어진 헌법적 권리인 수정헌법 5조와 6조에 의한 right to counsel을 waive할 수 있다. Suspect는 권리를 waive하고자 하는 자신의 의사를 분명하게 표명해야 하며(unambiguously), 이 과정은 외부의 강압 없이 suspect의 자발적인 태도(voluntarily)와 waive한 결과를 충분히 인지하고 있는 상태(knowingly)에서 행해져야 한다.

To be a valid waiver of right to consult, it must be **voluntary and knowing.**

[표 7-14] Right to counsel

	The Fifth Amendment (Miranda right)	The Sixth Amendment
주(州) 정부	through 14조 적용 가능	
invocation	unambiguously	
waiver	knowingly＋voluntarily	
적용 시기	미란다 고지 받은 이후 (in-custody interrogation)	in all critical stages
권리 범위	all	offense specific

B. Right to Speedy Trial and Public Trial

수정헌법 6조는 재판의 공정성(fairness)을 목적으로 재판의 신속성과 공개재판일 것을 요구한다. 재판의 신속성을 요구하는 것은 형사재판에서는 모든 피고인의 무죄가 추정되므로 기소된 피고인의 범행 여부에 대해 신속하게 판단해야 한다는 이유에서다. 공개재판 받을 권리(right to public trial)를 행사하는 것은 해당 재판이 공개적으로 진행되어 공정성이 높아진다는 장점이 있으나 피고인의 사적인 행위(conduct in private)가 공개되는 단점이 있다. 다만, 대중매체(media)가 재판에 대해 보도하는 것은 수정헌법 1조의 표현의 자유에 근거하므로 법원은 6조의 right to public trial과 1조의 right to speech를 비교형량하여 재판이 공개되는 정도를 조절해야 한다.

Under the Sixth Amendment, defendants have right to speedy trial and right to public trial. The rights promote fairness.

If the right to speedy trial is violated, charges agasint the defendant should be dismissed.

In determining whether to protect a right to public trial, courts must balance between right to public trial and the media's right to speech under the First Amendment.

C. Right to Jury Trial

Right to jury trial은 수정헌법 6조에서 규정하고 있는 배심원 재판을 받을 권리를 뜻하는 바, 형법재판에서 피고인의 죄책이 징역 6개월 이상에 적용되는 serious crime일 경우에 한해 인정되는 헌법적 권리이다. 여기서 'serious crime' 조건은 수정헌법 6조 right to counsel 조항에도 동일하게 적용되는 조건이다. 한편, 수정헌법 7조에서 규정하고 있는 right to jury trial은 민사재판에서 인정되는 헌법적 권리이다.

The Sixth Amendment provides that a **criminal** defendant has the right to a jury trial **for "serious crimes"** which are defined as that imprisonment may be **greater than six months.**

[Right to Jury Trial in Civil Cases — The Seventh Amendment]
In suits at common law, where the value in controversy shall exceed twenty dollars, the right of trial by jury shall be preserved, and no fact tried by a jury, shall be otherwise reexamined in any court of the United States, than according to the rules of the common law.

> TIP   Jury trial
> ① 민사소송에서의 right to jury trial — The Sixth Amendment
> ② 형사소송에서의 right to jury trial — The Seventh Amendment

D. Right to Confront Witness

수정헌법 6조의 Confrontation Clause에 의하면, 피고인에게는 형사소송에서 그에게 불리한 증언을 한 증인을 '마주보고' cross-examine할 수 있는 권리가 있다. 따라서 증인의 증언이 hearsay exception으로 인정된다 하더라도, Confrontation Clause에 위배되는 경우에는 증거로 채택될 수 없다. 예컨대, 형사소송에서 갑이 피고인 을에게 불리한 증언을 법정이 아닌 다른 곳에서 진술했고 갑의 본 진술을 병이 'to prove the truth 목적을 가지고' 법정에서 증인으로서 증언하였다면, hearsay 문제가 생긴다. 병의 증언이 hearsay exception으로 인정된다할지라도, 피고인 을에게 불리한 증언을 직접적으로 한 갑이 법정에 출석하지 않았기 때문에 피고인 을에게는 그 증인을 마주보고 cross-examine할 수 있는 기회가 없다. 즉 해당 진술은 Confrontation Clause에 위배되는 바, 증거로 채택될 수 없다. 다만, 해당 진술을 언급한 declarant(갑)가 아닌 다른 사람(병)이 to prove the truth 이외의 목적을 가지고 요컨대, impeachment 목적을 가지고 법정에서 증언하였다면, hearsay 가 아니므로 Confrontation Clause와 무관하다. 다시 말해, Confrontation Clause는 hearsay에만 적용되는 조항이다.

1. General Rule

The Confrontation Clause under the Sixth Amendment gives defendants the right to confront witnesses against them. It is applicable to the states through the Fourteenth Amendment.

The use of **out-of-court statement** by the prosecutor violates the right, even if the statement falls within the hearsay exception, if:

ⅰ. The statement was **testimonial;**

ⅱ. The witness who made the statement is **unavailable** to testify at trial; and

ⅲ. The defendant had **no opportunity to cross-examine** the witness before trial.

| TIP | 증인이 out-of-court statement를 증언하였고, 이에 대한 admissibility 판단은 ① hearsay exception 여부, ② Confrontation Clause 위배 여부를 '순서대로' 판단하여 진행한다. |

2. Testimonial

경찰 조사 과정에서의 증언들은 대부분 testimonial하다. 다만, 증인(갑)이 진술할 당시 진행되고 있었던 긴급상황(ongoing emergency)을 목격함과 동시에 이를 경찰에게 증언한다면, 이러한 증언들은 not testimonial하다. 즉 confrontation clause에 위배되지 않으므로 hearsay exception에 해당하면 admissible하다.

Usually, statements made to police officers in the course of an interrogation are testimonial. However, when witnesses make statements to the police under circumstances objectively indicating that the primary purpose of the interrogation is **to enable police assistance to meet an ongoing emergency**, those statements are **not** testimonial. Under the primary purpose of the interrogation standard, the primary purpose should be determined **objectively,** considering the **nature** of the dispute and the **scope** of the potential harm to the victim.

> **case**

① 엄마가 강도에게 구타당하고 있었고, 이 모습을 아이가 식탁에 숨어있을 때 목격했다. 그 아이가 구타장면을 목격하면서 경찰에 신고했다면, 아이의 statement는 emergency was ongoing 상태에서 진술된 statement이다. 따라서 non-testimonial하며 Confrontation Clause로부터 보호받지 못하는 바, hearsay exception에 해당하면 admissible하다.

② 경찰이 출동한 후, 강도가 수갑이 채워진 채로 경찰차에 타고 있는 상태에서 엄마가 경찰에게 구타 당시의 상황을 설명한 statement는 emergency is not ongoing 상태에서 진술된 statement이다. 다시 말해, 그 statement는 과거 사건에 대한 진술일 뿐이다. 따라서 non-testimonial하며 Confrontation Clause로부터 보호되지 못하는 바, hearsay exception에 해당하면 증거로 채택가능하다.

The main purpose was to establish past events potentially relevant to a later criminal prosecution [of the robber].

3. Right to Confrontation and Confession

A confession made by one defendant in joint trial of co-defendants cannot be used against the other defendants is unconstitutional. This is because the nonconfessing defendant has no opportunity to cross-examine the confession.

However, the statement is admissible if:

i. The confessing defendant takes the stand and subjects himself to cross-examination; or

ii. The statement is used to prove the nonconfessing party's claim of coercion with the jury instruction.

E. Right to Compulsory Process for Obtaining Witness

본 권리는 피고인 자신에게 유리한 증인이 재판에서 증언할 하도록 그 증인을 재판에 참석토록 강제할 수 있는 권리이다. 피고인은 일반적으로 해당 증인에게 subpoena를 발부함으로써 증언을 강제하며, 이는 피고인에게만 인정되는 권리인 right against self-incriminating testimony에 위배되지 않는다.

Under the Sixth Amendment, a defendant has the right to compulsory process for obtaining witness in his favor. Generally, the defendant invokes his right by **issuing a subpoena**.

V. The Eighth Amendment

수정헌법 8조는 피고인의 범죄에 비해 잔인하고 비상식적인 수준의 형벌을 부과하는 것을 금한다. 형벌의 잔인함과 비상식적 여부는 '사회'에서 받아들이는 정도를 기준으로 판단한다. 사형의 경우 다수의 주에서 인정하고 있다. 한편, 형량을 선고하는 과정(sentencing)은 critical stage로 인정되는 바, 피고인은 right to counsel(수정헌법 6조에 의거한)을 행사할 수 있다.

Under the Eighth Amendment, the government should not impose cruel and unusual punishments. Punishments are cruel and unusual when a **society** believes so.

In most jurisdictions, death penalty is authorized.

Since the sentencing is critical stage of a criminal proceeding, the right to counsel under the Sixth Amendment should be protected.

VI. Procedure

[도표 7-3]

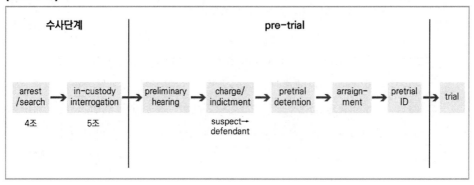

A. Pretrial Procedure

1. Preliminary Hearing

- Preliminary hearing to determine probable cause to detain = Gerstein hearing

Preliminary hearing에는 preliminary hearing to determine probable cause "to detain"과 preliminary hearing to determine probable cause "to prosecute," 이렇게 두 유형이 있다. 양자 모두 magistrate judge가 probable cause 유무를 판단하는 절차로서, 반드시 이행되어야 하는 것은 아니다. Preliminary hearing to determine probable cause to detain의 경우 용의자가 구금(detain)되어야 할 probable cause가 있는지 그 여부를 심리하기 위한 hearing을 뜻하는 바, "gerstein hearing"이라 일컫기도 한다. Preliminary hearing to determine probable cause to prosecute의 경우는 용의자를 기소함에 있어 probable cause가 있는지 그 여부를 심리하기 위한 hearing을 뜻한다. 이는 실제 재판이 진행되는 모습과 흡사하게 검사, 용의자, 용의자의 변호사 그리고 증인들이 참가하고 선서 한 증인들이 probable cause 유무에 대한 증언을 하는 바, "mini-trial"이라 칭하기

도 한다.

There are two types of preliminary hearing: one to determine probable cause to detain and one to determine probable cause to prosecute.

a. Preliminary Hearing to Determine Probable Cause to Prosecute

A preliminary hearing is a hearing that is held to determine **whether probable cause to prosecute exists.** The prosecutor, the accused, and even attorney (based on the accused's **right to counsel)** participate in a preliminary hearing.

During the hearing, testimony of the unavailable witness is admissible, if full opportunity to cross-examine the witness is provided.

2. Charge and Indictment

Charge는 '기소(起訴)'라는 뜻으로서, 본 시점에 용의자(suspect)의 신분이 피고인(defendant)으로 변경된다. 주(state/local) 검사의 경우 수사권과 기소권을 모두 가지고 있어 grand jury의 심리를 거치지 않고도 charge할 수 있으나, 연방(federal) 검사의 경우에는 수사권만을 가지고 있어 반드시 grand jury를 통해야만 charge가 가능하다. 일부 felony의 경우 grand jury를 통한 기소만을 인정한다. Gran jury가 검사의 증거 및 증언을 판단하여 용의자를 기소할만한 probable cause가 있다고 판단하면 기소를 하는데, grand jury에 의한 기소를 "indictment"라 한다.

Grand jury는 재판에서 증거력이 없는(inadmissible) 증거 및 증인도 고려하여 심리하는 바, 심리의 내용은 비공개로 이루어진다. 이때 소환되는 증인은 right to counsel 및 미란다 권리를 행사할 수 없다.

Under the Fifth Amendment, a person has the right of **indictment** by grand jury. The right is **not incorporated** into the Fourteenth Amendment and it does not apply to states.

A grand jury may subpoena any evidence (physical evidence and witnesses). A grand jury may consider evidence that would be **inadmissible** at trial and the witness subpoenaed cannot raise **right to counsel** or the right to receive the **Miranda warnings.**

3. Pretrial Detention

• Pretrial detention = Initial appearance

Pretrial detention이란, magistrate judge가 피고인에게 그의 권리를 명시하고, bail을 명하고, 필요한 경우 변호사를 선정하는 단계이다. 이때 판사는 피고인이 기소됨에 있어 probable cause의 유무는 판단하지 않고, 오직 세 업무만을 행한다. Bail이란, 피고인 재판 전까지 석방되기 위해 지불하는 보증금을 뜻하는 바, 처벌의 목적이 아닌 피고인의 재판 출석을 목적으로 한다.

In pretrial detention, a magistrate judge **sets bail,** advises the arrestee's rights, and appoints counsel if necessary.

4. Arraignment

Arraignment란, trial judge에 의해 진행되는 단계로서 피고인에게 기소된 내용을 자세히 알리고 plea하기를 요청한다. 만일 피고인이 자신의 죄책을 인정하지 않는다면(plea not guilty), 재판이 진행된다.

In arraignment, defendants are advised of his charges by trial judge. The judge asks the defendant to plead.

5. Pretrial Identification

Pretrial identification이란, 재판이 진행되기 전 재판에서 증언할 증인이 경찰서에서 피고인을 지목하는 절차이다. 본 절차를 진행하는 주된 방법에는 세 가지가 있다. 증인에게 한 명의 용의자를 보여주고 지목하게 하는 showup, 다수의 용의자를 보여주고 지목하게 하는 lineup 그리고 용의자의 사진을 보여주고 지목하게 하는 photo array(photo identification)가 그것이다. 본 절차에서도 다른 절차와 마찬가지로 피고인의 헌법적 권리가 보장되는 바, 주로 right against self-incriminating testimony(수정헌법 5조), right to counsel(수정헌법 6조) 그리고 due process(수정헌법 14조)가 논점이다. 본 절차는 그 성격이 testimonial하다고 보기는 어려우므로 right against self-incrimination이 보장되지는 않는다. 따라서 line-up에 참여한 증인이 right against self-incrimination을 주장하며 대답을 거절할 수는 없다. 한편, pretrial identification은 용의자가 기소된(be convicted) 후 진행되는 절차이기 때문에 수정헌법 5조가 아닌 '6조'상의 right to counsel이 보장되는 바, 변호사가 pretrial identification 과정에 참석하여 Due Process Clause에 위배되는 요소를 제거한다. 절차의 진행과정 중 피고인을 범인으로 연상시킬 만한 요소가 있거나(suggestive) 잘못된 지목(mistaken identification)이 있는 경우 Due Process Clause에 위배된다고 본다.

a. General Rule

Pretrial identification is a process where a witness identifies the committer of a crime before trial started. **Showups, lineups, and photo arrays** are usually used.

There are three main constitutional issues as to the pretrial identification: **right against self-incriminating testimony under the Fifth Amendment, right to counsel under the Sixth Amendment, and due process.**

b. Right against Self-Incriminating Testimony

Pretrial procedure does not involve testimonial evidence. Thus, the witness cannot raise his right against self-incrimination.

c. Right to Counsel and Due Process

ⅰ. Showup and Lineup

A suspect has a right to counsel under the Sixth Amendment at any post-charge lineup or showup, since the lineup is the process **after a suspect is charged with a crime.** Attorney may be present during the lineup and make sure the procedure **not to be suggestive and not to violate due process through mistaken identification.**

- ✔ 3명의 용의자에 대한 lineup에서 한 명에게만 범행당시 범인이 착용하고 있었던 재킷을 입힌 경우 — suggestive
- ✔ 증인이 길거리에서 우연히 보았던 자를 범행현장에서 목격했다고 착각하고 피고인을 지목한 경우 — mistaken identification

ii. Photo-Arrays

A suspect has **no** right to counsel under the Sixth Amendment at photo identification.

B. Trial Procedure

1. Burden of Proof

수정헌법 14조의 Due Process Clause에 따르면, 검사는 범죄의 모든 요소를 beyond a reasonable doubt 기준에 부합하도록 증명해야 할 입증책임(burden of proof)이 있다. 따라서 "피고인이 범죄의 성립요소를 증명해야 한다."는 내용의 주 법 또는 배심원 지도(jury instruction)는 위헌이다. 이는 검사의 burden of proof를 피고인에게 이전(shift)한 결과를 낳기 때문이다. 다만, 여기서 주의해야 할 점은 피고인의 insanity, incapacity 등과 같은 affirmative defense는 검사가 아닌 피고인에게 burden of proof가 있다는 것이다. Affirmative defense는 모든 범죄성립요건이 만족했으나 죄책을 인정하지 않는 사유에 해당하는 바, 이에 대한 burden of proof가 피고인에게 있다 하더라도 검사의 범죄성립요건에 대한 burden of proof에 영향을 미치지는 않는다.

한편, burden of proof는 presumption과 밀접한 관련이 있다. Presumption이란, 일정 사실(basic fact)에 입각하여 특정 사실(presumed fact)을 인정하는 것으로서, 그 유형에 따라 due process의 위배여부가 다르게 판단된다. Presumption 유형에는 permissive presumption과 mandatory presumption 이 있다. Permissive presumption이란, 일정 사실(basic fact)로부터 추론 할 수 있는 특정 사실(presumed fact)을 인정하는 것으로서, 피고인에게 burden of proof를 이전시키지 않기 때문에 presumption라기 보다는 추론(inference)에 가깝다. 이는 basic fact와 presumed fact간 합리적인 (rational) 관계가 있는 한 합헌이다. 예컨대, "피고인의 차량에서 총기가 발견될 경우 피고의 총기소지(possession)을 presume한다."는 내용의 주 법은 basic fact(개인 차량에서의 총기 발견)와 presumed fact(피고의 총기소지)간의 관계가 합리적이기 때문에 합헌이다[Ulster County Court v. Allen, 442 U.S. 140 (1979)]. Mandatory presumption이란, 검사의 burden of proof를 피고인에게 이전(shift)하는 내용의 presumption으로서 위헌이다. 예컨대, murder로 기소된 피고인이 "범행 당시 malice aforethought이 아닌 heat of passion을 가지고 있었음을 입증하지 못하면 voluntary manslaughter가 아닌 murder로 처벌받는다."는 주 법은 mandatory presumption 으로서 위헌이다.

a. Prosecution

Under the Due Process Clause of the U.S. Constitution, the **prosecution** is required to prove **all elements** of the crime **beyond a reasonable doubt.** Thus, any statute or jury instruction shifting burden of proof on any element of a criminal offense is unconstitutional.

b. Defendant

A defendant is required to prove as to an **affirmative defense** (e.g., insanity, self-defense). In most jurisdictions, a defendant is required to prove by a preponderance of the evidence. Federal courts require proof by clear and convincing evidence. One Supreme Court requires a defendant to prove beyond a reasonable doubt.

2. Presumptions

a. Presumption of Innocence

Every person is presumed to be innocent until proven guilty.

b. Permissive Presumption

If there is a permissive presumption, the jury **may** find a fact upon proof by basic fact.

c. Mandatory Presumption

A mandatory presumption which is a presumption shifting the burden of proof to the defendant is unconstitutional.

3. Motion for Judgment of Acquittal

Motion for judgment of acquittal이란, 검사가 제출한 증거로는 jury가 beyond reasonable doubt 수준으로 범죄의 각 구성요소를 인정하는데 어려움이 있음을 근거로 피고인이 법원에 무죄판결을 요청하는 행위를 뜻한다.

A motion for judgment of acquittal should be granted only if the prosecution has failed to present sufficient evidence for a reasonable jury to find that the defendant committed each element of the charged offense **beyond a reasonable doubt.**

4. Sentencing

한국 형사소송에서는 판사가 죄책과 형량을 동시에 선고한다. 하지만 미국 형사소송에서는 판사가 재판에서 죄책과 형의 범위를 선고한 후, sentence hearing이라는 별도의 과정을 통해 최종 형량을 선고한다. 한편, 배심원 재판인 경우 sentence hearing에는 배심원이 참가하지 않는다. 판사가 형량을 선고할 때 재판 중에 제출되지 않은 증거가 이후에 발견되었고 판사가 이를 sentence hearing에 반영하는 경우, 최종 형량이 원래의 형 범위를 초과하는 경우와 그렇지 못한 경우가 있을 터인데, 원래의 형 범위에 미치지 못하는 경우에는 새로운 증거도 판사가 임의로(jury에게 제출하지 않고) 증거로 사용할 수 있으나, 원래의 형 범위를 초과하는 경우에는 그 새로운 증거는 증거로 사용될 수 없다. 만약 이를 판사가 임의로 (jury에게 제출하지 않고) 사용한 경우에는 수정헌법 6조 right to a jury trial에 위배된다.

Other than the fact of a prior conviction, any fact that increases the penalty for a crime beyond prescribed maximum must be submitted to a jury, and proved beyond a reasonable doubt. Otherwise, the defendant's right to a jury trial under the Sixth Amendment is violated. "Statutory maximum" is the maximum sentence a judge may impose solely on the basis of the facts reflected in the jury verdict or admitted by the defendant.

Any fact exceeding the maximum authorized by the facts established by a plea of guilty or a jury verdict must be admitted by the defendant or proved to a jury beyond a reasonable doubt.

5. Double Jeopardy Clause

a. General Rule

The Double Jeopardy Clause of the Fifth Amendment prevents a defendant from being prosecuted **twice for the same offense** (double jeopardy). If the elements of the lesser charge are **wholly** contained in the greater charge, then convicting the defendant of both crimes would violate double jeopardy. This is also required in a rule of merger.

b. At Time of Prosecution

Retrial for the greater offense is allowed if any element for the greater offense which had **not** occurred **at the time of prosecution for the lesser offense.**

c. Applicable only in Criminal Cases

The Double Jeopardy Clause applies only to criminal actions, but not to civil actions or impeachment proceedings.

✔ Burglary vs. Larceny

The theft is not a lesser-included offense of burglary and burglary is not a lesser-included crime of theft. → violates Double Jeopardy Clause ✕

✔ Felony murder v. Burglary

① Burglary is a lesser included offense of the felony murder. → violates Double Jeopardy Clause ○

② Burglary에 관한 기소가 이루어졌을 당시 피해자가 사망하지 않은 시점이었고, 피고인 was convicted of the burglary. 이후 피해자가 사망함에 따라 검사는 피고인을 felony murder에 관해 기소하였다. → violates Double Jeopardy Clause ✕

✔ 연방법원 판사가 특정 사안에 대해 impeachment가 되었고, 이후 형사소송에서 유죄판결이 난 경우 → violates Double Jeopardy Clause ✕

Bibliography

1. 국내서

곽윤직, 김재형, 민법총칙(제9판)(박영사, 2013)

김준호, 민법강의(제22판)(법문사, 2016)

김흥수, 한 철, 김원규, 상법강의(제4판)(세창출판사, 2016)

류병운, 미국계약법(제3판)(홍익대학교출판부, 2013)

백희영, 미국변호사법 CEE편(박영사, 2021)

백희영, 미국변호사법 Essay편(박영사, 2020)

서철원, 미국 계약법(법원사, 2015)

서철원, 미국 민사소송법(법원사, 2005)

서철원, 미국 불법행위법(법원사, 2005)

서철원, 미국 형법(법원사, 2005)

서철원, 미국 형사소송법(법원사, 2005)

성낙인, 헌법학(제19판)(법문사, 2019)

신호진, 형법요론(2017년판)(문형사, 2017)

이영종, 이재열, 황태정, 송인호, 이세주, 법학입문(제2판)(집현재, 2016)

이시윤, 新民事訴訟法(제11판)(박영사, 2017)

토이 예거 파인, 미국법제도 입문(제2판)(진원사, 2016)

홍정선, 행정법특강(제15판)(박영사, 2016)

2. 외국서

AmeriBar Bar Review. MBE Released Questions. AmeriBar Bar Review. 2008

Barbri. The Conviser Mini Review: New York-July 2015/February 2016. Barbri, Inc. 2015

Barbri. Outlines for Multistate-July 2015/February 2016. Barbri, Inc. 2015

Barbri. Outlines for MEE-July 2016/February 2017. Barbri, Inc. 2016

California Bar Tutors. 2020 California Bar Exam Total Preparation Book. QuestBarReview. 2019

Gordon Brown, Scott Myers. Administration of Wills, Trusts, and Estates; 4th Edition. Delmar Cengage Learning. 2008

J.Scott Harr, Kären M. Hess, Christine H. Orthmann, Jonathon Kingsbury. Constitutional Law and the Criminal Justice System; 7th Edition. Cengage Learning. 2017

Kaplan. MBE Practice Questions & Answers. Kaplan, Inc. 2014

Kaplan. MEE Bar Points. Kaplan, Inc. 2014

Kenneth W. Clarkson, Roger LeRoy Miller, Frank B. Cross. Business Law: Text and
Cases; 13th Edition. Cengage Learning. 2015

Mary Basick, Tina Schindler. Essay Exam Writing for the California Bar Exam; 4th
Edition. Wolters Kluwer. 2018

SmartBarPrep. Essay Prep Outline. SmartBarPrep. 2017

Steven Emanuel. Constitutional Law; 7th Edition. Wolters Kluwer. 2019

Steven L. Emanuel. Steve Emanuel's Bootcamp for the MBE: Contracts. Aspen
Publishers. 2010

3. 판례

Byrne v. Boadle, Court of Exchequer England, 1863

Erie Railroad Co. v. Tompkins, 304 U.S. 64 (1938)

Garratt v. Dailey, Wash. 2d 197,279P.2d 1091 (1955)

Howes v. Fields, 132 S. Ct. 1181 (2012)

Katko v. Briney, 183 N.W.2d 657 (Iowa 1971)

Kelo v. New London (545 U.S. 469)

Lehman v. City of Shaker Heights, 418 U.S. 298 (1974)

Los Angeles v. Lyons, 461 U.S. 95, 103 S. Ct. 1660 (1983)

Lucas v. South Carolina Coastal Council, 505 U.S. 1003 (1992)

Maryland v. Buie, 494 U.S. 325, 110 S. Ct. 1093 (1990)

Mathis v. United States, 136 S. Ct. 2243 (2016)

Miranda v. Arizona, 384 U.S. 436 (1966)

Palmer v. Hoffman, 318 U.S. 109, 63 S. Ct. 477 (1943)

Palsgraf v. Long Island Railroad, 248 N.Y. 339 (1928)

Penn Central Transportation Co. v. New York City, 438 U.S. 104 (1978)

Rankin v. McPherson, 483 U.S. 378 (1987)

Reeves, Inc. v. Stake, 47 U.S. 429, 100 S. Ct. 2271 (1980)

Terry v. Ohio, 392 U.S. 1(1968)

Ulster County Court v. Allen, 442 U.S. 140 (1979)

Walker v. Armco Steel Corp., 446 U.S. 740 (1980)

Williams v. Walker-Thomas Furniture Co., 350 F.2d 445 (D.C. Cir. 1965)

Index

저자 약력

백 희 영

서울 출생
중국KISQ고등학교 졸업
미국미주리주립대 경영학과 졸업
미국변호사(워싱턴DC)
경영학, 법학, 컴퓨터공학 전공
중국법무법인 신화그룹 파트너 변호사

강 좌
백희영의 에세이튜터링 www.ETcenter.kr
로앤비 미국변호사 강사

저 서
「미국변호사법①—Essay편」
「미국변호사법②—CEE편」

미국변호사법 객관식편

초판발행   2021년 10월 15일
중판발행   2024년 7월 10일

지은이   백희영
펴낸이   안종만 · 안상준

편 집   장유나
기획/마케팅   장규식
표지디자인   이미연
제 작   고철민 · 김원표

펴낸곳   (주) **박영사**
              서울특별시 금천구 가산디지털2로 53, 210호(가산동, 한라시그마밸리)
              등록 1959. 3. 11. 제300-1959-1호(倫)
전 화   02)733-6771
f a x   02)736-4818
e-mail   pys@pybook.co.kr
homepage   www.pybook.co.kr
ISBN   979-11-303-4007-4 13360

정 가   43,000원